DEUTSCHE VOLKSMÄRCHEN

Herausgegeben
von Waltraud Woeller

1987
Insel-Verlag · Leipzig

Mit einem Vorwort
und einem Anhang von Waltraud Woeller
unter Mitarbeit von Anneliese Schmitt

VORWORT

›Am Tisch großer Herren geht die Märe vom Bauer Einochs.‹ So beginnt eine Erzählung, die im II. Jahrhundert in der sogenannten Brüsseler Handschrift aufgefunden wurde und bei der es sich um ein frühes deutsches Märchen handelt. Dieser Text wurde nicht in deutscher, sondern, der Gewohnheit des Mittelalters entsprechend, in lateinischer Sprache niedergeschrieben. ›Cantus de uno bove‹ (Das Lied vom Einochs) ist der Titel dieser Erzählung. Aufgezeichnet wurde es von einem Vaganten, vielleicht einem fahrenden Kleriker, der, ähnlich wie der Spielmann, im Lande umherzog und durch den Vortrag unterhaltsamer Dichtung sein Leben fristete. Dieser fahrende Kleriker hatte zwar sein Repertoire mit dem Spielmann gemein, für ihn war jedoch Latein die Umgangssprache, die es ermöglichte, auch heimische Stoffe über die Dialekt- und Sprachgrenzen hinweg zu vermitteln; freilich nur im Kreise jener, die des Lateins kundig waren.

Was aber soll ein Märchen ›am Tisch großer Herren‹? In dieser Umgebung hätten wir es nicht vermutet, wohl eher in einer dörflichen Erzählrunde. Der einleitende Satz war für den Erzähler jedoch nur eine Verbeugung vor den ›großen Herren‹, von denen er Belohnung, Trank, Speise, Unterkunft erhoffte. Da diese Herren den Bauer nicht bemitleiden, sondern über ihn zu spotten gewohnt waren, mußte der Vortragende den Bauer in komischen Situationen zeigen: Am drastischsten beim Auffinden des Schatzes. Darum behauptete der Erzähler auch, das Ganze ›per verba iocularia‹ zu gestalten, daß heißt mit spielmännischen Ausdrucksmitteln und Worten. Er liefert uns damit den Beweis, daß bereits in den ältesten literarischen Gestaltungen von Märchen Zeitgeschmack und soziale Position des Erzählers erkennbar werden. Dieses Märchen, vor einer bäuerlichen Hörerschaft erzählt – der Erzähler wird sich oft genug auch um eine Unterkunft in Dörfern bemüht haben –, hatte gewiß ursprünglich eine andere Einleitung, denn das Grundmuster des ›Cantus de uno bove‹, auch ›Unibos‹ genannt, ist das des Märchens mit seiner Sympathie und seinem Eintreten für die Armen, Schwachen, Bedrückten und Benachteiligten. So kommt der arme Bauer, der nur einen Ochsen zum Pflügen sein Eigentum nennt, und den er auch noch verliert, zu einem stattlichen bäuerlichen Besitz, den ihn seine Gegenspieler, die Dorfgewaltigen – der Pfarrer (vor den cluniazensischen Reformen im 11. Jahrhundert noch verheiratet), der Meier und der Schulze –, neiden und die er schließlich überlistet.

Aber eines zeichnet das Märchen vom Einochs aus, wo, wann und von wem auch immer es vorgetragen wurde: die Verschmelzung mit dem Schwank, wodurch sich der sozialkritische Gehalt erhöhte und konkreter wurde. Das erste literarisch belegbare Märchen vom Einochs tritt uns somit als ein Schwankmärchen entgegen. Die schwankhafte Erzählhaltung des Märchens – wir sprechen vom Genre des Schwankmärchens, obwohl es keine der ursprünglichen Märchenformen darstellt – setzt immer Distanz zu den älteren Formen des Märchens, wozu vor allem Zauber- und Tiermärchen gehören, voraus. Die bekannten Themen werden hier erstmals neu rezipiert, veranlaßt und geprägt durch Erfahrungen und Einsichten, die das reale Leben hervorbrachte. Die wachsende Beliebtheit des Schwankmärchens seit dem Mittelalter zeigt, daß Erzähler und Hörer am alten Märchengut trotz gewachsener Einsichten in gesellschaftliche Zusammenhänge festhielten und es ihnen durch die schwankhafte Neugestaltung gelungen ist, die beliebten Erzählungen mit neuer Aussagekraft in ihre veränderte Gegenwart herüberzuholen. Die Erzähler der Schwankmärchen nahmen Wundergeschehen der Tier- und Zaubermärchen nicht mehr so ernst. Die Menschen des Mittelalters waren zwar wunderglläubig, was durch die Kirche noch gefördert wurde, aber diejenigen, die das Märchen aufzeichneten, am Rande der mittelalterlichen Gesellschaft stehende Spielleute und fahrende Kleriker, waren eher skeptisch eingestellt. Sie waren Realisten und liebten den Spott, das Lachen und das Leben. Sie waren die ersten, die die umlaufenden Volksmärchen rezipierten, aber sie gaben ihnen gleichzeitig schwankhaften Charakter.

Wenn wir die Geschichte der deutschen Volksmärchen darstellen und sie dabei in die Entwicklung der Nationalliteratur einbetten wollen, müssen wir zwei Linien verfolgen: die mündliche und die schriftliche Überlieferung. Während durch die mündliche Tradierung das Märchen immer wieder neu erzählt und weiterentwickelt wird und dadurch keine Variante die verbindliche bleiben kann, weil Erzähler unterschiedlicher sozialer Herkunft zu den verschiedensten Zeiten daran arbeiten, behält die aufgezeichnete Variante eine feste unverwechselbare Gestalt. Sie spiegelt die – einmalige – Aufnahme des Märchens zu einer bestimmten Zeit, durch einen bestimmten, wenngleich auch nicht immer namentlich bekannten Erzähler wider. Sie fixiert einen kulturhistorischen Punkt in der Entwicklung des Märchens, den Zeitpunkt seiner literarischen Rezeption, seiner Aufnahme in die Literatur im engeren Sinne. Für uns, die wir das deutsche Märchen – wenn auch hier in gebotener Kürze – innerhalb der Nationalliteratur und mit Blick auf die Märchenforschung kennenlernen wollen, ist die Berücksichtigung beider Faktoren wichtig. Deshalb beginnen wir mit dem Märchen vom Einochs, dem ›Cantus de uno bove‹, und ordnen die weiteren Texte gleichfalls nach dem Zeitpunkt ihrer Aufzeichnung und ihres Eintritts in die Literatur.

Von den Schreibkundigen des Mittelalters interessierten

sich nur wenige für Märchen, und ihre Namen sind uns nicht überliefert, aber sie waren die ersten, die diese mündlich tradierten Genres schriftlich fixierten und uns dadurch historisch reale Anhaltspunkte für ihre Überlieferungsgeschichte gaben. Für das Weiterleben mündlich überlieferter Literatur ist das ein wichtiger, aber auch komplizierter Vorgang. Die vorliegende Märchenausgabe, die sich auf deutschsprachige Märchen beschränkt, widmet sich dem Anliegen, diesen Vorgang zu rekonstruieren. Wir wollen dabei jedoch nicht übersehen, daß der mündlichen Überlieferung während einer sich über Jahrhunderte erstreckenden Vorherrschaft des Analphabetentums größte Bedeutung zukommt. Aber durch lebendiges Nacherzählen, durch Einfügung neuer Gedanken und Motive, durch Auslassung archaischer, oft unverständlich gewordener Sachverhalte, läßt sich das mündlich überlieferte Märchen schwerer datieren. Eine annähernde Einordnung der Märchen nach Herkunft und Alter in einem größeren geschichtlichen Rahmen ist freilich durch Heranziehen kulturhistorischer Indizien möglich. Weltbilder aus vergangenen Epochen, sogar aus der Frühzeit der Menschheitskultur, leben – durch vielfache poetische Gestaltung der ursprünglichen Aussage entzogen – in den Märchen weiter. Die Helden werden in Unterwelten, in Jenseitswelten hinter Bergen und Wäldern oder auf einen Glasberg geschickt. Alt ist beispielsweise die Gestalt des Drachentöters, einer der beliebtesten Helden der Volksdichtung; er rettet das unschuldige Opfer und befreit das ganze Land vom Ungeheuer. Der Bodenbauer aus der Frühzeit der Kulturgeschichte brachte die Initiationsriten hervor, denen sich der junge Mann in der Abgeschiedenheit zu unterwerfen hatte, um Mut und Standhaftigkeit zu erproben. In den Märchen leben derartige Sitten weiter, doch begegnen sie uns umgewandelt zu Qual- und Spuknächten, die der Bursche, nun der Gruselnlerner zum Beispiel in einer verwunschenen Behausung verbringen mußte. Die Freiersproben, die der Held zu bestehen hatte, waren ursprünglich Agrar- oder Weideproben, bei denen es galt, einen See oder Sumpf trockenzulegen, zu roden, zu säen, zu ernten oder Vieh zu hüten. Diese und viele andere alte Motive blieben vielfach wie Steinsetzungen innerhalb der Märchenlandschaft stehen und gaben ihr Eigentümlichkeit, Alter und dabei auch, bewußt die Zeit negierend, Allgemeingültigkeit.

Dem Erzähler war es überlassen, sich frei und phantasievoll in diesen Stoffen zu bewegen. Die Zaubermärchen waren jene Märchen, in denen das am wirkungsvollsten gelang. Diese zum ältesten Märchenbestand gehörenden Texte werden vielfach als Prototyp des Märchens empfunden. Das Glück im Zaubermärchen besteht in der Erlösung, die das charakteristische Motiv dieses Genres ist.

Alte Literaturdenkmäler, wie das altbabylonische Gilgameschepos (2000 v. u. Z.), enthalten bereits Motivgruppen des Zaubermärchens, so beispielsweise die Unterweltfahrt des Helden. In einem altägyptischen Papyrus von 1200 v. u. Z. begegnet uns in der Geschichte von Anubis und Bata das ›Zweibrüdermärchen‹ (oder ›Brüdermärchen‹), und in der griechisch-römischen Antike nahm der platonische Philosoph Apuleius das Märchen von ›Amor und Psyche‹, zugehörig dem Tierbräutigam-Typ – einem der ältesten Märchentypen –, in seine ›Metamorphosen‹ auf (2. Hälfte des 2. Jahrhunderts u. Z.), die in die Weltliteratur unter dem Titel ›Der goldene Esel‹ Eingang fanden.

Erzählerische Phantasie prägte sich im Zaubermärchen insbesondere bei der Umsetzung von Wunschträumen in die Märchenwelt aus. Aber bei aller Phantasiefülle büßte das Volksmärchen, im Gegensatz zu einigen späteren Kunstmärchen, nie seinen Wirklichkeitsbezug ein. Das wunderbare Geschehen vollzieht sich zwar jenseits des Dorfes und außerhalb der Arbeitswelt – in einem dichten Wald, in der Unterwelt, in einem verwunschenen und gemiedenen Schloß –, aber der Held kehrt immer wieder nach Hause zurück. Es ist der Märchenheld, der die Brücke zum Wunder und zur Zauberwelt schlägt. In der Familie, meist einer Kleinfamilie mit Eltern und Geschwistern, ist es der Abseitsstehende, der ausbricht, fortgeschickt oder fortgetrieben wird, der, allein auf sich gestellt, Wege nach und in Wunderwelten oder Spukschlössern entdeckt, der in Berührung mit Dämonen, Tieren und mit der Natur kommt. Realistisch gezeichnet sind hingegen der Ofenwinkel oder die Herdecke, wo der Held anfangs hockt. Unwirklich und dämonisch sind jene Gestalten, denen er auf seinem Alleingang begegnet: wie der Drache mit seinen drei, sechs oder neun Köpfen und auch die Helfer: zauberkundige und hilfreiche Tiere sowie jenseitige Alte. Sowohl die uns hart anmutenden Formen der Erlösung wie auch das schwerelose Verwandeln stützen sich auf archaische Glaubensvorstellungen: Es gab keinen Tod, es gab nur den Übergang in eine oft tierische Nachtodgestalt. Erst wenn diese getilgt, auch zerstört war, konnte der Tote, der Verwünschte dem Leben zurückgegeben werden. Derartige Motive und Motivketten gestatteten eine kontrastreiche Gestaltung.

Der Wunsch, an Wunder zu glauben, hat sich im Bewußtsein des Volkes über Jahrhunderte erhalten und blieb in der Liebe zum Märchen bewahrt. Die Sehnsucht gilt dem Tischchen deck dich, dem Goldesel, dem Wunschhütlein und anderen Zauberdingen. In dem im 19. Jahrhundert aufgezeichneten Märchen ›Goldmariken und Goldfeder‹ heißt es: ›Fürchte dich nicht, mein Kind! Ich will dich heute Abend, wenn du diese Nacht bei mir schlafen willst, das Wünschen lehren […]‹

In unserer Auswahl sind es die Märchen Dornröschen, Der singende Knochen, Das Waldhaus, Aschenpöling, Die sieben Gesellen, Der dankbare Tote, die neben anderen das Zaubermärchen repräsentieren.

Neben den Zaubermärchen gehören die Tiermärchen zu den ältesten und verbreitetsten Märchen. Sie grenzen teils an die Fabel, teils an die aitologische (naturausdeutende)

Sage. Aber im Gegensatz zu Fabel und Sage bieten die Tiermärchen weder eine moralisierende Lehre noch eine Erklärung. Das Tier als Held teilt seine Welt mit anderen Tieren oder auch mit Menschen. Diese Mensch-Tier- oder Tier-Tier-Gemeinschaft, wobei keines der Wesen nur als Staffagefigur betrachtet wurde, verweist auf totemistische Relikte aus frühgeschichtlichen Zeiten; ›Die Bremer Stadtmusikanten‹ sind dafür ein charakteristisches Beispiel auch in unserer Ausgabe: Die Tiere, Haustiere übrigens, behaupten sich tapfer und erfolgreich gegen eine ihnen feindlich gesonnene Menschenwelt. Gewiß kann man sagen, daß es neben dem Märchen kaum eine andere literarische Form gibt, deren Beliebtheit und Langlebigkeit vergleichbar ist. Möglicherweise ist das Märchen die älteste literarische Gattung überhaupt. Aber im Verlauf der Jahrhunderte hat auch das Märchen seinen Charakter verändert, nicht zuletzt auf Grund literarischer Einflüsse und des Funktionswandels. Dem Schwankmärchen als späterem Genre, das wir mit dem ›Einochs‹ vorstellten, sind wir, bedingt durch das besondere Anliegen unserer Ausgabe, bereits begegnet. Auch am Schluß unserer Ausgabe steht eine Variante des ›Einochs‹: der ›Bauer Pihwitt‹, von Wilhelm Busch im 20. Jahrhundert aufgezeichnet. Eine weitere Variante, ›Das Bürle‹, ist aus den ›Kinder- und Hausmärchen‹ der Brüder Grimm bekannt. Dieser Rahmen markiert die Überlieferungsspanne. Das Thema vom Schicksal des armen Bauern drängte offenbar über Jahrhunderte zu immer neuer Gestaltung, so entstanden immer wieder neue Varianten, die gehört, belacht, geliebt, vergessen oder weitererzählt – vorwiegend mündlich tradiert – wurden, denn der größte Teil des Volkes, vor allem die Landbevölkerung, konnte weder lesen noch schreiben, doch entwickelte sie aus diesem Unvermögen heraus eine eigenständige Erzählkultur. Aus dieser schöpften dann die Brüder Grimm und Wilhelm Busch. Daneben lief jedoch, beginnend mit dem ›Cantus de uno bove‹, die zweite, die literarische Traditionslinie. Eingang fand der ›Einochs‹ auch in Martin Montanus' ›Wegkürtzer‹ (1557), wobei in dessen Redaktion aus dem armen Bauern ein dörflicher Tunichtgut wurde. Diese Wandlung brachte ihm den Verlust seines die soziale Herkunft kennzeichnenden Namens ein: aus Einochs wurde Einhirn.

Im Schwankmärchen finden wir die Welt des alten Zaubermärchens und des ihr eigenen Wunderglaubens dem Lachen preisgegeben, drastisch auch in dem Märchentyp vom Gruselnlernen. Beispiele in unserer Ausgabe sind ›Die Geisterküche‹ oder ›Der Hasenhüter‹. Dennoch blieben auch im Schwankmärchen Zaubermotive erhalten, wie beispielsweise die Wunderpfeife. Die ursprüngliche Funktion des Märchens, Optimismus und Frohsinn zu verbreiten, die Menschen aufzurichten, Gefahren und Bedrohungen herabzusetzen und so zu bewältigen, hatte sich nicht gewandelt.

Die Beliebtheit des Märchens bei breiten Volksschichten war es wohl schließlich auch, die die mittelalterlichen Geistlichen bewog, freilich aus anderen Gründen als die Spielleute, auf Märchenstoffe zurückzugreifen. Sie holten alte Märchenstoffe in ihre geistliche Welt herüber und schufen so die Sonderform des Predigtmärleins. Indem die bekannten Grundstrukturen des Märchens mit neuen Inhalten und Wertvorstellungen ausgefüllt wurden, wurden auch für diese Beispielerzählungen die dem Märchen eigenen ethischen Maximen genutzt, um von der Kanzel herab in der Gemeinde durch Vertrautes die Interessen der Kirche zu fördern. 1342 wurden Predigtmärlein unter dem Titel ›Gesta Romanorum‹ (Taten der Römer) in England erstmalig aufgezeichnet. Sie gelangten dann auf den Kontinent und wurden zuerst in Köln und Utrecht im 15. Jahrhundert gedruckt. Der Märchenheld wurde, so besagt es bereits der Titel der Sammlung, durch einen römischen Kaiser ersetzt. Der in der Regel glückliche Märchenschluß, die Bestrafung der und des Bösen und die Belohnung des

Guten, wichen in den Predigtmärlein dem Lobpreis Gottes und der Ewigkeit.

Als eine weitere Sonderform entstanden im 15./16. Jahrhundert die Novellenmärchen. Den neuen Erzählstil, den die auf mündlicher Tradition beruhende Novelle (novella: Neuigkeit) hervorgebracht hatte, war geeignet, Märchenstoffe aufzunehmen und literarisch umzugestalten. Deutlicher als beim Schwankmärchen wird hier die Wechselwirkung zwischen mündlicher und schriftlicher Literatur spürbar. Im Novellenmärchen wurde das Wunder, das Wunderbare durch das Wundersame ersetzt. Damit wurde ein Prozeß eingeleitet, der zu Beginn des 19. Jahrhunderts in den Kunstmärchen der Romantik zur Reife gelangte, vor allem in der Märchendichtung E.T.A. Hoffmanns. In den Novellenmärchen wurden dämonische Gestalten durch reale Personen, Vertreter bestimmter Berufe, beispielsweise durch junge Kaufleute und Seefahrer, abgelöst, die die Weite der Welt suchten.

Das Märchen gewann damit an Abenteuerhaltigkeit und wurde zugleich realistischer. Abenteuer, oft Liebesabenteuer, wurden auf dieser Welt bestanden, nicht in Unterwelten, nicht mehr im Kampf gegen Drachen und Riesen. Für diese Märchengruppe trifft zu, was der Folklorist Walter Berendsohn in seiner Schrift ›Grundformen volkstümlicher Erzählkunst‹, Hamburg 1921, S. 35, allzu pauschal für das Genre Märchen formulierte: ›Das Märchen ist eine Liebesgeschichte mit Hindernissen, die ihren Abschluß in der endgültigen Vereinigung des Paares findet.‹

Zum weit verbreiteten Typ des Novellenmärchens gehört das Märchen von der klugen Bauerntochter. Das Motiv, bauend auf Scharfsinnsproben, wie sie im indischen und orientalischen Erzählgut anzutreffen sind, aber auch in den ›Gesta Romanorum‹ und in der jüngeren Edda, ist sehr alt und eignete sich hervorragend für eine novellistische Gestaltung. In unserer Ausgabe ist es durch das Märchen ›Königin Isabelle‹ (in seiner ersten Hälfte) vertreten. Es gesellen sich Märchen wie ›Hadelum-pum-pum‹ und ›Bruder Stiefelschmer‹ dazu.

Altes indisches Erzählgut – beispielsweise das ›Pañcatantra‹ (3. Jahrhundert) – war auf vielfältigen Wegen in den persischen und arabischen Kulturkreis vorgedrungen und hatte zu Übertragungen angeregt oder auch völlig eigenständige kunstvolle Sammlungen hervorgebracht, wie beispielsweise das ›Tūtināme‹ (Das persische Papageienbuch), das auf indisches Märchengut zurückgeht. Für die dortigen berufsmäßigen Erzähler in den Palästen und auf den Basaren bedeutete dies eine Bereicherung ihres großen, phantasievollen Repertoires, das ohnedies gewiß nicht nur aus ›Erzählungen aus den Tausendundein Nächten‹ und ›Tausendundein Tag‹ bestanden haben dürfte.

Gewiß waren es vor allem Reisende, Fernhändler und Kreuzritter, die im Vorderen Orient Märchen gehört hatten und sie mit nach Europa brachten. Mit ihren Fuhrwerken, beladen mit Stoffballen und Gewürzen, setzten sich die Kaufleute selbst, den Handel Treibenden, Weitgereisten und keine Gefahren Scheuenden, als Helden ein, falls er nicht bereits im orientalischen Erzählgut als Held erschien. Das Abenteuer – und das Reisen in ferne Länder, zu fremden Menschen war abenteuerlich – sicherte dem Märchen weite Verbreitung bei all denen zu, die ihr Dorf, ihre Stadt, einen engen Lebens- und Arbeitsbereich nicht verlassen konnten. Ihnen öffneten die Märchen die Welt, nicht nur eine wunderbare Märchenwelt, sondern auch jene Welt, wie sie jenseits des Flusses, der Berge, der Wälder sich erstreckte. So boten sich die Märchen an, um während des Erzählens und des Nachträumens den Alltag für kurze Zeit zu vergessen, gleichzeitig erfüllt von Hoffnung und Zuversicht, sich wieder in die eigene Welt zurückzufinden.

In der deutschsprachigen Literatur bildete sich die Form der unterhaltsamen Erzählsammlung im 15. und 16. Jahrhundert heraus, in der Blütezeit frühbürgerlicher Kultur.

In dieser Zeit hatte auch die bisher nur mündlich tradierte Literatur die erste große Chance, im größeren Umfang als bisher schriftlich fixiert zu werden.

Neben dem bereits erwähnten ›Wegkürtzer‹ Martin Montanus' (1557) erschienen noch weitere Erzählsammlungen: Das ›Rollwagenbüchlein‹ Jörg Wickrams (1555), die ›Gartengesellschaft‹ Jakob Freys (1556), das ›Nachtbüchlein‹ Valentin Schumanns (1559), das ›Rastbüchlein‹ Michael Lindeners (1558/59). Schon die Buchtitel geben Einblick in die reale Umwelt des Erzählens und der Erzähler. Erzählt wurde auf dem Rollwagen, wenn er über die Straße rumpelnd die Kauflustigen zum Markt in die Stadt fuhr; erzählt wurde aber auch im geselligen Kreis in den Gärten vor den Mauern der Stadt; erzählt wurde in den Abendstunden in den Familien in der Stadt und auf dem Lande, mitunter bis in die Nacht hinein; erzählt wurde auch in den Herbergen. All das sollte ›Kurtzweyl‹ bieten, und so bestand das Erzählrepertoire meist aus pointierten, oft grobianischen Schwänken und Geschichten. In dieser Zeit wurde das Schwankmärchen besonders beliebt, in denen aus dem sozial genauer gezeichneten dörflich-bäuerlichen Kolorit auch mal eine deftig-polemische Geschichte werden konnte. Über diese neuen Märchenhelden wollten die Leser und Hörer lachen, ihnen wollten sie es nicht gleichtun.

Seit dem 16. Jahrhundert begegnen wir in der gedruckten Literatur vielen vertrauten Volkserzählungen. Diese gedruckten, auf Messen und Märkten verkauften Sammlungen gab es vor allem in den Haushaltungen der Bürger. Doch die Gewohnheiten des Lesens waren damals noch anders als heute. Die Bücher waren nicht nur zum Lesen im Kämmerlein gedacht, sondern aus ihnen wurde vorgelesen, in Mußestunden oder bei gemeinsamen Feierabendbeschäftigungen. So kamen auf den einen, der das Buch besaß und lesen konnte, eine größere Zahl von Zuhörern, die vielfach gar nicht lesen konnten, das Gehörte aber vielleicht einmal weitererzählten. Mündliche und schriftliche Überlieferung gingen so ständig ineinander über – ein Vorgang, der sich noch bis zum 19. Jahrhundert, sogar bis in unsere Gegenwart verfolgen läßt.

Ebenso bereitwillig wie neue und interessante Märchenstoffe wurden auch diejenigen aufgenommen, die sie zu erzählen wußten: Händler, Fuhrknechte, wandernde Gesellen und Handwerker. Zusammen mit den örtlichen Erzählern und Erzählkreisen formten sie an den Motiven und Typen des deutschen Märchengutes: Altes wurde weiterhin tradiert und variiert, Überholtes fallengelassen, Neues wurde eingefügt und angepaßt. Diese Entwicklung zog sich über Jahrhunderte hin, sie spielte sich, unabhängig von einzelnen in das gedruckte Buch aufgenommenen Varianten, hauptsächlich im Bereich mündlicher Tradierung ab. Der für uns wichtigste dieser Drucke ist wohl das ›Buch der Beispiele der alten Weisen‹ (1480/81), in dem indisches Erzählgut aus dem ›Pañcatantra‹, auf dem Wege nach Europa angereichert durch persische Stoffe, vermittelt wurde, nachdem es bereits im 13. Jahrhundert durch Johann von Capua ins Lateinische übertragen worden war. Die vor allem in den indischen Märchen- und Fabelstoffen spürbare Wendung zum Gleichnis, das Einbeziehen von Sentenzen und Lebensregeln entsprach dabei dem Wunsch der Stadtbürger, mit der Lektüre nicht nur unterhalten, sondern auch belehrt zu werden.

Die Mehrzahl der Erzählstoffe wurde jedoch in der mündlichen Überlieferung vermittelt, und die Komposition, die sie prägte, blieb trotz aller Veränderung durch die schriftliche Fixierung immer erkennbar. Es sind dies die Zweigliedrigkeit oder auch Dreigliedrigkeit der Märchen, die sowohl das Gedächtnis stützen wie auch eine Steigerung der Dramatik bewirken konnten. Stets war die letzte Probe die schwerste, der letzte, der jüngste der Brüder war der beste und erfolgreichste.

Damit ist unser Blick wieder auf den Märchenhelden gelenkt, dem wir, um die soziale Funktion des Märchens würdigen zu können, unsere besondere Aufmerksamkeit widmen möchten. Die alten Märchenhelden, der Drachentöter, der Tiersohn – meist Bärensohn –, der durch eine Wundergeburt zur Welt Gekommene, der Jäger, der Hirte, blieben während der gesamten Überlieferung erhalten, aber auf dem langen Wege gesellten sich ihnen neue hinzu: Wanderhandwerker, Lehrburschen, Bauernknechte, Soldaten, sogar einem Gruslernlerner begegnen wir. Was die Helden nicht durch Stärke und Tapferkeit erringen können, das meistern sie mit Mutterwitz in den ihnen auferlegten Gedulds-, Gehorsamkeits- und Geschicklichkeitsproben. Sie sind in der Regel gut, hilfsbereit und treu. Da die Märchen vor dem Hintergrund der Feudalwelt spielen, kann auch ein Königs- oder ein Grafensohn als Held auftreten, aber dann ist er nicht der Erstgeborene, sondern der jüngste inmitten seiner Brüder. Die Märchenheldin ist ein junges Mädchen, seltener eine junge Frau. Sie hatte sich ebenfalls durch Mut, Standfestigkeit, Charakterstärke und Mutterwitz zu bewähren. Sie bleibt dabei nicht am häuslichen Herd, in der Familie, im Dorf, sondern zieht wie der Held in die Fremde, ins Ungewisse, ins Abenteuer.

Wenn Held und Heldin während ihrer Wanderungen, Prüfungen und Gefahren hilfreiche und wegweisende Tiere, jenseitige Alte – Rudimente des frühen Ahnenkultes – zur Seite stehen, so haben sie diese Hilfe wie auch ihr zukünftiges Glück wohl verdient: durch Umsicht, Hilfsbereitschaft, Mitleid, den Willen, auch das Geringste mit dem Bittenden und Bedrängten zu teilen. Diese Eigenschaften waren es, die Held und Heldin die Sympathien der Erzähler und Zuhörer sicherten, auch wenn die Helden mitunter gezwungen waren, dem Gegner mit arger List zu begegnen, hinterhältig zu sein oder gegebene Versprechen nicht einzuhalten. Über Jahrhunderte war die List oft die einzige Waffe der Besitzlosen, deren Milieu meist sehr genau geschildert ist. Auch wenn sich die Heldin beispielsweise gegen das Spinnen sträubt und sich in Unwahrheiten verstrickt (›Das Goldspinnen‹), so konnte sie dennoch die Sympathien der Erzähler und Hörer auf ihrer Seite haben, denn das Spinnen auf dem Herrenhof – ganz im Gegensatz zum Spinnen in der abendlichen Spinnstube – wurde als drückende Last empfunden. Ihre Auflehnung fand Verständnis, denn in entscheidenden Situationen stand die Heldin zu ihrem Wort. Trotz märchenhafter Umschreibung können wir in diesen Situationen immer wieder konkrete soziale Konstellationen erkennen, die den Hörern vertraut waren. Entscheidend aber war, daß das Märchen eine Möglichkeit darstellte, sich erfolgreich mit materieller Not, mit Unterdrückung und ungerechter Herrschaft auseinanderzusetzen, so daß sozialer Aufstieg des Helden oder der Heldin den Schluß des Märchens krönte.

Unsere Ausgabe enthält aber auch Märchenvarianten, die ein anderes Frauenbild zeigen, wie beispielsweise die Märchen ›Von dem Fischer un syner Fru‹, und von ›Griseldele‹. Im ersten Märchen werden die Frau, die das Sagen haben will, wie auch der ihr hörige Ehemann auf Grund übersteigerter Wünsche bestraft. Im zweiten Märchen wird das Idealbild der bis zur Selbstverleugnung demütigen Ehefrau entworfen. Ton und Grundton ähneln den Predigtmärlein. Überdies paßten derartige Idealbilder durchaus in die veränderte Welt der Feudalgesellschaft des 16. und 17. Jahrhunderts.

Werden der Held oder die Heldin im Verlaufe der Märchenhandlung schuldig, und sei es nur durch das Verletzen eines – kaum noch erkennbaren – Tabus, so werden sie dafür durch erneute Prüfungen bestraft; der Weg zu einem glücklichen Ausgang bleibt ihnen stets offen. Nur ganz wenige Märchen enden, unter dem Einfluß der Sage, tragisch, so das Märchen ›Der singende Knochen‹. Die Tragik wird gemildert, indem der verräterische Bruder schließlich bestraft wird. Vielleicht ähnelte ursprünglich der Schluß der Schlußepisode des Märchens ›Von dem Machandelboom‹, wo nach dem Tod der Schuldigen der Ermordete zu neuem Leben erweckt wird.

Am Ende der Märchen steht die Abrechnung mit dem Gegenspieler. Die oft harten Strafen, die über ihn verhängt werden, wollen das Böse, verkörpert im Gegenspieler, exemplarisch vernichten, um es nie wiederkehren zu lassen. Diese Konkretisierung menschlichen Fehlverhaltens reflektiert ein Stück Rechtsempfinden des Volkes.

Die Gegenspieler des Helden sind deshalb vielfach als Unholde und Drachen gezeichnet, die aber durchaus menschliche Verhaltensweisen zeigen. Eine Sonderstellung nehmen der betrügerische und wortbrüchige König, die neidischen Brüder oder Schwestern, die um das Erbe besorgte eifersüchtige Stiefmutter ein, alles Gestalten, die sich aus der geschichtlichen Umwelt der Märchen und Märchenhelden ableiten lassen.

Im Verhältnis von Märchenheld und Gegenspieler zeigt sich mehr als ein nur konstitutives Element: Es birgt bereits einen dialektischen Ansatz.

Der Held, der Zurückgesetzte, Arme, Mißhandelte, Verspottete, dessen Wesen keiner so recht begreift, dem niemand etwas zutraut, wird im Kampf mit seinem Gegenspieler zu gewaltigen, ja übermenschlichen Leistungen gezwungen. Ob Drache, Unhold, Zauberer, Riese, Hexe, mächtiger und grausamer Herrscher, er ist der stärkste und furchtbarste in der Welt oder auch in der Jenseitswelt, er kann nur von dem stärksten und besten Helden besiegt werden. Durch seine drohende Anwesenheit ruft der Unhold diesen Helden, seinen Bezwinger, selbst auf den Plan. Auch die Gestalt des Advocatus Diaboli finden wir hier bereits vorgezeichnet. Das Böse zeigt sich in seiner ganzen Bedrohlichkeit und Menschenfeindlichkeit, um denjenigen wachzurütteln und sich seine Kräfte entfalten zu lassen, der es austilgt.

Es ist nicht nur der Advocatus Diaboli, sondern der Teufel selbst, der im Märchen ›Der Jäger und die drei Brüder‹

den mordgierigen Wirt zum Verbrechen treibt und seine Demaskierung erreicht.

Der Gegensatz Held – Gegenspieler, die unverwechselbaren Striche, mit denen alle Märchengestalten gezeichnet sind, verlangen insgesamt eine klare Konturierung. Der Glasberg, am Rande der Märchenwelt gelegen, ist charakteristischer Ausdruck dafür. Diese Grunddisposition erlaubt keine Zwischentöne. Es gibt keine Unschärfen und langen Dämmerstunden. Es heißt nur: Der Tag ist vorüber, die Nacht bricht herein. Ebenso ist die Lokalisierung zu verstehen, wenn von einem Wald, einem Dorf, einem Brunnen, einem Schloß, einer Mühle die Rede ist. Der Hörer oder Leser wird veranlaßt, das Selbstgesehene, Selbstempfundene, Selbsterlebte einzusetzen. Und wenn von einem Mädchen gesagt wird, sie ist so schön, daß niemand ihre Schönheit beschreiben kann, so offenbart sich nicht Phantasielosigkeit, sondern die Aufforderung an den Hörer oder Leser, das eigene Schönheitsideal oder das Bild seiner Liebsten einzusetzen. Die Typik des Mädchens zwingt somit zum individuellen Nachempfinden.

Trotz des Verzichts auf Landschaftsschilderungen, trotz des ›überall und nirgends‹ gibt es Märchen mit Lokalkolorit. Dies gilt für die Mehrzahl der orientalischen Märchen – Harun-al-Raschid residiert nun einmal in Bagdad – aber auch für einzelne deutsche Märchen: Die Nixe ist nicht in irgendeinem Teich, sondern in einer Variante unserer Ausgabe im Mansfelder See beheimatet.

Nach diesem Überblick über Thematik und Heldenwahl können wir auch der Meinung des Schweizer Märchenforschers Max Lüthi zustimmen. ›Da das Märchen seine Gestalten nicht als Individualitäten, sondern als Figuren zeichnet, dürfen wir ohne weiteres so weit gehen, in ihnen zusammengefaßt das Bild des Menschen zu sehen.‹ (Volksliteratur und Hochliteratur. Bern und München 1970, S.16).

Das mündlich tradierte Märchen erlaubt es uns nicht, eine genauere Altersbestimmung vorzunehmen. Einzelne

Motive weisen uns in die Frühzeit der Menschheitskultur, aber wann und wo sich bestimmte Erzählvarianten herausbildeten, wissen wir nicht genau zu sagen.

Was wir in unserer Ausgabe an der Ausprägung der Märchengestalten und ihrer Lebenswelt ablesen können, weist darauf hin, daß die Zeit der inhaltlichen – nicht der sprachlichen – Ausformung unserer Märchen vom Mittelalter bis ins 16. Jahrhundert reicht, auch wenn man den Begriff Märchen in jener Zeit noch nicht kannte. Die ›maere‹ (mittelhochdeutsch), allgemein auch für den Begriff Erzählung, Kunde, Bericht gebraucht, konnte aber auch in Epen eingelagert oder, wie bereits festgestellt, als ›Predigtmärlein‹ gestaltet werden.

Erst in der Folgezeit können wir durch die schriftliche Überlieferung des Märchens seine weitere Entwicklung genauer verfolgen.

Im 17. Jahrhundert ist die literarische Bekundung des Märchens noch immer spärlich. Es wurde offenbar auch kein Schwankmärchen aufgezeichnet. In der Literatur, auch der Volksdichtung, überwiegen, bedingt durch die das Leben der Menschen in Europa bestimmenden Ereignisse des Dreißigjährigen Krieges, dunkle Töne. Trotz dieser Katastrophe war dennoch die ideologisch-ästhetische Haltung des Barocks für die Entwicklung des Märchens nicht ganz ungünstig. Die von barocker Kunst und Literatur angestrebte Antithetik konnte das auf Gegensätzlichkeiten und klare Konturen hinarbeitende Märchen nur stützen, und auch der Widerspruch zwischen Schein und Sein in der Gestalt des Märchenhelden, wie ihn der Beginn der Handlung offenbart, führte zu einer Übereinstimmung von Märchen und Literatur im engeren Sinne.

Hans Jakob Christoffel von Grimmelshausen erzählte 1670 das Märchen ›Vom Ursprung des Namens Bärnhäuter‹, das wir in unsere Ausgabe aufgenommen haben. Im Gegensatz zu seinen anderen Schriften, in die er zahlreiche Motive und Gestalten der Volksliteratur aufnahm, wahrte er den Märchencharakter, wenngeich die individuelle Erzählweise des Dichters wie auch der Sprachduktus des 17. Jahrhunderts spürbar blieben. Dabei versetzte er die Märchenhandlung zurück ins 14. Jahrhundert, wohl um den Landsknecht als Märchenheld, der in der Zeit des Dreißigjährigen Krieges gewiß nicht zum Märchen- und Volkshelden avancieren konnte, beibehalten zu können und glaubhaft zu machen.

Auf andere Beispiele, die in unserer Ausgabe nicht vertreten sind, sei hingewiesen. Der Leipziger Magister Johannes Praetorius, ein Kompilator zahlreicher Sagen und Überlieferungen des Volksglaubens, griff das Märchen ›Der Krautesel‹ auf, das die Brüder Grimm später in ihre Sammlung übernahmen.

Kulturhistorischen Indizien folgend, haben wir auch die Entstehung des Vampirmärchens in seinen zahlreichen Varianten dem 17. Jahrhundert zuzuordnen. Die den Heeren folgenden Pestgänge holten alte Glaubensvorstellungen zur Erklärung für den Einbruch der Seuche hervor. Meist waren es allerdings Sagen, in denen sich der Vampirglaube widerspiegelt. Aber auch die gelehrte Welt beschäftigte sich in diversen Abhandlungen mit oft skurrilen Titeln und noch zu Beginn des 18. Jahrhunderts mit dem Vampirismus. Die Märchen behandelten das schauerliche Thema freilich nach ihrer eignen Gesetzlichkeit: Der Vampir, meist ein Mädchen, eine Prinzessin, wird von seinen Leiden, seiner Bedrohlichkeit und seiner Gestalt erlöst.

In die Märchen des 18. Jahrhunderts fand hingegen bereits eine reale historische Gestalt Aufnahme: Der abgedankte oder desertierte Soldat. Sein Gegenspieler, mitunter auch sein rangniedrigerer Mitspieler, war der König, klar als absolutistischer Herrscher gezeichnet. Das Bild des Königs im Märchen hat sich damit merklich gewandelt. In älteren Märchen entsprach der am Hoftor stehende und die heimkehrende Herde zählende König eher dem feudalen Grundherrn, so wie ihn seine abhängigen Bauern sahen.

Andere Wirklichkeitsbezüge zeigen sich in Varianten und Details. Eine Glanzrolle spielte dabei der Deserteur in dem neuen und offensichtlich beliebten Typ vom König und Soldat in der Räuberhöhle. Während in der Räuberhöhlenepisode der König fast stets der Unentschlossene und Ängstliche ist, überwältigt der Deserteur – aus eben dem Heer dieses Herrschers – die Bande. Im entscheidenden Moment sitzt der König hinter dem Ofen. In ›Bruder Stiefelschmer‹, einer eigenwilligen Variante dieses Typs in unserer Ausgabe, begegnet uns gar, treffend geschildert, ein verkleideter Polizeipräsident, ebenfalls ein typischer Vertreter des absolutistischen Staates.

Im Gegensatz zu den spärlichen Befunden aus früheren Jahrhunderten haben wir im 18. Jahrhundert erstmalig zahlreiche literarische Belege vorliegen. Mit der Edition der Sammlung französischer Volksmärchen ›Contes de ma mère l'Oye‹ (Geschichten meiner Mutter Gans), die den Untertitel ›Histoires ou Contes du temps passé‹ (Geschichten oder Märchen vergangener Zeiten) trägt, leitete Charles Perrault im Jahre 1696/97 die Geschichte der Märchensammlungen in Frankreich ein. Trotz des Versuchs, den Hof Ludwigs XIV. widerzuspiegeln, ist der Grundton des Volksmärchens noch spürbar. Dies trifft ebenso auf die französischen Feenmärchen von Mme. d'Aulnoy zu, deren Sammlung ›Contes des fées‹ (1697) eine Flut von Nachahmungen auslöste. Die Gestalt der Fee entstammt jedoch dem französisch-keltischen Volksglauben.

Durch die Vorbildwirkung französischer Kultur in Europa beeinflußte die Perrault'sche Sammlung literarische und wissenschaftliche Bestrebungen in den Nachbarländern bis hin zu den Brüdern Grimm, die sie mit Respekt rezipierten. Von 1704 bis 1717 begann dann Jean-Antoine Galland mit der Veröffentlichung der von ihm aus dem Arabischen ins Französische übersetzten ›Les Mille et une nuits, contes arabes‹ (Erzählungen aus den Tausendundein Nächten), 1710 bis 1712 folgte der Franzose Pétis de la

23

Croix mit persischen Märchen unter dem Titel ›Les Mille et un jours‹ (Tausend und ein Tag). Übertragungen dieses Märchen- und Erzählgutes ins Deutsche fanden sehr bald ein begeistertes Lesepublikum, so daß zahllose Nachahmungen nicht lange auf sich warten ließen.

Mit der Entstehung und Verbreitung von Märchensammlungen begann auch die Geschichte ihrer Rezeption durch Literaturwissenschaftler und Volkskundler.

Orientalische Exotik und Erotik der französischen Märchen fügten sich in die literarische Strömung der deutschen Anakreontik ein und wurden sowohl in höfischen wie in bürgerlichen Kreisen geschätzt. Den eigenen Volksmärchen gegenüber verhielten sich Bürgertum wie auch bürgerliche Literaten zwiespältig. Die deutschen Volksmärchen wurden als ›Kunkel- (Spinn-)stuben- und Ammenmärchen‹ abgewertet, ohne daß eine genaue Kenntnis über ihr Wesen bestand. Erst in der zweiten Hälfte des 18. Jahrhunderts setzte eine intensivere Beschäftigung mit der Volksdichtung ein, die recht gegensätzliche Positionen hervorbrachte.

Lehnte der Leipziger Literaturprofessor Johann Christoph Gottsched die Volksdichtung auf Grund ihrer irrationalen und phantastischen Elemente ab, so verteidigte der Schweizer Gelehrte Johann Jakob Bodmer in seinem Werk ›Kritische Abhandlung von dem Wunderbaren in der Poesie und dessen Verbindung mit dem Wahrscheinlichen‹ (1740) eben das ›Wunderbare in der Poesie‹. Diese Kontroversen begünstigten das erwachende Interesse am deutschen Märchen, das vor allem bei den Pädagogen geweckt war. Für sie war das Märchen Kinderliteratur, ein Irrtum, der sich bis in unsere Tage erhalten und zu manchem Mißverständnis geführt hat. Die schlichte Ethik der Märchen, das Verteilen von Belohnung und Strafe, die Tatsache, daß die Märchenhelden in jugendlichem Alter stehen, all das schien die These zu bestätigen, Märchen seien Lektüre für Kinder. Ähnlich war die Haltung gegenüber anderen Gattungen der Volksdichtung und der populären Literatur. In der Folge entstanden wohlgemeinte Märchenbearbeitungen durch Pädagogen, so auch die von ›Sechse kommen durch die ganze Welt‹, die der Lehrer Johann Gottlieb Schummel in ›Kinderspiele und Gespräche‹ (1776 bis 1778) veröffentlichte. Andere Pädagogen eiferten gegen das Märchen, da sie thematische Elemente wie harte Strafen und Liebesabenteuer als nicht geeignet für Kinder ansahen.

Dem erwachenden Interesse für das Volksmärchen und den literarischen Bedürfnissen eines breiten Publikums folgte der Weimarer Professor Johann Karl August Musäus mit der Herausgabe seiner ›Volksmärchen der Deutschen‹ (1782 bis 1786). Anfangs ließ er sich, wie er spöttisch in einem Brief vermerkte, vor allem von finanziellen Erwägungen leiten: ›Ich will mich an die Rotte anhängen und lasse von meiner Drehscheibe jetzt ein Machwerk dieser Art ablaufen[…] Ich sammle dazu die trivialen Ammenmärchen, die ich aufstutze und noch zehnmal wunderbarer mache als sie ursprünglich sind, davon hofft nun meine liebe Frau, daß es ein ganz lukrativer Artikel werden soll.‹

Aber in der Vorrede korrigierte Musäus diese Auffassung dann selbst, wenn er die Märchen ›Spiele der Phantasie‹ nennt und wenn er abgrenzt: ›Volksmärchen sind keine Volksromane […] Volksmärchen sind aber auch keine Kindermärchen, denn ein Volk besteht nicht aus Kindern, sondern aus großen Leuten […]‹.

Musäus sammelte seine Märchen keineswegs nur bei alten Weibern, wenn er auch des öfteren Frauen mit ihren Spinnrädern in seine Gelehrtenstube holte. Er befragte ebenso Kinder auf der Straße. Doch sein bester Erzähler war ein alter Kutscher. Mit diesen Gewährsleuten hatte sich der Weimarer Professor den Zugang zur mündlichen Erzähltradition aufgetan und auf bisher ungehobene Schätze hingewiesen. Er selbst vermochte allerdings noch nicht zwischen Märchen und Sagen zu unterscheiden, so fanden nur drei Märchen in seine Sammlung Eingang, alle anderen Geschichten erwiesen sich als Sagen. Einer der bekanntesten Texte Musäus', das Tierschwägermärchen ›Die Chronika der drei Schwestern‹, war bis dahin noch in keiner Variante literarisch belegt. Obwohl der Weimarer Professor meinte, ›im Wesentlichen daran nichts geändert‹ zu haben, gestaltete er seine Vorlagen novellenartig um, reicherte er sie mit Zeitkolorit an und focht in und mit ihnen literarische Fehden aus. Trotz dieser Bearbeitung hoben sich seine ›Volksmärchen‹ wohltuend von den ursprünglich aus Frankreich übernommenen und vielfach nachgeahmten Feenmärchen ab, sie wirkten bunter, abenteuerhaltiger und wirklichkeitsbezogener.

Wenige Jahre zuvor, 1777, hatte Goethe zwei Bände von Heinrich Jung-Stillings Lebensgeschichte unter dem Titel ›Henrich Stillings Jugend‹ und ›Henrich Stillings Jünglings-Jahre‹ herausgegeben. Im ersten Band hatte der Autor, Sohn eines Kohlenbrenners aus dem Sauerland, das ihm seit seiner Kindheit vertraute Märchen ›Jorinde und Joringel‹, bei ihm noch ›Historie von Jorinde und Joringel‹ genannt, aufgeschrieben. Jung-Stillings Verhältnis zum Märchen und zur Natur ist im Gegensatz zu Musäus gefühlsbetont. Dies offenbart sich, wenn es heißt: ›Es war ein schöner Abend, die Sonne schien zwischen den Stämmen der Bäume hell ins dunkle Grün des Walds, und die Turteltaube sang kläglich auf den alten Maibuchen. Jorinde weinte zuweilen, setzte sich hin in Sonnenschein und klagte, Joringel klagte auch […]‹. Derartige Stimmungs- und Naturschilderungen sind ungewöhnlich für Märchen. Die Zeit der Empfindsamkeit hatte auch Jung-Stillings Feder beeinflußt. Zugleich wurde ein Thema aufgegriffen, das uns in den Naturmärchen der Romantik variiert wiederbegegnet: die Waldeinsamkeit. Der Wald war auch jene Umwelt, in der nach den Erinnerungen Jung-Stillings das Märchen erzählt wurde. Während er auf den Vater wartete, der im Walde Holz schlug, lauschte er seiner Base, ganz in die Märchenwelt entrückt: ›Henrich saß wie versteinert, seine Augen starrten gradaus, und der Mund war halb offen.‹

Das Märchen von ›Jorinde und Joringel‹ wurde unverändert in die Sammlung der Brüder Grimm aufgenommen und lebte dort weiter an der Seite von ›Der Froschkönig‹ und ›Dornröschen‹. Dem Wald, der bei Jung-Stilling in seiner Schönheit und seiner Wirkung auf den Menschen geschildert wurde, kam jedoch auch im Märchen, da er über Jahrhunderte das Bild der deutschen Landschaft prägte, eine besondere Bedeutung zu: Die Helden verloren sich im Wald, bestanden dort ihre Abenteuer, trafen auf Dämonen, fanden aber auch Hilfe.

Den entscheidenden Durchbruch für eine Neubewertung der Volksdichtung errang aber erst Johann Gottfried Herder. In seiner Schrift ›Von Ähnlichkeit der mittlern englischen und deutschen Dichtkunst‹ (1777) wies er dem Märchen seinen Platz in der Geschichte der Poesie zu: ›Die gemeinen Volkssagen, Märchen und Mythologien[…] sind gewissermaßen Resultat des Volksglaubens, seiner sinnlichen Anschauung, Kräfte und Triebe, wo man träumt, weil man nicht weiß, glaubet, weil man nicht sieht und mit der ganzen unzerteilten und ungebildeten Seele wirket, also ein großer Gegenstand für den Geschichtsschreiber der Menschheit, den Poeten und Poetiker und Philosophen.‹

Von der Poesie der Märchen fühlten sich jedoch nicht nur Dichter und Wissenschaftler angesprochen, sondern auch der Maler Philipp Otto Runge. Er zeichnete die Märchen ›Von dem Fischer un syner Fru‹ und ›Von dem Machandelboom‹ auf und verzichtete bewußt auf eine Übertragung ins Hochdeutsche, um ›ihre geistige Färbung‹ nicht zu zerstören. Obwohl Runge sich bemühte, den sprachlichen Gestus seiner plattdeutschen Erzähler beizubehalten, ist dennoch die Hand des Malers gerade bei der Beschreibung von Märchenwelt und Naturszenerie zu spüren. Die See, erst ruhig, dann schwarzgrau und aufgewühlt, widerspiegelt die Schicksale der Menschen.

1806 sandte Runge die beiden ›löögschen‹ in unterschiedlichen Fassungen an Georg Zimmer, den Heidelberger Verleger von ›Des Knaben Wunderhorn‹ (Fassung A) sowie an seinen Bruder Gustav (Fassung B). Auf verschlungenen Wegen gelangte die Fassung A zu Achim von Arnim, der sie 1808 in seiner ›Zeitung für Einsiedler‹ veröffentlichte. Ein drittes Märchen vom ›Starken Hans‹ wurde angekündigt, jedoch nicht aufgezeichnet. Weil diese Märchen in ihrer Zeit etwas Besonderes, ja Vorbildliches waren, wurden sie von den Brüdern Grimm in ihre Sammlung aufgenommen und bildeten auch ein Glanzstück in der fast gleichzeitigen Publikation Johann Gustav Büschings. Aber erst im Werk der Brüder Jakob und Wilhelm Grimm fanden Herders Anregungen ihre Verwirklichung.

Im ersten Band der ›Kinder-und Hausmärchen‹ (1812) versuchten die Brüder eine getreue Aufzeichnung des von ihnen aufgenommenen und des ihnen zugesandten Materials, und sie hatten Recht, wenn sie vermerken: ›In diesem Sinne existierte noch keine Sammlung in Deutschland, man hat sie fast immer nur als Stoff [die Märchen – W. W.] benutzt, um größere Erzählungen daraus zu machen, sie willkürlich erweitert, verändert […]‹. Die Treue der Aufzeichnungen bewegte sich selbstverständlich im Rahmen der Erkenntnisse und Möglichkeiten ihrer Zeit.

Überdies wurden in die ›Kinder- und Hausmärchen‹ einzelne Stücke benachbarter Genres wie Fabeln, Ätiologien, Schwänke, Legenden eingeordnet, aber die wichtigste Grenze, die Grenze zur ebenfalls benachbarten Sage, wurde gezogen.

Die Absicht der Brüder Grimm war es, sowohl die Grundlage für eine wissenschaftliche Beschäftigung mit dem Märchen zu schaffen, wie auch ein Haus- und Familienbuch vorzulegen, dem in der Zeit der Napoleonischen Kriege nationale Bedeutung zukam. Diese Zielstellung führte zum einen dazu, daß die Märchen in der Folgezeit von Wilhelm Grimm, der selbst ein begabter Erzähler war, stilistisch auf so charakteristische Weise bearbeitet wurden, daß sich der Typ des ›Grimmschen Märchens‹ herausbildete. Zum anderen fügten die Brüder Grimm dem dritten Band ihrer Sammlung einen wissenschaftlichen Kommentar hinzu, der von dem Berliner Forscher Johannes Bolte und dem tschechischen Gelehrten Georg Polivka in dem gemeinsamen fünfbändigen Werk ›Anmerkungen zu den Kinder- und Hausmärchen der Brüder Grimm‹ (1913 bis 1932) fortgesetzt wurde.

Die Brüder Grimm trugen ihr Märchenmaterial vorwiegend auf Wanderungen in Hessen zusammen, erhielten auch Beiträge von Freunden und werteten literarische Überlieferungen aus, und so gewann ihre Sammlung einen weit über eine Landschaft hinaus repräsentativen Charakter. Es war das deutsche Volksmärchen, vertreten mit Tier-, Zauber-, Schwank- und Novellenmärchen, mit den wichtigsten Typen, angefangen beim alten Zweibrüdermärchen, mit einer Fülle von interessanten Varianten und Motiven. Mit Märchen wie ›Dornröschen‹, das bei Charles Perrault als ›La Belle au Bois dormant‹ Aufnahme gefunden hatte, wurde die Beziehung zum Märchengut anderer Völker sichtbar gemacht, und auch der französische Ritter Blaubart wurde in einer deutschen Märchenvariante vorgelegt. Neben in späteren Sammlungen immer wiederkehrenden Varianten überlieferten die Grimms aber auch weniger bekannte ethisch und poetisch reizvolle Märchen wie ›Das Waldhaus‹, ein Text, der ebenfalls in unsere Ausgabe aufgenommen wurde.

Hatten die Brüder Grimm in der Zeit des nationalen Unabhängigkeitskampfes mit ihren ›Kinder- und Hausmärchen‹ einen Beitrag zur nationalen Kultur geleistet und den Märchen den Eingang in die deutsche Nationalliteratur geöffnet, so begründeten sie damit zugleich die wissenschaftliche Erforschung der Märchen, des Erzählens wie insgesamt der Volksdichtung. Die Grimms hatten sehr bald nach der Herkunft der Märchen und ihrer kulturhistorischen Deutbarkeit gefragt und daher versucht, sie in ihren wissenschaftlichen Untersuchungen vom Mythos abzuleiten. Sie gelangten zu der Meinung, Märchen seien versunkene indoeuropäische Mythen, wobei sie die Herausbildung des Märchens als Folge der Lösung vom Mythos in der Urgesellschaft betrachteten. Die typischen Märchengestalten und -motive schienen ihnen recht zu geben, denn Drachen und Drachentöter, Bärensöhne, Riesen, Zwerge, Nixen, helfende Tiere, sprechende Pferdeschädel, Wundergeburten, Wiederbelebungen herrschten in Mythen wie in Märchen. Dennoch unterscheiden sich Mythe und Märchen grundlegend. In der Mythe focht der Heros den Kampf gegen Drachen und Unholde aus, in Märchen war es der Bauernjunge, der Drachen besiegte, nachdem viele Ritter ihr Leben lassen mußten. Die Mythe wollte das Weltbild festigen, den Ursprung der Dinge erklären, das Märchen ging von realen Erscheinungen des Lebens aus, es wollte sie gerechter und schöner machen. Diese Funktion ist Ursache der kritischen, sozialkritischen und utopischen Elemente im Märchen.

Viele der späteren Sammler, Professoren, Lehrer, Heimatforscher fühlten sich nicht nur wissenschaftlich, sondern auch in ihrer demokratisch-progressiven Haltung den Brüdern Grimm verpflichtet. Einzelne aber wandten sich der tradierten Volksdichtung – freilich unter Verleugnung ihrer sozialkritischen Aspekte – zu, um damit die vergangene Feudalzeit zu rehabilitieren. Tatsächlich hatte ja die industrielle Revolution die alten Erzählgelegenheiten und Erzählerkreise zerstört, und es schien, als würden alle kulturellen Äußerungen des Volkes, alle Märchen, Sagen, Lieder und Bräuche vergessen, so daß es die Überreste zu bergen galt. Die Sammler suchten deshalb vor allem abgelegene ländliche Gebiete auf, einsame Täler und Dörfer, wo das Erzählen in der ursprünglichen Erzählrunde noch lebendig war.

In der breiten Öffentlichkeit wurden vor allem die Märchenbücher Ludwig Bechsteins bekannt, die Illustrationen Ludwig Richters erhöhten ihre Popularität. Bechstein bot einige interessante, auch einige humorvolle Varianten aus Thüringen und Franken, doch erreichte seine Sammlung nie die Wirkung der Grimmschen ›KHM‹.

Unsere Auswahl enthält viele Märchenvarianten, die von auf bestimmte Landschaften sich konzentrierenden Sammlern mit großem Eifer zusammengetragen wurden. So war beispielsweise Karl Müllenhoff in Schleswig-Holstein tätig, Adalbert Kuhn in Norddeutschland und besonders in der Mark, Heinrich Pröhle im Harz, Ernst Meier in Schwaben, Emil Sommer in Sachsen und Thüringen, die Brüder Ignatz und Josef Zingerle in Süddeutschland und Tirol. Diese Sammler ließen sich Märchen vorwiegend von der bäuerlichen Bevölkerung, von Hirten, Waldarbeitern, Dorfhandwerkern und auch von Schankwirten erzählen. Ende des 19. Jahrhunderts waren neue Gewährsleute hinzugekommen. Ulrich Jahn, der im Gebiet des ehemaligen ostelbischen Großgrundbesitzes Märchenerzähler aufsuchte, vermerkte ausdrücklich, daß er sie unter Tagelöhnern, Gutsarbeitern, Dorfarmen fand, die er als den ›vierten Stand‹ bezeichnete.

Diese Tagelöhnermärchen sind folkloristisch besonders interessant. In vielen von ihnen begegnet uns ein neuer Held, der Gutsarbeiter und der Tagelöhner. In harten Tönen wurde sozialer Protest ausgesprochen, ohne daß dabei die Ebene der Dichtung, die Welt des Märchens verlassen wurde. Auch der Teufel bekam eine neue Rolle zugewiesen, er wurde – wie im Märchen ›Der Teufel und der Drescher‹ – Korrektor sozialer Ungerechtigkeit. Die Lage der Gutsarbeiter war so jämmerlich, daß die Rolle des Helden und Befreiers einem Mächtigen, Bösen, Fürchterlichen zugewiesen werden mußte, der dann kraft seines Amtes gleich mit dem Leuteschinder zur Hölle fahren konnte. Auch die Gestalt des starken Burschen, in den alten Zaubermärchen oft Sohn einer Bestie, ein Bärensohn, hat sich in diesem aus plebejischem und Tagelöhner-Milieu hervorgegangenen Märchen gewandelt, aus dem Bärensohn wurde ›Der starke Gottlieb‹ –, um bei einem Beispiel aus unserer Ausgabe zu bleiben.

Parallel zum Märchensammeln hatte sich die Märchenforschung entwickelt, anfangs noch fest mit der Mythenforschung verbunden. In dem Maße, wie neue Erkenntnisse das Verständnis für das Märchen erweiterten, veränderte sich jedoch auch die Vorstellung von der Entstehung und Verbreitung des Märchens.

Noch bevor der Göttinger Orientalist Theodor Benfey 1859 im Beitext seiner Pañcatantra-Übersetzung die These aufstellte, die Urheimat des Märchens sei Indien, hatten die Grimms bereits auf die Herkunft einiger Märchen aus dem indischen Erzählschatz aufmerksam gemacht. Von Bedeutung für die wissenschaftliche Erforschung des Märchens war, daß die Brüder, obwohl sie die Entstehung der Märchen sehr früh ansetzten, am Ende der Urgesellschaft, das Märchen gleichermaßen einem Entwicklungsprozeß unterworfen sahen und auf seine ständige Erneuerung hinwiesen.

Als Benfey, Zeitgenosse der Brüder Grimm, die wohl im 3. Jahrhundert aufgeschriebene indische Erzählsammlung ›Pañcatantra‹ in einer noch heute anerkannten Übersetzung herausgab, wandte er sich im Vorwort, von neuen Prämissen ausgehend, abermals der Frage nach der Herkunft der Märchen zu. Neben dem ›Pañcatantra‹ gab es noch weitere indische Erzählsammlungen, und die ›Wanderung‹ indischer Märchenstoffe bis in den persischen und arabischen Kulturkreis, in den Mittelmeerraum und bis nach Europa, wie auch in die Handschriften und Erzählsammlungen der jeweiligen Regionen, ließ sich gut verfolgen. Wir hatten bereits darauf verwiesen, daß Reisende, Kaufleute, Händler und Kreuzritter als Übermittler außereuropäischen Kulturgutes in Betracht kommen. Jedoch ebenso auch Auswanderer, wie beispielsweise die Rom –

die sogenannten Zigeuner –, und mit Sicherheit auch jene mongolischen Stämme, die im 13. und 14. Jahrhundert in den Orient und bis nach Europa vorgedrungen waren. Die Wanderung von Märchenstoffen war bewiesen und die Theorie der Wanderung (Migration) entwickelt worden. Für Benfey waren jedoch Migrations- und Indientheorie fest miteinander verknüpft, da er die Entstehung der Märchen mit dem Wirken buddhistischer Mönche verband. Bei verstärkter Aufnahme und Sichtung der Forschungsmaterialien erhob sich der Einwand, daß es weltweit Märchen von höherem Alter als die buddhistischen Játakas gäbe. Die Diskussion um Alter und Herkunft wurde bereichert durch die von dem Engländer Edward B. Taylor (1871), dem Schotten Andrew Lang (1885) und dem Franzosen Joseph Bédier (1893) vertretene Theorie von der Polygenesis der Märchen. Der Reduktion der Märchen auf ein Ursprungsland stellten sie ein voneinander unbeeinflußtes Entstehen der Märchen in allen Teilen der Welt und bei allen Völkern entgegen. Die Gemeinsamkeiten der Märchen beruhten nach ihrer Auffassung auf gleichen Glaubensvorstellungen. Weiterführende Fragen nach Voraussetzungen für Übereinstimmungen, nach gesellschaftlichen Verhältnissen, stellten sie jedoch nicht. An diese Arbeiten und an die Theorie der Polygenese schloß Friedrich von der Leyen mit seiner 1910 veröffentlichten zusammenfassenden Darstellung ›Das Märchen‹ (später unter dem Titel ›Das deutsche Märchen‹, 1954 als ›Die Welt der Märchen‹ erschienen) an und wertete das Märchen als Weltliteratur, das bei allen Völkern und zu allen Zeiten anzutreffen ist. Auch die ab 1912 erscheinende Reihe ›Märchen der Weltliteratur‹ ist unter diesem Aspekt der Märchenforschung zu verstehen – eine Reihe, die für das europäische und außereuropäische Märchen einen großen Leserkreis erschlossen hat.

Hatten bisher Philologen, Literaturhistoriker, Folkloristen und Ethnographen sich mit dem Märchen befaßt, so nahm sich Ende des 19. Jahrhunderts auch die Psychologie des Märchens an: Ludwig Laistner (›Das Rätsel der Sphinx‹, 1889) versuchte, Märchenmotive als Ausfluß von Angstträumen zu interpretieren, der Freud-Schüler Paul Riklin (›Wunscherfüllung und Symbolik im Märchen‹, 1908) hingegen als Gestaltung eines Wunschtraums. Diese differenten Deutungen reichen bis zu den tiefenpsychologischen Untersuchungen des Schweizers Carl Gustav Jung (›Symbolik des Geistes‹, 1948) in unserem Jahrhundert. Bei Jung sind Märchen Darstellung eines innerseelischen Vorgangs, und die Gestalten der Märchen Teile der menschlichen Persönlichkeit. Die stilistische Eigenart der Märchen, Typisierung statt Individualisierung, soll diese These untermauern. Daß Märchen Dichtung, Volksliteratur sind, wurde nicht in Betracht gezogen. Fruchtbarer für die Märchenforschung waren hingegen in der ersten Hälfte des 20. Jahrhunderts die Arbeitsmethoden und Ergebnisse der ›Finnischen Schule‹, die von den finnischen Wissenschaftlern Antti Aarne und Kaarle Krohn begründet wurde und die sich auch in den Anmerkungen zu den Märchen unserer Ausgabe widerspiegeln. Ihre Methode bezeichneten Aarne und Krohn als geographisch-historisch, darunter verstanden sie, Heimat und Entstehungszeit eines Märchentyps durch eine Übersicht der verschiedenen erfaßbaren Motive und Varianten im gesamten Verbreitungsgebiet zu bestimmen. Da bei ihren Untersuchungen jedoch das Alter der einzelnen Varianten eine untergeordnete Rolle spielt, dominiert die geographische Komponente vor der historischen. Dennoch war eine erste Systematisierung erreicht. Mit der Suche nach dem Ursprung eines Märchens sollte auch die Suche nach der ursprünglichen, der ›Urform‹ verbunden werden, die durch Vergleich der Varianten und kulturhistorischen Indizien zu rekonstruieren war. Die historischen, sozialen und ethnischen Bedingtheiten dieser Varianten wurden allerdings kaum miterfaßt. Die Methode aber wirkt bis in unsere Zeit anregend und führt zu beachtlichen Erfolgen. In Monographien legten in der Folgezeit Wissenschaftler interessante Ergebnisse vor; so wurden, um Beispiele aufzugreifen, für die Märchen ›Der singende Knochen‹ Flandern und für ›Jungfrau Maleen‹ Jütland als Urheimat nachgewiesen.

Von der ›Finnischen Schule‹ ging auch die Anregung zu einer engeren und systematischen Zusammenarbeit aller Folkloristen aus. Um günstige Vorbedingungen zu schaffen, legte Antti Aarne 1910 ein Verzeichnis der ›Märchentypen‹ vor, das nach Aarnes Tod durch Stith Thompson ergänzt wurde und noch heute als ›The Types of the Folktale‹ (1929–1961) in der internationalen Märchenforschung zur Klassifizierung der Märchen verwendet wird, ergänzt durch den ›Motif-Index of Folk-Literature‹ von Stith Thompson, der 1955 bis 1958 in sechs Bänden erschien.

Erzähler und Hörer der Märchen blieben jedoch bei einer auf Typen und Motive orientierten Untersuchung unberücksichtigt. In den Sammlungen des 19. Jahrhunderts dagegen fanden sich bereits durchaus interessante Angaben über Erzähler, Erzählsituationen und Hörerkreise.

Wissenschaftliche Untersuchungen folgten diesen Feststellungen jedoch noch nicht. Zwar hatte bei der Besprechung der Märchensammlung von Afanasjew der russische Philosoph und Literaturkritiker Nikolai Alexandrowitsch Dobroljubow bereits gefordert, auch die Gesamtsituation des Erzählens mit einzubeziehen, doch erst 1926 entwarf Mark Asadowski in der Monographie ›Eine sibirische Märchenerzählerin‹ das Bild einer begabten Erzählerin und ihres reichen Repertoires.

Die damit eingeleiteten Untersuchungen zu Erzählerpersönlichkeiten wurden in der deutschen Märchenforschung jedoch durch die Arbeiten aus der Schule um den Germanisten Julius Schwietering gehemmt, die in den zwanziger Jahren von einer ›Biologie‹ des Märchens ausging, das heißt von der Erforschung des Märchens in seiner Umwelt und der Bedingungen seiner Reproduktion und lebendigen

Tradierung, und dabei eine heile, widerspruchsfreie, aber fiktive Dorfgemeinschaft als Träger der Märchenüberlieferung postulierte.

Ganz im philologischen Bereich hielt sich Albert Wesselski (›Versuch einer Theorie des Märchens‹, 1931), der jedoch sowohl die mündliche Überlieferung wie die geistig-kulturellen, die schöpferischen Kräfte der breiten Volksmassen gering einschätzte. Volksmärchen standen für ihn nur im Schatten der Literatur einer ›ehemaligen Oberschicht‹. Diese einseitige und damit falsche Sicht von Wechselbeziehungen brachte Wesselski jedoch dazu, frühen literarischen Bezeugungen der Märchen und verwandter Erzählungen in den ›Gesta Romanorum‹, in Exempel- und Novellensammlungen, in französischen Fabliaux sowie in Konrad Derrers Geschichtenbuch nachzuspüren.

Nach dem Neubeginn im Jahre 1945 bemühte sich die wesentlich volkskundlich orientierte Märchenforschung in der DDR, bisher von der bürgerlichen Folkloristik wenig oder gar nicht berücksichtigte Probleme aufzuarbeiten. Ihr Hauptaugenmerk galt daher dem sozialen Gehalt der Märchen. Dieser Thematik folgt auch die erste größere Ausgabe ›Deutsche Volksmärchen von arm und reich‹ (1959), herausgegeben von Waltraud Woeller. Eine weitere Aufgabe war es, Volksmärchen als kulturelles Erbe zu begreifen und als Teil unserer Nationalliteratur darzustellen. Heute machen eine Vielzahl von Sammlungen und Ausgaben den Beitrag eines jeden Volkes zur Weltliteratur sichtbar.

Dennoch ging und geht auf internationaler Ebene die Diskussion um Fragen der Märchenforschung, vor allem um die Fragen nach Herkunft, Entwicklung und schließlich auch dem Sinn des Märchens weiter. Die seit den Tagen der Brüder Grimm entwickelten und von uns kurz skizzierten wissenschaftlichen Theorien haben noch heute ihre Verfechter. Auch die mythologische Theorie der Brüder Grimm hat in der Theorie von der indoeuropäischen

Erbtheorie des schwedischen Folkloristen Carl von Sydow eine Fortsetzung gefunden.

Karl Haiding, der den österreichischen Märchenschatz edierte, konnte durch seine Arbeit in der folkloristischen Feldforschung sowohl unbekannte Varianten aufnehmen wie begabte Erzähler aufspüren. Von der Literaturwissenschaft herkommend, wandte sich in der Schweiz Max Lüthi vornehmlich den bisher von der Forschung wenig behandelten ästhetischen und poetischen Problemen zu. In der BRD leitete Lutz Röhrich mit ›Märchen und Wirklichkeit‹ (1956) eine neue Phase der Märchenforschung ein. Seit den fünfziger Jahren beschäftigen sich in der DDR Wolfgang Steinitz, Friedrich Sieber, Paul Nedo, Siegfried Neumann und Waltraud Woeller mit theoretischen Problemen des Märchens.

Es ist erfreulich, daß die Diskussion um das Märchen, auch um die Theorie des Märchens, so lebhaft verläuft, denn sie bezeugt das rege Interesse, das von einer breiten Leserschicht und nicht nur von Wissenschaftlern dem Märchen entgegengebracht wird. Doch nach wie vor bereitet es Schwierigkeiten, das Volksmärchen zu definieren. Groß ist die Zahl der Definitionen, doch keine davon konnte sich verbindlich durchsetzen.

Offenbleiben müssen auch viele Fragen, wie nicht zuletzt unsere eigenen Versuche (vgl. Anmerkungen), Herkunft und Tradierung einiger Volksmärchen nachzuzeichnen, verdeutlichen. Nur selten gelingt es uns aufzuzeigen, wann und wo eine Märchenvariante entstanden ist, wann und wie sich bestimmte Motive ausprägten, unter welchen Umständen sich einzelne Teile ausformten, welche Faktoren derartige Entwicklungen auslösten. Die Urform eines Märchens – oder sollte man lieber von verschiedenen frühen Formen sprechen –, ob nun monogenetischen oder polygenetischen Ursprungs, läßt sich nicht ausmachen. Unzureichend sind auch unsere Kenntnisse von den Erzählern und der Überlieferungstreue mündlich tradierten Erzählgutes. Wir können zwar einige Erzähler und Gewährsleute seit dem 19. Jahrhundert namhaft machen, doch wissen wir nichts Genaueres aus früheren Jahrhunderten, schließen oftmals viel zu selbstverständlich von modernen Erzählgewohnheiten auf die längst vergangenen Zeiten und analog auf ihre Erzähler.

Doch die Vielzahl offener Fragen ist auch immer wieder Anreiz für die Forschung und für neue Ausgaben von Märchensammlungen. Auch uns hat dieses Interesse am Märchen veranlaßt, eine weitere Auswahl vorzulegen, mit der wir versuchen, neue Aspekte der Märchenüberlieferung zu erschließen und weitere Erkenntnisse zu vermitteln.

Die Märchen in unserer Auswahl sollen Freude beim Lesen bereiten. Die Handlungsorte der Märchen reichen von der Meeresküste, wo der Fischer seinen Butt fing, bis zu den Alpen, auf die der Wittnauer Hans sein Vieh trieb. Darunter sind nur wenige bekannte, vertraute Märchen aus den ›Kinder- und Hausmärchen‹ der Brüder Grimm, deren Sammlung eine sehr wichtige Phase in der Entwicklung des Märchens charakterisiert. Vorrangig wurden Märchenvarianten ausgewählt, die nur wenig oder gar nicht bekannt sind und die wir solchen Sammlungen entnahmen, die heute bereits Raritäten sind.

Die Märchen unserer Auswahl sollen durch ihren poetischen Reiz Interesse finden, zum anderen die Entwicklung des deutschen Märchens erkennen lassen. Im Ergebnis der Märchenforschung müssen wir jedoch begreifen lernen, daß es *das* deutsche Volksmärchen nicht geben kann. Untersuchungen zu beliebten und als typisch empfundenen Märchen erbrachten bereits so manche Überraschung, wenn sie sich als aus dem Orient oder einem Nachbarlande herkommend erwiesen. Um so mehr gibt uns die vorliegende Ausgabe die Möglichkeit, bekannte und weniger bekannte deutsche Märchenfassungen mit weltweit verbreiteten Typen und Motiven kennenzulernen und Variationsbreite sowie Kontinuität des Erzählens zu verfolgen. Nicht zuletzt ist der ›Einochs‹ beziehungsweise ›Bauer Pihwitt‹ in Paranthese Anfang und Schlußpunkt unserer Auswahl dafür ein Beispiel. So suchen wir in den Märchen nach Zeit und Raum ihrer Entwicklung und nach ihren Erzählern: Spielleuten, Vaganten, Feudalbauern, Knechten, Stadtbürgern, Kaufleuten, Fuhrknechten, Waldarbeitern, Wandergesellen, Fischern, Tagelöhnern. Ausgangspunkt bleibt dabei immer die älteste schriftliche Überlieferung der jeweiligen Variante. Um die Lesbarkeit zu erleichtern, haben wir lediglich nach den heute geltenden Regeln Orthographie und Interpunktion modernisiert, den Lautstand jedoch bewahrt.

Aus acht Jahrhunderten wurden Märchen vereinigt, die in ihrem Kern noch weiter zurückreichen: Manche ihrer Motive und Varianten sind eingewandert, vor allem aus dem Orient und dem Mittelmeerraum. Obwohl sie uns nur als ›Buchmärchen‹ begegnen, haben wir versucht, ihren Ursprung und ihr Alter zu erkennen.

Da sich die deutschen Volksmärchen in ihrer inhaltlichen und gestalterischen Vielfalt in der Feudalzeit, besonders im Mittelalter, herausbildeten, wurden auch einige österreichische und deutschsprachige Schweizer Märchen mit einbezogen. Über Jahrhunderte waren die deutschen Territorialstaaten, die österreichischen Erblande und die Schweiz im ›Heiligen Römischen Reich deutscher Nation‹ vereinigt, aus dem sich die Schweiz im Westfälischen Frieden (1648) als erste endgültig herauslöste.

Blicken wir so über Zeiten und Räume, so können wir das vielgestaltige Märchen in seiner Entstehung nur begreifen, indem wir uns nicht einseitig einer der Theorien verschreiben. Wir werden, so weit es die Quellenlage gestattet, versuchen, dabei auch gestützt auf kulturhistorische Indizien, Alter und Heimat des Märchens zu ermitteln. Dabei werden wir feststellen können, daß gegebenenfalls die verschiedenen Faktoren wie Erbe, Wanderung und Polygenesis eine Rolle spielen, daß jedoch hinter diesen Faktoren gesellschaftliche Kräfte wirksam sind. Sie bestimmen, welche Stoffe in die Überlieferung aufgenommen, welche fremden Stoffe verarbeitet und eingeschmolzen werden. Sie bestimmen auch, unter welchen Bedingungen es zum unabhängigen Nebeneinander, zum selbständigen Entstehen von Märchen kommt. Das Märchen als Genre ist also weltweit verbreitet und reicht in seinen Anfängen bis in die Frühgeschichte zurück; diese Gesetzmäßigkeiten sind auch für deutsche Märchen gültig. Bei der Frage nach der Altersbestimmung könnte der Einwand erhoben werden, daß zwar die Motive sehr alt sein könnten, das Märchen aber erst später entstanden wäre. Dem halten wir entgegen, daß Grundmotive und -motivketten des Märchens über die Jahrhunderte nur in einer adäquaten Erzählung lebendig bleiben konnten; der Motiv-Index ist erst eine Errungenschaft unseres Jahrhunderts. Es soll damit nicht geleugnet werden, daß sich die frühen Formen des Märchens wesentlich in stilistischer wie sprachlicher Gestaltung, durch zweitrangige Motivverbindungen, auch durch die Gestalt des Helden von späteren Aufzeichnungen unterscheiden. Historische Entwicklungsprozesse gelten für das Märchen wie für jedes andere Genre; durch die lange vorwiegend mündliche Tradition wurde der Prozeß lebendigen Umerzählens beim Märchen noch begünstigt. Es wäre also falsch, das Märchen nur als ein interessantes kulturhistorisches Zeugnis begreifen zu wollen.

Wissen wir auf einige Fragen noch keine Antwort, so aber um so sicherer auf die Frage, warum wir das Märchen lieben und warum es bis in unsere Zeit lebendig geblieben ist. Wir schätzen am Märchen die unerschöpfliche Phantasie mit tieferem Sinn, seine Natursymbolik und seine Ausdruckskraft für das Weltverständnis und für Denkhaltungen vergangener Zeiten. Wir schätzen auch seine psychologischen Aussagen, mehr noch seine moralischen und ethischen Normen. Besonders nahe aber stehen uns die Märchen auf Grund ihrer sozialen Aussage, denn es ist die Welt der Armen und Rechtlosen, die uns durch diese Form des Erzählens nahegebracht wird.

Das Märchen muß nicht mit aktuellen, materiellen oder geistigen Gegebenheiten übereinstimmen, um den Hörer von damals oder den Leser von heute zu berühren. Es ist die poetische Form, in der die Menschen das Bild einer besseren und gerechteren Welt entwerfen, eine Welt der Zukunft, in der sie, die Erzähler, ihre Hörer und auch ihre Leser durch die Macht der Phantasie schon jetzt leben können. Die poetischen Bilder und ethischen Wertvorstellungen der Märchen sind sehr vereinfacht, doch verständlich und klar auf Wesentliches und Allgemeingültiges konzentriert. Dadurch wecken die Märchen die Kräfte des Guten und fördern die schöpferische Phantasie bei Jung und Alt bis in unsere Gegenwart.

Einochs

Am Tisch großer Herren geht die Märe vom Bauer Einochs. Als Bauer war er von Bauern geboren, die Natur er-
zeugte ihn bloß, aber sein Schicksal machte ihn berühmt.
Wiederholt kaufte der arme Mann ein Gespann von Rindern, um sein Land zu pflügen, wie die Bauern tun, aber
ach, niemals legte er mehr als einem das Joch auf, nie blieb
ihm ein Paar. Vergebens suchte der Arme dem Schicksal zu
trotzen, immer ging ihm ein Ochse ein. Und wie er immer
so mit einem pflügt, während den andern der Schindanger
deckt, wird der Arme noch dazu von den Nachbarn ver-
spottet: sie nennen ihn Einochs. Aber das Schicksal raubt
ihm auch den letzten Ochsen, und schon gilt auch dieser
Name nicht mehr. Nachdem nun der Rinderstall leer ist,
will er wenigstens das Fell verkaufen. Er streift also die
Hülle des Leichnams ab und läßt diesen zum Fraß den Raben. Er lädt die Last auf den Rücken des Maultiers und
eilt damit zum nächsten Grenzort, wo sich die Leute zum
Wochenmarkt einstellen. Sobald er den Platz betreten hat,
bietet er das Leder zu einem Preise feil, der ihm dem schönen Kleid entsprechend dünkt. Die Marktleute und die
Schuster besehen mit Sachverständnis die Haut und er-
messen auf Fuß und Zoll ihre Größe. Aber der geforderte
Preis scheint allen zu hoch, und schließlich muß Einochs
froh sein, das schmutzige Leibgewand des Ochsen um acht
Groschen loszuschlagen. Als der Markt beendet ist, besteigt er sein Reittier, das sich inzwischen satt gefuttert hat,
und wendet die Schritte heimwärts. So trabte er durch
einen kleinen Wald, als ihm ein körperliches Bedürfnis

überkam. Er riß ein wenig Gras aus, um sich abzuwischen, aber statt des Grases fand er das, was geizige Leute lieben: Einen Schatz von drei Scheffel Silbermünzen hob er auf und steckte ihn ins leere Futtersäckchen, das nun wieder mächtig anschwoll.

Eilends reitet er heim, knüpft den Sack auf und ruft – der Tor – dem Knaben zu, er solle beim Schulzen das Scheffelmaß entleihen. Der Knabe bittet um das Maß, der Schulze fragt, was er damit wolle, und der Knabe in seiner Unschuld plaudert das silberne Geheimnis aus. Da reicht ihm der Schulze das Scheffelmaß. ›Der arme Einochs wäre ja‹, denkt er und staunt, ›alsdann reich geworden!‹ Er folgt dem Knaben, späht in die rauchige Hütte und sieht die silberne Masse blinken. Bei diesem Anblick schlägt er die Hände zusammen. »Der Schatz dieses Armen ist Diebstahl, nicht Gewinn! Die Schatzkammern der Kaiser und Päpste bergen nicht solche Schätze wie diese Hütte!« Zornig antwortet der Bauer dem argwöhnischen Schulzen: »Mitnichten ist dies nächtliche Beute, sondern der Gewinn der Haut. Hinter den Grenzen dieses Landes liegt ein berühmter Handelsplatz, wo für Ochsenfelle die Fülle des Silbers lacht. Nirgends zahlt man solche Preise. Wenn du dir ein Beispiel an mir Armem nehmen willst, so handle danach!« Am Kreuzweg kamen alsbald die drei Dorfoberen zusammen: der Meier, der Schulze und der Pfarrer. Erregt legt der Schulze den andern die Mär von dem neuen Handel, vom Erlös der einen Haut, auseinander; er seufzt vor Freude und spricht salbungsvoll:

»Ich sage euch ein Wunder und enthülle euch Ungeheures, ich gebe euch guten Rat, der euch reich machen wird, wenn ihr ihn geheimhaltet. Wollt ihr glücklich sein, so tut wie ich, Gefährten, leicht gangbar ist der Weg, den ich euch weise. Ob dieses größten aller Händel soll jede Armut von unseren Schwellen weichen. Und woher stammt das Glück, das uns vom Himmel fällt? Aus den Fellen der Ochsen und den Häuten der Kühe! Seht unsern armen

Einochs! Er zählt sein Geld nicht mehr, sondern mißt es nach Scheffeln. Und dieses Geld ward ihm, als er vor kurzem eine Ochsenhaut verkaufte. Lernen wir von diesem Armen, dann brauchen wir nicht mehr im Regen zu ackern. Aber dies bleibe unter uns dreien verborgen, die Münzer würden zu prägen aufhören, wenn sie davon erführen. Nun wißt ihr den Sachverhalt, jetzt überlegt: Was sollen wir tun?« Schmunzelnd antwortete darauf der Pfarrer, den der Handel mehr freute, als er zeigen mochte: »In der Hoffnung auf so viel Reichtum wird meine liebe Ehefrau schon ein Häutlein hergeben.« Als dritter sprudelte der Meier, der nie an sich halten konnte, seine Ansicht hervor: »Bei meinem Meierstab schwöre ich, daß morgen kein Ochs mehr in meinem Stalle brüllt!«

Sie reichen sich die Hände zum geheimen Bunde und schwören einander, ihre Rinder zu schlachten und zu enthäuten. Der Dummheit folgt die Verrücktheit. Noch in der nämlichen Nacht machen sie ihren Rindern den Garaus. Das Fleisch hängen sie an den Balken, die Häute aber laden sie auf die Karren, und fort geht's, ehe der erste Hahn kräht.

Sie ziehen im Marktflecken ein und stellen ihre armseligen Gefährte anspruchsvoll in die Wagenreihen, voll eitler Träume. In schweigender Hoheit wandeln sie auf und ab und warten auf die Käufer. Die Menge schiebt sich vorüber, aber keiner fragt nach ihrer Ware. Nach geraumer Zeit schreit der Meier mit rauher Stimme: »Wer will diese Felle kaufen?« Dreckiges Schusterpack mit sieben Groschen in der Tasche will gemeinsam die Häute erstehen. »Was sollen wir für deine Felle geben?« – »Drei Pfund!« erwidert der Meier. »Du bist besoffen!« schreit der Schuster. »Mitnichten, um keinen Heller gehe ich vom verlangten Preise ab!« – »Das ist wohl Scherz«, meint Meister Sauborst. Aber der Meier in seiner Narrheit besteht auf drei Pfund. Die Marktbesucher bleiben stehen und lauschen und lassen ihre Geschäfte im Stich. Schließlich herrscht der Pfarrer ergrimmt den Meier an: »Dummkopf, du verstehst nicht, mit den Leuten umzugehen! – Hier, Schuster, diese Haut wird ja wohl ihre drei Pfund wert sein, nun knüpfe deinen Beutel auf, den festen Preis weißt du.« Der Schuster entgegnet: »Dümmere Verkäufer gibt es nicht auf der Welt! Wo mögen diese Kerle nur her stammen? Was soll man sagen, wenn gleich drei Narren auf einmal ihre Ochsenhäute für große Reichtümer halten? Mit zehn Groschen wären sie reichlich bezahlt. Jetzt schert euch zum Teufel!« Die Schmähreden fliegen noch eine Zeitlang hin und wider, das Schusterblut gerät in Wallung, und der Handel endet schließlich damit, daß die drei Gevattern dem Richter vorgeführt, verklagt und bestraft werden. Die Felle verbleiben als Pfand bis zur Bezahlung der Geldbuße. – Als dem Recht Genüge getan ist, kehren sie mit leeren Karrren und Beuteln heim. Leicht an Habe, aber vom Kummer schwer bedrückt, schwören sie dem Einochs den Tod. Niemals hat man unter dem Himmelszelt etwas Derartiges gehört, was sich jetzt Einochs erdachte, um die Narren zu besänftigen: seine Gattin muß sich tot stellen, und er malt sie mit Schweinsblut rot. Da liegt sie auf dem Boden, als sei sie wirklich tot, umgebracht von der Hand des Gatten. Und wie abscheulich sieht sie aus, so mit Blut beschmiert! Einem jeden graust, der sie sieht. So auch die drei Gevattern: statt ihre Absicht auszuführen, fangen sie an, um die schmählich hingeschlachtete Frau zu jammern. »Unseliger, wie konntest du das tun? Du niederträchtiger Ränkeschmied hast uns eine schöne Suppe eingebrockt, und wir haben deinen Tod beschlossen, aber dieser Mord macht dich für den Henker reif.« Der Einochs fühlt sich nun sicher und spielt seinen Streich weiter. »Freilich ließ ich mich zu einem Frevel hinreißen, aber wenn ihr euren Zorn bändigen und mit mir Frieden machen wollt, so sollt ihr die, welche jetzt tot daliegt, alsbald wieder lebendig sehen.«

»So sei es«, rufen die Toren alle drei, »unsre Feind-

schaft sei begraben!« Als Einochs seine Gegner besänftigt
sieht, eilt er zur Truhe und entnimmt ihr eine Wei-
denpfeife. Vor ihren Augen umwandelt er zweimal feierlich
die Leiche, bläst auf dem Rohr und heißt die Tote aufsterste-
hen. Beim dritten Umgang rafft sich die Ruhende wie von
einer geheimnisvollen Kraft bewegt empor, als sie ihren
Namen nennen hört. Vom Blut entstellt, steht sie da, und
Einochs sagt: »Wasch dich zunächst!« Und siehe, mit gerei-
nigtem Antlitz erschien sie viel schöner, als sie sonst zu
sein pflegte. Die drei Gevattern begaffen staunend den
Liebreiz der auferstandenen Frau und flüstern einander zu:
»Nie sahen wir eine schönere Frau als die, welche eben
vom Tode erstand. Vor ihrem Tod war sie ein Scheusal, als
ein Engelsbild kehrt sie vom Tod zurück. Und welch ein
Zauberrohr, das neue Jugend schafft! Auch unsere Gattin-
nen sind seit langer Zeit alt und häßlich. Verhilft uns die
Gnade Gottes zu dieser Pfeife, so wollen wir geschwind unsere runzligen Weiber umbringen. Den Einochs aber wollen wir bitten, daß er uns die Pfeife leihe oder verkaufe,
welche die alten Weiber jung macht. Bei ihrem Ton ent-
flieht der Tod, und wir fangen dann mit den verjüngten
eine neue Ehe an. Laßt uns dem Bauer Geld bieten, daß er
uns das Rohr verkauft!« Sie bieten viel Geld, und schließlich gelingt es ihnen, die Pfeife zu erstehen. Der Pfarrer
sagt darauf zu den zweien: »Verstattet, Gevattern, daß ich
als erster meine Frau umbringe. Leiht mir zuerst die bele-
bende Flöte! Durch einen Schnitt will ich dem Altern meiner Lieben ein Ziel setzen. Nach mir nehme das heilbrin-
gende Rohr, wer als zweiter sein Weib ersticht, wie ein
Metzger die Kuh.« Die Bitte des beliebten Pfarrers wird gewährt, und er geht zu töten und zu erwecken. Mit der
Pfeife in der einen und dem Messer in der andern Hand
tritt er vor seine Frau und küßt sie auf den Mund. Er zeigt
das Messer, und lachend sagt die Frau: »Was soll das Messer? Du willst mir doch nichts zuleide tun?« Fröhlich entgegnet der Pfarrer: »Ich will dich fein sänftiglich umbrin-

gen, damit du zu neuer Jugend und Schönheit erstehst.«
Die Frau schreit nur noch: »Weh!«, dann liegt sie durch-
bohrt auf dem Boden. Der Narr aber ruft voll Freude:
»Gott sei gedankt!« Darauf legt er die Pfeife an den Mund
und bläst und bläst, aber wie er die Tote dreimal umwandelt hat und sie immer noch nicht aufersteht, da fährt er
sie an: »Du schlaue Heuchlerin, an Starrsinn einer Eselin
gleich, erhebe dich, hörst du nicht, wie ich blase?« Wie nun
der Schulze das Geschrei hört, beeilt er sich, in der Hoffnung auf die Zauberpfeife, auch seine Gattin umzubringen. Darauf geht er in das nahe Pfarrhaus, um das Rohr zu
entleihen und die Schulzin zu erwecken. Er nimmt die
Pfeife und fragt den Pfarrer, ob seine Frau schon auferstan-
den sei.

»Nicht eher sollst du sie sehen, bis sie gemeinsam mit
deiner Gattin die Kirchenschwelle betritt.« Der Mörder
trägt vergnügt die Urheberin des Wirrwarrs heim, aber sein
grimmiges Blasen war umsonst: Die Schulzin ersteht ebensowenig wie die Pfarrerin. Der letzte schließlich in Mord
und Mißerfolg war der Meier. Am andern Morgen stehen
drei Bahren mit drei Leichen in der Kirche zur Schau.
Aber wie man sie ins Grab senkt, ergreift die Gatten helle
Wut. Als die drei Gevattern die frischen Grabhügel verlassen, raunen sie unter Seufzen einander zu: »Heute machen
wir den Einochs kalt! Der uns um unser Vieh betrog, der
uns zu Gattenmördern machte, sein verfluchtes Haupt falle
unter unsren Schlägen!« Voll Zornmut eilen sie zu den
Waffen, um ihren Rachedurst zu stillen. – Der listenvolle
Einochs sinnt indes, wie er der Wut der Gevattern begegne. Er läuft zu seinem Schatz und entnimmt ihm einen
Haufen Münzen. Darauf zieht er die Stute aus dem Stall,
hebt ihr den Schwanz und beginnt die Münzen in die na-
türliche Öffnung hineinzustopfen. Dann stellt er das Tier
mitten in die Hütte und breitet unter ihm ein weißes Lein-
tuch aus. Auf der Schwelle stehen die drei Gegner, und
während sie den Einochs töten wollen, fällt ihnen vor Stau-

nen die Waffe aus der Hand. Sie sehen, wie der Verhaßte der Stute die Seiten reibt, worauf sie einen Haufen Münzen von sich gibt. Sie rufen: »Was ist das, Einochs? Uns wundert, wie dieses Pferd offensichtlich Geldstücke zur Welt bringt.« – »Seht ihr das Geld?« erwidert der schlaue Bauer. »Der Bauch dieser Stute fördert Münzen zutage statt gemeinen Kots. Jede Nacht gibt sie einen solchen Haufen Silbers von sich; das macht, weil ihr die Königin Ops im Hintern sitzt.« Bei diesen Worten verraucht der Zorn der Gevattern, und sie reden Einochs an: »Bist du an Gütern so reich, so verkaufe uns das Roß! Nimmst du unsern Vorschlag an, so geschieht dir von uns kein Leids.« Der listige Einochs entgegnet den dreien: »Ja, das ist nicht so leicht, die Spenderin meiner Schätze abzugeben. Kein gewöhnliches Tier ist das, unter dessen Haut solcher Hort verborgen liegt.« – »Denke an dein Seelenheil und hänge dich nicht an irdische Güter, verkauf uns die Stute lieber!« sagt der Pfarrer. »Nun gut«, meint schließlich der geriebene Bauer, »ich will euch die Stute verkaufen, aber billig bekommt ihr sie nicht. Ihr habt gesehen, wie das Geld aus ihr regnet. Soll dieser Münzschrank euer sein, so gebt mir fünfzehn Pfund! Sie wird euch ja in kurzer Zeit durch ihren Mist das Kapital mit Zins zurückerstatten.«

Die drei Gevattern händigen dem Einochs die fünfzehn Pfund aus und führen dann das Tier am Zaume heim. Alsbald sagt der Pfarrer: »Hört mich an! Ich wünsche die Stute zunächst in meinen Stall, denn ich bin auch der erste in der Kirche. Bis morgen früh gewinne ich zurück, was ich gab. Die erste Nacht gehört sie also mir, die zweite dem Schulzen und die dritte, wie billig, dem Meier.« – »So sei es!« stimmt der Schulze bei und »Meinetwegen« der Meier. Der Pfarrer versorgt die Stute und gibt ihr Gerstenfutter. Die ganze Nacht sitzt er und lauscht, und als das erste Frühlicht tagt, zieht er das Tier von der Krippe fort, damit es seine Schätze spende. Das Roß meint, es sei Zeit, vor den Pflug gespannt zu werden; daher hebt es zunächst den

Schwanz und gibt einige stinkende Äpfel von sich. Als der Priester das Klatschen der Bollen hört, denkt er: ›Jetzt ist die Zeit, wo es Münzen gibt!‹ Er ruft: »Hinaus, ihr Knechte! Ich muß jetzt meine Ausgaben wieder einbringen!« Begierig durchwühlt er den Mist und findet wirklich eine kleine Münze, die er hastig aufklaubt. Die Stute hatte nämlich, als sie ein halbes Jahr alt war, eine Wunde am Hinterteil erhalten, und in dieser Narbe war die Silbermünze steckengeblieben, als der Gaul das von sich gab, was Einochs ihm zuvor eingestopft hatte. So erwies sich jetzt, was einst der Stute weh getan hatte, dem Pfarrer als nützlich. Den Schulzen treibt schon früh das Verlangen nach der Münzenspenderin ins Haus des Pfarrers. »Nun leih mir die Stute, Pfarrer! Sie wird dich diese Nacht für dein ganzes Leben reich gemacht haben.« – »Du sollst sie haben, Schulze«, erwidert der Pfarrer, »doch du zwingst mich, sie vorzeitig abzugeben. Zwar entleerte sie sich beim ersten Hahnenschrei, aber nichts ging aus ihrem Leib hervor als schlecht verdautes Gerstenfutter.« Der Schulze führt das Pferd mit sich und erhält von ihm dasselbe wie der Pfarrer, doch mit Ausnahme der kleinen Münze. In der dritten Nacht birgt sie der Meier in seinem Stalle, und morgens findet er das, was man ins Eck kehrt. Das Tier frißt den dreien ihr Gerstenfutter fort und spendet ihnen dafür nichts als stinkenden Kot. – Einochs liegt im Bett und überlegt voll Sorgen, wie er die Aufgebrachten beschwichtigen soll. Schon kommen sie angerannt, die Schwerter in der Faust, ehe der Tag noch graut, und schreien alle zugleich:

»Hinaus, elender Gauner, hinaus, wir wollen dich in Fetzen hauen!« Der Missetäter erwidert stotternd: »Da bin ich schon, ihr lieben Herrn! Wollt ihr wirklich die härteste Todesart für mich bestimmen, so laßt mich schildern, wie ich sterben sollte. Viel Wege gibt's, doch nur ein Ziel, laßt mich den meinen wählen, so daß ich euch zufriedenstelle! Ihr habt ja nie erprobt, welcher Tod der bitterste sei, und der Himmel bewahre euch auch fernerhin davor. Nun will ich euch sagen, wie ihr mich heute oder morgen aus der Welt schaffen könnt: Schnürt mir Arme und Beine fest mit Stricken zusammen, steckt mich in eine Tonne und schließt sie dann! Kundige Binder mögen das Faß bereifen, und dann wälzt es mit meinem Leib ins Meer, versenkt mich dort, und schickt mich so zur Hölle! Auf diese Weise sterbe ich selbstgewählten Tod.« – »Also geschehe dir!« rufen die drei Gevattern. »Du triffst auch unsern Wunsch mit diesem Urteil.« Sie binden Einochs mit Riemen, dann – ins Faß mit ihm und an den Strand gerollt! Aber noch einmal sucht der Eingesperrte die drei Männer zu betören: »Ich gestehe: Mir geschieht recht, daß ich eingesperrt bin. Aber da mein letztes Stündlein kommt, so bitte ich euch: Denkt des Letzten Gerichtes und laßt ab von eurem Haß! Ich kann ja in diesem engen Kerker die Hände nicht zum Schwur erheben, doch im Angesicht des Todes lügt mein Mund nicht mehr. Auf dem Grunde meines Beutels findet ihr noch zwölf Groschen; die versauft, ehrwürdige Herren, zur höheren Ehre Gottes!« Der Pfarrer, fürs Zechen sehr empfänglich, spricht: »Während wir uns am Trunke erfreuen, erquicke du dich am Schlaf!« Darauf eilen die drei Gevattern ins Wirtshaus, rücken zum Kamin, reden hin und her, und der Wein schmeckt dazu prächtig. Mit lautem Gegrunz zieht eine Sauherde des Weges, angeführt von einem Köcher tragenden Sauhirten. Einochs hört, wie sich die Tiere an der Tonne den Rücken wetzen und ruft: »Ach, noch sind sie nicht besoffen!« Bei diesen Worten erschrickt der Sauhirt, er schlägt mit dem Stock auf die Eichentonne und ruft: »Was tatest du, Bösewicht, daß man dich hier hineinsperrte?« Einochs entgegnete: »Ich lehne die höchsten Ehren ab; die Bewohner dieser Gegend bedrängen mich Tag und Nacht, die Stelle eines Schulzen anzunehmen, aber das will ich nicht, denn mir genügt, was ich habe.« Der Sauhirt spricht voller Begier: »Mir ziemt diese Würde wohl, ich will an deiner Stelle

Schulze werden. Ich bin geneigt, Unseliger, deine Tonne mit meinem Knüppel zu öffnen und mich hineinzusetzen.« Zu Einochs' Freude macht der Sauhirt die Reifen los, und das hölzerne Gefäß öffnet sich: nun wandelt sich das Schicksal wieder. Der Tor entfesselt Einochs und schmiegt sich dann in das hohle Faß, als wäre es ein Bett von Blumen. Einochs schlägt den Deckel zu, legt die Reifen wieder um und macht sich mitsamt der Sauherde auf unbegangenen Wegen aus dem Staube. Die drei Gevattern kehren vom Gelage zurück und wälzen die Tonne ins Meer. Da schallt es aus dem Inneren: »Ich will schon Schulze werden! Werft mich nur nicht ins Meer, ich tue euch ja euren Willen«. Entrüstet schreit der weinselige Schulze: »Was soll das Gefasel? Werft eilends die Tonne ins Meer, Gevattern, dann mag er im Wasser Schulze werden, dieser einfältige Einochs!« Die Tonne versinkt in der salzigen Flut, und nach dem armen Sauhirt fragt kein Teufel mehr. Die drei Narren aber meinen, mit dem Einochs sei es ein für allemal vorbei. Drei Tage später, während das Dorf in Sonntagsruhe liegt, kehrt Einochs zurück; er möchte die Gevattern wiedersehen. Er zieht durch den Ort und hält in der Rechten einen Stab; vor sich her treibt er eine große Sauherde. Von Zeit zu Zeit bläst er ins Horn und pfeift, wie es der Sauhirten Sitte ist, er ruft die Tiere und droht denen, die den Zahn wetzen. Einige gewahren den Hirten und glauben, er sehe dem Einochs ähnlich: »Das ist doch nicht unser Einochs? Der ist ja tot!« Dem Schulzen, dem Meier und dem Pfarrer wird gemeldet, der Einochs, der im Meer versenkt sei, wäre wieder da. Sie springen auf, sie glauben, es sei ein Spuk, der Schauder fährt durch ihr Gebein, und die Knie knicken ihnen zusammen. Sie sehen wohl die Gestalt, aber sie glauben nicht, daß er es selber sei, er, den sie doch mit eigner Hand getötet hatten. Und doch, er ist es. Um ihn trabt die ganze Herde. Sie fragen ihn: »Wer gab dir so viele Säue?« – »Oh«, antwortet er, »das ist ein Wunder! Als ich ins Meer geschleudert ward, gelangte ich in ein herrliches Land. Nie wäre ich von dort zurückgekehrt, hätte ich nicht mein liebes Weib hiergelassen, sie, die ihr bei der Trompete Schall vom Tod erstehen saht. Ach, warum warfet ihr mich nicht schon ins Meer, als ich noch ein Knabe war, ich wäre damals schon glücklich und gescheit geworden! Euer Haß wies mir die Stelle, wo es unzählige Herden von Säuen gibt.« Der Schulze spricht voll Staunen: »Die Hoffnung auf Schinken mahnt uns, das Meer zu versuchen. Auf, mir nach! Wir wollen sehen, wer dümmer ist als ich.« Eiligst streben sie zum Strand. Sie hören das Brausen des Meeres und glauben, es sei Schweinegegrunz. »Wo geht es zu den Schweinen?« fragen sie Einochs. Der Schlaue zeigt ihnen die Stelle, wo das Ufer am steilsten ist und das Meer am tiefsten. »Hier ist's, hier taucht ohne Furcht hinein, mehr Schweine findet ihr im Meer als auf dem Lande.« Da stürzen die drei Narren kopfüber in die Flut, und der nasse Tod ereilt sie.

Den verschlagenen Ratschlägen eines Feindes darf man nicht glauben, das lehrt diese Geschichte von nun an bis in Ewigkeit.

Vom König, der alles glaubte

Ich weiß ein Schelmenliedchen fein,
das üb' ich gleich den Kindern ein,
daß alles sie zum Lachen bringen,
wenn sie die Schelmenverse singen.

　　Ein König eine Tochter hätt,
war wohlgestalt und zier und nett,
der macht in seinem ganzen Land
ein feierlich Gebot bekannt,
wer die Prinzessin freien wollte,
daß der ein Ding erfüllen sollte:

　　»Kommt vor mein Angesicht ein Mann,
der also grausam schwindeln kann,

daß ich ihn selber strafe Lügen,
dann soll er meine Tochter kriegen.«
Ein Schwabe kam des Weges her
und meldet sich von ungefähr:
»Ich bin einmal mit Pfeil und Bogen
allein zum Jagen ausgezogen.
Da kam ein Häsichen geloffen,
das hat mein Pfeil zu Tod getroffen.
Ich nehm den Burschen, weide
den Leib ihm aus und schneide
den Kopf mit meinem Messer ab.
Doch nun ich in den Händen hab,
so fliegen aus dem linken Löffel
goldgelben Honigs hundert Scheffel,
und quellen aus dem andern Ohr,
auch hundert Scheffel Erbsen vor.
Da faßt' ich in des Hasen Fell,
zerlegte dann ihn selber schnell,
und an der Blume, ganz, ganz hinten
Muß einen Königsbrief ich finden,
Der spricht Euch mir als eigen zu.«
»Das lügt der Brief«, der König schreit's,
                            »und du!«
So log der Schwab den König an
und ward des Königs Tochtermann.

Ein schöne History von einer Frawen mit zweyen Kindlin

Ein guter armer Mann hett ein Frau, von deren er zwei Döchterlin hett. Und aber, ehe die selbige Kindlin, deren das kleinst Margretlin und das größt Annelin hieß, erwachsen waren, starb ihm die erste Frau, derhalb er ein andere nahm. Nun warf aber die selbig Frau ein Neid auf das

Margretlin und hätte gerne gewöllt, daß es tot wäre gewesen, doch dasselbig selbst umzubringen sie nicht gut daucht, und mit Listen zohe sie das älter Maidlin an sich, daß es ihr hold und der Schwester feind warde.

Und einsmal begab sich, daß die Mutter und die ältist Dochter beeinander saßen und beratschlagten, wie sie ihm doch tun wollten, daß sie des Maidlins abkämen, und beschlossen endlich, daß sie miteinander wollten in den Wald gehn und das Maidlin mit ihn nehmen, und in dem Wald wollten sie das Maidlin verschicken, daß es nicht mehr zu ihn kummen künnte.

Nun stund das Maidlin vor der Stubentür und hörte alle die Wort, so sein Mutter und Schwester wider es redten und Ursach zu seinem Tod suchten; sehr betrübt was, ohn all Ursach so jämmerlich zu sterben und von den Wölfen zerrissen zu werden. Und also betrübt ging es zu seiner Dotten oder Göttel, die es aus der Tauf gehebt hette, und klaget ihr die große Untreu und tödliche, mörderische Urteil, über sie von der Schwester und Mutter geschehen. »Nun wohlan«, sprach die gut alt Frau, »mein liebs Kind, dieweil dein Sach ein solche Gestalt hat, so gang hin und nimm Sägmehl und, wann du deiner Mutter nachgehst, streue es vor dir anhin! Wann sie hernacher schon von dir laufen, so geh du demselben Gespor nach, so kummst du wieder heim.«

Die gut Dochter tet, als ihr die alt Frau befohlen hett. Und wie sie hinaus in den Wald kam, setzt sich ihr Mutter nieder, und zum ältern Maidlin sagt: »Kumb her, Annelin, und such mir ein Laus! So geht dieweil das Gretlin hin und klaubet uns drei Bürden Holz; so wollen wir an diesem Ort warten, darnach gehn wir miteinander heim.«

Nun das gut arm Döchterlin zohe hin und streuet als vor ihm anhin das Sägmehl (denn es wohl wußt, wie es ihm gehn würde) und sammlete drei Bürdin Holz. Und als es die gesammlet, nahm es sie auf den Kopf und trug sie an das End, da es sein Stiefmutter und Schwester gelassen hett. Als es aber dar kam, fand es sie nicht, doch seine drei Büschlin auf dem Kopf behielt und seinem gemachten Weg nach wieder heimzohe, die drei Büschlin abwarf.

Und als es die Mutter ersahe, sprach sie zum Maidlin: »Annelin, unser Dochter ist wiederkummen und hat uns all unser Kunst gefehlet. Darumb wöllen wir morgen an ein ander Ort gehen und das Maidlin aber von uns schicken; so würd es nicht mehr mögen heimkummen, so sind wir hernacher sein ledig.«

Nun hett das gut Margretlin abermals solche Wort gehört, wieder zu seiner Göttel lief und ihr die Handlung anzeigt. »Wohlan«, sprach die Frau, »ich siehe wohl, daß sie dir nach deinem Leben stellen und nicht Ruh haben werden, bis sie dich umbringen. Darumb, so geh jetzt hin und nimm Spreuer und streu die abermals vor dir hin, wie du mit dem Sägmehl geton hast! So kannst du wieder heimkummen.«

Als nun das Maidlin wieder heimkam, sagt sein Mutter: »Kummet her, Gretlin und Annelin! Wir wöllen gehn in Wald.« Das älter Maidlin, als das umb alle Sach gar wohl wußt, auch Hilf und Rat darzu geton hette, ganz fröhlich, aber Gretlin hergegen ganz traurig hinauszoge. Und als sie in den Wald kamen, setzt sich die bös, arglistig, zernichtig Frau nieder und sagt zum Annelin: »Kumm her, Annelin, und fahe mir eine Laus! So gehet das Gretlin hin und suchet dieweil jeglichem ein Bürde Holz; darnach gehn wir wieder heim.«

Das arm Gretlin ging hin und suchet Holz, und ehe es wiederkam, war sein Mutter und Schwester hinweg. Nun ging das gute Gretlin mit seinem Holz den Spreuern nach, bis es wieder heimkam. Und als es von seiner Mutter gesehen ward, sagt sie zum Annelin: »Unser elend Maidlin kumbt wieder. Nun wöllen wir sehen, wie wir sein abkummen, und sollt es uns etwas Groß' kosten. Und wir wollen morgen wieder in Wald; da wollen wir sehen, daß es dahinden bleib.«

Solche Red das Maidlin abermals gehört hette und zum drittenmal zu seiner Basen ging, die Rats fraget, wie es ihm doch tun sollte. »Nun wohlan, liebs Kind«, sagt die Frau, »so geh hin und nimm Hanfsamen, säe den als vor dir anhin, darnach geh demselbigen nach wieder heim!«

Das gut Maidlin zoge abermals mit seiner Mutter und Schwester in den Wald und säet den Hanfsamen vor hin. Nun sagt die Mutter abermals wie sie vor zweimal gesagt hette: »Annelin, such mir ein Laus! So muß das Gretlin Holz suchen.«

Das arm Gretlin zohe hin und suchet Holz, gedacht: »Bin ich vor zweimal wieder heimkummen, so will ich das drittemal auch wieder heimkummen.« Und als es das Holz gesucht und wieder an das Ort kam, da es sein Mutter gelassen, waren sie aber hinweg. Und als das arm Maidlin seinem Weg nach wollte heimgehn, da hetten die Vögel den Samen allensammen aufgefressen. Ach Gott, wer was trauriger denn das arm Maidlin! den ganzen Tag im Wald umblief zu weinen und schreien und Gott sein Leid zu klagen, kein Weg finden kunnt, dardurch es möchte aus dem Wald kummen, auch so ferr in den Wald hineinkummen was, da ohne Zweifel nie kein Mensch gewesen. Als nun der Abend herzukam, und das arm verlassen Maidlin an aller Hilf verzweifelt hette, stieg es auf ein sehr hohen Baum, zu besichtigen, ob es doch irgendein Stadt, Dorf oder Haus ersehen möcht, darein es ginge, damit es nicht also jämmerlich den wilden Tieren zur Speis gegeben würde. In solchem Umbsehen sich begab, daß es ein kleins Räuchlin ersahe; behend ab dem Baum stiege und demselbigen Rauch zuginge und in wenig Stunden an das Ort kam, da dann der Rauch aufginge. Das war ein kleines Häuslin, darin niemands wohnet dann nur ein Erdkühlin.

Das Maidlin kam fürs Türlin und klopfet an, begehrt, man sollte es einlassen. Das Erdkühlin antwortet: »Ich laß dich wahrlich nicht herein, du verheißest mir dann, dein Lebtag bei mir zu bleiben und mich nimmermehr zu vermären.« Welches ihme das Maidlin gelobt, und alsbald ward es von dem Erdkühlin eingelassen. Und das Erdkühlin sagt: »Wohlan, du darfst nichts tun, weder eben mich des Abends und Morgens melken. Darnach issest du die selbig Milch von mir, so will ich dir Seiden und Sammat genug zutragen; darvon mach dir schöne Kleider, wie du sie begehrest! Gedenk aber und siehe, daß du mich nicht vermärest! Wann schon deine eigne Schwester zu dir kummt, so laß sie nicht herein, damit ich nicht verraten werd, daß ich an diesem End sei! Sunst hett ich das Leben verloren.« – Nach solchen Worten an sein Weid ging und dem Maidlin des Abends, wann es heimkam, Seiden und Sammat bracht, darvon sich das gut Gretlin so schön kleidet, daß es sich wohl einer Fürstin hett vergleichen mögen.

Als sie nun bis in das ander Jahr also beieinander gewest waren, begab sich, daß dem größern Maidlin, so daheimgeblieben war und das jung Gretlin, sein Schwesterlin, ohn alle Schuld hett helfen in das Elend verjagen, in Gedanken kam und gedenken warde, wie es doch seinem Schwesterlin gehn möchte, das sie hett helfen ins Elend verjagen; kläglich anhub zu weinen und die große Untreu zu bedenken, die sie ihr ohn alle Schuld bewiesen hett. In Summa in ein solchen Reuen kam, daß sie nicht mehr bleiben könnt oder mocht, sundern sehen wollt, ob sie doch irgendein Beinlin von seinem Schwesterlin finden möcht, damit sie dasselbige heimtrüge und es in Ehren hielte.

Und eins Tags sie morgen früh hinaus in Wald ging und suchte und solich Suchen mit kläglichem Weinen so lang trieb, bis sie sich im Walde ganz und gar vergangen und verirret hett und nun die finster Nacht ihr auf dem Hals lag. Wer was da trauriger denn das Annelin? Erst gedenken ward, es solches wohl an seiner Schwester verdient hette, kläglich weinet, Gott umb Gnad und Verzeihung anrufet und bate. Doch war da nicht lang zu warten oder zu klagen, sundern den nächsten auf ein sehr hohen Baum stieg, zu besichtigen, ob es doch irgendein Haus sehen möcht, darin es über Nacht bliebe, damit es nicht also jämmerlich von den wilden Tieren zerrissen würde. Und in solchem Umbsehen ersahe es ein Rauch aus dem Häuslin gehn, darin sein Schwester war; von Stund an dem Haus zu nahet, nicht anderst meinet, dann es eines Hirten oder Waldbruders Häuslin wäre.

Und als es zu dem Haus kam, klopfet es an; da es bald von seiner Schwester, wer da wäre, gefragt ward. »Ei«, sprach das Annelin, ich bin ein armes Maidlin und in dem Wald verirret und bitte, daß man mich durch Gottes Willen über Nacht behalte. Das Gretlin sahe durch ein Spältlin außer und erkannte, daß es sein untreue Schwester was; bald anhub und sprach: »Wahrlich, liebs Maidlin, ich darf dich nicht hereinlassen; denn es mir verboten ist. Wann sunst mein Herr käm und ich jemand Fremds hette einher gelassen, so würd er mich schlagen. Darumb ziehe fürt!« Das arm Maidlin wollt sich nicht lassen abreden noch vertreiben, sunder mit Bitten seinem unerkannten Schwesterlin anlag, daß es ihm die Tür auftät und hineinließ.

Und als es hineinkam, erkannt es sein Schwester, fing an heiß zu weinen und Gott zu loben, daß sie es noch lebendig funden hett, nieder auf seine Knie fiel und es bat, daß es ihme verzeihen sollt alles das, so es wider sie getan. Darnach sie freundlich bat, daß sie ihr doch sagen wollt, wer bei ihm wär, daß sie so schön und wohl gekleidet ginge. Das gut Gretlin, dem verboten war, zu sagen, bei wem es wäre, mancherlei Ausred erfand und herfür zohe; dann einmal sagt es, es wär bei einem Wolf, das andermal, bei einem Bären. Welches alles das Annelin nicht glauben wollt, dem Gretlin, seinem Schwesterlin, süß zuredet, ihr die Wahrheit zu sagen. Und das Maidlin auch (wie dann aller Weiber Brauch und Gewohnheit ist, daß sie mehr schwätzen, weder ihnen befohlen ist) sehr kläffig war und zu seinem Schwesterlin sagt: »Ich bin bei einem Erdkühlin. Aber lug, verrat mich nicht!«

Als solches das Annelin höret, welches seiner Untreu an

der Schwester noch kein Genüge geton hett, bald sagt: »Wohlan, führ mich wieder auf den rechten Weg, damit ich heimkumme!« Welches das Gretlin bald tät. Und da mein guts Annelin heimkame, sagt es seiner Mutter, wie sie ihr Schwester bei einem Erdkühlin funden hätte und wie es so köstlich gekleidet ginge. »Wohlan«, sprach die Mutter, »so wöllen wir die zukünftig Wochen hinausziehen und das Erdkühlin sampt dem Gretlin heimführen; so wöllen wir das Kühlin metzgen und essen.«

Solches alles das Erdkühlin wohl wußt, und als es des Abends spät heimkam, sagt es weinend zum Maidlin: »Ach, ach, mein allerliebstes Gretlin, was hast du geton, daß du dein falsche Schwester hast eingelassen und ihr gesagt, bei wem du bist. Und nun siehe, dein zernichte Mutter und Schwester werden die zukünftig Wochen herauskummen und mich und dich heimführen. Mich werden sie metzgen und essen, dich aber bei ihnen behalten, da du übler gehalten würst dann vor nie.«

Nach solchen Reden sich so kläglich stellt, daß das arm Maidlin anfing zu weinen und vor Traurigkeit vermeint zu sterben, sehr gereuen ward, daß es sein Schwester hatt eingelassen. Doch tröstet es das Erdkühlin und sprach: »Nun wohlan, liebs Maidlin, dieweil es je geschehen ist, so kann es nicht wieder zurückgetrieben werden. Darumb tu ihm also: Wann mich der Metzger jetz geschlagen hat, so stand und weine! Wann er dich dann fraget, was du willst, so sprich: ›Ich wollt gern meins Kühlin Schwanz‹, den würd er dir geben. Wann du den hast, so fahe aber an zu weinen und begehr das ein Horn von mir! Wann du dasselbig auch hast, so weine aber! Wann man dich dann fragt, was du willst, so sprich: ›Ich wollt gern mein Kühlins Schühlin.‹ Wann du den hast, so geh hin und setz den Schwanz in die Erden, auf den Schwanz das Horn, und auf das Horn setz das Schühlin und geh nicht darzu bis an dritten Tag! Und am dritten Tag wird ein Baum daraus worden sein; derselbig wird Sommer und Winter die schönsten Öpfel tragen, die ein Mann je gesehen hat. Und niemands wird sie künden abbrechen dann du allein, und durch denselbigen Baum würst du wieder zu einer großen mächtigen Frauen werden.

Als man nun das Kühlin schlachtet, stund das Margretlin und begehrte die Ding alle, wie ihm sein Kühlin befohlen hett, die ihme auch geben warden. Und es ging hin, steckets in die Erden, und am dritten Tag war ein schöner Baum daraus gewachsen.

Nun begab sich, daß ein gewaltiger Herr für ritte; der selbig sein Suhn mit ihm führte, der das Fieber oder kalt Wehe hatte. Und als der Suhn die schönen Öpfel sahe, sprach er: »Mein Herr Vatter, lassen mir Öpfel bringen von diesem Baum. Mir ist, ich würde gesund darvon werden.« Der Herr von Stund an rüfet, man sollt ihm Öpfel bringen, er wollt sie teur genug bezahlen.

Die älter Dochter den nächsten zum Baum ging und Öpfel darvon brechen wollt. Da zogen sich die Äst allesammen in die Höhe, also, daß sie kein erlangen mocht. Da rüft sie der Mutter und sprach, sie sollte Öpfel abbrechen und sie dem Herren geben. Als aber die arge Frau Öpfel abbrechen wollt, zogen sich die Äst noch viel höher auf, welches der Herr alles wohl gesehen hätt, sich heftig verwundert.

Und letztlich kam das Margretlin zum Baum, Öpfel zu brechen, zu dem sich die Äst neigten und es willig Öpfel abbrechen ließen; welches den Herren noch viel mehr verwundert, und meinet, sie vielleicht eine heilige Frau wäre, sie beruft und sie des Wunders fraget. Dem die gut Dochter die ganz Handlung, was sich ihrer Mutter, Schwester und des Erdkühlins halber verloffen hätt, von Anfang bis zu End anzeiget.

Der Herr, als er die Sach vernummen hatt, die Jungfrau fraget, ob sie mit ihme darvon wollt. Welches die gut Dochter wohl zufrieden was, ihren Baum ausgrub und sich sampt ihrem Vater zu dem Herren auf den Wagen setzt, von dem sie freundlich und ehrlich empfangen wurden, hinfuhren, ihr schalkhaftige Mutter und Schwester sitzenließen.

Vom Ursprung des Namens Bärnhäuter

Die so den Ursprung des teutschgegebenen Schandnamens Bärnhäuter per Etymologiam ausecken wollen, haben vermeint, daß vor alten Zeiten, da die alten Teutschen noch auf allerhand Häuten geschlafen, diejenige zum Spott mit diesem Namen genennet worden, die immerhin aus Faulheit auf ihrer Bärnhaut liegen blieben, und nie nichts Tapfers auszurichten begehrt. Es mag sein, mir gedenkt so weit hinaus nicht, daß ich Nachricht darvon geben könnte. Aber auf dem Schloß Hohenrot hat sich ein uraltes Gemäld gefunden, darvon auch beigefügtes Bildnüs kopiert worden, mit nachfolgendem Bericht, woraus dieser Name entsprungen.

Im Jahr 1396, als Sigismundus, damaliger ungarischer König, von dem türkischen Kaiser Celapino geschlagen wurde, ist ein teutscher Landsknecht aus der Schlacht in einen Wald entronnen und darin verirret. Weil er nun noch darzu keinen Herren, keinen Krieg, kein Geld und auch kein Hantierung oder sonst einig Mittel wußte, sich inskünftig zu ernähren, hatte er allerhand schwermütige Gedanken. Da erschien ihme ohngefähr und ehe er sichs versahe, ein abscheuliches Gespenst oder Geist, weiß nicht, ob's der böse Feind selber gewesen oder nicht, und sagte, wann er ihm dienen wollte, so wollte er ihm Gelds genug geben und ihn endlich gar zu einem Herrn machen.

»O ja!« antwortet der Landsknecht, »aber mit dem Geding, daß mir solche Dienste an meiner Seligkeit nicht schädlich seien.«

»Ich muß aber auch zuvor sehen«, sagte der Geist, »was

du kannst, und was du vor eine Courage habest, damit ich mein Geld nicht umbsonst ausgebe.«

Indem er solches redet, kam ein großer ungeheurer Bär daher geloffen. »Diesen«, sagte der Geist, »schieße vor den Kopf!« Der Landsknecht war nicht unbehend, sondern traf den Bären auf die Nase, daß er über und über burzelte.

Da solches geschehen war, fing das Gespenst oder Geist an, mit ihm zu kapitulieren und sagte: »Wann du mir dienen willst, so mußt du mir sieben Jahr zu dienen versprechen, und in denselbigen alle Nacht ein Stund Schildwacht umb Mitternacht stehen, deine Haar und Bart weder kämpeln, noch selbige wie auch die Nägel nicht abschneiden, die Nase nicht schneuzen, deine Händ und das Angesicht nicht wäschen, den Hindern nicht wischen, diese Bärnhaut anstatt deines Mantels und Betts brauchen und niemal kein Vatterunser beten.

Hingegen will ich dich mit Komiß, Bier, Tabak und Branntewein versehen, daß du kein Mangel haben sollst, und nach den sieben Jahren einen solchen Kerl aus dir machen, daß du dich über dich selbst verwundern wirst müssen.« Der Landsknecht ging alles ein und sagte zum Geist: »Alles, was du mir zu unterlassen gebotten hast, habe ich von Natur mein Tage niemal gern getan: Ich wasch mich nicht gern, ich bette nicht gern etc.«

Nach geschlossenem Akkord begehrte der Geist seinen Namen zu wissen, umb ihn in seine Roll, die er bei sich hat, zu schreiben. Als er aber eines Heiligen Namen nennete, sprach der Geist: »Dieser taug mir nicht; du sollst Bärnhäuter heißen wegen der Bärnhaut, damit du heut begabt bist worden.«

Darauf zog er dem Bärn die Haut ab und machte seinem Neugebornen einen Mantel daraus. Und führt ihn mitsamt derselben Haut und aller seiner übrigen Bagage durch die Wolken auf sein Lusthaus dahin, welches öde Schloß von dieser wunderbaren Fahrt seinen Namen bekommen haben soll. Daselbst versahe der Landsknecht seine siebenjährige

Dienste und wurde in solcher Zeit von Haut, Haar, Bart und Nägeln ein solcher abscheulicher Unflat, daß er dem Geist selbst ähnlicher sahe als einem vernünftigen Menschen, der nach Gottes herrlichem Ebenbild erschaffen worden, sonderlich wann er anstatt eines ehrbarn Mantels seine liebliche Bärnhaut umb sich hatte. Dann seine Haar wurden lauter Höllenzöpf, die ihm umb die Achseln herumb hingen wie indianische Schafschwänze; sein Bart war s. h. von Rotz, Geifer und andern Unlust ineinander gebicht wie ein grober Filzhut; seine Nägel hatten eine Gestalt wie Adlersklauen, und sein Angesicht lag so voller mistigem Unflat, daß man dem gemeinen Sprichwort nach gar wohl hätte Rubsamen hineinsäen können.

Nachdem er aber die sieben Jahr beinahe überstanden hatte, kam der Geist von sich selbst und deutet ihm an, daß es nunmehr Zeit wäre, einmal mit ihm abzurechnen und ihn der Gebühr nach auszuzahlen. Doch steckte er ihm zuvor seine Hosensäcke voller Dukaten und Pistolen und befahl ihm, sich lustig zu machen und kein Geld zu sparen, sondern zu tun und zu lassen, was seinem Herzen geliebte und dem Geld wehe tät; aber dergestalt, daß er aus den Schranken des getroffenen Akkords seiner bisherigen Gewohnheit nicht schreiten sollte, weil seine sieben Jahr noch nicht vollkommlich verflossen waren, in denen sie sich zusammen verbunden.

Der Landsknecht gehorsambte.

Da ihn aber wegen seiner greulichen Abscheulichkeit niemand aufnehmen wollte, wurde er traurig.

Nachdem er aber auch von einem Würt, deren Profession ist, dem Frembden umb die Gebühr Kost und Herberg mitzuteilen, abgewiesen wurde, zeigte er ihm aus dem einen Hosensack eine Handvoll Dukaten und aus dem andern eine Handvoll Duplonen und wurde darauf dessen willkommener Gast.

Der Würt logierte ihn in ein besonder Zimmer, in welchem er ihn auch absonderlich traktierte, damit andere Gäste ob seiner häßlichen Gestalt kein Abscheuens haben, noch ihm seinetwegen die Herberg in kein bös Geschrei bringen sollten.

In demselben mästete sich der Bärnhäuter von des Geistes Gelde aus, bis der Geist einen edlen Herren vom Lande auf der Reis begriffen zu sein wußte, der in selbiger Herberg einkehren würde. Da kam er bei Nacht und malete in selbigem Zimmer alle Contrafet nach dem Leben der berühmtesten Personen, so seit Erschaffung der Welt gelebt hatten, als des Kains, Lamechs, Nimrods, Nini, Zoroastris, der Helenä, der traojanischen und griechischen Fürsten, nicht weniger Sesostris, Nabuchodonosoris, Cyri, Alexandri Magni, Julii Cäsaris, Neronis, Caligulä, des Mahomets etc.; ja sogar auch deren Bildnus, so noch in die Welt kommen sollten, als der Widerchristen und anderer etc.; worüber sich der Würt nicht unbillig verwunderte, vornehmblich als der Bärnhäuter ausgab, er hätte diese Gemälte selbst verfertigt.

Als nun angeregter edle Herr gegen Abend seine Herberg dort nahm und seinen Würt, der ihm bekannt war, fragte: »Was Neus?« erzählte er ihm alles, was er von seinem seltsamen Gast wußte und nicht wußte, als seinen wunderlichen Aufzug, seine große Kunst in der Malerei, und daß er Gelds vollauf hätte.

Der Herr antwortet: »Ich muß dies ohngewöhnlich Wunder morgen auch sehen, sonst werde ich Euch, was Ihr mir gesagt, schwerlich glauben.«

Wie er des Morgens frühe selber sahe, was er gehöret hatte, befande sich zwischen ihm und dem Würt kein anderer Unterscheid, als daß er die Kunst der Malerei besser als jener verstunde, und sich dannenhero auch beides, über die kunstreiche Hand und die Arbeit selbst, mehrers wunderte, dann ihre Perfektion war ohnvergleichlich, und indem er sahe, daß sich viel Contrafet mit denen künstlichen Antiquitäten verglichen, die er allbereit anderwärtlich gesehen, glaubt er, daß die übrige auch denjenigen gleichsahen, deren Bildnus sie repräsentieren und die er bisher noch nicht gesehen. Er fragte den Bärnhäuter, ob er solche Arbeit gemacht hätte. Derselbe aber fragte hinwiederumb: »Wer sonst?« Der Herr sagte hierauf: »So mußt du viel wissen, wann du auch die Gestalten der künftigen Menschen zu entwerfen weißt!« – »Allzeit!« antwortet der Bärnhäuter, »weiß ich mehr, weder mancher vermeint.« Der Herr fragte: »Wer bist du?« Jener antwortet: »Ich bin der Oberst Bärnhäuter, ein Soldat von Fortun, und hab mich neulich im Krieg wider den Türken brauchen lassen.«

Weil nun dieses ein neuer und noch kein schändlicher Namen war, fragte ihm der Herr auch nicht weiters nach, sonder sagte: »Ich hab drei Töchter von gleicher schöner Gestalt, welche auch ihre Mutter ihrer Ähnlichkeit wegen oft selbst voreinander nicht kennet, ich will dich solche sehen lassen, wirst du nun wissen, welches die älteste, die mittler und die jüngste sei, so will ich dir eine davon zum Weib geben, welche du under ihnen haben willst, wo nicht, so sollst du sambt deinem Vermögen mir zum Eigentum verfallen sein.«

Da der Bärnhäuter dessen zufrieden, nahm ihn der edle Herr mit heim, ihn seine Töchter zu solchem Ende sehen zu lassen.

Der Geist aber eschien ihm wieder und sagte zum Bärnhäuter: »Wisse, dieser Herr pflegt auf solche Fäll die jüngste in die Mitte und die älteste auf der linken, die mittlere aber auf ihre rechte Seite zu stellen.«

Als er nun auf solchen Unterricht sagen konnte, welches die erst, die ander und dritte war, zumalen die jüngste zum Weib begehrt, schwur der Herr alsobalden, er wollte seine Paroln halten, wie es einem ehrlichen Kavalier gebühre, Gott geb, was die Mutter darzu sagte, und wie sich sein Kind darzu bequembte.

Er wollte auch die Hochzeit gleich für sich gehen lassen, ehe ein ander Gewirr dreinkäme; aber der Bärnhäuter wollte nicht, sonder wendet andere Geschäften vor doch mit Versprechen, bald wiederzukommen, und da er einen kostbaren Ring, der hierzu gemacht war, voneinander geschraubt und ein Teil darvon seiner Braut gegeben hatte, ging er seines Wegs.

Die Jungfrau Hochzeiterin aber kleidet sich vor Traurigkeit schwarz und wünschte vergeblich, lieber allein zu leben, als sich mit dem abscheulichen Bärnhäuter zu verehelichen.

Aber was half's? Ihr Herr Vatter wollt's also haben.

Ihre Schwestern gönneten ihr diesen Heurat; sie vexierten sie täglich mit ihrem schönen Hochzeiter und erneuerten damit stündlich und täglich die Wundes ihres ohnedas traurigen Herzens, welches sie doch alles mit Geduld überwande.

Der Geist kam hingegen wieder und führte den Bärnhäuter in den Rhein ins Bad; er richtet ihm seine Haar und beschor selbige sambt dem garstigen Bart auf die neue Mode und zieret ihn dergestalt auf durch besondern Anstrich, daß er dem schönsten Kavalier vergliche.

»Jetzt gehe hin nach N.«, sagte er zu ihm, »und mondiere dich wie ein rechter ehrlicher Obrister und lebe wie ein Herr.

Ich will meine Schätze auftun, die ich hierumb vergraben habe, und dir Gelds genug hierzu geben.«

Weil nun dem Bärnhäuter kein erwünschterer Befelch hätt kommen können, war er desto gehorsamer.

Er hielte sich mit schönen Pferden, herrlichen Kutschen, köstlichen Kleidern und vielen Dienern Livree wie ein Großwesir, und da es dem Geist Zeit sein däuchte, stellte er sich wieder ein und sagte zu ihm: »Jetzt fahr hin und vollziehe deinen Heurat!« und damit er desto reicher erscheinen konnte, füllete er ihm beide Gutschenkisten voller Geld, welches er ihm beides, zur Beschuldigung und zum Heuratgut, mitgab. Also machte er sich auf die Reis und schickte einen Trompeter voran, seinem künftigen Schwäher neben Vermeldung seines Diensts und Grußes anzuzeigen, daß ein stattlicher Kavalier auf dem Weg begriffen wäre, ihme zuzusprechen und seinem Frauenzimmer gebührend aufzuwarten, mit einem Wort, eine aus seinen Töchtern zum Gemahl zu begehren, wofern er anderst gelitten werden möchte und keine Ungelegenheit machte.

Als er nun die höfliche Antwort bekam, daß er ein lieber Gast sein würde, ist er mit seiner Suite prächtig eingezogen und wohl empfangen, auch zu Bezeugung mehrerer Willfährigkeit oben an die Tafel zwischen die beide älteste Töchter gesetzt worden, welche sich auch, ihm zu gefallen, weil ihn jede zu bekommen verhofft, trefflich geschmückt hatten.

Die jüngste aber behalf sich unden an der Tafel wie ein Turteltäublein, das seinen Gemahl verlorn, sintemal sie als eine Versprochene keine Hoffnung schöpfen dörfte, diesen ansehnlichen Herrn zu bekommen, wessentwegen ihr die Schwestern mit den Augen manchen höhnischen Blick und mit Worten manchen empfindlichen und verächtlichen Stich gaben, welches ihr tief ins Herz geschnitten.

Als nun der Bärnhäuter nach Vorweisung seines vielen Golds das Jawort, und under den Töchtern von Vatter und Mutter die Wahl bekam, zumalen noch jede von den ältesten Schwestern ihn zu bekommen festiglich verhoffte, offenbarte er sich der jüngsten durch ein Stück des voneinandergeschraubten Rings, davon er ihr hiebevor ein Teil zugestellt.

So hoch nun diese hierdurch erfreuet wurde, so sehr erschraken hingegen jene beide, als sie sich ihrer Hoffnung so gählings beraubt sahen; sie wurden so bestürzt, daß sie nicht mehr wußten, was sie täten, und ihre Eltern wurden so erfreut über der einen Tochter Glück, daß sie der andern beiden Anliegen nicht wahrnahmen, welche zugleich von Schamhaftigkeit und dem Neid gegen ihrer Schwester angefochten wurden, als daß sich die eine selbst erhenkt, die ander aber in einen Brunnen stürzte.

»Also«, sagte der Geist, der dem Bärnhäuter ganz fröhlich erschiene, »nun haben wir miteinander ausgefischt; du hast eine und ich zwo von den Töchtern bekommen, die hiebevor ihr Vatter manchen ehrlichen Kavalier versagt.«

Mein hochverehrter und respektive großgünstiger lieber Leser nehme vor diesmal hiemit verlieb und urteile aus dieser Erzählung, was er will. Alsdann werde ich verhoffentlich mit der Erläuterung hernachkommen.

Jorinde und Joringel

Es war einmal ein altes Schloß, mitten in einem großen, dicken Wald, darinnen wohnte eine alte Frau ganz allein, das war eine Erzzauberin. Am Tage machte sie sich zur Katze oder zur Nachteule, des abends aber wurde sie wieder ordentlich wie ein Mensch gestaltet. Sie konnte das Wild und die Vögel herbeilocken, und dann schlachtete sie, kochte und briet es. Wenn jemand auf hundert Schritte dem Schloß nahe kam, so mußte er stillestehen und konnte sich nicht von der Stelle bewegen, bis sie ihn lossprach; wenn aber eine keusche Jungfrau in diesen Kreis kam, so verwandelte sie dieselbe in einen Vogel und sperrte sie dann in einen Korb ein und trug den Korb in eine Kammer des Schlosses. Sie hatte wohl siebentausend solcher Körbe mit so raren Vögeln im Schlosse.

Nun war einmal eine Jungfrau, die hieß Jorinde; sie war schöner als alle anderen Mädchen. Die, und dann ein gar schöner Jüngling, namens Joringel, hatten sich zusammen versprochen. Sie waren in den Brauttagen, und sie hatten ihr größtes Vergnügen eins am anderen. Damit sie nun einsmalen zusammen reden könnten, gingen sie in den Wald spazieren. »Hüte dich«, sagte Joringel, »daß du nicht so nahe ans Schloß kommst.« Es war ein schöner Abend, die Sonne schien zwischen den Stämmen der Bäume hell ins dunkle Grün des Waldes, und die Turteltaube sang kläglich auf den alten Maibuchen. Jorinde weinte zuweilen, setzte sich hin im Sonnenschein und klagte; Joringel klagte auch. Sie waren so bestürzt, als wenn sie hätten sterben sollen; sie sahen sich um, waren irre und wußten nicht, wohin sie nach Hause gehen sollten. Noch halb stand die Sonne über dem Berg, und halb war sie unter. Joringel sah durchs Gebüsch und sah die alte Mauer des Schlosses nah bei sich; er erschrak und wurde todbang. Jorinde sang:

> »Mein Vöglein mit dem Ringlein rot
> singt Leide, Leide, Leide;
> es singt dem Täublein seinen Tod,
> singt Leide, Lei-zicküth, zicküth, zicküth.«

Joringel sah nach Jorinde. Jorinde war in eine Nachtigall verwandelt, die sang: »Zicküth, zicküth.« Eine Nachteule mit glühenden Augen flog dreimal um sie herum und schrie dreimal: »Schu, hu, hu, hu.« Joringel konnte sich nicht regen: er stand da wie ein Stein, konnte nicht weinen, nicht reden, nicht Hand noch Fuß regen. Nun war die Sonne unter: die Eule flog in einen Strauch, und gleich darauf kam eine alte krumme Frau aus diesem hervor, gelb und mager, große rote Augen, krumme Nase, die mit der Spitze ans Kinn reichte. Sie murmelte, fing die Nachtigall und trug sie auf der Hand fort. Joringel konnte nichts sagen, nicht von der Stelle kommen, die Nachtigall war fort. Endlich kam das Weib wieder und sagte mit dumpfer Stimme: »Grüß dich, Zachiel, wenn's Möndel ins Körbel scheint, bind los, Zachiel, zu guter Stund.« Da wurde Joringel los. Er fiel vor dem Weib auf die Knie und bat, sie möchte ihm seine Jorinde wiedergeben, aber sie sagte, er solle sie nie wiederhaben, und ging fort. Er rief, er weinte, er jammerte, aber alles umsonst. »Uu, was soll mir geschehen?« Joringel ging fort und kam endlich in ein fremdes Dorf; da hütete er die Schafe lange Zeit. Oft ging er rund um das Schloß herum, aber nicht zu nahe dabei. Endlich träumte er einmal des Nachts, er fände eine blutrote

Blume, in deren Mitte eine schöne große Perle war. Die
Blume brach er ab, ging damit zum Schlosse: alles, was er
mit der Blume berührte, ward von der Zauberei frei; auch
träumte er, er hätte seine Jorinde dadurch wiederbekom-
men. Des Morgens, als er erwachte, fing er an, durch Berg
und Tal zu suchen, ob er eine solche Blume fände; er
suchte bis an den neunten Tag, da fand er die blutrote
Blume am Morgen früh. In der Mitte war ein großer Tau-
tropfe, so groß wie die schönste Perle. Diese Blume trug er
Tag und Nacht bis zum Schloß. Wie er auf hundert Schritt
nahe bis zum Schloß kam, da ward er nicht fest, sondern
ging fort bis ans Tor. Joringel freute sich hoch, berührte
die Pforte mit der Blume, und sie sprang auf. Er ging hinein, durch den Hof, horchte, wo er die vielen Vögel ver-
nähme; endlich hörte er's. Er ging und fand den Saal, darinnen war die Zauberin und fütterte die Vögel in den
siebentausend Körben. Wie sie den Joringel sah, ward sie
bös, sehr bös, schalt, spie Gift und Galle gegen ihn aus,
aber sie konnte auf zwei Schritte nicht an ihn kommen. Er
kehrte sich nicht an sie, ging und besah die Körbe mit den
Vögeln; da waren aber viele hundert Nachtigallen, wie
sollte er nun seine Jorinde wiederfinden? Indem er so zusah, merkte er, daß die Alte heimlich ein Körbchen mit
einem Vogel wegnahm und damit nach der Türe ging.
Flugs sprang er hinzu, berührte das Körbchen mit der
Blume und auch das alte Weib; nun konnte sie nichts mehr
zaubern, und Jorinde stand da, hatte ihn um den Hals gefaßt, so schön wie sie ehemals war. Da machte er auch alle
die andern Vögel wieder zu Jungfrauen, und da ging er mit
seiner Jorinde nach Hause, und sie lebten lange vergnügt
zusammen.

Die Bücher der Chronika
der drei Schwestern

Erstes Buch

Ein reicher, reicher Graf vergeudete sein Gut und Habe. Er lebte königlich, hielt alle Tage offne Tafel; wer bei ihm einsprach, Ritter oder Knappe, dem gab er drei Tage lang ein herrliches Bankett, und alle Gäste taumelten mit frohem Mut von ihm hinweg. Er liebte Brettspiel und Würfel; sein Hof wimmelte von goldgelocken Edelknaben, Läufern und Heiducken in prächtiger Livree, und seine Ställe nährten unzählige Pferde und Jagdhunde. Durch diesen Aufwand zerrannen seine Schätze. Er verpfändete eine Stadt nach der andern, verkaufte seine Juwelen und Silbergeschirr, entließ die Bedienten und erschoß die Hunde; von seinem ganzen Eigentum blieb ihm nichts übrig als ein altes Waldschloß, eine tugendsame Gemahlin und drei wunderschöne Töchter. In diesem Schlosse hauste er von aller Welt verlassen, die Gräfin versah mit ihren Töchtern selbst die Küche, und weil sie allerseits der Kochkunst nicht kundig waren, wußten sie nichts als Kartoffeln zu sieden. Diese frugalen Mahlzeiten behagten dem Papa so wenig, daß er grämlich und mißmutig wurde und in dem weiten leeren Hause so lärmte und fluchte, daß die kahlen Wände seinen Unmut widerhallten. An einem schönen Sommermorgen ergriff er aus Spleen seinen Jagdspieß, zog zu Walde, ein Stück Wild zu fällen, um sich eine leckerhafte Mahlzeit davon bereiten zu lassen.

Von diesem Walde ging die Rede, daß es darin nicht geheuer sei; manchen Wanderer hatte es schon irregeführt, und mancher war nie daraus zurückgekehrt, weil ihn entweder böse Gnomen erdrosselt oder wilde Tiere zerrissen hatten. Der Graf glaubte nichts und fürchtete nichts von unsichtbaren Mächten, er stieg rüstig über Berg und Tal und kroch durch Busch und Dickicht, ohne eine Beute zu erhaschen. Ermüdet setzte er sich unter einen hohen Eich-

baum, nahm einige gesottene Kartoffeln und ein wenig
Salz aus der Jagdtasche, um hier sein Mittagsmahl zu halten. Von ungefähr hub er seine Augen auf, siehe da! ein
grausam wilder Bär schritt auf ihn zu. Der arme Graf erbebte über diesen Anblick, entfliehen konnte er nicht, und
zu einer Bärenjagd war er nicht ausgerüstet. Zur Notwehr
nahm er den Jägerspieß in die Hand, sich damit zu verteidigen, so gut er könnte. Das Ungetüm kam nahe heran; auf
einmal stunds und brummte ihm vernehmlich diese Worte
entgegen: »Räuber, plünderst du meinen Honigbaum? Den
Frevel sollst du mit dem Leben büßen!« – »Ach«, bat der
Graf, »ach, freßt mich nicht, Herr Bär, mich lüstet nicht
nach Eurem Honig, ich bin ein biedrer Rittersmann. Seid
Ihr bei Appetit, so nehmt mit Hausmannskost vorlieb und
seid mein Gast.« Hierauf tischt er dem Bären alle Kartoffeln in seinem Jagdhute auf. Dieser aber verschmähte des
Grafen Tafel und brummte unwillig fort: »Unglücklicher,
um diesen Preis lösest du dein Leben nicht; verheiß mir
deine große Tochter Wulfild augenblicks zur Frau, wo
nicht, so freß ich dich!« In der Angst hätte der Graf dem
veramorten Bären wohl alle drei Töchter verheißen und
seine Gemahlin obendrein, wenn er sie verlangt hätte,
denn Not kennt kein Gesetz. »Sie soll die Eure sein, Herr
Bär«, sprach der Graf, der anfing, sich wieder zu erholen;
»doch«, setzte er trüglich hinzu, »unter dem Beding, daß
Ihr nach Landesbrauch die Braut löset und selber kommt,
sie heimzuführen.« – »Topp«, murmelte der Bär, »schlag
ein«, und reichte ihm die rauhe Tatze hin, »in sieben Tagen lös ich sie mit einem Zentner Gold und führ mein
Liebchen heim.« – »Topp«, sprach der Graf, »ein Wort,
ein Mann!« Drauf schieden sie in Frieden auseinander,
der Bär trabte seiner Höhle zu, der Graf säumte nicht, aus
dem furchtbaren Walde zu kommen, und gelangte bei
Sternenschimmer kraftlos und ermattet in seinem Waldschloß an.

Zu wissen ist, daß ein Bär, der wie ein Mensch vernünftig reden und handeln kann, niemals ein natürlicher, sondern ein bezauberter Bär sei. Das merkte der Graf wohl, darum dachte er, den zottigen Eidam durch List zu hintergehen und sich in seiner festen Burg so zu verpalisidieren, daß es dem Bär unmöglich wär, hineinzukommen, wenn er auf den bestimmten Termin die Braut abholen würde. Wenngleich einem Zauberbär, dachte er bei sich, die Gabe der Vernunft und Sprache verliehen ist, so ist er doch gleichwohl ein Bär und hat übrigens alle Eigenschaften eines natürlichen Bären. Er wird also doch wohl nicht fliegen können wie ein Vogel oder durchs Schlüsselloch in ein verschlossenes Zimmer eingehen wie ein Nachtgespenst oder durch ein Nadelöhr schlüpfen. Den folgenden Tag berichtete er seiner Gemahlin und den Fräuleins das Abenteuer im Walde. Fräulein Wulfild fiel vor Entsetzen in Ohnmacht, als sie hörte, daß sie an einen scheußlichen Bär vermählt werden sollte, die Mutter rang und wand die Hände und jammerte laut, und die Schwestern bebten und bangten vor Wehmut und Entsetzen. Papa aber ging hinaus, beschaute die Mauern und Graben ums Schloß her, untersuchte, ob das eiserne Tor schloß- und riegelfest sei, zog die Zugbrücke auf und verwahrte alle Zugänge wohl, stieg darauf auf die Warte und fand da ein Kämmerlein hochgebaut unter der Zinne und wohlvermauert, darin verschloß er das Fräulein, die ihr seidenes Flachshaar zerraufte und schier die himmelblauen Augen ausweinte. Sechs Tage waren verflossen, und der siebente dämmerte heran, da erhob sich vom Walde her groß Getöse, als sei das wilde Heer im Anzuge. Peitschen knallten, Posthörner schallten, Pferde trappelten, Räder rasselten. Eine prächtige Staatskarosse, mit Reitern umringt, rollte übers Blachfeld daher ans Schloßtor. Alle Riegel schoben sich, das Tor rauschte auf, die Zugbrücke fiel, ein junger Prinz stieg aus der Karosse, schön wie der Tag, angetan mit Sammet und Silberstück; um seinen Hals hatte er eine goldene Kette dreimal geschlungen, in der ein Mann aufrechts stehen konnte, um seinen Hut lief eine Schnur von Perlen und Diamanten, welche die Augen verblendete, und um die Agraffe, welche die Straußfeder trug, wäre ein Herzogtum feil gewesen. Rasch wie Sturm und Wirbelwind flog er die Schneckentreppe im Turm hinauf, und einen Augenblick nachher bebte in seinem Arm die erschrockne Braut herab.

Über dem Getöse erwachte der Graf aus seinem Morgenschlummer, schob das Fenster im Schlafgemach auf, und als er Roß und Wagen und Ritter und Reisige im Hofe erblickte und seine Tochter im Arm eines fremden Mannes, der sie in den Brautwagen hob, und nun der Zug zum Schloßtor hinausging, fuhr's ihm durchs Herz, und er erhob groß Klaggeschrei! »Ade, mein Töchterlein! Fahr hin, du Bärenbraut!« Wulfild vernahm die Stimme ihres Vaters, ließ ihr Schweißtüchlein zum Wagen herauswehen und gab damit das Zeichen des Abschieds.

Die Eltern waren bestürzt über den Verlust ihrer Tochter und sahen einander stumm und staunend an. Mama traute gleichwohl ihren Augen nicht und hielt die Entführung für Blendwerk und Teufelsspuk, ergriff ein Bund Schlüssel und lief auf die Warte, öffnete die Klause, fand aber ihre Tochter nimmer, auch nichts von ihrer Gerätschaft; doch lag auf dem Tischlein ein silberner Schlüssel, den sie zu sich nahm, und als sie von ungefähr durch die Luke blickte, sah sie in der Ferne eine Staubwolke gegen Sonnenaufgang emporwirbeln, hörte Getümmel und Jauchzen des Brautzugs bis zum Eingang des Waldes. Betrübt stieg sie vom Turm herab, legte Trauerkleider an, bestreute ihr Haupt mit Asche, weinte drei Tage lang, und Gemahl und Töchter halfen ihr wehklagen. Am vierten Tage verließ der Graf das Trauergemach, um frische Luft zu schöpfen; wie er über den Hof ging, stand da eine feine dichte Kiste von Ebenholz, wohlverwahrt und schwer zu heben. Er ahndete leicht, was drinnen sei, die Gräfin gab ihm den Schlüssel, er schloß auf und fand einen Zentner Goldes, eitel Dublonen, eines Schlags. Erfreut über diesen Fund vergaß er sein Herzeleid, kaufte Pferde und Falken, auch schöne Kleider für seine Gemahlin und die holden Töchter, nahm Diener in Sold, hob von neuem an zu prassen und zu schwelgen, bis die letzte Dublone aus dem Kasten flog. Dann machte er Schulden, und die Gläubiger kamen scharenweise, plünderten das Schloß rein aus und ließen ihm nichts als einen alten Falken. Die Gräfin bestellte wieder mit ihren Töchtern die Küche, und er durchstreifte tagtäglich das Feld mit seinem Federspiel aus Verdruß und Langerweile. Eines Tages ließ er den Falken steigen, der hob sich hoch in die Lüfte und wollte nicht auf die Hand seines Herrn zurückkehren, ob er ihn gleich lockte. Der Graf folgte seinem Flug, so gut er konnte, über die weite Ebne. Der Vogel schwebte dem grausenvollen Walde zu, welchen zu betreten der Graf nicht mehr waghalsen wollte und sein liebes Federspiel verloren gab. Plötzlich stieg ein rüstiger Adler über dem Walde auf und verfolgte den Falken, welcher den überlegenen Feind nicht sobald ansichtig wurde, als er pfeilgeschwind zu seinem Herrn zurückkehrte, um bei ihm Schutz zu suchen. Der Adler aber schoß aus den Lüften herab, schlug einen seiner mächtigen Fänge in des Grafen Schulter und zerdrückte mit dem andern den getreuen Falken. Der bestürzte Graf versuchte mit dem Speer von dem gefiederten Ungeheuer sich zu befreien, schlug und stach nach seinem Feinde. Der Adler ergriff den Jagdspieß, zerbrach ihn wie ein leichtes Schilfrohr und kreischte ihm mit lauter Stimme diese Worte in die Ohren: »Verwegner, warum beunruhigst du mein Luftrevier mit deinem Federspiel? Den Frevel sollst du mit deinem Leben büßen.« Aus dieser Vogelsprache merkte der Graf bald, was für ein Abenteuer er zu bestehen habe. Er faßte Mut und sprach: »Gemach, Herr Adler, gemach! Was hab ich Euch getan? Mein Falk hat seine Schuld ja abgebüßt, den laß ich Euch, stillt Euren Appetit.« – »Nein«, fuhr der Adler fort, »mich lüstet eben heute nach Menschenfleisch, und du scheinst mir ein fetter

Fraß.« – »Pardon, Herr Adler«, schrie der Graf in Todesangst, »heischt, was Ihr wollt von mir, ich geb es Euch; nur schont meines Lebens.« – »Wohl gut«, versetzte der mörderische Vogel, »ich halte dich beim Wort; du hast zwo schöne Töchter, und ich bedarf ein Weib. Verheiß mir deine Adelheid zur Frau, so laß ich dich mit Frieden ziehn und löse sie von dir mit zwo Stufen Gold, jed einen Zentner schwer. In sieben Wochen führ ich mein Liebchen heim.« Hierauf schwang sich das Ungetüm hoch empor und verschwand in den Wolken.

In der Not ist einem alles feil. Da der Vater sahe, daß der Handel mit den Töchtern so gut vonstatten ging, gab er sich über ihren Verlust zufrieden. Er kam diesmal ganz wohlgemut nach Hause und verhehlte sorgfältig sein Abenteuer, teils den Vorwürfen, die er von der Gräfin füchtete, auszuweichen, teils der lieben Tochter das Herz vor der Zeit nicht schwer zu machen. Zum Schein klagte er nur über den verlornen Falken, von welchem er vorgab, er habe sich verflogen. Fräulein Adelheid war eine Spinnerin als keine im Lande. Sie war auch eine geschickte Weberin und schnitt eben damals ein Stück köstlicher Leinwand vom Weberstuhle, so fein wie Batist, welche sie unfern der Burg auf einem frischen Rasenplatze bleichte. Sechs Wochen und sechs Tage vergingen, ohne daß die schöne Spinnerin ihr Schicksal ahndete; obgleich der Vater, der doch etwas schwermütig wurde, als der Termin der Heimsuchung nahete, ihr unter der Hand manchen Wink davon gab, bald einen bedenklichen Traum erzählte, bald die Wulfild wieder in Andenken brachte, die längst vergessen war. Adelheid war frohen und leichten Sinnes, wähnte, das schwere Herzblut des Vaters erzeuge hypochondrische Grillen. Sie hüpfte sorgenlos bei Anbruch des bestimmten Tages hinaus auf den Bleichrasen, breitete ihre Leinwand aus, damit sie vom Morgentau getränkt würde. Wie sie ihre Bleiche beschickt hatte und nun ein wenig umherschaute, sah sie einen herrlichen Zug Ritter und Knappen herantraben. Sie hatte ihre Toilette noch nicht gemacht, darum verbarg sie sich hinter einen wilden Rosenbusch, der eben in voller Blüte stand, und glostete hervor, die prächtige Kavalkade zu schauen. Der schönste Ritter aus dem Haufen, ein junger schlanker Mann in offenem Helm, sprengte an den Busch und sprach mit sanfter Stimme: »Ich sehe dich, ich suche dich, fein Liebchen, ach verbirg dich nicht; rasch schwing dich hinter mich aufs Roß, du schöne Adlerbraut!« Adelheid wußte nicht, wie ihr geschah, da sie diesen Spruch hörte; der liebliche Ritter gefiel ihr baß, aber der Beisatz, Adlerbraut, machte das Blut in ihren Adern erstarren; sie sank ins Gras, ihre Sinnen umnebelten sich, und beim Erwachen befand sie sich in den Armen des holden Ritters auf dem Wege nach dem Walde.

Mama bereitete indes das Frühstück, und als Adelheid dabei fehlte, schickte sie die jüngste Tochter hinaus, zu sehen, wo sie bliebe. Sie ging und kam nicht wieder. Die Mutter ahndete nichts Gutes, wollte sehen, was ihre Töchter so lange weilten. Sie ging und kam nicht wieder. Papa merkte, was vorgegangen sei, das Herz schlug laut in seiner Brust, er schlich sich auch nach dem Rasenplatze, wo Mutter und Tochter noch immer nach der Adelheid suchten und ängstlich sie beim Namen riefen, er ließ seine Stimme gleichfalls weidlich erschallen, wiewohl er wußte, daß alles Rufen und Umsuchen vergeblich war. Sein Weg führte ihn vor dem Rosenbusche vorüber; da sah er etwas blinken, und wie er's genau betrachtete, waren's zwo goldene Eier, jedes einen Zentner schwer. Nun konnt er nicht länger anstehn, seiner Gemahlin das Abenteuer der Tochter zu offenbaren. »Schandbarer Seelenverkäufer«, rief sie aus »O Vater! O Mörder! Opferst du um schändlichen Gewinstes willen also dein Fleisch und Blut dem Moloch auf?« Der Graf, sonst wenig beredsam, machte jetzt seine Apologie aufs beste und entschuldigte sich mit der dringenden Gefahr seines Lebens. Aber die trostlose Mutter hörte nicht auf, ihm die bittersten Vorwürfe zu machen. Er wählte also das souveräne Mittel, allem Wortstreit ein Ende zu machen, er schwieg und ließ seine Dame reden, so lange sie wollte, brachte indessen die goldnen Eier in Sicherheit und wälzte sie gemachsam vor sich her, legte darauf wohlstandshalber drei Tage lang Familientrauer an und dachte nur darauf, seine vorige Lebensart wieder zu beginnen.

In kurzer Zeit war das Schloß wieder die Wohnung der Freude, das Elysium gefräßiger Schranzen. Ball, Turnier und prächtige Feten wechselten täglich ab. Fräulein Bertha glänzte am Hofe ihres Vaters den stattlichen Rittern in die Augen, wie der Silbermond den empfindsamen Wandlern in einer heitern Sommernacht. Sie pflegte bei den Ritterspielen den Preis auszuteilen und tanzte jeden Abend mit dem siegenden Ritter den Vorreihen. Die Gastfreigebigkeit des Grafen und die Schönheit der Tochter zog von den entlegensten Örtern die edelsten Ritter herbei.Viele buhlten um das Herz der reichen Erbin, aber unter so vielen Freiwerbern hielt die Wahl schwer, denn einer übertraf den andern immer an Adel und Wohlgestalt. Die schöne Bertha kürte und wählte so lange, bis die goldenen Eier, bei welchen der Graf die Feile nicht gespart hatte, auf die Größe der Haselnüsse reduziert waren. Die gräflichen Finanzen gerieten wieder in den vorigen Verfall, die Turniere wurden eingestellt, Ritter und Knappen verschwanden allgemach, das Schloß nahm wieder die Gestalt einer Eremitage an, und die gräfliche Familie kehrte zu den frugalen Kartoffelmahlzeiten zurück. Der Graf durchstrich mißmutig die Felder, wünschte ein neues Abenteuer und fand keines, weil er den Zauberwald scheuete.

Eines Tags verfolgte er ein Volk Rebhühner, so weit, daß er dem schauervollen Walde nahe kam, und obgleich sich er nicht hineinwagte, so ging er doch eine Strecke an der Brahne hin und erblickte da einen großen Fischweiher, der ihm noch nie zu Gesichte gekommen war, in dessen silberhellem Gewässer er unzählige Forellen schwimmen sah. Dieser Entdeckung freute er sich sehr. Der Teich hatte ein unverdächtiges Ansehn, daher eilte er nach Hause, strickte sich ein Netz, und den folgenden Morgen stand er bei guter Zeit am Gestade, um solches auszuwerfen. Glücklicherweise fand er einen kleinen Nachen mit einem Ruder im Schilfe, er sprang hinein, ruderte lustig auf dem Teiche herum, warf das Netz aus, fing mit einem Zuge mehr Fohren, als er tragen konnte, und ruderte, vergnügt über diese Beute, dem Strande zu. Ungefähr einen Steinwurf vom Gestade stund der Nachen in vollem Lauf fest und unbeweglich, als säß er auf dem Grunde. Der Graf glaubte das auch und arbeitete aus allen Kräften, ihn wieder flott zu machen, wiewohl vergebens. Das Wasser verrann ringsumher, das Fahrzeug schien auf einer Klippe zu hangen und hob sich hoch über die Oberfläche empor. Dem unerfahrnen Fischer war dabei nicht wohl zumute; obgleich der Nachen wie angenagelt stund, so schien sich doch von allen Seiten das Gestade zu entfernen, der Weiher dehnte sich zu einer großen See aus, die Wogen schwallen auf, die Wellen rauschten und schäumten, und mit Entsetzen wurde er inne, daß ein ungeheurer Fisch ihn und seinen Nachen auf dem Rücken trug. Er ergab sich in sein Schicksal, ängstlich harrend, welchen Ausgang es nehmen würde. Urplötzlich tauchte der Fisch unter, der Nachen war wieder flott, doch einen Augenblick nachher war das Meerwunder über Wasser, sperrte einen abscheulichen Rachen gleich der Höllenpforte auf, und aus dem finstern Schlunde schallten, wie aus einem unterirdischen Gewölbe, vernehmlich diese Worte hervor: »Kühner Fischer, was beginnst du hier? Du mordest meine Untertanen? Den Frevel sollst du mit dem Leben büßen!« Der Graf hatte nun bereits so viel Routine in den Abenteuern erlangt, daß er wußte, wie er sich bei dergleichen Gelegenheiten zu benehmen hatte. Er erholte sich bald von seiner ersten Bestürzung, da er merkte, daß der Fisch doch ein vernünftig Wort mit sich reden ließ, und sprach ganz dreuste: »Herr Behemot, verletzt das Gastrecht nicht, vergönnt mir ein Gericht Fisch aus Euerm

Weiher, sprächt Ihr bei mir ein, so stünd Euch Küch und Keller gleichfalls offen.« – »So traute Freunde sind wir nicht«, versetzte das Ungeheuer, »kennst du noch nicht des Stärkern Recht, daß er den Schwächern frißt? Du stahlst mir meine Untertanen, sie zu verschlingen, und ich verschlinge dich!« Hier riß der grimmige Fisch den Rachen noch weiter auf, als wollt er Schiff und Mann und Maus verschlingen. »Ach schonet, schont mein Leben«, schrie der Graf, »Ihr sehet, ich bin ein mageres Morgenbrot für Euren Walfischbauch!« Der große Fisch schien sich etwas zu bedenken: »Wohlan«, sprach er, »ich weiß, du hast eine schöne Tochter, verheiß mir die zum Weibe und nimm dein Leben zum Gewinn.« Als der Graf hörte, daß der Fisch aus diesem Tone zu reden anfing, verschwand ihm alle Furcht. »Sie stehet zu Befehl«, sprach er, »Ihr seid ein wackrer Eidam, dem kein biedrer Vater sein Kind versagen wird. Doch womit löset Ihr die Braut nach Landesbrauch!« – »Ich habe«, erwiderte der Fisch, »weder Gold noch Silber; aber im Grunde dieser See liegt ein großer Schatz von Perlenmuscheln, du darfst nur fordern.« – »Nun«, sagte der Graf, »drei Himten Zahlperlen sind wohl nicht zuviel für eine schöne Braut.« – »Sie sind dein«, beschloß der Fisch, »und mein die Braut, in sieben Monden führ ich mein Liebchen heim.« Hierauf stürmt er lustig mit dem Schwanze und trieb den Nachen bald an den Strand.

Der Graf brachte seine Forellen heim, ließ sie sieden und sich diese Kartäusermahlzeit nebst Gräfin und der schönen Bertha wohlschmecken, und die letztere ahndete nicht, daß ihr dies Mahl teuer würde zu stehen kommen. Unterdessen nahm der Mond sechsmal ab und zu, und der Graf hatte sein Abenteuer beinahe vergessen; als aber der Silbermond zum siebenten Mal sich zu runden begann, dacht er an die bevorstehende Katastrophe, und um kein Augenzeuge davon zu sein, drückte er sich ab und unternahm eine kleine Reise ins Land. In der schwülen Mittagsstunde, am Tage des Vollmonds, sprengte ein stattlich Geschwader Reuter ans Schloß; die Gräfin, bestürzt über so vielen fremden Besuch, wußte nicht, ob sie die Pforte öffnen sollte oder nicht. Als sich aber ein wohlbekannter Ritter anmeldete, ward ihm aufgetan. Er hatte gar oft zur Zeit des Wohlstandes und Überflusses in der Burg den Turnieren beigewohnt und zu Schimpf und Ernst gestochen, auch manchen Ritterdank von der schönen Bertha Hand empfangen und mit ihr den Vorreihen getanzt; doch seit der Glücksveränderung des Grafen war er gleich den übrigen Rittern verschwunden. Die gute Gräfin schämte sich vor dem edlen Ritter und seinem Gefolge ihrer großen Armut, daß sie nichts hatte, ihm aufzutischen. Er aber trat sie freundlich an und bat nur um einen Trunk frisch Wasser aus dem kühlen Felsenbrunnen des Schlosses, wie er auch sonst zu tun gewohnt war, denn er pflegte nie Wein zu trinken, daher nennte man ihn scherzweise nur den Wasserritter. Die schöne Bertha eilte auf Geheiß der Mutter zum Brunnen, füllte einen Henkelkrug und kredenzte dem Ritter eine kristallene Schale, er empfing solche aus ihrer niedlichen Hand, setzte sie da an den Mund, wo ihre Purpurlippen die Schale berührt hatten, und tat ihr mit innigem Entzücken Bescheid. Die Gräfin befand sich indessen in großer Verlegenheit, daß sie nicht vermögend war, ihrem Gaste etwas zum Imbiß aufzutragen; doch besann sie sich, daß im Schloßgarten eben eine saftige Wassermelone reifte. Augenblicklich drehte sie sich nach der Tür, brach die Melone ab, legte sie auf einen irdenen Teller, viel Weinlaub drunter und die schönsten wohlriechenden Blumen ringsumher, um sie dem Gaste aufzutragen. Wie sie aus dem Garten trat, war der Schloßhof leer und öde, sie sahe weder Pferde noch Reisige mehr, im Zimmer war kein Ritter, kein Knappe; sie rief ihre Tochter Bertha, suchte sie im ganzen Hause und fand sie nicht. Im Vorhause aber waren drei Säcke von neuer Leinwand hingestellt, die sie in der ersten Bestürzung nicht bemerkt hatte und die von außen anzufühlen waren, als wären sie mit Erbsen gefüllt, genauer sie zu untersuchen, ließ ihre Betrübnis nicht zu. Sie überließ sich ganz ihrem Schmerz und weinte laut bis an den Abend, wo ihr Gemahl heimkehrte, der sie in großem Jammer fand. Sie konnt ihm die Begebenheit des Tages nicht verhehlen, so gern sie es getan hätte, denn sie befürchtete von ihm große Vorwürfe, daß sie einen fremden Ritter in die Burg gelassen, der die liebe Tochter entführt hätte. Aber der Graf tröstete sie liebreich und frug nur nach den Erbssäcken, von welchen sie ihm gesagt hatte, ging hinaus, sie zu beschauen, und öffnete einen in ihrer Gegenwart. Wie groß war das Erstaunen der betrübten Gräfin, als eitel Perlen herausrollten, so groß wie die großen Gartenerbsen, vollkommen gerundet, fein gebohrt und von dem reinsten Wasser. Sie sahe wohl, daß der Entführer ihrer Tochter jede mütterliche Zähre mit einer Zahlperl bezahlt hatte, bekam von seinem Reichtum und Stande eine gute Meinung und tröstete sich damit, daß dieser Eidam kein Ungeheuer, sondern ein stattlicher Ritter sei, welche Meinung ihr der Graf auch nicht benahm.

Nun gingen die Eltern zwar aller schönen Töchter verlustig; aber sie besaßen einen unermeßlichen Schatz. Der Graf machte bald einen Teil davon zu Gelde. Vom Morgen bis zum Abend war ein Gewühl von Kaufleuten und Juden im Schlosse, um die köstlichen Zahlperlen zu handeln. Der Graf löste seine Städte ein, tat das Waldschloß an einen Lehnsmann aus, bezog seine vormalige Residenz, richtete den Hofstaat wieder an und lebte nicht mehr als ein Verschwender, sondern als ein guter Wirt, denn er hatte nun keine Tochter mehr zu verhandeln. Das edle Paar befand sich in großer Behäglichkeit, nur die Gräfin konnte sich über den Verlust ihrer Fräuleins nicht beruhigen, sie trug beständig Trauerkleider und wurde nimmer froh. Eine Zeitlang hoffte sie, ihre Bertha mit dem reichen Perlenritter wiederzusehen, und wenn ein Fremder bei Hofe gemeldet wurde, ahndete sie den wiederkehrenden Eidam. Der Graf vermochte es endlich nicht länger über sich, sie mit leerer Hoffnung hinzuhalten; in der traulichen Bettkammer, welche so manchem Männergeheimnis Luft macht, eröffnete er ihr, daß dieser herrliche Eidam ein scheußlicher Fisch sei. »Ach«, erseufzte die Gräfin, »ach, ich unglückliche Mutter! Hab ich darum Kinder geboren, daß sie ein Raub grausender Ungeheuer werden sollten? Was ist alles Erdenglück, was sind alle Schätze für eine kinderlose Mutter!« – »Liebes Weib«, antwortete der Graf, »beruhiget Euch, es ist nun einmal nicht anders, wenn's von mir abhing, sollt es Euch an Kindersegen nicht gebrechen. Die Gräfin nahm diese Worte zu Herzen, meinte, ihr Gemahl mache ihr Vorwürfe, daß sie altere und die Unfruchtbare im Hause sei, denn er war noch ein feiner rüstiger Mann. Darüber betrübte sie sich so sehr, daß sie in große Schwermut fiel, und Freund Hein wäre ihr wohl ein willkommener Gast gewesen, wenn er bei ihr eingesprochen hätte.

Zweites Buch

Alle Jungfrauen und Dirnen am Hofe nahmen großen Teil an den Leiden ihrer guten Frau, jammerten und weinten mit ihr und suchten sie zuzeiten auch durch Sang und Saitenspiel aufzuheitern; aber ihr Herz war der Freuden nicht mehr empfänglich. Jede Hofdame gab weisen Rat, wie der Geist des Trübsinns weggebannet werden möchte, gleichwohl war nichts zu erdenken, den Kummer der Gräfin zu mindern. Die Jungfrau, welche ihr das Handwasser reichte, war vor allen andern Dirnen klug und sittsam und bei ihrer Gebieterin wohlgelitten, sie hatte ein empfindsames Herz, und der Schmerz ihrer Herrschaft lockte ihr manche Träne ins Auge. Um nicht vorlaut zu scheinen, hatte sie immer geschwiegen, endlich konnte sie dem innern Drange nicht widerstehen, auch ihren guten Rat zu erteilen. »Edle Frau«, sagte sie, »wenn ihr mich hören wolltet, so wüßt ich Euch wohl ein Mittel zu sagen, die Wunden Eures Herzens zu heilen.« Die Gräfin sprach: »Rede!« – »Unfern von Eurer

Residenz«, fuhr die Jungfrau fort, »wohnet ein frommer Einsiedler in einer schauervollen Grotte, zu welchem viel Pilger in mancherlei Not ihre Zuflucht nehmen; wie wär's, wenn Ihr von dem heiligen Manne Trost und Hülfe begehrtet? Wenigstens würde sein Gebet die Ruhe Eures Herzens wiedergeben.« Der Gräfin gefiel dieser Vorschlag, sie hüllte sich in ein Pilgerkleid, wallfahrtete zu dem frommen Eremiten, eröffnete ihm ihr Anliegen, beschenkte ihn mit einem Rosenkranze von Zahlperlen und bat um seinen Segen, welcher so kräftig war, daß, eh ein Jahr verging, die Gräfin ihrer Traurigkeit quitt und ledig war und eines jungen Sohnes genas.

Groß war die Freude der Eltern über den holden Spätling; die ganze Grafschaft verwandelte sich in einen Schauplatz der Wonne, des Jubels und der Feierlichkeiten bei der Geburt des jungen Stammerben. Der Vater nannte ihn Reinald das Wunderkind. Der Knabe war schön wie der Amor selbst, und seine Erziehung wurde mit solcher Sorgfalt betrieben, als wenn die Morgenröte der philanthropistischen Methode damals schon wär angebrochen gewesen. Er wuchs lustig heran, war die Freude des Vaters und der Mutter Trost, die ihn wie ihren Augapfel wahrte. Ob er nun wohl der Liebling ihres Herzens war, so verlosch doch das Andenken an ihre drei Töchter nicht in ihrem Gedächtnis. Oft, wenn sie den kleinen lachenden Reinald in die Arme schloß, träufelte eine Zähre auf seine Wangen, und als der liebe Knabe etwas heranwuchs, frug er oft wehmütig: »Gute Mutter, was weinest du?« Die Gräfin verhehlte ihm aber mit Vorbedacht die Ursache ihres geheimen Kummers; denn außer dem Gemahl wußte niemand, wo die drei jungen Gräfinnen hingeschwunden waren. Manche spekulative Köpfe wollten wissen, sie wären von irrenden Rittern entführt worden, welches damals nichts Ungewöhnliches war; andere behaupteten, sie lebten in einem Kloster versteckt; noch andere wollten sie im Gefolge der Königin von Burgund oder der Gräfin von Flandern gesehen haben. Durch tausend Schmeicheleien lockte Reinald der zärtlichen Mutter dennoch das Geheimnis ab; sie erzählte ihm die Abenteuer der drei Schwestern nach allen Umständen, und er verlor kein Wort von diesen Wundergeschichten aus seinem Herzen. Er hatte keinen andern Wunsch als den, wehrhaft zu sein, um auf das Abenteuer auszugehen, seine Schwestern im Zauberwalde aufzusuchen und ihren Zauber zu lösen. Sobald er zum Ritter geschlagen war, begehrte er vom Vater Urlaub, einen Heereszug, wie er vorgab, nach Flandern zu tun. Der Graf freuete sich des ritterlichen Mutes seines Sohnes, gab ihm Pferde und Waffen, auch Schildknappen und Troßbuben, und ließ ihn mit Segen von sich, so ungern auch die sorgsame Mutter in den Abschied willigte.

Kaum hatte der junge Ritter seine Vaterstadt im Rükken, so verließ er die Heerstraße und trabte mit romantischen Mute auf das Waldschloß zu, begehrte von dem Lehnsmann Herberge, der ihn ehrlich empfing und wohlhielt. Am frühen Morgen, da im Schloß noch alles in süßem Schlummer lag, sattelte er sein Roß, ließ sein Gefolge zurück und jagte voll Mut und Jugendfeuer nach dem bezauberten Walde hin. Je weiter er hineinkam, je dichter wurde das Gebüsch, und vom Huf seines Pferdes schalleten die schroffen Felsen wider. Alles um ihn her war einsam und öde, und die dichtverwachsenen Bäume schienen dem jungen Waghals den Eingang mitleidig zu versperren. Er stieg vom Pferde, ließ es grasen und machte sich mit seinem Schwerte einen Weg durch den Busch, klimmte an steilen Felsen hinan und gleitete in Abgründe hinab. Nach langer Mühe gelangte er in ein gekrümmtes Tal, durch welches sich ein klarer Bach schlängelte. Er folgte den Krümmungen desselben, in der Ferne öffnete eine Felsengrotte ihren unterirdischen Schlund, vor welcher etwas, das einer menschlichen Figur ähnlich war, sich zu regen schien. Der kecke Jüngling verdoppelte seine Schritte, nahm den Weg zwischen den Bäumen hin, blickte der Grotte gegenüber hinter den hohen Eichen durch und sahe eine junge Dame im Grase sitzen, die einen kleinen ungestalten Bär auf dem Schoße liebkoste, indes noch ein größerer um sie schäkerte, bald ein Männchen machte, bald einen possierlichen Purzelbaum schlug, welches Spiel die Dame sehr zu amüsieren schien. Reinald erkannte nach der mütterlichen Erzählung die Dame für seine Schwester Wulfild, sprang hastig aus seinem Hinterhalt hervor, sich ihr zu entdecken. Sobald sie aber den jungen Mann erblickte, tat sie einen lauten Schrei, warf den kleinen Bär ins Gras, sprang auf, dem Kommenden entgegen, und redete ihn mit wehmütiger Stimme und ängstlicher Gebärde also an: »O Jüngling, welcher Unglücksstern führt dich in diesen Wald? Hier wohnt ein wilder Bär, der frißt all Menschenkind, die seiner Wohnung nahn, flieh und errette dich!« Er neigte sich züchtiglich gegen die bildschöne Dame und antwortete: »Fürchtet nichts, holde Gebieterin, ich kenne diesen Wald und seine Abenteuer und komme, den Zauber zu lösen, der Euch hier gefangenhält!« – »Tor!« sprach sie, »wer bist du, daß du es wagen darfst, diesen mächtigen Zauber zu lösen, und wie vermagst du das?« Er: »Mit diesem Arm und durch dies Schwert! Ich bin Reinald das Wunderkind genannt, des Grafen Sohn, dem dieser Zauberwald drei schöne Töchter raubte. Bist du nicht Wulfild, seine Erstgeborene?« Ob dieser Rede entsetzte sich die Dame noch mehr und staunte den Jüngling mit stummer Verwunderung an. Er nutzte diese Pause und legitimierte sich durch so viel Familiennachrichten, daß sie nicht zweifeln konnte, Reinald sei ihr Bruder. Sie umhalste ihn zärtlich, aber ihre Knie wankten vor Furcht wegen der augenscheinlichen Gefahr, worin sein Leben schwebte.

Sie führte hierauf ihren lieben Gast in die Höhle, um da einen Winkel auszuspähen, ihn zu beherbergen. In diesem weiten düstern Gewölbe lag ein Haufen Moos, welches dem Bär und seinen Jungen zum Lager diente; gegenüber aber stand ein prächtiges Bette mit roten Damast behangen

und mit goldenen Tressen besetzt, für die Dame. Reinald
mußte sich bequemen, eiligst unter der Bettlade Platz zu
suchen und da sein Schicksal zu erwarten. Jeder Laut und
alles Geräusch war ihm bei Leib und Leben untersagt, besonders prägte ihm die angstvolle Schwester wohl ein, weder zu husten noch zu niesen. Kaum war der junge Waghals an seinem Zufluchtsorte, so brummte der fürchterli-
che Bär zur Höhle herein, schnoberte mit blutiger
Schnauze allenthalben umher; er hatte den edlen Falben
des Ritters im Walde ausgespürt und ihn zerrissen. Wulfild
saß auf dem Thronbette wie auf Kohlen, ihr Herz war ein-
gepreßt und beklommen, denn sie sahe bald, daß der Herr
Gemahl seine Bärenlaune hatte, weil er vermutlich den
fremden Gast in der Höhle merkte. Sie unterließ deshalb
nicht, ihn zärtlich zu liebkosen, streichelte ihn sanft mit
ihrer sammetweichen Hand den Rücken herab, krauete
ihm die Ohren; aber das grämliche Vieh schien wenig auf
diese Liebkosungen zu achten. »Ich wittere Menschenfleisch«, murmelte der Fresser aus seiner weiten Kehle.
»Herzensbär«, sagte die Dame, »du irrst dich, wie käm ein
Mensch in diese traurige Einöde?« – »Ich wittere Menschenfleisch«, wiederholte er und spionierte um das seidene Bette seiner Gemahlin herum. Dem Ritter ward dabei
nicht wohl zumute. Ungeachtet seiner Herzhaftigkeit trat
ihm ein kalter Schweiß vor die Stirn; indessen machte die
äußerste Verlegenheit die Dame herzhaft und entschlossen.
»Freund Bär«, sprach sie, »bald treibst du mir's zu bunt,
fort hier von meiner Lagerstatt, sonst fürchte meinen
Zorn.« Der Schnauzbär kümmerte sich wenig um diese
Drohung, er hörte nicht auf, um den Bettumhang herum-
zutosen. Allein so sehr er auch Bär war, so stund er gleichwohl unter dem Pantoffel seiner Dame; wie er Miene
machte, seinen Dickkopf unter die Bettlade zu zwängen,
faßte sich Wulfild ein Herz und versetzte ihm einen so
nachdrücklichen Fußtritt in die Lenden, daß er ganz demütig auf seine Streu kroch, sich niedertat brummend an den

Tatzen sog und seine Jungen leckte. Bald darauf schlief er ein und schnarchte wie ein Bär. Hierauf erquickte die traute Schwester ihren Bruder mit einem Glase Sekt und etwas Zwieback, ermahnte ihn, guten Muts zu sein, nun sei die Gefahr größtenteils vorüber. Reinald war von seinem Abenteuer so ermüdet, daß er bald darauf in tiefen Schlaf fiel und mit dem Schwager Bär um die Wette schnarchte.

Beim Erwachen fand er sich in einem herrlichen Prunkbette, in einem Zimmer mit seidenen Tapeten, die Morgensonne blickte freundlich zwischen den aufgezogenen Gardinen herein, neben dem Bette lagen auf einigen mit Sammet bekleideten Taburetts seine Kleider und die ritterliche Waffenausrüstung, auch stund ein silbernes Glöckchen dabei, den Dienern zu schellen. Reinald begriff nicht, wie er aus der schaudervollen Höhle in einen prächtigen Palast sei versetzt worden, und war zweifelhaft, ob er jetzt träume oder vorhin das Abenteuer im Walde geträumt habe. Aus dieser Ungewißheit zu kommen, zog er die Glocke. Ein zierlich gekleideter Kammerdiener trat herein, frug nach seinen Befehlen und meldete, daß seine Schwester Wulfild und ihr Gemahl, Albert der Bär, seiner mit Verlangen warteten. Der junge Graf konnte sich von seinem Erstaunen nicht erholen. Ob ihm gleich bei Erwähnung des Bären der kalte Schweiß an die Stirn trat, so ließ er sich doch rasch ankleiden, trat ins Vorgemach heraus, wo er aufwartende Edelknaben, Läufer und Heiducken antraf, und mit diesem Gefolge gelangte er durch eine Menge Prachtgemächer und Vorsäle zum Audienzzimmer, wo ihn seine Schwester mit dem Anstande einer Fürstin empfing. Neben sich hatte sie zwei allerliebste Kinder, einen Prinzen von sieben Jahren und ein zartes Fräulein, das noch am Gängelbande geleitet wurde. Einen Augenblick hernach trat Albrecht der Bär herein, der jetzt sein grausendes Ansehn und alle Eigenschaften eines Bären abgelegt hatte und als der liebenswürdigste Prinz erschien. Wulfild präsentierte ihren Bruder an ihn, und Albert umhalste seinen

Schwager mit aller Wärme der Freundschaft und Bruder-liebe.

Der Prinz war mit all seinem Hofgesinde durch einen feindlichen Zauber auf Tage verzaubert. Das heißt, er ge-noß die Vergünstigung, alle sieben Tage von einer Morgen-röte bis zur andern des Zaubers entledigt zu werden. So-bald aber die silbernen Sternlein am Himmel erbleichten, fiel der eherne Zauber wieder mit dem Morgentau aufs Land; das Schloß verwandelte sich in einen schroffen, un-ersteiglichen Felsen, der reizende Park ringsumher in eine traurige Einöde, die Springbrunnen und Kaskaden in ste-hende trübe Sümpfe, der Inhaber des Schlosses wurde ein Zottenbär, die Ritter und Knappen Dächse und Marder; Hofdamen und Zofen wandelten sich in Eulen und Fleder-mäuse um, die Tag und Nacht girrten und wehklagten. An einem solchen Tage der Entzauberung war es, wo Albrecht seine Braut heimführte. Die schöne Wulfild, die sechs Tage geweint hatte, daß sie an einen zottigen Bär vermählt werden sollte, ließ ihren Trübsinn schwinden, als sie sahe, daß sie sich in den Armen eines jungen, wohlgemachten Ritters befand, der so minniglich sie umfaßte und sie in einen herrlichen Palast einführte, wo ein glänzendes Braut-gepränge ihrer wartete. Sie wurde von schönen Dirnen und Myrtenkränzen mit Gesang und Saitenspiel empfan-gen, ihrer ländlichen Kleidung entlediget und mit königli-chem Brautschmuck angetan. Ob sie gleich nicht eitel war, so konnte sie doch das geheime Entzücken über ihre Wohl-gestalt nicht verhehlen, da ihr die kristallenen Spiegel von allen Wänden des Brautgemachs tausend Schmeicheleien sagten. Ein splendides Gastmahl folgte auf die Vermäh-lungszeremonie, und ein glänzender Bal paré beschloß die Feierlichkeit des festlichen Tages. Die reizende Braut at-mete Wonne und Seligkeit in den Gefühlen der Liebe, die an ihrem Brauttage nach der Sitte der keuschen Vorwelt sich zum erstenmal in ihrem jungfräulichen Herzen regten, und das widernde Bärenideal war ganz aus ihrer Phantasie verdrungen. In der Mitternachtsstunde wurde sie von ihrem Gemahl mit Pomp in die Brautkammer eingeführt, wo alle Liebesgötter im Plafond von Freude belebt ihre goldnen Flügel zu regen schienen, da das liebende Paar hineintrat. – Der süßeste Morgentraum schwand eben dahin, als die Neuvermählte erwachte und ihren Gemahl mit einem liebevollen Kuß gleichfalls aus dem Schlafe zu wekken vorhatte; wie groß war ihr Erstaunen, da sie ihn nicht an ihrer Seite fand und, den seidenen Vorhang aufhebend, sich in ein düster Kellergewölbe versetzt sahe, wo das aufgebrochene Tageslicht durch den Eingang hineinfiel und nur so viel Hellung gab, daß sie einen furchterweckenden Bär wahrnehmen konnte, der aus einem Winkel hervor trübsinnig nach ihr hinblickte.

Sie sank auf ihr Lager zurück und starb vor Entsetzen hin. Nach einer langen Pause kam sie erst wieder zu sich und sammelte soviel Kräfte, eine laute Klage anzuheben, welche die krächzenden Stimmen von hundert Eulen außerhalb der Höhle beantworteten. Der empfindsame Bär konnt's nicht aushalten, diese Jammerszene anzusehen, er mußte hinaus unter Gottes freien Himmel, den Schmerz und Unwillen über sein hartes Schicksal auszukeuchen. Schwerfällig hob er sich vom Lager und zottete brummend in den Wald, aus welchem er nicht eher als am siebenten Tage kurz vor der Verwandlung zurückkehrte. Die sechs traurigen Tage wurden der untröstbaren Dame zu Jahren. Über der hochzeitlichen Freude hatte man aus der Acht gelassen, die Bettlade der Braut mit einigen Lebensmitteln und Erfrischungen zu versehen, denn über alle leblosen Dinge, welche die schöne Wulfild unmittelbar berührte, hatte der Zauber keine Macht; aber ihr Gemahl würde auch selbst in ihren Umarmungen in der Stunde der Verwandlung zum Bären geworden sein. In der Beklommenheit ihres Herzens schmachtete die Unglückliche zwei Tage dahin, ohne an Nahrungsmittel zu gedenken, endlich aber forderte die Natur die Mittel ihrer Erhaltung mit großem

Ungestüm und erregte einen wilden Heißhunger, der sie aus der Höhle trieb, einige Nahrung zu suchen. Sie schöpfte mit der hohlen Hand ein wenig Wasser aus dem vorüberrieselnden Bächlein und erquickte damit ihre heißen trocknen Lippen, pflückte einige Hambutten und Brombeeren und verschlang in wilder Betäubung eine Handvoll Eicheln, die sie gierig auflas und noch eine Schürze voll aus mechanischem Instinkt mit in die Höhle zurücknahm, denn um ihr Leben war sie wenig bekümmert; sie wünschte nichts sehnlicher als den Tod.

Mit diesem Wunsche schlief sie am Abend des sechsten Tages ein und erwachte am frühen Morgen in eben dem Gemache wieder, in welches sie als Braut eingetreten war; sie fand da alles noch in der nämlichen Ordnung, wie sie es verlassen hatte, und den schönsten zärtlichsten Gemahl an ihrer Seite, der in den rührendsten Ausdrücken ihr sein Mitleid über den traurigen Zustand bezeigte, in welchen seine unwiderstehliche Liebe zu ihr sie gebracht hätte, und sie mit Tränen in den Augen um Verzeihung bat; er erklärte ihr die Beschaffenheit des Zaubers, daß jeder siebente Tag solchen unwirksam mache und alles in seiner natürlichen Gestalt darstelle. Wulfild wurde durch die Zärtlichkeit ihres Gemahls gerührt; sie bedachte, daß eine Ehe noch gut genug wäre, wo der siebente Tag immer heiter sei, und daß nur die glücklichsten der Ehen sich dieser Prärogative rühmen könnten; sie fand sich in ihr Schicksal, vergalt Liebe mit Liebe und machte ihren Albert zum glücklichsten Bär unter der Sonne. Um nicht wieder in den Fall zu kommen, in der Waldhöhle zu darben, legte sie jederzeit, wenn sie zur Tafel ging, ein Paar weite Poschen an, diese belastete sie mit Konfekt, süßen Orangen und anderm köstlichen Obst. Auch den gewöhnlichen Nachttrunk ihres Herrn, der ins Schlafgemach gestellt wurde, verbarg sie sorgfältig in ihrer Bettlade, und so war ihre Küche und Keller immer für die Zeit der Metamorphose zureichend bestellt. Einundzwanzig Jahre hatte sie bereits im Zauberwalde verlebt, und diese lange Zeit hatte keinen ihrer jugendlichen Reize verdrungen; auch war die wechselseitige Liebe des edlen Paares noch Gefühl des ersten mächtigen Instinkts. Die Mutter Natur behauptet aller anscheinenden Störungen ungeachtet allenthalben ihre Rechte, auch in der Zauberwelt wacht sie mit großer Sorgfalt und Strenge dafür und wehret allem Fortschritt und den allmählichen Veränderungen der Zeit ab, solange durch die heterogenen Eingriffe der Zauberei die Dinge dieser Unterwelt ihrer Botmäßigkeit entzogen sind. Laut Zeugnis der heiligen Legende stiegen die frommen Siebenschläfer, nachdem sie ihren hundertjährigen Schlaf ausgeschlafen hatten, so munter und rüstig aus den römischen Katakomben hervor, wie sie hineingegangen waren, und hatten nur um eine einzige Nacht gealtert. Die schöne Wulfild hatte nach der Komputation der guten Mutter Natur in den einundzwanzig Jahren nur drei Jahre verlebt und befand sich noch in der vollen Blüte des weiblichen Alters. Eben diese Beschaffenheit hatte es auch mit ihrem Gemahl und dem ganzen verzauberten Hofstaat.

Alles das eröffnete das edle Paar dem holden Ritter auf einer Promenade im Park, unter einer Laube, woran sich wilder Jasmin und Hills kletterndes Geißblatt zusammen verflochten. Der glückliche Tag schwand unter dem Gepränge einer bunten Hofgala und wechselseitigen Freundschaftsbezeugungen nur zu bald dahin. Man nahm das Mittagsmahl ein, nachher war Apartement und Spiel, ein Teil der Höflinge lustwandelten mit den Damen im Park, trieben Scherz und Minnespiel, bis man zur Abendtafel trompetete, wo in einer Spiegelgalerie unter Beleuchtung unzähliger Wachskerzen gespeiset wurde. Man aß, trank und war fröhlich bis zur Mitternachtsstunde, Wulfild versorgte nach Gewohnheit ihre Poschen und riet ihrem Bruder, seine Taschen auch nicht zu vergessen. Als abgetragen war, schien Albert unruhig zu werden, flüsterte seiner Gemahlin etwas ins Ohr, sie nahm darauf ihren Bruder beiseite und sprach wehmütig also: »Geliebter Bruder, wir müssen uns scheiden, die Stunde der Verwandlung ist nicht mehr fern, wo alle Freuden dieses Palastes hinschwinden; Albert ist um dich bekümmert, er fürchtet für dein Leben; er würde dem tierischen Instinkt nicht widerstehen können, dich zu zerreißen, wenn du die bevorstehende Katastrophe hier abwarten wolltest; verlaß diesen unglücklichen Wald und kehre nie wieder zu uns zurück.« – »Ach«, erwiderte Reinald, »es begegne mir, was das Verhängnis über mich beschlossen hat, scheiden kann ich mich nicht von euch, Ihr Lieben! Dich, o Schwester, aufzusuchen, war mein Beginnen, und da ich dich gefunden habe, verlaß ich diesen Wald nicht ohne dich. Sag, wie ich den mächtigen Zauber lösen kann?« – »Ach«, sprach sie, »den vermag kein Sterblicher zu lösen!« Hier mischte sich Albert ins Gespräch, und wie er den kühnen Entschluß des jungen Ritters vernahm, mahnte er ihn mit liebreichen Worten von seinem Vorhaben so kräftig ab, daß dieser endlich dem Verlangen des Schwagers und den Bitten und Tränen der zärtlichen Schwester nachgeben und zum Abschied sich bequemen mußte.

Signor Albert umarmte den wackern Jüngling brüderlich, und nachdem dieser seine Schwester umhalset hatte und nun scheiden wollte, zog Albert seine Brieftasche hervor und nahm daraus drei Bärenhaare, rollte sie in ein Papier und reichte sie dem Ritter gleichsam scherzweise als ein Wahrzeichen, sich dabei des Abenteuers im Zauberwalde zu erinnern. »Doch«, setzte er ernsthaft hinzu, »verachtet nicht diese Kleinigkeit, sollt Euch einmal Hülfe not tun, so reibt diese drei Haare zwischen den Händen und erwartet den Erfolg.« Im Schloßhofe stund ein prächtiger Phaethon mit sechs Rappen bespannt, nebst vielen Reitern und Dienern. Reinald stieg hinein. »Ade, mein Bruder!« rief Albert der Bär am Schlage; »ade, mein Bruder!« antwortete Reinald das Wunderkind, und der Wagen donnerte über die Zugbrücke dahin, auf und davon. Die goldenen Sterne funkelten noch hell am nächtlichen Himmel, der Zug ging über Stock und Stein, bergauf, bergab, durch Wüsten und Wälder, über Stoppeln und Felder, sonder Ruh und Rast, in vollem Trab. Nach einer guten Stunde begann der Himmel zu grauen; urplötzlich verloschen alle Windlichter, Reinald fand sich unsanft auf die Erde gesetzt, wußte nicht, wie ihm geschah; der Phaethon mit Roß und Wagen war verschwunden, aber bei dem Schimmer der Morgenröte sah er sechs schwarze Ameisen zwischen seinen Füßen hingaloppieren, die eine Nußschale fortzogen. Der mannliche Ritter wußte sich das Abenteuer nun leicht zu erklären, er hütete sich sorgfältig, eine Ameise etwa unversehens zu zertreten, erwartete ganz geruhig den Aufgang der Sonne, und weil er sich noch innerhalb der Grenzen des Waldes befand, beschloß er, seine beiden jüngern Schwestern gleichfalls aufzusuchen und, wenn es ihm nicht gelingen sollte, sie zu entzaubern, ihnen wenigstens einen Besuch zu machen.

Drei Tage irrte er vergebens im Wald umher, ohne daß ihm ein Abenteuer aufstieß. Eben hatte er die letzten Überbleibsel eines Milchbrotes von Schwager Albert des Bären Tafel aufgezehrt, als er hoch über sich in der Luft etwas rauschen hörte, wie wenn ein Schiff in vollem Segeln die Wellen durchschneidet; er schaute auf und erblickte einen mächtigen Adler, der sich aus der Luft herab aufs Nest tat, das er auf dem Baum hatte. Reinald war über diese Entdeckung hocherfreut, verbarg sich im Unterwuchs der Holzung und lauerte, bis der Adler wieder auffliegen würde. Nach sieben Stunden hob er sich vom Neste, alsbald trat der lauschende Jüngling hervor ins Freie und rief mit lauter Stimme: »Adelheid, geliebte Schwester, wenn du auf dieser hohen Eiche hausest, so antworte meiner Stimme, ich bin Reinald, das Wunderkind genannt, dein Bruder, der dich suchet und die Banden des mächtigen Zaubers zu zerstören strebt, die dich fesseln.« Sobald er aufgehört hatte zu reden, antwortete eine sanfte weibliche Stimme von oben wie aus den Wolken: »Bist du Reinald das Wunderkind, so sei willkommen deiner Schwester Adelheid, säume nicht, zu ihr heraufzuklimmen, die Trostlose zu umarmen.« Entzückt über diese frohe Botschaft wagte der Ritter freudig den Versuch, den hohen Baum hinaufzuklettern, aber vergebens. Dreimal lief er rund um den Stamm, aber der war zu dick, ihn zu umklammern, und die nächsten Äste viel zu hoch, sie zu erfassen. Indem er begierig auf Mittel sann, seinen Zweck zu erreichen, fiel eine seidene Strickleiter herab, durch deren Beihülfe er bald bis in den Gipfel des Baumes zu dem Adlerneste gelangte; es war so geräumig und so feste gebaut wie ein Altan auf einer Linde. Er fand seine Schwester unter einem Thronhimmel sitzend, von außen gegen die Witterung mit Wachstaffet bekleidet, inwendig mit rosafarbnen Atlas ausgeschlagen, auf ihrem Schoße lag ein Adlerei, welches auszubrüten sie beschäftigt war. Der Empfang war auf beiden Seiten sehr zärtlich, Adelheid hatte genaue Kundschaft von ihres Vaters Hause und wußte, daß Reinald ihr nachgeborner Bruder war, Edgar der Aar, ihr Gemahl, war auf Wochen verwünscht, alle sieben Wochen war eine von der Bezauberung frei, in dieser Zwischenzeit hatte er seiner Gemahlin zuliebe unerkannterweise oft das Hoflager seines Schwiegervaters besucht und sagte ihr von Zeit zu Zeit an, wie es in ihres Vaters Hause stund. Adelheid lud ihren Bruder ein, die nächste Verwandlung bei ihr abzuwarten; obgleich der Termin erst in sechs Wochen bevorstund, so willigte er doch gern ein. Sie versteckte ihn in einem hohlen Baum und beköstigte ihn täglich aus dem Magazin unter ihrem Sofa, das mit Schiffsprovision, das heißt, solchen Eßwaren, die sich konservieren, auf sechs Wochen reichlich versehen war. Sie entließ ihn mit der wohlmeinenden Vermahnung: »So lieb dir das Leben ist, hüte dich vor Edgars Adlerblick, sieht er dich in seinem Gehege, so ist's um dich geschehen; er hackt dir die Augen aus und frißt dir das Herz ab, wie er nur erst gestern dreien deiner Knappen tat, die dich hier

im Walde suchten.« Reinald schauderte über das Schicksal
seiner Knappen zurück, versprach seiner wohl zu wahren
und harrete in dem Patmus des hohlen Baumes sechs langweilige Wochen aus; doch genoß er das Vergnügen, mit seiner Schwester zu kosen, wenn der Adler vom Neste flog.
Aber für diese Prüfung seiner Geduld wurde er nachher
durch sieben freudenvolle Tage sattsam entschädigt.

Die Aufnahme beim Schwager Aar war nicht minder
freundschaftlich als beim Schwager Bär; sein Schloß, seine
Hofstatt, alles war hier so wie dort, jeder Tag war ein Freu-
denfest, und die Zeit der fatalen Verwandlung rückte nur
zu geschwind herbei. Am Abend des siebenten Tages entließ Edgar seinen Gast mit den zärtlichsten Umarmungen,
doch warnt er ihn, sein Gehege nicht wieder zu betreten.
»Soll ich mich«, sprach Reinald wehmütig, »ewig von euch
scheiden, ihr Geliebten? Ist's nicht möglich, den unglücklichen Zauber zu lösen, der euch hier gefangenhält? Hätt ich
hundert Leben zu verlieren, ich wagte sie alle, euch zu erlösen.« Edgar drückte ihm herzig die Hand: »Dank, edler
junger Mann, für Eure Lieb und Freundschaft; aber laßt
das kecke Unterfangen schwinden. Es ist möglich, unsern
Zauber zu lösen, aber Ihr sollt's, Ihr dürft's nicht. Wer's beginnt, wenn's mißlingt, dem kostet es das Leben, und Ihr
sollt nicht das Opfer für uns werden.« Durch diese Rede
Reinalds Heldenmut nur mehr angefeuert, das Abenteuer
zu bestehen. Seine Augen funkelten vor Verlangen, und die
Wangen rötete ein Strahl von Hoffnung, seinen Zweck zu
erreichen; er drang den Schwäher Edgar, ihm das Geheimnis mitzuteilen, wie der Zauber des Waldes aufzulösen sei;
doch dieser wollt ihm nichts enträtseln aus Sorge, das Leben des kühnen Jünglings in Gefahr zu setzen. »Alles, was
ich Euch sagen kann, lieber Kompan«, sprach er, »ist, daß
Ihr den Schlüssel der Bezauberungen finden müßt, wenn
es Euch gelingen soll, uns zu erlösen. Seid Ihr vom Schicksal bestimmt, unser Befreier zu sein, so werden Euch die
Sterne Weg und Bahn anzeigen, wo Ihr ihn zu suchen

habt; wo nicht, so ist Torheit all Euer Beginnen.« Hierauf zog er seine Brieftasche hervor und nahm daraus drei Adlerfedern, die er dem Ritter darreichte, sich seiner dabei zu erinnern. Wenn ihm einst Hülfe nottät, sollte er sie zwischen den Händen reiben und den Erfolg abwarten. Drauf schieden sie freundlich auseinander. Edgars Hofmarschalk und das Hofgesinde begleiteten den lieben Fremdling durch einen langen Gang, mit emporstrebenden Weimutskiefern und Eibenbäumen bepflanzt, bis zum Ausgang des Geheges, und als er außerhalb desselben war, schlossen sie das Gattertor zu und kehrten eilig zurück, denn die Zeit der Verwandlung stand bevor. Reinald setzte sich unter eine Linde, das Wunder mit anzusehen, der Vollmond leuchtete hell und klar, er sah das Schloß noch gar deutlich über die Gipfel der hohen Bäume hervorragen; doch in der Morgendämmerung war um ihn ein dicker Nebel, und wie diesen die aufgehende Sonne niederdrückte, war Schloß und Park und Gattertor verschwunden, er befand sich in einer traurigen Einöde, oben auf einer Felsenwand neben einem unermeßlichen Abgrunde.

Der junge Abenteurer blickte ringsumher, einen Weg hinab ins Tal zu finden, da wurd er in der Ferne einen See gewahr, dessen Spiegelfläche der Abglanz der Sonnenstrahlen versilberte. Mit großer Mühe arbeitete er sich den ganzen Tag durch den dichtverwachsenen Wald, sein Dichten und Trachten war auf den See gerichtet, wo er seine dritte Schwester Bertha vermutete; aber je weiter er in den wilden Busch hineinkam, je undurchdringlicher wurd er, der See verlor sich aus seinen Augen und auch die Hoffnung, ihn wieder zu erblicken. Doch gegen Sonnenuntergang sahe er die Wasserfläche wieder zwischen den Bäumen durchschimmern, als der Wald lichter wurde, dennoch erreichte er das Ufer nicht eher als mit hereinbrechender Nacht. Ermüdet schlug er sein Lager unter einem Feldbaum auf und erwachte nicht eher, bis die Sonne schon hoch am Himmel stand. Durch den Schlaf fand er sich gestärket und seine

Glieder rüstig und wacker; er sprang rasch auf und wandelte längst dem Ufer hin voller Gedanken und Anschläge, wie er zu seiner Schwester im Weiher gelangen möchte. Vergebens ließ er seinen Spruch und Gruß erschallen: »Bertha, geliebte Schwester, hausest du in diesem Weiher, so gib Antwort auf meine Rede, ich bin Reinald, das Wunderkind genannt, dein Bruder, der dich aufsucht, deinen Zauber zu lösen und dich aus diesem nassen Gefängnis herauszuführen.« Doch ihm antwortete nichts als das vielstimmige Echo aus dem Walde her. »O ihr lieben Fische«, fuhr er fort, als ganze Scharen rotgesprenkter Fohren ans Ufer schwammen und den jungen Fremdling anzugaffen schienen, »ihr lieben Fische, sagt's eurer Gebieterin an, daß ihr Bruder hier am Ufer harret, ihr zu begegnen.« Er zerpflückte alle Brotfragmente, die er noch in seinen Taschen fand, und warf sie in den Teich, die Fische damit zu bestechen, ob sie seiner Schwester von ihm Botschaft bringen möchten; allein die Fohren schnappten die Semmelbrokken gierig auf, ohne sich um den Wohltäter weiter zu bekümmern. Reinald sah wohl, daß mit seiner Fischpredigt nichts ausgerichtet war, deshalb versuchte er auf eine andre Manier sein Unterfahen auszuführen. Als ein flinker Ritter war er in allen Leibesübungen wohlgeübt, und schwimmen konnt er wie eine Wassermaus, darum resolvierte er sich kurz, entkleidete sich von seiner Rüstung, nahm von den Waffen nichts als das blanke Schwert in die Hand und sprang im Waffenkleide von feuerfarbenem Satin, weil er keines Nachen ansichtig wurde wie weiland sein Vater, beherzt in die Fluten, um den Schwager Behemot aufzusuchen. Er wird, dacht er, mich nicht gleich verschlingen und schon ein vernüftiges Wort mit sich reden lassen, wie er bei meinem Vater tat. Drauf plätscherte er geflissentlich in den Wellen, das Meerwunder herbeizulocken, und schaukelte auf den blauen Wogen mitten in den Weiher hinein.

Solang es seine Kräfte erlaubten, verfolgt er den nassen Pfad getrost, ohne daß ihm ein Abenteuer aufstieß; wie er aber anfing zu ermatten, schauete er nach dem Gestade um und sah unfern einen dünnen Nebel aufsteigen, der hinter einer emporstehenden Eisscholle hervorzukommen schien. Er ruderte aus allen Kräften, das Phänomen näher zu betrachten, und fand eine kurze Säule von Bergkristall aus dem Wasser hervorragen, die hohl zu sein schien, denn aus dieser stieg ein herzerquickender Wohlgeruch in kleinen Dampfwolken in die Höhe, welche der Windstrom spielend auf das Wasser warf. Der kühne Schwimmer vermutete, daß das wohl der Schlot zu der unterirdischen Wohnung seiner Schwester sein könnte; er wagt es also, darinnen hinabzuschlüpfen, und diese Vermutung täuschte ihn auch nicht. Der Rauchfang führte unmittelbar in den Kamin des Schlafgemachs der schönen Bertha, welche eben beschäftigt war, im reizenden Morgennegligé ihre Schokolade bei einem kleinen Feuer von roten Sandelholz zu bereiten. Wie die Dame das Geräusch im Schlote vernahm und urplötzlich zwei Menschenfüße den Kamin herabzappeln sah, wurden ihre Lebensgeister von dieser unerwarteten Visite so sehr überrascht, daß sie vor Schrecken den Schokoladentopf umstieß und rücklings auf ihren Armstuhl in Ohnmacht sank. Reinald rüttelte sie so lange, bis sie wieder zu sich selbst kam, und sobald sie sich ein wenig erholt hatte, sprach sie mit matter Stimme: »Unglücklicher, wer du auch seist, wie darfst du es wagen, diese unterirdische Wohnung zu betreten? Weißt du nicht, daß diese Vermessenheit dir den unvermeidlichen Tod bringt?« – »Fürchte nichts, meine Liebe«, sprach der wackre Ritter, »ich bin dein Bruder Reinald, das Wunderkind genannt, scheue nicht Gefahr noch Tod, meine geliebten Schwestern aufzusuchen und die Banden des mächtigen Zaubers aufzulösen, der sie fesselt.« Bertha umarmte ihren Bruder zärtlich; aber ihr schlanker Leib zitterte vor Furcht.

Ufo der Delphin, ihr Gemahl, hatte den Hof seines Schwiegervaters gleichfalls zuweilen im strengen Inkognito besucht und unlängst in Erfahrung gebracht, daß Reinald ausgezogen sei, seine Schwestern aufzusuchen. Dies kühne Vorhaben des Jünglings hatte er oft beklagt. »Wenn ihn«, sprach er, »Schwager Bär nicht frißt, noch Schwager Aar die Augen aushackt, so wird ihn doch Schwager Hai verschlingen; ich fürchte, in der Anwandlung tierischer Wut dem Triebe nicht widerstehen zu können, ihn hinterzuschlurfen; und wenn du ihn mit deinen zarten Armen umfaßtest, du Liebe, ihn zu schützen, so würd ich deine kristallne Wohnung zertrümmern, daß dich die hereinströmenden Fluten ersäuften, und ihn würd ich in meinem Walfischbauch begraben; denn zur Zeit der Verwandlung, weißt du, ist unsere Wohnung jedem Fremdling unzugänglich.« Alles das verhehlte die schöne Bertha ihrem Bruder nicht; er aber antwortete, »Kannst du mich nicht für den Augen des Meerwunders verbergen, wie deine Schwestern taten, daß ich hier weile, bis der Zauber schwindet?« – »Ach«, versetzte sie, »wie könnte ich dich verbergen? Siehst du nicht, daß diese Wohnung von Kristall ist und daß alle Wände so durchsichtig sind wie der Eishimmel?« – »Es wird doch irgendein undurchschaubarer Winkel im Hause sein«, gegenredete Reinald, »oder bist du die einzige deutsche Frau, welche die Augen ihres Mannes nicht zu täuschen vermag?« Die schöne Bertha war in dieser Kunst ganz unerfahren, sie sann und sann, endlich fiel ihr noch zum Glück die Holzkammer ein, wohin sie ihren Bruder bergen könnte. Er akzeptierte den Vorschlag ohne Einwendung, verschränkte das Holz in der durchsichtigen Kammer so kunstreich wie ein Biber seinen unterirdischen Bau und verbarg sich darin aufs beste. Die Dame eilte darauf an ihre Toilette, setzte sich so reizend auf als möglich, legte eins der schönsten Kleider an, das ihren schlanken Wuchs begünstigte, ging ins Audienzgemach, harrend auf den Besuch ihres Gemahls, des Delphins, und stund da so minniglich wie eine der drei Grazien in der Einbildungskraft eines Dichters. Ufo der Delphin konnte des Umgangs seiner liebenswerten Gemahlin während der Zeitperiode der Verzauberung nicht anders genießen, als daß er ihr täglich einen Besuch machte, sie von außen durch das gläserne Haus sah und sich an dem Anblick ihrer Schönheit weidete.

Kaum hatte die holde Bertha ihr Sprachzimmer betreten, so kam der ungeheure Fisch herangeschwommen, das Wasser fing schon von weitem an zu rauschen, die Fluten kräuselten sich in Wirbeln rings um den kristallenen Palast. Das Meerwunder stund von außen vor dem Gemach, atmete Ströme von Wasser ein und stürzte sie wieder aus seinem weiten Schlunde hervor, gaffte dabei mit glotzenden meergrünen Augen die schöne Frau stumm und staunend an. So sehr sich auch die gute Dame angelegen sein ließ, ein unbefangenes Air zu affektieren, so wenig war das in ihrer Gewalt; alle Schälkelei und Verstellung war ihr ganz fremd, das Herz bebte und bangte ihr, der Busen hob sich hoch und schnell, ihre Wangen und Lippen glüheten und erbleichten plötzlich wieder. Der Delphin hatte ungeachtet seiner dämischen Fischnatur dennoch so viel physiognomisches Gefühl, daß er aus diesen Signalelementen Unrat merkte, scheußliche Grimassen machte und pfeilgeschwind fortschoß. Er umkreiste den Palast in unzähligen Schraubengängen und trieb solchen Unfug in den Wogen, daß die kristallene Wohnung davon erbebte und die erschrockene Bertha nicht anders glaubte, er würde solche augenblicks zerschellen. Der spähende Delphin konnte indessen bei dieser strengen Haussuchung nichts wahrnehmen, was seinen Verdacht zu bestärken schien, daher wurde er allgemach ruhiger, und zum Glück hatte er durch sein Toben das Wasser so getrübt, daß er nicht sehen konnte, in welchem Zustand die bängliche Bertha sich befand. Er schwamm fort, die Dame erholte sich wieder von ihrem Schrecken, Reinald verhielt sich still und ruhig in der Holzkammer, bis die Zeit der Verwandlung herankam; und obgleich allem Ansehen nach Schwager Walfisch nicht allen Verdacht schwinden ließ, denn er vergaß nie bei seinem täglichen Besuch, dreimal die Ronde ums Haus zu schwimmen und alle Winkel des kristallenen Palastes zu durchspähen, so gebärdete er sich doch nicht so wütig dabei als das erstemal. Die Stunde der Verwandlung befreite endlich den duldsamen Gefangenen aus der einsamen Holzkammer.

Als er eines Tages erwachte, befand er sich in einem königlichen Palast auf einer kleinen Insel. Gebäude, Lustgärten, Marktplätze, alles schien auf dem Wasser zu schwimmen, hundert Gondeln schwankten auf den Kanälen auf und ab, und alles lebte und webte auf den offenen Plätzen in fröhlicher Geschäftigkeit; kurz, das Schloß des Schwagers Delphin war ein kleines Venedig. Der Empfang des jungen Ritters war hier ebenso herzig und freundschaftsvoll als an den Höfen der beiden andern Schwäger. Ufo der Delphin war auf Monden verwünscht, der siebente war jedesmal der Rastmonat der Verzauberung; von einem Vollmond bis zum andern gedieh alles in seinem natürlichen Zustand. Weil Reinalds Aufenthalt hier länger dauerte, so wurd er mit dem Schwäher Ufo auch bekannter und lebte mit ihm vertrauter als mit den andern. Seine Neugierde peinigte ihn schon lange, zu erfahren, durch welches Schicksal die drei Prinzen in den unnatürlichen Zustand der Verzauberung wären versetzt worden; er forschte fleißig deshalb an der Schwester Bertha, aber die konnt ihm keine Auskunft geben, und Ufo beobachtete über diesen Punkt ein geheimnisvolles Stillschweigen. Reinald erfuhr also nicht, was er wünschte. Unterdessen eilten die Tage der Freude auf den Fittichen der Winde dahin, der Mond verlor seine Silberhörner und rundete seine Gestalt mehr mit jedem Tage. Bei einer empfindsamen Abendpromenade verständigte Ufo seinen Schwäher Reinald, daß die Zeit der Trennung in wenig Stunden bevorstehe, und mahnte ihn an, zu seinen Eltern zurückzukehren, die seinethalben in großer Sorge lebten; die Mutter sei untröstlich, seitdem es am Hofe kund worden, daß er nicht nach Flandern, sondern in den Zauberwald auf Abenteuer ausgegangen sei. Reinald frug, ob der Wald noch viele enthalte, und vernahm, es sei nur noch eins übrig, davon er bereits Kundschaft habe: um den Minnesold den Schlüssel der Bezauberung zu suchen und den kräftigen Talisman zu zerstören; so lange dieser wirke, sei für die Prinzen keine Erledigung zu hoffen. »Aber«, fügte Ufo der Delphin freundschaftlich hinzu, »folgt gutem Rate, junger Mann, dankt den translunarischen Mächten und der Protektion der Damen, Eurer Schwestern, daß Ihr nicht das Opfer Eures kühnen Unterfangens worden seid, den Zauberwald zu durchstreifen. Laßt Euch genügen an dem Ruhm, den ihr erworben habt, ziehet hin und gebt Euren Eltern Bericht von alledem, was Ihr gesehen und gehört habt, und führt durch Eure Rückkehr die gute Mutter vom Rande des Grabes zurück, wohin sie Harm und Gram um Euch gebracht hat.« Reinald versprach, was Schwäher Ufo verlangte, mit Vorbehalt, zu tun, was er wollte; denn die Herren Söhne, wenn sie mütterlicher Zucht entwachsen, groß und bengelhaft worden sind und sich auf die tollen Rappen schwingen, kümmern sich wenig um die treuen Mutterzähren. Ufo merkte bald, worauf des Jünglings Sinn gestellt war, deshalb zog er seine Brieftasche hervor und nahm daraus drei Fischschuppen, reichte sie ihm zum Geschenk dar und sprach: »Wenn Euch einst Hilfe not tut, so reibt sie zwischen den Händen, daß sie flugs erwarmen, und erwartet den Erfolg.«

Reinald bestieg eine schöne verguldete Gondel und ließ sich durch zwei Gondelierer ans feste Land rudern. Kaum war er am Gestade, so verschwand die Gondel, das Schloß, die Gärten, die Marktplätze, und es blieb von all der Herrlichkeit nichts übrig als ein Fischteich mit hohem Schilf bewachsen, welches ein kühles Morgenlüftgen durchsäuselte. Der Ritter befand sich wieder an dem Platze, wo er vor drei Monden kühnlich ins Wasser sprang, sein Schild und Harnisch lag noch auf der Stelle, und der Speer stund daneben gepflanzt, wie er seine Waffen verlassen hatte. Er aber gelobte sich, nicht eher zu rasten, bis der Schlüssel der Bezauberung in seiner Hand wär.

Drittes Buch

»Wer sagt mir an den geraden Weg, und wer leitet meinen Fuß auf die rechte Bahn, die zu dem wunderbarsten der Abenteuer führet in diesem grenzenlosen Walde? O ihr translunarischen Mächte, blickt freundlich auf mich herab, und wenn ein Erdensohn diesen mächtigen Zauber lösen soll, so laßt mich diesen glücklichen Sterblichen sein.« So sprach Reinald ganz in sich gekehrt und ging fürbaß seine unwegsame Straße waldeinwärts. Er durchstrich sieben Tage lang sonder Furcht noch Grausen die endlose Wildnis und schlief sieben Nächte lang unter freiem Himmel, daß seine Waffen vom nächtlichen Tau rosteten. Am achten Tage erstieg er eine Felsenzinne, von der er, wie vom Sankt-Gotthards-Berge, in unwirtbare Tiefen hinabblickte. Von der Seite öffnete sich ein Tal mit grüner Vinca überzogen, von hohen Granitfelsen umschlossen, welche Schierlingstannen und traurige Zypressen überragten. In der Ferne kam's ihm vor, als sähe er da ein Monument aufgerichtet. Zwo giganteske Marmorsäulen mit ehernen Knäufen und Füßen trugen ein dorisches Gebälke, welches an eine Felsenwand gelehnt war und ein stählernes Tor überschattete, mit starken Bändern und Riegeln versehen; auch lag noch zum Überfluß ein Anwurf davor, von der Größe eines Scheffels. Unfern des Portals weidete ein schwarzer Stier im Grase, mit funkelnden umherschauenden Augen, als wenn er den Eingang zu bewachen schien.

Reinald zweifelte nicht, daß er das Abenteuer gefunden habe, von dem ihm Schwäher Ufo der Delphin Erwähnung getan hatte; alsbald beschloß er solches zu bestehen und schlüpfte von der Felsenzinne gemachsam hinab ins Tal.

Er nahete dem Stier auf einen Bogenschuß, ehe ihn dieser zu bemerken schien, aber nun sprang er rasch auf, lief wütig hin und her, als rüst er sich zum Kampf gegen den Ritter wie ein andalusischer, schnaubte gegen den Erdboden, daß sich Staubwolken emporhoben, stampfte mit den Füßen, daß der Grund erbebte, und schlug mit den Hörnern gegen die Felsen, daß sie in Stücken sprangen. Der Ritter setzte sich in eine angreifende Stellung, und wie der Stier auf ihn anlief, vermied er das gewaltsame Horn durch eine geschickte Wendung und führte einen so kräftigen Schwertstrich nach dem Halse des Ungetüms, daß er vermeinte, das Haupt vom Rumpfe zu sondern wie der tapfre Skanderbeg! O Jammer! Der Hals des Stiers war für Stahl und Eisen unverwundbar: das Schwert zerbrach in Stükken, und der Ritter behielt nur das Heft in der Hand. Er hatte nichts zu seiner Verteidigung übrig als eine Lanze von Ahornholz mit einer zweischneidigen Spitze von Stahl; aber auch die zerknickte beim zweiten Angriff wie ein schwacher Strohhalm. Der stößige Ochs erfaßte den wehrlosen Jüngling mit den Hörnern und schleuderte ihn wie einen leichten Federball hoch in die Luft, auflaurend, ihn aufzufangen oder mit den Füßen zu zertreten. Glücklicherweise geriet er im Fallen zwischen die ausgebreiteten Äste eines wilden Birnbaums, die ihn wohltätig umfaßten. Ob ihm gleich alle Rippen im Leibe knackten, so blieb ihm doch so viel Besinnungskraft, daß er sich fest an den Baum anklammerte, denn der wütige Ochse stieß mit seiner ehernen Stirne so gewaltsam gegen den Stamm, daß dieser sich aus der Wurzel hob und zum Fall neigte.

In der Zwischenzeit, als der mörderische Stier sich wendete, einen Anlauf zu nehmen, den gewaltsamen Stoß zu wiederholen, dachte Reinald an die Geschenke seiner Schwäher. Der Zufall führte ihm das Papier mit den drei Bärenhaaren zuerst in die Hand, er rieb sie aus allen Kräften, und in dem Augenblicke kam ein grimmiger Bär dahergetrabet, der einen harten Kampf mit dem Stier begann; der Bär ward seiner bald mächtig, würgt ihn nieder und zerriß ihn in Stücken. Wie sich der hohle Bauch öffnete, flog heraus ein scheuer Entvogel, der mit großem Geschrei davonflog. Reinald ahndete, daß dieser Zauber des Sieges, welchen der Bär erkämpft hatte, spottete und den Gewinn desselben davontrage; er griff deshalb flugs nach den drei Federn und rieb sie zwischen den Händen. Darauf erschien ein mächtiger Adler hoch in der Luft, für welchen der furchtsame Entvogel sich nieder ins Gebüsche drückte; der Adler schwebte in unermeßner Höhe über ihm. Wie der Ritter das bemerkte, scheucht er den Entrich auf und verfolgt ihn, bis der Wald lichter wurde, und weil er sich nicht mehr bergen konnte, flog er auf und nahm seinen Flug gerade nach dem Weiher zu. Der Adler aber schoß aus den Wolken herab, ergriff und zerfleischte ihn mit seinen mächtigen Fängen. Indem er starb, ließ er ein goldnes Ei in den Weiher fallen. Der aufmerksame Reinald wußte auch dieser neuen Täuschung zu begegnen, er rieb flugs die Fischschuppen zwischen den Händen, da hob sich ein Walfisch aus dem Wasser, der das Ei in seinem weiten Rachen auffing und es ans Land spie. Des war der Ritter froh in seinem Herzen, schlug das goldne Ei mit einem Stein voneinander, da fiel ein kleiner Schlüssel heraus, den er triumphierend für den Schlüssel der Bezauberungen erkannte.

Schnellfüßig eilt er nun zu dem stählernen Portal zurück. Der Zwergschlüssel schien für das riesige Vorlegeschloß nicht gemacht zu sein, inzwischen wollt er doch einen Versuch damit machen; aber kaum berührte der Schlüssel das Schloß, so sprang es auf, die schweren eisernen Riegel schoben sich von selbst zurück, und die stählerne Pforte tat sich auf. Frohen Mutes stieg er in die düstere Grotte hinab, in welcher sieben Türen in sieben verschiedene unterirdische Zimmer führten, allesamt prächtig aufgeputzt und herrlich mit Walratlichtern erleuchtet. Reinald durchwandelte alle nach der Reihe und trat aus dem letztern in ein Closette, wo er eine junge Dame ansichtig wurde, die auf einem Sofa in einem unerwecklichen magischen Schlummer ruhete. Bei diesem herzanfassenden Anblick erwachte in seiner Brust das Gefühl der Liebe; still und staunend stand er da und verwandt kein Auge von ihr, ein Beweis seiner großen Unerfahrenheit! Unser erleuchtetes Jahrhundert weiß dergleichen glückliche Situationen ganz anders zu nutzen. Nachdem Ritter Reinald sich von seinem Erstaunen erholet hatte, blickte er ein wenig im Zimmer umher und sah der schlafenden Dame gegenüber eine alabasterne Tafel voll wunderbarer Charaktere. Er vermutete, daß darauf der Talisman eingegraben sei, der alle Zaubereien des Waldes in ihrer Kraft erhielt. Aus gerechten Unwillen ballte er seine Faust, mit dem eisernen Handschuh bewaffnet, und schlug mit Manneskraft dagegen. Sogleich fuhr die schöne Schläferin schreckhaft zusammen, erwachte, tat einen scheuen Blick nach der Tafel und sank in ihren betäubten Schlummer zurück. Reinald wiederholte den Schlag, und es erfolgte alles so wie vorher. Nun war er darauf bedacht, den Talisman zu zerstören; aber er hatte weder Schwert noch Speer, nichts als zwei rüstige Armen; mit diesen erfaßt er die magische Tafel und stürzte sie vom hohen Postament auf das Marmorpflaster herab, daß sie in Stücken zerfiel. Augenblicks erwachte die junge Dame wieder aus ihrem Totenschlummer und bemerkte nun erst beim dritten Erwachen die Gegenwart eines Ritters, der sich gar tugendlich und ehrlich auf ein Knie vor ihr niederließ. Doch eh er zu reden anhub, verhüllte sie ihr holdseliges Angesicht mit ihrem Schleier und sprach gar zornmütig: »Hinweg von mir, schändlicher Unhold! Auch in der Gestalt des schönsten Jünglings sollst du weder meine Augen täuschen, noch mein Herz betrügen. Du kennst meine Gesinnung, laß mir meinen Totenschlaf, worein mich deine Zauberei versetzt hat.« Reinald begriff den Irrtum der Dame, darum ließ er sich diese Sprache nicht befremden und gegenredete also: »Holdes Fräulein, zürnet nicht! Ich bin nicht der gefürchtete Unhold, der Euch hier gefangen hält, ich bin Graf Reinald, das Wunderkind genannt, sehet hier den Zauber zerstöret, der Eure Sinnen umnebelt hatte.« Das Fräulein glostete ein wenig unter dem Schleier hervor, und als sie die alabasterne Tafel zertrümmert sahe, wunderte sie sich baß über die kühne Tat des jungen Abenteurers, blickte ihn holdselig an, und er gefiel ihren Augen. Sie hob ihn freundlich auf, indem sie ihm die Hand reichte und sprach: »Ist's so, wie Ihr saget, edler Ritter, so vollendet Euer Werk und führet mich aus dieser grausenvollen Höhle, daß ich Gottes Sonne glänzen sehe, wenn's draußen taget, oder die güldenen Sternlein am nächtlichen Himmel.

Reinald bot ihr den Arm, sie durch die sieben Prunkzimmer zu führen, durch welche er eingetreten war. Er eröffnete die Tür; aber draußen war's ägyptische Finsternis, daß man das Dunkel greifen konnte wie im Anfang der Schöpfung, ehe der elektrische Strahl des Lichtes angezündet war. Alle Kerzen waren erloschen, und die kristallenen Kronleuchter gossen nicht mehr ihren sanften Schimmer aus den hohen Kuppeln der Basaltgewölbe herab. Das edle Paar tappte lang im Dunkel, eh sie sich aus diesen labyrinthischen Gängen herausfanden und des Tages Schimmer durch den fernen Eingang einer unförmlichen Felsenhöhle hereindämmern sahen. Die Entzauberte empfand die herzerquickende balsamische Kraft der allbelebenden Natur und atmete mit Entzücken den Blumenduft, den ihr der laue Zephir über die blühenden Auen entgegenwehete. Sie setzte sich mit dem schlanken Ritter ins Gras, und er entbrannte gegen sie in heißer Liebe, denn sie war schön wie das Meisterwerk der Schöpfung, das erste Weib, aus Adams Rippe geformt. Doch quält ihn eine andre Leidenschaft schier noch mehr, das war die Begierde zu erfahren, wer die schöne Unbekannte sei und wie sie in diesen Wald wär verzaubert worden. Er bat sie züchtiglich, ihm davon

Bescheid zu geben, und das Fräulein tat ihren Rosenmund auf und sprach:

»Ich bin Hildegard, die Tochter Radbods, des Fürsten von Pommerland. Zornebock, der Sorbenfürst, begehrte mich von meinem Vater zur Gemahlin. Weil er aber ein scheußlicher Riese und ein Heide war, auch in dem Ruf stund, daß er ein großer Schwarzkünstler sei, ward er unter dem Vorwand meiner zarten Jugend abgewiesen; worüber der Heide so sehr ergrimmte, daß er meinen guten Vater befehdete, ihn in einem Treffen erlegte und sich seiner Länder bemächtigte. Ich war zu meiner Tante, der Gräfin von Vohburg, geflohen, und meine drei Brüder, allesamt stattliche Ritter, waren der Zeit außer Landes auf ihren Ritterzügen. Dem Zauberer konnte mein Aufenthalt nicht verborgen bleiben; sobald er meines Vaters Land in Besitz genommen hatte, kam ihm ein, mich zu entführen, und vermöge seiner magischen Künste war ihm das ein leichtes. Mein Oheim, der Graf, war ein Liebhaber von der Jagd, ich pflegt ihn oft dahin zu begleiten, und alle Ritter seines Hofes wetteiferten bei dieser Gelegenheit, mir immer das bestgerüstete Pferd anzubieten. Eines Tages drängte sich ein unbekannter Stallmeister mit einem herrlichen Apfelschimmel zu mir heran, bat mich im Namen seines Herrn, dieses Pferd zu besteigen und es zu würdigen, als mein Eigentum aufzunehmen. Ich frug nach dem Namen seines Herrn, er entschuldigte sich, diese Frage eher zu beantworten, bis ich den Gaul erprobt und nach der Rückkehr von der Jagd mich würde erklärt haben, daß ich das Geschenk nicht verschmähe. Ich konnte dieses Anerbieten nicht wohl ausschlagen, überdas war das Pferd so prächtig gerüstet, daß es die Augen des ganzen Hofes auf sich zog. Gold und Edelsteine und prächtige Stickerei war an der purpurfarbnen Satteldecke verschwendet. Ein roter seidener Zaum lief vom Gebiß am Halse hinauf, Stangen und Bügel waren von gediegnem Golde, dicht mit Rubinen besetzt. Ich schwang mich in den Sattel und hatte die Eitelkeit, bei dieser Kavalkade mir selbst zu gefallen. Der Gang des edlen Rosses war so leicht und so gemachsam, daß es mit dem Huf die Erde kaum zu berühren schien. Leichtfüßig setzte es über Graben und Hecken, und die kühnsten Reuter vermochten nicht, ihm zu folgen. Ein weißer Hirsch, der mir bei der Jagd aufstieß und dem ich nacheilte, zog mich tief in den Wald und trennte mich von dem Gefolge der Jäger. Um mich nicht zu verirren, verließ ich den Hirsch, zum Sammelplatz der Jagd zurückzukehren; aber das Pferd sträubte sich, mir zu gehorchen, bäumte sich auf, schüttelte die Mähne und wurde wild. Ich versucht es zu begütigen; aber in dem Augenblick nahm ich mit Entsetzen wahr, daß sich der Apfelschimmel unter mir in ein gefiedertes Ungetüm verwandelte: die Vorderfüße breiteten sich in ein Paar Flügel aus, der Hals verlängerte sich, an dem Kopf streckte sich ein breiter Schnabel hervor, ich sah einen hochbeinigen Hippogryphen unter mir, der einen Anlauf nahm, sich mit mir in die Luft schwang und in weniger als einer Stunde in diesen Wald versetzte, wo er sich vor der stählernen Pforte eines antiken Schlosses niederließ.

Mein erstes Schrecken, von dem ich mich noch nicht erholt hatte, vermehrte sich, als ich den Stallmeister erblickte, der mir den Morgen den Apfelschimmel vorgeführet hatte und sich jetzt ehrerbietig nahete, mir aus dem Sattel zu helfen. Betäubt von Schrecken und Unmut ließ ich mich schweigend durch eine Menge Prachtgemächer zu einer Gesellschaft in Gala gekleideter Damen begleiten, die mich als ihre Gebieterin empfingen und meine Befehle erwarteten. Alle beeiferten sich, mich aufs beste zu bedienen, aber niemand wollte mir sagen, wo und in wessen Gewalt ich mich befänd; ich überließ mich einer stummen Traurigkeit, welche Zornebock, der Zauberer, auf einige Augenblicke unterbrach, der in der Gestalt eines gelben Zigeuners zu meinen Füßen lag und um meine Liebe bat. Ich begegnete ihm so, wie mir mein Herz eingab, dem Mörder meines Vaters zu begegnen. Des Wütrichs Sitten waren wild, seine Leidenschaften stürmten in seiner Brust, er wurde leicht aufgebracht; ich rang mit der Verzweifelung, trotzte seiner Wut und foderte ihn auf, seine Drohungen zu erfüllen, den Palast zu zertrümmern und mich unter den Ruinen zu begraben; aber schnell verließ mich der Unhold und gab mir Frist, mich zu bedenken.

Nach sieben Tagen erneuerte er seinen verhaßten Antrag, ich wies ihn mit Verachtung von mir, und er stürzte wütend aus dem Zimmer. Kurz nachher erbebte die Erde unter meinen Füßen, das Schloß schien in den Abgrund hinabzurollen. Ich sank auf meinen Sofa, und meine Sinne schwanden dahin. Aus diesem Todesschlummer erweckte mich des Zauberers furchtbare Stimme: ›Erwache‹, sprach er, ›liebe Schläferin, aus deinem siebenjährigen Schlummer und sage mir an, ob die wohltätige Zeit den Haß gegen deinen getreuen Paladin gemildert hat. Erfreue mein Herz mit dem kleinsten Strahl von Hoffnung, und diese traurige Grotte soll sich in den Tempel der Freude verwandeln.‹ Ich würdigte den schändlichen Zauberer keiner Gegenrede noch eines Anblicks, verhüllte mit meinem Schleier mein Angesicht und weinte. Mein Trübsinn schien ihn zu rühren, er bat, er flehete, er jammerte laut und wand sich wie ein Wurm zu meinen Füßen. Endlich ermüdete seine Geduld, er sprang rasch auf und sprach: ›Wohlan, es sei drum, in sieben Jahren sprechen wir uns wieder!‹ Drauf hob er die alabasterne Tafel aufs Postament, sogleich fiel ein unwiderstehlicher Schlaf auf meine Augenlider, bis der Grausame meine Ruhe von neuem unterbrach. ›Unempfindliche‹, redete er mich an, ›wenn du noch gegen mich grausam bist, so sei es wenigstens nicht gegen deine drei Brüder. Mein untreuer Stallmeister hat ihnen dein Schicksal entdeckt, aber er ist bestraft, der Verräter. Sie sind gekommen, diese Unglücklichen, mit Heereskraft, dich aus meiner Hand zu reißen: aber diese Hand war ihnen zu schwer, und sie beseufzen ihre Unbesonnenheit unter mancherlei Gestalten in diesem Walde.‹ Eine so armselige Lüge, zu welcher der Unhold seine Zuflucht nahm, meine Standhaftigkeit zu überwinden, erbitterte mein Herz nur noch mehr gegen ihn. Hohn saß auf meinen Lippen und die bitterste Verachtung. ›Unglückliche‹, fuhr der tobende Heide auf, ›dein Schicksal ist entschieden! Schlaf so lang als die unsichtbaren Mächte diesem Talisman gehorchen!‹ Flugs schob er die alabasterne Tafel zurechte, und der magische Taumel raubte mir Leben und Empfindung. Ihr habt mich, edler Ritter, durch Zerstörung des Zaubers derselben aus diesem Totenschlafe erweckt. Aber ich begreif's nicht, durch welche Macht Ihr diese Tat habt ausrichten mögen und was den Zauberer abhalten mag, Euch zu widerstehen. Zornebock muß nicht mehr am Leben sein, Ihr würdet sonst an seinem Talisman ungestraft Euch nicht haben vergreifen dürfen.«

Die reizvolle Hildegard urteilte ganz recht: der Unhold war mit seinen Sorben ins Böhmerland eingefallen, wo damals die Fürstin Libussa aus dem Fayengeschlecht regierte, und hatte an ihr, wie der mächtige Cyrus an der Skythen Königin Tomyris, seine Meisterin gefunden. Zornebock war gegen die berühmte Böhmerkönigin in der Zauberkunst nur ein Lehrling, sie hatte ihn mit ihren Künsten überholt, daß er das Schlachtfeld räumen und den Streichen eines handfesten Ritters unterliegen mußte, dem sie magische Waffen gab, welchen die Passauer Kunst nicht wiederstund.

Als die schöne Hildegard schwieg, nahm Reinald das Wort und erzählte ihr seine Abenteuer. Wie er ihr Meldung tat von den drei verwünschten Prinzen im Walde, die seine Schwäher waren, nahm sie das groß wunder, denn die vermerkte nun, daß Zornebocks Novelle keine Lüge, sondern Wahrheit gewesen sei. Der Ritter war eben im Begriff, seine Geschichte zu enden, da erhob sich im Gebirge groß Triumphieren und Freudengeschrei, bald darauf brachen drei Geschwader Reiter aus dem Wald hervor, an deren Spitze Hildegard ihre Brüder und Reinald seine Schwestern erkannte. Der Zauber des Waldes war gelöset. Nach wechselseitigen Umarmungen und Freudensbezeugungen verließ die Karawane der Entzauberten die schauervolle Einöde und begab sich in das alte Waldschloß. Reutende Boten flogen nach der Residenz des Grafen, die frohe Botschaft von der Ankunft seiner Kinder zu verkünden. Der Hof befand sich eben in tiefer Trauer über den Verlust des jungen Grafen, den man als einen Toten beweinte; die Eltern glaubten, daß ihn der Zauberwald auf ewig verschlungen habe. Die traurende Mutter hatte auf Erden keinen Trost mehr und fühlte kein Vergnügen als das, für ihre Kinder Totengepränge anzustellen. Eben war man im Begriff, Reinalds Exequien zu feiern; aber schneller konnte weiland der täuschende Nicolini seinen pantomimischen Schauplatz nicht wandeln, als in der Residenz des Grafen bei dieser frohen Botschaft alle Dinge eine andere Gestalt annahmen: Alles atmete nun wieder Leben und Freude. In wenig Tagen empfand das ehrwürdige Elternpaar die Wonne, ihre Kinder und Enkel zu umarmen. Adelheid hatte seit dem Besuch ihres Bruders aus dem Ei ein liebevolles Fräulein gebrütet, das von der mütterlichen Brust seine kleinen Arme dem Großpapa lächelnd entgegenstreckte und ihm beim Empfang die silberfarbenen Locken zauste. Unter allen Feierlichkeiten dieser glücklichen Wiederkehr zeichnete sich Reinalds Beilager mit der schönen Hildegard aus. Ein ganzes Jahr verging unter mancherlei Abwechslungen von Freude und Ergötzlichkeiten.

Endlich bedachten die Prinzen, daß ein allzulanger Genuß des Vergnügens den männlichen Mut und die Tatkraft ihrer Ritter und Knappen erschlaffen möchte; auch war die Residenz des Grafen zu eng, soviel Hofhaltungen bequem zu fassen, die drei Eidame rüsteten sich also mit ihren Damen zum Abzug. Reinald, der Stammerbe, verließ seine grauen Eltern nimmer und drückte ihnen als ein frommer Sohn die Augen zu. Albert der Bär kaufte die Herrschaft Askanien und gründete die Stadt Bernburg; Edgar der Aar zog in der Helvetier Land unter den Schatten der hohen Alpen und bauete Aarburg an einem Fluß ohne Namen, der aber von der Stadt, an welcher er hingleitet, nachher ist benennet worden; Ufo der Delphin tat einen Heereszug nach Burgund, bemächtigte sich eines Teiles dieses Reiches und nennte die eroberte Provinz das Delphinat. Und wie die drei Prinzen bei den Namen ihrer Städte und Dynastien auf das Andenken ihrer Bezauberung anspielten, so nahmen sie auch ihre Tiergestalten aus der Zauberepoche zum Symbol ihrer Wappen an; daher kommt es, daß Bernburg einen goldgekrönten Bär, Aarburg einen Adler und das Delphinat einen Meerfisch im Wappen führet bis auf diesen Tag. Die köstlichen Zahlperlen aber, welche an Galatagen den Olympus der sämtlichen Erdengöttinnen unseres Weltteils verherrlichen und schmücken und für orientalische geachtet werden, sind die Ausbeute des Weihers im Zauberwald und befanden sich ehemals in den drei leinwandnen Säcken.

Von dem Machandelboom

Dat is nu all lang heer, wol twe tusend Johr, do wöör dar en ryk Mann, de hadd ene schöne frame Fru, un se hadden sik beyde sehr leef, hadden awerst kene Kinner, se wünschden sik awerst sehr welke, un de Fru bedd'd so veel dorüm Dag un Nacht, man se kregen keen un kregen keen. Vör erem Huse wöör en Hof, dorup stünn en Machandelboom, ünner dem stünn de Fru eens im Winter und schelld sik enen Appel, un as se sik den Appel so schelld, so sneet se sik in'n Finger und dat Blood feel in den Snee. »Ach«, säd de Fru, un süft'd so recht hoog up, un seg dat Blood vör sik an, un wöör so recht wehmödig, »hadd ik doch en Kind, so rood as Blood un so witt as Snee.« Un as se dat säd, so wurr ehr so recht fröhlich to Mode: ehr wöör recht, as schull dat wat warden. Do güng se to dem Huse, un't güng een Maand hen, de Snee vorgüng: un twe Maand, do wöör dat gröön: un dre Maand, do kömen de Blömer uut de Eerd: un veer Maand, do drungen sik alle Bömer in dat Holt, un de grönen Twyge wören all in eenanner wussen: door süngen de Vögelkens, dat dat ganße Holt schalld, un den Blöiten felen von den Bömern: do wöör de fofte Maand wech, un se stünn ünner dem Machandelboom, de röök so schön, do sprüng ehr dat Hart vör Freuden, un se füll up ere Knee un kunn sik nich laten: un as de soste Maand vorby wöör, do wurren de Früchte dick un staark, do wurr se ganß still: un de söwde Maand, do greep se na den Machandelbeeren un eet so nydsch, do wurr se trurig un krank: do güng de achte Maand hen, un se reep eren Mann un weend un säd: »Wenn ik staarw, so begraaf my ünner den Machandelboom.« Do wurr se ganß getrost un freude sik, bet de neegte Maand vorby wöör, do kreeg se en Kind so witt as Snee un so rood as Blood, un as se dat seeg, so freude se sik so, dat se stürw.

Do begroof ehr Mann se ünner den Machandelboom, un he füng an to wenen so sehr: ene Tyd lang, do wurr dat wat sachter, un do he noch wat weend hadd, do hüll he up, un noch en Tyd, do nöhm he sik wedder ene Fru.

Mit de tweden Fru kreeg he ene Dochter, dat Kind awerst von der eersten Fru wöör en lüttje Sähn, un wöör so rood as Blood un so witt as Snee. Wenn de Fru ere Dochter so anseeg, so hadd se se so leef, awerst denn seeg se den lüttjen Jung an, un dat güng ehr so dorch't Hart, un ehr düchd, as stünn he ehr allerwegen im Weg, un dachd denn man jümmer, wo se ehr Dochter all dat Vörmägent towenden wull, un de Böse gaf ehr dat in, dat se dem lüttjen Jung ganß gramm wurr un stödd em herüm von een Eck in de anner, un buffd em hier un knuffd em door, so dat dat aarme Kind jümmer in Angst wöör. Wenn he denn uut de School köhm, so hadd he kene ruhige Städ.

Eens wöör de Fru up de Kamer gaan, do köhm de lüttje

Dochter ook herup un säd: »Moder, gif my enen Appel.« – »Ja, myn Kind«, säd de Fru un gaf ehr enen schönen Appel uut der Kist; de Kist awerst hadd enen grooten sworen Deckel mit en groot schaarp ysern Slott. »Moder«, säd de lüttje Dochter, »schall Broder nich ook enen hebben?« Dat vördrööt de Fru, doch säd se: »Ja, wenn he uut de School kummt.« Un as se uut dat Fenster wohr wurr dat he köhm, so wöör dat recht, as wenn de Böse äwer ehr köhm, un se grappst to un nöhm erer Dochter den Appel wedder wech un säd: »Du schalst nich ehr enen hebben as Broder.« Do smeet se den Appel in de Kist un maakd die Kist to: do köhm de lüttje Jung in de Döhr, do gaf ehr de Böse in, dat se fründlich to em säd: »Myn Sähn, wullt du enen Appel hebben?« un segg em so hastig an. »Moder«, säd de lüttje Jung, »wat sühst du gräsig uut! ja, gif my enen Appel.« Do wöör ehr as schull se em toreden. »Kumm mit my«, säd se un maakd den Deckel up, »hahl dy enen Appel heruut.« Un as sik de lüttje Jung henin bückd, so reet ehr de Böse, bratsch! slöög se den Deckel to, dat de Kopp afflöög un ünner de roden Appel füll. Da äwerleep ehr dat in de Angst, un dachd: ›Kunn ik dat von my bringen!‹ Da güng se bawen na ere Stuw na erem Draagkasten un hahl' uut de bäwelste Schuuflad enen witten Dock un sett't den Kopp wedder up den Hals un bünd den Halsdook so üm, dat'n niks sehn kunn, un sett't em vör de Döhr up enen Stohl un gaf em den Appel in de Hand.

Do köhm doorna Marleenken to erer Moder in de Kääk, de stünn by dem Führ un hadd enen Putt mit heet Water vör sik, den röhrd se jümmer üm. »Moder«, säd Marleenken, »Broder sitt vör de Döhr un süht ganß witt uut un hett enen Appel in de Hand, ik heb em beden he schull my den Appel gewen, awerst he antwöörd my nich, do wurr my ganß grolich.« – »Gah nochmaal hen«, säd de Moder, »un wenn he dy nich antworden will, so gif em eens an de Oren.« Do güng Marleenken hen un säd: »Broder, gif my den Appel.« Awerst he sweeg still, do gaf se em eens up de

Oren, do feel de Kopp herünn, doräwer vörschrock se sik un füng an to wenen un to roren, un löp to erer Moder un säd: »Ach, Moder, ik hebb mynem Broder den Kopp afslagen«, un weend un weend un wull sik nich tofreden gewen. »Marleenken«, säd de Moder, »Wat hest du dahn! awerst swyg man still, dat et keen Mensch maarkt, dat is nu doch nich to ännern; wy willen em in Suhr kaken.« Do nöhm de Moder den lüttjen Jung un hackd em in Stücken, de de in den Putt und kaakd em in Suhr. Marleenken awerst stünn daarby un weend un weend, un de Tranen füllen all in den Putt un se bruukden goor keen Solt.

Da köhm de Vader to Huus un sett't sik to Disch un säd: »Wo is denn myn Sähn?« Da droog de Moder ene groote, groote Schöttel up mit Swartsuhr, un Marleenken weend un kunn sich nich hollen. Do säd de Vader wedder: »Wo is denn myn Sähn?« – »Ach«, säd de Moder, »he is äwer Land gaan, na Mütten erer Grootöhm: he wull door wat blywen.« – »Wat dait he denn door? Un heft my nich maal Adjüüs sechd!« – »O he wull geern hen un bed my of he door wol sos Wäken blywen kunn; he is jo woll door uphawen.« – »Ach«, säd de Mann, »my is so recht trurig, dat is doch nich recht, he hadd my doch Adjüüs sagen schullt.« Mit des füng he an to äten un säd: »Marleenken, wat weenst du? Broder wart wol wedder kamen.« – »Ach Fru«, säd he do, »wat smeckt my dat Äten schöön? gif my mehr!« Un je mehr he eet, je mehr wull he hebben, un säd: »Geeft my mehr, gy schöhlt niks door af hebben, dat is as wenn dat all myn wör.« Un he eet un eet, un de Knakens smeet he all ünner den Disch, bet he allens up hadd. Marleenken awerst güng hen na ere Kommod un nöhm ut de ünnerste Schuuf eren besten syden Dook, un hahl all de Beenkens un Knakens ünner den Disch heruut un bünd se in den syden Dook un droog se vör de Döhr un weend ere blödigen Tranen. Door läd se se ünner den Machandelboom in dat gröne Gras, un as se se door henlechd hadd, so war ehr mit eenmal so recht licht, un weend nich mehr. Do füng de

Machandelboom an sik to bewegen, un de Twyge deden sik jümmer so recht von eenanner, un denn wedder tohoop, so recht as wenn sik eener so recht freut un mit de Händ so dait. Mit des so güng dar so'n Newel von dem Boom, un recht in dem Newel dar brennd dat as Führ, un uut dem Führ dar flöög so'n schönen Vagel heruut, de süng so herrlich un flöög hoog in de Luft, un as he wech wöör, do wöör de Machandelboom as he vörhen west wöör, un de Dook mit de Knakens wöör wech. Marleenken awerst wöör so recht licht un vörgnöögt, recht as wenn de Broder noch leewd. Do güng se wedder ganß lustig in dat Huus by Disch un eet.

De Vagel awerst flöög wech un sett't sik up enen Gold-smidt syn Huus un füng an to singen:

> »Mein Mutter, der mich schlacht',
> mein Vater, der mich aß,
> mein Schwester, der Marlenichen,
> sucht alle meine Benichen,
> bind't sie in ein seiden Tuch,
> legt's unter den Machandelbaum.

Kywitt, kywitt, wat vör'n schöön Vagel bün ik!« De Goldsmidt seet in syn Waarkstäd un maakd ene gollne Kede, do höörd he den Vagel, de up syn Dack seet un süng, un dat dünkd em so schöön. Da stünn he up, un as he äwer den Süll güng, do vörlöör he eenen Tüffel. He güng awer so recht midden up de Strat hen, eenen Tüffel un een Sock an: syn Schortfell hadd he vör, un in de een Hand hadd he de golln Kede un in de anner de Tang; un de Sünn schynd so hell up de Strat. Door güng he recht so staan un seeg den Vagel an. »Vagel«, secht he do, »wo schöön kanst du singen! Sing my dat Stück nochmaal.« – »Ne«, secht de Vagel, »twemaal sing ik nich umsünst. Gif my de golln Kede, so will ik dy't nochmaal singen.« – »Door«, secht de Goldsmidt, »hest du de gollne Kede, nu sing my dat nochmaal.« Da köhm de Vagel un nöhm de golln Kede so in de rechte Poot un güng vör den Gold-smidt sitten un süng:

>>Mein Mutter, der mich schlacht',
mein Vater, der mich aß,
mein Schwester, der Marlenichen,
sucht alle meine Benichen,
bind't sie in ein seiden Tuch,
legt's unter den Machandelbaum.

Kywitt, kywitt, wat vör'n schöön Vagel bün ik!«
Da flög de Vagel wech na enem Schooster, un sett't sik up
den syn Dack un süng:

>>Mein Mutter, der mich schlacht',
mein Vater, der mich aß,
mein Schwester, der Marlenichen,
sucht alle meine Benichen,
bind't sie in ein seiden Tuch,
legt's unter den Machandelbaum.

Kywitt, kywitt, wat vör'n schöön Vagel bün ik!«
De Schooster höörd dat un leep vör syn Döhr in Hemds-
aarmels, un seeg na syn Dack un mussd de Hand vör de
Ogen hollen, dat de Sünn em nich blend't. »Vagel«, secht
he, »wat kannst du schöön singen.« Do rööp he in syn
Döhr henin: »Fru, kumm mal heruut, dar is een Vagel: süh
mal den Vagel, de kann maal schöön singen.« Do rööp he
syn Dochter un Kinner un Gesellen, Jung un Maagd, un se
kömen all up de Strat un seegen den Vagel an, wo schöön
he wöör, un he hadd so recht rode un gröne Feddern, un
üm den Hals wöör dat as luter Gold, un de Ogen blünken
em im Koop as Steern. »Vagel«, säd de Schooster, »nu sing
my dat Stück nochmaal.« – »Nee«, secht de Vagel, »twemaal sing ik nich umsünst, du must my wat schenken.« –
»Fru«, säd de Mann, »gah na dem Bähn: up dem bäwelsten
Boord door staan een Poor rode Schö, de bring' herünn.«
Do ging de Fru hen und hahl de Schö. »Door, Vagel«, säd
de Mann, »nu sing my dat Stück nochmaal.« Do kühm de
Vagel un nöhm de Schö in de linke Klau un flöög wedder
up dat Dack un süng:

>>Mein Mutter, der mich schlacht',

mein Vater, der mich aß,
mein Schwester, der Marlenichen,
sucht alle meine Benichen,
bind't sie in ein seiden Tuch,
legt's unter den Machandelbaum.

Kywitt, kywitt, wat vör'n schöön Vagel bün ik!«
Un as he uutsungen hadd, so flöög he wech: de Kede hadd
he in de rechte un de Schö in de linke Klau, un he flöög wyt
wech na ene Mähl, un de Mähl güng »klippe klappe, klippe, klappe, klippe klappe«. Un in de Mähl door seeten twintig Mählenburßen, de hauden enen Steen und hackden
»hick hack, hick, hack, hick hack«, un de Mähl güng »klippe klappe, klippe klappe, klippe klappe«. Do güng de Vagel
up enen Lindenboom sitten, de vör de Mähl stünn und süng:

»Mein Mutter, der mich schlacht'«
do höörd een up,
»mein Vater, der mich aß«,
do höörden noch twe up un höörden dat,
»mein Schwester, der Marlenichen«,
do höörden wedder veer up,
»sucht alle meine Benichen,
bind't sie in ein seiden Tuch«,
nu hackden noch man acht,
»legt's unter«
nu noch man fyw,
»den Machandelbaum«,
nu noch man een,
»Kywitt, kywitt, wat vör'n schöön Vagel bün ik!«
Do hüll de lezte ook up un hadd dat lezte noch höörd. »Vagel«, secht he, »wat singst du schöön! laat my dat ook hören, sing my dat nochmaal.« – »Ne«, secht de Vagel, »twe-
mal sing ik nich umsünst, gif my den Mählensteen, so will
ik dat nochmaal singen.« – »Ja«, secht he, »wenn he my al-
leen tohöörd, so schullst du em hebben.« – »Ja«, säden de
annern, »wenn he nochmaal singt, so schall heem hebben.«
Do köhm de Vagel herünn, un de Möllers faat'n all twintig

mit Böhm an un böhrden den Steen up, »hu uh uhp, hu uh uhp, hu uh uhp!« Do stöök de Vagel den Hals döör dat Lock un nöhm em üm as enen Kragen, un flöög wedder up den Boom un süng:

> »Mein Mutter, der mich schlacht',
> mein Vater, der mich aß,
> mein Schwester, der Marlenichen,
> sucht alle meine Benichen,
> bind't sie in ein seiden Tuch,
> legt's unter den Machandelbaum.

Kywitt, kywitt, wat vör'n schöön Vagel bün ik!« Un as he dat uutsungen hadd, do deed he de Flünk von eenanner, un hadd in de rechte Klau de Kede un in de linke de Schö und üm den Hals den Mählensteen, un floog wyt wech na synes Vaders Huse.

In de Stuw seet de Vader, de Moder un Marleenken by Disch, un de Vader säd: »Ach, wat waart my licht, my is recht so goot to Mode.« – »Nä«, säd de Moder, »my is recht so angst, so recht as wenn en swoor Gewitter kummt.« Marleenken awerst seet un weend, un weend, da köhm de Vagel anflegen, un as he sik up dat Dack sett't, »ach«, säd de Vader, »my is so recht freudig, un de Sünn schynt buten so schöön, my is recht, as schull ik enen olen Bekannten weddersehn.« – »Nee«, säd de Fru, »my is so angst, de Täne klappern my, un dat is my als Führ in den Adern.« Un se reet sik ehr Lyfken up un so mehr, awer Marleenken seet in en Eck un weend, un hadd eren Platen vör de Ogen, un weend den Platen ganß meßnatt. Do sett't sik de Vagel up den Machandelboom un süng:

> »Mein Mutter, der mich schlacht'«,

do hüll de Moder de Oren to un kneep de Ogen to, un wull nich sehn un hören, awer dat brausde ehr in de Oren as de allerstaarkste Storm, un de Ogen brennen ehr un zackden as Blitz.

> »mein Vater, der mich aß« –

»Ach, Moder«, secht de Mann, »dorr is en schöön Vagel,

de singt so herrlich, de Sünn schynt so warm, un dat rückt as luter Zinnemamen.« –

»mein Schwester, der Marlenichen«

Do läd Marleenken den Kopp up de Knee un weend in eens wech, de Mann awerst säd: »Ik ga henuut, ik mutt den Vagel dicht by sehn.« – »Ach, gah nich«, säd de Fru, »my is as bewwd dat ganße Huus un stünn in Flammen.« Awerst de Mann güng henuut un seeg den Vagel an.

>»sucht alle meine Benichen,
bind't sie in ein seiden Tuch,
legt's unter den Machandelbaum.

Kywitt, kywitt, wat vör'n schöön Vagel bün ik!«

Mit des leet de Vagel de gollne Kede fallen, un se feel dem Mann jüst um'n Hals, so recht hier herüm, dat se recht so schöön passd. Do güng he herin un säd: »Süh, wat is dat vör'n schöön Vagel, heft my so'ne schöne gollne Kede schenkd, un süht so schöön uut.« De Fru awerst wöör so angst, un füll langs in de Stuw hen, un de Mütz füll ehr von dem Kopp. Do süng de Vagel wedder:

>»Mein Mutter, der mich schlacht'« –

»Ach, dat ik dusend Föder ünner de Eerd wöör, dat ik dat nich hören schull!« –

>»mein Vater, der mich aß«

Do füll de Fru vör dood nedder.

>»mein Schwester, der Marlenichen« –

»Ach«, säd Marleenken, »ik will ook henuut gahn un sehn, of de Vagel my wat schenkt?« Do güng se henuut.

>»sucht alle meine Benichen,
bind't sie in ein seiden Tuch«

Do smeet he ehr de Schö herünn.

>»Legt's unter den Machandelbaum,

Kywitt, kywitt, wat vör'n schöön Vagel bün ik!«

Do wöör ehr so licht un frölich. Do truck se de neen roden Schö an, un danßd un sprüng herin. »Ach«, säd se, »ick wöör so trurig, as ik henuut güng, un nu is my so licht, dat is maal en herrlichen Vagel, hett my en Poor rode Schö

schenkd.« – »Nee«, säd de Fru un sprüng up, un de Hoor
stünnen ehr to Baarg as Führsflammen, »my is as schull de
Welt ünnergahn, ik will ook henuut, of my lichter warden
schull.« Un as se uut de Döhr köhm, bratsch! smeet ehr de
Vagel den Mählensteen up den Kopp, dat se ganß to-
matscht wurr. De Vader un Marleenken höörden dat un
güngen henuut: do güng en Damp un Flamm un Führ up
von der Städ, un as dat vorby wöör, do stünn de lüttje Broder door, un he nöhm synen Vader un Marleenken by der
Hand, un wören alle dre so recht vergnöögt un güngen in
dat Huus by Disch, un eeten.

Von dem Fischer un syner Fru

Dar wöör maal eens en Fischer un syne Fru, de waanden
tosamen in'n Pißputt, dicht an der See, un de Fischer güng
alle Dage hen un angeld: un he angeld, un angeld.

So seet he ook eens by de Angel und seeg jümmer in das
blanke Water henin: un he seet un seet.

Do güng de Angel to Grund, deep ünner, un as he se
heruphaald, so haald he enen grooten Butt heruut. Do säd
de Butt to em: »Hör' mal, Fischer, ik bidd dy, laat my lewen, ik bün keen rechten Butt, ik bün'n verwünschten
Prins. Wat helpt dy dat, dat du my doot maakst? Ik würr dy
doch nich recht smecken: sett my wedder in dat Water un
laat my swemmen.« – »Nu«, säd de Mann, »du bruukst
nich so veel Wöörd to maken, eenen Butt, de spreken kann,
hadd ik doch wol swemmen laten.« Mit des sett't he em
wedder in dat blanke Water, do güng de Butt to Grund un
leet enen langen Strypen Bloot achter sik. Do stünn de Fischer up un güng na syne Fru in'n Pißputt.

»Mann«, säd de Fru, »hest du hüüt niks fungen?« –
»Ne«, säd de Mann, »ik füng enen Butt, he säd de wöör en
verwünschten Prins, da hebb ik em wedder swemmen la-

ten.« – »Hest du dy denn niks wünschd?« säd de Fru.
»Ne«, säd de Mann, »wat schull ik my wünschen?« –
»Ach«, säd de Fru, »dat is doch äwel, hyr man jümmer in'n
Pißputt to wanen, dat stinkt un is so eeklig: du haddst uns
doch ene lüttje Hütt wünschen kunnt. Ga noch hen un
roop em! segg em, wy wählt 'ne lüttje Hütt hebben, he dait
dat gewiß.« – »Ach«, säd de Mann, »wat schull ik door
noch hengaan?« – »I«, säd de Fru, »du haddst em doch
fungen, un hest em wedder swemmen laten, he dait dat gewiß. Ga glyk hen.« De Mann wull noch nicht recht, wull
awerst syn Fru ook nich to weddern syn un güng hen na
der See.

As he door köhm, wöör de See ganß grönn un geel un
goor nich mee so blank. So güng he staan un säd:
      »Manntje, Manntje, Timpe Te,
      Buttje, Buttje, in der See,
      myne Fru de Ilsebill
      will nich so, as ik wol will.«
Do köhm de Butt answemmen un säd: »Na, wat will se
denn?« – »Ach«, säd de Mann, »ik hebb dy doch fungen
hatt, nu säd myn Fru, ik hadd my doch wat wünschen
schullt. Se mag nich meer in'n Pißputt wanen, se wull
gerne 'ne Hütt.« – »Ga man hen«, säd de Butt, »se hett se
all.«

Do güng de Mann hen, un syne Fru seet nich meer in'n
Pißputt, dar stünn awerst ene lüttje Hütt, un syne Fru seet
vor de Döhr up ene Bänk. Do nöhm syne Fru em by de
Hand un säd to em: »Kumm man herin, süh, nu ist dat
doch veel beter.« Do güngen se henin, un in de Hütt was
een lüttjen Vörplatz un eene lüttje herrliche Stuw un Kamer, wo jem eer Beed stünn, un Kääk un Spysekamer, allens up dat beste mit Gerädschoppen, un up dat schönnste
upgefleyt, Tinntüüg un Mischen (Messing), wat sik darin
höört. Un achter was ook en lüttjen Hof mit Hönern un
Aanten, un en lüttjen Goorn mit Grönigkeiten un Aaft
(Obst). »Süh«, säd de Fru, »is dat nich nett?« – »Ja«, säd

de Mann, »so schallt blywen, nu wähl wy recht vergnöögt
lewen.« – »Dat wähl wy uns bedenken«, säd de Fru. Mit
des eeten se wat un güngen to Bedd.

So güng dat wol'n acht oder veertein Dag, do säd de Fru:
»Hör', Mann, de Hütt is ook goor to eng, un de Hof un de
Goorn es so kleen; de Butt hadd uns ook wol een grötter
Huus schenken kunnt. Ich much woll in enem grooten stenern Slott wanen; ga hen tom Butt, he schall uns en Slott
schenken.« – »Ach, Fru«, säd de Mann, »de Hütt is jo god
noog, wat wähl wy in'n Slot wanen.« – »I wat«, säd de Fru,
»ga du man hen, de Butt kann dat jümmer doon.« – »Ne,
Fru«, säd de Mann, »de Butt hett uns eerst de Hütt gewen,
ik mag nu nich all wedder kamen, den Butt muchd et vör-
dreten.« – »Ga doch«, säd de Fru, »he kann dat recht good
un dait dat geern; ga du man hen.« Dem Mann wöör syn
Hart so swoor, un wull nich; he säd by sik sülwen, »dat is
nich recht«, he güng awerst doch hen.

As he an de See köhm, wöör dat Water ganß vigelett un
dunkelblau und grau un dick, un goor nich meer so gröön
un geel, doch wöör't noch still. Do güng he staan un säd:

>»Manntje, Manntje, Timpe Te,
>Buttje, Buttje, in der See,
>myne Fru de Ilsebill
>will nich so, as ik wol will.«

»Na, wat will se denn?« säd de Butt. »Ach«, säd de Mann
half bedrööft, »se will in'n groot stenern Slott wanen.« –
»Ga man hen, se stait vör der Döhr«, säd de Butt.

Da güng de Mann hen un dachd he wull nach Huus
gaan, as he awerst daar köhm, so stün door 'n grooten stenern Pallast, un syn Fru stünn ewen up de Trepp und wull
henin gaan: do nöhm se em by de Hand un säd: »Kumm
man herein.« Mit des güng he mit ehr henin, un in dem
Slott wöör ene grote Dehl mit marmelstenern Asters (Est-
rich), un dar wören so veel Bedeenters, de reten de grooten
Dören up, un de Wende wören all blank un mit schöne Tapeten, un in de Zimmers luter gollne Stöhl un Dischen, un

krystallen Kroonlüchters hüngen an dem Bähn, un so wöör dat all de Stuwen un Kamers mit Footdeken: un dat Äten un de allerbeste Wyn stünn up den Dischen as wenn se breken wullen. Un achter dem Huse wöör ook'n grooten Hof mit Peerd- un Kohstall, un Kutschwagens up dat allerbeste, ook was door en grooten herrlichen Goorn mit de schönnsten Blomen un fyne Aaftbömer, un en Lustholt wol 'ne halwe Myl lang, door wören Hirschen un Reh un Hasen drin un allens, wat man sik jümmer wünschen mag. »Na«, säd de Fru, »is dat nu nich schön?« – »Ach ja«, säd de Mann, »so schall't ook blywen, nu wähl wy ook in das schöne Slott wanen und wähl tofreden syn.« – »Dat wähl wy uns bedenken«, säd de Fru, »un wählen't beslapen.« Mit des güngen se to Bedd.

Den annern Morgen waakd de Fru to eerst up, dat was jüst Dag, un seeg uut jem ehr Bedd dat herrliche Land vör sik liegen. De Mann reckd sik noch, do stödd se em mit dem Ellbagen in de Syd un säd: »Mann, sta up un kyk mal uut dem Fenster. Süh, kunnen wy nich König warden äwer all düt Land? Ga hen tom Butt, wy wählt König syn.« – »Ach, Fru«, säd de Mann, »wat wähl wy König syn! ik mag nich König syn.« – »Na«, säd de Fru, »wult du nich König syn, so will ik König syn. Ga hen tom Butt, ik will König syn.« – »Ach, Fru«, säd de Mann, »wat wullst du König syn? dat mag ich em nich seggen.« – »Worüm nicht?« säd de Fru, »ga stracks hen, ik mutt König syn.« Do güng de Mann hen un wöör ganß betröft, dat syne Fru König warden wull. »Dat is nich recht un is nich recht«, dachd de Mann. He wull nich hen gaan, güng awerst doch hen.

Un as he an de See köhm, do wöör de See ganß swartgrau, un dat Water geerd so von ünnen up un stünk ook ganß fuul. Do güng he staan un säd:

> »Manntje, Manntje, Timpe Te,
> Buttje, Buttje, in der See,
> myne Fru de Ilsebill
> will nich so, as ik wol will.«

»Na, wat will se denn?« säd de Butt. »Ach«, säd de Mann, »se will König werden.« – »Ga man hen, se is't all«, säd de Butt.

Do güng de Mann hen, un as he na dem Pallast köhm, so wöör dat Slott veel grötter worren, mit enem grooten Toorn un herrlyken Zyraat doran: un de Schildwacht stünn vor de Döhr, un dar wören so väle Soldaten un Pauken un Trumpeten. Un as he in dat Huus köhm, so wöör allens von purem Marmelsteen mit Gold, un sammtne Deken un groote gollne Quasten. Do güngen de Dören von dem Saal up, door de ganße Hofstaat wörr, un syne Fru seet up enem hogen Troon von Gold un Demant un hadd ene groote gollne Kroon up un den Zepter in der Hand von purem Gold un Edelsteen, un up beyden Syden by ehr stünnen ses Jumpfern in ene Reeg, jümmer ene enen Kops lüttjer as de annere. Do güng he stann un säd: »Ach, Fru, bist du nu König?« – »Ja«, säd de Fru, »nu bün ik König.« Do stünn he un seeg se an, un as he se do een Flach (eine Zeitlang) so ansehn hadd, säd he: »Ach, Fru, wat lett dat schöön, wenn du König büst! Nu wähl wy ook niks meer wünschen.« – »Ne, Mann«, säd de Fru, un wöör ganß unruhig, »my waard de Tyd un Wyl al lang, ik kann dat nich mehr uthollen. Ga hen tom Butt, König bün ik, nu mutt ik ook Kaiser warden.« – »Ach, Fru«, säd de Mann, »wat wullst du Kaiser warden?« – »Mann«, säd se, »ga tom Butt, ik will Kaiser syn.« – »Ach, Fru«, säd de Mann, »Kaiser kann he nich maken, ik mag dem Butt dat nich seggen; Kaiser is man eenmal im Reich; Kaiser kann de Butt jo nich maken, dat kann un kann he nich.« – »Wat«, säd de Fru, »ik bünn König un du büst man myn Mann, wullt du glyk hengaan? glyk ga hen, kann he König maken, kann he ook Kaiser maken, ik will un will Kaiser syn; glyk ga hen.« Do mußd he hengaan. Do de Mann awer hengüng, wöör em ganß bang, un as he so güng, dachd he by sik: »Düt gait un gait nich good: Kaiser is to uutvörschaamt, de Butt wart am Ende möd.«

Mit des köhm he an de See, do wöör de See noch ganß swart un dick un füng al so von ünnen up to geeren, dat et so Blasen smeet, un et güng so em Keekwind äwer hen, dat et sik so köhrd; un de Mann wurr groen (grauen). Do güng he staan un säd:

>>Manntje, Manntje, Timpe Te,
Buttje, Buttje, in der See,
myne Fru de Ilsebill
will nich so, as ik wol will.<<

>>Na, wat will se denn?<< säd de Butt. >>Ach, Butt<<, säd he, >>myn Fru will Kaiser warden.<< – >>Ga man hen<<, säd de Butt, >>se is't all.<<

Do güng de Mann hen, un as he door köhm, so wöör dat ganße Slott von poleertem Marmelsteen mit albasternen Figuren un gollnen Zyraten. Vör de Döhr marscheerden de Soldaten, un se blösen Trumpeten un slögen Pauken un Trummeln; awerst in dem Huse, da güngen de Baronen un Grawen un Herzogen man se as Bedeenters herüm: do makten se em de Döhren up, de von luter Gold wören. Un as he herinköhm, door seet syne Fru up enen Troon, de wöör von een Stück Gold un wöör wol twe Myl hoog; un hadd ene groote gollne Kroon up, de wöör dre Elen hoog un mit Briljanten und Karfunkelsteen besett't; in de ene Hand hadde se den Zepter un in de annere Hand den Reichsappel, un up beyden Syden by eer, door stünnen de Trabanten so in twe Regen, jümmer een lüttjer as de annere, von dem allergröttesten Rysen, de wöör twe Myl hoog, bet to dem allerlüttjesten Dwaark, de wöör man so groot as min lüttje Finger. Un vör ehr stünnen so vele Fürsten un Herzogen. Door güng de Mann tüschen staan un säd: >>Fru, büst du nu Kaiser?<< – >>Ja<<, säd se, >>ik bün Kaiser.<< Do güng he staan un beseeg se sik so recht, un as he so'n Flach ansehn hadd, so säd he: >>Ach, Fru, watt lett dat schöön, wenn du Kaiser büst.<< – >>Mann<<, säd se, >>wat staist du door? Ik bin nu Kaiser, nu will ik awerst Paabst warden, ga hen tom Butt.<< – >>Ach, Fru<<, säd de Mann,

»watt wulst du man nich? Paabst kann du nich warden, Paabst is man eenmal in der Kristenhait, dat kann he doch nik maken.« – »Mann«, säd se, »ik will Paabst warden, ga glyk hen, ik mutt hüüt noch Paabst warden.« – »Nee, Fru«, säd de Mann, »dat mag ik em nich seggen, dat gait man nich good, dat is to groff, tom Paabst kann de Butt nich maken.« – »Mann, wat Snack!« säd de Fru, »kann he Kaiser maken, kann he ook Paabst maken. Ga foort's hen, ik bünn Kaiser un du büst man myn Mann, wult du wol hengaan?« Do wurr he bang un güng hen, em wöör awerst ganß flau, un zitterd un beewd, un de Knee un de Waden slakkerden em. Un dar streek so'n Wind äwer dat Land, un de Wolken flögen, as dat düster wurr gegen Awend; de Bläder waiden von den Bömern, un dat Water güng un bruusd as kaakd dat, un platschd an dat Äver, un von feern seeg he de Schepen, de schöten in der Noot, un danßden un sprüngen up den Bülgen. Doch wöör de Himmel noch so'n bitten blau in de Midd, awerst an den Syden door toog dat so recht rood up as en swohr Gewitter. Do güng he recht vörzufft (verzagt) staan in de Angst un säd:

>»Manntje, Manntje, Timpe Te,
>Buttje, Buttje, in der See,
>myne Fru de Ilsebill
>will nich so, as ik wol will.«

»Na, wat will se denn?« säd de Butt. »Ach«, säd de Mann, »se will Paabst warden.« – »Ga man hen, se is't all'«, säd de Butt.

Do güng he hen, un as he door köhm, so wöör dar as en groote Kirch mit luter Pallastens ümgewen. Door drängd he sik dorch dat Volk; inwendig was awer allens mit dausend un dausend Lichtern erleuchtet, un syne Fru wöör in luter Gold gekledet, un seet noch up enem veel högeren Troon un hadde dre groote gollne Kronen up, un üm ehr dar so veel von geistlykem Staat, un up beyden Syden by ehr, door stünnen twe Regen Lichter, dat gröttste so dick un groot as de allergröttste Toorn, bet to dem allerkleensten Käkenlicht; un alle de Kaisers un de Königen de legen vör ehr up de Knee un küßden ehr den Tüffel. »Fru«, säd de Mann un seeg se so recht an, »büst du nu Paabst?« – »Ja«, säd se, »ik bün Paabst.« Do güng he staan un seeg se recht an, und dat wöör as wenn he in de hell Sunn seeg. As he se do en Flach ansehn hadd, so segt he: »Ach, Fru, wat lett dat schöön, wenn du Paabst büst!« Se seet awerst ganß styf as en Boom, un rüppeld un röhrd sik nich. Do säd he: »Fru, nu sy tofreden, nu du Paabst büst, nu kannst du doch niks meer warden.« – »Dat will ik my bedenken«, säd de Fru. Mit des güngen se beyde to Bedd, awerst se wöör nich tofreden, un de Girighait leet se nich slapen, se dachd jümmer, wat se noch warden wull.

De Mann sleep recht good un fast, he hadd en Daag veel lopen, de Fru awerst kunn goor nich inslapen, un smeet sik von een Syd to der annern de ganße Nacht und dachd man jümmer, wat se noch wol warden kunn, un kunn sik doch up niks meer besinnen. Mit des wull de Sünn upgaan, un as se dat Morgenrood segg, richt'd se sik äwer End in Bedd un seeg door henin, un as se uut dem Fenster de Sünn so herup kamen seeg, »Ha«, dachd se, »kunn ik nich ook de Sünn un de Maan upgaan laten?« – »Mann«, säd se un stöd em mit dem Ellbagen in de Ribben, »waak up, ga hen tom Butt, ik will warden as de lewe Gott.« De Mann was noch meist in'n Slaap, awerst he vörschrock sik so, dat he uut dem Bedd füll. He meend, he hadd sik vörhöörd, un reef sik de Ogen uut un säd: »Ach, Fru, wat säd'st du?« – »Mann«, säd se, »wenn ik nich de Sünn und de Maan kan upgaan laten un mutt dat so ansehn, dat de Sünn un de Maan upgaan, ik kann dat nich uuthollen un hebb kene geruhige Stünd meer, dat ik se nich sülwst kann upgaan laten.« Do seeg se em so recht gräsig an, dat em so'n Schudder äwerleep »Glyk ga hen, ik will warden as de lewe Gott.« – »Ach, Fru«, säd de Mann un füll vör ehr up de Kne: »Dat kann de Butt nich. Kaiser un Paabst kann he maken, ik bidd dy, sla in dy un blyf Paabst.« Do köhm se in de Booshait, de Hoor flögen ehr so wild üm den Kopp, do reet se sik dat Lyfken up un geef em eens mit dem Foot un schreed: »Ik holl dat nich uut un holl dat nich länger uut: wult du hengaan?« Do slöppd he sik de Büxen an un leep wech as unsinnig.

Buten awer güng de Storm un bruusde, dat he kuum up den Föten staan kunn: de Huser un de Bömer waiden um, un de Baarge beewden, un de Felsenstücken rullden in de See, un de Himmel wöör ganß pikswart un dat dunnerd un blitzd, un de See güng in so hoge swarte Bülgen as Kirchentöörn, un as Baarge, un de hadden bawen all ene witte Kroon von Schuum up. Do schre he un kunn syn egen Woord nich hören:

>>Manntje, Manntje, Timpe Te,
Buttje, Buttje, in der See,
myne Fru de Ilsebill
will nich so, as ik wol will.<<

»Na, wat will se denn?« säd de Butt. »Ach«, säd he, »se will warden as de lewe Gott.« – »Ga man hen, se sitt all weder in'n Pißputt.«

Door sitten se noch bet up hüüt un düssen Dag.

Die Padde

Es war einmal ein König, der hatte drei Söhne; es lebte aber auch damals eine alte Frau, die hatte nur ein Töchterlein, das Petersilie hieß. Der König schickte seine Söhne aus, um sich in der Welt umzusehen, seine und fremde Lande kennenzulernen, um so weise genug zu werden, dereinst ihr Erbteil beherrschen zu können; die alte Frau aber lebte stille und eingezogen mit ihrem Töchterlein, das den Namen davon hatte, daß es Petersilie lieber als alle andere Speise aß, ja einen rechten Heißhunger darnach hatte. Die arme Mutter hatte nicht Geld genug, immer und immerfort Petersilie für die Tochter zu kaufen, und es blieb ihr daher nichts übrig, da das Töchterlein gar zu schön war und sie auf keine Weise ihrer Schönheit nachteilig sein wollte, als nächtlich aus dem Garten des gegenüberliegenden Jungfrauenklosters die schönsten Petersilienwurzeln zu entwenden und das Töchterlein damit zu füttern. Das Gelüst der schönen Petersilie war nicht unbekannt, ebensowenig blieb der Diebstahl verborgen, und die Äbtissin war über ihre schöne Nachbarin nicht wenig erzürnt.

Die drei Prinzen kamen auf ihrer Wanderung auch in das Städtchen, wo Petersilie mit ihrer Mutter wohnte und gingen gerade durch die Straße, als das schöne Mägdlein am Fenster stand und ihre langen, wunderprächtigen Haare kämmte und flocht. Entzündet von Liebe, stieg in einem jeden der Wunsch auf, die Schöne zu besitzen, und kaum war der Wunsch über die Lippen gekommen, als auch ein jeglicher, in blinder Eifersucht, seinen Säbel zog und auf seinen brüderlichen Mitbewerber losging. Der Kampf ward nicht wenig heftig, auch die Äbtissin trat an die Pforte, und kaum hatte die fromme Frau gehört, daß ihre Nachbarin die Ursache sei, als aller Grimm, früherer und späterer, sich in ihr zu der Verwünschung sammelte: Sie wünschte, daß Petersilie in einen häßlichen Frosch verwandelt werde und unter einer Brücke am entferntesten Ende der Erde sitze. Kaum ausgesprochen, ward Petersilie ein Frosch und war verschwunden. Die Prinzen, die nun keinen Gegenstand des Kampfes hatten, steckten ihre Degen ein, umarmten sich wieder brüderlich und zogen heim zu ihrem Vater.

Der alte Herr merkte indessen, daß er stumpf und schwach in den Regierungsgeschäften ward und wollte daher das Reich abtreten; aber wem? Dazu konnte sich sein väterliches Herz nicht entschließen, unter den drei Söhnen zu wählen; das Schicksal sollte es bestimmen, und er ließ sie daher vor sich kommen. »Meine lieben Kinder«, sprach er, »ich werde alt und schwach und will meine Regierung niederlegen, kann mich aber nicht entschließen, einen von euch zu wählen, da ich euch alle drei gleich zärtlich liebe und denn doch auch dem Besten und Klügsten von euch mein Volk übergeben wollte. Ihr sollt mir daher drei Aufgaben lösen, und wer sie mir löst, der soll mein Erbe sein. Das erste ist: Ihr müßt mir ein Stück Leinewand von hundert Ellen bringen, das man durch einen goldenen Ring ziehen kann.« Die Söhne verneigten sich, versprachen ihr Möglichstes zu tun und machten sich auf die Reise.

Die beiden älteren Brüder nahmen viel Gefolge und viel Wagen mit, um alle die schöne Leinewand, die sie finden würden, aufzuladen; der jüngste ging ganz allein. Bald kamen drei Wege, zwei luftig und trocken, der dritte düster, feucht und schmutzig. Die beiden älteren Brüder nahmen die beiden ersten Wege; der jüngste nahm Abschied von ihnen und schlenderte den düstern Weg entlang. Wo nur schöne Leinewand war, besahen sie die älteren Brüder und erstanden sie, ihre Wagen krachten unter der Last, und wo nur irgend der Ruf sie hinwies, dahin eilten sie auch und kauften; sie kehrten reich versehen zurück. Der jüngste dagegen ging mehrere Tagereisen auf seinem unwirtlichen Wege fort, nirgend wollte ihm ein Ort erscheinen, in dem er auch nur eine erträglich feine Leinewand gefunden, und so reiste er lange und ward immer mißmutiger.

Einst kam er an eine Brücke, setzte sich an dem Rande nieder und seufzte recht tief über sein böses Schicksal. Da kroch eine mißgestaltete Padde aus dem Sumpf hervor, stellte sich vor ihn und fragte mit nicht ganz übel tönender Stimme, was ihm denn fehle. Der Prinz, unwillig, antwortete: »Frosch, du wirst mir nicht helfen.« – »Und doch«, erwiderte der Frosch, »sagt mir nun Eure Leiden.« Nach mehreren Weigerungen erklärte endlich der Prinz die Ursache, warum ihn sein Vater ausgesendet habe. »Dir soll geholfen werden«, sagte die Padde, kroch in ihren Sumpf zurück und zerrte bald ein Läppchen Leinewand, nicht größer als eine Hand und nicht eben zum saubersten aussehend, hervor, das sie vor den Prinzen niederlegte und ihm andeutete, das solle er nur nehmen. Der Prinz hatte gar keine Lust, ein so übelscheinendes Läppchen anzunehmen, doch lag etwas in den Zuredungen der Padde, das ihn bereitwillig machte, und er dachte: ›Etwas ist doch besser als gar nichts‹, steckte daher sein Läppchen ein und empfahl sich dem Frosche, der mühsam sich wieder in das Wasser schob.

Je weiter er ging, je mehr merkte er zu seiner Freude, daß ihm die Tasche, in die er das Läppchen gesteckt hatte, immer schwerer ward, und er wanderte daher mutvoll auf den Hof seines Vaters zu, den er auch in kurzem erreichte, als eben auch seine Brüder mit ihren Frachtwagen wieder anlangten. Der Vater war erfreut, seine drei Kinder wiederzusehen, zog sogleich seinen Ring vom Finger, und die Probe begann. Auf all den Frachtwagen war auch nicht ein Stück, das nur zum zehnten Teile durch den Ring gegangen wäre, und die beiden älteren Brüder, die erst ziemlich spöttisch auf ihren Bruder, der ganz ohne alle große Vorräte gekommen war, sahen, wurden ziemlich kleinlaut. Wie war ihnen zumute, als er aus seiner Tasche ein Gespinst zog, das an Zartheit, Feinheit und Weiße alles übertraf, was man je gesehen hatte! Es wallte in glänzenden Lagen und ging nicht allein höchst bequem durch den Ring durch, man hätte wohl noch ein Stück zu gleicher Zeit durch den Ring ziehen können, und dennoch gab das Maß richtige hundert Ellen.

Der Vater umarmte den glücklichen Sohn, befahl, die unbrauchbare Leinewand ins Wasser zu werfen und sagte dann zu seinen Kindern: »Nun, ihr lieben Prinzen, müßt ihr die zweite Forderung erfüllen; ihr müßt mir ein Hündlein bringen, das in eine Nußschale paßt.« Die Söhne waren über eine so wunderbare Aufgabe nicht wenig erschrocken, aber der Reiz der Krone war zu groß, sie versprachen, auch dies zu erfüllen zu suchen und wanderten nach wenig Tagen Ruhe wieder aus.

Am Scheidewege trennten sie sich; der Jüngste ging seinen feuchten, unscheinbaren Weg, er hatte schon bei weitem mehr Mut. Kaum hatte er einige Zeit an der Brücke gesessen und wieder geseufzet, so kroch auch die Padde wieder hervor, setzte sich ihm, wie das erstemal, gegenüber, öffnete den weiten Mund und fragte, was ihm denn fehle. Der Prinz setzte diesmal keinen Zweifel in die Macht der Padde, sondern gestand ihr gleich sein Bedürfnis. »Dir soll geholfen werden«, sagte wiederum die Padde, kroch in den Sumpf und brachte ein Haselnüßlein hervor, legte es ihm vor die Füße, sagte ihm, er solle es nur mitnehmen und seinen Herrn Vater bitten, die Nuß sauber aufzuknacken, das andere werde er schon sehen. Der Prinz ging vergnügt fort, und die Padde schob sich wieder mühsam in das Wasser hinab.

Daheim waren die Brüder auch schon zu gleicher Zeit angekommen und hatten eine große Menge sehr zierlicher Hündlein mitgebracht. Der alte Vater hatte eine beträchtlich große Walnußschale bereit und schob jedes Hündlein hinein, aber die hingen bald mit den Vorderfüßen, bald mit dem Kopf, bald mit den Hinterfüßen, bald ganz über die Walnußschale fort, so daß gar nicht daran zu denken war, daß ein Hündlein hineingepaßt hätte. Als nun kein Hund mehr zu proben übrig war, überreichte der Jüngste mit einer zierlichen Verbeugung dem Vater seine Haselnuß und bat, sie auf das behutsamste aufzuknacken. Kaum hatte der alte König es getan, als aus der Haselnuß ein wunderkleines und niedliches Hündlein sprang, das gleich auf der Hand des Königs umherlief, mit dem Schwänzlein wedelte, ihm schmeichelte und gegen die andern auf das zierlichste bellte.

Die Freude des Hofes war allgemein, der Vater umarmte wieder den glücklichen Sohn, befahl abermals, die andern Hunde in das Wasser zu werfen und zu ersäufen und sagte dann zu seinen Söhnen: »Liebe Kinder, die beiden schwierigsten Bedingnisse sind nun erfüllt; hört nun mein drittes

Verlangen: Wer die schönste Frau mir bringt, der soll mein Erbe und Nachfolger sein.« Die Bedingung war zu nahe, der Preis zu reizend, als daß die Prinzen nicht sogleich, jeder auf seinem gewohnten Wege, wieder hätten aufbrechen sollen.

Dem Jüngsten war diesmal gar nicht wohl zumute. Er dachte: ›Alles andere hat der alte Frosch wohl erfüllen können, aber nun wird's vorbei sein, wo wird er mir ein schönes Mädchen und noch dazu das schönste herschaffen können? Seine Sümpfe sind fern und breit menschenleer, und nur Kröten, Unken und anderes Ungeziefer wohnt dort.‹ Er ging indessen doch fort und seufzte diesmal aus schwerem Herzen, als er wieder an der Brücke saß. Nicht lange darnach stand die Padde wieder vor ihm und fragte, was ihm fehle. »Ach, Padde, diesmal kannst du mir nicht helfen; das übersteigt deine Kräfte.« – »Und doch«, erwiderte der Frosch, »sagt mir nur Euer Leiden.« Der Prinz entdeckte ihm endlich seine neuen Leiden. »Dir soll geholfen werden«, sagte wieder der Frosch, »gehe du nur voran, die Schöne wird dir schon folgen; aber du mußt über das, was du sehen wirst, nicht lachen.« Darauf sprang er, wider seine Gewohnheit, mit einem herzhaften Sprunge weit in das Wasser hinein und verschwand.

Der Prinz seufzte wiederum recht tief, stand auf und ging fort; denn er erwartete nicht viel von dem Versprechen. Kaum hatte er einige Schritte gemacht, so hörte er hinter sich ein Geräusch; er blickte sich um und sah sechs große Wasserratten, die, in vollem Trabe, einen Wagen, von Kartenpappe gemacht, hinter sich herzogen. Auf dem Bocke saß eine übergroße Kröte als Kutscher, hintenauf standen zwei kleinere Kröten als Bediente und zwei bedeutend große Mäuse, mit stattlichen Schnurrbärten, als Heiducken, im Wagen selbst aber saß die ihm wohlbekannte dicke Padde, die, im Vorbeifahren, etwas ungeschickt, aber doch möglichst zierlich, ihm eine Verbeugung machte.

Viel zu sehr in Betrachtung vertieft von der Nähe seines

Glückes und wie ferne es nun sei, da er die schönste
Schöne nicht finden würde, betrachtete der Prinz kaum
diesen lächerlichen Aufzug; noch weniger hatte er gar Lust
zu lachen. Der Wagen fuhr eine Weile vor ihm her und
bog dann um die Ecke. Wie ward ihm aber, als bald darauf
um dieselbe Ecke ein herrlicher Wagen rollte, gezogen von
sechs mächtigen, schwarzen Pferden, regiert von einem
wohlgekleideten Kutscher, und in dem Wagen die schönste
Frau, die er je gesehen und in der er sogleich die reizende
Petersilie erkannte, für die sein Herz schon früher ent-
brannt war. Der Wagen hielt bei ihm stille, Bediente und
Heiducken, aus der Tiergestalt entzaubert, öffneten ihm
den Wagen, und er säumte nicht, sich zu der schönen Prinzessin zu setzen.

Bald kam er in der Hauptstadt seines Vaters an, mit ihm
seine Brüder, die eine große Menge der schönsten Frauen
mit sich führten; aber als sie vor den König traten, erkannte sogleich der ganze Hof der schönen Petersilie den
Kranz der Schönheit zu; der entzückte Vater umarmte seinen Sohn als Nachfolger und seine neue Schwiegertochter;
die anderen Frauen wurden aber alle, wie der Leinewand
und den Hündlein geschehen war, ins Wasser geworfen
und ersäuft. Der Prinz heiratete die Prinzessin Petersilie,
regierte lange und glücklich mit ihr, und wenn sie nicht gestorben sind, so leben sie noch.

Die Bremer Stadtmusikanten

Es hatte ein Mann einen Esel, der schon lange Jahre die
Säcke unverdrossen zur Mühle getragen hatte, dessen
Kräfte aber nun zu Ende gingen, so daß er zur Arbeit immer untauglicher ward. Da dachte der Herr daran, ihn aus
dem Futter zu schaffen, aber der Esel merkte, daß kein guter Wind wehte, lief fort und machte sich auf den Weg

nach Bremen; dort, meinte er, könnte er ja Stadtmusikant werden. Als er ein Weilchen fortgegangen war, fand er einen Jagdhund auf dem Wege liegen, der jappte wie einer, der sich müde gelaufen hat. »Nun, was jappst du so, Packan?« fragte der Esel. »Ach«, sagte der Hund, »weil ich alt bin und jeden Tag schwächer werde, auch auf der Jagd nicht mehr fort kann, hat mich mein Herr wollen totschlagen, da hab ich Reißaus genommen: aber womit soll ich nun mein Brot verdienen?« – »Weißt du was«, sprach der Esel, »ich gehe nach Bremen und werde dort Stadtmusikant, geh mit und laß dich auch bei der Musik annehmen. Ich spiele die Laute, und du schlägst die Pauken.« Der Hund war's zufrieden, und sie gingen weiter. Es dauerte nicht lange, so saß da eine Katze an dem Weg und machte ein Gesicht wie drei Tage Regenwetter. »Nun, was ist dir in die Quere gekommen, alter Bartputzer?« sprach der Esel. »Wer kann da lustig sein, wenn's einem an den Kragen geht«, antwortete die Katze, »weil ich nun zu Jahren komme, meine Zähne stumpf werden und ich lieber hinter dem Ofen sitze und spinne, als nach Mäusen herumjage, hat mich meine Frau ersäufen wollen, ich habe mich zwar noch fortgemacht, aber nun ist guter Rat teuer: wo soll ich hin?« – »Geh mit uns nach Bremen, du verstehst dich doch auf die Nachtmusik, da kannst du ein Stadtmusikant werden.« Die Katze hielt das für gut und ging mit. Darauf kamen die drei Landesflüchtigen an einem Hof vorbei, da saß auf dem Tor der Haushahn und schrie aus Leibeskräften. »Du schreist einem durch Mark und Bein«, sprach der Esel, »was hast du vor?« – »Da hab ich gut Wetter prophezeit«, sprach der Hahn, »weil Unserer Lieben Frauen Tag ist, wo sie dem Christkindlein die Hemdchen gewaschen hat und sie trocknen will; aber weil morgen zum Sonntag Gäste kommen, so hat die Hausfrau doch kein Erbarmen und hat der Köchin gesagt, sie wollte mich morgen in der Suppe essen, und da soll ich mir heut abend den Kopf abschneiden lassen. Nun schrei ich aus vollem Hals, solang ich noch kann.« – »Ei was, du Rotkopf«, sagte der Esel, »zieh lieber mit uns fort, wir gehen nach Bremen, etwas Besseres als den Tod findest du überall; du hast eine gute Stimme, und wenn wir zusammen musizieren, so muß es eine Art haben.« Der Hahn ließ sich den Vorschlag gefallen, und sie gingen alle viere zusammen fort.

Sie konnten aber die Stadt Bremen in einem Tag nicht erreichen und kamen abends in einen Wald, wo sie übernachten wollten. Der Esel und der Hund legten sich unter einen großen Baum, die Katze und der Hahn machten sich in die Äste, der Hahn aber flog bis in die Spitze, wo es am sichersten für ihn war. Ehe er einschlief, sah er sich noch einmal nach allen vier Winden um, da deuchte ihn, er sähe in der Ferne ein Fünkchen brennen, und rief seinen Gesellen zu, es müßte nicht gar weit ein Haus sein, denn es scheine ein Licht. Sprach der Esel: »So müssen wir uns aufmachen und noch hingehen, denn hier ist die Herberge schlecht.« Der Hund meinte, ein paar Knochen und etwas Fleisch dran täten ihm auch gut. Also machten sie sich auf den Weg nach der Gegend, wo das Licht war, und sahen es bald heller schimmern, und es ward immer größer, bis sie vor ein hellerleuchtetes Räuberhaus kamen. Der Esel, als der größte, näherte sich dem Fenster und schaute hinein. »Was siehst du, Grauschimmel?« fragte der Hahn. »Was ich sehe?« antwortete der Esel, »einen gedeckten Tisch mit schönem Essen und Trinken, und Räuber sitzen dran und lassen's sich wohl sein.« – »Das wäre was für uns«, sprach der Hahn. »Ja, ja, ach, wären wir da!« sagte der Esel. Da ratschlagten die Tiere, wie sie es anfangen müßten, um die Räuber hinauszujagen, und fanden endlich ein Mittel. Der Esel mußte sich mit den Vorderfüßen auf das Fenster stellen, der Hund auf des Esels Rücken springen, die Katze auf den Hund klettern, und endlich flog der Hahn hinauf und setzte sich der Katze auf den Kopf. Wie das geschehen war, fingen sie auf ein Zeichen insgesamt an ihre Musik zu machen: Der Esel schrie, der Hund bellte, die Katze miaute und der Hahn krähte; dann stürzten sie durch das Fenster in die Stube hinein, daß die Scheiben klirrten. Die Räuber fuhren bei dem entsetzlichen Geschrei in die Höhe, meinten nicht anders, als ein Gespenst käme herein, und flohen in größter Furcht in den Wald hinein. Nun setzten sich die vier Gesellen an den Tisch, nahmen mit dem vorlieb, was übriggeblieben war, und aßen, als wenn sie vier Wochen hungern sollten.

Wie die vier Spielleute fertig waren, löschten sie das Licht aus und suchten sich eine Schlafstätte, jeder nach seiner Natur und Bequemlichkeit. Der Esel legte sich auf den Mist, der Hund hinter die Türe, die Katze auf dem Herd bei die warme Asche, und der Hahn setzte sich auf den Hahnenbalken: und weil sie müde waren von ihrem langen Weg, schliefen sie auch bald ein. Als Mitternacht vorbei war und die Räuber von weitem sahen, daß kein Licht mehr im Haus brannte, auch alles ruhig schien, sprach der Hauptmann: »Wir hätten uns doch nicht sollen ins Bockshorn jagen lassen«, und hieß einen hingehen und das Haus untersuchen. Der Abgeschickte fand alles still, ging in die Küche, ein Licht anzuzünden, und weil er die glühenden, feurigen Augen der Katze für lebendige Kohlen ansah, hielt er ein Schwefelhölzchen daran, daß es Feuer fangen sollte. Aber die Katze verstand keinen Spaß, sprang ihm ins Gesicht, spie und kratzte. Da erschrak er gewaltig, lief und wollte zur Hintertüre hinaus, aber der Hund, der da lag, sprang auf und biß ihn ins Bein: und als er über den Hof an dem Miste vorbeirannte, gab ihm der Esel noch einen tüchtigen Schlag mit dem Hinterfuß; der Hahn aber, der vom Lärmen aus dem Schlaf geweckt und munter geworden war, rief vom Balken herab »Kikeriki!« Da lief der Räuber, was er konnte, zu seinem Hauptmann zurück und sprach: »Ach, in dem Haus sitzt eine greuliche Hexe, die hat mich angehaucht und mit ihren langen Fingern mir das Gesicht zerkratzt; und vor der Türe steht ein Mann mit einem Messer, der hat mich ins Bein gestochen; und auf dem Hof liegt ein schwarzes Ungetüm, das hat mit einer Holzkeule auf mich losgeschlagen; und oben auf dem Dache, da sitzt der Richter, der rief: ›Bringt mir den Schelm her.‹ Da machte ich, daß ich fortkam.« Von nun an getrauten sich die Räuber nicht weiter in das Haus, den vier Bremer Musikanten gefiel's aber so wohl darin, daß sie nicht wieder herauswollten. Und der das zuletzt erzählt hat, dem ist der Mund noch warm.

Dornröschen

Vorzeiten war ein König und eine Königin, die sprachen jeden Tag: »Ach, wenn wir doch ein Kind hätten!« und kriegten immer keins. Da trug sich zu, als die Königin einmal im Bade saß, daß ein Frosch aus dem Wasser ans Land kroch und zu ihr sprach: »Dein Wunsch wird erfüllt werden; ehe ein Jahr vergeht, wirst du eine Tochter zur Welt bringen.« Was der Frosch gesagt hatte, das geschah, und die Königin gebar ein Mädchen, das war so schön, daß der König vor Freude sich nicht zu lassen wußte und ein großes Fest anstellte. Er ladete nicht bloß seine Verwandte, Freunde und Bekannte, sondern auch die weisen Frauen dazu ein, damit sie dem Kind hold und gewogen wären. Es waren ihrer dreizehn in seinem Reiche, weil er aber nur zwölf goldene Teller hatte, von welchen sie essen sollten, so mußte eine von ihnen daheim bleiben. Das Fest ward mit aller Pracht gefeiert, und als es zu Ende war, beschenkten die weisen Frauen das Kind mit ihren Wundergaben: die eine mit Tugend, die andere mit Schönheit, die dritte mit Reichtum, und so mit allem, was auf der Welt zu wünschen ist. Als elfe ihre Sprüche eben getan hatten, trat plötzlich die dreizehnte herein. Sie wollte sich dafür rächen, daß sie nicht eingeladen war, und ohne jemand zu grüßen oder nur anzusehen, rief sie mit lauter Stimme: »Die Königstochter soll sich in ihrem funfzehnten Jahr an einer Spindel stechen und tot hinfallen.« Und ohne ein Wort weiter zu sprechen, kehrte sie sich um und verließ den Saal.

Alle waren erschrocken, da trat die zwölfte hervor, die ihren Wunsch noch übrig hatte, und weil sie den bösen Spruch nicht aufheben, sondern nur ihn mildern konnte, so sagte sie: »Es soll aber kein Tod sein, sondern ein hundertjähriger tiefer Schlaf, in welchen die Königstochter fällt.«

Der König, der sein liebes Kind vor dem Unglück gern bewahren wollte, ließ den Befehl ausgehen, daß alle Spindeln im ganzen Königreiche sollten verbrannt werden. An dem Mädchen aber wurden die Gaben der weisen Frauen sämtlich erfüllt, denn es war so schön, sittsam, freundlich und verständig, daß es jedermann, der es ansah, liebhaben mußte. Es geschah, daß an dem Tage, wo es gerade funfzehn Jahr alt ward, der König und die Königin nicht zu Hause waren, und das Mädchen ganz allein im Schloß zurückblieb. Da ging es allerorten herum, besah Stuben und Kammern, wie es Lust hatte, und kam endlich auch an einen alten Turm. Es stieg die enge Wendeltreppe hinauf und gelangte zu einer kleinen Türe. In dem Schloß steckte ein verrosteter Schlüssel, und als es umdrehte, sprang die Türe auf, und saß da in einem kleinen Stübchen eine alte Frau mit einer Spindel und spann emsig ihren Flachs. »Guten Tag, du altes Mütterchen«, sprach die Königstochter, »was machst du da?« – »Ich spinne«, sagte die Alte und nickte mit dem Kopf. »Was ist das für ein Ding, das so lustig herumspringt?« sprach das Mädchen, nahm die Spindel und wollte auch spinnen. Kaum hatte sie aber die Spindel angerührt, so ging der Zauberspruch in Erfüllung, und sie stach sich damit in den Finger.

In dem Augenblick aber, wo sie den Stich empfand, fiel sie auf das Bett nieder, das da stand, und lag in einem tiefen Schlaf. Und dieser Schlaf verbreitete sich über das ganze Schloß: der König und die Königin, die eben heimgekommen waren und in den Saal getreten waren, fingen an einzuschlafen, und der ganze Hofstaat mit ihnen. Da schliefen auch die Pferde im Stall, die Hunde im Hofe, die Tauben auf dem Dache, die Fliegen an der Wand, ja, das Feuer, das auf dem Herde flackerte, ward still und schlief ein, und der Braten hörte auf zu brutzeln, und der Koch, der den Küchenjungen, weil er etwas versehen hatte, in den Haaren ziehen wollte, ließ ihn los und schlief. Und der Wind legte sich, auf den Bäumen vor dem Schloß regte sich kein Blättchen mehr.

Rings um das Schloß aber begann eine Dornenhecke zu wachsen, die jedes Jahr höher ward und endlich das ganze Schloß umzog und darüber hinauswuchs, daß gar nichts mehr davon zu sehen war, selbst nicht die Fahne auf dem Dach. Es ging aber die Sage in dem Land von dem schönen schlafenden Dornröschen, denn so ward die Königstochter genannt, also daß von Zeit zu Zeit Königssöhne kamen und durch die Hecke in das Schloß dringen wollten. Es war ihnen aber nicht möglich, denn die Dornen, als hätten sie Hände, hielten fest zusammen, und die Jünglinge blieben darin hängen, konnten sich nicht wieder losmachen und starben eines jämmerlichen Todes. Nach langen, langen Jahren kam wieder einmal ein Königssohn in das Land und hörte, wie ein alter Mann von der Dornhecke erzählte, es sollte ein Schloß dahinter stehen, in welchem eine wunderschöne Königstochter, Dornröschen genannt, schon seit hundert Jahren schliefe, und mit ihr schliefe der König und die Königin und der ganze Hofstaat. Er wußte auch von seinem Großvater, daß schon viele Königssöhne gekommen wären und versucht hätten, durch die Dornenhecke zu dringen, aber sie wären darin hängengeblieben und eines traurigen Todes gestorben. Da sprach der Jüngling: »Ich fürchte mich nicht, ich will hinaus und das schöne Dornröschen sehen.« Der gute Alte mochte ihm abraten wie er wollte, er hörte nicht auf seine Worte.

Nun waren aber gerade die hundert Jahre verflossen,

und der Tag war gekommen, wo Dornröschen wieder erwachen sollte. Als der Königssohn sich der Dornenhecke näherte, waren es lauter große, schöne Blumen, die taten sich von selbst auseinander und ließen ihn unbeschädigt hindurch, und hinter ihm taten sie sich wieder als eine Hecke zusammen. Im Schloßhof sah er die Pferde und scheckigen Jagdhunde liegen und schlafen, auf dem Dache saßen die Tauben und hatten das Köpfchen unter den Flügel gesteckt. Und als er in das Haus kam, schliefen die Fliegen an der Wand, der Koch in der Küche hielt noch die Hand, als wollte er den Jungen anpacken, und die Magd saß vor dem schwarzen Huhn, das sollte gerupft werden. Da ging er weiter und sah im Saale den ganzen Hofstaat liegen und schlafen, und oben bei dem Throne lag der König und die Königin. Da ging er noch weiter, und alles war so still, daß einer seinen Atem hören konnte, und endlich kam er zu dem Turm und öffnete die Türe zu der kleinen Stube, in welcher Dornröschen schlief. Da lag es und war so schön, daß er die Augen nicht abwenden konnte, und er bückte sich und gab ihm einen Kuß. Wie er es mit dem Kuß berührt hatte, schlug Dornröschen die Augen auf, erwachte und blickte ihn ganz freundlich an. Da gingen sie zusammen herab, und der König erwachte und die Königin, und der ganze Hofstaat, und sahen einander mit großen Augen an. Und die Pferde im Hof standen auf und rüttelten sich; die Jagdhunde sprangen und wedelten, die Tauben auf dem Dache zogen das Köpfchen unterm Flügel hervor, sahen umher und flogen ins Feld, die Fliegen an den Wänden krochen weiter, das Feuer in der Küche erhob sich, flackerte und kochte das Essen, der Braten fing wieder an zu brutzeln, und der Koch gab dem Jungen eine Ohrfeige, daß er schrie, und die Magd rupfte das Huhn fertig. Und da wurde die Hochzeit des Königssohns mit dem Dornröschen in aller Pracht gefeiert, und sie lebten vergnügt bis an ihr Ende.

Der singende Knochen

Es war einmal in einem Lande große Klage über ein Wild-schwein, das den Bauern die Äcker umwühlte, das Vieh tö-tete und den Menschen mit seinen Hauern den Leib auf-riß. Der König versprach einem jeden, der das Land von dieser Plage befreien würde, eine große Belohnung: aber das Tier war so groß und stark, daß sich niemand in die Nähe des Waldes wagte, worin es hauste. Endlich ließ der König bekanntmachen, wer das Wildschwein einfange und töte, solle seine einzige Tochter zur Gemahlin haben.

Nun lebten zwei Brüder in dem Lande, Söhne eines ar-men Mannes, die meldeten sich und wollten das Wagnis übernehmen. Der älteste, der listig und klug war, tat es aus Hochmut, der jüngste, der unschuldig und dumm war, aus gutem Herzen. Der König sagte: »Damit ihr desto sicherer das Tier findet, so sollt ihr von entgegengesetzten Seiten in den Wald gehen.« Da ging der älteste von Abend und der jüngste von Morgen hinein. Und als der jüngste ein Weil-chen gegangen war, so trat ein kleines Männlein zu ihm; das hielt einen schwarzen Spieß in der Hand und sprach: »Diesen Spieß gebe ich dir, weil dein Herz unschuldig und gut ist: damit kannst du getrost auf das wilde Schwein ein-gehen, es wird dir keinen Schaden zufügen.« Er dankte dem Männlein, nahm den Spieß auf die Schulter und ging ohne Furcht weiter. Nicht lange, so erblickte er das Tier, das auf ihn losrannte, er hielt ihm aber den Spieß entgegen, und in seiner blinden Wut rannte es so gewaltig hinein, daß ihm das Herz entzweigeschnitten ward. Da nahm er das Unge-tüm auf die Schulter, ging heimwärts und wollte es dem Könige bringen.

Als er auf der andern Seite des Waldes herauskam, stand da am Eingang ein Haus, wo die Leute sich mit Tanz und Wein lustig machten. Sein ältester Bruder war da eingetre-ten und hatte gedacht, das Schwein liefe ihm doch nicht fort, erst wollte er sich einen rechten Mut trinken. Als er nun den jüngsten erblickte, der mit seiner Beute beladen aus dem Wald kam, so ließ ihm sein neidisches und boshaftes Herz keine Ruhe. Er rief ihm zu: »Komm doch herein, lieber Bruder, ruhe dich aus und stärke dich mit einem Becher Wein.« Der jüngste, der nichts Arges dahinter vermutete, ging hinein und erzählte ihm von dem guten Männlein, das ihm einen Spieß gegeben, womit er das Schwein getötet hätte. Der älteste hielt ihn bis zum Abend zurück, da gingen sie zusammen fort. Als sie aber in der Dunkelheit zu der Brücke über einen Bach kamen, ließ der älteste den jüngsten vorangehen, und als er mitten über dem Wasser war, gab er ihm von hinten einen Schlag, daß er tot hinabstürzte. Er begrub ihn unter der Brücke, nahm dann das Schwein und brachte es dem König mit dem Vorgeben, er hätte es getötet; worauf er die Tochter des Königs zur Gemahlin erhielt. Als der jüngste Bruder nicht wiederkommen wollte, sagte er: »Das Schwein wird ihm den Leib aufgerissen haben«, und das glaubte jedermann.

Weil aber vor Gott nichts verborgen bleibt, sollte auch diese schwarze Tat ans Licht kommen. Nach langen Jahren trieb ein Hirt einmal seine Herde über die Brücke und sah unten im Sande ein schneeweißes Knöchlein liegen und dachte, das gäbe ein gutes Mundstück. Da stieg er herab, hob es auf und schnitzte ein Mundstück daraus für sein Horn. Als er zum erstenmal darauf geblasen hatte, so fing das Knöchlein zu größter Verwunderung des Hirten von selbst an zu singen:

> »Ach, du liebes Hirtelein,
> du bläst auf meinem Knöchelein,
> mein Bruder hat mich erschlagen,
> unter der Brücke begraben,
> um das wilde Schwein,
> für des Königs Töchterlein.«

»Was für ein wunderliches Hörnchen«, sagte der Hirt, »das von selber singt, das muß ich dem Herrn König bringen.« Als er damit vor den König kam, fing das Hörnchen abermals an sein Liedchen zu singen. Der König verstand es wohl und ließ die Erde unter der Brücke aufgraben, da kam das ganze Gerippe des Erschlagenen zum Vorschein. Der böse Bruder konnte seine Tat nicht leugnen, ward in einen Sack genäht und lebendig ersäuft, die Gebeine des Gemordeten aber wurden auf den Kirchhof in ein schönes Grab zur Ruhe gelegt.

Das Waldhaus

Ein armer Holzhauer lebte mit seiner Frau und drei Töchtern in einer kleinen Hütte an dem Rande eines einsamen Waldes. Eines Morgens, als er wieder an seine Arbeit wollte, sagte er zu seiner Frau: »Laß mir mein Mittagsbrot von dem ältesten Mädchen hinaus in den Wald bringen, ich werde sonst nicht fertig. Und damit es sich nicht verirrt«, setzte er hinzu, »so will ich einen Beutel mit Hirsen mitnehmen und die Körner auf den Weg streuen.« Als nun die Sonne mitten über dem Walde stand, machte sich das Mädchen mit einem Topf voll Suppe auf den Weg. Aber die Feld- und Waldsperlinge, die Lerchen und Finken, Amseln und Zeisige hatten den Hirsen schon längst aufgepickt, und das Mädchen konnte die Spur nicht finden. Da ging es auf gut Glück immer fort, bis die Sonne sank und die Nacht einbrach. Die Bäume rauschten in der Dunkelheit, die Eulen schnarrten, und es fing an ihm angst zu werden. Da erblickte es in der Ferne ein Licht, das zwischen den Bäumen blinkte. ›Dort sollten wohl Leute wohnen‹, dachte es, ›die mich über Nacht behalten‹, und ging auf das Licht zu. Nicht lange, so kam es an ein Haus, dessen Fenster erleuchtet waren. Er klopfte an, und eine rauhe Stimme rief von innen: »Herein«. Das Mädchen trat auf die dunkle Diele und pochte an der Stubentür. »Nur herein«, rief die Stimme, und als es öffnete, saß da ein alter, eisgrauer Mann an dem Tisch, hatte das Gesicht auf die beiden Hände gestützt, und sein weißer Bart floß über den Tisch herab fast bis auf die Erde. Am Ofen aber lagen drei Tiere, ein Hühnchen, ein Hähnchen und eine buntgescheckte Kuh. Das Mädchen erzählte dem Alten sein Schicksal und bat um ein Nachtlager. Der Mann sprach:

>»Schön Hühnchen,
>
>Schön Hähnchen,
>
>und du schöne, bunte Kuh,
>
>was sagst du dazu?«

»Duks!« antworteten die Tiere, und das mußte wohl heißen: »Wir sind zufrieden«, denn der Alte sprach weiter: »Hier ist Hülle und Fülle, geh hinaus an den Herd und koch uns ein Abendessen.« Das Mädchen fand in der Küche Überfluß an allem und kochte eine gute Speise, aber an die Tiere dachte es nicht. Es trug die volle Schüssel auf den Tisch, setzte sich zu dem grauen Mann, aß und stillte seinen Hunger. Als es satt war, sprach es: »Aber jetzt bin ich müde, wo ist ein Bett, in das ich mich legen und schlafen kann?« Die Tiere antworteten:

>»Du hast mit ihm gegessen,
>
>du hast mit ihm getrunken,
>
>du hast an uns gar nicht gedacht,
>
>nun sieh auch, wo du bleibst die Nacht.«

Da sprach der Alte: »Steig nur die Treppe hinauf, so wirst du eine Kammer mit zwei Betten finden, schüttle sie auf und decke sie mit weißem Linnen, so will ich auch kommen und mich schlafen legen.« Das Mädchen stieg hinauf, und als es die Betten geschüttelt und frisch gedeckt hatte, legte es sich in das eine, ohne weiter auf den Alten zu warten. Nach einiger Zeit aber kam der graue Mann, beleuchtete das Mädchen mit dem Licht und schüttelte mit dem Kopf. Und als er sah, daß es fest eingeschlafen war, öffnete er eine Falltüre und ließ es in den Keller sinken.

Der Holzhauer kam am späten Abend nach Haus und machte seiner Frau Vorwürfe, daß sie ihn den ganzen Tag habe hungern lassen. »Ich habe keine Schuld«, antwortete sie, »das Mädchen ist mit dem Mittagsessen hinausgegangen, es muß sich verirrt haben; morgen wird es schon wiederkommen.« Vor Tag aber stand der Holzhauer auf, wollte in den Wald und verlangte, die zweite Tochter sollte ihm diesmal das Essen bringen. »Ich will einen Beutel mit Linsen mitnehmen«, sagte er, »die Körner sind größer als Hirsen, das Mädchen wird sie besser sehen und kann den Weg nicht verfehlen.« Zur Mittagszeit trug auch das Mädchen die Speise hinaus, aber die Linsen waren verschwunden: die Waldvögel hatten sie, wie am vorigen Tag, aufgepickt und keine übriggelassen. Das Mädchen irrte im Walde umher bis es Nacht ward, da kam es ebenfalls zu dem Haus des Alten, ward hereingerufen und bat um Speise und Nachtlager. Der Mann mit dem weißen Barte fragte wieder die Tiere:

> »Schön Hühnchen,
> Schön Hähnchen,
> und du schöne, bunte Kuh,
> was sagst du dazu?«

Die Tiere antworteten abermals »Duks«, und es geschah alles wie am vorigen Tag. Das Mädchen kochte eine gute Speise, aß und trank mit dem Alten und kümmerte sich nicht um die Tiere. Und als es sich nach seinem Nachtlager erkundigte, antworteten sie:

> »Du hast mit ihm gegessen,
> du hast mit ihm getrunken,
> du hast an uns gar nicht gedacht,
> nun sieh auch, wo du bleibst die Nacht.«

Als es eingeschlafen war, kam der Alte, betrachtete es mit Kopfschütteln und ließ es in den Keller hinab.

Am dritten Morgen sprach der Holzhacker zu seiner Frau: »Schicke mir heute unser jüngstes Kind mit dem Essen hinaus, das ist immer gut und gehorsam gewesen, das wird auf dem rechten Weg bleiben und nicht wie seine Schwestern, die wilden Hummeln, herumschwärmen.« Die

Mutter wollte nicht und sprach: »Soll ich mein liebstes Kind auch noch verlieren?« – »Sei ohne Sorge«, antwortete er, »das Mädchen verirrt sich nicht, es ist zu klug und verständig; zum Überfluß will ich Erbsen mitnehmen und ausstreuen, die sind noch größer als Linsen und werden ihm den Weg zeigen.« Aber als das Mädchen mit dem Korb am Arm hinauskam, so hatten die Waldtauben die Erbsen schon im Kropf, und es wußte nicht, wohin es sich wenden sollte. Es war voll Sorgen und dachte beständig daran, wie der arme Vater hungern und die gute Mutter jammern würde, wenn es ausbliebe. Endlich, als es finster ward, erblickte es das Lichtchen und kam an das Waldhaus. Es bat ganz freundlich, sie möchten es über Nacht beherbergen, und der Mann mit dem weißen Bart fragte wieder seine Tiere:

>»Schön Hühnchen,
>schön Hähnchen,
>und du schöne, bunte Kuh,
>was sagst du dazu?«

»Duks«, sagten sie. Da trat das Mädchen an den Ofen, wo die Tiere lagen, und liebkoste Hühnchen und Hähnchen, indem es mit der Hand über die glatten Federn hinstrich, und die bunte Kuh kraute es zwischen den Hörnern. Und als es auf Geheiß des Alten eine gute Suppe bereitet hatte und die Schüssel auf dem Tisch stand, so sprach es: »Soll ich mich sättigen, und die guten Tiere sollen nichts haben? Draußen ist die Hülle und Fülle, erst will ich für sie sorgen.« Da ging es, holte Gerste und streute es dem Hühnchen und Hähnchen vor und brachte der Kuh wohlriechendes Heu, einen ganzen Arm voll. »Laßt's euch schmecken, ihr lieben Tiere«, sagte es, »und wenn ihr durstig seid, sollt ihr auch einen frischen Trunk haben.« Dann trug sie einen Eimer voll Wasser herein, und Hühnchen und Hähnchen sprangen auf den Rand, steckten den Schnabel hinein und hielten den Kopf dann in die Höhe, wie die Vögel trinken, und die bunte Kuh tat auch einen herzhaften Zug. Als die Tiere gefüttert waren, setzte sich das Mädchen zu dem Alten an den Tisch und aß, was er ihm übriggelassen hatte. Nicht lange, so fing Hühnchen und Hähnchen an das Köpfchen zwischen die Flügel zu stecken, und die bunte Kuh blinzelte mit den Augen. Da sprach das Mädchen: »Sollen wir uns nicht zur Ruhe begeben?

> Schön Hühnchen,
> schön Hähnchen,
> und du schöne, bunte Kuh,
> was sagst du dazu?«

Die Tiere antworteten: »Duks,

> du hast mit uns gegessen,
> du hast mit uns getrunken,
> du hast uns alle wohl bedacht,
> wir wünschen dir eine gute Nacht.«

Da ging das Mädchen die Treppe hinauf, schüttelte die Federkissen und deckte frisches Linnen auf, und als es fertig war, kam der Alte und legte sich in das eine Bett, und sein weißer Bart reichte ihm bis an die Füße. Das Mädchen legte sich in das andere, tat sein Gebet und schlief ein.

Es schlief bis Mitternacht, da ward es so unruhig in dem Hause, daß das Mädchen erwachte. Da fing es an in den Ecken zu knittern und zu knattern, und die Türe sprang auf und schlug an die Wand; die Balken dröhnten, als wenn sie aus ihren Fugen gerissen würden, und es war, wenn die Treppe herabstürzte, und endlich krachte es, als wenn das ganze Dach zusammenfiele. Da es aber wieder still ward und dem Mädchen nichts zuleid geschah, so blieb es ruhig liegen und schlief wieder ein. Als es aber am Morgen bei hellem Sonnenschein aufwachte, was erblickten seine Augen? Es lag in einem großen Saal, und ringsumher glänzte alles in königlicher Pracht; an den Wänden wuchsen auf grünseidenem Grund goldene Blumen in die Höhe, das Bett war von Elfenbein und die Decke darauf von rotem Sammet, und auf einem Stuhl daneben standen ein Paar mit Perlen gestickte Pantoffeln. Das Mädchen glaubte, es wäre ein Traum, aber es traten drei reichgekleidete Diener herein und fragten, was es zu befehlen hätte. »Geht nur«, antwortete das Mädchen, »ich will gleich aufstehen und dem Alten eine Suppe kochen und dann auch schön Hühnchen, schön Hähnchen und die schöne, bunte Kuh füttern.« Es dachte, der Alte wäre schon aufgestanden, und sah sich nach seinem Bette um, aber er lag nicht darin, sondern ein fremder Mann. Und als es ihn betrachtete und sah, daß er jung und schön war, erwachte er, richtete sich auf und sprach: »Ich bin ein Königssohn und war von einer bösen Hexe verwünscht worden, als ein alter, eisgrauer Mann in dem Wald zu leben: niemand durfte um mich sein als meine drei Diener in der Gestalt eines Hühnchens, eines Hähnchens und einer bunten Kuh. Und nicht eher sollte die Verwünschung aufhören, als bis ein Mädchen zu uns käme, so gut von Herzen, daß es nicht gegen die Menschen allein, sondern auch gegen die Tiere sich liebreich bezeigte, und das bist du gewesen, und heute um Mitternacht sind wir durch dich erlöst, und das alte Waldhaus ist wieder in meinen königlichen Palast verwandelt worden.« Und als sie aufgestanden waren, sagte der Königssohn den drei Dienern, sie sollten hinfahren und Vater und Mutter des Mädchens zur Hochzeitsfeier herbeiholen. »Aber wo sind meine zwei Schwestern?« fragte das Mädchen. »Die habe ich in den Keller eingesperrt, und morgen sollen sie in den Wald geführt werden und sollen bei einem Köhler so lange als Mägde dienen, bis sie sich gebessert haben und auch die armen Tiere nicht hungern lassen.«

Goldmariken und Goldfeder

Es war einmal ein Edelmann, der hatte eine wunderschöne Tochter, die hieß *Goldmariken*. Einst wollten ihre Eltern ausfahren, und da wollte Goldmariken gerne mit, aber die Eltern wollten es nicht haben. Da blieb Goldmariken allein zu Hause. Nachts aber, als sie wieder nach Hause wollten, verirrten sie sich in einem großen Walde und konnten sich gar nicht wieder zurechtfinden. Endlich begegnete ihnen ein großer Pudel. »Ich will euch wohl auf den rechten Weg bringen«, sagte der Pudel, »wenn ihr mir das geben wollt, was aus eurem Hause euch zuerst begegnet.« Da dachten die Eltern gleich an ihr liebes Goldmariken und fürchteten, sie möchte ihnen zuerst entgegenkommen; aber da das Wetter immer schlimmer ward und sie den Weg ganz verloren hatten, so willigten sie endlich ein und versprachen dem Pudel, was er verlangt hatte, denn sie dachten, vielleicht kommt unser Haushund auch zuerst an unsern Wagen.

Nun waren sie bald zu Hause; aber die erste, die an ihren Wagen kam, war richtig doch niemand anders als Goldmariken. Da sprach der Pudel: »Jetzt gehört sie mir und nicht euch.« Aber die Eltern baten so viel, er möge sich alles andere nehmen und ihnen nur ihr liebes Goldmariken lassen; allein dem Pudel war es gerade recht, daß er Goldmariken haben sollte; darum half kein Bitten etwas. Nur drei Tage wollte er Frist geben, dann würde er wiederkommen und sie abholen.

Goldmariken benutzte nun die Zeit, um von allen Verwandten und Bekannten Abschied zu nehmen; sie war bei all ihren Klagen ganz ruhig und zufrieden. Am letzten Abend sagte Goldmariken zu ihrer Mutter: »Nun will ich unserer alten Nachbarin auch noch adieu sagen.« – »Meine Tochter«, antwortete die Mutter, »was willst du noch bei der alten Frau tun?« – »Ja«, sagte Goldmariken, »ich will und muß dahin.« Sie ging also hin, und als sie da ankam, sagte die Alte: »Fürchte dich nicht, mein Kind! Ich will dich heute abend, wenn du diese Nacht bei mir schlafen willst, das Wünschen lehren, daran sollst du dein ganzes Leben denken, und das wird dir viel nützen.« Goldmariken ward ganz froh und ging zu ihrer Mutter, um zu sagen, sie wolle diese Nacht bei der Nachbarin schlafen. Da sagte die Mutter: »Was willst du doch bei der Alten schlafen?« Aber Goldmariken hörte nicht darauf, sondern ging des Abends doch hin.

Sie gingen nun miteinander zu Bette, und als Goldmariken am andern Morgen aufstand, konnte sie alles hervorzaubern, was sie wollte. Sie dankte der Alten von Herzen und hoffte nun durch ihre Kunst ihre Eltern sehen zu können, sooft sie wollte.

Als sie nun nach Hause kam, war der Pudel auch schon da, sie abzuholen. Goldmariken nahm Abschied von ihren bekümmerten Eltern, sagte aber nichts davon, daß sie das Wünschen gelernt hätte. Als sie aufs Feld kamen, sprach der Pudel: »Setze dich auf meinen Rücken, so will ich dich wohl zur Stelle bringen.« Goldmariken tat das, und es dauerte nicht lange, so kamen sie zu einem Hause, darin wohnten zwei Mädchen; da gingen sie hinein, und der Pudel verwandelte sich gleich zu einem alten Weibe, das war die Mutter von den beiden Mädchen. »Nun«, sprach sie, »habe ich drei Mädchen, daran ich mich ergötzen kann. Du, Goldmariken, sollst es recht gut bei mir haben, wenn du nur immer gehorsam bist.« Goldmariken versprach das, und wenn die Alte sagte, Goldmariken tue dies oder das, so konnte sie immer leicht damit fertig werden, denn sie wünschte sich nur immer alles zurecht.

Einst ging die Alte wieder als Pudel in den Wald; da fand sie einen jungen hübschen Mann, der hatte sich verirrt und hieß *Goldfeder*. Der Pudel sprach zu ihm: »Ich will dich hinausführen, wenn du mir versprichst, nachher zu mir zu kommen und bei mir zu bleiben.« Goldfeder antwortete, daß er nichts dazu sagen könne, denn er sei eines

Königs Sohn und müsse zuvor erst mit seinem Vater sprechen. Endlich aber, da er sich gar nicht zurechtfinden konnte, mußte er doch ja sagen und dem Pudel versprechen, ihm zu gehören; da brachte der Pudel Goldfeder aus dem Walde an den Hof seines Vaters. Aber nach drei Tagen kam er wieder, um Goldfeder abzuholen. Der Vater wollte es nicht zugeben, mußte aber doch dareinwilligen, denn der Pudel sprach: »Goldfeder hat es selber zugesagt, und er muß Wort halten.« Da mußte Goldfeder mit, und er kam nun dahin, wo Goldmariken war. Goldmariken sprach zu Goldfeder: »Nimm dich in acht vor der Alten, denn das ist keine Gute, und sie kann mehr als Brot essen, morgen sollst du gewiß Gras ummähen.« – »Ja«, sagte Goldfeder, »das kann ich nicht, ich weiß nicht, wie ich das machen soll.« Am Abend sagte auch die Alte zu ihm: »Goldfeder, du könntest eine Sense zurechtmachen, denn morgen sollst du Gras mähen.« Da ging Goldfeder zu Goldmariken und sagte: »Ich soll eine Sense zurechtmachen und verstehe es nicht.« – »Oh«, sagte sie, »klopfe nur ein bißchen auf die Sense, dann wird sie bald fertig werden.« Das tat Goldfeder, und die Sense war sogleich zurecht. Am andern Morgen sagte die Alte: »Goldfeder, gehe hin und mähe das Gras!« Er ging aber erst zu Goldmariken und fragte sie: »Wie fange ich das an? Ich verstehe nichts davon.« Goldmariken antwortete: »Streiche du nur die Sense, daß es klingt, gegen die Zeit, wenn dir die Alte Essen bringt.« Nun ging Goldfeder auf die Wiese und legte sich erst nieder und schlief; zu der Zeit aber, als ihm das Essen gebracht werden sollte, strich er die Sense, daß es klang; da fiel alles Gras auf einmal um. Nun kam die Alte, und da sie sah, daß alles getan war, lobte sie ihn wegen seines Fleißes und versprach ihm, daß er es gut dafür haben sollte.

Am andern Tage sprach die Alte wieder zu Goldfeder: »Heute, mein Sohn, geh hin und mache ein Beil scharf, dann sollst du Holz hauen!« Er aber wußte wieder nicht, wie er ein Beil scharf machen sollte, ging darum wieder zu Goldmariken, um sich Rat zu holen. Diese sagte: »Nimm einen Stein und streich das Beil nur zwei-, dreimal darauf her und hin, dann wird es wohl scharf sein.« Goldfeder strich das Beil auf einem Stein zwei-, dreimal her und hin, und in einem Augenblick hatte er es scharf. Bald darauf sagte die Alte: »Nun geh in den Wald und hau mir Holz!« Er ging, aber er konnte gar nichts abkriegen. Endlich kam Goldmariken und brachte ihm Frühstück. »Ach«, sagte er, »du mußt mir doch wieder helfen, denn ich verstehe das Holzhauen nicht!« – »Ja«, sagte sie, »ich soll dir immer helfen und du hilfst mir nie!« – »Oh, süßes Goldmariken«, antwortete Goldfeder, »glaube mir, ich will dich auch immer liebhaben und nie verlassen, so lange nur noch ein Tropfen warmes Blut in mir ist. Hilf mir nun auch diesmal aus der Not!« – »Nun denn«, sagte sie, »so kehre nur das Beil um und schlage an den Baum!« Da lag in einem Augenblick alles Holz umgehauen. Mittags, als die Mutter kam, wunderte sie sich, daß er so fleißig gewesen sei, lobte ihn und versprach ihm, daß er es auch ferner gut haben solle. Als Goldfeder nun abends nach Hause kam, legte er sich auf sein Bett und dachte viel an seine Eltern, aber mehr noch an Goldmariken.

Am andern Morgen sprach die Alte: »Du kannst wohl einige Harken zurechtmachen, denn heute sollt ihr das Heu kehren und eintragen.« – »Mutter«, sagten die Töchter, »wie sollen wir das Heu eintragen? Das geht doch wohl nicht an.« – »Ja«, sagte sie, »das soll geschehen, und ihr müßt es tun!« Da ging Goldfeder hin, und nachdem Goldmariken ihm geholfen, waren die Harken fertig. Als nun die beiden Töchter mit Goldfeder hinaus auf die Wiese gingen und auch Goldmariken kam, sagte Goldfeder leise zu ihr: »Wie sollen wir nun das Heu eintragen?« – »Nimm du nur«, sprach sie, »wie ich es mache, einen Stock auf den Nacken; dann wird das Heu schon einkommen.« Als nun die beiden Töchter mit ein wenig Heu voraufgingen, so nahmen Goldmariken und Goldfeder ihre Stöcke auf den Nacken, und alles Heu kam hinter ihnen her, und bald hatten sie es da zusammen, wo es liegen sollte. Da kam die Alte und lobte Goldfeder und die andern, daß sie alle so fleißig gewesen waren.

Nun sollte er am Tage darauf das Holz nach Hause tragen. Als er aber hinging, konnte er gar wenig fortbringen und war gleich müde; da klagte er es wieder Goldmariken. Die aber sprach: »Mache es nur so wie beim Heu«, und als Goldfeder das tat, war gleich alles Holz zu Hause. Nun sprach die Alte: »Mache jetzt auch einige Spaten zurecht, denn morgen sollst du Lehm graben, und mache auch Formen zu Mauersteinen, denn du sollst mir welche Lehmsteine streichen.« Goldmariken mußte ihm wieder helfen, da waren Spaten und Formen bald fertig, und als er nun Lehm graben sollte und er nichts herausbringen konnte, kam Goldmariken und sagte ihm, er sollte nur tüchtig mit dem Spaten stoßen, dann würde Lehm genug herausfliegen. Als Goldfeder nun mit der Arbeit fertig war, da kam die älteste der Töchter und lobte ihn gar sehr; aber Goldmariken sprach: »Ihr lobet mir ihn allzu viel, ich habe doch auch mitgearbeitet.« Aber die Tochter meinte, Goldfeder verdiente noch viel mehr Lob. »Das bedeutet nichts Gutes für mich«, sagte Goldmariken zu Goldfeder, als jene nachher weggegangen war, »daß sie dich so sehr lobte«, aber Goldfeder antwortete: »Ich will dir ganz gewiß treu bleiben, liebes Goldmariken, solange ich lebe.« Als jetzt die Alte kam, sagte sie, er solle nun Lehmsteine streichen. Goldfeder tat das, und als sie trocken waren, sollte er sie nach Hause schaffen, aber sie waren ihm viel zu schwer. Da ging er wieder zu Goldmariken, sich Rat zu holen. »Du bist doch recht ein Dummerjan«, sagte sie, »ich habe es dir ja so oft gesagt, du solltest nur einen Stock auf den Nacken nehmen, dann würde alles wohl nachkommen.« Goldfeder nahm einen Stock auf den Nacken, und alle Steine folgten ihm. Nun sprach die Alte: »Verstehst du auch einen Ofen zu bauen?« – »Nein«, sagte er, »aber ich will mir Mühe geben.« Goldfeder machte sich ans Werk, konnte aber weder Lehm zurechtmachen, noch die Steine legen; er ging also wieder zu Goldmariken, daß sie ihm aus der Not helfe. »Oh, du verstehst auch nichts«, antwortete sie, »nimm einen Stock und schlage in den Lehm, dann wird er wohl was taugen, und beim Mauern kannst du ja ein bißchen auf einen Stein pinkern, dann wird der Ofen wohl fertig!« Während der Arbeit kam die Alte, um nachzusehen, und als er fragte, ob sie zufrieden sei, bejahte sie es. Aber als er fertig war, kam Goldmariken zu ihm und sprach: »Wir müssen uns nun bald reisefertig machen, denn ich habe die Alte sagen hören, daß wir ihr zu klug würden, und wenn der Ofen fertig sei, wir darin sollten gebraten werden. Aber ich sage dir, Goldfeder, wenn dir dein Leben lieb ist, so verlasse mich nicht, denn du allein vermagst nichts gegen sie. Morgen will sie dich ruhen lassen, um dich übermorgen zu braten, darum sei auf deiner Hut.« Goldfeder wurde ganz bange, es kam aber so wie Goldmariken gesagt hatte. »Morgen«, sagte die Alte zu ihm, »kannst du ausruhen.« Aber ganz frühe, da es eben Tag ward, stand Goldmariken auf und weckte Goldfeder. Sie machten sich schnell reisefertig, und als sie davongehen wollten, spuckte Goldmariken ihre Kammertür zweimal an auf beiden Seiten und sprach: »Wenn die Alte mich zum ersten Male ruft, dann antwortest du, ich komme, und ruft sie zum zweiten Male, so antwortest du, ich komme gleich.« Morgens schrie die Alte nun nach Goldmariken; da antwortete die Tür aus der Kammer: »Ich komme!« Als sie aber zum zweiten Male rief, antwortete die Tür aus der Küche »Ich komme gleich!« Aber niemand kam. Da stand die Alte endlich auf, sah in der Kammer und in der Küche nach; da waren Goldmariken und Goldfeder fort. Nun weckte sie schnell ihre beiden Töchter und sprach: »Stehet auf, Goldfeder und Goldmariken sind fort, und ihr müßt ihnen nach! Gehe du zuerst«, sprach sie zu der jüngsten, »am Abhange vor dem blauen Berge steht ein Rosenbusch mit einer verdorrten Rose, die mußt du auf jeden Fall abpflükken und mir bringen.« Die Tochter ging und eilte den Flüchtlingen nach. Diese waren schon eine gute Strecke gegangen, endlich aber sprach Goldmariken zu Goldfeder: »Tritt mir auf den linken Fuß und sieh mir über die rechte Schulter, ob auch jemand kommt!« Da sprach Goldfeder: »Die jüngste Tochter der Alten kommt uns nachgelaufen!« Goldmariken sagte: »So will ich mich zu einem Rosenbusch und dich zu einer verdorrten Rose machen, aber laß dich ja nicht abbrechen und stich tüchtig; denn bricht sie dich ab, so sind wir beide verloren!« Als nun das Mädchen an den Busch kam, wollte sie die Rose abpflücken, aber die stach so sehr, daß sie davon abstehen mußte. Da ging sie wieder nach Hause, aber von ihrer Mutter bekam sie viel Ausschelte, daß sie so dumm gewesen wäre. Dann sprach die Mutter zu der ältesten Tochter: »Nun gehe du aus, und wenn du über den blauen Berg kommst, so steht da eine weiße Kirche, darin steht ein Prediger auf der Kanzel, den fasse bei der Hand an und nimm ihn mit!« Goldmariken und Goldfeder waren unterdes weitergegangen, bald aber sprach Mariken wieder: »Tritt mir auf den linken Fuß und sieh mir über die rechte Schulter, ob uns auch jemand nachkommt!« – »Ja«, sagte Goldfeder, »die älteste Tochter kommt!« – »So will ich«, sprach Goldmariken, »mich in eine Kirche und dich in einen Prediger verwandeln, aber laß dich ja nicht anfassen, denn sonst sind wir verloren!«

Nun kam die älteste Tochter und ging in die Kirche, aber zu der Kanzel konnte sie nicht kommen und mußte so wieder nach Hause. Nun aber ward die Alte schrecklich böse und lief gleich selbst fort. Da sprach Goldmariken wieder zu Goldfeder: »Tritt mir auf den linken Fuß und sieh mir über meine rechte Schulter, ob uns auch jemand nachkommt!« – »Ja«, sagte Goldfeder, »nun kommt die Alte selbst!« – »So will ich mich zu einem Teiche, dich aber zu einer Ente machen; aber ich sage dir, Goldfeder, laß dich nicht an die Kante locken, daß sie dich fassen kann, ihre goldnen Ringe aber, die sie hinwerfen wird, dich zu fangen, die nimm, wenn du sie ohne Gefahr kriegen kannst!« Nun kam die Alte zum Teiche und lockte die Ente, die immer darauf herumschwamm. Sie warf ihre goldenen Ringe einen nach dem andern hinein, aber die Ente ließ sich nicht dadurch verführen, bis die alte Hexe zuletzt keinen Ring mehr hatte; da ward sie so böse, daß sie den Teich austrinken wollte, und da legte sie sich nieder und trank so lange, bis sie platzte. Nun nahmen Goldmariken und Goldfeder ihre wahre Gestalt wieder an und schwuren einander ewige Treue und daß sie sich nie verlassen wollten; von der Alten aber hatten sie nun nichts mehr zu fürchten.

Nach langer Wanderung kamen sie endlich in die Stadt, wo Goldfeders Vater wohnte und König war. Als sie nun vor das Schloß kamen und Goldfeder hineinwollte, sagte Goldmariken zu ihm: »Höre, Goldfeder, ich bitte dich nur um eins, damit du mich nicht, wenn du in deines Vaters Haus kommst, vergißt und mich nicht hier draußen auf dem breiten Stein stehenläßt: hüte dich davor, daß dir jemand einen Kuß gibt; dann hat's keine Not, daß du mich sobald vergißt.« Goldfeder versprach das und dachte der Warnung, als er ins Haus kam und Vater und Mutter ihm entgegeneilten und ihn begrüßen wollten; er küßte sie nicht. Als er aber in die Stube trat, da war seine alte Braut, die hieß *Menne*; sobald sie ihn sah, sprang sie voll Freuden auf, lief auf ihn zu und hatte ihn geküßt, ehe er sich's versah. Da war ihm in einem Augenblicke sein Goldmariken aus dem Sinn. Das stand lange draußen auf dem breiten Stein und wartete, daß er sie einholen sollte; als aber niemand kam, da weinte sie erst noch lange Zeit; dann aber, als sie sich ausgeweint hatte, ging sie fort, mietete ein kleines hübsches Haus, dem Schlosse gegenüber, und gab sich für eine Näherin aus. Da wohnte sie von nun an ganz allein, nur ein paar Tauben waren stets zur Gesellschaft bei ihr in der Stube, und auf dem Grasplatz hinterm Hause hatte sie ein kleines Kalb gehen, das fütterte sie tagtäglich und hatte ihre Freude daran, es großzuziehen. Weil sie aber so geschickt im Nähen war, so bekam sie bald Arbeit vollauf; kein Mädchen, sagte man, in der ganzen Stadt wüßte es feiner und zierlicher zu machen als Goldmariken.

Nun hatten die jungen Herren vom Schlosse und in der Stadt aber es auch bald herausgebracht, was Goldmariken für ein hübsches Mädchen sei, und sie wären gerne mit ihr genauer bekannt geworden. Aber Goldmariken kehrte sich nicht an sie und sah gar nicht von der Arbeit auf, wenn sie immer vor ihrem Fenster auf und nieder gingen. Da waren nun drei Brüder unter den Hofleuten auf dem Schlosse, die waren von allen in Goldmariken verliebt. Sie baten endlich ihre Mutter um etwas feine Leinewand, Goldmariken mache so niedliche Arbeit, sie wollten sich von ihr welche Kragen nähen lassen. Der älteste ging zuerst hin, sagte Goldmariken guten Tag und setzte sich nieder und sprach mit ihr. »Morgen abend könnt ihr eure Kragen holen«, sagte Goldmariken. Als er nun am andern Abend wiederkam, um die Kragen zu holen, da bat sie ihn, noch ein wenig zu bleiben; und so blieb er auch bis Bettzeit. Da wollte er wieder fort; aber Goldmariken sagte: »Ihr könnt auch gerne diese Nacht bei mir bleiben.« Damit war der junge Mann ganz zufrieden. Als Goldmariken aber zu Bette wollte, hieß sie ihn hingehen und die Haustür zuschließen, und als er das Schloß anfaßte, rief sie:

»Mann an Schloß und Schloß an Mann,
daß ich geruhig schlafen kann.«

Da saß er an der Tür fest und mußte die ganze Nacht da stehenbleiben. Morgens aber, als Goldmariken aufgestanden war, fiel es ihr ein, daß er da noch stehe, und sie sagte:

»Mann vom Schloß und Schloß vom Mann,
daß er hereinkomme und sich für ruhigen Schlaf
bedank.«

Da kam er herein, dankte für den ruhigen Schlaf, nahm

seine Kragen, mit denen er sehr zufrieden war, und ging. Zu Hause aber sagte er nichts. Aber der jüngere Bruder sprach: »Heut abend muß ich hin.«

Abends ging er nun zu Goldmariken und sagte: »Ich wünsche gern welche Kragen genäht zu haben, wie mein Bruder sie bekommen hat.« – »Das kann auch angehen«, sagte Goldmariken, »sitzt nur ein wenig nieder und verweilt euch.« Der Abend ging nun so hin, Goldmariken nähte, und sie sprachen miteinander; aber um Bettzeit wollte er fortgehen. Da sagte sie auch zu ihm, daß er diese Nacht gerne bei ihr bleiben könnte. Als sie aber zu Bette wollte, sprach sie: »Ich habe ganz vergessen, die Gartentür zuzumachen; wollt ihr nicht so gut sein und das für mich tun?« – »Recht gern«, sagte der junge Mann und lief schnell hin. Als er aber den Ring an der Tür angefaßt hatte, rief sie:

»Mann an Ring und Ring an Mann,
daß ich geruhig schlafen kann.«

Da konnte er nicht loskommen und mußte die ganze Nacht da stehenbleiben, bis morgens Goldmariken aufstand und sagte:

»Mann vom Ring und Ring vom Mann,
daß er hereinkomme und sich für ruhigen Schlaf
bedank.«

Dann ließ der Ring los, und er kam herein und bedankte sich für ruhigen Schlaf.

Als er nun mit seinen Kragen nach Hause kam, fragte ihn sein ältester Bruder gleich: »Wo hast du diese Nacht gestanden?« – »Was«, antwortete er, »ich habe geschlafen.« – »Das ist nicht wahr«, sagte jener, »sage mir, wo du gestanden, so sage ich dir, wo ich gestanden habe.« Da sagte er: »Ich habe bei der Gartentür gestanden.« – »Und ich bei der Haustür«, sagte der andere, nun aber machten es die beiden untereinander ab, ihrem jüngeren Bruder nichts davon zu sagen, damit er auch angeführt werde.

Der jüngste Bruder ging am Abend hin. »Guten Abend Goldmariken«, sprach er, »willst du mir nicht ein paar Kragen nähen, wie meine Brüder welche bekommen haben, aber womöglich noch hübscher als sie?« – »Herzlich gern«, antwortete Goldmariken, »setze dich nur ein wenig nieder und warte.« Als nun der Abend zu Ende war, bat sie ihn auch, die Nacht bei ihr zu bleiben. Das wollte er gar gerne. Aber als Goldmariken zu Bette wollte, so sprach sie: »Ach, mein Kalb ist noch nicht getüdert, es geht auf dem Hofe, tu mir den Gefallen!« – »Mit Freuden«, sagte er und lief hinaus. Als er aber das Tau anfaßte, sprach sie:

> »Mann an Tau und Tau an Mann,
> daß ich geruhig schlafen kann.«

Da lief das Kalb mit ihm über Stock und Block und durch dick und dünn, die ganze Nacht hindurch. Am andern Morgen erinnerte Goldmariken sich, daß der junge Mann noch mit dem Kalbe herumliefe und sagte:

> »Mann vom Tau und Tau vom Mann,
> daß er hereinkomme und sich für ruhigen Schlaf
>   bedank.«

Nun kam er herein, dankte für ruhigen Schlaf und freute sich sehr über seine Kragen, die noch viel schöner waren als die seiner Brüder. Als er nach Hause kam und seine Brüder ihn fragten, gestand er aber nicht, daß er die ganze Nacht mit dem Kalbe herumgelaufen wäre.

Während dieser Zeit war es soweit gekommen, daß Goldfeder mit Menne Hochzeit geben sollte. Als nun der Wagen mit dem Brautpaar vom Schloß herunterkam und bei Goldmarikens Fenstern vorbeifahren wollte, da wünschte sie, daß er sogleich vor ihrer Tür in einen tiefen Morast versinken sollte. Der Wagen blieb stecken, und Pferde und Menschen konnten ihn nicht von der Stelle bringen. Da ward der alte König sehr verdrießlich und befahl, mehr Pferde vorzuspannen und daß mehr Menschen anfassen sollten; aber es half alles nichts. Unter der Dienerschaft, die den Bräutigam zur Kirche begleiten sollte, waren nun auch die drei Brüder. Da sprach der älteste von ihnen zu dem König: »Herr König, hier in dem kleinen Hause wohnt ein Mädchen, die kann wünschen, was sie will; gewiß hat sie den Wagen hier festgewünscht!« – »Woher weißt du das denn, daß sie das kann?« sagte der alte König. Er antwortete: »Sie hat mich einmal an die Tür gewünscht, und da habe ich eine ganze Nacht daran stehen müssen!« – »Ja«, sprach der zweite Bruder, »aber wenn sie einen festgewünscht hat, so wünscht sie ihn auch wieder los.« – »Und woher weißt du das?« fragte der König. »Ich habe einmal die ganze Nacht an ihrer Gartentür stehen müssen, aber am Morgen hat sie mich wieder frei gemacht.« Da wollte der alte König schon zu Goldmariken hineinschicken, aber der jüngste Bruder sprach: »Herr König, das Mädchen hat auch ein Kalb, das hat Kräfte für zehn Pferde; laßt den Bräutigam zu ihr hineingehen und sie bitten, es uns zu leihen, so wird der Wagen schon loskommen.« – »Ja«, sagte der Bräutigam, »das will ich schon tun«, stieg aus dem Wagen und ging zu Goldmariken und bat sie ganz freundlich, ihm ihr Kalb zu leihen, denn er hätte gehört, es hätte so viele Kräfte. »Ja«, antwortete sie, »das Kalb könnt ihr gerne nehmen, aber ihr müßt mir versprechen, daß ich noch mit zur Hochzeit geladen werde und meine beiden Tauben auch.« Der Bräutigam versprach ihr das, und als nun das Kalb vorgespannt war, zog es den Wagen ganz leicht heraus.

Als die beiden jungen Leute nun nach der Trauung nach Hause kamen und viele Gäste sich versammelt hatten, da kam auch Goldmariken mit ihren beiden Tauben. Sie ward ganz freundlich empfangen und in den Saal geführt; ihre Tauben aber blieben immer bei ihr und saßen ihr auf beiden Schultern. Nun ging es zu Tische, und köstliche Gerichte wurden aufgetragen, man setzte auch Goldmariken davon vor, aber sie rührte keinen Bissen an und saß ganz stumm und traurig. Da wunderten sich die Leute darüber, daß das schöne Mädchen so traurig sei und nichts

von den Speisen anrührte; als man sie aber darum fragte,
da antworteten die Tauben:

»Täubchen, Täubchen mag nicht essen,
Goldfeder hat Goldmariken auf dem Stein
vergessen.«

Das hörte der Bräutigam, und er befahl den Dienern, ihr
noch einmal, und zwar noch köstlichere Speisen vorzuset-
zen; aber Goldmariken rührte nichts an, und die Tauben
sagten:

»Täubchen, Täubchen mag nicht essen,
Goldfeder hat Goldmariken auf dem Stein
vergessen.«

Da ward der Bräutigam ganz nachdenklich, sah Goldmariken
einmal recht genau an und erkannte sie. Dann sprach er zu
seiner Braut: »Liebe Braut, du mußt mir doch eine Frage
beantworten. Ich habe einen Schrank, dazu habe ich zwei
Schlüssel, einen alten, den ich einmal verloren, nun aber
wiedergefunden habe, und einen neuen, den ich mir für
den alten, als er verloren war, anschaffte. Sage mir nun,
welchen ich zuerst nehmen und gebrauchen soll, den alten
oder den neuen?« Da antwortete sie: »Den alten mußt du
erst brauchen!« – »Nun«, sagte er, »so hast du dein eigen
Urteil gesprochen, denn dies ist mein liebes Goldmariken,
mit der ich Freud und Leid bei der alten Hexe im Walde
geteilt habe, die mir allezeit half und mich gerettet hat,
und der ich ewige Treue geschworen.« Da mußte Menne von
Goldfeder abstehen, und alle Leute, ihre und seine Eltern
sagten, daß keine es auch mehr verdient hätte, seine Frau
zu werden, als Goldmariken. So gaben sie denn miteinander Hochzeit und lebten viele, viele Jahre glücklich.

Siebenschön

In einem Dorfe wohnten ein paar arme Leute in einem kleinen Häuschen, die hatten eine einzige Tochter. Das Mädchen besorgte ihnen den Hausstand, sie wusch, fegte, kochte und schaffte alles, was zu tun war; das Gärtchen vor dem Hause war immer wohl bestellt, im Hause aber war alles so blank und reinlich, daß es eine Lust anzusehen war. Es gab auch kein Mädchen in der ganzen Gegend, die geschickter im Nähen und Sticken gewesen wäre, und damit verdiente sie ihren armen Eltern das Brot; denn feine Arbeit wird immer gut bezahlt. Weil das Mädchen aber schöner war als sieben andere zusammen, so nannten die Leute sie Siebenschön. Sie war aber so sittsam, daß, wenn sie sonntags zur Kirche ging, was sie fleißig tat, sie immer einen Schleier vor dem Gesichte trug, damit die Leute sie nicht angaffen sollten. Da sah sie nun einmal des Königs Sohn, und sie war so schlank wie eine Esche, da verliebte er sich in sie und hätte herzlich gern auch einmal ihr Gesicht gesehen, aber das konnte er nicht vor dem Schleier. Er sprach zu seinen Dienern: »Warum trägt Siebenschön immer einen Schleier, daß man ihr Gesicht nicht sehen kann?« Die Diener antworteten: »Das tut sie, weil sie so sittsam ist.« Da sandte der Königssohn einen Diener mit einem goldenen Fingerreif zu Siebenschön und ließ sie so sehr bitten, heute abend bei der großen Eiche zu sein, er hätte etwas mit ihr zu besprechen. Siebenschön ging hin, denn sie dachte ›gewiß will der Prinz bei dir ein Stück feine Arbeit bestellen‹. Als aber der Prinz sie nun sah, da verliebte er sich noch viel mehr und verlangte sie zur Frau. Aber Siebenschön sprach: »Du bist so reich und ich nur so arm; dein Vater wird sehr böse werden, wenn er hört, daß du mich zur Frau genommen.« Aber der Prinz bat so viel und sagte, wie lieb er sie hätte; da sagte Siebenschön endlich: »Wenn du noch ein paar Tage warten willst, so will ich mich darauf bedenken.« – Am andern Tage schickte der Königssohn seinen Diener zu Siebenschön, der brachte ihr ein Paar silberne Schuhe und bat sie, sich heute abend wieder bei der Eiche einzufinden, denn der Prinz wollte mit ihr sprechen. Siebenschön ging hin, und als der Prinz sie sah, so fragte er, ob sie sich schon besonnen hätte. Da antwortete Siebenschön: »Ich habe mich noch nicht bedenken können, denn meine Tauben und Hühner wollten gefüttert, der Kohl mußte geschnitten und die Hemden genäht werden; aber was ich dir sagte, ich bin so arm und du so reich, dein Vater aber wird böse werden, darum kann ich nicht deine Frau werden.« Da bat sie aber der Prinz wieder so viel, daß sie endlich sagen mußte, daß sie sich ganz gewiß bedenken und mit ihren Eltern sprechen wolle. Am andern Tage schickte er ihr durch einen Diener ein prächtiges goldenes Kleid und ließ sie bitten, heute abend wieder zu der Eiche zu kommen. Siebenschön ging abends auch wieder hin, und der Prinz fragte, wie sie sich denn nun besonnen hätte. »Ach«, sagte Siebenschön, »ich habe mich nicht bedenken können, und meine Eltern habe ich auch nicht gefragt, es gab den ganzen Tag wieder so viel zu schaffen in und außer dem Hause, daß ich nicht dazu kommen konnte; aber was ich immer gesagt habe, dabei muß es doch bleiben, ich bin viel zu arm und du zu reich, und dein Vater wird sehr böse werden. Nun ließ der Prinz aber gar nicht mit Bitten nach und stellte ihr vor, daß sie endlich Königin werden sollte, er würde ihr auch ganz gewiß treu bleiben und keine andre heiraten, was da auch kommen möchte. Da Siebenschön nun sah, wie lieb er sie hatte, so sagte sie endlich ja.

Von nun an trafen sie sich jeden Abend an der Eiche und waren ganz glücklich, denn sie liebten sich wirklich so sehr, doch der König sollte es nicht wissen. Aber da war da eine alte garstige Dirne, die sagte es ihm endlich doch, daß sein Sohn immer mit Siebenschön jeden Abend spät zusammenkäme. Da ward der König ganz grimmig und schickte seine Leute hin, Siebenschöns Haus in Brand zu stecken, damit sie darin verbrenne. Siebenschön saß am Fenster und stickte; als sie aber merkte, daß das Haus brenne, sprang sie geschwind hinaus und gerade hinein in einen leeren Brunnen; ihre armen Eltern aber verbrannten beide mit dem Haus.

Es war ihr erst nun gewaltig gram und so traurig ums Herz, daß sie tagelang im Brunnen saß und weinte. Nachdem sie aber ausgeweint, arbeitete sie sich allmählich hinauf und grub sich dann mit ihren feinen Händen etwas Geld aus dem Schutt ihres verbrannten Hauses. Dafür kaufte sie sich Mannskleider. Dann ging sie zum Könige an den Hof und bat, er möge sie doch als Bedienter annehmen, denn sie heiße Unglück. Dem Könige gefiel der hübsche junge Mensch, und er nahm ihn zum Bedienten an; sie war nun immer treu und fleißig, und bald mochte der alte König Unglück von allen seinen Bedienten am liebsten leiden und ließ sich von keinem andern bedienen.

Der Königssohn aber, als er hörte, Siebenschöns Haus sei niedergebrannt, trauerte sehr, denn er meinte nicht anders, als daß Siebenschön auch mit verbrannt sei. Nachher aber wollte sein Vater, daß er sich eine Frau nehmen sollte; der alte König wollte seinem Sohn das Reich übergeben, aber dann mußte dieser auch eine Königin haben. Also freite der Prinz zu eines andern Königs Tochter und ward mit ihr verlobt. Als nun die Hochzeit sein sollte, ward das ganze Land dazu eingeladen, und als der König mit seinem Sohn hinreiste, die Braut zu holen, mußten alle Bedienten mit. Das war eine traurige Reise für Unglück, und es lag ihm so hart auf dem Herzen wie ein Stein. Er hielt sich immer hinten im Zuge, damit die Leute nicht seine Traurigkeit sähen, als sie aber in die Nähe des Schlosses der Braut kamen, hub er an zu singen mit klarer Stimme:

»Siebenschön bin ich genannt,
Unglück ist mir wohl bekannt.«

Da sagte der Prinz zu seinem Vater, neben dem er vorne an im Zuge ritt: »Wer singt doch da so schön?« – »Wer sollte es wohl anders sein«, antwortete der Alte, »als Unglück, mein Bedienter?« Darauf sang er zum zweiten Male:

>»Siebenschön bin ich genannt,
>   Unglück ist mir wohl bekannt.«

Da fragte der Königssohn wieder: »Wer singt doch einmal da? Sollte es wirklich Unglück, dein Bedienter sein, lieber Vater?« – »Ja, gewiß«, sagte der alte König, »wer anders sollte wohl so schön singen, als Unglück, mein Bedienter?« Nun waren sie ganz nahe vor das Tor des Schlosses der Braut gekommen, da sang Unglück zum dritten Male:

>»Siebenschön bin ich genannt,
>   Unglück ist mir wohl bekannt.«

Als der Prinz das nun wieder hörte, wandte er schnell sein Pferd und ritt hinten hin zu Unglück und sah ihm einmal stark ins Gesicht; da erkannte er Siebenschön und nickte ihr ganz freundlich zu, dann aber ritt er wieder weg.

Als sie nun alle beisammen waren auf dem Schlosse der Braut und war eine große Gesellschaft da, so sagte der König, der Vater der Braut: »Wir wollen Rätsel spielen, und der Bräutigam soll anfangen. Da fing der Königssohn an: »Ich habe einen Schrank, und vor einiger Zeit verlor ich den Schlüssel dazu; da ging ich gleich hin und kaufte mir einen neuen; als ich aber nach Hause kam, fand ich meinen alten wieder; nun frage ich dich, Herr König, welchen Schlüssel soll ich zuerst gebrauchen, den alten oder den neuen?« Der König antwortete sogleich: »Natürlich den alten!« Da hatte er sich selber das Urteil gesprochen, und der Königssohn sagte: »So, behalte du nur deine Tochter, hier ist mein alter Schlüssel.« Da griff er Siebenschön bei der Hand und führte sie mitten unter sie, der alte König aber, sein Vater, rief: »Nein, das ist ja Unglück, mein Diener!« Doch der Königssohn antwortete: »Lieber Vater, es ist Siebenschön, meine Frau!« Da gingen allen die Augen auf, und sie sahen nun erst, wie schön sie war.

Die grüne Feige

Ein König, der eine einzige schöne Tochter hatte, bekam einen gar sonderbaren Einfall. Er ließ im ganzen Lande ausrufen, wer ihm um Weihnachten eine *grüne Feige* bringe, der solle Gemahl seiner Tochter werden. Nun war da ein Mann auf dem Lande, der hatte drei Söhne, von denen der älteste ein Schuster, der zweite ein Schneider war, der jüngste aber gar kein Handwerk trieb, sondern nur den Küchenpeter machte. Eines Tages um Weihnachten findet der Vater dieser drei Burschen einen Baum im Walde, an welchem drei grüne Feigen hingen. Er nimmt sie mit nach Hause, legt eine davon in ein Körbchen und sagt zu dem ältesten Sohne: »Zieh dein bestes Zeug an und bringe diese Feige zum Könige!« Der Bursche kleidet sich flugs an und macht sich auf den Weg. Er kommt in einen großen Wald, da begegnet ihm ein altes Männchen und fragt: »Was hast du in dem Korbe?« – »Ih, was wollt ich drin haben! 'n Dreck«, sagt der Schuster. »So!« versetzt das Männlein. »Ist'n Dreck, soll's auch 'n Dreck bleiben.« Der Bursche setzt nun seinen Weg fort und langt endlich vor dem königlichen Schlosse an. Hier fragt ihn die Wache, was er wolle. Er sagt: »Dem Könige eine grüne Feige bringen.« Man läßt ihn durch. Als er vor den König tritt und sein Körbchen überreicht, findet sich's so, wie das Männlein gesagt hatte. Der Bringer erhält tüchtige Prügel und den Laufpaß. Daheim erzählt er, seine Sendung sei unglücklich abgelaufen, unterläßt aber, rein auszubeichten, wie es hergegangen. Da sagt der Schneider: »Jedenfalls mußt du dich recht dumm angestellt haben; ich würde es schon klüger anfangen, wenn der Vater mich mit einer anderen Feige senden wollte.« – »Geh denn!« sagt der Alte und legt ihm die zweite Feige in ein Körbchen. Der Schneider hatte dasselbe Abenteuer im Walde, antwortete dem Männlein noch unbescheidener und ward im Schlosse noch reichlicher mit Prügeln bedacht als sein Bruder. Heimgekehrt, mochte auch er keinen reinen Wein einschenken, sondern gab ebenfalls nur an, die Botschaft sei ihm mißglückt. Jetzt verlangt der Aschenpeter, mit der dritten Feige geschickt zu werden. Seine Brüder sagen: »Was willst du dummer Teufel da machen; dich lassen die Wärter nicht einmal durch.« Der Jüngling läßt indes seinem Vater keine Ruhe, bis er ihm gestattet, mit der dritten Feige zu gehen. Auch er trifft das Männlein im Walde. Als er gefragt wird, was er im Körbchen habe, antwortet er offen und bescheiden: »Eine grüne Feige, die ich dem Könige bringen soll.« – »Nun, mein Sohn«, sagt das Männlein, »wenn du eine grüne Feige darin hast, soll's auch eine grüne Feige bleiben. Aber weil du ein so ehrlicher Jüngling bist, will ich dir auch etwas schenken. Hier hast du ein Pfeifchen! Wenn du darauf flötest, kommt alles, was du dir wünschest.« Der Bursche steckt dankend das Pfeifchen ein und gelangt vor das Königsschloß. Als er nach einigen Schwierigkeiten Einlaß erhalten, überreicht er sein Körbchen, und siehe! die Feige war nicht verwandelt. Aber der Königstochter steht es schlecht an, den Burschen zum Gemahl anzunehmen. Sie sagt: »Unter *einer* Bedingung will ich dich: wenn du hundert Hasen, die im Stalle sind, acht Tage im Walde weidest und du keinen verlierst.« Er nimmt das an, und sein Pfeifchen setzt ihn in den Stand, am ersten Abend alle hundert zurückzubringen. Da denkt die Prinzessin: »Hier muß List helfen.« Verkleidet reitet sie tags darauf durch den Wald, wo er hütet, und fragt: »Willst du mir nicht einen Hasen verkaufen?« – »Verkaufen nicht«, sagt er, »aber abverdienen kannst du mir einen.« – »Und womit?« fragt sie weiter. »Wenn du dem Esel, den du reitest, den Hintern küssest«, versetzt er. ›Lieber das‹, denkt sie, ›als diesen Bauer zum Mann nehmen‹, und läßt sich's gefallen. Er gibt ihr einen Hasen. Als sie aber eine Strecke fort ist, läßt er sein Pfeifchen ertönen. Stracks macht sich der Hase los und ist im Nu wieder bei seinem Hüter. So hat er auch am zweiten Abend alle hundert beisammen. Am folgenden

Tage kommt die Königin verkleidet, und ihr geht's ebenso. Am vierten Tage entschließt sich der König, einen Versuch zu machen, und ihm geht's nicht besser. Als die acht Tage um sind, denkt der Jüngling, er werde nun die Prinzessin erhalten. Aber jetzt verlangt der König noch eine Leistung. »Du mußt mir«, sagt er, »zuvor drei Säcke voll Wahrheiten bringen. Da bittet der Bursche sich Bedenkzeit aus, verläßt das Schloß und geht dem Walde zu. Indem er sich so den Kopf zerbricht und am Ende traurig alle Hoffnung aufgeben will, trifft ihn das Männlein und erkundigt sich teilnehmend, warum er so niedergeschlagen sei. Als er seine Sache erzählt hat, ruft er aus: »Oh, das ist ja gar nichts! Sage nur, was beim Hasenhandel vorgefallen ist!« Er geht darauf wieder ins Schloß und sagt: »Ich habe das Verlangte.« – »Laß hören!« versetzt der König. »Als ich die Hasen hütete«, hebt der Jüngling an, »da kam am zweiten Tage die Prinzessin und wollte mir einen abhandeln; sie erhielt ihn aber nicht eher, bis sie ihrem Esel den H –« – »Halt!« ruft der König, »ein Sack ist voll.« – »Tags darauf«, fährt der Bursche fort, »kam auch die Königin und wollte mir –« – »Halt!« ruft der König, »der zweite Sack ist voll.« – »Am folgenden Tage«, sagte der Bursche, »kam auch der –« – »Halt!« ruft der König, »auch der dritte Sack ist voll.« Der König veranstaltete nun die Hochzeit, da wurde tüchtig geschmaust und getrunken. Ich bin auch mit darauf gewesen und in die Küche gegangen. Als ich da ein wenig am Braten nippte, hat mich der Koch mit dem Schaumlöffel vor den Hintern geschlagen, daß ich geflogen bin bis hierher.

Das tapfre Schneiderlein

Zwischen Berlin und Bernau hauste einmal ein Bär, der war gar böse und hatte sich in einem alten Försterhause, das im Walde stand, sein Lager gemacht, und machte dadurch die Landstraße so unsicher, daß die Handwerksburschen, welche nach Bernau gingen, immer die Zeit abpassen mußten, wenn er schlief, um nur nicht von ihm zerrissen zu werden. Da saßen denn auch einmal ihrer drei zu Berlin im Wirtshause, die wollten andern Morgens nach Bernau gehn, und einer davon war ein kleines Schneiderlein und war bucklig; und wie sie so beim Biere saßen, waren einige Tröpflein davon auf den Tisch gefallen, daran setzten sich die Fliegen; da schlug der Schneider auf einmal mit beiden Händen zu und erschlug zwölfe mit der rechten, elfe mit der linken Hand. Darob frohlockte er gewaltig und rief: »Darauf will ich Kunststücke machen.« Sprach's und ging hin, ließ sich einen Hirschfänger machen und auf die eine Seite schreiben ›rechts zwölfe‹ und auf die andre ›links elfe‹. Andern Morgens ging er mit seinen Genossen nach Bernau, und wie sie in den Wald in die Nähe des Hauses kamen, wo der Bär lag, wollten sie nicht vorwärts, sondern versuchten erst zu erspähen, ob er auch wohl schliefe. Das Schneiderlein aber nahm seinen Hirschfänger, ging mutig vorwärts und sprang durch das Fenster mitten in die Stube hinein; der Bär schlief grade, und als er den Lärmen hörte, wachte er auf, wurde gewaltig zornig und wollte das Schneiderlein fressen; das sprang aber, behende wie es war, zum entgegengesetzten Fenster hinaus und der Bär ihm nach. Schneiderlein lief drauf ums Haus herum, sprang wieder ins Fenster hinein, drauf zum andern wieder hinaus und der Bär immer hinten nach; aber das Schneiderlein war so schnell, daß es dem Bären endlich in den Rücken kam, wie er gerade aufs Fenster sprang, um hinauszusetzen; da zog es schnell seinen Hirschfänger und hieb ihm ins Genick, daß er tot niederstürzte. Nun hatte aber der König verkündigen lassen »wer den Bären schlägt, der soll die Prinzessin haben!« darum ward das Schneiderlein fröhlich und guter Dinge und machte sich eilig wieder auf den Weg zurück nach Berlin. Als es nun da ankam und der König erkannte, daß es den Bären erschlagen habe, war's ihm doch leid um seine Tochter, daß sie solch ein buckliges Schneiderlein heiraten solle, sagte drum, es müsse erst mit ihm in den Krieg ziehn, denn da gedachte er seiner loszuwerden. Darum führte er ihn denn in den Marstall und hieß ihn, sich das beste Pferd aussuchen, was er haben wollte. Das Schneiderlein besann sich auch nicht lange und nahm sich einen prächtigen Schimmel, den bestieg es, und nun ging's fort in den Krieg. Wie sie nun so durch den Wald zogen, ritt das Schneiderlein dicht unter den Zweigen hin, und ehe es sich's versah, saß es mit den Haaren an einem Feigenblatt fest, sein Schimmel aber lief mit dem ganzen Heere davon, und da hing nun das arme Schneiderlein zwischen Himmel und Erde und zappelte mit den Beinen, und der König dachte: ›Da hange du, bis du schwarz bist!‹ Allein der Schimmel kehrte wieder zurück, lief gerade unter dem Feigenblatt fort, und das Schneiderlein nahm den günstigen Augenblick wahr, sprang hinab und saß wieder hoch zu Roß wie zuvor. Als nun aber die Feinde hörten, welchen Helden der König habe, da wurden sie alle von Furcht ergriffen, und das Schneiderlein schwang sein Schwert so lustig über seinem Kopf, daß sie endlich alle davonliefen. Nun ging's wieder nach Hause, und das Schneiderlein wollte die Prinzessin heiraten, aber der König sagte: »Noch kannst du's nicht, da ist noch ein Riese, der will sie auch haben, mit dem mußt du darum kämpfen!« – »Wenn's weiter nichts ist«, sagte der Kleine, »mit dem will ich wohl fertig werden!«, lief hinaus zum Riesen und fand ihn auch bald. Als ihn der Riese sah, mochte er gar nicht mit ihm kämpfen, denn er war ihm gar zu klein, nahm daher einen Stein und zerdrückte ihn in seiner Hand, daß er zu Mehl wurde und sagte: »Tu mir's nach!«

Das Schneiderlein aber sagte: »Wenn's weiter nichts ist, das kann ich auch, und ich kann ihn sogar so drücken, daß das Wasser herausläuft.« Und wie er das sagte, zog er einen weißen Käse aus der Tasche und drückte ihn so mit seinen Händen, daß das Wasser herauslief. Das ärgerte den Riesen, und er nahm einen Stein und warf ihn in die Luft, daß es lange, lange währte, bis er wieder zur Erde kam, und sagte: »Tu mir's nach!« Das Schneiderlein aber sagte: »Wenn's weiter nichts ist, ich kann so hoch werfen, daß der Stein gar nicht wiederkömmt!«, zog darauf eine Lerche aus der Tasche und warf sie in die Luft, und die flog davon und kam nimmer wieder. Da wurde der Riese gar zornig, denn er glaubte, daß der Schneider durch den Himmel geworfen habe, und nahm seinen Spazierstock, das war aber eine gewaltige große Eisenstange, und wollte damit das Schneiderlein totschlagen, aber das sprang flugs beiseite, so daß die Stange tief in die Erde fuhr. Da bückte sich denn der Riese, um sie herauszuziehen, aber im selben Augenblick sprang ihm auch das Schneiderlein auf den Rücken und hieb ihm mit seinem Hirschfänger ins Genick, daß er tot niederfiel. Nun ging es zurück zum König und wollte die Prinzessin haben, aber der König sagte: »Nun mußt du noch der Sonne nachreiten, und dann ist alles gut, dann sollst du sie haben!« Das Schneiderlein wollte zwar unwillig werden, aber es setzte sich doch auf seinen Schimmel und ritt der Sonne nach, daß es nur so dahinflog, aber über der Eil sah's nicht vor sich und saß auf einmal mitten im Sumpf, da sank der Schimmel mit dem Schneiderlein und sank immer tiefer und tiefer, und konnte nicht herauskommen, soviel sie sich auch mühten, und wenn sie keiner herausgezogen hat, sitzen sie heut noch drin.

Hirsedieb

In einer Stadt wohnte ein sehr reicher Kaufmann, der hatte am Haus einen großen und prächtigen Garten, in dem auch ein Stück Land mit Hirse besäet war. Da nun dieser Kaufmann einmal in seinem Garten herumspazierte – es war zur Frühjahrszeit, und der Same stand frisch und kräftig –, so sah er zu seinem größten Ärger und Verdruß, daß verwichene Nacht von frecher Diebeshand ein Teil von seinem Hirsesamen abgegrast worden war, und gerade dieses Gartenäckerlein, darauf er alle Jahre Hirse hinsäete, war ihm ganz besonders lieb, wie manchmal die Menschen eine ausschließliche Vorliebe für eine Sache haben. Er beschloß, den Dieb zu fangen und dann nachdrücklich zu strafen oder dem Gericht zu übergeben. Daher er seine drei Söhne, Michel, Georg und Johannes, zu sich rief und sprach:

»Heute nacht war ein Dieb in unserm Garten und hat mir einen Teil Hirsesamen abgegrast, was mich höchlich ärgert. Dieser Frevler muß gefangen werden und soll mir büßen! Ihr, meine Söhne, mögt nun wachen die Nächte hindurch, einer um den andern, und welcher den Dieb fängt, soll von mir eine stattliche Belohnung bekommen.«

Der Älteste, Michel, wachte die erste Nacht; er nahm sich etliche geladene Pistolen und einen scharfen Säbel, auch zu essen und zu trinken mit, hüllte sich in einen warmen Mantel und setzte sich hinter einen blühenden Holunderbusch, hinter dem er aber bald hart und fest einschlief. Wie er am hellen Morgen erwachte, war ein noch größeres Stück Hirsesamen abgegrast als in voriger Nacht. Und wie nun der Kaufmann in den Garten kam und das sahe und merkte, daß sein Sohn, anstatt zu wachen und den Dieb zu fangen, geschlafen hatte, war er noch ärgerlicher und schalt und höhnte ihn als einen braven Wächter, der ihm samt seinen Pistolen und Säbel selbst gestohlen werden könne!

Die andere Nacht wachte Georg; dieser nahm sich nebst den Waffen, die sein Bruder vorige Nacht bei sich geführt, auch noch einen Knittel und starke Stricke mit. Aber der gute Wächter Georg schlief ebenfalls ein und fand am Morgen, daß der Hirsedieb wieder tüchtig gegraset hatte. Der Vater ward ganz wild und sagte: »Wenn der dritte Wächter ausgeschlafen hat, wird die Hirsesaat vollends zum Kuckuck sein, und es wird dann keines Wächters mehr bedürfen!« Die dritte Nacht kam nun an Johannes die Reihe. Dieser nahm trotz allem Zureden keine Waffen mit; doch hatte er sich im geheimen mit recht probaten Waffen gegen den Schlaf versehen; er hatte sich Disteln und Dornen gesucht und diese, als er sich abends in den Garten an seinen Wächterplatz verfügt, vor sich aufgebaut. Wenn er nun einnicken wollte, stieß er allemal mit der Nase an die Stacheln und wurde gleich wieder munter. Als die Mitternacht herbeikam, hörte er ein Getrappel, es kam näher und näher, machte sich in den Hirsesamen, und da hörte Johannes ein recht fleißiges Abraufen. ›Halt‹, dachte er, ›hab ich dich!‹, und er zog einen Strick aus der Tasche, schob leise die Dornen zurück und schlich dem Dieb vorsichtig näher. Als er hinzukam – wer hätte sich das vermutet? –, war der Dieb ein allerliebstes kleines Pferdchen. Johannes war innerlich erfreut; hatte auch mit dem Einfangen gar keine Mühe; das Tierchen folgte ihm willig zum Stall, den Johannes fest verschloß. Und nun konnte er noch ganz gemach in seinem Bette ausschlafen. Früh, als seine Brüder aufstiegen und hinunter in den Garten gehen wollten, sahen sie mit Staunen, daß Johannes in seinem Bette lag und fest schlief. Da weckten sie ihn und höhnten ihn mit allerlei Neckreden, daß er der beste Wächter sei, da er sogar nicht einmal die Nacht ausgehalten habe auf seiner Wache. Aber Johannes sagte:

»Seid ihr nur ganz stille, ich will euch den Hirsedieb schon zeigen.« Und sein Vater und seine Brüder mußten ihm zum Stalle folgen, wo das wunderseltsame Pferdlein stand, von dem niemand zu sagen wußte, woher es gekommen und wem es zugehöre. Es war allerliebst anzusehen, von zartem und schlankem Bau und dazu ganz silberweiß. Da hatte der Kaufmann eine große Freude und schenkte seinem wackern Johannes das Pferdchen als Belohnung. Der nahm es freudig an und nannte es Hirsedieb.

Bald danach vernahmen die Brüder, daß eine schöne Prinzessin verzaubert wäre im Schloß, das auf dem gläsernen Berge stehe, zu welchem niemand wegen der großen Glätte emporklimmen könne. Wer aber glücklich hinauf- und dreimal um das Schloß herumreite, der erlöse die schöne Prinzessin und bekomme sie zur Gemahlin. Gar unendlich viele hätten schon den Bergritt probiert, wären aber alle wieder herabgestürzt und lägen tot umher. Diese Wundermär erscholl durchs ganze Land, und auch die drei Brüder bekamen Lust, ihr Glück zu versuchen, nach dem gläsernen Berg zu reiten und – womöglich die schöne Prinzessin zu gewinnen. Michel und Georg kauften sich junge, starke Pferde, deren Hufeisen sie tüchtig schärfen ließen, und Johannes sattelte seinen kleinen Hirsedieb, und so ging es aus zum Glücksritt. Bald erreichten sie den gläsernen Berg, der Älteste ritt zuerst, aber ach, sein Roß glitt aus, stürzte mit ihm nieder, und beide, Roß und Mann, vergaßen das Wiederaufstehen. Der zweite ritt, aber ach, sein Roß glitt aus, stürzte mit ihm nieder, und beide, Mann und Roß, vergaßen auch das Aufstehen. Nun ritt Johannes, und es ging trapp, trapp, trapp, trapp, trapp – droben waren sie, und wieder trapp, trapp, trapp, trapp, trapp, und sie waren dreimal ums Schloß herum, als wenn Hirsedieb schon hundertmal diesen gefährlichen Weg gelaufen wäre. Nun standen sie vor der Schloßtüre; diese ging auf, und es trat die reizendschöne Prinzessin heraus; sie war ganz in Seide und Gold gekleidet und breitete freudig die Arme gegen Johannes aus. Und derselbe stieg schnell vom Pferdlein und eilte, die holde Prinzessin und somit sein ganzes überaus großes Glück zu umfangen.

Und die Prinzessin wandte sich zum Pferdlein, liebkoste dasselbe und sprach: »Ei, du kleiner Schelm, warum warst du mir denn entlaufen, daß ich nicht mehr die einzige Nachtstunde, die mir vergönnt war unten auf der grünen Erde zu weilen, genießen konnte, da du mich nicht mehr den gläsernen Berg hinunter- und wieder herauftrugst? Nun darfst du uns nimmermehr verlassen.« – Und da ward Johannes gewahr, daß sein Hirsediebchen das Zauberpferdlein seiner himmelschönen Prinzessin war. Seine Brüder kamen wieder auf von ihrem Fall. Johannes aber sahen sie nicht wieder, denn er lebte glücklich und allen Erdensorgen entrückt mit seinem Engel im Zauberschloß auf dem gläsernen Berge, aber auch zu diesem Berge fand kein Menschenkind mehr den Weg, weil der Zauber gelöst und die Prinzessin von ihrem Bann befreit worden war durch ihr kluges Rößlein, das den rechten Befreier und Gemahl ihr zugetragen.

Der Hasenhüter

Es hatte ein reicher König eine sehr schöne Tochter. Als diese sich verheiraten wollte, mußten sich alle Freier, die sich eingefunden hatten, auf einer großen, grünen Wiese versammeln. Da warf sie nun einen goldnen Apfel mehrmal in die Luft, und wer ihn auffing und sich unterstand, drei Bund oder drei Aufgaben, die sie selbst aufgab, zu lösen, der sollte sie dann zur Gemahlin haben. Da hatten nun viele den Apfel aufgefangen, zuletzt auch ein schöner, muntrer Schäfersbursch, aber von allen war keiner imstande, die drei Aufgaben zu lösen. Da kam nun die Reihe an den Schäfersburschen als an den letzten und geringsten unter den Freiern. Die erste Aufgabe war die: Der König hatte in einem Stalle hundert Hasen; wer die auf die Weide trieb, hütete und am Abend alle wieder zurückbrachte, der hatte die erste Aufgabe erledigt. Als das der Schäfersbursche vernahm, sprach er, er wolle sich erst noch einen Tag darüber besinnen, am andern Tage aber ganz gewiß bestimmen, ob er sich getraue, die Sache zu unternehmen oder nicht. Nun lief aber der Schäfersbursche auf den Bergen umher und war traurig, denn er scheute sich vor dem gewagten Unternehmen. Da begegnete ihm ein altes Mütterchen und fragte ihn nach der Ursache seiner Traurigkeit. Er aber sagte: »Ach, mir kann niemand helfen.« Da sprach das graue Mütterchen: »Urteile nicht so vorlaut; sage dein Anliegen, vielleicht kann ich dir helfen.« Und da erzählte er denn die Aufgabe. Da gab ihm das Mütterchen ein Pfeifchen und sagte: »Hebe es wohl auf, es wird dir nützen!« Und ehe noch der Bursche sich bedankt hatte, war das Mütterchen verschwunden. Nun ging er fröhlich hin zum König und sprach: »Ich will die Hasen hüten!« Und da wurden sie aus dem Stalle herausgelassen. Als aber der letzte heraus war, sah man den ersten schon nicht mehr, der war schon über alle Berge. Der Bursche aber ging hinaus aufs Feld und setzte sich auf einen grünen Hügel und dachte ›Was fang ich an‹. Da fiel ihm sein Pfeifchen ein; er tat es schnell hinaus und pfiff, da kamen die hundert Hasen alle wieder gesprungen und weideten lustig um ihm herum an dem grünen Hügel.

Dem König und der schönen Prinzessin war aber gar nichts daran gelegen, daß der Schäfer die Aufgabe löse und die Prinzessin sich gewinne, weil er so ein geringer Schlucker war und nicht hochgeboren, und sie sannen auf Listen, wie sie machen wollten, daß der Hasenhüter seine Herde nicht vollzählig heimbringe.

Da kam dahergegangen die Königstochter und hatte sich verkleidet und ihr Gesicht verändert, daß er sie nicht kennen sollte, aber er kannte sie doch. Als sie nun die Hasen noch alle erblickte, fragte sie: »Kann man hier nicht einen von den Hasen kaufen?« Da sagte der Bursche: »Zu verkaufen gibt's keinen, aber abzuverdienen!« Da fragte sie

weiter: »Wie ist das zu verstehen?« Da sprach der Bursche:
»Wenn Ihr Euch mir zum Liebchen gebet und eine süße
Schäferstunde mit mir haltet!« Sie wollte aber nicht. Da sie
aber doch gern einen Hasen wollte und er keinen anders
hergab, so bequemte sie sich endlich doch dazu. Da er sie
nun genugsam geherzt und geküßt hatte, fing er ihr einen
Hasen und steckte ihn in ihr Handkörbchen, und sie ging
fort. Als sie nun wohl eine Viertelstunde weit von ihm weg
war, pfiff er auf seinem Pfeifchen, und geschwind drückte
der Hase den Deckel des Körbchens auf, sprang heraus
und kam wieder gesprungen.

Nicht lange währte es, da kam der alte König und hatte
sich auch vermummt, aber der Bursche kannte ihn doch.
Der König kam auf einem Esel geritten und hatte hüben
und drüben einen Korb hängen. Der König fragte: »Wird
kein Hase verkauft?« – »Nein, verkauft nicht, aber abver-
dient kann einer werden!« antwortete ihm dreist der Bursche. »Wie ist das zu verstehen?« fragte der König. »Wenn
Ihr den Esel hier unter den Schwanz küßt«, begann der
Bursche, »sollt Ihr einen haben!« Das wollte der König
aber nicht tun, und er bot ihm schweres Geld, wenn er
einen verkaufen wollte; der Bursche aber tat es nicht. Da
nun der König sah, daß er keinen Hasen zu kaufen kriegte,
bequemte er sich endlich dazu und gab dem Esel einen
tüchtigen Schmatz unter den Schwanz; dann wurde ein
Hase gefangen, in den einen Korb am Esel gesteckt, und
der König zog fort. Er war aber noch nicht weit, da pfiff
der Bursche, und der Hase hüpfte aus dem Korbe heraus
und kam wieder. Darauf kam der König nach Hause und
sagte: »Es ist ein loser Bursche, ich konnte keinen Hasen
bekommen!« Was er getan hatte, sagte er nicht. »Ja«, erwiderte die Prinzessin, »so ging es mir auch!« Was sie getrieben hatte, gestand sie auch nicht. Als es Abend war, kam
der Bursche mit seinen Hasen und zählte dem Könige sie
vor, alle hundert zum Stall hinein.

Nun begann der König. »Die erste Aufgabe ist gelöst,

und nun geht es an die zweite! Merk auf! Hundert Maß Erbsen und hundert Maß Linsen liegen auf meinem Boden, diese habe ich untereinanderschütten und wohl durchmengen lassen. Wenn du diese in einer Nacht ohne Licht auseinandersonderst, dann hast du die zweite Aufgabe vollbracht.« Der Bursche sprach: »Ich kann es!« Und da wurde er auf den Boden gesperrt, und es wurde die Türe fest verschlossen.

Da nun alles im Schlosse ruhig war, pfiff er auf sein Pfeifchen. Da kamen gekrochen viele tausend Ameisen und wimmelten und krimmelten so lange, bis die Erbsen wieder auf einem besondern Haufen waren und die Linsen auch. Als nun früh der König nachsah, war die Aufgabe gelöst, die Ameisen aber sah er nicht, die waren wieder fort. Der König wunderte sich und wußte nicht, wie es der Kerl machte. Darauf sprach er: »Ich will dir nun auch die dritte Aufgabe sagen. Wenn du in künftiger Nacht dich durch eine große Kammer voll Brot hindurchissest, daß nichts übrigbleibt, dann hast du die dritte Aufgabe vollbracht, und dann sollst du meine Tochter haben!«

Als es nun dunkel war, wurde der Bursche in eine Brotkammer gesteckt, die war so voll, daß bei der Türe nur ein Plätzchen leer war, wo er hintrat. Wie aber alles ruhig im Schlosse war, pfiff er wieder auf seinem Pfeifchen. Da kamen daher so viel Mäuse, daß es ihm schier unheimlich wurde; und als es tagte, war das Brot alles aufgefressen, daß kein Krümchen mehr übrig war! Er aber polterte an der Türe und schrie: »Macht auf, ich habe Hunger!« Da war nun auch die dritte Aufgabe gelöst.

Der König aber sagte: »Sage uns zum Spaß noch einen Sack voll Lügen, dann sollst du meine Tochter bekommen!« Da fing der Bursche an und sagte schreckliche Lügen einen halben Tag lang, aber der Sack wollte immer nicht voll werden. Da erzählte er endlich: »Ich habe mit der allerliebsten Prinzessin, meiner Braut, auch schon ein Schäferstündchen gehalten!« Bei diesen Worten wurde sie feuerrot, der König sah sie an, und ob es gleich Lügen sein sollten, so glaubte er's doch und bildete sich schon ein, wie und wo es geschehen sei. »Der Sack ist aber noch nicht voll!« rief er. Da begann der Bursche: »Der Herr König hat auch den Esel« – »Er ist voll, er ist voll! Strickt zu!« rief der König, denn er schämte sich und wollte es nicht erzählen lassen, welche Ehre dem Esel durch seinen königlichen Mund zuteil geworden war, da sein ganzer Hofstaat im Kreise herumstand. Und wurde die Hochzeit des Schäfersburschen mit der Königstochter gefeiert, vierzehn Tage lang, und da ging es hoch her und so lustig zu, daß, der es erzählt hat, wünscht, er wäre auch ein Gast dabei gewesen.

Der beherzte Flötenspieler

Es war einmal ein lustiger Musikant, der die Flöte meisterhaft spielte; er reiste daher in der Welt herum, spielte auf der Flöte in Dörfern und in Städten und erwarb sich dadurch seinen Unterhalt. So kam er auch eines Abends auf einen Pachtershof und übernachtete da, weil er das nächste Dorf vor einbrechender Nacht nicht erreichen konnte. Er wurde von dem Pachter freundlich aufgenommen, mußte mit ihm speisen und ihm nach geendigter Mahlzeit einige Stücklein auf seiner Flöte vorspielen. Als dieses der Musikant getan hatte, schaute er zum Fenster hinaus und gewahrte in kurzer Entfernung bei dem Scheine des Mondes eine alte Burg, die teilweise in Trümmern zu liegen schien. »Was ist das für ein altes Schloß«, fragte der den Pachter, »und wem hat es gehört?« Der Pachter erzählte, daß vor vielen, vielen Jahren ein Graf da gewohnt hätte, der sehr reich, aber auch sehr geizig gewesen wäre. Er hätte seine Untertanen sehr geplagt, keinen armen Menschen ein Almosen gegeben und sei endlich ohne Erben, weil er aus Geiz sich nicht einmal verheiratet habe, gestorben. Darauf hätten seine nächsten Anverwandten die Erbschaft in Besitz nehmen wollen, hätten aber nicht das geringste Geld gefunden. Man behauptete daher, er müsse den Schatz vergraben haben, und dieser möge heute noch in dem alten Schloß verborgen liegen. Schon viele Menschen wären des Schatzes wegen in die alte Burg gegangen, aber keiner wäre wieder zum Vorschein gekommen. Daher habe die Obrigkeit den Eintritt in dies alte Schloß untersagt und alle Menschen im ganzen Lande ernstlich davor gewarnt. Der Musikant hatte aufmerksam zugehört, und als der Pachter seinen Bericht geendigt hatte, äußerte er, daß er großes Verlangen habe, auch einmal hineinzugehen, denn er sei beherzt und kenne keine Furcht. Der Pachter bat ihn aufs dringendste und endlich schier fußfällig, doch ja sein junges Leben zu schonen und nicht in das Schloß zu gehen. Aber es half kein Bitten und Flehen, der Musikant war unerschütterlich.

Zwei Knechte des Pachters mußten ein Paar Laternen anzünden und den beherzten Musikanten bis an das alte schaurige Schloß begleiten. Dann schickte er sie mit einer Laterne wieder zurück, er aber nahm die zweite in die Hand und stieg mutig eine hohe Treppe hinan. Als der diese erstiegen hatte, kam er in einen großen Saal, um den ringsherum Türen waren. Er öffnete die erste und ging hinein, setzte sich an einen darin befindlichen altväterischen Tisch, stellte sein Licht darauf und spielte die Flöte. Der Pachter aber konnte die ganze Nacht vor lauter Sorgen nicht schlafen und sah öfters zum Fenster hinaus. Er freute sich jedesmal unaussprechlich, wenn er drüben den Gast noch musizieren hörte. Doch als seine Wanduhr elf schlug und das Flötenspiel verstummte, erschrak er heftig und glaubte nun nicht anders, als der Geist oder der Teufel, oder wer sonst in diesem Schlosse hauste, habe dem schönen Burschen nun ganz gewiß den Hals umgedreht. Doch der Musikant hatte ohne Furcht sein Flötenspiel abgewartet und gepflegt; als aber sich endlich Hunger bei ihm regte, weil er nicht viel bei dem Pachter gegessen hatte, so ging er in dem Zimmer auf und nieder und sah sich um. Da erblickte er einen Topf voll ungekochter Linsen stehen, auf einem andern Tische stand ein Gefäß voll Wasser, eines voll Salz und eine Flasche Wein. Er goß geschwind Wasser über die Linsen, tat Salz daran, machte Feuer in dem Ofen an, weil auch schon Holz dabeilag, und kochte sich eine Linsensuppe. Während die Linsen kochten, trank er die Flasche Wein leer, und dann spielte er wieder Flöte. Als die Linsen gekocht waren, rückte er sie vom Feuer, schüttete sie in die auf dem Tische schon bereitstehende Schüssel und aß frisch drauflos. Jetzt sah er nach seiner Uhr, und es war um die elfte Stunde. Da ging plötzlich die Türe auf, zwei lange schwarze Männer traten herein und trugen eine Totenbahre, auf der ein Sarg stand. Diesen stellten sie, ohne ein Wort zu sagen, vor den Musikanten, der sich keineswegs im Essen stören ließ, und gingen ebenso lautlos, wie sie gekommen waren, wieder zur Türe hinaus. Als sie sich nun entfernt hatten, stand der Musikant hastig auf und öffnete den Sarg. Ein altes Männchen, klein und verhutzelt, mit grauen Haaren und grauem Barte, lag darinnen; aber der Bursche fürchtete sich nicht, nahm es heraus, setzte es an den Ofen, und kaum schien es erwärmt zu sein, als sich schon Leben in ihm regte. Er gab ihm hierauf Linsen zu essen und war ganz mit dem Männchen beschäftigt, ja fütterte es wie eine Mutter ihr Kind. Da wurde das Männchen ganz lebhaft und sprach zu ihm: »Folge mir!« Das Männchen ging voraus, der Bursche aber nahm seine Laterne und folgte ihm sonder Zagen. Es führte ihn nun eine hohe, verfallene Treppe hinab, und so gelangten endlich beide in ein tiefes, schauerliches Gewölbe.

Hier lag ein großer Haufen Geld. Da gebot das Männchen dem Burschen: »Diesen Haufen teile mir in zwei ganz gleiche Teile, aber daß nichts übrigbleibt, sonst bringe ich dich ums Leben!« Der Bursche lächelte bloß, fing zugleich an zu zählen auf zwei große Tische, herüber und hinüber, und brachte so das Geld in kurzer Zeit in zwei gleiche Teile, doch zuletzt war noch ein Kreuzer übrig. Der Musikant aber besann sich kurz, nahm sein Taschenmesser heraus, setzte es auf den Kreuzer mit der Schneide und schlug ihn mit einem dabeiliegenden Hammer entzwei. Als er nun die eine Hälfte auf diesen, die andere auf jenen Haufen warf, wurde das Männchen ganz heiter und sprach: »Du himmlischer Mann, du hast mich erlöst! Schon hundert Jahre muß ich meinen Schatz bewachen, den ich aus Geiz zusammengescharrt habe, bis es einem gelingen würde, das Geld in zwei gleiche Teile zu teilen. Noch nie ist es einem gelungen, und ich habe sie alle erwürgen müssen. Der eine Haufe Geld ist nun dein, den anderen aber teile unter die Armen. Göttlicher Mensch, du hast mich erlöst!« Darauf verschwand das Männchen. Der Bursche aber stieg die Treppe hinan und spielte in seinem vorigen Zimmer lustige Stücklein auf seiner Flöte.

Da freute sich der Pachter, daß er ihn wieder spielen hörte, und mit dem frühesten Morgen ging er auf das Schloß, denn am Tage durfte jedermann hinein, und empfing den Burschen voller Freude. Dieser erzählte ihm die Geschichte, dann ging er hinunter zu seinem Schatz, tat, wie ihm das Männchen befohlen hatte, und verteilte die eine Hälfte unter die Armen. Das alte Schloß aber ließ er niederreißen, und bald stand an der vorigen Stelle ein neues, wo nun der Musikant als ein reicher Mann wohnte.

Die drei Musikanten

Es zogen einmal drei junge Musikanten aus ihrer Heimat in die Fremde; sie hatten alle drei bei *einem* Meister die Musik gelernt und wollten nun auch vereint bleiben und ihr Glück in fremden Landen versuchen. Von Ort zu Ort wanderten sie fröhlich dahin, spielten auf zu Kirmes- und Festtagstänzen und gewannen durch ihre lustigen Musikstücklein gar manchen schweren Batzen, neben dem stillen und lauten Beifall. So kamen sie denn auch einmal in ein Städtchen und belustigten am Abend die Gesellschaft mit schöner Musik. Endlich hörten sie auf aufzuspielen, sondern tranken eins, taten manchen Bescheid und gaben auch zum Gespräch der Gäste ihren Teil. Da ward mancherlei Verwunderliches durcheinandergeplaudert und erzählt. Zunächst ging die Rede von einem Zauberschloß, welches sich in der Nähe des Städtchens befände und von welchem ebensoviel Wunderschönes als Wunderbares erzählt wurde. Bald hieß es: Ja, dort sind ungeheure Schätze, dort ist stets Überfluß an den köstlichsten Lebensmitteln, obgleich keine Menschenseele darinnen wohnt. Bald hieß es wieder: Aber dort ist ein schrecklicher Gespensterspuk. Wer seinen Buckel weiß hineinträgt, bringt ihn braun und blau gefärbt wieder heraus, ohne die Schätze gehoben oder den Zauber gelöst zu haben. Dies und vieles andere wurde hin und her geredet über das verzauberte Schloß. Die drei Musikanten waren nicht sobald allein in ihrem Schlafkämmerlein, als sie sich lange unterredeten und zugleich den Gedanken erfaßten, das rätselhafte Schloß sich näher zu besehen, ja, sogar sich hineinzuwagen, um möglicherweise die dort verborgenen und verzauberten Schätze zu heben. Nun wurden sie einig unter sich, daß ein jeder einzeln, einer nach dem andern, sich hineinwagen sollte, je nach der Älte, und daß einem jeden ein ganzer Tag dazu vergönnt sein sollte, sein Abenteuer zu bestehen. Der erste Glücksversuch fiel dem Geiger zu. Der machte sich mutvoll und ohne Säumen auf das Schloß und fand, als er dort anlangte, die Eingangspforten schon offen, als ob man seiner geharrt hätte; doch als er über die Schwelle geschritten war, schlug hinter ihm die schwere Tür zu, und es sprang ein riesiger Eisenriegel vor, und es war, obgleich kein lebendes Wesen zu erblicken war, doch als wenn ein strenger

Pförtner hier sein Amt verrichtete und Wache halte, und dem Geiger kam ein Grausen an, so daß sein Haar sich auf dem Wirbel sträubte. Aber er konnte weder umkehren noch verweilen, und es kräftigte ihn wieder der Gedanke an das zu hoffende Glück, an Gold und Schätze. Treppe auf, Treppe ab wanderte der Jüngling, durch herrliche Zimmer, kostbare Säle, trauliche Kabinettchen – alles prachtvoll ausgestattet und in der schönsten Sauberkeit erhalten. Aber überall war eine Totenstille, auch nicht das kleinste Mückchen lebte und wohnte hier. Doch dem Jüngling wuchs der Mut aufs neue, zumal, als er den untern Räumen, Küche und Gewölben, sich zuwandte, wo in Fülle die seltensten und köstlichsten Speisevorräte vorhanden waren, in den Gewölben die Weinflaschen hoch aufgespeichert lagen, und alle Sorten süßer eingemachter Früchte in großen Gläsern nach der Reihe standen. In der schönen, blanken Küche knisterte vertraulich ein helles Feuerlein, und darüber ward von unsichtbarer Hand ein Bratrost gesetzt, und ein ausgesuchtes Wildbretfleisch tanzte aus dem Gewölbe herein in die Küche und auf den Rost; und viele andre Speisen, feine Gemüse und Pasteten und köstliches Backwerk wurde ebenso schnell als kostbar von unsichtbaren Händen zubereitet und dann in eins der schönsten Zimmer, wohin sich der Jüngling begeben hatte, ihm nachgetragen und auf einer gedeckten Tafel vor ihm ausgesetzt. Der Jüngling ergriff zuerst sein Instrument und ließ klangvoll seine schönen Melodien durch die stillen Räume schallen, worauf er sich dann ohne Zaudern zur einladenden Tafel setzte und zu schmausen anfing. Doch nicht lange, so öffnete sich die Türe, und es trat ein Männlein herein, etwa drei Ellenbogen hoch, mit einem Scharlachröcklein angetan, mit verwelktem Gesichtlein und einem grauen Bart, der bis auf die großen, silbernen Schuhschnallen reichte. Und das Männlein setzte sich schweigend neben den Geiger und schmausete mit. Als nun die Reihe an den schönen Wildbretbraten kam, nahm der Geiger die Schüssel und nickte dem Männlein zu, doch zuerst zuzulangen, und dieses spießte lächelnd ein Stück Fleisch an die Gabel und nickte wieder und ließ dabei das Bratenstückchen unter den Tisch fallen. Gefällig bückte sich da gleich der gute Geiger, um es wieder aufzuheben; aber im Nu saß ihm schon das Bartmännlein auf dem Rücken und bleute so unbarmherzig darauf los, als ob es ihm das Lebenslicht ausblasen wolle. Und auch des Geigers Mund wurde zugehalten, bis unter unaufhörlichem Prügeln derselbe endlich zur großen Eingangspforte hinausgeschoben ward. Draußen schöpfte der halbtote Geiger frischen Odem und schlich dann ächzend dem Gasthof zu, wo die Kameraden geblieben waren. Es war schon Nacht, als er ihn erreichte, und jene beiden schliefen bereits. Am andern Morgen sahen sie ganz erstaunt den Geiger ebenfalls im Bette liegen und bestürmten ihn bald mit vielen Fragen; doch er kraute sich Kopf und Rücken, gab sehr kurze Antworten und sprach: »Gehet hin und sehet selber zu! Es ist eine kitzlige Sache.«

Der zweite Musiker, ein Trompeter, trat nun den Gang nach dem Zauberschloß an, fand alles ebenso wie das gebleute Geigerlein und wurde auch ebenso bewirtet mit Pasteten und Prügeln, so daß er am folgenden Morgen ebenfalls wie ein geprellter Fuchs auf seinem Lager lag und klagte, es sei ihm absonderlich aufgespielt worden, aus grober Tonart. Dennoch hatte der dritte, ein Flötenbläser, noch Mut genug, um sein Heil im Zauberschloß zu versuchen. Er war der pfiffigste. Furchtlos durchwanderte er das ganze Schloß, es deuchte ihm recht angenehm, diese schönen Räume für immer zu besitzen; in Küche und Keller war ja Vorrat an Lebensmitteln in Hülle und Fülle. Bald ward auch für ihn eine kostbare Tafel gedeckt, und als er lange genug fröhlich singend und Flöte blasend herumgewandert war, nahm er Platz und ließ es sich behagen. Da trat wieder das Bartmännlein herein und setzte sich neben den Gast. Und der unerschrockene Musikant ließ sich mit ihm in ein Gespräch ein und tat gerade, als ob er ihn schon hundertmal hier getroffen, doch war das Männlein nicht sehr redselig. Endlich kam es wieder an den Braten, und das Männlein ließ wieder mit Absicht sein Stück fallen; gutmütig war eben der Flötenbläser im Begriff, es aufzunehmen, als er gewahrte, daß das Zwerglein flugs auf seinen Rücken springen wollte. Da wandte er sich alsbald rasch um, riß es von sich und packte und schüttelte das Männlein an seinem Bart so derb, bis er denselben zuletzt ganz herausriß, und der kleine Alte ächzend niederstürzte. Aber sowie der Jüngling den Bart in seinen Händen hatte, überkam ihn eine außerordentliche Kraft, und er erschaute im Schloß noch viel wunderbarere Dinge wie vorher; dagegen hatte das Männlein fast alles Leben verloren; es winselte und flehte: »Gib, o gib mir meinen Bart wieder, so will ich dir allen Zauber, der dieses Schloß umfaßt, kundtun und dir dazu verhelfen, den Zauber zu lösen, so daß du dadurch reich und ewig glücklich werden wirst.« Der kluge Flötenbläser aber sprach: »Deinen Bart sollst du wiederhaben, doch mußt du mir zuvor alles dies kundtun, sonst bist du ein Schalk. Und eher gebe ich den Bart nicht aus meinen Händen.« Da mußte der Alte sich bequemen, erst sein Versprechen zu erfüllen, obgleich er es nicht willens gewesen war, sondern nur mit List seinen Bart wieder an sich bringen wollte. Der Jüngling mußte ihm nun folgen, durch dunkle, geheime Gänge, unterirdische Gewölbe und grauliche Felsklüfte, bis sie endlich auf ein freies Gefilde kamen, das gänzlich aussah wie eine viel schönere Welt als die unsrige. Und an einen Strom kamen sie, der brausete wild; doch das Männlein zog einen kleinen Stab hervor und schlug ins Wasser, worauf alsobald die Flut auseinandertrat und stillestand, bis beide trockenen Fußes hinüber waren. Drüben war es eine Pracht! Da ging es weiter durch grüne, herrliche Laubgänge, überall Blumen, Vöglein mit Silber- und Goldfedern, die sangen wundersam, und glänzende Käfer und Schmetterlinge gaukelten und tanzten herum, und andere niedliche Tiere schäkerten in Büschen und Hecken; und der Himmel über ihnen sah nicht blau, sondern wie pure Goldstrahlen, und die Sterne waren viel größer und kreiseten wie in verschlungenen Tänzen durcheinander.

Der Jüngling staunte; und staunte noch mehr, als er von dem grauen Zwerglein in ein noch weit prachtvolleres Gebäude als das Wunderschloß geführt wurde. Auch hier herrschte neben aller Herrlichkeit die tiefste Stille in den Gemächern, und als sie deren viele durchwandert, kamen sie in eins, welches ganz mit Schleiern behangen war, wo in der Mitte des Zimmers ein dicht verhülltes Bette stand, darüber ein schöner Vogelbauer hing mit einem Vöglein, welches gar helle Lieder durch die einsame Stille schmetterte. Das graue Männlein hub die Schleier und Hüllen vom Bette und führte den Jüngling näher; dieser sah hier auf weichen, seidenen Kissen, die reich mit Goldtroddeln behangen waren, ein gar liebliches Mädchen schlafend daliegen, das war so schön wie ein Engel, hatte ein weißes Kleidchen an, und über Brust und Schultern wallten die goldenen Locken herab, und auf dem Haupte blitzte eine demantne Krone; aber ein tiefer, totenähnlicher Schlaf hielt die sanften Züge gefangen, und kein Geräusch vermochte die holde Schläferin zu erwecken. Da sprach das Männlein zu dem verwunderten Jüngling: »Siehe hier dieses schlafende Kind! Es ist eine hohe Prinzessin. Dieses schöne Schloß und dieses gesegnete Land ist ihr Erbgut, wann sie erlöset ist; aber seit Jahrhunderten schläft sie den festen Zauberschlaf, und auch seit Jahrhunderten fand noch keine menschliche Seele den Weg, der hierher führt, den nur ich täglich zurücklegte, um dort im Schloß, welches meine Wohnung ist, zu speisen und etwa die goldbegierigen Menschen, die sich einfanden, mit einem Gericht Prügel zu bedienen. Ich bin der Wächter über diese Schläferin und mußte sorgfältig verhüten, daß kein Fremder hier eindringe, und dazu ward mir mein Bart, in welchem solche übermäßigen Kräfte wohnen, daß auch ich ebenfalls seit Jahrhunderten diesen Zauber zu üben vermag. Doch nun, wo mir der Bart entrissen, bin ich kraftlos und muß dieses überschwengliche Glück, welches mit der holden Prinzessin erwacht, dir entdecken und überlassen. Und so schicke dich rasch zur Ausführung des Erlösungswunders. Nimm diesen Vogel, der über der Prinzessin hängt und der sie einst in den Zauberschlummer gesungen hat und seitdem jene Melodien auch immerfort singen mußte, nimm ihn, schlachte ihn und schneide ihm das kleine Herz aus, brenne es dann zu Pulver und gib dieses der Prinzessin in den Mund, alsobald wird sie davon erwachen und wird dich beglücken mit Hand und Herz, mit Land und Schloß und allen ihren Schätzen.« Das Männlein schwieg erschöpft, und der Jüngling säumte nicht, an das Werk der Erlösung zu gehen. Schnell und gut wurde alles getreu nach der Angabe des kleinen Alten ausgeführt und das Pülverlein bereitet. Nach wenigen Minuten, als es der Prinzessin gegeben war, schlug sie frisch und lächelnd die Augen auf und hob sich vom Lager empor und sank dem glücklichen Jüngling an die Brust, liebkoste und dankte ihm und nahm ihn zu ihrem Gemahl an. Und in demselben Moment zog ein Donnern und Krachen durch das Schloß, auf allen Treppen wurde es laut, und in allen Zimmern wurde es geräuschvoll. Und endlich kam eine Schar Diener und Dienerinnen mit freundlichen Gesichtern in das Zimmer getreten, in welchem das glückliche Paar weilte, und alle freuten sich und flogen dann flink und froh in die Küchen und Kellerräume, in Zimmer und Säle und Gänge an ihre Arbeit, und waren alle wie neugeboren.

Das graue Zwerglein aber heischte nun streng seinen Bart von dem Jüngling und gedachte immer noch in seinem boshaften Herzen, dem Glücklichen einen Possen zu spielen. Denn wenn ihm der Bart erst wieder am Kinn saß, hatte er Macht, alle Sterbliche zu überwältigen. Allein der kluge Flötenbläser gebrauchte noch immer Vorsicht mit dem tückischen Männlein, er sprach: »Oh, deinen Bart sollst du wiederhaben, sei nicht bange, ich will ihn dir zum Abschied überreichen, aber erlaube, daß wir beide, meine holde Braut und ich, dich eine kleine Strecke begleiten dürfen.« Das konnte das Männlein nicht verweigern. Sie gingen nun weit durch schöne Laubgänge und Blumenbeete mit dem Zwerg und kamen endlich an das ungeheuer tiefe, rauschende Wasser, welches viele, viele Meilen weit in der Runde um das Land der Prinzessin strömte und gleichsam die Grenzscheidung bildete. Keine Brücke und kein Nachen war rings vorhanden, worauf Menschen das jenseitige Ufer erreichen konnten; auch kein kühner Schwimmer hätte es errungen, denn die Wellenflut war zu tosend und wild. Da sprach der Jüngling zu dem Männlein: »Gib mir deinen Stab, auf daß ich dir diesmal noch zur Ehre das Wasser auseinanderscheide.« Und das Männlein mußte gehorchen, weil es seine Bartkräfte noch nicht wiederhatte, und dachte auch im stillen noch in hämischer Freude: Wenn er mir drüben über dem Wasser den Bart überreicht, so bekomme ich ihn doch in meine Gewalt, nehme ihm dann den Stab wieder ab, und beide können ihr wunderschönes Land nie wieder betreten. Aber nicht also gingen des Zwerges boshafte Gedanken aus. Der kluge, glückliche Jüngling schlug mit dem Stab ins Wasser, es teilte sich behende und stand stille, und der Zwerg ging voran und ging hinüber, und schnell hinter ihm brausete die Flut zusammen; aber der Jüngling war mit seiner lieben Braut am andern Ufer zurückgeblieben, er behielt den Zauberstab und schleuderte nur den Bart übers Wasser hinüber, so daß ihn der Zwerg drüben auffing und sich ihn wieder ansetzte; und so ward der Alte doch um seinen Zauberstab betrogen und durfte hinfort nimmer wieder das herrliche Gebiet betreten. Und der glückliche Jüngling kehrte zurück ins Schloß mit seiner Holden zu steter Freude und Glückseligkeit; und keine Sehnsucht kam ihm in sein Herz, je wieder zu seinen Kameraden zurückzukehren. Die saßen lange im Wirtshaus, und als jener nicht wiederkam, sprachen sie: »Der ist flöten gegangen«, und das ist hernach zum Sprichwort geworden, wenn einer oder eine Sache abhanden und nicht wiederkommt.

Der starke Gottlieb

Es war einmal ein reicher Rittergutsbesitzer, dem dienten viele Knechte, und einer von diesen wollte sich verheiraten. Wie nun derselbe seinen Herrn um die Heiratserlaubnis bat, so sagte dieser: »Heirate nur zu in Gottes Namen! Ich wünsche dir einen recht starken Sohn, und wenn du einen solchen hast, so will ich ihn dir zuliebe gern auch in meinen Dienst nehmen.« Also heiratete der Knecht und wurde Vater eines kräftigen Sohnes, dem er den Namen Gottlieb gab. Dem Vater blieb das Versprechen seines Herrn unvergessen, und er war darauf bedacht, Sorge zu tragen, den Jungen recht stark werden zu lassen. Zu diesem Zwecke dünkte dem Vater notwendig, daß sein Kleiner recht lange Muttermilch trinke. Erst stillte ihn daher seine Mutter in ihren Armen, dann ließ sie ihn auf ihrem Schoße sitzen, dann lernte der kleine Gottlieb laufen und trug sich, wenn er trinken wollte, ein Hütschchen bei, auf das er trat, weil er der Mutter auf dem Schoße schon zu schwer wurde, und trank sehr flott und trank sieben Jahre lang Muttermilch und wurde groß und stark. Nach Verlauf der sieben Jahre nahm der Knecht seinen Gottlieb mit zum Gutsherrn und sagte: »Schaut, Herr, den kapitalen Jungen! Er kann schon etwas tun für sein Alter.« Da stand im Garten, wo Vater und Sohn den Gutsbesitzer angetroffen hatten, ein junger Baum, und da sprach der Herr: »Reiße dieses Bäumchen heraus, Gottlieb!«

Der Knabe versuchte seine Kraft an dem Bäumchen, aber er vermochte nicht, dasselbe auszureißen, und der Herr sprach: »Der Kleine ist noch zu jung und zu schwach.

Es wäre auch zuviel von ihm verlangt, jetzt schon schwere Arbeit zu tun.«

Da ging der Knecht mit seinem Gottlieb hinweg und ließ ihn noch sieben Jahre Muttermilch trinken, und als die sieben Jahre um waren, führte der Vater seinen Sohn wieder zum Rittergutsbesitzer, dem Gottlieb nun groß und stark genug schien, um ihn in seine Dienste zu nehmen; er sollte daher einen Tag zur Probe dienen. Der Gottlieb war aber von Natur und durch die Muttermilch schreckbar stark geworden und riß gleich als Probestück einen ziemlich dicken Baum mit dem kleinen Finger heraus, so daß alles erschrak, absonderlich die Gutsherrin, und ihm gleich abgeneigt wurde. Nun ging es an die Arbeit, die Gottlieb nur ein Spiel war; dann kam die Essenszeit; die Magd trug eine Schüssel Kartoffeln nebst Buttermilch auf und ging, die übrigen Knechte zu rufen. Gottlieb, der zuerst mit seiner Arbeit fertig geworden, war schon da und begann einstweilen allein zu speisen. Er zeigte, daß er nicht nur von Muttermilch, sondern auch von Buttermilch sich trefflich zu nähren verstehe und mit den Kartoffeln den Magen zuspitzen könne. Als die übrigen Knechte kamen und essen wollten und murrten, daß das Essen noch nicht aufgetragen sei, trat Gottlieb hinter dem Ofen hervor, allwo er sich ausgeruht, kraute sich hinter den Ohren und sagte: »Es war etwas da, aber nicht viel, ich hab gemeint, es sei für mich, und hab's derweil gegessen.« Da kam die andern ein Grauen an vor Gottliebs Appetit, und sie verwünschten einen Mitgenossen, der nicht mit ihnen, sondern der alles allein genoß.

Nach dem Essen ging es an das Dreschen. Als neuem Ankömmling schenkte der Gutsherr dem Gottlieb einen neuen Dreschflegel, der war in Gottliebs Hand wie eine Feder, er warf ihn in die Luft und fing ihn wieder, wie Knaben mit leichten Stöckchen tun, und dann warf er ihn gar weg, riß sich einen Baum aus und drosch drauflos, daß die Körner gleich zu Mehl wurden und das Stroh klein wie

Häckerling, und schlug alles in Grund und Boden hinein. Das war dem Gutsherrn doch zu bunt. Er erschrak vor dem gefährlichen Knechte und sann darauf, denselben mit einer guten Manier wieder loszuwerden. Er fragte daher den Gottlieb, welchen Lohn er begehre, wenn er wirklich in den Dienst trete. Gottlieb trat nahe zu dem Herrn heran und sagte ihm etwas ins Ohr. Darauf wurde der Herr rot und sagte: »Es ist gut, aber stille davon!« und nahm Gottlieb zum Knechte an, darob sich die andern Knechte nicht im allerentferntesten freuten.

Als der Gutsherr mit seiner Frau allein war, verlangte diese zu wissen, welchen Lohn Gottlieb sich ausbedungen habe. Der Herr wurde wieder rot und wollte es erst nicht sagen, wodurch seine Frau um so mehr in ihn drang, mit der Sprache herauszurücken. Der Rittergutsbesitzer war sehr geizig, gab gar zu gern so wenig Lohn als nur möglich, und das hatte Gottlieb erwogen, dem gar nichts daran gelegen war, daß er hatte so stark werden müssen, um für andere sich zu plagen und zu arbeiten. So sagte jetzt der Gutsherr etwas verlegen zu seiner Frau:

»Siehe mein Schatz, es hat damit seine eigene Bewandtnis. So billig bekomme ich nie einen so kräftigen Arbeiter. Der Gottlieb verlangt gar keinen Lohn.«

»Gar keinen Lohn? Das ist nicht menschenmöglich!« rief ganz erstaunt die Gutsherrin. »Dahinter steckt etwas! Mann, du belügst mich!«

»Nun, beruhige dich nur, liebe Frau«, besänftigte der Gutsherr. »Etwas verlangt er schon, und ich hab's ihm zugestanden, in Betracht, daß es uns nichts kostet – doch bleibt das geheim unter uns.«

»Unter uns!« erwiderte die Frau. »Das heißt, ich muß darum wissen!«

»Der Gottlieb will mir etwas geben, wenn das Jahr herum ist«, stammelte der Gutsherr.

»Dir? Das wäre! Was kann der Sohn deines Knechts dir geben?« fragte die Frau.

»Eine Feige«, antwortete der Mann, »will er mir geben.«

»Eine Feige? Mann, du lügst, oder es rappelt bei dir!« schrie die Frau und wurde zornig. »Wo sollen denn auf unserem Gute Feigen herkommen?«

»Oh«, versetzte der Gutsherr, »die gibt's, es regnet bisweilen derselben – der Gottlieb meint eine Ohrfeige.«

Wenig hätte gefehlt, so hätte der Gutsherr schon jetzt eine solche Frucht zu schmecken bekommen, aber starrer Schreck lähmte einige Minuten lang der Edelfrau Hand und Mund – bis sie endlich kreischte: »O du Tropf! Das ist wieder ein Stückchen deines Geizes! Du willst dich lieber entehren lassen, als einem Knechte Lohn zahlen. Totschlagen wird dich der Gottlieb, denn soviel habe ich gemerkt, wo der hinschlägt, da wächst kein Gras! Nein, einen solchen Vertrag einzugehen ist himmelschreiend. Doch laß mich nur machen, ich wende das Unglück von dir. Er muß fort! Ich duld ihn nicht!«

»Wenn du ihn fortbringen kannst, liebe Frau«, versetzte kleinmütig der Gutsherr, »so habe ich nichts dagegen.«

Die Gutsfrau machte sich gleich ein Plänchen. Auf dem Gute befand sich eine Mühle, in der es furchtbar spukte. Vielen war in derselben von dem Spukgeiste der Hals umgedreht worden. I, dachte sie, der kann dem Gottlieb den Hals auch umdrehen, das ist ein Aufwaschen, und da sind wir ihn los.

»Gottlieb! Heute trägst du ein halbes Malter Korn in die Mühle und mahlst es!«

»Zu Befehl, gnädige Frau!« antwortete Gottlieb, holte einen großen Maltersack, faßte ein oder zwei Malter Korn hinein und warf sich ihn über die Schulter, ging und pfiff das Lied:

›Da droben auf jenem Berge,
Da steht ein Mühlenrad.‹

Als er an die Mühle kam, war deren Tür verschlossen. Gottlieb klopfte höflich an, einmal, zweimal, dreimal. Da noch immer niemand auftat, so tat er einen sanften Tritt an die Türe, daß sie aufsprang und nebenbei entzweikrachte.

Mitten im Wege zum Werke lagen eine Menge Mühlsteine; Gottlieb schob sie sanft mit den Füßen nach rechts und links und gelangte nun an das Werk. Bevor er aufschüttete und das Werk anließ, schürte er sich ein Feuerlein und kochte sich eine Morgensuppe, in die er einen kleinen Schinken steckte, daß sie besser geschmälzt sei. Da kam eine große Katze mit feurigen Augen, die riß ihr Maul auf, starrte den starken Gottlieb an und schrie: »Miau!« – »Hui, Katz!« schrie Gottlieb und gab ihr einen Tritt, daß sie eilend kehrtmachte. Jetzt schüttete er auf, setzte das Mühlwerk in Gang und verzehrte sein Frühstück. Gleich war die Katze wieder da, fauchte und schrie abermals: »Miau!« – »Hui, Katz!« schrie Gottlieb und warf ihr den Schinkenknochen auf den Kopf, daß sie um und um zwirbelte und verschwand. Plötzlich stand ein schrecklicher Riese vor dem starken Gottlieb und brüllte: »Mehlwurm! Wer heißt dich hier mahlen?« Gottlieb, nicht faul, nahm einen Mühlstein, warf damit den Riesen an die Stirne und schrie: »Mühlwurm, wer heißt dich hier prahlen?« Da stürzte der Riese hinterrücks nieder und tat einen Brüller, daß das ganze Werk wackelte. Gottlieb aber sackte das Mehl ein und in einen mitgebrachten zweiten Sack die Kleie, nahm die Säcke auf beide Schultern und ging nach Hause.

»Hilf Himmel!« barmte die Gutsherrin. »Der Lümmel lebt und kommt wieder!« Und bald darauf sann sie auf neue Tücke.

»Der Ziehbrunnen muß gefegt werden!« ordnete die Frau am anderen Tage an. »Das Wasser schmeckt ganz schlecht und schlammig. Gottlieb kann hinuntersteigen.« Und zu den andern Knechten sagte sie heimlich: »Wenn er drunten ist, nehmt euch ja in acht, daß dem Fresser, der euch alles wegfrißt, kein Stein vom Brunnenrande von ohngefähr auf den Kopf fällt!« Die verstanden den bösen

Wink und lasen ihn aus dem höhnischen Lächeln der Gutsfrau. Und wie Gottlieb drunten im Brunnen war, schoben sie, indem sie sich über den Rand bogen, die oberen Steine hinunter. Gottliebs Vater war nicht dabei, der war vor kurzem gestorben. Die Steine polterten und plumpten in den tiefen Brunnen und fielen auf den starken Gottlieb. Der aber schrie herauf: »Dummheit da droben! Wer schüttet denn den Streusand in das Tintenfaß? Wartet, wenn ich hinaufkomme, will ich euch ledern!« Da liefen die Knechte erschrocken vom Brunnenrande hinweg und versteckten sich und Gottlieb stieg heraus wie ein Schornsteinfeger aus dem Schlot, nur weniger trocken, aber mit ebenso vielem Durst. Kaum wußte nun die Edelfrau, was sie anfangen sollte mit dem starken Gottlieb, oder vielmehr, wie sie es anfangen sollte, ihn vom Hofe zu bringen. Da fiel ihr ein, daß ja in der Nähe sich ein verwünschtes Schloß befinde, das auf dem Berge, an dessen Fuße das neue Schloß des Rittergutsbesitzers stand, in Trümmern lag. In diesem verwünschten Schlosse war es, wie schon diese Bezeichnung ausdrückt, gar nicht geheuer; es ging darin um, und es spukte in ihm der Geist eines alten Riesen, der vor urgrauen Zeiten darin gehaust und schlimme Taten genug verübt hatte, weshalb er denn auch da hinauf verwünscht und gebannt war. Eine der schlechten und schlimmen Taten des alten Riesen war die gewesen, daß er die Vorfahren des jetzigen Rittergutsbesitzers, denen er das Gut verkaufte, um eine große Summe Geldes betrogen hatte, und war das zugleich auch wieder mit ein Grund, weshalb der Riese im alten Schlosse so greulich spuken mußte.

Die Edelfrau ließ Gottlieb zu sich rufen, verstellte sich und verbarg ihre Abneigung gegen den Knecht und sprach zu ihm: »Höre, mein guter Gottlieb! Unser Herr wird dir nächstens eine ganz besondere Belohnung dafür geben, daß du so fleißig bist und soviel schaffst, dabei vertraut er dir auch ganz allein. Droben auf dem alten Schlosse, weißt du, da wohnt der alte Rittergutsbesitzer, dem mein Mann das Gut abgekauft hat; das ist ein geiziger Hund und ist uns noch vieles Geld schuldig, zahlt es aber im guten nicht aus. So gehe du einmal hinauf, Gottlieb, und sprich im unguten mit dem alten Spuk, denn du bist stark und herzhaft, alle andern sind Hasenfüße und Hasenherzen und fürchten sich. Wenn du uns das Geld bringst, so sollst du auch ein gutes Teil davon haben und dir etwas Rechts dafür zugute tun.«

»Die Sache wird sich machen, gnädige Frau!« antwortete Gottlieb. »Ich will gleich gehen, und wenn Geld da droben zu holen ist, so bringe ich's, darauf verlaßt Euch.«

Bald war Gottlieb droben auf dem Berggipfel und wunderte sich. »Hm, hm!« machte er. »Immer haben sie drunten gesagt, da oben stände ein altes, verfallenes Schloß, hab deswegen mir auch noch nie die Mühe genommen, hier heraufzuklettern, und nun sehe ich ein nagelneues, schönes Haus, viel schöner als das untere Schloß. Da gibt es ganz sicher Geld genug.«

Gottlieb kam an die Eingangspforte des prächtigen Gebäudes, und da kein Klingelzug daran war, so klopfte er, aber die Türe blieb, gleich jener der Mühle, fest verschlossen. »Dumm!« brummte Gottlieb, »da muß ich schon wieder der Schlosser sein und meinen Dietrich gebrauchen.« Trat daher ein wenig an die Pforte, doch schütterte davon das ganze Torgewände, und die Türe sprang mit Donnerkrachen auf. Aber wie Gottlieb in den inneren Raum trat, umschwebten ihn gleich eine Legion Geister, und an ihrer Spitze stand der greuliche Riese, welchem Gottlieb in der Mühle den Mühlstein an den Kopf geworfen hatte.

»Aha! Ein alter Bekannter!« rief Gottlieb. »Bist du vielleicht der Herr von Zahlungern, der andern Leuten ihr Geld aufhebt? Dann rücke heraus! Mein Herr braucht's, und meine Frau, das heißt, meines Herrn Frau, will's haben!«

»Menschenwurm!« brüllte der Riese und schnitt ein entsetzliches Gesicht. »Was wagst du zu sagen? Wer ist so frech, von dem Besitzer eines alten Schlosses Geld zu verlangen? Was geht mich Geld an? Hab acht, wie ich mit dir umspringen werde, du Knirps!«

»Holla, ho! da werd ich auch dabeisein!« rief Gottlieb, riß einen Türflügel ab und warf ihn dem Riesen an die Stirne, wo man noch die Schramme vom Mühlsteine sah, dann den zweiten – und da machte sich der alte Riese eilend aus dem Staube und warf mit einem Sacke voll Geld nach Gottlieb, den dieser sogleich aufraffte und sich auf die Schulter lud.

So kam er im untern Schlosse wieder an, und wenn der Edelfrau auch Gottliebs Kommen nicht recht war, so war doch dem Edelmann das Kommen des Geldes äußerst recht, und er lobte den Gottlieb und sagte: »Einen so braven Knecht findet man selten.« Heimlich aber wünschte er doch den Gottlieb zum Kuckuck, denn bei dessen Kraft graute ihn furchtbar vor der unvermeidlichen Ohrfeige. Er nahm daher Rücksprache mit seinem Schäfer und traf ein Übereinkommen mit diesem, daß der gegen ein gutes Stück Geld die bewußte Ohrfeige in Empfang nehmen wollte. Dann rief er seine Knechte zusammen, ohne den Gottlieb, und sagte ihnen, er werde sie morgen in den Wald schicken, Holz zu holen, da möchten sie Sorge tragen, daß sie zeitig wieder hereinkämen, denn wer zuletzt komme, der komme vom Dienst. Und er werde es nicht ungern sehen, wenn Gottlieb der letzte sei. Solches geschah, alles eilte nach dem Holze, und niemand weckte Gottlieb, und als er endlich noch ziemlich schlaftrunken erschien und sich die Augen rieb, schrie ihn sein Herr an: »Ei, du fauler Geselle! Alles ist schon zu Holze, und wer zuletzt nach Hause kommt, kommt vom Dienst.«

»Ah!« rief Gottlieb und streckte die Arme hoch in die Höhe und dehnte sich und gähnte und sagte: »Das ist mir etwas ganz Neues«.

»Schönen Dank, daß du mich nicht verschlungen hast,

wie du dein Maul so aufrissest!« spottete der Gutsherr. »Neu oder nicht, es bleibt dabei.«

»Wohl, hin!« sagte Gottlieb, nahm sein Beil und ging nach dem Walde zu. Da waren seine Mitgesellen schon mit der Arbeit fertig, und er sah sie von weitem sich entgegenkommen. Da ging er nach einem nahen, großen Teiche, über dessen Abfluß ein Steg führte, über den einzig und allein der Weg vom Walde nach dem Gute führte, riß die Schleusen auf, daß die volle Flut sich in den breiten Abflußkanal ergoß, trat mit dem Fuße den Steg in Stücken und ließ die Balken vom Wasser fortfluten, dann ging er seinen Mitknechten gemachsam entgegen, die ihn tüchtig auslachten und froh waren, ihn heute noch aus dem Dienste gejagt zu sehen. Er aber rief: »Eilet nicht zu sehr, wartet ein wenig auf mich, ich komme bald wieder!« und ging nach dem Walde, jene aber eilten, was sie eilen konnten, nach dem Schlosse zu kommen. Da kamen sie an die rauschend vorbeischießende Wasserflut ohne Steg und Brücke, und hätten sie den Teich umgehen wollen, hätten sie Stunden gebraucht. Sie mußten also warten, bis Gottlieb wiederkam, der sein Tagewerk leicht und schnell im Verlauf einer kleinen Stunde vollbracht hatte. Und wie er nun kam, brachte er einen Heubaum mit, den stemmte er in den Fluß wie einen Turnerspringstock und schwang sich an das andere Ufer hinüber, dann warf er den Heubaum wieder über den Fluß und schrie seinen Kameraden zu: »Macht's wie ich!« Aber von diesen hatten an dem Heubaume zwei zu heben, und sie mußten sitzen bleiben, bis der Teich alle seine Wasser vorübergeschickt hatte, welches mehr als einen Tag dauerte.

Immer lebhafter wurde der Wunsch des Gutsherrn, den starken Gottlieb los zu sein, und daher machte ihm der Rittergutsbesitzer den Vorschlag, ihm seinen Lohn zu gewähren; er habe einen Ersatzmann als Ohrfeigenempfänger, der sollte die Zahlung erhalten, und dann solle Gottlieb gehen, wohin er Lust habe, und bleiben, wo er wolle.

Gottlieb sagte: »Es kommt auf eine Probe an; ich habe ja auch proben müssen.«

Jetzt stellte sich der Schäfer als Ersatzmann. Gottlieb sah ihn mit mitleidigem und spöttischem Blicke an und sagte: »Du? Wahrscheinlich, du dauerst mich!«, nahm ihn, hob ihn leicht wie ein Nußknacker in die Höhe und schlug ihm eine so derbe Ohrfeige ins Gesicht, daß der Schäfer in die Luft flog wie der Spielball eines Knaben, aber gar nicht wieder herunterkam. Der Gutsherr und seine Frau kreuzigten und segneten sich und waren froh, daß er nicht diese Ohrfeige bekommen hatte, und sagten: »So, nun kannst du gehen.«

»Nä«, sagte Gottlieb. »Gehen? Nä – selbes kann ich nicht. Es war nicht der rechte; mit Euch, gnädiger Herr, hab ich gedingt. Ich liebe nicht Zichorien oder Runkelrüben statt Kaffee, ich bin kein Freund von Ersatzmannschaften. Ihr habt gesagt, ich solle gehen, wohin ich Lust habe, und bleiben, wo ich wolle. Habt Ihr nicht so gesagt?«

»Ja, allerdings, ich sagte so«, antwortete verdrießlich der Gutsherr.

Da wurde der Gutsherr sehr böse und rief: »So bleibe in des Kuckucks Namen, du Kobold! So gehe ich! Mit dir will ich nicht leben und zuletzt noch wie der arme Schäfer als Luftballon oder als Sternschnuppe am Himmel herumfahren. Nimm alles und helfe dir der böse Feind hausen und wirtschaften!«

»Nun, wenn Ihr denn nicht anders wollt, gnädiger Herr!« sprach Gottlieb sehr sanftmütig. »So bedank ich mich fein recht schön und wünsche Euch und der gnädigen Frau recht viel Liebes und Gutes! Ihr könnt auch Eure Sachen mitnehmen, und ich will Euch bis in die nächste Stadt in meiner Kutsche und mit meinen Pferden fahren lassen.«

»Fahre du selbst zur Hölle!« schrien außer sich der gewesene Gutsherr und seine Ehehälfte und enteilten. Gottlieb aber nahm die Knechte und Mägde in seinen Dienst und ließ seine alte Mutter, an der er vierzehn Jahre getrunken hatte, in das Schloß ziehen und gab ihr ein goldenes Bett und seidene Kissen und Bettdecken und alle Tage den besten Wein zu trinken und alles Gute zu essen.

Ein Jahr danach, es war just Heuerntezeit, und die Knechte und die Mägde waren auf der Wiese mit Heumachen beschäftigt, kam etwas aus der Luft heruntergefallen, das war der Schäfer, der hatte so lange oben herumgezwirbelt und war über alle Wasser und Weltteile weggeflogen. Er lebte noch und blieb auch am Leben, denn er fiel auf einen großen Heuhaufen, und das war sehr gut für ihn, sonst hätte das alte Lied auf ihn gepaßt, welches anhebt: »Kuckuck hat sich zu Tod gefallen.«

Das goldene Schloß

Es war einmal ein König und eine Königin, die wohnten in einem Schlosse von purem Gold. Die Königin war eine Zauberin; sie hatte unter viel andern Sachen auch ein Spiegelchen; wenn der König herausging, dann schaute sie da hinein, und dann konnte sie alles sehen, wohin er ging, was er tat, gerade als hätte er vor ihr gestanden; zugleich hatte sie alsdann die Macht, ihn überall hingehen zu lassen, wohin sie wollte. Es geschah nun einmal, daß sie den König auf die Art hin und wider spazierengehen ließ, bis er endlich an das Gestade der See kam. Das erste, was er da fand, war ein toter Körper, den die Wellen ans Land geworfen hatten. Als er denselben näher besah, erkannte er, daß es ein ertrunkener Matrose war. Die Kleider desselben schienen ihm so seltsam, daß er sie für sein Leben gern mitgenommen hätte; er zog sie denn auch dem Matrosen aus und sich an und ging also seines Weges weiter.

Während er dies getan hatte, war die Königin in einem andern Zimmer gewesen; als sie nun zurückkam und in ihr

Spiegelchen schaute, sah sie statt ihres Mannes einen Matrosen am Gestade; man kann sich leicht denken, wie sehr sie darüber muß erschrocken sein. Der König inzwischen war nicht minder in Unruhe, denn er fürchtete, es möchte einer von den Gesellen des Matrosen kommen und ihn als einen Mörder und Dieb ergreifen. Bekümmert und ängstlich ging er hierhin und dorthin und wußte nicht, was er machen sollte. Endlich kam ihm eine alte Frau entgegen, und er frug diese recht freundlich: »Sagt einmal, Frauchen, wo ist eigentlich der Weg nach dem goldenen Schloß?« – »Nach dem goldenen Schloß?« frug die Frau. »Davon habe ich noch nie gehört, und es kann unmöglich hier in der Gegend liegen. Man sieht's auch wohl an Euren Kleidern, daß Ihr hier nicht zu Hause seid. Kommet aber mit mir zur Königin der kriechenden Tiere, die kann Euch vielleicht Bescheid darum geben.«

Da ging der König mit der Frau, und sie kamen an das Schloß der Königin der kriechenden Tiere. Sie klopften an, und ein Krötchen kam und machte die Tür auf, und als der König ihr sein Verlangen zu erkennen gegeben hatte, führte es ihn vor die Königin. Diese saß auf einem prächtigen Thron und war umringt von kriechenden Tieren aller Art, als Schnecken, Schlangen, Fröschen, Eidechsen und so weiter. Nachdem der König sie freundlich gegrüßt hatte, bat er sie, ihm zu sagen, ob sie nicht wisse, wo das goldene Schloß gelegen sei. »Das goldene Schloß?« frug die Königin verwundert; »das ist mir ganz und gar unbekannt, und es muß weit von hier liegen. Vielleicht weiß es einer meiner Untertanen.« Nun pfiff sie dreimal, und eine zahllose Menge von Schlangen, Schnecken und anderm Gewürm kroch von allen Seiten herzu, aber keines von all den Tieren kannte das goldene Schloß. »Es tut mir sehr leid«, sprach die Königin, »daß ich Euch nicht bessern Bescheid geben kann, das macht aber nichts; ich werde Euch eine Führerin geben, welche Euch zu der Königin der laufenden Tiere bringen soll. Die steht einen Grad höher als ich und kann es Euch eher sagen, wo das goldene Schloß liegt.« Mit den Worten winkte sie einem Schlänglein, und das war des Königes Geleiterin. Er bedankte sich herzlich bei der Königin und folgte dem Schlänglein.

Nachdem sie schon sehr, sehr weit gegangen waren, hielt das Schlänglein an einem Schlosse still, und der König klopfte. Ein Hund machte die Tür auf, der König dankte dem Schlänglein und wurde in das Schloß geführt und vor einen kostbaren Thron, der mit den schönsten Pelzen bekleidet war. Darauf saß die Königin der laufenden Tiere, und rings um sie herum stand ihr Hof: Löwen, Bären, Tiger, Wölfe, Hirsche und allerhand ander vierfüßig Getier. Er grüßte sie höflich und fragte sie, ob sie ihm nicht zu sagen wisse, wo das goldene Schloß gelegen sei. »Davon habe ich nie sprechen hören«, antwortete die Königin, »vielleicht kennt es einer meiner Untertanen.« Darauf pfiff sie dreimal, und da kamen Hunde, Katzen, Hasen, Füchse, Ratten und Mäuslein und Gott weiß was all für Getier gelaufen, auch Bären, Löwen, Kamele und andere, und die Königin fragte sie, ob sie nicht wüßten, wo das goldene Schloß liege. Alle besannen sich lange, aber sie erklärten endlich doch, sie wüßten es nicht. Darob war der König sehr betrübt, aber die Königin tröstete ihn und sagte: »Alle Hoffnung ist noch nicht verloren; ich will Euch eine Geleitsfrau geben, die führt Euch zur Königin der fliegenden Tiere, welche einen Grad höher steht als ich. Wenn die es auch nicht weiß, dann kann Euch niemand auf der ganzen Welt helfen.« Damit winkte sie einem Kätzlein und gab dies dem Könige mit als Geleitsfrau. Er bedankte sich herzlich bei der Königin und folgte dem Kätzlein.

Nachdem sie schon manchen Schritt und Tritt getan hatten, kamen sie endlich zum Schlosse der Königin der fliegenden Tiere. Das Kätzlein miauzte, und ein schöner weißer Schwan kam, öffnete das Tor und führte den König in das Schloß und vor die Königin. Diese saß auf einem prächtigen Thron, der mit schönen Federn von allen Farben verziert war, und eine Krone von noch schönern Federn prunkte auf ihrem Haupte. Rund um den Thron herum stand ihr Hof, den Vögel aus allen Gegenden der Welt bildeten: Adler, Pfauen, Paradiesvögel, Schwäne, Tauben und Nachtigallen, welche liebliche Weisen sangen. Der König neigte sich höflich vor ihr und sprach: »Ach, Königin, ich habe mich verirrt und weiß nicht mehr, wie ich zu dem goldnen Schlosse kommen soll.« – »Das goldne Schloß?« frug sie verwundert, »davon haben meine Tiere mir nie gesprochen, und die fliegen doch durch die ganze Welt. Aber wartet, ich will sie noch einmal fragen.« Mit den Worten pfiff sie, und eine Menge Vögel aller Art erfüllte den Saal. Dann frug die Königin: »Wer von euch kennet das goldne Schloß?« Aber keiner von all den Vögeln antwortete. Nun pfiff sie zum zweiten Male, und eine noch viel größere Zahl von Vögeln kam herbeigeflogen, aber auch von diesen kannte keiner das goldne Schloß. Da pfiff sie zum dritten Male, und die fremdartigsten Vögel der Welt versammelten sich um sie. Dreimal frug sie dieselben: »Wer von euch kennet das goldene Schloß?«, aber alle schwiegen still und sahen einander verwundert an, denn davon hatten sie nie etwas gehört. Der arme König meinte zu verzweifeln. Da sah einer von den Vögeln ganz, ganz weit in der Luft ein Pünktchen, welches immer näher kam und immer größer wurde, und als es endlich ganz nahe war, sah man, daß es ein Storch war. Die Königin wurde böse, daß er nicht gleich auf ihren Ruf gekommen war, und frug ihn: »Wo bist du denn so lange geblieben?« Der Storch antwortete: »Das müsset Ihr mir nicht übelnehmen, ich komme von so ferne. Ich saß auf dem goldenen Schlosse, als Ihr das erste Mal pfiffet.« Da hüpfte dem König das Herz im Leibe vor lauter Freuden, und er bedankte sich mit viel schönen Worten bei der Königin. Diese gab ihm den Storch als Geleitsmann mit, er setzte sich rittlings auf ihn und flog also durch die Luft dahin, so hoch, daß ihm die allergrößten Städte der Welt nur wie Ameisennester erschienen. Nicht weit vom goldnen Schlosse endlich senkte der Storch sich immer mehr und mehr und ließ sich endlich an demselben nieder.

Man kann sich leicht denken, was die Königin für Freude hatte, als sie den König wiedersah, nachdem sie ihn seit so langer Zeit für tot gehalten hatte, und der König war nicht weniger froh, endlich wieder zu Hause und bei seiner lieben Frau zu sein. Nachdem sie sich nun recht satt geküßt und geweint hatten, sprach der König zu dem Storche: »Wir danken dir hunderttausend Mal, liebster Storch, daß du mich hierhingebracht hast. Sage uns nun, wie wir dir das vergelten können. Alles was du verlangst, will ich dir geben.« Der Storch antwortete: »Ich verlange nichts anderes als deinen erstgeborenen Sohn; den hole ich mir nach Verlauf von sieben Jahren«, und als er das gesagt hatte, verschwand er. Da stand nun der König und sah die Königin stumm und steif an; denn obgleich sie noch kein Kind hatten, konnten sie doch binnen sieben Jahren noch eins kriegen.

Und also geschah es auch; es war noch kein Jahr verlaufen, als die Königin schon einen Sohn gebar, ein über die Maßen schönes Kind. Je älter es wurde, um so mehr nahm es an Schönheit und an Klugheit zu, doch hatte der König und die Königin wenig Freude darob, denn sie dachten immer nur an das siebente Jahr und an den Storch.

Endlich kam das siebente Jahr, und im ganzen Schloß war Trauer; doch ließ der König alles wohl und schön zurichten, um den Storch auf eine geziemende Weise zu empfangen. Kaum hatten sie alles bereitet, als der Storch angeflogen kam. Mit Tränen in den Augen führten der König und die Königin ihr Söhnlein zu ihm und baten ihn nur, daß er es doch nicht totmachen möchte. Als der Storch das sah, schlug er freudig mit den Flügeln und klapperte ihnen zu: »Behaltet euer Söhnlein nur, die Königin der fliegenden Tiere ist zufriedengestellt dadurch, daß ihr euer Wort so treu habet wollen halten.« Was da für ein Gejubel in dem Schlosse war, das kann man mit keiner Feder beschreiben. Der König ließ ein großes Gastmahl anrichten, wo der Storch mit am Tische saß und vor sich eine große Schüssel mit den schönsten und fettesten Fröschen stehen hatte, die man nur finden konnte. Nach dem Gastmahl tanzte man, und der Storch tanzte zuerst mit der Königin, blieb auch noch verschiedene Tage in dem Schlosse; dann aber nahm er eines Morgens vom Könige Abschied und flog weg.

Der König und die Königin und ihr Söhnlein aber lebten von da ab in Glück und Freude, und wenn das goldene Schloß nicht zusammengefallen ist, dann steht es noch. – Wo denn? – Das mußt du den Storch fragen.

Das kleine alte Männlein

Es waren einmal drei Schwestern, und davon lebten zwei zusammen in einem Häuschen, und die Jüngste wohnte in einem andern Häuschen, denn die zwei Älteren sprachen immer, sie wäre zu dumm, um totzutun. Eines Abends nun geschah es, daß ein klein alt Männchen kam und an dem Hause anklopfte, wo die zwei Schwestern wohnten. Da legte sich die Älteste ins Fenster und fragte: »Was wollt Ihr?« – »Ich hätte gern ein Unterkommen für die Nacht, dieweil es so kalt ist, daß ich nicht draußen schlafen kann«, antwortete das Männchen. »Wir haben keinen Platz im Hause«, sprach da die Älteste, »und ließ ich Euch herein, dann brummte mir meine Schwester acht Tage lang, und das geht nicht, darum sucht Euch anderswo ein Unterkommen«; und mit den Worten schlug sie das Fenster zu und hörte das alte Männchen nicht mehr an, wie sehr dasselbe auch bat und flehte. Als nun alles nichts half, da ging das alte Männchen zu dem Häuschen, wo die Jüngste wohnte und klopfte da an. Da öffnete die Jüngste das Fenster und fragte: »Was hättet Ihr gerne, lieber Freund?« – »Ich hätte gern ein Unterkommen für die Nacht, dieweil es draußen so sehr friert«, sprach das Männchen, und alsbald sprang die Jüngste an die Türe und machte ihm auf und führte es in ein warmes Kämmerlein. Sie kochte ihm Brei von Milch und Mehl und brockte das letzte Krümlein Brotes hinein, welches sie in ihrem Schranke fand. Dann ging sie hin und nahm ihr Stroh und schüttelte es recht auf, damit das Männchen weich darauf liege; sie selbst schlief aber auf der Erde. Am andern Morgen war das Männchen schon früh auf und sprach, es müsse nun weiterziehen. Das litt das gute Mädchen aber nicht, und sie kochte zuvor noch einen Brei zum Frühstück. Als das Männchen den gegessen hatte, bedankte es sich freundlich und sprach: »Es tut mir leid, daß ich Euch Eure Liebe und Freundlichkeit nicht vergüten kann.« – »O was macht das«, sprach das Mädchen, »ich habe an keine Bezahlung gedacht, und wenn Ihr nicht wißt, wo aus, wo ein, dann kommet nur noch mehr zu mir und machet Euch darum keinen Kummer.« – »Ich danke Euch vielmal von ganzem Herzen«, entgegnete das Männchen, »und ich bitte Gott den Herrn, daß er Euch immerdar seinen Segen schenke und daß das erste, was Ihr heute beginnen werdet, so wohl gelinge und Euch also zu Nutze sei, daß Ihr den ganzen Tag nicht anderes tun könnet.« Mit den Worten verbeugte es sich und ging weg, und das gute Mädchen sprang ins Haus zurück, um sich an die Arbeit zu begeben; auf den Wunsch des kleinen alten Männchens hatte es gar nicht gehorcht. Es holte schnell ein Stückchen Linnen vom Speicher, wo dasselbe getrocknet hatte und wollte es fälteln, und es fältete und fältete immer fort bis zum Mittage und den ganzen Nachmittag, und das Linnen nahm gar kein Ende, und die ganze Stube wurde davon voll; es hörte auch nicht eher auf, bis es stichdunkel war, da kam das Ende erst. Die zwei ältern Schwestern waren aber sehr verwundert, daß sie die Jüngste den ganzen Tag nicht sahen und gingen darum am Abende zu ihr. Da machten sie aber Augen, und das war ein Verwundern! »Herrgott im Himmel«, schrie die Älteste, »wo hast du das Linnen her? In meinem ganzen langen Leben hab ich nicht so viel zusammen gesehn.« Da erzählte die Jüngste, sie hätte es von dem kleinen alten Männchen, und die beiden andern wurden so giftig darüber, daß sie spien wie Schlangen. »Muß dem Dummohr da ein solches Glück zuteil werden und – ich könnt mich an ihr vergreifen, der Gans«, schrie die Zweite in ihrem Ärger; aber die Älteste sprach: »Ereifere dich nicht, Schwester, und kommt, dann wollen wir sehen, ob wir das Männchen noch einholen.« Da stürmten beide an der Tür heraus, um das Männchen zu suchen, aber sie waren kaum einige Schritte weit gegangen, als sie es schon von Ferne heranschleichen sahen. Husch, husch, waren sie bei dem Männchen und knicksten und neigten sich, und die Zweite sprach: »Ach, lieber Herr, Ihr wollet es meiner Schwester doch nicht übelnehmen, daß sie Euch gestern nicht in unser Haus gelassen und beherbergt hat; ich habe vor lauter Leidwesen darüber die ganze Nacht kein Auge zugetan. Ach, wollet mir doch den einzigen Gefallen tun und diesen Abend bei uns einkehren, Ihr macht uns alle beide zu dem glücklichsten Menschen auf der Welt.« Das kleine alte Männchen war des zufrieden und ging mit den beiden Schwestern, welche ihm auf das Köstlichste auftischten und am Ende ihn in ein ganz weiches Bett trugen, worin er schlief wie ein Prinz. Kaum hatte er sich am andern Morgen aus den Federn gemacht, als die Schwestern ihm schon Kaffee mit Bisquit brachten. Er dankte für alles recht höflich und fein. Als er sein Frühstück verzehrt hatte, da sprach er: »Es tut mir sehr leid, daß ich Eure Freundlichkeit nicht vergüten kann, aber« – »Oho«, fiel da die Älteste ein, »meint Ihr denn, wir wollten etwas haben für die Bewirtung? Gott bewahre, daran haben wir nicht im mindesten gedacht, im Gegenteil, wir wünschten nur, daß Ihr uns recht oft die Freude machtet, bei uns einzukehren.« – »Das wird schwerlich möglich sein«, sprach das Männchen, »aber ich danke Euch doch herzlich für Euern guten Willen und wünsche nur, daß das erste, was Ihr diesen Morgen tuet, den ganzen Tag sich fortsetze und Ihr nichts andres tun könnt.« Damit empfahl das Männchen sich, und die beiden Schwestern wünschten ihm eine glückliche Reise.

Kaum hatte das Männchen die Türe gefaßt, als die Älteste der Magd zurief: »Geschwind, Mieken, geschwind, hole die Wäsche vom Boden, damit wir nur gleich anfangen können zu fälteln; wir müssen doppelt soviel haben als das Dummohr hier neben.« Die Magd sprang schnell auf den Boden, um die Wäsche zusammenzulesen; in der Zwischenzeit sprach die Zweite: »Aber Schwester, wir wollen uns doch erst ein bißchen stärken, da steht noch ein Krug frischen Bieres, das wollen wir zu einem Butterbrote genießen; mache nur alles bereit, ich gehe indes in den Garten, um zuvor schnell mein Wasser noch zu lassen.« – »Gut, tue das, Schwester«, sprach die Älteste, »aber eil dich«, und damit faßte sie den Krug und setzte den vor den Mund.

Die Magd hatte aber die Wäsche schon lange zusammengelesen und in die Stube gebracht, und sie wartete nur auf die Schwestern, aber die kamen nicht und kamen nicht. Da ging sie in die Küche, um einmal nachzuschauen, was sie machten; doch was kriegte das Mädchen nicht für einen grausamen Schrecken: Denn, denke doch nur, da stand die Älteste und trank und trank und konnte nicht aufhören zu trinken und die andere schrie aus dem Garten, sie könne nicht aufhören, ihr Wasser zu lassen, und das dauerte fort, bis es ganz stichdunkel war, da stand Hof und Haus in Wasser, und sie mußten alle die ganze Nacht arbeiten, um nur ein trocknes Plätzchen zu gewinnen, wo sie ihre Füße hinsetzen konnten. Die Jüngste verkaufte aber das Leinen und wurde reich und glücklich für ihr ganzes Leben lang.

Von dem Schiff, das zu Wasser
und zu Lande fuhr

Ein reicher und mächtiger König hatte nur eine einzige Tochter. Er ließ ein Gebot ausgehen in alle Länder, worin es hieß, er wolle die Tochter nur dem geben, der ein Schiff machen könnte, welches zu Wasser und zu Lande führe. Das hörten drei Jungen, und die sprachen untereinander: »Wart, wir wollen doch einmal sehen, ob wir das nicht fertigkriegen«; der erste von ihnen war aber ein Schreiner; der zweite ein Ebenholzarbeiter, und der dritte machte Schuhe, zu denen man kein Leder braucht.* Als sie nun so recht frisch am Werke waren, kam ein alt Weibchen vor des Schreiners Tür gegangen und frug: »Ei, was macht Ihr denn da so Künstliches?« – »Da kennst du ja doch nichts von, alte Schlore; geh nur deines Weges und bekümmere dich nicht um mich«, sprach der Schreiner und arbeitete fort; da sprach das alte Weibchen: »Ja, ja, ich weiß, daß Ihr ein Schiff wollt machen, das zu Wasser und zu Lande fährt, und daß Ihr damit des Königs Tochter gewinnen wollt. Ich rat Euch aber, Euch weiter keine Mühe zu geben, denn Ihr kriegt es doch nicht fertig«; und damit ging sie von dem Schreiner weg und kam zu dem Ebenholzarbeiter, der auch gar frisch und fröhlich drauf zimmerte. »Was macht Ihr denn da, Freundchen?« frug sie; doch der Ebenholzarbeiter sprach: »Das geht dich nichts an, schmierige Hexe!« Da sprach das alte Weibchen: »Ja, ja, ich weiß, Ihr wollt ein Schiff machen, das zu Wasser und zu Lande fährt und damit des Königs Tochter gewinnen, aber gebt Euch keine Mühe, Ihr kriegt's doch nicht fertig«, und damit ging das alte Weibchen weg und zu dem Holzschuhmacher, der auch just an seinem Schiff arbeitete; den frug sie auch: »Freundchen, was macht Ihr denn da?« – »Das will ich Euch einmal sagen, Mütterchen«, sprach der Holzschuh-

---

* Holzschuhe

macher; »ich mach' ein Schiff, womit man zu Wasser und zu Lande fahren kann; wenn ich das fertigbring, dann gewinne ich des Königs Tochter.« Da sprach das alte Frauchen: »Gut, Freundchen; arbeitet nur hübsch weiter, es wird schon gehen, und des Königs Tochter ist dann für Euch. Wenn Ihr Euer Schiff fertig habt, dann will ich es einmal besehen kommen«; und damit ging sie weg, und der Holzschuhmacher arbeitete noch einmal so flink und so rüstig, und es dauerte nicht lange, da hatte er sein Schiff dastehen fix und fertig. Da kam das Frauchen wieder zu ihm und sprach: »Hab ich's Euch nicht gesagt? Das Schiff ist ganz wohl. Nun fahrt weg zum König, und nehmt alle in Euer Schiff, die Euch unterwegs begegnen. Und daß Ihr mir keinen haußen laßt, hört ihr?« – »Gut«, sprach der Klumpenmacher und zog mit seinem Schiffe weg zum König. Als er schon ein Endchen Wegs im Rücken hatte, fand er einen Mann, der stand neben einem trocknen Weiher und seufzte. »Was tut Ihr da?« frug er, und der Mann sprach: »Da hab ich nun drei Tage lang an dem Weiher getrunken, und nun ist er leer, und ich habe noch so großen Durst.« – »Kommt in mein Schiff und fahrt mit, es soll Euch nicht gereuen«, sprach der Klumpenmacher, und der Mann trat in das Schiff und fuhr mit.

Als sie wieder ein wenig weiter waren, fanden sie einen am Wege sitzen, der Knochen aß. »Was machst du da, Freundchen?« frug der Holzschuhmacher, und der Mann sprach: »Ich sitze nun schon drei Tage hier und hab all das Vieh gegessen, was hier in der Weide lief, und ich habe noch so großen Hunger.« – »Kommt in mein Schiff und fahrt mit, es wird Euch nicht gereuen«, sprach der Klumpenmacher, und der Mann stieg ein und fuhr mit.

Ein bißchen ferner noch trafen sie auf einen Mann, der hielt mit beiden Händen sein Knie fest. »Was tut Ihr da, Freundchen?« frug der Holzschuhmacher, und der Mann antwortete: »Ich muß mein Knie festhalten, denn tät ich das nicht, ich wär in eins, zwei, drei mehr denn zweitausend Stunden von hier.« – »Gut, dann kommt in mein Schiff und fahrt mit, es soll Euch nicht gereuen«, sprach der Holzschuhmacher, und der trat auch ein und fuhr mit.

Abermals ein Endchen weiter stand einer am Wege, der zielte mit einer Büchse auf sie. »Was tut Ihr da, Freundchen?« frug der Schiffsherr. »Geht aus dem Wege«, sprach der Mann, »denn wenn ich mit meiner Büchse schieße, das gibt einen Knall, den man mehr denn zweitausend Stunden weit hören kann.« – »Kommt in mein Schiff und fahrt mit, es soll Euch nicht gereuen«, sprach der Holzschuhmacher, und der Mann kletterte auch ein und zog mit.

Noch ein wenig weiter begegnete ihnen einer, der seinen Mund sorgfältig mit der Hand zuhielt. »Warum tut Ihr das, Freund?« – »Weg, weg«, rief der Mann, »denn wenn ich blase, dann müssen alle ersticken, die hinter mir sind.« – »Kommt mit in mein Schiff, es soll Euch nicht gereuen«, sprach der Holzschuhmacher, und der Mann sprang hinein, und sie fuhren weiter und immer weiter, bis sie zum Könige kamen. Da ließ der Holzschuhmacher sich anmelden und sprach: »Seht, Herr König, da steht das Schiff, wie Ihr es gewünscht habt.« Der König besah es genau von innen und von außen, und er fand auch wohl nichts daran auszusetzen, doch wollte er seine Tochter nicht gern einem Holzschuhmacher zur Frau geben, suchte darum Ausflüchte und sprach: »Ja, das Schiff ist gut, ehe Ihr aber meine Tochter heiraten könnt, müßt Ihr mir einen ganzen Keller voll Wein in Zeit von vierundzwanzig Stunden austrinken.« Da rief der Holzschuhmacher den, der so viel trinken konnte und frug ihn, in wieviel Zeit er wohl einen Keller voll Wein austrinken könnte? »Bah, in einem halben Stündlein«, sprach der, und der andere ging zum König und sprach, der Keller sollte in der Zeit von einer halben Stunde leer sein. Da ließ der König all den Wein, der in der Stadt war, in seinen Keller bringen und auslaufen, so daß der Keller so voll stand, daß der Wein aus den Fenstern auf die Straße lief. Der so stark trinken konnte, legte sich mit dem Munde daran und trank immer tiefer hinunter von einer Stufe zur andern, bis er endlich auf dem Boden stand und kein Tröpfchen Wein mehr zu sehen war. Da ging der Holzschuhmacher zum König und sprach: »Der Keller ist leer, nun gebt mir auch Eure Tochter.« – »Ja«, sprach der König, »wenn Ihr acht Kühe an einem Tage essen könntet, dann gäbe ich sie Euch gleich auf der Stelle.« – »Wenn ich noch einen zu mir nehmen darf, der mit ißt, dann ist es gut«, sprach der andere, und das bewilligte der König.

Da rief der Holzschuhmacher den, der so viel essen konnte, und der schnabulierte die acht Kühe in Zeit von einer Stunde und ließ weder Haut noch Knochen davon übrig. Nun sprach der Meister wieder, der König sollte ihm jetzt auch die Königstochter zur Frau geben, doch der König suchte wieder einen Ausweg und sagte: »Ich muß meinem Bruder einen Brief senden, der hat große Eile. Wenn du mir nun den Brief binnen vierundzwanzig Stunden hin und Antwort zurückverschaffen könntest, dann gäbe ich dir meine Tochter; du mußt aber wissen, daß mein Bruder zweitausend Stunden weit von hier wohnt.« – »Das tut nichts«, sprach der Meister, »ich will Euch schon Antwort bringen«, trug den Brief dem hin, der so schnell laufen konnte, der ließ seine Knie mit einer Hand los und–pf!-weg war er und wäre schon zurückgewesen, als die vierundzwanzig Stunden noch lange nicht um waren, hätte ihn nicht unterwegs der Schlaf überfallen; nun lag er aber unter einem Baum und schnarchte, daß es eine Art hatte. Als es nun schon mit den vierundzwanzig Stunden zu Ende ging und der Läufer immer noch nicht kommen wollt, da sprach der Holzschuhmacher zu dem, der so hart schießen konnte, er solle nun auch seine Kunst mal zeigen. Der schoß alsbald seine Büchse ab, und das gab einen Schlag, als wäre die Welt zusammengefallen; der mit dem Briefe erwachte auch augenblicks und war in zwei Sprüngen mit der Antwort zurück. Da konnte der König nun nichts mehr gegen die Heirat einwenden, und die Hochzeit wurde auch mit vieler Pracht gefeiert, aber er war doch heimlich falsch, daß die Königstochter einen gemeinen Holzschuhmacher zum Mann haben sollte und trachtete darum, diesen auf die Seite zu schaffen.

Gerade zu der Zeit kam ein großer Krieg ins Land, und der König mußte gegen seine Feinde zu Felde ziehen. Da schickte er seinen neuen Schwiegersohn voraus, dachte, der würde gewiß gleich totgeschlagen werden; das ging aber nicht so. Der Tochtermann nahm den gewaltigen Bläser an seine Seite, und als der Feind kam, begann der zu blasen, und das ganze Heer erstickte von dem Geruch seines Atems, dann drehte er sich um und blies auch auf des Königs Lager, daß das auch erstickte mitsamt dem König und all seinen Räten. Da war der Holzschuhmacher ein mächtiger König geworden, hat auch lange und weise regiert, und die fünf wunderlichen Gesellen machte er zu seinen Ministern.

Der Hinkelhirt

Es war einmal ein König von Oranien, der war Witmann und hatte einen einzigen Sohn. Eines Tages sah er das Bildnis der Tochter des Königs von Siebenstern, das gefiel ihm so gut, daß er sie zu heiraten beschloß; er übergab also seinem Sohn die Verwaltung des Reichs und machte sich auf die Brautfahrt noch in seinen alten Tagen. Als er schon eine gute Zeit unterwegs war, kam er eines Abends spät in ein kleines Wirtshaus am Eingang eines großen, großen Waldes. Er fragte, ob der Weg noch weit sei bis zum Königreich von Siebenstern. Da schlug der Wirt die Hände über dem Kopf zusammen und sprach: »Dahin kommt Ihr Euer Lebtag nicht, Herr König, sieben Tage lang müßt Ihr ziehen, bis Ihr wieder aus dem Walde seid, und dann kommt Ihr erst noch durchs Reich der Menschenfresser. Das sind ungeheure Riesen und stehen am Wege her, erst einer, dann zwei, dann vier, dann acht und so immer fort, und schlagen jeden Fremden mit ihren eisernen Stangen tot.« Da fiel dem König von Oranien das Herz in die Schuh, er ließ seinen Wagen herumdrehen und fuhr wieder heim.

Unterdes hatte der Sohn das Bildnis der Prinzessin auch gesehen und sich noch viel ärger in sie verliebt als zuvor sein Vater. Als der alte König wieder zurück war, sagte er: »Vater, ich will fortgehen und es auch einmal probieren«, und kein Zureden konnte ihn davon abhalten. Als er in das kleine Wirtshaus kam, erzählte ihm der Wirt wieder von den Gefahren seines Weges, er aber sagte: das habe er schon gewußt, ehe er fortgegangen sei und machte sich des andern Morgens früh auf den Weg in den großen Wald. Als er lang, lang geritten war und es schon anfing, dunkel zu werden, rief eine Stimme hinter ihm: »Prinz Ferdinand, halt still!« Er drehte sich um, da stand ein klein grau Männchen vor ihm und sprach: »Prinz Ferdinand, wenn du meinem Rate folgen willst, so wirst du mich erlösen und die Prinzessin von Siebenstern heiraten!« Das wolle er, sagte der Prinz, und das Männchen fuhr fort: »Der Wald ist eigentlich noch sieben Tagereisen lang, doch du wirst schon morgen früh herauskommen; an dem ersten Kreuzweg, den du siehst, grabe mit deinem Degen ein Loch, so wirst du drei Stücke finden, eine Kanne, ein Schwert und ein Pfeifchen. Der Wein in der Kanne gibt dir die Kraft, das Schwert zu regieren, und das Pfeifchen hebe gut auf, es wird dir nützlich sein.« Wie das Männlein gesagt, so geschah's. Der Königssohn kam mit Tagesanbruch aus dem Wald und an den Kreuzweg, er grub die drei Stücke heraus, trank den Wein, hing das Schwert um und steckte das Pfeifchen in seine Tasche. Gegen Mittag kam er an die Grenze des Riesenreiches, wo der erste Wächter stand. »Was willst du, Erdenwurm?« schrie er ihn an und hob die

Stange gegen ihn, doch auf den ersten Hieb mit dem Zauberschwert lag er da und war tot. Ebenso ging es mit den zweien und den vieren, und als er an die achte kam, so dachten sie: ›Hat er sieben totgeschlagen, so schlägt er auch achte tot‹, und liefen was sie laufen konnten, und so machten es die folgenden nach, so daß der Prinz ungehindert in das Königreich von Siebenstern gelangte. Ehe er in die Hauptstadt kam, mußte er aber noch durch einen großen Wald reiten. Die Nacht überfiel ihn, und er war noch mittendrin. Da sah er ein Licht, ritt darauf zu und kam in ein wunderschönes Schloß. Das Tor stand offen, und oben auf dem Turme brannte das Licht, das er gesehen hatte, es war aber niemand zu hören und zu sehen. Er ging in den Stall, da standen die herrlichsten Pferde von allen Farben, und neben jedem hing ein gleichfarbiges Geschirr. Dann stieg er hinauf in den Saal, da hingen an der Wand Kleider von allen Farben und Arten, von den köstlichsten bis zu den schlechtesten. Er legte endlich sich schlafen, des andern Morgens aber ließ er sein Pferd im Stalle stehn, zog die schlechtesten Kleider an, die er finden konnte und ging zu Fuß weiter, bis er aus dem Wald und in die Stadt zu dem König von Siebenstern kam. »Herr König«, sagte er, »habt Ihr keinen Diener nötig?« Der König sagte, es fehle ihm in der Haushaltung und dem Hofstaat niemand als ein Hinkelhirt, das könne er werden; wenn er aber seine Hinkel nicht alle wieder richtig aus dem Walde mitbringe, so werde ihm der Kopf abgehackt; das sei jetzt schon drei Hinkelhirten hintereinander geschehen.

Des andern Tags fuhr der Königssohn mit seinen Hühnern hinaus in den Wald, wo das wunderbare Schloß stand und konnte nicht widerstehn, einmal nach seinem Pferde zu sehen. Das tat er denn, als er aber wiederkam, war die ganze Herde auseinandergelaufen. Er wußte sich nicht zu raten und zu helfen, bis ihm das wunderbare Pfeifchen einfiel. Er setzte es an und tat einen Pfiff, da kamen von allen Seiten Hinkeln geflogen, aber so viele, so viele, daß er sich vor lauter Hinkeln gar nicht mehr zu retten wußte. Er brachte die ganze Herde wieder mit nach Haus und noch dreimal soviel dazu. Des freute sich der König gar sehr und sprach: »Du bist mein lieber und getreuer Hinkelhirt und sollst bei mir bleiben bis an dein Ende.«

Der Königssohn hatte schon viele Wochen lang seinen Dienst versehen, da kam große Trauer in die Stadt. Denn hinter der Stadt war ein Berg, und in dem Berg wohnte ein Drache, und der Drache hatte drei Köpfe und mußte alle Jahr eine reine Jungfrau fressen; anders tat er's nicht, denn es gehörte zu seiner Gesundheit. So waren aber die Jungfrauen erst sehr rar geworden und dann ganz ausgegangen, so daß diesmal des Königs eigenes Töchterlein dran sollte.

Als nun der Tag gekommen war, sagte der König am Morgen zu dem Königssohn: »Willst du nicht dableiben, mein lieber und getreuer Hinkelhirt, und sehen, wie es mit meiner Tochter geht?« – »Nein«, sagte der Prinz von Oranien, »das will ich nicht mit ansehen, viel lieber will ich mit meinen Hinkeln ausfahren.«

Als er aber in den Wald kam, ging er in das Schloß und zog schwarze Kleider an und sattelte sich einen schwarzen Gaul und hing sein Zauberschwert um.

Unterdessen war der alte König mit der ganzen Stadt in Trauerkleidern hinaus an den Berg gezogen und hatte seine Tochter gebunden und dem Drachen zum Fraße hingelegt. Das Ungetüm kam langsam herausgekrochen und ließ seine drei roten Zungen vor Gier armslang aus dem Halse hängen und besann sich nur noch, mit welchem Maul es zuerst anbeißen wollte. Da sprengte auf einmal vom Berg herab ein schwarzer Ritter, hieb mit einem gewaltigen Schlag dem Drachen einen Kopf ab und verschwand ebenso schnell wieder, wie er gekommen war. Als der Hinkelhirt nach Hause kam, sprach der König zu ihm: »Ach du mein lieber und getreuer Hinkelhirt, wärst du doch dageblieben, so hättest du den fremden Ritter gesehen, der unserm bösen Drachen einen Kopf abgehauen

hat; aber noch zweimal müssen wir die Prinzessin hinaus-
bringen, sonst frißt er die ganze Stadt.«

Als er des andern Morgens wieder hinaustrieb, sagte der
König wieder: »Ach du mein lieber und getreuer Hinkelhirt, willst du nicht dableiben und sehen, wie es mit meiner
Tochter geht?« – »Viel lieber will ich mit meinen Hinkeln
ausfahren.« Und diesmal zog er rote Kleider an, nahm sich
ein rotes Roß und hieb dem Drachen den zweiten Kopf ab,
er sprengte aber wieder so schnell fort, daß ihn niemand erkennen oder halten konnte. Als er heimkam, sprach der
König zu ihm: »Ach du mein lieber und getreuer Hinkelhirt, wärest du doch dageblieben, heut war ein anderer Ritter da und hat dem Drachen noch einen Kopf abgehauen,
aber einen hat er immer noch, und die Prinzessin muß
morgen wieder hinaus.«

Den dritten Tag zog der Hinkelhirt weiße Kleider an
und setzte sich auf ein weißes Roß und schlug dem Drachen den dritten und letzten Kopf ab. Nun war die Prinzessin erlöst, niemand aber kannte den, der es getan.

Da ließ der König ein großes Turnier anstellen und verkündigen, daß der, welcher den Preis davontrüge, seine
Tochter zur Frau bekommen solle und das ganze Königreich dazu. Es galt aber, mit dem Speer einen Ring von
einem Querbalken hinwegzunehmen und ihn in vollem
Rennen wieder hinzuhängen. Die geschicktesten Reiter
fanden sich ein, aber keiner konnte es fertigbringen. Auf
einmal sprengte ein kohlschwarzer Ritter mit geschlossenem Visier auf einem schwarzen Gaul in die Schranken,
und im Nu hatte er den Ring hinweggestochen und wieder
an seinen Platz gehängt, dann aber sprengte er in einem
Rennen zu den Schranken hinaus und fort. Das verdroß
den König und sein Töchterlein gar sehr, und als der Hinkelhirt abends heimkam, sprach der König zu ihm: »Ach
du mein lieber und getreuer Hinkelhirt, heute hättest du
sehen können, was der schwarze Ritter, der unserm Drachen den ersten Kopf abgehauen hat, so schön turnieren

und stechen kann. Er ist aber wieder durchgegangen, ich glaube, meine Tochter ist ihm zu schlecht.«

Gerade so ging es den folgenden Tag bei dem zweiten Turnier, nur daß der Hinkelhirt wieder den roten Gaul und die roten Kleider hatte.

Den dritten Tag aber befahl der König, wenn wieder ein fremder Ritter komme, so solle man das Tor schließen und ihn fangen, tot oder lebendig.

Diesmal kam der Hinkelhirt wieder in weißen Kleidern und auf dem weißen Pferde. Er stach den Ring noch zierlicher als die andern Tage, verneigte sich sittsam vor des Königs Töchterlein und wollte wieder fortsprengen. Wie er sah, daß das Tor geschlossen war und des Königs Leute von allen Seiten heranliefen, um ihn zu fangen, setzte er mit einem Satze über das Tor, und fort war er. Vorher hatte ihm ein alter Invalid mit dem Spieß ins Bein gestochen, aber die Spitze brach ab und blieb in dem Bein des Ritters stecken, der sich dadurch nicht aufhalten ließ. Des Königs Töchterlein aber fing an zu weinen, weil sie glaubte, jetzt müsse sie immer ledig bleiben.

Als der Hinkelhirt nach Hause kam, sprach der König zu ihm: »Ach du mein lieber und getreuer Hinkelhirt, wärst du dageblieben, so hättest du sehen können, wie der weiße Ritter durchgegangen ist, der unserm Drachen seinen letzten Kopf abgehauen hat. Aber warum blutet denn dein Bein so sehr?« Der Hinkelhirt wollte sich immer noch verstellen, doch der König ließ seinen Leibfeldscherer rufen, der zog ihm die abgebrochene Spitze aus dem Bein, und die paßte genau auf die Lanze des Invaliden. Nun kam es heraus, daß die drei Ritter niemand anders waren als der Hinkelhirt und immer wieder der Hinkelhirt. Der aber ging in den Wald und zog seine Prinzenuniform an und kam wieder und heiratete die Prinzessin und war jetzt König von Siebenstern. Das Schloß im Wald war nun auch erlöst. Die Pferde waren wieder Grafen, Ritter, Edelleute, Musikanten, Stallknechte und Hirten, und jeder zog seine Kleider an, die in dem Saale hingen und alle gingen dem Hinkelhirten entgegen und gratulierten ihm, als er seine Uniform holte.

Der neue König von Siebenstern machte sich nun auch das Riesenreich untertänig und ließ mitten durch Wald und Feld einen schönen breiten Weg machen; auf dem kam der alte König von Oranien gefahren, als er seinen ersten Enkel aus der Taufe hob.

Die gutherzige Köchin

Es war einmal ein Schäfer, der hütete seine Schafe Tag für Tag auf einer Wiese vor einem verhexten Walde, in den er sich nie zu gehen getraute. Eines Tages war ihm seine Pfeife ausgegangen, und da er Feuer schlagen wollte, merkte er, daß er seinen Stahl verloren hatte. Zugleich sah er, daß vor ihm der ganze Wald in Flammen stand. Nach Hause laufen konnte er nicht, und Feuer mußte er haben, also faßte er sich ein Herz und ging auf den Brand zu, um sich seine Pfeife anzustecken. Er war aber kaum daran, so hörte er sich ganz aus der Nähe bei Namen rufen. Er blieb stehen und sah sich um, da rief es noch einmal, es war aber niemand da. Endlich, als es zum dritten Male rief, sah er vor sich auf der Erde eine großen Schlange, die kam aus dem Feuer hergekrochen und sagte, sie wolle ihn glücklich machen auf sein Lebtag, wenn er mit ihr in den Wald gehen wolle. Der Schäfer war ein armer Kerl und sagte ja. Nun kroch das Gewürm vor ihm her, gerade in den Wald hinein; das Feuer war fort, denn es war nur ein Blendwerk gewesen, um ihn anzulocken. Sie kamen immer tiefer in den Forst hinein, endlich hielt die Schlange bei einem Haselbusch und hieß ihn eine Gerte brechen. Als er es getan hatte, kroch sie wieder vorwärts, und der Wald ward immer dichter und dunkler. Sie kamen noch an zwei andere Haselbüsche: Bei jedem hieß ihn die Schlange stillhalten und eine Gerte brechen, und an jede Gerte mußte er sich ein besonderes Zeichen machen, um sie nicht mit den andern zu verwechseln. Endlich, als der Wald so dicht war, daß man fast nicht mehr hindurch konnte, und der Schäfer so müd, daß ihn die Beine nicht mehr tragen wollten, standen sie vor einem hohen Schloß mit einem großen, starken Tor. Da hieß ihn die Schlange mit der ersten Gerte dawiderschlagen, und alsbald sprang es auf. Sie kamen durch einen langen dunklen Gang in einen Hof, darin stand ein anderes Schloß mit einem noch stärkeren Tor. Er mußte mit der zweiten Gerte dawiderschlagen, und es ging wieder durch einen dunklen Gang in einen schönen Hof, worin ein Schloß mit einem noch viel stärkeren Tor stand. Das mußte er mit der dritten Gerte aufmachen. Jetzt führte ihn die Schlange treppauf, treppab bis in ein wunderschönes Zimmer. »Dein Glück ist halb vollbracht«, sprach sie, »um es ganz zu vollbringen, mußt du sieben Jahr lang hier in dieser Kammer bleiben und nicht vor die Tür gehen. Auf deinem Tisch wirst du immer alles finden, was du nur brauchen und wünschen kannst. Das Geschirr von deinem Essen und alles, was du nicht bei dir behalten willst, mußt du zum Fenster hinauswerfen, nie aber darfst du nachsehen, wo es hinfällt.« Als sie das gesagt hatte, machte sie sich fort zur Tür hinaus, und der Schäfer wünschte sich gleich einen ganzen Tisch voll Essen und Trinken. Er aß und trank sich satt und warf dann das Geschirr zum Fenster hinaus, kümmerte sich auch sehr wenig darum, wo es hinfiel. So lebte er fort bei drei Jahre, da war die Langeweile so groß geworden, daß er gar nicht mehr wußte, was er nur tun sollte. Er fing an, sich Gedanken darüber zu machen, was für ein großer Haufen von zerbrochenem Geschirr wohl jetzt unter seinem Fenster liegen müsse. Zuletzt konnte er sich nicht mehr enthalten, und als er wieder einen Pack Teller hinuntergeworfen hatte, legte er sich hinaus und schaute hinab. Da sah er freilich keinen Geschirrhaufen, wohl aber einen ganzen Hof voll großer Tiere, eines immer seltsamer und erschrecklicher anzusehen als das andere, welche die Teller und Schüsseln mit den Mäulern auffingen und fortschleppten. Er machte schnell das Fenster zu, doch da klopfte es schon an der Tür und ob er gleich nicht ›herein‹ sagte, so kam die Schlange doch und war sehr bös und sagte, jetzt hätte er die Wahl, ob er gleich auf der Stelle sterben oder die sieben Jahre noch einmal von vornen anfangen wolle. In seiner Angst versprach er's gern und war nur froh, daß er das Leben behalten sollte. Da er jetzt wußte, wo das Geschirr hinkam, kam er in keine Versuchung mehr, zum Fenster hinauszusehn, und so hielt er denn die sieben Jahre richtig aus. Als die Zeit um war, klopfte es wieder. Diesmal rief er herzhaft: »Herein!« Die Tür ging auf und herein kam ein König mit einer goldnen Krone und hinter ihm sein ganzer Hofstaat. Das waren alle die häßlichen Tiere, die seine Teller fortgetragen hatten und jetzt erlöst waren. Sie bedankten sich gar sehr bei ihm, der König aber sprach: »Nun kannst du unter drei Stücken dir eines wählen, das du willst. Willst du ein goldnes Hemd oder ein eisernes Schwert oder eine goldne Krone?« – »Das eiserne Schwert!« rief der Schäfer, und der König sagte: »Du hast zu meinem und zu deinem Vorteil gewählt. Hättest du die Krone verlangt, so wärst du statt meiner König geworden; hättest du das Hemd verlangt, so hätte es mir und dir nichts genützt. So aber bist du durch das Schwert unüberwindlich gemacht, und ich ernenne dich zu meinem obersten General.«

Der König konnte auch einen guten General brauchen, denn sein Nachbarkönig sah kaum, daß er wieder erlöst war, so fing er auch schon Krieg mit ihm an. Das war aber sein eigner Schaden, denn er durfte soviel Soldaten hinausschicken, als er nur wollte, der Schäfer mit seinem Zauberschwert schlug sie alle tot. Der fremde König hatte aber eine gar kluge Tochter, der klagte er seine Not, und das Mägdlein sagte, er solle sie nur gehen lassen, sie wolle es schon machen. Als es dunkel wurde, lief sie hinüber in

das feindliche Lager und ließ sich fangen, und als sie vor
den obersten General gebracht wurde, verliebte sich der
gleich so in sie, daß er sie nicht mehr von sich ließ und sie
mit sich in sein Zelt nahm. Die Nacht aber, als er schlief,
stand die falsche Prinzessin auf, nahm sein Schwert, das an
der Zeltwand hing und lief damit hinüber zu ihrem Vater.
Des andern Tages wurde das ganze Heer des Schäfers totgeschlagen und er selber gefangen vor den feindlichen König gebracht. Der ließ ihn mit dem Beil zerhacken und
packte die Stücke in eine Schachtel; die schickte er seinem
Nachbar und ließ ihm einen schönen Gruß sagen, da hätte
er seinen General! Da gab es großes Wehklagen im ganzen
Lande, der König aber gab die Hoffnung nicht auf, er ließ
die ganze Zaubererzunft zusammenkommen und befahl
ihnen, den General wieder zusammenzusetzen. Da legten
die Zaubergesellen die Stücke auf einem Tisch zurecht,
setzten sie aneinander und bestrichen sie mit Wundersalbe,
daß sie wieder zusammenwuchsen. Nun war der General
fertig bis auf das Leben, und das gab ihm der Zaubermei-
ster. Zugleich schenkte er ihm die Gabe, sich zu verwandeln in was er wollte. Das war dem Schäfer recht. Er verwandelte sich in ein wunderschönes Pferd und ließ sich
von einem Juden in das feindliche Land führen. Bald
sprach alles von dem schönen Pferde; der König sagte, das
dürfe niemand haben als er, und kaufte es dem Juden für
schweres Geld ab. Als aber das Tier im Stalle stand und
des Königs kluge Tochter es besehen hatte, sprach sie zu
ihrem Vater: »Das Pferd kann ich nicht dulden, der Schinder muß ihm den Kopf abhacken!« Das hörte des Königs
Köchin, die war dem schönen Tiere gut und ging zu ihm in
den Stall und streichelte es und sprach dabei: »Wie dauerst
du mich, daß du sterben mußt, der Schinder wird kommen
und dir den Kopf abhacken.« Da hob das Pferd seinen
Kopf in die Höhe und sprach: »Wenn mir der Schinder
den Kopf abhackt, so sollen drei Tropfen Blut an deine
Schürze springen, die mußt du mir zuliebe unter die

Dachtraufe vergraben, es soll dir nicht vergessen sein.«
Wie das Pferd gesprochen, so geschah es; die Köchin begrub die Schürze mit den drei Blutstropfen unter der
Dachtraufe, und des andern Morgens war ein wunderschöner Weißkirschbaum voll der schönsten Kirschen daraus
hervorgewachsen. Als die Prinzessin aus ihrem Schlafgemach herunter kam, sah sie den Baum. Da ging sie zu
ihrem Vater und sprach: »Den Baum im Hofe leid ich
nicht, der Zimmermann muß kommen und ihn mit dem
Beil umhauen.« Die Köchin hatte es aber wieder gehört
und ging hinab und sprach: »Ach, armer Baum, du tust
mir leid, der Zimmermann soll kommen und dich mit dem
Beil umhauen.« Da sprach der Baum: »Und wenn der Zimmermann kommt und mich mit dem Beil umhaut, so mußt
du mir zulieb drei Späne von mir nehmen und sie in den
Teich der Prinzessin werfen.« Wie der Baum gesprochen,
so geschah es; die Köchin warf die drei Späne in den Teich
der Prinzessin, und des andern Morgens schwammen drei
goldene Enten darauf. Als die kluge Königstochter in den
Garten kam und die Enten sah, so sprach sie: »Die Enten
leid ich nicht.« Sie nahm ihren Bogen und schoß zweie davon tot, die dritte aber gefiel ihr so gut, daß sie sich in
einen Kahn setzte und ihr nachruderte, bis sie sie gefangen
hatte. Des Abends nahm sie die Ente mit in ihre Schlafkammer, wo auch das gestohlne Schwert an der Wand
hing, aber um Mitternacht packte die Ente das Schwert auf
und flog damit fort bis in das Nachbarland. Da wurde sie
wieder zum General, der ging zu seinem König und zeigte
ihm das wiedergefundene Schwert. Nun gab es große Freude im Schloß, und des andern Tags zog der Schäfer wieder
siegreich gegen den Feind. Als die feindlichen Soldaten
alle tot waren, eroberte er die Hauptstadt und machte den
König mit seiner ganzen Familie auch tot, die gute Köchin
aber nahm er zur Frau, und sie waren König und Königin
und hielten gute Nachbarschaft mit dem andern König,
und wenn sie nicht gestorben sind, leben sie heut noch.

Des Toten Dank

Es war einmal ein reicher Kaufmann, der hatte einen einzigen Sohn und handelte in der Türkei. Jedes Jahr fuhr er auf einem großen Schiff ins Morgenland, und wenn er wiederkam, war es immer mit den kostbarsten Gütern beladen. Als er nun ein alter Mann geworden war und ihm das Seereisen zu beschwerlich vorkam, dachte er, er könne es doch wohl mit seinem Sohn probieren und ihn einmal statt seiner fortschicken.

Der junge Kaufmann bekam ein schönes Schiff und einen großen Beutel voll Geld und allerlei gute Ratschläge mit auf den Weg. Vor allem aber warnte ihn sein Vater, daß er ja kein Menschenfleisch kaufen solle.

Der Kaufmannssohn segelte mit gutem Wind über das Meer und legte in der Türkei sein Schiff ans Land. Dann steckte er seinen Beutel ein und ging in die Stadt, um zu sehen, was es Gutes zu kaufen gebe. Da standen unter dem Tore eine Menge Leute, und wie er hinkam, sah er den Leichnam eines schwarzen Sklaven, den hatte sein Herr da einmauern lassen, weil er ihm gestorben war, statt zu arbeiten und er ihm keinen größeren Tort mehr anzutun wußte. Wie nun der gute Mensch ein gutes Herz hatte, ging er gleich hin und fragte, ob er denn den armen Kerl nicht loskaufen könne zu ehrlichem Begräbnis. Anfangs wollte der schlimme Türke nichts davon wissen, doch durch vieles Lamentieren und Supplizieren brachte es der Kaufmannssohn endlich hin, daß man ihm für sein ganzes Geld den Leichnam gab, den er sogleich ehrlich und ordentlich begraben ließ.

Nun kann man sich leicht denken, was der alte Kaufmann für einen Lärm anschlug, als sein Sohn mit leerem Schiff wiederkam und erzählte, für was er sein Geld ausgegeben hatte. Er verschwur sich, daß er ihn nie mehr auf den Handel schicken wolle; doch als ein Jahr herum war, hatte ihm seine Frau so zugeredet, daß er ihn doch noch einmal gehen ließ. Als er nun wieder hinübergefahren war und in die Stadt kam, da sah er einen großen, herrlichen Garten, darin war eine wunderschöne Dame eingesperrt. Er fragte sie, wie sie dahin komme, und sie erzählte ihm, wie sie auf dem Wasser gefangen und von einem reichen Türken gekauft worden sei; sie werde zwar recht gut gehalten, aber gefangen sei sie eben doch. Gleich lief er zu ihrem Herrn und sagte, er wolle die Dame kaufen, es koste, was es wolle. Da half anfangs kein Bitten und kein Lamentieren, endlich kam es aber doch so weit, daß er sie bekam, dafür mußte er freilich sein Schiff verkaufen und alles hergeben, so daß er gerade genug übrig behielt, um mit seiner Frau auf einem andern Schiff überzufahren. Sie kamen nach Haus, er getraute sich aber nicht, seinem Vater unter die Augen zu treten. Er mietete sich ein Zimmer bei einem Bekannten und ließ nur seiner Mutter heimlich sagen, er wäre da. Die Mutter war bald wieder gut und schickte den jungen Eheleuten Essen und Geld, und in einer guten Stunde trug sie auch ihrem Mann die Sache vor. Der aber wollte nichts mehr von seinem Sohn wissen. Da gab die junge Frau ihrem Mann zehn Gulden, er solle das und jenes dafür kaufen, hernach schloß sie sich mit den Sachen, die er geholt hatte, ein und sagte, jetzt müsse er sie acht Tage lang allein lassen. Als die acht Tage herum waren, hatte sie eine wunderschöne Schabracke gestickt, mit der schickte sie ihn auf den Markt, er dürfe sie aber nicht anders geben als für fünfhundert Gulden.

Als er auf dem Markt saß, blieb alles stehen und betrachtete die schöne Schabracke. Auch der alte Kaufmann kam, und die Stickerei gefiel ihm so gut, daß er seinem Sohn gleich sechshundert Gulden dafür bot; der aber sagte: »Willst du mich nicht, so sollst du auch die Schabracke nicht haben«, und da war's auf immer vorbei mit der Freundschaft. Als er nun die Schabracke an einen andern verkauft hatte, brachte er seiner Frau das Geld und erzählte ihr, wie es jetzt alles ab sei zwischen ihm und seinem Vater. Da mußte er ihr für zwanzig Gulden Sachen holen und sie vierzehn Tage allein lassen. Als aber die Zeit herum war, sagte sie zu ihm: »War ich mit dir bei deinen Leuten, so gehe jetzt mit mir zu meinen Leuten.« Sie mieteten sich auf ein Schiff ein, die junge Frau aber holte eine Fahne herbei, die sie in den vierzehn Tagen gemacht und worein sie gestickt hatte wer sie war und wie es ihr gegangen. Die Fahne ließ sie oben an den Mast nageln, damit jeder gleich sehen könne, wer da komme.

Jetzt muß ich aber gestehen, daß sie eigentlich eine Königstochter war. Ihr Vater hatte drei wunderschöne Töchter gehabt, die waren ihm alle drei gestohlen worden, und seit drei Jahren schon segelten des Königs Schiffe in der Welt umher und suchten. Solch ein Schiff kam nun herangeschwommen und sah die Fahne. Gleich war es da. Unter großem Vivatrufen stieg die Prinzessin mit ihrem Mann hinein, und rasch ging es fort nach Hause zu.

Die Befehlshaber des Schiffs waren aber drei große Bösewichter, die hätten den Lohn für die Erlösung der Prinzessin viel lieber selber gehabt, und so wurden sie eins, daß sie, als es dunkel wurde, den jungen Kaufmann im Schlafe beim Kopf nahmen und hinunterwarfen in die See.

Der aber hatte kaum das Wasser berührt, so war ein kohlschwarzer Kerl neben ihm, der hielt ihn, daß er nicht sinken konnte, er glaubte, es wäre der Teufel. Gegen Morgen tat ihn der Schwarze wieder ins Schiff, und als seine Frau da saß und sich grämte, weil ihr die Bösewichter erzählt hatten, wie er aus Versehen über Bord gefallen sei, ging auf einmal die Tür auf, und er trat frisch und gesund herein. Die drei Mörder glaubten, er sei unbemerkt am Schiff wieder in die Höhe geklettert und stellten sich, als wenn sie sich sehr über seine Rettung freuten. Sie bauten ihm nun eine Falle und lockten ihn darauf, daß er auf einmal durch ein Loch wieder in das Wasser hinabfiel, und diesmal kam er nicht wieder. Damit fuhren sie mit gutem Winde weiter und landeten daheim bei dem alten König.

Der hatte eine gar zu große Freude und fragte, wer denn seine Tochter erlöst habe. »Das haben wir getan!« sagten die Mörder, und weil sie der Königstochter einen Schwur abgenommen hatten, daß sie nichts sagen durfte, so wurden sie große Männer im Land, und der reichste von ihnen sollte die Prinzessin heiraten. Da sie sah, daß es nicht anders ging, bat sie sich Jahr und Tag Frist aus, und als die Frist um war, sagte sie, jetzt wolle sie heiraten, vorher aber müßte ihr Bräutigam die drei Brautzimmer nach ihren Gedanken ausmalen lassen. Es wurden nun aus der ganzen Welt die besten Maler herbeigerufen, aber keiner konnte es ihr recht machen, immer sagte sie, es sei nicht nach ihren Gedanken.

Jetzt müssen wir wieder nach dem Kaufmannssohn sehen. Wie der zum zweitenmal ins Wasser fiel, hatte ihn auch gleich der Schwarze wieder beim Arm und führte ihn mit sich fort durch die Luft. Unterwegs aber sagte er zu ihm, er sehe jetzt, wie schlimm seine Sachen stünden, doch könne ihm noch geholfen werden, wenn er ihm das erste Kind, das er dereinst von seiner Frau bekomme, auf seinen zwölften Geburtstag zu eigen geben wolle. In seiner Not versprach der Kaufmannssohn alles und war nur froh, daß es nichts Größeres war. Der Schwarze flog noch lang mit ihm fort und setzte ihn endlich in ein warmes Mooshüttchen, das weit, weit an dem steinigen Meerufer stand. Da lag er nun und hatte Hunger und Durst und dachte: ›Ach, wenn du nur ein gutes Stück Braten und einen Schoppen Wein hättest!‹ Und noch hatte er's nicht fertig gedacht, da stand's schon da. Als er gegessen und getrunken hatte, wünschte er sich eine Pfeife Tabak, und gleich hatte er sie im Munde. So lebte er fort, Jahr und Tag, und aß und trank zu was er Lust hatte und betrachtete die weite Aussicht. Nach langer Zeit endlich kam der Schwarze und fragte ihn, ob er nicht Lebkuchenbäcker werden wolle in einer großen schönen Stadt? Er verstand sich zwar nicht auf die Bäckerei, weil er sich nie damit abgegeben, doch um nur einmal fortzukommen aus dem langweiligen Hütt-chen, sagte er zu. Der Schwarze packte ihn auf, flog wieder weit, weit mit ihm fort und setzte ihn endlich in die große schöne Stadt, einem Lebkuchenbäcker vor die Tür, der gerade einen Gesellen nötig hatte und den Kaufmannssohn deswegen mit Freuden annahm. Der machte sich gleich an die Arbeit, und die Sache ging ihm so gut von der Hand, daß man bald in der ganzen Stadt von dem geschickten Lebkuchenbäcker sprach. Es kam auch vor den König, der ließ ihn kommen, und da er großes Wohlgefallen an ihm und seinen Bäckereien fand, so sagte er, wenn er die Leb-kuchen so schön malen könne mit Bildern und Verslein, so könne er vielleicht auch seiner Tochter die Zimmer ausma-len, wie sie es haben wolle nach ihren Gedanken.

Er war gern dazu bereit und malte die drei Zimmer, eins schöner als das andere, und in das dritte malte er an die Decke, wie er die Königstochter erlöst hatte und wie er ver-raten worden war. Als er fertig und wieder nach Hause ge-gangen war, kam die Prinzessin mit dem ganzen Hofstaate zur Besichtigung. Im ersten Zimmer stutzte sie, im zweiten sagte sie, es wäre recht so, aber als sie im dritten die Bilder sah, stürzte sie hin wie tot. Als sie wieder zu sich kam, fiel sie mit großem Weinen ihrem Vater zu Füßen und sagte, das habe kein anderer gemalt als ihr wahrhaftiger Erlöser und rechter Gemahl, und länger könne sie den Schwur nicht halten, und somit gestand sie alles.

Zugleich aber sah der König, wie die ganze Sache in dem Zimmer abgemalt war, kam in großen Zorn und ließ die falschen Diener radbrechen, von unten herauf. Im Schloß aber gab es ein großes Fest, und das ganze Land mußte sich mitfreuen; der Kaufmannssohn hatte seine liebe Frau wieder und das Königreich dazu.

Er lebte von selbigem Tage an glücklich und in Freuden; seine Eltern wurden auch hergeholt, und seine Frau genas eines Knäbleins, bei dem stand der alte Kaufmann zu Ge-vatter, und es wuchs heran zu einem wunderschönen Prinzlein. Doch als das Kind zehn Jahre alt war, fiel sein Vater in Trauer, denn er gedachte seines Versprechens, das er dem Schwarzen gegeben, als er mit ihm davonflog durch die Luft.

Freilich hatte er immer den Trost, lieber König und im Schloß als beim Teufel im Hüttchen, doch als das Kind elf Jahr alt war und ins zwölfte ging, da konnt er's nicht mehr aushalten, und er gestand alles seiner Frau. Die hatte darob noch viel größeren Jammer als er, und als des Kindes zwölfter Geburtstag herankam, da legten sie es jede Nacht zwischen sich ins Bett und hielten es fest von beiden Seiten.

Als nun die letzte Nacht da war und es auf dem Schloßturm zwölf schlug, da klopfte es dreimal ans Fenster. Die Eltern sprangen mit großem Klagen und Weinen aus dem Bett, und der Vater nahm das Kind und hielt es hinaus vors Fenster, draußen aber stand der Schwarze und fragte ihn, was er denn eigentlich glaubte und für wen er ihn eigentlich hielte, gewiß für den Teufel? »Für nichts anders«, sagte der König. Da sprach der Schwarze: »Nein, ich bin der, den du in der Türkei hast ehrlich begraben lassen, und dir zu Gefallen bin ich noch über der Erde geschwebt, bis auf diesen Tag; jetzt magst du dein Kind behalten, ich aber will schlafen bis zum Jüngsten Gericht.«

Das graue Männchen

Es war einmal ein reicher Bauer. Weil er aber schon alt war und kein Kind hatte, ward er traurig und dachte: ›Ich weiß doch nicht, für wen ich eigentlich schaffe‹. Er ließ nun die Sachen gehen wie sie wollten, und bald war mehr als die Hälfte seines Vermögens fort. Auf einen Tag lud er Holz im Walde ab, da kam ein klein grau Männlein und fragte ihn, warum er so traurig sei. Als er nun erzählte, wie es jeden Tag rückwärts mit ihm gehe und ein Acker um den andern an den Juden komme, da sagte das Männlein, er, der Bauer, habe etwas im Hause, wenn er ihm das zu eigen gäbe, so wolle er ihn wieder so reich machen, als er gewesen und noch einmal so reich dazu. Der Bauer sagte mit Freuden ja, da verkündigte ihm das graue Männchen, seine Frau gehe mit einem Kinde, das sei nun ihm verfallen, und er müsse es ihm hier auf den Fleck bringen, sobald es das zwölfte Jahr erreicht hätte. Bis dahin solle er dem Kinde in allem den Willen tun und ihm nichts befehlen.

Als der Bauer nach Haus kam und seiner Frau alles erzählte, sagte sie anfangs, das Männlein habe sich geirrt, doch nach und nach machte sich die Sache, und nach drei Viertel Jahren genas sie eines schönen Söhnleins. Zugleich mit dem Kinde kam dem Bauern das Glück ins Haus, so daß er bald nach des Männleins Versprechen doppelt so reich war, als er vorher gewesen.

Der Knabe lief den ganzen Tag im Wald umher, und als er sechs Jahr alt war, mußte ihm der Vater eine Flinte kaufen, mit der schoß er alles, was ihm in den Weg kam. Als des Buben zwölfter Geburtstag dawar, sagte der Bauer zu ihm, er möge doch morgen einmal mit ins Holz fahren. Des andern Tages setzten sie sich auf den Wagen und fuhren hinaus an die bewußte Stelle. Der Alte fing nun an, dürres Holz aufzulesen und allmählich ein Bündelchen daraus zu machen, immer in der Erwartung, daß das graue Männlein kommen sollte. Dem Buben währte aber das Ding bald zu lang, und er sagte: »Vater, macht fort, sonst bleib ich nicht da!« Der Vater sprach in seinem Sinn: ›O gingst du doch!‹ Da er ihn aber nichts heißen durfte, so schwieg er ganz still und sammelte fort, aber noch viel langsamer. »Vater«, sagte jetzt der Bub ärgerlich, »wenn du nicht fortmachst, so geh ich in die weite Welt.« ›O wenn du doch gingst!‹ dachte der Vater und tat, als wenn er über seiner Arbeit einschlafen wollte. Da warf der Sohn sein Gewehr auf den Buckel und sagte: »Ade, Alter«, und fort war er. Der Bauer aber war froh und fuhr heim zu seiner Frau und erzählte ihr die ganze Sache und war viel Jammerns bei ihnen über das verlorne Kind. Der Bub lief unterdessen immer lustig in die Welt hinein, doch als er aus dem Walde gekommen und noch ein paar Stunden gegangen war, kam der Hunger an ihn. Deswegen ging er zu einem Bauern und verdingte sich als Knecht, tat aber nicht lang gut. Er kam bald bei vielen Herrschaften herum und war nirgend viel Rühmens von ihm. Endlich kam er auch wieder einmal zu einer Herrschaft, da sollte er die Schafe hüten. Ehe er zum ersten Male hinaustrieb, nahm ihn die Frau beiseite und sagte, es wäre schade um so ein junges Bürschchen wie Milch und Blut, und er solle sich mit seinen Schafen auf der Weide immer links halten, denn rechts im Walde sei der große Bär, der habe schon drei Schäfer vor ihm geholt. Der Bub dankte der Frau, hing sein Gewehr um und trieb sein Vieh gleich rechts und immer weiter rechts bis an den dunklen Wald. Gleich kam auch mit fürchterlichem Brummen ein Bär gelaufen, so groß wie ein Scheuertor, mit glühenden Augen, so groß wie ein paar Suppenteller. Der Bursch besann sich nicht lange und schoß dem Tier gerad ins Gesicht. Da stand mit einem Schlage statt des Bären eine wunderschöne, weiße Dame vor ihm, die bedankte sich, daß er sie erlöst habe und sagte, er solle sich dreierlei wünschen.

»Fürs erste«, sprach da der Junge, »wünsche ich mir das Himmelreich dereinst zu erben, fürs zweite so viel Geld als ich nur immer haben mag und fürs dritte dich zur Frau.« – »Alles sollst du haben«, sagte die Dame, »nur das dritte kann nicht sein, denn ich bin nicht mehr ledig und habe einen Mann und drei Kinder zu Haus, ich will dir aber statt dessen die Kraft schenken, daß du dich verwandlen kannst, zu was du willst.« Und damit verschwand sie. Der junge Bursche zog seines Weges fort, bis er an ein großes Schloß kam, da hieß es unten im Ort, heut über acht Tage sei etwas Großes droben vor. Der König wolle seine drei

Töchter nebeneinander stellen; davon sehe eine aus wie die andre, und wer es riete, welche die älteste oder die jüngste sei, der solle sie haben und das Königreich dazu; wer aber falsch rate, der müsse den Kopf lassen. Da verwandelte er sich in ein goldiges Vöglein und flog in den Schloßgarten, wo die drei Töchter an der Tafel saßen und speisten. Er nahm sich ein Bröcklein und flog damit fort, kam wieder und tat, als wenn er immer kecker würde und ließ sich endlich von der einen mit der Hand fangen. Da liefen sie alle drei in großer Freude ins Schloß und zeigten ihrem Vater das schöne Vöglein, und jede wollte es haben. Die, die es gefangen hatte, tat es aber nicht anders, es mußte in einem goldnen Bauer in ihr Schlafzimmer gehängt werden. Als es Nacht war, kam das Vöglein heraus, und wie die Königstochter erwachte, stand ein Mann an ihrem Bette. Sie schrie, daß der ganze Hofstaat, den König an der Spitze, gelaufen kam, aber der Vogel war wieder im Käfig und der Jüngling verschwunden. Der König mit dem Hofe zog wieder ab und war sehr erzürnt, daß man ihn aus dem besten Schlafe geweckt hatte um nichts und wieder nichts. Als nun die Prinzessin wieder aufwachte und der Jüngling wieder an ihrem Bette stand, schrie sie noch ärger denn zuvor. Diesmal aber drohte ihr der König, wenn sie noch einmal einen solchen Lärm anfange, wolle er ihr gewiß und wahrhaftig den Kopf abhauen. Sie getraute sich nicht mehr einzuschlafen und sah nun, wie das Vöglein aus dem Käfig kam und zum schönen Jüngling wurde. Sie erschrak zu Tode und hätte wieder geschrieen, wenn er ihr nicht mit einem Kuß den Mund geschlossen hätte. Sie wurden nun eins miteinander, und sie sagte ihm, sie sei die Jüngste, und daran könne er sie erkennen, daß ihr Taschentuch daumesbreit aus dem Schürzentäschchen herausgucken werde. Hat es denn auch wohl herausgeguckt den andern Tag bei der feierlichen Wahl? Daumesbreit nicht, aber zwei Hände lang sah es heraus, und er bekam sie und war König.

Als er das Regieren ein wenig satt hatte, ging er wieder,

wie früher, den ganzen Tag auf die Jagd. Er hatte einen großen, großen Forst und darin drei Teiche, einer immer weiter fort als der andere, und an dem ersten stieß er eines Tags auf eine weiße Hirschkuh, die lockte ihn fort bis an den dritten Teich, hier blieb sie stehen. Er schoß – und mit einem Schlage stand statt des Hirsches das graue Männchen da und packte ihn am Kragen. »Ich bin ja der König!« rief er. »Ei, was König! ein schlechter Bauernbub bist du, ich hab damals nur keine Zeit gehabt, dich zu holen; jetzt aber bist du mein!« Und damit warf er ihn in den Teich, hundert Klafter tief unter das Wasser.

Als die Königin lange vergeblich auf ihren Gemahl gewartet hatte, rief sie alle Zauberer im Lande zusammen, um ihn wieder herbeizuschaffen. Lange wollte es keiner unternehmen, zuletzt sagte einer, er wolle es tun, er brauche dazu nichts als einen Spiegel und eine Sackuhr. Mit diesen beiden Stücken fuhr er hinaus an den Teich, zog einen Kreis darum und legte die Uhr ans Ufer. Dann fing er zu beschwören an, bis das Männlein herauskam aus dem Wasser. Es ging in dem Kreise um den Teich herum, bis es an die Uhr kam, da blieb es stehn und fragte, was das sei. Das wäre eine Uhr, sprach der Hexenmeister, darin wäre etwas Lebendiges, und man könne immer darauf sehen, welche Zeit es sei. Das Männlein hielt die Uhr ans Ohr und sagte, es wolle sie eintauschen. Der Zauberer erwiderte, für den König könne er sie bekommen; endlich wurden sie einig, daß das Männlein den König nur einmal zeigen und die Uhr dafür kriegen solle. Da fuhr es hinab und brachte den armen König heraus, es ließ ihn aber nur zur Hälfte aus dem Wasser heraussehen, damit es noch Gewalt über ihn hatte, und riß ihn dann schnell wieder hinunter.

Wie er es mit der Uhr gemacht hatte, so machte es der Zauberer nun mit dem Spiegel. Das Männlein freute sich gar sehr über das Glas, worin es sich persönlich sehen konnte und sagte, es hätte nie gedacht, daß es so schön sei. Der Zauberer versprach ihm den Spiegel, wenn es den König noch einmal herausheben und auf seine flache Hand stellen wolle.

Das Männlein willigte ein; wie aber der König auf seiner Hand saß, ward er auf einmal zum goldigen Vöglein und flog fort. Das Wasser schwoll ihm nach, zwei Stockwerk hoch, doch es konnte ihn nicht mehr erreichen. Da zerschlug das Männchen im Zorn den Spiegel und fuhr hinab in den brausenden See. Als aber der Zauberer heimkam, lag der König schon oben am Fenster und hatte sein liebes Ehgemahl im Arme.

Der dumme Wirrschopf

Ein Bauer hatte drei Söhne und eine Wiese. Von den Söhnen waren zwei klug und der dritte ein Dummling, und auf der Wiese wurde alljährlich das Heu gestohlen, wenn es gehauen und in Schober zusammengestellt war. Als nun die Schober auch wieder einmal aufgerichtet waren, sprach der Bauer zu den Söhnen: »Wer mir das Heu bewacht, daß es nicht gestohlen wird, dem schenk ich einen Leinwandrock und ein Paar hölzerne Schuhe.« Sprach der älteste: »Die will ich wohl verdienen«, und ging am Abend auf die Wiese. Er wachte auch bis gegen Mitternacht; doch dann fielen ihm die Augen zu, und als er sie wieder aufmachte, war von den drei Schobern, die auf der Wiese gestanden hatten, einer weg. Da kam er traurig nach Hause, und am nächsten Abend wanderte der zweite Bruder auf die Wiese; aber es erging ihm nicht besser als dem ersten, und es wurde auch der zweite Heuschober gestohlen. Da sprach der Dummling: »Es ist doch hübsch von meinen Brüdern, daß sie mir auch einmal etwas übrig lassen«, nahm eine Hechel und eine Leine und ging auf die Wiese. Und die Brüder lachten ihm nach und sprachen: »Der dumme Wirrschopf will das tun, was wir nicht einmal gekonnt haben.«

›Der Wirrschopf‹ aber hieß er, weil er sehr lange, verworrene Haare hatte, die wie eine goldne Mähne um seinen Kopf flogen. Er schlang auf der Wiese die Leine um den noch übrigen Heuschober, band das Ende derselben an die Hechel und legte die Hechel, indem er sich auf den Boden streckte, dicht hinter seinen Kopf. Nun schlief er getrost ein; doch es währte nicht lange, so kratzte ihn die Hechel, daß er aufwachte, und er sah ein graues Männchen, welches das Heu zusammenband und auf ein braunes Pferd lud. Da sprang er auf; doch ehe man drei zählen konnte, saß das Männchen schon auf dem Pferde und flog wie ein Pfeil über das Feld: Er aber lief ihm nach und kam zu einem prächtigen Schloß im Walde, vor dem das graue Männchen grade vom Pferde stieg. Da faßte es der dumme Wirrschopf; doch das Männchen fiel auf die Knie und bat um Gnade und sprach »Wenn du mir das Leben läßt, schenk ich dir das schöne braune Roß, auf dem ich geritten bin.« Das ließ sich der Bursche gefallen und sagte: »Morgen früh will ich mir's abholen. Jetzt muß ich wieder auf die Wiese, daß uns niemand das Heu stiehlt.«

Und als er zu dem Schober kam, brachte er die Leine und Hechel wieder in Ordnung und schlief ein. Doch die Hechel kratze ihn bald wieder munter, und als er aufsah, war es dasselbe graue Männchen, welches das Heu zusammenraffte und auf ein weißes Pferd band. Da sprang er denn wieder auf und lief dem Männchen nach, traf es wieder bei dem Schloß im Walde, und es schenkte ihm auch noch das weiße Pferd und versprach, nicht wiederzukommen. Kaum aber war er zum dritten Mal auf der Wiese eingeschlafen, so fing die Hechel von neuem zu kratzen an, und mit einem Satz sprang er auf das graue Männchen zu, packte es und drohte, es auf der Stelle zu ermorden. Da war das arme graue Männchen denn in großer Angst, und es schenkte ihm nicht bloß das schwarze Pferd, auf dem es diesmal das Heu hatte wegführen wollen, sondern bot ihm noch dazu das ganze Schloß an mit allen Herrlichkeiten, die darin waren; und alles Heu, daß es in den vielen Jahren gestohlen hatte, gelobte es wiederzubringen. Der dumme Wirrschopf sagte, er wolle das Schloß erst ansehen, und das graue Männchen führte ihn hinein, zeigte ihm alle die prachtvollen Säle und Gewölbe; und weil sie dem Wirrschopf gefielen und er dem Männchen Gnade verhieß, gab es ihm die Schlüssel des Schlosses und sprach: »Wenn du jetzt auf deine Wiese kommst, wirst du alles Heu, das ich deinem Vater genommen habe, wiederfinden. Ich aber will dein Kämmerer sein und dein Schloß getreu bewachen; wenn du etwas willst, so komm und fordre es nur.« Da nahm der dumme Wirrschopf die Schlüssel und band sie über dem Nacken in seinen langen goldgelben Haaren fest, so daß sie niemand sehen konnte; denn er dachte: ›Wenn ich meinem Vater und meinen Brüdern sage, daß ich ein herrliches Schloß besitze, ziehen sie hinein, und mich sperren sie in den Taubenschlag, wo ich schon so oft habe sitzen müssen.‹ Auf der Wiese fand er über hundert Heuschober und ging nun fröhlich nach Haus. Als seine Brüder ihn kommen sahen, lachten sie und sprachen: »Da kommt der Wirrschopf, seht, wie er verschlafen aussieht; hat die ganze Nacht geschlafen und noch nicht genug. Da haben sich die Diebe Zeit nehmen können«, und was dergleichen mehr war. Darüber wurde er nicht böse, sondern sagte freundlich zum Vater: »Kommt mit hinaus; ich habe das Heu wiedergewonnen, das man Euch in den vielen Jahren gestohlen hat.« Und nun war der Vater mit den Brüdern nicht wenig erstaunt, als sie auf die Wiese kamen und so viel Heu fanden, daß das ganze Dorf auf viele Jahre genug hatte.

Nun geschah es zu einer Zeit, daß der König des Landes überall ausrufen ließ, seine Tochter sei auf den Glasberg verwünscht, und wer den Berg hinaufreite und sie erlöse, der solle ihr Gemahl werden und das ganze Königreich bekommen. Es waren aber drei Tage in verschiedenen Monaten, an denen sie befreit werden konnte. Da sprach der Bauer zu den beiden klugen Söhnen: »Es wär doch schön, wenn einer von euch König würde und ich ein Königsvater. Wir wollen unsere Pferde nehmen und uns aufmachen. Ihr seid so klug, vielleicht erlöst ihr die Prinzessin. Der dumme Wirrschopf mag indes den Misthaufen aus dem Hofe aufs Feld schaffen.« Sie taten ihre Sonntagskleider an und zogen zum Glasberge. Der dumme Wirrschopf aber ging zu seinem Schlosse, nahm die Schlüssel aus den Haaren und schloß auf; und das graue Männchen sprang ihm freudig entgegen und rief: »Es ist gut, daß du kommst, du sollst die verwünschte Prinzessin erlösen. Hier, nimm dein braunes Roß, tu diese königlichen Gewänder an und reit auf den Glasberg.« Und es gab ihm prachtvolle Kleider, die von Gold und Silber strahlten. Die legte der Bursch an und sagte: »Du mußt aber unterdes den Mist in meines Vaters Hofe aufs Feld bringen.« Das versprach das graue Männchen zu tun, und er ritt davon. Als er zum Glasberg kam, sah er den König und die Königin und viele hundert stattliche Ritter, die alle gar herrlich gekleidet waren; doch so schön wie er war keiner, und sie hielten ihn für einen vornehmen Prinzen und fragten ihn viel, wer er wohl sein möchte; doch kannte ihn niemand. Dicht am Berge traf er auch seine Brüder: die hatten Stufen in das Glas gehauen und wollten grade hinaufreiten; doch ihre Pferde überschlugen sich und warfen die Reiter ab. Und als diese wieder aufstanden, jammerten sie, daß sie ihre schönen Sonntagskleider so beschmutzt hatten, und der König und die Ritter lachten sie aus. Der dumme Wirrschopf aber sprengte auf seinem braunen Rosse ohne abzusetzen gleich bis zur Mitte des Berges hinan, und alle jubelten hinter ihm her, denn so hoch war noch keiner gekommen. Doch da glitt auch sein Roß ab, und wie ein Vogel flog es mit ihm über die Heide zu dem Schloß im Walde zurück.

Als er nach Hause kam, fand er den Mist schön gespreitet auf dem Acker, und er dachte: ›Vielleicht geht es das nächste Mal besser‹, setzte sich in seinen alten, schlechten Kleidern auf die Ofenbank und pfiff sich eins. Da kehrten auch seine Brüder und sein Vater heim, und sie sprachen viel von dem fremden Prinzen, und der Vater sagte: »Aber ihr wart doch die klügsten von allen, als ihr die Stufen ins Glas hiebet, dachte der König gewiß: ›Wenn die meine Tochter nicht erlösen, muß sie immer verwünscht bleiben‹, doch das nächste Mal erlöst ihr sie bestimmt, und dann teilen wir das Königreich untereinander.«

»Hütet euch nur«, sprach der Wirrschopf dazwischen, »daß ihr die schönen Sonntagskleider nicht wieder beschmutzt und euch der König und die Ritter nicht auslachen.« Da wunderten sie sich, woher er wisse, daß sie der König ausgelacht hatte; doch er pfiff weiter in seinem Liede und dachte: ›Wundert euch nur! Was ich weiß, wißt ihr doch nicht.‹

Der zweite Tag kam heran, und der Vater ritt mit den beiden klugen Söhnen wieder zum Glasberge. Der dumme Wirrschopf aber sollte unterdes den Taubenschlag reinmachen. Doch kaum waren sie aus dem Hofe, so lief er in sein Schloß, und das graue Männchen brachte ihm noch schönere Kleider als das erste Mal. Er schwang sich auf sein weißes Roß und sprengte durch den Wald. Und am Fuße des Berges traf er wieder viele hundert Ritter; die setzten immer an, doch die Pferde glitten aus. Er aber sauste wie ein Wind durch sie hindurch, und sein Roß trug ihn bis dicht unter den Gipfel des Berges. Da glitt es auch ab, und wie das erste Mal jagte er ohne ein Wort zu sprechen in den Wald zurück, und seine eigenen Brüder erkannten ihn nicht. Daheim aber fand er den Taubenschlag so rein, wie er noch nie gewesen war. – Am dritten Tage gab das graue Männchen dem Burschen die schönsten Kleider, die man je in dem Lande gesehen hatte. Es zäumte ihm sein schwarzes Roß, und als er auf dem über die Heide zum Glasberge geritten kam, staunten der König und alle Ritter; denn das Roß berührte den Boden kaum, und mit wenigen Sprüngen war es oben auf der Spitze des Berges. Da jauchzte das ganze Volk rings um den Berg, und sie riefen ihn zum Könige aus, und die Prinzessin umarmte ihn und sprach: »Nun bist du mein Bräutigam!« Doch er küßte sie nur einmal und ritt dann schnell wieder den Berg hinab. Die Ritter des Königs sperrten ihm den Weg, weil der König erfahren wollte, wer der fremde Prinz sei, der seine Tochter erlöst hatte; doch gab er seinem Rosse die Sporen, und mit einem Satze flog es über die Ritter hinweg und verschwand im Walde. Auf dem Hofe seines Vaters aber hatte das graue Männchen indessen den Hühnerstall ausräumen müssen. Und als der Vater und die Brüder heimkamen, trösteten sie einander und sprachen: »Wenn wir auch keine Könige sind, so sind wir doch klüger als andre Leute.«

Nun war die Prinzessin erlöst, doch sie war den ganzen Tag traurig, weil sie den fremden Prinzen gern zum Gemahl genommen hätte und nicht wußte, wo er war. Da ließ der König in seinem Lande und in der ganzen Umgegend verkündigen, in drei Wochen solle sich der fremde Prinz melden, der seine Tochter befreit habe; da solle die Hochzeit gehalten werden. Doch es kam niemand, und die Prinzessin wurde immer betrübter. Des Königs Räte aber sprachen: »Vielleicht war es gar kein Prinz, darum raten wir, daß Ihr in allen Dörfern und Städten ein Aufgebot ergehen laßt, alle jungen Burschen sollen sich am nächsten Pfingstsonntag versammeln; dann kann die Prinzessin suchen, ob sie ihren Bräutigam unter ihnen findet.« Der Rat gefiel dem Könige, und er ließ das Aufgebot ergehen. Und zu Pfingsten fuhr er mit der Prinzessin in allen Dörfern und Städten umher, und sie sah viele hundert Burschen, doch ihr Bräutigam war nicht darunter. Da kamen sie auch in das Dorf, in welchem der Bauer mit den drei Söhnen wohnte, und als der König die Burschen erblickte, fragte er, ob nicht noch mehr im Dorfe seien. »Einer ist noch zu Haus«, sagte der Bauer, »doch das ist ein Dummling und nicht wert, daß Euer königlich Gnaden und die schöne Prinzessin ihn ansehen.« Die Prinzessin aber befahl, ihn auch zu holen. Und als sie nun den dummen Wirrschopf in der Ferne kommen sah, da hatte sie ihn bald an seinen langen goldenen Haaren erkannt, und sie flog auf ihn zu, fiel ihm um den Hals und führte ihn zur königlichen Kutsche; und der König selbst machte den Kutschenschlag auf und hob ihn hinein. Da saß der dumme Wirrschopf nun auf den seidenen Polstern, und die schöne Prinzessin saß neben ihm und war seine Braut; und er grüßte seinen Vater und seine Brüder noch freundlich zum Abschied und fuhr mit dem Fräulein und dem Könige davon. Als sie in den Wald kamen, zeigte er ihnen sein Schloß, und weil es weit schöner war als das des Königs, blieben sie dort. Am andern Tage war Hochzeit, und das Märchen ist aus.

Die Nixe im Mansfelder See

Nicht weit vom Mansfelder Süßen See liegt ein Dorf, doch wie es heißt, weiß ich nicht. Da war alle Sonntage Musik und Tanz, und alle Burschen und Mädchen der Umgegend fanden sich dazu ein. Die Mädchen waren alle schön; aber eine war so schön, daß man sie sein Leben lang nicht mehr vergessen konnte, wenn man sie einmal gesehen hatte. Doch wer sie war und woher sie kam, wußte niemand. Einem jungen Schäfer gefiel sie so wohl, daß er mit keiner andern mehr tanzen wollte, und als sie einst wegging, schlich er ihr nach und bat sie, ihm zu erlauben, daß er sie nach Hause begleite. »Ja«, sagte sie, »das kannst du tun, du mußt mir aber versprechen, nicht auf dem halben Wege umzukehren, sondern ganz mitzukommen.« Das versprach er gern, und sie faßte ihn bei der Hand und führte ihn nach einer Gegend hin, wo gar kein Dorf lag, so daß er bald ängstlich fragte, ob sie auch den Weg kenne, sie müßten sich wohl verirrt haben. »Nein, nein«, sagte sie, »komm nur mit und fürchte dich nicht; ich werde dir schon den rechten Weg zeigen.« Sie gingen immer weiter und kamen endlich an den See, wo das Mädchen von den Weiden, die am Ufer stehen, eine Gerte abbrach und damit dreimal auf das Wasser schlug. Und siehe da, das Wasser tat sich auf, und eine hübsche, breite Treppe wurde sichtbar, die zum Grunde des Sees führte. Der Schäfer blieb wohl einen Augenblick verwundert stehen, doch da ihn das Mädchen immer noch bei der Hand hielt und freundlich zu ihm sprach: »Nun komm nur, komm!«, so stieg er, von ihr geführt, die Stufen hinunter; und sie kamen in einem allerliebsten Dorfe an, wo die Mutter des Mädchens in einem kleinen, niedlichen Häuschen wohnte. »Ei«, rief die Alte, als sie eintraten, ihrer Tochter entgegen, »du bringst dir wohl gar einen Schatz mit? Nun, wir wollen sehen, wie es ihm bei uns gefällt. Die von dort oben können immer nicht viel arbeiten und wollen gleich wieder hinauf. Doch es kommt auf einen Versuch an.«

Den andern Tag ging die Alte in die Kirche (denn natürlich war auch eine Kirche im Dorfe); und ehe sie ging, schüttete sie einen Scheffel Rübsen in einen großen Haufen Asche und sagte zu dem Schäfer: »Da suche die Körner heraus. Wenn ich wiederkomme, mußt du fertig sein.« Der Schäfer blieb traurig vor dem Aschenhaufen stehen und wagte gar nicht, ihn anzurühren. Doch das schöne Mädchen sprang herbei und rief: »Wart, ich will dir helfen«, und sie öffnete einen Taubenschlag, aus dem ein ganzer Schwarm Tauben flog, die über die Körner herfielen und sie in kurzer Zeit alle wieder in den Scheffel gelesen hatten. Die Alte kam zurück und erstaunte und freute sich über die wohlgelungene Arbeit. Als sie nun wieder ausging, gab sie dem Schäfer ein Sieb und hieß ihn einen Teich damit ausschöpfen; doch mit Hilfe seiner Geliebten gelang ihm auch dies und auch die dritte Arbeit, welche ihm die Alte auferlegte, und welche darin bestand, daß er an einem Vormittage einen großen Wald fällen, das Holz kleinhacken und in Wellen binden mußte. Da er diese Proben alle drei so glücklich bestanden hatte, erlaubte die Alte ihrer Tochter, ihn zu heiraten; und sie hielten eine fröhliche Hochzeit, zu der viele Nixe und Nixen eingeladen wurden.

Zwei Jahre lebten sie glücklich und zufrieden miteinander, und sie hatten auch einen wunderniedlichen kleinen Sohn bekommen. Da wurde der Schäfer plötzlich von Sehnsucht nach seiner Heimat ergriffen, und er bat seine Frau, sie möchte ihm doch erlauben, einmal seine Eltern und Geschwister zu besuchen. »Das darfst du wohl«, sagte sie. »Wenn du mir versprichst, wieder mit herab zu kommen, will ich selbst gehen und dich in dein Dorf führen.« Sie nahm ihr Kind auf den Arm und ging mit dem Schäfer die Stufen hinauf, und sie besuchten seine Eltern und alle Bekannte und blieben drei Tage im Dorfe. Dann sprach die Frau: »Nun müssen wir umkehren, sonst kannst du dich von diesem Leben nicht mehr trennen.« Er nahm wehmütig Abschied und folgte ihr bis zum See; doch als sich das Wasser auftat, graute es ihm, und er konnte sich nicht entschließen, wieder hinunterzugehen und bat seine Frau, oben bei ihm zu bleiben. »Wir helfen meinen Eltern den Acker bauen«, sagte er, »und wenn wir auch nicht so gut leben wie dort unten, so sehen wir doch den blauen Himmel und die liebe Sonne über uns.« Doch sie schüttelte traurig mit dem Kopfe und erinnerte ihn an die Liebe und Treue, die er ihr gelobt hatte. »Und wenn du nicht mitkommst«, sprach sie, »so müssen wir das Kind teilen; denn es gehört uns beiden. Sieh, wie es lacht.« Damit hielt sie ihm das Kind hin, und es streckte die kleinen Arme freundlich nach ihm aus. Da weinte der Schäfer von Herzen und bat die Nixe, den Knaben allein zu behalten. Er versprach, sie täglich am See zu besuchen; doch mit hinabkommen könne er nicht, lieber wolle er selbst sterben. »Wenn du oben bleibst«, sagte die Nixe, »so müssen wir uns auf ewig trennen, und ich darf von dem Kinde nicht mehr behalten als mir gehört.« Da küßte sie ihn noch zum Abschied, und sie teilte das Kind und hieß ihn wählen, welches Stück er wolle. Er nahm die untre Hälfte, und sie warf die obre in den See, wo alsbald ein munterer Fisch daraus wurde, der fröhlich fortruderte. Und als der Schäfer ihm noch nachsah, war die Nixe schon über die Stufen hinabgestiegen, und das Wasser schlug über ihr zusammen. Da grub er die andre Hälfte des Kindes am Ufer ein, und an der Stelle wuchs eine Lilie, die neigte sich über das Wasser; und man sah oft, wie der Fisch in der Dämmerung bei der Lilie auf und nieder schwamm.

König Blaubart

Dicht an einem großen Walde lebte ein alter Mann, der hatte drei Söhne und zwei Töchter; die saßen einstmals beisammen und dachten eben an nichts, als plötzlich ein prächtiger Wagen angefahren kam und vor ihrem Hause still hielt. Dann stieg ein vornehmer Herr aus dem Wagen, trat in das Haus und unterhielt sich mit dem Vater und seinen Töchtern, und weil ihm die eine, welche die jüngste war, überaus wohl gefiel, so bat er den Vater, daß er sie ihm zur Gemahlin geben möchte. Dem Vater schien das eine sehr gute Heirat, und er hatte schon lange gewünscht, daß seine Töchter noch bei seinen Lebzeiten versorgt sein möchten. Allein die Tochter konnte sich nicht entschließen, ja zu sagen. Der fremde Ritter nämlich hatte einen ganz blauen Bart, und vor dem hatte sie ein Grauen, und es ward ihr unheimlich zu Mut, so oft sie ihn ansah. Sie ging zu ihren Brüdern, die tapfere Ritter waren, und fragte diese um Rat. Die Brüder aber meinten, sie solle den Blaubart nur nehmen, und schenkten ihr ein Pfeiflein und sagten: »Wenn dir irgendein Leid zugefügt werden sollte, so blas nur in diese Pfeife hinein! Dann wollen wir dir schon zu Hülfe kommen.« So ließ sie sich denn bereden und ward die Frau des fremden Mannes, bewirkte es aber, daß ihre Schwester sie begleiten durfte, als der König Blaubart sie zu seinem Schlosse führte.

Als die junge Gemahlin dort ankam, herrschte großer Jubel im ganzen Schlosse, und auch der König Blaubart war ganz vergnügt. Das ging etwa vier Wochen lang so fort; da wollte er verreisen und übergab seiner Gemahlin alle Schlüssel des Schlosses und sagte: »Du darfst überall im ganzen Schlosse umhergehen und aufschließen und besehen, was du willst; nur die eine Tür, zu welcher dieser kleine goldene Schlüssel gehört, die darfst du, so dein Leben dir lieb ist, nicht aufschließen!« O nein, sie wollte diese Tür auch gewiß nicht öffnen, sagte sie. Als aber der König eine Weile fort war, hatte sie keine Ruhe mehr und dachte beständig daran, was wohl in der Kammer sein möchte, die er ihr verboten hatte, und war schon im Begriff, sie aufzuschließen; da kam ihre Schwester dazu und hielt sie noch davon zurück. Allein am Morgen des vierten Tags konnte sie es nicht mehr übers Herz bringen und schlich sich heimlich mit dem Schlüssel hin und steckte ihn in das Schloß und öffnete die Türe. Aber wie entsetzte sie sich da, als das ganze Zimmer voller Leichen lag, und das waren lauter Weiber. Sie wollte zwar die Tür sogleich wieder zuschlagen, allein der Schlüssel fiel heraus und ins Blut. Nun hob sie ihn schnell auf, aber er hatte Blutflecken, und wieviel sie ihn auch reiben und putzen mochte, die Flecken waren nicht mehr wegzubringen. Da ging sie zu ihrer Schwester und klagte und jammerte.

Als endlich König Blaubart von der Reise zurückkehrte, erkundigte er sich sogleich nach dem goldenen Schlüssel; wie er aber die Blutflecken daran sah, sagte er: »Weib, warum hast du auf meine Warnung nicht gehört? Deine Stunde hat jetzt geschlagen; bereite dich vor zum Sterben! Denn du bist in dem verbotenen Zimmer gewesen.«

Da ging sie weinend zu ihrer Schwester, die oben im Schloß wohnte, und während sie derselben ihr Unglück klagte, gedachte die Schwester der Pfeife, die sie von den Brüdern bekommen hatte, und sprach: »Gib mir doch die Pfeife! Ich will unsern Brüdern ein Zeichen geben; viel-

leicht, daß sie dir noch helfen können.« Und sie blies dreimal in die Pfeife hinein, daß es einen hellen Klang gab, davon die Wälder sich regten und bewegten.

Nach einer Stunde aber hörten sie den Blaubart, wie er
rasselnd die Stiege heraufkam, um seine Gemahlin zu holen und zu schlachten. »Ach Gott, ach Gott!« rief sie aus,
»kommen denn meine Brüder nicht?« und eilte zur Tür
und verschloß sie und hielt sie aus Angst selbst noch zu.
Da pochte der Blaubart und schrie, sie sollten ihm aufmachen, und als sie das nicht taten, versuchte er's, die Tür zu
erbrechen. »Ach Schwester, Schwester, kommen denn
meine Brüder nicht?« sprach sie zur Schwester. Die stand
am Fenster und guckte in die Weite hinaus und sagte: »Ich
sehe noch niemand!« Unterdessen zertrümmerte Blaubart
die Türe immer weiter, und wie er beinah so weit war, daß
er durch die Öffnung hätte eindringen können, da spreng-
ten plötzlich drei Ritter vor das Schloß, und die Schwester
rief aus dem Fenster, was sie nur konnte: »Hülfe! Hülfe!«
und winkte ihren Brüdern zu. Die stürmten auch alsbald
die Treppe hinauf, wo sie den Hülferuf der Schwester gehört hatten, und als sie hier den König Blaubart mit dem
Schwerte in der Hand vor der erbrochenen Türe antrafen
und drinnen das Geschrei der Schwester vernahmen, da
merkten sie sogleich, was er im Sinn führte, und stießen
ihm schnell den Degen durch die Brust, daß er tot war.

Als die Brüder darauf erfuhren, was der gottlose König
ihrer Schwester hatte antun wollen und daß er schon so
viele Frauen umgebracht, da zerstörten sie sein Schloß, so
daß kein Stein auf dem andern blieb, und nahmen alle
Schätze mit fort und führten vergnügt ihre Schwestern wieder in das Haus ihres Vaters.

Der Klosterbarbier

Ein junger Mann hatte von seinen Eltern ein großes Vermögen geerbt; weil er selbst aber nicht haushalten konnte und arbeiten nicht mochte, so nahm sein Reichtum ein rasches Ende, und eh er sich's versah, war er genötigt, Haus und Hof zu verkaufen, um nur seine Schulden bezahlen zu können. Da blieb ihm nichts übrig als ein Schuldschein von dreihundert Gulden, der lag schon seit vielen Jahren da; der Schuldner aber wohnte weit weg, und deshalb machte er sich eines Tages auf, um diese Forderung einzutreiben, mußte aber das Geld zu der Reise von einem Freunde entlehnen, so arm war er jetzt. Dann wanderte er fort und traf, als es schon Abend geworden und er sehr müde war, einen Mann; bei dem erkundigte er sich nach dem Wege und nach einer Herberge und hörte von diesem Manne, daß es nur noch eine halbe Stunde Wegs bis zum Kloster sei, wo er umsonst übernachten könne. Das war ihm sehr lieb, denn viel Geld hatte er nicht zu verzehren und war auch an dem ganzen Tage noch in kein Wirtshaus eingekehrt.

Wie er nun endlich zum Kloster kam und so recht behaglich dasaß und sich ausruhen und erquicken konnte, rief er aus: »Ach, eine freudige Stund läßt doch zehn traurige vergessen!« Und war wieder ganz vergnügt und ließ sich das Essen und Trinken schmecken. Als er aber schlafen gehn wollte, sagte man ihm, daß alle Betten bereits besetzt seien und daß er auf den Boden der Stube sich hinlegen müsse. »Es ist zwar noch ein Bett leer«, sagte ein Klosterbruder, »das steht im Schloß; allein wir können es niemand zumuten, sich dahineinzulegen, weil ein Geist dort spukt.« Der Reisende aber sagte: »Es wird ja wohl der Teufel nicht sein!« Und ließ sich hinführen und legte sich getrost in das Bett; konnte aber doch vor Angst kein Auge zutun.

Als es nun eben Mitternacht war und zwölf schlug, hörte

er ein Schlüsselbund rasseln, und die Tür seiner Schlafkammer ward aufgeschlossen, und ein Geist trat herein,
der trug in der einen Hand ein Becken mit Seife und Wasser, in der andern hielt er ein Rasiermesser und winkte
dem Gaste; der aber blieb still liegen. Dann winkte er zum
zweiten Male, worauf er wiederum sich nicht rührte und
regte. Darauf faßte ihn der Geist und zog ihn mit Gewalt
zum Bett heraus und gab zu verstehen, daß er ihn rasieren
solle, und setzte sich auf einen Stuhl. Da machte der Reisende sogleich den Schaum zurecht, seifte das Gesicht des
Geistes gehörig ein und rasierte ihm den langen Bart herunter, daß es eine Art hatte. Dann rasierte auch der Geist
den Reisenden und sagte, nachdem dieser es gelitten:
»Jetzt endlich bin ich erlöst! Seit dreihundert Jahren muß
ich schon in diesem Schlosse umgehen und noch nie hat
mich einer rasieren wollen. Ich bin früher Barbier in dem
Kloster gewesen und habe einen dicken Klosterbruder einmal zum Schabernack in die Lippen geschnitten, daß das
rote Blut auf den Boden floß und ich mich des Lachens
nicht enthalten konnte. Zur Strafe dafür hat er mich auf
dreihundert Jahre ins Kloster verwünscht.«

Dann fragte er den Fremden: »Was wünschest du dir
jetzt? Willst du sterben, oder was magst du sonst?« Der
andre meinte, nein, sterben möge er nocht nicht; er wünsche sich aber Geld, denn das hab er zum Leben nötig.
»Nun«, sprach der erlöste Barbier, »so geh nur hin und heb
die Steine auf, die vor der Klostertür liegen, da wirst du
Geld genug finden!« Wie er nun den ersten Stein aufhob,
sprang eine ›Krott‹ (Kröte) ihm entgegen, und das war gewiß niemand anders als der Teufel; unter dem zweiten
Stein aber fand er einen Schatz, an dem er sein Leben lang
genug hatte.

Die goldene Ente

Es war einmal eine Witfrau, die hatte drei Söhne namens Kasper, Melchior und Baltes, die erlernten alle drei ein Handwerk; der älteste wurde ein Weber, der andere ein Schuhmacher, der dritte ein Sattler. Und als sie ausgelernt hatten, sollten sie wandern und in der Fremde ihr Glück versuchen. Da schickte die Mutter zuerst den Ältesten auf die Reise und füllte ihm, wie es in dem Orte Sitte war, das Felleisen mit selbstgebackenen Küchlein, so viele nur zu dem Zeuge, das er mitnahm, noch hineingingen, und sagte: »Lieber Sohn, wenn dir ein Armer begegnet, so teile ihm auch von diesen Küchlein mit!« Darauf zog er von dannen, und nachdem er einige Tage gewandert war, kam er in einen Wald; da begegnete ihm eine alte Frau und bat ihn, daß er ihr etwas zu essen geben möchte; er aber sagte: »Ich werde selbst noch brauchen, was ich habe.« Da bewirkte die Frau, welche ein Zauberfräulein war, daß er nicht weiterkonnte und auf der Stelle nach Haus umkehren mußte.

Als nun die Zeit kam, wo der zweite Sohn seine Wanderreise antreten sollte, da tat ihm die Mutter gleichfalls Küchlein in sein Felleisen und sprach: »Nun will ich doch sehen, wie weit du kommen wirst. Vergiß aber nicht, auch den Armen von deinen Küchlein abzugeben!« Da zog er dieselbe Straße wie sein älterer Bruder und kam nach einigen Tagen in den Wald, wo das Zauberfräulein sich aufhielt. Das begegnete ihm alsbald und sagte, sie sei hungrig, er möge ihr doch etwas zu essen geben. Allein er sagte: »Die Küchlein esse ich selbst gern«, und wollte weitergehen. Da machte es aber das Zauberfräulein, daß er keinen Schritt mehr vorwärts tun konnte und auf der Stelle zu seiner Mutter zurückkreisen mußte.

Endlich schickte die Mutter ihren dritten Sohn auf Reisen und sagte: »Wenn dir's nur nicht ebenso wie deinen Brüdern geht; ich will sehen, wie du durchkommst; ich habe dir da auch Küchlein in dein Felleisen gelegt, die mußt du aber nicht allein essen, sondern auch den Armen davon mitteilen.« Dann trat er wohlgemut seine Wanderschaft an und kam nach wenigen Tagen in den Wald, wo ihm die alte Frau begegnete und ihn um etwas zu essen bat. Da nahm er sogleich sein Felleisen vom Rücken und machte es auf und schüttete der Frau alle Küchlein, die er noch hatte, in den Schoß, worauf das Fräulein sehr vergnügt wurde und ihm sagte: »Weil du so gut gegen mich gewesen bist, so soll dir's auch gut gehen. Da will ich dir eine Ente schenken, die hat goldene Federn und heißt ›gute Gonda‹. Das mußt du dir merken; denn wenn jemand sie dir stehlen oder ihr eine Feder ausziehen will, so brauchst du nur den Namen auszusprechen und dabei sagen: ›Es bleibe an dir, was bei dir ist!‹, so kann es nicht fort, sondern muß mit, wohin die Ente geht.« Darauf bedankte er sich und zog weiter durch den Wald und kam in ein Wirtshaus, wo er übernachten und sein Abendbrot verzehren wollte. Die Ente aber durfte auch mitessen und fischte sich besonders die Fleischbrocken aus der Schüssel heraus. Da guckten alle Leute groß auf, besonders aber drei Frauenzimmer, die ebenfalls in dem Wirtshause übernachteten, und baten den jungen Sattler, daß er ihnen doch eine Feder von der Ente schenken solle. Allein das schlug er ihnen ab; denn er mochte die kostbaren Federn seiner Ente nicht ausrupfen. Da besprachen sich die drei Mädchen mit dem Wirte, daß er sie mit dem Sattler in demselben Zimmer zusammen schlafen lassen möge, was der Wirt auch zugab. Als es nun Nacht war und sie meinten, daß der Sattler fest schliefe, da stiegen sie still aus ihrem Bett und gingen zu seinem Lager, woneben die Ente saß und versuchten, ihr einige Federn auszureißen. Da schrie sie aber: »Quack, quack!«, daß der Baltes sogleich aufwachte und sprach: »Gute Gonda, bleibe stehn, was bei dir ist!« Da mußten die drei Mädchen fasernackt, wie sie waren, die ganze Nacht bei der Ente stehenbleiben; und als der Baltes am andern Morgen frühstücken wollte und seiner Ente rief: »Gute Gonda, komm herunter und was bei dir ist!«, da mußten die Mädchen auch mit herunter und nackt frühstücken und ebenso hinter der Ente herziehen, als er weiterging.

Da kam er in ein Dorf, wo die Maurer an einem neuen Hause arbeiteten, und als die die nackten Mädchen sahen, liefen sie zu ihnen und hielten ihnen die Maurerkelle vor den Leib. Der Baltes aber sprach: »Gute Gonda, es bleibe an dir hangen, was bei dir ist!« Da konnten die Maurer nicht wieder fort und mußten auch mitziehen.

Darauf zogen sie durch einen anderen Ort; da schaute gerade der Pfarrer zum Fenster heraus und sah den Zug und rief: »Ei, so bedeckt euch doch, ihr großen Mädchen! Schämt ihr euch denn nicht, daß ihr so nackt auf der Straße geht?« Und dann kam er eilig aus dem Hause gelaufen und nahm seine große Kappe ab und wollte, auf daß niemand Ärgernis nehme, wenigstens das eine Mädchen damit zudecken. Der Baltes aber rief wieder seiner Ente: »Gute Gonda, es bleibe an dir hangen, was bei dir ist!« Da mußte auch der Pfarrer mit.

Als sie so nun eine Weile gegangen waren, kamen sie abermals in ein Dorf, wo eine große Bäckerei war. Wie nun die Bäckerknechte den wunderlichen Zug und besonders die nackten Jungfern sahen, da kamen ihrer fünfunddreißig mit Backschaufeln aus dem Hause gesprungen und hielten den Mädchen die Schaufeln vor den Leib, worauf der Baltes wiederum sprach: »Gute Gonda, es bleibe an dir hangen, was bei dir ist!« Also, daß auch die fünfunddreißig Bäckergesellen dem Zuge sich anschließen mußten.

In dem Wirtshause, wo der Baltes mit seiner goldenen Ente und dem ganzen großen Zug übernachtete, las er in der Zeitung, daß der König von Portugal eine Tochter habe, die niemals lache, und daß der König habe ausschreiben lassen, wer seine Tochter zum Lachen bringen könne, der dürfe sie heiraten. Da machte sich der Baltes gleich am andern Morgen auf den Weg nach Portugal und meldete sich, sobald er angekommen war, beim Könige und sagte, daß er es sich wohl getraue, seine Tochter zum Lachen zu bringen, worauf der König ihn sogleich am folgenden Morgen um zehn Uhr mit seinen Leuten kommen hieß. Die Königstochter stand auf dem Altan, und wie sie von da herab den seltsamen Transport vors Schloß kommen sah, die drei nackten Jungfern, die Maurer mit ihren Kellen, den Pfaffen mit der großen Mütze und die fünfunddreißig Bäckerknechte mit ihren Schaufeln, da konnte sie sich nicht mehr halten und mußte überlaut auflachen. Und also gewann der Sattler die Königstochter zur Gemahlin und erbte nach dem Tode des Königs das Reich.

Das Bäuerlein

Es war einmal ein Bäuerlein, das nichts hatte als ein Weib und eine Kuh und sich sein Brot damit verdienen mußte, daß es das Rindvieh des ganzen Dorfes hütete. Das Bäuerlein war aber bei den übrigen Bauern nicht gut eingetragen, weil im ganzen Dorfe keine Kuh fett werden wollte als die Kuh des Bäuerleins und weil an jedem Abend nur seine Kuh satt und vollgestopft nach Hause kam, die übrigen aber leer und hungerig in ihre Ställe zurückkehrten.

Sie warfen die ganze Schuld auf den Hirten und forderten ihn auf, zu bekennen, warum beim Heimkehren immer nur seine Kuh vollgestopft sei, die andern aber leer und hungerig. Der Hirt antwortete mit großem Ernst: »Was kann ich dafür, wenn ihr so schlechtes Vieh aufhaltet, das auf der besten Weide zu faul ist zu fressen.« Die Bauern mußten sich mit diesem Bescheide zufriedengeben, dachten aber auf andere Mittel, um der Wahrheit auf die Spur zu kommen. Einmal gingen sie hinaus, um selbst zu sehen, ob die Schuld an den Kühen oder am Hirten liege. Sie versteckten sich im Gebüsche und warteten, bis die Herde heranzog. Da sahen sie dann, wie das Bäuerlein seine Kuh immer auf den frischen Weidplatz führte, die andern Kühe aber nur dort grasen ließ, wo zuvor schon alles abgefressen war. Da entbrannten sie in großem Zorn, gingen nach Hause, und weil sie dem Hirten sonst nichts nehmen konnten, beschlossen sie, sein Weib abzuschlagen.

Als der Hirte abends nach Hause kam, fand er seine Alte schon tot. Er jammerte darüber, daß sich ein Stein hätte erbarmen mögen, und je länger er jammerte, desto mehr freute es die Bauern. Aber auch er dachte sich an den Bauern zu rächen und kam auf einen pfiffigen Einfall. Er nahm sein totes Weiblein, trug es vor das Dorf auf die Straße und setzte es dort auf einen Stuhl. Dann stellte er ein Spinnrad davor und richtete alles so, daß jedermann glauben mußte, das Weiblein sei lebendig und spinne da mitten auf der Straße. Er selbst versteckte sich hinter den Stauden und wartete ab, was sich da zutragen würde. Alsbald kam ein Fuhrmann des Weges, und als er das Weiblein sah, knallte er mit der Peitsche und rief: »Heda, ausgestellt!« Das Weiblein rührte sich nicht. Der Fuhrmann schrie wieder: »Ausgestellt oder niedergefahren.« Das Weiblein blieb fest wie eine Mauer. Da schnellte der Fuhrmann, daß einem die Ohren gellten, und fuhr mit seinem Wagen vorwärts. Als er an das Weiblein kam, schrie er noch einmal: »Ausgestellt, du alte Hexe!« Die Alte rührte sich nicht, und der Wagen fuhr über sie hinaus. Das Bäuerlein hatte dem ganzen Spektakel zugeschaut und stürzte jetzt mit dem größten Lärm aus seinem Verstecke hervor: »Du Lumpenkerl, du Spitzbub, wer hat dich geheißen, mein Weib niederzufahren? Warte nur, dich werde ich schon vor Gericht finden.« So fabelte er fort, als ob es sein größter Ernst wäre. Der Fuhrmann ward auch zornig und sagte: »Mehr als zehnmal sagen kann man es nicht. Ich habe ihr schon gesagt, sie soll ausstellen. Warum ist sie nicht gegangen? – Jetzt hio.« Das Bäuerlein ließ ihn aber nicht weiterfahren und sagte: »Du mußt vor Gericht. Ausgestellt hat meine Alte freilich nicht, wenn du auch geschrien und ihr nahe gefahren bist, sie hat ja nichts gesehen und nichts gehört.«

Jetzt fürchtete sich der Fuhrmann freilich vor dem Gerichte, fing an zu bitten und sagte: »Ich will dir gern Roß und Wagen geben, wenn du mich nur bei Gericht nicht anzeigst.« Das Bäuerlein war damit zufrieden, hieß den Fuhrmann absteigen und stieg dafür selbst auf den Wagen. Dann fuhr es in das Dorf hinein und schrie: »hi und hot und wistahe« und knallte mit der Peitsche, daß alles zusammenlief. Da schauten die Bauern groß drein, als sie das Bäuerlein daherfahren sahen und fragten, woher es denn Roß und Wagen habe. Das Bäuerlein antwortete ihnen, es habe die Haut seines Weibleins verhandelt und für den Erlös Roß und Wagen gekauft. Der Handel schien den Bauern profitabel, sie traten zusammen und beschlossen insgesamt die Weiber abzuschlagen. Sie fielen also darüber her, machten ihnen den Garaus und zogen ihnen die Häute ab. Dann gingen sie mit den Häuten auf die Handelschaft und hofften bald mit Roß und Wagen heimzukehren. Aber die Häute hatten keinen guten Zug, so daß sie alle mit langer Nase heimkehren mußten. Darob wurden sie aufs neue erbittert über das Bäuerlein und beschlossen, es in einen Sack zu stecken und in den See zu werfen. Richtig wurde das Bäuerlein ergriffen, in einen finstern Sack gesteckt und zum See hinausgeführt. Am Wege stand eine Kapelle, darin eben Messe gelesen wurde. Die Bauern wollten die gute Gelegenheit nicht versäumen und gingen in die Messe. Den Sack mit dem Bäuerlein ließen sie indes vor der Kapelle liegen, um ihn nach der Messe in den See zu werfen. Das Bäuerlein merkte seinen Vorteil und rief in einem fort aus dem Sacke: »Ich mag sie nicht, ich will sie nicht; ich mag sie nicht, ich will sie nicht!« Da kam ein Wanderer des Weges, der hörte lange den sonderbaren Worten zu, trat endlich zum Sacke und sagte: »Was magst du nicht, was willst du nicht?« Da antwortete die Stimme im Sacke: »Ja wohl? Eine Königstochter soll ich heiraten, die mag ich nicht, und die will ich nicht. Möchtest nicht du sie?« – »Eine Prinzessin kriegt man nicht alle Tage«, antwortete der Wandersmann, »warum soll ich die nicht heiraten.« – »Ja, so knüpfe nur den Sack auf und schliefe statt meiner herein, dann wirst du sie schon bekommen.« Der andere knüpfte den Sack auf, ließ das Bäuerlein heraus und schloff an seiner Statt hinein. Das Bäuerlein machte sich aus dem Staube und lachte sich den Buckel voll an.

Als die Messe zu Ende war, kamen die Bauern heraus, fuhren mit dem Sacke zum See und warfen ihn hinein. Dann kehrten sie wieder heim und waren seelenfroh, weil sie glaubten, das Bäuerlein habe jetzt sein Teil bekommen. Sie spazierten aber nicht lange im Dorfe herum, da kam schon wieder das Bäuerlein zuweg und trieb eine Schar Schweine vor sich her, die es irgendwo gestohlen hatte. Die Bauern wußten nicht recht, wie ihnen war, schauten einander groß an und kratzten sich hinter den Ohren. Ein paar gingen hinzu und fragten das Bäuerlein: »Wie kommst denn du wieder zu Leben, und woher hast du denn die Kutt Facken?« Das Bäuerlein antwortete: »Die Facken habe ich aus dem See geholt. Dort sind sie genug. Ist nur schade, daß ich es früher nicht gewußt habe. Wenn ihr gescheit seid, geht nur auch hin und holt euch einen Haufen!«

Diese Rede des Bäuerleins verbreitete sich windschnell im ganzen Dorfe. – Die Bauern hielten Rat und beschlossen, in den See zu springen, um sich die Schweine herauszuholen. Sie gingen nun zum See hinaus, und als sie dort ankamen, kehrte sich einer von ihnen um und sagte: »Jetzt wartet ein wenig. Ich will vorausspringen, und wenn ich die Facken sehe, so rufe ich: ›Kummt!‹ Wenn ihr mich also hört, dann springt ihr alle nach, und wir werden die Facken heraufbringen.«

Dieser Vorschlag war allen recht. Der Bauer ging nun ans Wasser und sprang von der Ferne hinein. – ›Plumpf‹, tat es. »Habt ihr gehört?« sagten die Bauern zueinander.

»Er hat gerufen: ›Kummt‹.« Auf das hin sprangen alle Bauern ins Wasser und mußten jämmerlich ersaufen.

Nun waren zu den Bäuerinnen die Bauern auch hin, und das Bäuerlein war muttergottseelenallein im ganzen Dorfe. Es wußte sich den Reichtum der Bauern tüchtig zu Nutzen zu machen und war so lustig und wohlauf, daß es mit keinem Fürsten getauscht hätte.

Die Drachenfedern

War einmal vor langer Zeit ein reicher Wirt, der hatte eine wunderschöne Tochter. Neben dem Wirtshause wohnte in einer gemieteten Hütte ein armer Holzhacker mit seinem Sohne. Dieser war ein lebensfroher, rüstiger Junge, der schönste Bursche im ganzen Dorfe und dazu noch recht brav und arbeitsam. Immer war er guter Dinge und zur Arbeit aufgelegt, nur wenn er die Liese, die Wirtstochter, sah, dann stand ihm der Gedanke still, und sein Blick verlor die frühere Fröhlichkeit. Auch Liese war dem Jungen herzlich gut; nur schade, daß er so blutarm war, und ihr Vater, wenn sie um seinen Segen ihn gebeten hätten, ganz gewiß nicht ja gesagt haben würde. Aber versuchen konnten sie's ja doch, und sie taten's auch.

Der Vater hieß die Tochter ein dummes Ding und wies ihr die Türe, dem Freier aber gab er lachend zur Antwort, wenn er sich seine Tochter verdienen wolle, müsse er dem Drachen im großen Walde, der einige Stunden vom Dorfe entfernt lag, drei goldene Federn ausreißen und sie ihm herbringen, sonst solle er sich gleich fortmachen. Der Junge war ganz zufrieden mit dieser Bedingung, denn obwohl er wußte, wie grimmig der Drache über jeden herfalle und wie schreckenhaft er aussehe, so hoffte er doch durch List dem Ungetüme beikommen zu können und machte sich sogleich auf den Weg zum Schlosse des Drachens, das in einem dunkeln Walde lag.

Unterwegs kam er an einem Hause vorbei, vor dessen Türe ein alter Mann saß, der den Kopf auf beide Hände stützte und sehr traurig schien. »Was bist du denn so traurig?« redete der Vorübergehende ihn an. – »Ja, meine Tochter ist schon viele Jahre krank, und nur der Drache könnte ihr helfen – aber ...« – Da unterbrach ihn der Holzhacker: »Ich gehe jetzt eben zu ihm, vielleicht erfrage ich ein Mittel von ihm, und wenn ich wiederkomme, will ich's dir dann sagen.«

Der Holzhackersohn ging weiter und sah in einem grünen Anger eine große Menge Menschen um einen Apfelbaum versammelt. »Gefällt euch denn der Baum so gut, ihr Leute, daß ihr so hinaufschaut?« fragte er im Vorbeigehen. »Ja, der Baum«, redete da einer von ihnen den Fragenden an, »der Baum gefiele mir freilich, wenn er wie früher goldene Äpfel trüge; aber leider treibt er jetzt nur schlechte Blätter. Wenn du aber zum Drachen gehen willst und ihn fragen, warum dies geschieht, so sollst du's mir nicht umsonst tun.« – »Ja, ja«, sagte der Holzhackersohn, »das will ich auch« und ging weiter.

Schon sah er den dunkeln Wald vor sich, über den eine Nebeldecke sich ausbreitete, und förderte seine Schritte. Da gelangte er an einen Fluß, wo ein alter Fischer ihn in einem kleinen Kahne hinüberführte und ihm klagte, daß er schon so lange dieses langweilige Geschäft versehe und nie abgelöst werden könne, wenn ihm nicht der Walddrache einen guten Rat gebe. Der dienstfertige Holzknecht versprach ihm, auch sein Anliegen dem Drachen vorzutragen, nachdem er ihm erzählt hatte, warum er in den gefährlichen Wald gehe. Der gute Fischer fing fast zu weinen an, weil er sehr für das junge Leben des Burschen besorgt war. Aber er war doch froh in der Hoffnung, daß auch er noch erlöst werden könnte, und versprach ihm viel Geld zur Belohnung.

Bald fand der junge Brautwerber, weil eben jetzt die rechte Zeit war, das Schloß des Drachen. Er ging hinein und war ganz erstaunt über die große Pracht, die ihm überall entgegenstrahlte; den gefürchteten Herrn aber wurde er nicht gewahr, denn zum Glücke war er eben nicht zu Hause. Der Drache hatte jedoch eine Frau, die keinem Menschen Leides, sondern nur Gutes tat. Als diese den Holzknecht sah, ging sie ihm entgegen, war sehr freundlich mit ihm, und als er ihr sein Anliegen klagte und vom traurigen Manne, vom Apfelbaume und vom Fischer erzählte, versprach sie ihm, sogar selbst seine Sache zu übernehmen und versteckte ihn unter der Bettstelle. – Spät in der Nacht erst kam der Hausherr zurück und war heute recht wild, noch viel wilder als sonst, und sobald er ins Gemach eintrat, rief er, voll Zorn um sich blickend: »Ich schmeck, ich schmeck einen Christen!«

»O nein«, entgegnete darauf die Frau, sich verstellend und schmeichelnd, »es ist ja niemand hier gewesen.«

Der Drache ließ es so gelten, und als die Frau ihm recht schön tat und ihn streichelte, wurde er viel zufriedener und war nicht mehr so wild und zornig. Nach einer Weile gingen sie zu Bette, und der Drache schnarchte bald und fiel in einen tiefen Schlaf. Schnell riß die Frau ihm nun eine goldene Feder aus und gab sie dem Holzhacker unter der Bettstelle. Da wachte aber der Drache auf und schrie zornig: »Wer hat ein Recht, mich zu zupfen und zu rupfen!« – »Sei nur nicht böse«, rief die Frau im Schrecken. »Ich habe es im Schlafe getan. Mir träumte, ein alter Mann habe eine kranke Tochter. Was soll sie etwa versuchen, damit sie wieder gesund würde?« – »Die muß die Hostie, die man unter ihrem Bette versteckte, hinwegschaffen, wenn sie noch gesund werden will«, antwortete der Drache und schlief wieder ein. Nun riß sie ihm die zweite Feder aus und gab sie schnell dem lauschenden Holzhacker.

»Wer hat ein Recht, mich zu zupfen und zu rupfen?« schnaubte wieder zornig der Drache.

»Sei nur still«, sagte die Frau leise. »Ich habe einen Traum gehabt von einem Apfelbaume, der früher goldene

Äpfel trug; jetzt aber trägt er keine mehr. Wenn ich doch wüßte, wie er wieder fruchtbar würde.« – »Die Schlange muß ausgegraben werden, die unter dem Baume liegt und die Wurzeln benagt«, murmelte der Drache schon halb schlafend.

Jetzt ging's aufs Letzte, und die Frau riß ihm auch die dritte Feder aus und machte es wie früher. Aber da war die Wut des Untiers aufs höchste gestiegen: »Wer rupft und zupft mich?« schrie der Schreckliche und wollte aus dem Bette springen. Die Frau aber hielt ihn und bat: »Sei doch nicht böse, ich habe geträumt von einem alten Fischer, der immer die Leute über den Fluß führen muß und nie frei wird.« – »Er soll dem ersten, der zu ihm kommt, dieses Geschäft übergeben und davonlaufen – der dumme Alte«, schnarchte der Drache. »Jetzt aber laß mich in Ruh, sonst zerreiß ich dich!« Darauf schlief er wieder ein, und der Holzhacker schlich sich ganz sachte fort und sagte auf dem Heimwege jedem den Rat, den ihm der Drache gegeben, dem Fischer aber sagte er ihn erst, als er ausgestiegen war aus seinem durchlöcherten Fahrzeuge. Alle gaben ihm Gold und Silber in Menge, denn sie waren voll Freude, daß ihnen geholfen worden.

Am meisten freute sich daheim die Liese, als sie den lieben Holzhacker wiedersah. Sie konnte kein Auge von ihm abwenden und hielt ihn immer bei der Hand, bis der Vater kam und nun recht gerne ja sagte, weil der arme Nachbar jetzt viel reicher war als er selbst. Die jungen Brautleute luden alle Verwandten und Freunde zur Hochzeit. Da waren alle voll Fröhlichkeit, sie selbst aber die Fröhlichsten und Glücklichsten von allen.

Der Stinkkäfer

Vor langer, langer Zeit lebte ein armer Knabe, der eine gar böse Stiefmutter hatte. Sie war so herbe, daß er ihr nichts recht machen konnte und alle Tage Scheltworte und Schläge bekam. Einmal gab sie dem guten, armen Kinde einen großen Korb und sprach: »Mach dich, kleiner Darm, gleich in den Wald hinaus und klaube Moosbeer, und bringst du den Korb nicht voll zurück, so sollst Schläge bekommen, daß dir die Rippen krachen.«

Der arme Bursche nahm den Korb und lief mit weinenden Augen in den grünen Wald hinaus, denn er sah wohl, daß er, wenn er zehn Hände statt einer hätte, so viele Moosbeere nicht pflücken könnte und fürchtete sich vor den gedrohten Schlägen gar sehr. Im Walde kroch er von einer Staude zur andern und pflückte nach Leibeskräften. Allein er sah nur immer deutlicher, daß er den Korb nicht werde voll machen können. Er hatte schon einige Stunden gearbeitet, und die Sonne brannte gar heiß nieder. Da fing der Knabe an schläfrig zu werden vor lauter Hunger und Müdigkeit. Er sank ermattet in das Moos und fing an zu schlafen, daß es eine Lust war. Die Sonne wollte schon Abschied nehmen, als der Knabe seine Augen aufschlug und mit Schrecken sah, daß es schon Abend sei. Um wieviel größer war aber sein Schrecken, als ein winziges Männlein in einem grünen Röcklein vor ihm stand und ihm mit seinen kleinen stechenden Augen fest und steif ins Gesicht schaute. Als der Zwerg den Knaben so erschrocken sah, redete er ihm freundlich zu und fragte ihn, was er hier mache.

»Ja, ich muß hier Moosbeere klauben, den ganzen Korb voll«, erwiderte stotternd der Knabe, »und wenn er nicht voll wird, bekomme ich Schläge, denn die Mutter ist gar so herb mit mir.« – »Sei getröstet«, sprach das Männlein und fing an, Moosbeere zu pflücken, daß der Korb im Augenblicke voll war. Dann gab er dem Knaben ein Schächtelchen mit den Worten: »Du bist ein braver Bub; bleibe so und es soll dir nichts Übles zustoßen. Nimm das Schächtelchen, doch öffne es erst in der größten Not, wenn du sonst keinen Ausweg mehr siehst, und es wird dir geholfen werden.«

Der Knabe versprach es dem alten Männlein, griff freudig nach dem Schächtelchen und dankte dafür, wie brave Kinder es tun. Kaum war dies geschehen, so war das Waldmännlein auch verschwunden. Der arme Bursche steckte das Schächtelchen behutsam ein, nahm den vollen Korb auf den Rücken und wanderte froher als je seiner väterlichen Hütte zu, denn er hatte ja einen Helfer in seiner Tasche. Als er müde und vom Schweiße triefend heimkam, stand seine böse Stiefmutter schon auf der Türschwelle und wollte ihn mit Scheltworten empfangen. Wie sie aber den vollen Korb sah, bekam sie Respekt vor dem Buben und machte zum sauren Spiele ein süßes Gesicht. Seit diesem Tage quälte sie den Knaben nicht mehr so sehr und gab ihm oft freundliche Worte. In der Tat haßte sie das arme Kind doch wie früher und wartete nur auf eine günstige Gelegenheit, sich seiner loszuschlagen. Der Knabe hatte nun glückliche Tage und sah wohl oft, wenn er allein war, das Schächtelchen an, öffnete es aber nie, denn er hatte dieses ja dem Männchen versprochen, und Hilfe war ihm auch gerade nicht nötig. So ging es einige Wochen. Da kam einmal ein unbekannter Mann ins Dorf, und dieser hatte ein gar wunderliches Pfeiflein. Wenn er damit pfiff, mußten ihm alle Kinder, die nicht gesegnet waren, nachlaufen, und niemand konnte sie mehr von dem geheimnisvollen Pfeifer befreien. Wie der Hansl das Pfeiflein hörte, schoß es ihm auch in die Füße, daß er mitlaufen mußte, denn die böse Mutter hatte ihn absichtlich nie gesegnet. Der Mann ging pfeifend voraus, ein großer, großer Haufen ungesegneter Kinder folgte ihm. Der Zug ging durch das Dorf dem Walde zu, wo ein kahler, grauer Berg aufragte. Als sie bei diesem angekommen waren, tat der Mann einen lauten Pfiff, und der hohle Berg öffnete sich. Die armen Kinder mußten in den finstern Schacht hinein, und hinter ihnen schloß sich polternd die Öffnung des Felsens. Da hättest du die armen Kinder sehen sollen! – Von aller Welt verlassen, befanden sie sich im stockfinstern Berggewölbe, wohin nie ein Sonnenstrahl drang, und wußten nicht, was mit ihnen geschehen werde. Sie weinten und jammerten, daß es ein steinernes Herz hätte rühren mögen; doch alles war umsonst.

So ging es drei Tage und drei Nächte, und Hansl weinte und klagte mit den übrigen Kindern. Am vierten Tage fiel ihm endlich ein, daß er ja das Schächtelchen noch ungeöffnet bei sich habe und daß ihm dieses vielleicht helfen könnte. Gedacht, getan! – Mit der größten Vorsicht nahm er das Geschenk des Zwergleins aus seinem Sacke und öffnete es behutsam. Wie fühlte er sich aber in seinen Erwartungen getäuscht, als er bemerkte, daß ein ganz gewöhnlicher Stinkkäfer aus demselben hervorkroch, der endlich summend und brummend aufflog und bald da, bald dort surrend anprallte. So war er längere Zeit herumgesurrt, als er sich auf den Boden niederließ, die Erde aufwühlte und endlich ein kleines, kleines Schlüsselein fand, das er dem Hansl brachte. Dieser war darüber nicht wenig erfreut, nahm das Schlüsselchen und tastete an allen Ecken und Wänden herum, um ein Schlüsselloch zu finden. Er hatte wohl schon lange herumgesucht, als er endlich ein kleinwinziges Schlößlein fand, in das der Schlüssel gerade paßte. Er steckte ihn an, rieb ihn um, und es sprang eine bisher nicht bemerkte Pforte auf. Welche Freude hatten da die armen Kinder, als das goldene Tageslicht in den hohlen Berg fiel und sie einen Ausgang sahen. Froh und munter eilten sie der Türe zu und in das Freie. Da war aber eine ihnen ganz unbekannte Gegend, die sich durch Schönheit und Anmut auszeichnete, fette Wiesen und kühle Wäldchen mit riesigen Eichen und Buchen, und zwischendurch rieselten und murmelten spiegelklare Bächlein.

Die schönsten Blumen hoben ihre bunten, duftenden Kelche empor und die prachtvollsten Schmetterlinge flatterten durch die laue, würzige Luft. Die Kinder kannten nun kein Ende der Freude, und das eine lief dahin, das andere dorthin. Hansl, der seinen Stinkkäfer wieder in das Schächtelchen gesteckt hatte, ging allein auf einem Steige, der sich durch ein Wäldchen schlängelte, fort und dachte nach, was er nun anfangen sollte, denn er hatte gar wenig Lust, wieder nach Hause zurückzukehren. Als er eine gute Strecke gegangen war, sah er plötzlich ein großes, prächtiges Schloß vor sich stehen. Es ragte mit seinen hohen Türmen und Zinnen hoch über die riesigen Bäume empor, die es umgaben. Um das Gebäude zog sich ein herrlicher Garten mit grünen, stolzen Bäumen, glühenden Blumen und rauschenden Springbrunnen. Hansl konnte sich lange nicht an all dieser Pracht und Herrlichkeit satt sehen. Als er alles lange Zeit angegafft hatte, dachte er sich: ›Ich muß doch schauen, wie es drinnen ausschaut‹. Er suchte nun einen Eingang, aber all sein Suchen war vergebens, denn nirgends fand er eine Türe oder ein Gitter. Er ging noch einmal um das Schloß herum und konnte gar nicht begreifen, wie man ein Haus ohne Aus- und Eingang bauen konnte. Wie er so dastand und schaute, hörte er plötzlich eine Stimme rufen: »Wenn du den Schlüssel findest, gehört dir Schloß und Hof.«

Da war der Junge nicht verlegen und nahm zu seinem Schächtelchen die Zuflucht. Der Käfer wurde losgelassen, und das kluge Tierchen flog und surrte herum, bis es sich endlich auf dem Boden niederließ, die Erde aufgrub und dort einen goldenen Schlüssel fand. Hansl war über diesen Fund nicht wenig erfreut und suchte nun am Turme hin und her, bis er das Schlüsselloch sah. Da steckte er lustig den Schlüssel an, rieb ihn um, und in einem Nu war das Tor offen. Da hättest du dabei sein und alle die Pracht und Herrlichkeit im Schlosse sehen sollen. Und da gab's einen Jubel und eine Freude, daß dem Hansl Sehen und Hören darob verging. Als er so dastand und vor Staunen nicht zu sich kommen konnte, kam ein alter König auf ihn zu, und dieser führte eine wunderschöne Prinzeß an seiner Hand. Der alte König umarmte den Hansl und dankte ihm für seine Erlösung und die seiner Tochter und seiner Leute. Dann bot er ihm seine Tochter zur Frau und das reiche Königreich zur Erbschaft an. Da besann sich Hansl nicht lange, ging den Handel ein, und es wurde noch an demselben Tage Hochzeit gehalten. Der König war aber kein anderer als der Stinkkäfer, in den er von einer bösen Hexe verwandelt worden war.

Der Ziegenhirt

Es war einmal ein armer Holzhacker, der lebte sehr sparsam mit seinem Weibe und seinem Kinde, denn nur mit der größten Anstrengung konnte er sich und den Seinigen den nötigsten Lebensunterhalt verschaffen. Als er aber starb, härmte sich das Weib so ab, daß sie ihm bald nachfolgte und Hiesl, so hieß das Kind, ganz einsam und verlassen dastand. Nachdem es zwei Tage und zwei Nächte bei dem Grabe seiner Eltern geweint, machte es sich auf, um aus dem Walde zu kommen, den es früher noch nie verlassen hatte, und wollte durch Handarbeit sich das Notwendigste verdienen.

Da kam Hiesl an eine breite Straße, auf welcher er getrost weiterging, und gelangte nach langem Wandern in eine große, schön gebaute Königsstadt. Hier fragte er fast in jedem Hause, ob er nicht Arbeit bekommen könne, er verlange nichts als die notwendige Nahrung, aber überall wies man den zerlumpten, furchtsamen Knaben ab, so daß er traurig und hungrig jede Hoffnung aufgab, sich in einem abgelegenen Winkel verbarg und nach Herzenslust weinte.

Nachdem er so die ganze Nacht mit Weinen zugebracht, raffte er sich am Morgen auf, um zum letzten Male zu versuchen, ob er nicht Arbeit bekommen könnte. Er ging auf ein großes schönes Haus zu, worin der König wohnte, und fragte nach Arbeit. »Ja«, sagte man zu ihm, »wenn du die Ziegen hüten willst, so kannst du schon bleiben, sonst braucht man dich nicht.« Hiesl ging freudig den Vorschlag ein.

Als der König erfuhr, daß sich ein Ziegenhirt gemeldet, so war er herzlich froh, denn er glaubte nicht, daß noch einer kommen würde, da schon so viele ihr Leben mit dem Hüten eingebüßt hatten. Er ließ deshalb den Knaben zu sich rufen und sprach zu ihm: »Wenn du fleißig dein Geschäft verrichtest, so bekommst du eine neue Kleidung, gute Nahrung und am Ende eines jeden Jahres einen großen Lohn. Aber merke wohl, was ich dir sage. Die Ziegen mußt du auf den Berg bei der Stadt treiben, wo das prächtige Schloß steht. Um das Schloß herum befinden sich schöne Gärten, Felder und Wiesen, die nur mit einem schwachen Zaune vom Walde getrennt sind, wo du die Ziegen hüten mußt. Diese darfst du aber nicht in die fetten Felder und Wiesen hinein und darauf weiden lassen; wann dieses geschehen sollte, wird der Herr des Schlosses, ein furchtbarer Riese, erscheinen und dich in viele Stücke zerreißen. Dieser beobachtet dich immer, nur eine kurze Zeit des Morgens ausgenommen, wann er schläft.« Nach diesen Worten entließ der König den Knaben.

Dieser, froh, einen Dienst erhalten zu haben, sprang sogleich in den Ziegenstall, um sich mit seinen Pflegebefohlenen vertraut zu machen. Er blieb den ganzen Tag bei ihnen, ja er schlief sogar im Stalle, eine solche Freude hatte er an diesen Tierlein, und so gerne hörte er ihr Meckern.

Morgens stand er in aller Frühe auf und trieb seine Herde froh und munter den Berg hinan, die nötigen Lebensmittel trug er in der Tasche. Vor dem Riesen hatte er keine Furcht, denn er nahm sich vor, die Ziegen weit vom

Schlosse weg in den Wald hinein zu treiben. Als er aber oben ankam, liefen alle zum Schlosse hin, denn sie kannten die fetten Wiesen zu gut, so daß Hiesl den ganzen Tag in einem Atem laufen mußte, um ihnen zu wehren. Den Riesen sah er aber nicht.

Als er seine Herde nach Hause getrieben, lobte ihn der König sehr, daß er so brav gewesen, und gab ihm einen großen Taler.

Die ganze Nacht hindurch kam aber dem Hiesl das Schloß samt dem Riesen nicht mehr aus dem Kopfe; er wollte, er mußte alles sehen. Deshalb trieb er am andern Tage in aller Frühe seine Ziegen auf den Berg, überließ sie ihrem Schicksal und schlich ganz heimlich ins Schloß. Aber wie erstaunte er über die Pracht und Herrlichkeit, die er im Schlosse fand, wo Tür und Tor ihm offenstanden. Sein Auge wurde geblendet vom Schimmer des Goldes, des Silbers und dem Glanze der Edelsteine, die haufenweise dalagen, sowie von den blanken Rüstungen, die an den Wänden herumhingen. Er ging von einem Saal in den andern und fand endlich in einem den Riesen, auf einem Bette dahingestreckt, im tiefen Schlafe; neben ihm befand sich seine herrliche Rüstung. Hiesl erschrak anfangs über das Ungeheuer mit seinem furchtbaren Gesichte; besann sich aber nicht lange, sondern ergriff mit beiden Händen des Riesen Schwert und hieb ihm den Kopf ab.

Kaum hatte er diese Arbeit vollbracht, so stand ein kleines Männlein vor ihm, verneigte sich tief, begrüßte ihn als den Herrn des Schlosses samt allem, was darin und darum, und fragte, was er befehle. »Jetzt will ich was Ordentliches zu essen und trinken«, war die Antwort.

Kaum hatte Hiesl das gesagt, so verschwand das Männlein, kehrte aber bald mit Speise und Trank zurück.

»Während ich mich hier nun sättige«, sprach Hiesl, »so sieh dich um meine Ziegen um, treib sie in die Schloßfelder herein und gib auch wohl acht darauf.« Aber nicht bloß während des Essens und Trinkens mußte das Männlein die Ziegen hüten, sondern auch noch so lange, als Hiesl das Schloß besichtigte. Spätabends löste er erst das Männlein ab, das zu ihm sagte: »Wenn du meiner bedarfst, so stampfe nur in dem Zimmer, wo du den Riesen getötet, mit dem Fuße dreimal auf dem Boden, und ich werde alsogleich zu Diensten stehen.« Darauf verschwand es.

Lustig und munter trieb Hiesl seine Herde nach Hause; doch war er klug genug, von seinem Abenteuer nichts auszuschwätzen.

Täglich trieb er seine Herde auf den Berg, ging in sein Schloß, stampfte mit dem Fuße dreimal auf den Boden, das Männlein mußte ihm das Essen und Trinken bringen und während des Tages die Ziegen hüten. Und so trieb er es längere Zeit fort; die Ziegen wurden fett, gaben sehr reichlich Milch, und der König war dem Hirten, der unterdessen bei guter Kost zu einem schönen, starken Jünglinge herangewachsen, wegen seines Diensteifers sehr gewogen.

Der König hatte eine wunderschöne Tochter, um deren Hand sich viele, aber immer umsonst, beworben hatten, denn sie war dem schönen Hirten in Liebe zugetan und hätte niemanden lieber geheiratet als ihn, wann er nur von besserer Abkunft gewesen wäre. Weil sie deshalb keine Hoffnung hatte, ihren Wunsch je erfüllen zu können, verschmähte sie jeden Freier. Da jedoch der König einen Nachfolger wünschte, so schrieb er ein großes Turnier aus, und derjenige Ritter, der drei Tage nacheinander die übrigen Bewerber aus dem Sattel heben würde, der sollte mit der Hand der Tochter auch den Thron nach des Königs Tod erhalten.

Alle Anstalten dazu wurden aufs beste getroffen, und mit Freude sah man allenthalben diesem Feste entgegen, nur die Königstochter war trauriger und in sich gekehrter als jemals.

Am Tage des Turniers, während der König mit seiner Tochter, den Rittern und Großen des Reiches nach dem Kampfplatze zog, trieb Hiesl, scheinbar ganz unbekümmert um alles, was vorging, seine Herde auf den Berg, trat aber schnell ins Schloß und forderte vom dienstbeflissenen Männlein, ihm alsogleich einen Schimmel und eine stahlblaue, kostbare Rüstung zu bringen. Wie befohlen, so geschah es. Das Männlein brachte die verlangte Rüstung samt Helm mit wallendem Federbusche, ein Schwert und eine große Turnierlanze; im Hofe stand ein mutiger Schimmel, kostbar geschirrt.

Hiesl rüstete sich mit Hilfe des Männchens und schwang sich auf den Schimmel, jagte den Berg hinab und erschien zum Erstaunen aller, spät und ganz unbekannt, auf dem Platze. Auf der entgegengesetzten Seite stand der bisherige Sieger, den der Hiesl zum Kampfe forderte. Dann legte er die Lanze ein, sprengte gegen ihn und warf ihn aus dem Sattel weithin in den Sand und sprengte unter allgemeinem Beifall durch die Stadt dem Schlosse zu. Er war schon aller Augen entschwunden, bevor man vor Verwunderung sich zu sammeln imstande war. Alles Nachforschen nach dem unbekannten Ritter war vergebens; denn dieser trieb spätabends in seiner gewöhnlichen Kleidung die Herde nach Hause.

Am zweiten Tage begann wieder das Turnier; Hiesl trieb wieder die Herde den Berg hinan und forderte eine silberne Rüstung samt einem Rappen, sprengte den Berg hinab in die Mitte des Kampfplatzes, warf den Sieger des Tages aus dem Sattel und jagte auf und davon, ohne von den Reitern eingeholt zu werden, die der König deshalb aufgestellt hatte. Auf Umwegen gelangte er ins Schloß.

Noch größer war an diesem Tag die Verwunderung des Königs, aber auch die Betrübnis desselben; die Tochter hingegen freute sich, weil sie dadurch der lästigen Freier loszuwerden hoffte. Am dritten und letzten Tage erschien Hiesl in einer goldenen Rüstung auf einem braunen Pferde. Auch diesmal stach er den Sieger des Tages aus dem Sattel, ward aber von ihm an der Wade verwundet.

Auch diesmal war das Verfolgen umsonst; er kam auf Umwegen und ungesehen ins Schloß. Als er aber seine Herden nach Hause trieb, hinkte er wegen der Wunde.

Der König erblickte ihn und ließ ihn zu sich rufen. »Was ist dir begegnet, daß du so hinkest«, fragte der König freundlich. Hiesl wollte mit der Sprache nicht heraus; aber durch die Bitten der Tochter wurde er endlich bewogen, daß er sein Abenteuer mit dem Riesen und die Vorfälle beim Turnier erzählte. Voll Freude fiel ihm die Königstochter um den Hals, denn jetzt war ja ihr Bräutigam derjenige, nach dem sie sich so herzlich gesehnt hatte. Aber auch der König war voll Freude über einen so stattlichen Eidam. Unter frohen Festen, bei Musik und Tanz wurde die Hochzeit vollzogen. Lange noch lebte der König, und nach ihm herrschte viele Jahre der Ziegenhirt, geehrt von allen und bei seinem Tode tief betrauert.

Die Schlange

Vor alter Zeit, da noch das Schloß auf dem Hügel droben stand, lebte in demselben ein Graf mit seiner Hausfrau. Sie hatten Güter in Hülle und hätten das glücklichste Paar sein können, wenn ihnen nicht ein Kind und der häusliche Friede gefehlt hätten. Vom frühesten Morgen bis spät abends zankten und haderten Graf und Gräfin, und er hieß seine Frau nie anders als die hale Schlange. So war es viele lange Jahre gegangen, und der Graf war noch schlimmer als je, als seine Frau endlich wider Erwarten in die Hoffnung kam. Da war der schlimme Herr freundlicher und freute sich ob des künftigen Erben.

So ging es viele Wochen lang fort, und man meinte, es sei der Friede für immer in das Schloß eingekehrt, als es schlimmer wurde als je; denn die Gräfin wurde, als die Wochen vorüber waren, einer Schlange entbunden. Als sich der Graf in seiner süßen Hoffnung so bitter getäuscht sah, war er erboster als jemals. Er tobte und wütete wie ein wildes Vieh, schalt seine Frau eine böse Hexe, die mit dem Teufel im Bunde stehe, und wollte die Schlange ohne weiteres töten. Da bat die Gräfin so lange und so innig, daß er ihr Kind am Leben lasse, damit sie wenigstens sehe, was daraus werde, bis er endlich nachgab und die Schlange nicht tötete. Er blieb aber seitdem immer böse und kümmerte sich weder um Weib noch um Kind und ging seine Wege. Die Gräfin hatte aber die Schlange so lieb, als ob es der schönste Knabe wäre und stand Tag und Nacht an der Wiege. Der Wurm aber wuchs und wuchs, und die Gräfin hatte ihn noch lieber und pflegte ihn als ihr eigen Kind. So ging es zwanzig Jahre hindurch, und die Schlange war noch nie aus ihrer Kammer gekommen. Als sie zwanzig Jahre alt geworden und die Gräfin eines Abends bei ihr in der Kammer saß, öffnete die Schlange plötzlich ihr Maul und fing zu sprechen an.

»Liebe Frau Mutter!« sprach sie, »ich bin nun zwanzig Jahre alt und möchte heiraten; deshalb bitte ich Euch, das Ihr mir um eine Braut umsehet.« Die Gräfin war nicht wenig erstaunt, als sie ihr Kind sprechen hörte, und noch mehr über das, was es gesprochen. Sie versprach ihm, seinen Wunsch zu erfüllen, und suchte für ihre Schlange eine Braut. Allein das war ein schweres Kuppeln, denn es mochte eine Dirne noch so heiratszerrüttet sein, so wollte sie von einer solchen Versorgung nichts wissen. Die Schlange wiederholte tagtäglich ihre Bitte, und die Gräfin sah sich immer ängstlicher um eine Braut für ihr Kind um, konnte aber keine auftreiben. Da kam ihr das Hennenmädl, das ein gar liebes, folgsames Kind war, in den Sinn, und sie dachte, dieses werde gewiß darauf eingehen und es für ein Glück schätzen, wenn sie Frau Gräfin werden könne. Da hatte sich aber die Frau Mutter verrechnet, denn das Hennenmädl wollte, als ihr der Antrag gestellt wurde, ganz und gar nichts davon wissen. Das Mädchen meinte, es werde, wenn es brav sei, wohl auch sonst durch die Welt kommen, und es könnte die Schlange doch nicht gerne haben. Es wolle lieber ein armes Hennenmädl bleiben und schwarzes Brot essen, als an der Seite eines so unheimlichen Tieres das reichste Leben führen. Wie die Gräfin dieses hörte, ward sie böse auf das arme Mädchen und sprach: »Wenn du dein Glück verschmähest, werde ich schon eine andere finden.« Das hatte aber seine Zeit, und die Gräfin mußte überall, wo sie für ihr Kind warb, mit langer Nase abziehen. Als sie dies sah, wandte sie sich wieder an das liebe, fromme Hennenmädl und gab ihm viele schöne, süße Worte. »Sei doch nicht so dumm und steh nicht selbst deinem Glück im Wege«, redete sie ihr zu. »Wenn du mein Kind heiratest, wirst du Gräfin und bist für dein Lebetag aufgehoben. Was hast du denn, wenn du so bleibst, für Aussichten. Du mußt die Hennen füttern und bleibst die geringste Dirne, während dir, wenn du meinem Rate folgest, Ehre und Reichtum lachen.« So lag ihr die Gräfin an und sprach ihr zu, daß es dem armen Kinde im Kopfe wie ein Mühlrad hin- und herging und es nicht wußte, was es tun sollte. Die Gräfin drang, wie sie die Ratlosigkeit des Mädels sah, noch heftiger ein, bis das Kind endlich, um der Gnädigen loszuwerden und sich sammeln zu können, drei Tage Zeit verlangte, um sich darüber zu besinnen. Die Gräfin war damit zufrieden und verließ das Kind.

Am folgenden Tage kam sie aber schon wieder und fragte um den Entschluß und sprach dem Mädchen zu. So machte sie es auch am zweiten. Da wußte sich das Kind nicht zu helfen und dachte: ›Wenn mir der Himmel nicht guten Rat gibt, weiß ich nicht, was zu tun ist. Wenn ich die Schlange nicht heirate, dann habe ich keine Ruhe mehr, denn die Frau ist gar so mühlig; und sie zu heiraten habe ich auch keine Lust.‹ In diesen Zweifeln ging es hinauf in den Gang des Schlosses, wo in einer Ecke ein gar schönes Muttergottesbild stand. Das fromme Mädchen hatte dazu eine besondere Andacht und hatte in verschiedenen Anliegen schon oft Erleichterung dabei gefunden.

Sooft es daran vorbeiging, sprach es deshalb ein Ave Maria, und dann fühlte es sich besser und wohler. Es kniete sich diesmal vor der Muttergottes nieder und betete recht andächtig um Rat, was in diesem Falle zu tun sei. Als das Mädchen schon lange gebetet hatte und es meinte, es müßte die Muttergottes Ja winken oder Nein schütteln, fing das wunderbare Bild auf einmal zu sprechen an und sagte: »Dein Gebet ist erhört; heirate der Gräfin Kind, denn du bist berufen, es zu erlösen. Es ist wegen des sündhaften Lebens seiner Eltern zwar eine Schlange, du kannst ihm aber die menschliche Gestalt geben. So höre denn! Wenn du in der Hochzeitsnacht bei der Schlange allein in der Brautkammer sein wirst, wird sie sagen: ›Zieh dich aus!‹ Da mußt du erwidern: ›Zieh du dich zuerst aus‹, und die Schlange wird einmal sich häuten. Dann wird sie wieder sagen: ›Zieh dich aus‹, und dann mußt du wieder entgegnen: ›Zieh du dich zuerst aus.‹ Die Schlange wird sich dann wieder häuten. So muß es sieben Male geschehen, und wenn du zum siebenten Male gesagt haben wirst: ›zieh du dich zuerst aus‹, wird die Schlange die siebente Haut abstreifen, und der Grafensohn wird erlöst sein und als schöner Jüngling vor dir stehen.«

Das Bild hatte es gesprochen und verstummte. Ein Stein war vom Herzen des bedrängten Mädchens genommen, und es fühlte sich nun leicht und beruhigt. Es dankte dem Himmel für seine Hilfe und ging dann zur Gräfin und sagte ihr, daß es die Schlange heiraten wolle. Da war diese hocherfreut und nannte das Hennenmädchen ihre liebe Tochter und koste es; dann ging sie mit ihm zu ihrem Kinde und führte ihm die Braut vor. Weil aber die Gräfin fürchtete, es könnte das Mädchen seinen Sinn wieder ändern, wollte sie am nämlichen Tage noch das Paar getraut sehen. Sie hieß deshalb die Braut sich festlich putzen und gab ihr Schmuck und Kleider. Als diese sich gewaschen, gekleidet und geschmückt hatte und wieder in das Zimmer getreten war, ließ die Gräfin den Capellan holen, der das Paar traute. Da war die Gräfin froher Dinge und wünschte dem Brautpaar Glück. Die Schlange zeigte sich auch munter, und die Braut liebkoste sie, daß man sich darüber wundern mußte. Indessen war es Abend geworden, und am Himmel zogen die Sterne herauf. Da nahm die Gräfin von ihren Kindern Abschied und ließ sie allein.

Als die Schlange sich mit ihrer Braut allein im Zimmer sah, sprach sie: »Zieh dich aus.« Da erwiderte die Braut: »Zieh du dich zuerst aus.« Die Schlange schien über diese Antwort froh zu sein und schälte sich alsogleich eine Haut ab. Dann sprach sie wieder: »Zieh dich aus.« Die Braut entgegnete: »Zieh du dich zuerst aus«, und die Schlange zog wieder eine Haut aus. Dann sprach sie wieder: »Zieh dich aus«; die Braut antwortete aber wieder wie die zwei ersten Male. So geschah es siebenmal, und als die Braut zum siebenten Male gesprochen hatte: ›Zieh du dich zuerst aus‹, da zog die Schlange die siebente und letzte Haut ab, und siehe – anstatt der Schlange stand ein so wunderschöner Jüngling vor ihr, daß sie nie einen schönern Ritter gesehen hatte. Er flog auf sie zu, umarmte und herzte sie und nannte sie seine liebe, liebe Braut und seine Erlöserin. Dann bestiegen sie das hohe Brautbett und schliefen gar selig, bis der Morgen graute und es im Schloßhofe laut wurde.

Als der Tag angebrochen war und das schöne Paar aus der Kammer trat, stand die Gräfin schon an der Türe, denn es wunderte sie sehr, wie die Brautnacht vorübergegangen sei. Wie groß war da ihr Staunen, als sie anstatt der häßlichen Schlange den schönsten Mann sah! Sie konnte anfangs fast nicht ihren Augen trauen. Als der schöne Ritter aber sie Mutter nannte und ihre Hand küßte, da sah sie ein, daß er wirklich ihr umgewandelter Sohn sei und kannte keine Grenzen der Freude.

Es wurde nun die Hochzeit gefeiert, bei der es so laut

und lustig zuging wie im ewigen Leben. – Doch dauerte das Glück nicht immer. Wenn die alte Gräfin ihren Sohn betrachtete und sah, wie schön er war, da schien ihr, er sei für das Hennenmädel schade, und sie beneidete ihre Schwiegertochter um ihren Mann. Sie wurde immer verstimmter und neidischer, so daß sie ihrem Sohne zuredete, er solle seine Gemahlin verstoßen. Der junge Graf aber, der seine Frau zärtlich liebte, hatte keine Ohren für die Ratschläge seiner Mutter und blieb seiner Frau treu. Als die alte Gräfin ihm wieder anlag und ihn durchaus bewegen wollte, seine Frau zu verstoßen, sprach er: »Meiner Gattin verdanke ich meine Erlösung, und deshalb werde ich ihr immer dankbar und treu bleiben.«

Seit dieser Rede sah die Gräfin ein, daß ihre Ratschläge umsonst seien und machte zu dem übeln Spiele ein gutes Gesicht. Das junge Ehepaar lebte noch lange, lange Zeit recht glücklich.

Der Wurm

Es war einmal ein Jäger, der hatte ein Weib und viele Kinder, aber dabei eine sparsame Schüssel. Die Wirtschaft machte ihm gar viele Sorgen, und er hätte gern alles selbst getan, was es von Männerarbeit in und außer dem Hause zu tun gab; allein er machte es doch nicht recht und mußte bei seinem schmalen Einkommen auch noch einen Knecht halten. Mit der Jägerei ging es ihm wie es jedem geht, heute bekam er etwas, morgen wieder nichts, und wenn er sich den ganzen Tag müde gelaufen hatte, so konnte er oft abends mit leerer Tasche heimgehen.

Nicht weit von seinem Hause war ein großmächtiger Berg, und auf diesem jagte er am öftesten und am liebsten, weil er da doch am leichtesten ein Wild zu sehen bekam. Da sah er einmal, als er in diesem Berg jagte, ober dem

Fußsteige einen Menschen liegen. Der Hund sprang hinzu, rannte mit lautem Bellen um den Liegenden herum und tat so wild, als ob er ihn zerreißen wollte. Der Jäger hatte genug zu tun, ihn zurückzuhalten, es kam ihm aber ganz sonderbar vor, daß der Hund, der sonst niemandem etwas zuleide tat, mit solcher Wut über diesen Menschen herfalle. Während der Hund um ihn herumbellte, erhob sich der Liegende ein wenig und sagte zum Jäger: »Sei doch so gut und gib mir diesen Hund zu kaufen.« – »Nein«, sprach der Jäger, »diesen Hund brauche ich selbst und kann ihn dir nicht geben. Ich habe aber noch einen zu Hause, den kannst du bekommen, wenn es dir um einen Hund gerade zu tun ist.« – »Ist schon recht«, sagte der Liegende, »gib mir nur den andern zu kaufen. Aber morgen gerade um diese Zeit mußt du ihn hierherbringen, dann wollen wir den Handel schließen. Hast du gehört, gerade um diese Zeit.«

Der Jäger gab sein Wort darauf, ging dann mit seinem Hunde davon und jagte noch eine Weile durch den Berg herum. Weil er aber gar nichts bekam, so ließ er das Herumlaufen gut sein und machte sich auf den Heimweg. Als er nach Hause kam, ging er vor allem sein Weib zu grüßen und erzählte ihr, daß er den Hund, den er doch nie auf die Jagd mitnehme, verschachert habe. Die Jägerin war froh darüber und sagte: »Hättest ihm den andern schon auch lassen können; wir geben unser Brot gescheiter den Kindern zu essen, als daß wir damit die Hunde füttern.«

Am andern Tage, als es gegen die bestimmte Zeit ging, sagte der Jäger: »Ich muß jetzt mit dem Hunde hinausgehen, sonst könnte der Mensch nicht warten, und mit dem Handel wäre es nichts.« Er lockte den Hund, den er dem Mensch versprochen hatte, und wollte gehen. Da lief sein dreizehnjähriges Töchterlein herbei und schrie: »O Vater, laßt mich auch mitgehen.« – »Aber warum willst du denn gerad heute mitgehen?« fragte der Jäger. Das Mädchen wußte darauf keine Antwort zu geben, hörte aber nicht auf zu bitten, daß es mitgehen dürfe. Inzwischen kam auch die Jägerin herbei und half dem Mädchen, so daß der Vater endlich einwilligte und es mitgehen ließ.

Sie gingen nun hinaus in den Berg und kamen zu dem Steig, an welchem der Mensch gestern gelegen war. Heut lag aber dort ein unbändiger Wurm, so daß dem Jäger bang wurde und er sich gleich dachte, mit dem Menschen, den gestern der Hund angebellt hatte, sei es nicht richtig gewesen. Er nahm sein Töchterlein an der Hand und sagte: »Geh, wir wollen umkehren. Mir ist schon gestern bei dem Menschen nichts Rechtes vorgegangen, und heute liegt gar anstatt seiner ein Wurm da.« Das Mädchen fürchtete sich auch, reichte ihm gerne die Hand, und sie wollten gehen.

Da regte sich der Drache, schoß auf das Mädchen los, umschlang es mit dem Schweife und fuhr damit durch den Berg hinein. Der Jäger war völlig starr geworden vor Schreck und schaute dem Ungetüm nach. Jetzt reute es ihn, daß er keine Büchse mitgenommen hatte, denn wäre er bewaffnet gewesen, so hätte er dem Drachen wohl doch was Gesalzenes auf die Haut gebrannt. Das bloße Nachschauen half aber nichts, und er mußte sich endlich entschließen, nach Hause zu gehen und die traurige Botschaft zu bringen. Als er heimkam und mit verstörtem Gesichte seinem Weibe begegnete, fragte diese sogleich: »Wo hast du denn das Mädel gelassen, daß du es nicht mitbringst?« Da kamen dem Jäger die Tränen in die Augen, und er erzählte weinend, was ihm begegnet sei. Als die Jägerin das hörte, erschrak sie über und über, jammerte Haus ein und Haus aus und sagte gerade in einem fort: »Wir haben das Kind viel zu wenig gesegnet, sonst hätte es ihm so übel nicht gehen können.« Am andern Tage ging der Jäger wieder hinaus in den Berg, durchstreifte ihn den ganzen Tag der Länge und Höhe nach und meinte, er müsse eine Spur seines Kindes entdecken. Allein er fand nicht einmal ein Stücklein Gewand und mußte abends unverrichteter Dinge wieder heimgehen. Allein er ließ sich nicht abschrecken, sondern ging noch oft und oft hinaus, suchte alle Winkel und Löcher durch und dachte auch beim Schießen immer an seine Tochter. Aber kein Suchen wollte etwas helfen, und es vergingen sieben Jahre, ohne daß er nur die mindeste Spur des Mädchens entdeckt hätte.

Nach sieben Jahren trug es sich zu, daß der Jäger mit seinem Knechte in den Berg jagen ging. Da sahen sie gar ein schönes Wild vorüberrennen, setzten ihm nach und meinten, es bald zu bekommen. Das Wild aber war immer gerade so weit von ihnen, daß sie nicht zu Schuß kamen, verlor sich aber nie ganz aus ihren Augen. Sie meinten, das Wild müßten sie heute noch kriegen, und möchte es gehn wie es wollte. So liefen sie ihm lange Zeit vergebens nach und merkten nicht, daß es schon anfing zu dämmern. Erst als es völlig Nacht war, hielten sie nun und es sagte der Jäger zum Knecht: »Jetzt haben wir uns schön verspätet, es ist schon Nacht, und wir kommen nimmer heim.« – »Das ist mir eins«, sagte der Knecht, »es ist ja nicht kalt, und wir können auf dem Boden hier ebensogut schlafen wie daheim im Bette.« – »Nein«, sprach der Jäger, »auf dem Boden hier liege ich nicht. Ist es ja gerade heute sieben Jahr, daß der Wurm mein Töchterlein vertragen hat, und wenn wir da auf dem Boden lägen, so könnte es uns wohl auch passieren, daß ein Wurm oder sonst eine Bestie über uns herfiele und uns zerrisse.« – »Wart ein bißchen«, erwiderte der Knecht, »ich will da auf einen Baum hinaufsteigen und herumschauen, ob gar kein Haus in der Nähe ist.« Da lachte ihn der Jäger aus und sagte: »Jawohl, ein Haus in der Nähe! Kenn ich ja den ganzen Berg von oben bis unten und weiß ganz gewiß, daß hier herum kein Haus ist.« Der Knecht ließ sich aber nicht abhalten, stieg auf den Baum und schaute herum. »Siehst du«, rief er auf einmal, »gerade ein bißchen ober uns sehe ich ein Licht, da oben ist gewiß ein Haus, wo wir über Nacht bleiben können.« Dem Jäger kam das sonderbar vor, weil er nur gar zu gut wußte, daß in dieser Gegend weitum keine menschliche Seele ihre

Wohnung habe. Der Knecht stieg schleunig vom Baume
herab und sagte: »Jetzt wollen wir hinaufgehen zu dem
Lichte und schauen, ob uns die Leute droben ein Obdach
geben.« Der Jäger hatte keine Schneide mitzugehen, weil
aber der Knecht nicht nachgab und ihn auslachte, so entschloß er sich endlich, und sie stiegen beide den Berg hinauf. Sie waren kurze Zeit gegangen, da funkelte das Licht
ganz hell zwischen die Äste durch, und der Jäger sah jetzt
wohl, daß der Knecht richtig gesehen habe. Allein es wurde
ihm nur desto banger, weil er gewiß wußte, daß hier sonst
niemals ein Haus stand, und seine Angst wurde noch größer, als sie einige Schritte vorwärts gegangen waren und ein
herrliches Schloß vor ihnen stand, aus welchem ihnen das
Licht entgegenstrahlte. Der Knecht blieb stehen und sagte:
»Jetzt siehst du, wer von uns beiden recht gehabt hat. Das
hab ich mir gleich gedacht, wenn ein Licht im Berge ist, so
ist ein Haus auch dabei. Wir wollen nun hinaufgehen und
die Leute um Unterkunft bitten.« Der Jäger riet ihm ab
und sprach: »An diesem Platz bin ich oft und vielmal gewesen, aber da ist sein Lebtag nie ein Schloß gestanden.
Glaube du mir, das ist nichts Rechtes. Wir wollen lieber
umkehren und auf einem Baume übernachten.« Der
Knecht ließ sich nicht abhalten und sagte, er wolle einmal
hineingehen, und sei es, was es wolle. ›Dann muß ich halt
auch mitgehen‹, dachte sich der Jäger und stieg mit dem
Knecht zur Türe hinauf. Sie gingen hinein, der Knecht
couragiert voraus, der Jäger verzagt hintennach. Da kam
ihnen eine wunderschöne Jungfrau entgegen und fragte sie,
was sie wollten. Der Knecht nahm das Wort und sagte:
»Wir sind im Walde benachtet und kommen nimmer nach
Hause. Dürften wir nicht um eine Nachtherberge bitten?« – »O ja«, erwiderte die Jungfrau, »über Nacht bleiben könnt ihr genug, aber nur eins sage ich euch: Ihr dürft
euch weder grausen noch fürchten.« – »Wenn es nichts
weiters ist«, sagte der Knecht, »dann können wir wohl über
Nacht bleiben, denn grausen und fürchten tun wir uns gar

nicht.« Das konnte der Knecht wohl von sich sagen, aber der Jäger hinter ihm dachte ganz anders, obwohl er jetzt das Maul hielt und sich in das Schicksal fügte.

Die Jungfrau führte nun die beiden hinauf in ein Zimmer. Sie hieß sie da niedersetzen, ging dann in die Küche und brachte ihnen zu essen. Die zwei aßen mit gutem Appetit, und es kam ihnen gar kein Grausen. Während sie aßen, brachte die Jungfrau eine Brent und stellte sie im Zimmer nieder. Dann ging sie um Wasser und trug so lange Wasser herein, bis die Brent voll war. Die zwei wußten nicht, was das Ding zu bedeuten habe, und der Jäger fürchtete sich noch immer im stillen. Da kam auf einmal ein abscheulicher Wurm zur Tür herein und stürzte sich in die Brent, daß das Wasser hoch aufflog. Der Jäger fürchtete sich jetzt noch mehr, denn soviel er ausnehmen konnte, so war das der nämliche Wurm, der ihm vor sieben Jahren die Tochter geraubt hatte. Jetzt ging die Jungfrau zur Brent und fing an, den Wurm fleißig zu waschen. Je länger sie wusch, desto roter wurde das Wasser, und zuletzt war es so rot, als ob lauter Blut in dem Gefäße wäre. Da mußten sich die zwei am Tische stark zusammennehmen, daß ihr Herz nicht anfing zu flattern wie ein Lammelschweif.

Als die Jungfrau den Wurm saubergewaschen hatte, half sie ihm heraus. Da hub er an zu reden und sprach: »Jungfrau, möchtest du mich nicht heiraten?« – »Nein«, sagte sie, »das kann ich nicht, du bist ja ein Wurm und ich bin ein Mensch.« Er fragte sie noch einmal: »Jungfrau, tätest du mich heiraten?« Sie aber sagte wieder: »Nein, das kann ich nicht, du bist ja ein Wurm und ich bin ein Mensch.« Da fragte er sie zum dritten Male: »Jungfrau, möchtest du mich denn gar nicht heiraten?« Da konnte sie es ihm nicht mehr abschlagen, sondern erbarmte sich über ihn und sagte: »Weil du nicht nachgibst, so will ich dich halt nehmen. Ich habe dich sieben Jahre gewaschen, nun werde ich dich wohl noch eine Weile waschen können.« Kaum hatte sie das gesagt, so war der Wurm verschwunden, und es stand anstatt seiner ein wunderschöner Jüngling vor ihr, der ihr als Bräutigam die Hand bot und sagte: »Du hast mich jetzt erlöst, zum Danke dafür will ich dich wirklich zur Frau nehmen und dir ein angenehmes Leben bereiten. Zeug und Sachen haben wir in dem Schlosse genug, und das Schloß selbst wird auch nicht mehr verzaubert sein, wie es bisher war.« Dann führte er die Jungfrau vor den Jäger und fragte ihn: »Kennst du diese da?« Der Jäger sagte: »Wie sollte ich sie kennen?« – »Schau sie einmal recht an«, sprach der Jüngling, »und sage, ob es nicht deine Tochter ist. Sieben Jahre, bevor sie auf die Welt kam, war ich schon verbannt. Dreizehn Jahre mußte ich warten, bis ich sie auf mein Schloß brachte, und sieben Jahre hat sie mich täglich waschen müssen. Jetzt ist der Zauber aus, und ich nehme sie zu meiner Gemahlin. Ihr alle braucht jetzt keine Not mehr zu leiden, und auch wenn du noch mehr Kinder hättest als du wirklich hast, würde mein Gut wohl ausreichen, dafür zu sorgen.« Der Jäger wußte nicht, wie ihm geschah, als er dies alles mit anhörte; er schaute bald die Jungfrau, bald den Jüngling an und konnte es nicht glauben, daß die Frau sein Kind, der andere sein künftiger Schwiegersohn sein sollte. Aber wenn er seinen Augen trauen wollte, so mußte er doch glauben, daß seine Tochter wirklich vor ihm stehe, und warum er dem Jüngling nicht glauben sollte, das wußte er auch nicht. Er war völlig außer sich vor Freude, sprang auf, umarmte beide und dankte lange Zeit, daß alles so gut abgelaufen sei.

Am andern Tage gingen sie alle miteinander ins Jägerhaus und stellten sich der Jägerin vor und erzählten ihr die ganze Geschichte. Diese hatte eine Freude, daß es gar nicht zu sagen ist, und beeilte, die Anstalten zur Hochzeit zu treffen. Wie alles in Ordnung war, wurde die Hochzeit mit großer Pracht gefeiert, und von nun an hatten die Jägersleute bei dem Gemahl ihrer Tochter das beste Leben, und alle miteinander waren fein bis an ihr Ende.

Griseldele

Es war einmal ein armes, altes Bäuerlein, das hatte drei
Töchter, und die jüngste davon hieß Griseldele. Das Griseldele war weit schöner als seine zwei Schwestern und war
auch so brav und fleißig, daß sich jeder Mensch darüber
erstaunte. Sie mußte immer in den Berg gehen und hüten,
war aber mit dem Hüten allein nie zufrieden, sondern
nahm sich immer noch eine andere Arbeit mit, um ja nie
müßig zu sein.

Unten am Berge stand ein Grafenschloß, darin lebte ein
junger Graf, der noch unverheiratet war und eben daran
dachte, wen er etwa zur Gräfin ausersehen sollte. Er sah
das Griseldele alle Tage in den Berg fahren und wunderte
sich nicht nur über ihre Schönheit, sondern noch viel mehr
über ihren Fleiß und ihre Sittsamkeit. Da kam ihm denn
einmal in den Sinn: ›Das fleißige, sittsame Mädchen sollst
du zur Gemahlin nehmen, denn eine bessere findest du
nicht, so weit der Himmel blau ist.‹ Dieser Gedanke setzte
sich immer mehr in seinem Kopfe fest, und er ward bald
entschlossen, das Griseldele zu seiner Frau zu nehmen. Er
ließ alles zur Hochzeit zurechtmachen, sagte aber keinem
Menschen etwas, wer diejenige sei, die er zur Braut ausersehen habe. Als alles in Ordnung war und zur Hochzeit
nichts mehr mangelte als die Braut, da hieß er seinen Bedienten in den Stall gehen und die Rosse zurechtrichten,
damit er seine Braut abholen könnte. Als der Wagen zur
Abfahrt bereitstand, hieß er alle weggehen, denn er wollte
nicht, daß jemand mit ihm fahre und darauf komme, daß
die Braut nur von gemeinem Stande sei. Als alle weg waren, trug er schöne Frauenkleider, die er in der Nähe versteckt hatte, in den Wagen, setzte sich auf und fuhr von
dannen. Er kam bald in die Gegend, wo das Bäuerlein mit
den drei Töchtern wohnte. Das Haus selbst aber stand
nicht an dem Weg, sondern ein ziemliches Stück abseits.
Da beugte er nun von der Straße ab und fuhr nach dem

Hause zu. Das Bäuerlein, welches eben vor dem Hause Holz spaltete, wunderte sich über die Kutsche, die daherkam, und dachte: ›Der hat schön den Weg verfehlt, da muß ich doch entgegenlaufen und ihm sagen, daß er umkehrt.‹ Augenblicklich legte er die Hacke beiseite und lief der Kutsche entgegen. Schon von weitem deutete er mit dem Arm, daß der Fuhrmann umkehren sollte, und als er nahe kam und den Herrn sah, sagte er: »Fahren Sie nur gleich zurück, Sie sind ganz auf dem falschen Weg; da kommen Sie ja nirgends hin als zu meiner Hütte hinüber.« Der Herr lächelte und sagte kurz: »O nein, Vaterle, ich bin schon auf dem rechten Weg.« Hiermit gab er den Rossen einen Schmatz und fuhr noch viel lustiger durch als früher. Das Bäuerlein kehrte auch wieder um und lief der Kutsche nach. Als der Herr beim Hause ankam, wartete er auf das Mannl und fragte es dann, ob es nicht drei Töchter habe. »Drei Töchter habe ich wohl«, antwortete das Mannl. »Nun, so heiße sie herausgehn.« Das Bäuerlein wunderte sich sehr, warum der Graf die drei Töchter begehre, aber zu fragen getraute er sich nicht, und er mußte nun einmal seinen Willen tun, wenn er auch nicht wußte warum. Er ging hinein und holte die Töchter. Da kamen die zwei ältern heraus in ihrem griselten Gewand, das sie immer anhatten. Der Graf sah, daß die rechte nicht darunter war und fragte das Bäuerlein: »Hast du nicht noch eine? Du hast ja gesagt, daß du drei hast? Wo ist denn die dritte, daß sie sich nicht sehen läßt?« Das Bäuerlein entschuldigte sich und sagte: »Das Griseldele hab ich wohl auch wollen herabgehen machen, es ist mir aber um alles in der Welt nicht gegangen, weil es sich gerade so viel geschämt hat.« – »Heiße sie nur doch herausgehen«, sagte der Herr, »und sage ihr, ich wolle sie durchaus sehen, und möchte sie gekleidet sein so schlecht als sie wollte.« Das Bäuerlein ging hinein, um sie zu holen, und endlich kam das Griseldele im griselten Kittel heraus. Sie scheute sich vor dem fremden Herrn, daß sie brennrot war im ganzen Gesichte, aber dem

Grafen gefiel es so weit besser, als wenn sie recht frech und keck vor ihn getreten wäre. Er erkannte sogleich, daß es diejenige sei, die er schon lange gewünscht hatte, und fragte sie, ob sie nicht seine Frau werden möchte. Weiß man wohl, daß sie anfangs meinte, es sei nur Spaß und der gräflich Gnaden habe sie zum besten. Wie er aber zwei-dreimal dieselbe Frage wiederholte und ihr hoch und teuer versicherte, daß es sein voller Ernst sei und die Leute schon auf die Hochzeit warten, da fing sie an, es nach und nach zu glauben, und stotterte ein geschämiges ›Ja‹ heraus. Der Graf dankte ihr über und über, gab ihr die schönen Kleider aus dem Wagen und sagte, sie sollte jetzt das griselte Kittele wegwerfen und das seidene Gewand dafür anziehen. Da ging das Griseldele in seine Kammer, und als es in den seidenen goldgestickten Kleidern herauskam, da leuchtete seine Schönheit erst recht, und der Graf sah wohl ein, daß er nicht nur die bravste, sondern auch die schönste Braut gefunden habe. Er gab nun ihrem Vater und den zwei Schwestern reiche Geschenke, damit sie doch zufrieden seien, weil er sie nicht zur Hochzeit laden wollte. Dann hieß er das Griseldele einsteigen, kehrte um und fuhr lustig in sein Schloß. Als er in den Hof kam, lief alles an den Wagen, um die unbekannte Braut zu sehen. Jedermann wunderte sich über die Schönheit der Jungfrau, aber kein Mensch getraute sich, den Grafen zu fragen, wo er sie geholt habe. Das Griseldele wußte nicht, wie ihm war unter den vielen vornehmen Leuten, und wenn es nicht den Grafen sogleich liebgewonnen hätte, so hätte es sich über neunundneunzig Jöcher hinweggewünscht.

Es wurde nun die Hochzeit mit aller erdenklichen Pracht gefeiert, und der Graf und das Griseldele lebten von nun an als Mann und Weib in Frieden und Liebe beisammen.

Es dauerte ein Jahr, da schickte ihnen der Herr ein Kindlein zu, und das war ein Mädchen. Kaum war es auf der Welt, so ging der Graf zur Griseldele hin, bemühte sich, ein finsteres Gesicht zu machen, und sagte: »Jetzt gib mir nur sogleich das Kind, kann ich es in den Ziggel werfen, damit die Leute nichts davon erfahren. Ich muß mich ja lange schon schämen, daß ich dich zur Frau genommen habe, wie müßte mir's erst zu schlecht sein, wenn ein Kind aus dieser Ehe mein Erbe werden sollte.« Wie weh die Rede und das Verlangen des Grafen dem Griseldele taten, das kann man sich wohl denken. Sie sagte aber kein Wort, drückte dem Gemahl zulieb ihren Schmerz in sich, bekreuzigte und küßte das Kind und gab es ihm. Er nahm es, setzt sich damit in eine Kutsche und fuhr weit fort zu braven Leuten. Diesen gab er das Kind und trug ihnen auf, es vor allem zu taufen und in der Taufe Maria zu nennen. Dann sollten sie es fleißig ernähren und erziehen, er werde schon alles gut bezahlen und von Zeit zu Zeit nachsehen kommen, wie es seinem Töchterlein ginge. Als er alles in Ordnung hatte, fuhr er wieder heim, ging zu seiner Gemahlin und sagte: »Jetzt wird wohl kein Mensch mehr etwas erfragen davon, weil ich es heimlich in den Ziggel hinabgeworfen habe.« Der Griselde ging bei diesen Worten wieder ein tiefer Stich durch das Herz, und sie hätte bittere Tränen weinen mögen, drückte aber ihren Schmerz gewaltsam in sich und ertrug alles voll Demut aus Liebe zu ihrem Herrn.

Nach einem Jahre bekamen sie wieder ein Kind, und das war ein Knabe. Kaum war er auf der Welt, so kam der Graf zur Gräfin, machte ein finsteres Gesicht und sagte: »Jetzt gib mir nur sogleich den Buben, damit ich ihn in den Ziggel werfen kann. Ich bin so vor den Leuten nimmer sicher, weil ich dich geheiratet habe, was würden sie erst sagen, wenn ich ein Kind, das dir so gut angehört wie mir, als meinen Erben aufziehen wollte?« Griseldele sagte wieder kein Wort, nahm das Knäblein, bekreuzigte und küßte es und reichte es ihm hin. Er ging damit fort, setzte sich in eine Kutsche und fuhr damit zu den nämlichen Leuten, zu denen er auch das Mädchen gebracht hatte. Diesen übergab er das Kind, trug ihnen auf, ihm in der Taufe den Namen Johann zu geben und es fleißig zu erziehen. Dann fuhr er heim, ging zur Gräfin und sagte: »Ist gut, daß der Bube jetzt im Ziggel liegt, damit doch die Leute davon nichts erfahren.« Griselde sagte wieder nichts, so tief ihr auch diese Rede in der Seele weh tat.

Der Graf fuhr öfter hin, zu sehen, wie es den Kindern ginge, sagte ihnen auch, als sie es verstehen konnten, daß er ihr Vater sei und hatte eine große Freude, als er sah, daß sie recht kräftig heranwuchsen und von den fremden Leuten so tugendhaft erzogen wurden, daß er wegen ihres Wohles nicht die geringste Sorge zu haben brauchte. Die Griselde aber erfragte nie etwas von ihren Kindern und dachte oft mit Schmerz daran, wie fein sie es jetzt hätte, wenn die zwei Kinder noch beim Leben wären. Sie ließ aber nie ein Wort der Klage hören, sondern ergab sich geduldig und demütig in ihr Geschick.

Siebenzehn Jahre nach der Geburt des ersten Kindes kam der Graf einmal zur Griselde und sagte: »Jetzt hilft es nichts mehr, du mußt aus dem Schlosse. Die Leute wundern sich zuvor schon alle, daß ich dich so lange hier leiden mochte und sind wild über mich, weil ich mein Geschlecht so verunehrte. Geh du wieder heim, lege dein griseltes Kittele an und schicke das gräfliche Gewand zurück.« Griselde erschrak über diesen Befehl, wurde aber nicht zornig, sondern nahm Abschied von ihrem Gemahl, als ob er ihr immer nur Gutes getan hätte. Schweigend verließ sie das Grafenschloß und machte sich auf den Weg, der Heimat zu. Da hatte sie wohl allerlei schwere Gedanken und fürchtete sich, der Vater werde vielleicht lange schon tot sein. ›Und was werden erst meine Schwestern sagen‹, dachte sie, ›wenn ich erzähle, daß mich der Graf verjagt hat. Sie werden mich auslachen und mir mein Unglück gönnen, weil ich mich früher so hoch über sie erheben wollte.‹ Mit solchen Gedanken ging sie der Heimat zu und kam endlich in dem Bauernhäuslein an. Da hatte sie doch eine Freude, weil sie den Vater noch beim Leben traf und ihm ihr tiefes Herzenleid klagen konnte. Sie bat ihn dann, er möge sie wieder bei sich behalten, sie wolle gern alle Arbeit tun und sich gar nicht ankennen lassen, daß sie einmal etwas anderes gewesen sei als das arme Griseldele. Der Vater erbarmte sich über sie, sprach ihr Trost zu, hieß sie dableiben und sagte:

»Leg nur an das griselte Kittele,
Und iß mit mir ein Überschüttele.«

Griseldele tat nun wieder ihr griseltes Kittele an und schickte die kostbaren seidenen Kleider dem Grafen ins Schloß zurück. Sie lebte wieder wie früher bei bäurischer Arbeit und ländlicher Kost, und wenn sie auch mit Liebe und Sehnsucht an ihren Gemahl zurückdachte, so hoffte sie doch nicht, jemals wieder in das Grafenschloß zurückzukehren.

Da bekam sie einmal von ihrem Gemahl einen Brief, darin es hieß, sie solle alsogleich in das Schloß kommen und alle Böden spülen, denn es müsse im Schlosse alles gesäubert werden, weil er aufs neue Hochzeit halten und sich mit einer Braut vermählen wolle, die so schön sei als die Sonne. Griseldele besann sich keinen Augenblick, ging in das Schloß, rutschte dort im griselten Kittele auf allen Böden herum und spülte den ganzen Tag wie die gemeinste Bauernmagd. Als sie alle Böden im ganzen Schlosse gespült hatte, kam einmal der Graf zu ihr und sagte: »Ich will jetzt gehn meine Braut holen, du kannst während der Hochzeit in der Küche abspülen oder sonst tun, was man dich anstellt.« Griseldele sagte kein unwilliges Wort, wünschte ihm Glück zur Reise und blieb in dem Schlosse.

Da fuhr der Graf mit einer schönen Kutsche zu seinen Kindern hin und führte sie in das Schloß. Er verbot ihnen aber, solange ihn Vater zu nennen, bis er wieder die Erlaubnis dazu geben würde. Auch gab er ihnen sonst Weis und Lehre, wie sie sich zuerst im Schlosse zu benehmen hätten und sagte besonders der Tochter, sie solle geradeso tun, als ob sie seine Braut wäre. Sie kamen nun in das Schloß, und jedermann staunte über die Schönheit der neuen Braut. Der Graf hieß Griselden kommen, stellte ihr die schöne Jungfrau vor und sagte: »Nicht wahr, diesmal habe ich eine schöne und vornehme Braut?« Griselde antwortete wenig und dachte bei sich: ›Schön und vornehm ist sie wohl, aber ich wünsche ihr Glück zu einer solchen Ehe.‹

Nun sollte vor allem der Handschlag gefeiert werden, und von nah und fern kamen die geladenen Gäste herbei. Während der Mahlzeit sagte der Graf auf einmal: »Saget zur Griselde, jetzt soll sie einmal auftragen, und zwar frisch vom Abspülen weg im schmutzigen Gewand und griselten Kittele. Die Bedienten gingen hinaus und sagten das der Griselde. Sie erschrak über diesen Befehl und ließ den Grafen bitten, er solle ihr doch das nachsehen. Er aber schickte noch einmal hinaus und befahl ihr, sie solle nur sogleich mit der nächsten Speise hereinkommen. Da gehorchte sie ohne Widerrede und trug in ihrem schmutzigen G'wandl und griselten Kittele ein Gericht herein. Da sah sie nun den Grafen neben der schönen Jungfrau sitzen, und auf seiner andern Seite saß ein schöner Jüngling, den sie aber ebensowenig erkannte wie die vermeintliche Braut. Als sie wieder hinausgegangen war, sagte der Graf zu seinen Kindern: »Jetzt dürft ihr mich Vater heißen und diese, die eben aufgetragen hat, sollt ihr beim nächsten Eintreten als eure Mutter begrüßen. Sie hat ihre Probe ausgehalten und lange Zeit gelitten; jetzt aber soll des Leidens ein Ende sein, und wir wollen alle zusammen ein freudiges Leben führen.«

Sobald sie das nächste Mal hereinkam, hörte sie, wie die Braut und der Jüngling den Grafen ihren Vater nannten, und als sie die Schüssel auf den Tisch gestellt hatte, da sprangen ihr alle drei entgegen und nannten sie und begrüßten sie als Gemahlin und Mutter. Der Graf hieß sie nun ihre gräflichen Kleider wieder anziehen und sich zu ihnen an den Tisch setzen. Jetzt wurde die Hochzeit mit Ernst gefeiert, und Griseldele hatte von nun an keinen schlimmen Tag mehr, sondern nur frohe und glückliche.

Peter Bär

In einem Dorfe lebte einmal ein Mann, welcher Kuhhirt war. Eines Tages, als seine Frau mit den Kühen nach der Weide gezogen war, hatte sie das Unglück, eine Kuh zu verlieren. Sie suchte und suchte bis in die späte Nacht, konnte sie aber nicht wiederfinden, und da sie sich vor ihrem Manne fürchtete und sich deshalb nicht ohne das Tier nach Hause wagte, suchte sie noch beim Sternenschein und verirrte sich dabei tief in den Wald hinein. Hier gelangte sie endlich an eine Höhle, und da sie matt und müde war, ging sie hinein, um darin zu übernachten. Kaum hatte sie sich dort niedergesetzt, da kam ein großer Bär herein; dieser brummte zwar erst ein wenig, ward aber bald vertraut mit der zitternden Frau und tat ihr nichts zuleide. Und sie lebten zusammen in der Höhle: der Bär ging frühmorgens weg, kehrte jedoch jedesmal bald zurück und brachte der Frau frisches Fleisch und allerhand Beeren; dabei unterließ er es aber nie, beim Weggehen einen großen Stein vor die Höhle zu wälzen, damit jene nicht entfliehen möge. Nach einiger Zeit bekam die Frau, die bis dahin kinderlos gewesen war, einen kleinen Sohn; als derselbe neun Monate alt war, da war er ebenso stark wie sein Vater, der Bär. Darüber, daß der Sohn so schnell heranwuchs und erstarkte, freute sich die Mutter außerordentlich und nicht bloß wie andere Mütter: sie wollte schon lange so herzlich gern wieder nach Hause und unter Menschen, und da sie selber die Höhle nicht öffnen konnte, setzte sie ihre ganze Hoffnung auf den Jungen, denn der Alte tat es nicht, sie mochte bitten und schmeicheln, soviel sie wollte. Als die

Kraft des Knaben so weit gediehen war, und der Bär einst wieder ausging, ließ sie von jenem den Stein wegwälzen, was ihm ein wahres Kinderspiel war, und ging mit ihm in ihr Dorf zurück. Kaum zu Hause angekommen, war auch der alte Bär schon da und machte vor der verriegelten Tür ein Gebrumme und Gebrüll, daß alle Bauern aus dem Dorfe zusammenliefen und das Untier nach einem wütenden Kampfe erlegten. Die Sache wurde landkundig, und der Knabe empfing die heilige Taufe, wobei der Schulz Gevatter stand, und erhielt den Namen ›Peter Bär‹. Dieser, obgleich er schon vor der Taufe stärker war als der allerstärkste Mann, wurde noch immer stärker, und als er ausgewachsen war und sein Herr Gevatter darauf drang, er solle ein Handwerk lernen, wurde er ein Schmied. Es hielt erst sehr schwer, einen Lehrherrn für ihn zu finden, bei dem er auslernte; denn sobald man ihn erzürnte, schlug er entweder den Amboß in den Gottserdboden oder zerschmetterte den Hammer oder hieb auf das Eisen los, daß die Stücke durch die ganze Schmiede, ja über den Schmiedeberg bis auf die Straße flogen. Endlich fand sich ein pfiffiger Schmied, der ihn zu nehmen wußte, und da arbeitete er allein für sieben Mann, aß aber nur für drei. Als die Lehrzeit zu Ende war, machte er sich einen eisernen Wanderstock, welcher drei Zentner wog, ging zu seinem Herrn Gevatter und bat um Reisegeld; die Bauern brachten solches zusammen und dankten Gott, daß sie endlich den gefährlichen Mann wieder los wurden. Und Peter Bär zog in die weite Welt, immer seiner Nase nach.

Nun begab sich's eines Tages, daß er an eine verfallene Burg kam, welche auf einem Berge lag; da fand er einen Menschen, der mit der Faust die Quadersteine aus der dicken Mauer stieß, daß sie den Berg hinabrollten. Peter Bär sah ihm eine kleine Weile zu und sprach hierauf: »Du Steinspieler, was machst du da?« Dieser antwortete: »Ich stoße zu meinem Vergnügen und weil ich eben Langweil habe, diese Mauern ein.« – »Ei, du bist ja ein starker

Kerl!« sagte Peter Bär. Der Steinspieler erwiderte: »Gewiß bin ich stark; Peter Bär aber ist noch stärker.« – »Ich bin Peter Bär«, versetzte dieser; »bin ich stärker als du, so geh mit.« Sie gingen zusammen weiter, da begegnete ihnen ein Mann, der trug in der Hand eine dicke eiserne Stange, in welche er fortwährend Knoten schlug und diese alsbald wieder auflöste. »Du Eisenknüpfer, was machst du denn da?« sprach Peter Bär; »du bist ja ein starker Kerl!« – »Bin ich stark?« versetzte der Eisenknüpfer, »Peter Bär ist doch noch viel stärker.« – »Ich bin Peter Bär«, erwiderte dieser; »bin ich stärker als du, so geh mit.« Sie gingen alle drei weiter und kamen in einen Wald; da stand ein Mann, der hatte einen Baumwipfel in der Hand und drehte daran. Als Peter Bär ihm eine kleine Weile zugesehen hatte, sprach er zu ihm: »Du Baumdreher, was machst du denn da?« Dieser entgegnete: »Ich sollte meiner Mutter ein wenig Holz holen und drehe mir hier nun eine ›Wiede‹, um was hineinzubinden.« Peter Bär lachte und sagte: »Du bist ja ein starker Kerl!« – »Schwach wenigstens bin ich gerade nicht«, entgegnete der Baumdreher; »hast du aber schon von Peter Bär gehört? Der ist doch noch viel stärker.« – »Ich bin Peter Bär«, erwiderte dieser, »willst du meine Stärke kennenlernen, so folge mir.« Jener war bereit dazu, und Peter Bär rief fröhlich aus: »Jetzt sind wir unser vier starke Kerle zusammen; nun fürchten wir uns vor dem Teufel und seiner Großmutter selber nicht!«

Sie schlenderten aber immer weiter in den Wald hinein, trafen zuletzt auf ein altes Haus und gingen hinein. Hier war alles aufs schönste und beste eingerichtet, es fehlte an einer vollen Haushaltung auch nicht das mindeste; von einem Menschen aber oder einem andern lebenden Wesen hörten und sahen sie nichts. »Wenn hier niemand wohnt«, sagte Peter Bär, »so gehört der alte Kasten samt allen Vorräten uns; laßt uns denn hier bleiben, solange es uns behagt.« Alle waren es zufrieden, und sie ließen sich nieder und aßen und tranken. Am andern Morgen, als gefrühstückt war, sprach Peter Bär: »Essen und Trinken hält zwar Leib und Seele zusammen, das ist's aber auch alles! Ich denke, wir drei, Steinspieler, Eisenknüpfer und ich, wir nehmen uns dort von den blanken Gewehren und gehen auf die Jagd; du, Baumdreher, bleibst wohl zu Haus und richtest eine Mahlzeit an, und wenn es Mittag ist, läutest du, daß wir kommen; so viel wird die alte Glocke da oben wohl noch klingen.« Und jene nahmen von den blanken Gewehren und gingen auf die Jagd; Baumdreher hingegen blieb zu Haus und besorgte die Küche. Bald war das Essen fertig, der Tisch gedeckt, und er hatte soweit alles in Ordnung bis zum Läuten; da, eben als er den Strang fassen wollte, kam ein graues Männchen mit einem langen weißen Barte herein und bat um ein wenig Speise. Baumdreher wollte das Männchen abweisen; es hielt aber so lange mit Bitten an, bis jener sagte: »So bleib, bis wir gegessen haben; was übrigbleibt, sollst du haben, viel kannst du ja ohnehin nicht lassen, Knirps.« Das Männchen jedoch bat immer kläglicher und stellte sich, als sei es verhungert; mürrisch nahm Baumdreher einen Teller, gab etwas Suppe darauf und reichte es dem Bettler hin. Dadurch bekam das Männchen Gewalt über ihn; es zog einen Stock aus dem Busen und schlug den großen, starken Baumdreher so jämmerlich, daß er ohnmächtig zu Boden fiel. Als er wieder zu sich kam, war das Männchen verschwunden; er raffte sich endlich auf, und da er nicht wollte, daß seine Kameraden von der Prügelsuppe etwas erführen, brach er in der Küche einen Balken durch, um vorzuwenden, dieser sei ihm auf den Kopf gefallen; ans Läuten dachte er weiter nicht und legte sich zu Bett. Die Jägersleute, als Mittag lange vorbei war und die Glocke noch immer nichts von sich hören ließ, sprachen untereinander: »Was mag das bedeuten sollen? Wahrscheinlich ist Baumdreher im Keller gewesen und hat einige Fässer geleert, daß er ans Läuten nicht denkt. Laßt uns nachsehen.« Als sie nach Hause kamen und den Baumdreher im Bette fanden und windelweich geschlagen, lachten sie ihn aus; nur Peter Bär lachte nicht, sondern fragte: »Was ist dir passiert, Kerl, daß du im Bette liegst und seelzogst und ankest und stöhnest, als wenn du verscheiden willst?« Baumdreher antwortete mit seiner Lüge und sprach: »Als ich den Bratspieß drehte, ward ein Gekrach über mir, als wollte das Haus zusammenbrechen, und ehe ich zur Seite springen konnte, stürzte ein Balken auf mich herab und schmetterte mich nieder.« – »Und davon bist du grün und blau über die ganze Schwarte?« entgegnete Peter Bär, ließ ihn liegen und setzte sich mit den übrigen an den Tisch; und alle aßen und tranken, bis ihnen die Augen übergingen, nur Baumdreher schien keinen Appetit zu verspüren.

Am andern Morgen, als gefrühstückt war, auch Baumdreher hatte gegessen und getrunken wie nichts Guts, sprach Peter Bär: »Ich schlage vor, wir drei, Steinspieler, Baumdreher und ich, gehen ein wenig auf die Jagd; du, Eisenknüpfer, bleibst wohl zu Haus und richtest die Mahlzeit an, und wenn es Mittag ist, läutest du zu Tisch. Laß dir aber ja keinen Balken auf den Kopf fallen, daß es dir nicht ergehe wie dem armen Baumdreher.« Dieser verkehrte die Augen, seufzte und ging mit den beiden ins Holz; Eisenknüpfer blieb zu Haus, die Küche zu besorgen, und Baumdreher wünschte ihm gute Geschäfte. Die hatte er auch insofern, als das Essen bald fertig und der Tisch bald gedeckt war; als es aber ans Läuten ging, trat wieder das graue Männchen herein und bat um ein bißchen gegen Hunger. Vergebens versuchte Eisenknüpfer es mit Worten abzuspeisen; vergebens vertröstete er es auf die Brosamen, die übrigbleiben würden: Es schien so verhungert und bat so jämmerlich, daß er ihm Suppe reichte und sich dadurch in des Zwergs Gewalt begab. Hatte schon Baumdreher Prügel bekommen, so ging's dem Eisenknüpfer erst recht schlecht: Kreuz und quer hieb das Männchen darauf los, daß sein Rücken aussehen ward wie Fünfkamm, und die übrigen Stellen wußte es auch zu finden. Da Eisenknüpfer sich schämte, von einem so elenden Däumling überwältigt worden zu sein, brach er den Hahnebalken herunter und warf ihn am Herde nieder; hierauf legte er sich zu Bett und ließ Braten Braten sein und Glocke Glocke. Als Mittag längst vorbei war und Eisenknüpfer noch immer nicht läutete, meinte Peter Bär: »Sollte auch ihm ein Balken auf den Schädel gefallen sein?«, und ging mit den Jagdgenossen nach Haus. Hier lag er denn im Bette, der große Eisenknüpfer, und wimmerte und winselte wie ein Kind beim Zahnen; der Hahnebalken lag richtig in der Küche. Wer sich aber nicht darum kümmerte, das war Steinspieler, wer ihm nicht glaubte, das war Baumdreher, und wer sein Teil dabei dachte, das war Peter Bär. Am dritten Morgen, als das Frühstück verzehrt war, ging Peter Bär mit Baumdreher und Eisenknüpfer auf die Jagd und ließ den Steinspieler zurück, die Küche zu besorgen. Ihm ging's womöglich noch schlimmer als dem Eisenknüpfer: Das graue Männchen schlug so unbarmherzig auf ihn ein, daß ihm die Schwarte knackte. Da er sich erst recht schämte, daß ein solcher Wicht ihn sollte bezwungen haben, warf er den Schornstein herab und meinte, das sollten die anderen schon glauben. Es glaubte es aber keiner, und Peter Bär sagte: »Die Sache scheint nicht richtig zu sein mit diesem Hause; morgen gehet ihr drei einmal auf die Jagd und lasset mich die Küche besorgen. Sollte aber das Haus über mir zusammenfallen und mich töten, so erinnert euch meiner in Gutem.« Sosehr sie alle dieser Spott verdroß, so freuten sie sich doch im voraus auf den neuen lustigen Tanz; denn im Grunde mochten sie den Peter Bär nicht leiden, weil er stärker war als sie.

Am vierten Morgen, als gefrühstückt war, zogen Baumdreher, Eisenknüpfer und Steinspieler seelenvergnügt auf die Jagd, und seelenvergnügt ging Peter Bär an seine Kocherei; doch legte er seinen dicken Eisenstab zur Hand, um für alle Fälle sicher zu sein. Als das Essen auf dem Tische war und er eben läuten wollte, stellte sich richtig das graue

Männchen wieder ein und bat um ein wenig Speise und Trank. »Das sollst du gern haben«, sprach Peter Bär, »für dich Maulwurf wird wohl ein Fingerhut voll übrig sein«, und er gab ihm einen Teller voll Suppe. Der Zwerg holte seinen Stock hervor, um Peter Bär zu schlagen, versetzte ihm auch eins ins Gesicht, daß er laut niesen mußte. Da aber ward der Peter grimmig wie ein Bär, faßte den Wicht beim Bart, schwenkte ihn dreimal um den Kopf, warf ihn halb zerschmettert in die Ecke und sagte: »Du Tückebold, meinen Handstock sollte ich nehmen und dich sieben Klafter tief unter den Boden schlagen! Ist das der Dank für die gute Suppe? Oder dachtest du mir ebenso mitzuspielen wie den drei andern? Weißt du nicht, wer ich bin? Kennst du den Peter Bär nicht und seinen Eisenstock?« Das Männchen zitterte und krümmte sich wie ein getretener Wurm; Peter Bär aber nahm es und band es mit seinem Barte an der Bettstelle fest, warf seinen Stock aufs Bett, daß der Zwerg es nicht fortzerren sollte, und ließ ihn zappeln und heulen. Hierauf faßte er den Strang und läutete, daß der ganze Wald dröhnte und die drei Jägersleute aus ihrem Schlafe aufsprangen. Diese nämlich, nachdem sie sich ihre Not geklagt und über Peter Bär sich lustig gemacht hatten, wie er sich wohl anstellen werde, wenn nun endlich die Reihe an ihn komme, Baumdreher, Eisenknüpfer und Steinspieler hatten ihre Striemen gewaschen und sich's hierauf bequem gemacht. Im Schatten eines Eichbaums lagen sie auf dem Moose; verwundert sprangen sie auf, als sie's läuten hörten und eilten nach Hause. Hier fanden sie Peter Bär munter und gesund, das Essen gekocht, den Tisch gedeckt und in der Kammer den heulenden Zwerg mit seinem Bart an die Bettstelle gebunden; Peter Bär aber verspottete sie, daß sie von einem so kleinen Kerl sich hätten verprügeln lassen und sagte, er habe es weder mit dem Balken noch mit dem Hahnebalken noch mit dem Schornstein geglaubt; danach gingen sie zu Tische.

Während sie sich's nun wohlschmecken ließen, riß und

zerrte das Männchen in der Kammer so lange hin und her, bis der Bart nachließ und an der Bettstelle hängenblieb gleich einem Dornbusch; nun lief es schnell zur Tür hinaus und sprang in den Brunnen, der dicht am Hause stand. Das alles sah Peter Bär durchs Fenster und sagte: »Ich hole dich schon wieder; laßt uns nur erst satt sein.« Als dies endlich erreicht war, sprach er zu seinen Kameraden: »Nun will ich einmal sehen, wo das Männchen geblieben ist; ich denke, wo das hinlangt, ertrinke ich auch nicht.« Und er holte ein Seil herbei, band einen Korb daran, legte Baumdrehers Balken über den Brunnen, nahm seinen Wanderstab zur Hand, setzte sich in den Korb, und sie ließen ihn langsam hinunter. Als er unten anlangte, sah er eben noch, wie das Männchen in eine andere Welt hinabsprang; rasch setzte er hinterdrein, seinen Stock in der Rechten, und kam noch früh genug, um das Männchen in ein altes Haus schlüpfen zu sehen. Ohne sich lange zu besinnen, stürzte er ihm nach und fand in der Stube eine uralte Hexe, die fragte er: »Wo ist das graue Männchen?« – »Ich weiß nicht«, krächzte ihm die Hexe entgegen. Als er sie aber beim Schopf nahm, ihr seinen Eisenstab zeigte und sie damit in Grund und Boden zu schlagen drohte, wenn sie es nicht gleich gestehe, da erschrak sie und sagte: »Unter dem Tubben sitzt es.« Als er sich umkehrte, blickte er durchs Fenster und sah hinterwärts lauter große Berge, und vor dem größten stand ein wunderschöner Palast. »Alte Hexe«, donnerte er sie an, »sag mir, was das für ein Haus ist!«, und damit schlug er drei Balken aus der Decke. »Ach«, antwortete sie, »da ist eine verwunschene Prinzessin, die bewachen vier Riesen, weshalb sie nicht zu retten ist.« – »Schweig, alte Hexe«, versetzte Peter Bär, »ich rette sie«, und er nahm seinen Stock, ließ sich von der Alten eine gute Salbe geben und ging nach dem Hause. Als er in den Hof kam, ging ein Riese mit einer Kanone auf der Schulter auf und ab und sprach zu Peter Bär: »Erdwurm, was willst du hier?« – »Das will ich!« antwortete dieser und schlug ihn mit seinem Stock über den Kopf, daß er zermalmt am Boden lag. Als er in die Stube kam, sprangen die anderen drei Riesen auf, faßten große Keulen und wollten ihn ermorden; er aber versetzte jedem einen Streich mit seinem Eisenstock, und sie lagen tot danieder. Die Prinzessin weinte vor Schreck und vor Freude und schenkte ihm ein weißes Taschentuch und einen Ring; in diesem standen Buchstaben, die er aber nicht lesen konnte. Während er so mit ihr sprach, sah er durchs Fenster und erblickte in der Ferne noch weiter nach dem großen Berge zu ein noch viel schöneres Haus. »Könnt Ihr mir nicht sagen, schöne Königin, was das dort für ein Haus ist?« fragte Peter Bär, und die Prinzessin entgegnete: »Ach, dort wohnt meine verwunschene Schwester, die ist niemals zu retten; denn acht Riesen bewachen sie.« – »Ich rette sie«, antwortete Peter Bär, »und bringe sie Euch.« Damit empfahl er sich, ergriff seinen Eisenstock und eilte schnurstracks auf das Schloß los. Im Hofe gingen zwei Riesen, jeder mit einer Kanone auf der Schulter, hin und her und hielten Wache; als die ihn erblickten, schrieen sie: »Erdwurm, was willst du hier?« – »Das will ich!« versetzte er und gab jedem einen Backenstreich, daß sie fürder kein Glied mehr regten. Als er in die Stube kam, wollten ihn die anderen sechs Riesen töten; er aber, Schlag auf Schlag, erlegte sie, während du sechs zählst, und ihm wurde auch nicht ein Haar gekrümmt. Die Prinzessin weinte vor Schreck und vor Freude, gab ihm ein weißes Taschentuch und einen goldenen Ring, an welchem ebenfalls sonderbare Buchstaben standen, deutete mit der Hand durchs Fenster und sagte: »Dort, in jenem großen Schlosse, das du dicht an dem hohen Berge liegen siehst, wohnt meine verwunschene jüngste Schwester. Leider ist sie aber gar nicht zu erlösen, denn sie wird von sechzehn Riesen und von einem Drachen bewacht, der sieben Köpfe hat und aus allen Feuer und Flammen speiet.« Das war dem Peter erst ganz recht, und er erwiderte: »Ich rette sie und bringe sie euch, oder ich sterbe; der Drache nämlich ist der schlimmste von allen.« Als er Abschied von der weinenden Prinzessin genommen hatte, ging er rasch auf das Schloß los. Im Hofe hielten vier Riesen Wache, jeder mit einer Kanone auf der Schulter: »Erdwurm, was willst du hier?« schrieen sie ihm entgegen. »Das will ich!« versetzte er, und im Nu lagen alle vier in ihrem schwarzen Blute. Als er das hohe Schloßtor öffnete, lag da der siebenköpfige Drache und spie Feuer und Flammen gegen ihn, daß sein Eisenstab glühend wurde; er aber zerschmetterte ihm mit jedem Schlag einen seiner Köpfe, und weil das Eisen glühend ward, blutete es nicht einmal, so tief er auch schlug. Nun ward ihm ganz leicht ums Herz, und er ging in den Saal zu den Riesen, welche von den Kämpfen nichts gehört hatten; und das war ein Glück, denn sonst möchte es ihm doch schlecht ergangen sein. Als er eintrat, saßen die zwölf bei der Prinzessin am Tisch und aßen; wütend sprangen sie auf und konnten gar nicht begreifen, wie er nur hereingekommen sein möge, und als sie danach fragten, antwortete er damit, daß er den einen nach dem andern niederschlug. Es waren ihrer aber fast allzuviel, und wenngleich sein Eisenstab nicht zweimal zu schlagen brauchte, hatten die letzten doch noch immer so viel Zeit, ihm mehrere kleine Wunden und eine recht tiefe beizubringen. Nach dem zwölften Streich schwanden ihm fast die Sinne; doch hatte er noch Besinnung genug, um sich mit der guten Salbe zu waschen, welche ihm die Hexe gegeben hatte; und siehe! im Augenblick war er heil und ohne Schmerzen. Die Prinzessin weinte vor Schreck und vor Freude, gab ihm ein weißes Taschentuch und einen goldenen Ring, dessen Buchstaben er wieder nicht lesen konnte, und folgte ihm zu der zweiten und mit dieser zu der ältesten Schwester. Nun ging's weiter zu der Hexe; diese, erstaunt über das seltsame Ereignis, gab ihm guten Rat, wie er sich und die drei Schwestern durch den Brunnen auf die Erde und von da in das Land des Königs bringe.

Als sie an den Brunnen kamen, hing der Korb noch unten. Seine drei Gefährten Steinspieler, Eisenknüpfer und Baumdreher lauerten mit Ungeduld auf ihn und wußten nicht, wo er geblieben sein möge; denn er war gewiß schon eine volle halbe Stunde unten, und das war viel für sie und für Peter Bär. Sie meinten, er wird wohl ertrunken sein, und waren schon mehrmals im Begriff gewesen, sich aus dem Staube zu machen; Furcht jedoch vor dem gewaltigen Eisenstock und Neugier, ob er den Zwerg doch wohl noch erwischt habe, hatte sie zurückgehalten. Jetzt zupfte es am Seil; sie zogen herauf und siehe! eine Jungfrau saß im Korbe, welche ihnen erzählte, was da unten vorgegangen war, obgleich Peter Bär es verboten hatte. Als auch die beiden anderen Prinzessinnen oben waren, dachte Peter Bär: ›Jetzt ist nicht zu trauen, denn geschwatzt haben sie doch.‹ Er wollte sich wenigstens sichern und legte einen Stein in den Korb; als dieser bald hinauf war, fiel ein Felsblock von oben in den Korb, das Seil riß, und alles stürzte in den Brunnen. »Die Schurken!« fluchte Peter Bär; »wer aber nur nicht klüger wäre!« Jetzt fuhr er die alte Hexe an: »Schaff mich hinauf!« Sie wollte anfänglich nicht, sagte auch, sie könne es nicht; er aber nahm sie beim Schopf und drohte, sie zu zerschmettern, wenn sie nicht Rat schaffe. Das half. »Höre«, sagte sie, »ich habe einen Drachen, den will ich dir leihen, der soll dich hinauftragen; nimm aber ja genug Fleisch mit, und sooft der Drache ›wack‹ schreit, gib ihm ein Stück, sonst frißt er dich. Peter Bär ging nach der Weide, holte sich einen Ochsen, setzte sich auf den Drachen und fuhr hinauf. Kaum war die Hälfte des Weges zurückgelegt, als das Fleisch schon alle, verzehrt war; und wieder schrie der Drache ›wack‹, daß es nur so dröhnte. Ihm wurde ganz gräsig zumute, besonders als er sah, daß er seinen Eisenstab vergessen hatte; der Drache aber krümmte sich und schrie wieder ›wack‹ und schrie noch lauter als zuvor. Er wußte sich nicht anders zu helfen, er riß sich ein großes Stück Fleisch vom Leibe und gab es ihm, und als er wieder schrie, machte er's ebenso und zum drittenmal auch. Jetzt konnte er die oberen Steine greifen, und in einem Satz war er auf der Erde; dem Drachen gab er noch einen mit dem Fuße, daß ihm alle Rippen krachten und er schäumend in die Tiefe fuhr.

Als Peter Bär oben war, bejammerte er erst seinen Eisenstock; aber siehe! der lag ja neben ihm. Nun bedauerte er sein schönes Fleisch; aber da fiel ihm die gute Salbe ein, welche er von der Hexe bekommen hatte und in der Tasche trug; er bestrich sich damit, und im selben Augenblick fehlte ihm nichts mehr. Jetzt sah er sich nach den drei Prinzessinnen um; es war aber von allen dreien nichts zu hören und zu sehen. Sie hatten nämlich den guten Rat der alten Hexe gehört und ihn benutzt, sich vor Peter Bärs Gesellen in ihr Vaterland und zum Könige, ihrem Vater, zu retten. Von diesen Kameraden endlich war auch nicht die leiseste Spur, und nimmer hat Peter Bär von ihnen was wieder gehört. Er selber wollte auch nicht allein dableiben, nahm seinen Eisenstab und wanderte der Königsstadt zu.

Gleich in der ersten Stadt jenes Landes erzählten ihm die Leute: »Unsere Prinzessinnen sind wieder da, und nun hat der König bekanntmachen lassen, wer ihm die Ringe mit den Buchstaben bringe, solle für jeden tausend Dukaten haben.« Peter Bär ging nach einem armen Goldschmied, der ihm einst einen guten Zehrpfennig geschenkt hatte, und gab sich für einen Goldschmiedsgesellen aus. Der arme Mann erzählte ihm, was für ein schönes Stück Geld zu verdienen sei, wenn man an so einen Ring gelangen könne. – »Den will ich euch schmieden, und zwar bis morgen früh«, entgegnete Peter Bär. Der Meister sah ihn groß an und wußte nicht, was er sagen sollte; jener aber versicherte, wenn er den Ring einliefere, seien die tausend Dukaten ihm ganz sicher. Nun bat er sich für die Nacht eine Tonne Bier, ein Malter Nüsse und ein paar Brote aus; das aß und trank er während der Nacht, statt zu arbeiten, und am Morgen lieferte er den Ring ab. Der Meister brachte denselben hin und bekam richtig das Geld; und als er angeben sollte, wie er zu dem Ringe gekommen, erzählte er die Geschichte und beschrieb den Peter Bär so genau, daß die Prinzessinnen ihren Retter wiedererkannten. Als der König ihn holen lassen wollte, war er fort, wohin wußte niemand zu sagen. Er war aber nach einer anderen Stadt gegangen, wo ein armer Zeugschmied wohnte, der ihm einst einen Krug Bier gereicht hatte. Hier gab er sich für einen Zeugschmied aus, und als der Meister ihm gleichfalls erzählte von dem schönen Gelde, das mit einem Ringe zu verdienen sei und wie ein armer Goldschmied schon reich geworden, erwiderte er: »Seid nur ruhig; besorgt mir auf diese Nacht eine Tonne Bier, ein Malter Nüsse und ein paar Brote, so sollt ihr morgen früh einen Ring fix und fertig vorfinden.« Der Meister traute ihm, denn er machte ein grundehrlich Gesicht, und am andern Morgen bekam er einen goldenen Ring, für den er richtig tausend Dukaten vom Könige ausbezahlt erhielt. Wieder sandte der König Boten mit, und wieder war er ausgeflogen. Jetzt ging er zu seinem guten Lehrherrn, der arm geworden war und in der Residenz sich vom Knochensammeln nährte. Ihm gab er Geld für Bier, Nüsse und Brot und ließ ihn mitessen, sprach auch viel mit ihm, wurde aber nicht wiedererkannt. Am andern Morgen schenkte er ihm den dritten Ring, und auch dieser wurde mit tausend Dukaten bezahlt. Nun ließ der König dem Retter seiner Töchter nachspüren, konnte sein aber nicht habhaft werden: Jeder wollte ihn gesehen haben, und niemand wußte ihn nachzuweisen; bald war er auf diesem, bald auf jenem Dorfe gewesen, und bald hatte er sich in diesem, bald in jenem Wirtshause umgetrieben; der König schickte Boten um Boten aus, denn die jüngste Tochter wollte beinahe sterben vor Sehnsucht nach ihm, und kein Bote brachte Gewisses nach Hause. Endlich hörte er von dem Leid der Prinzessin, und da überfiel ihn dasselbe Leid. Eines Tages kam ein Bettelmann vors königliche Schloß; die Wache wollte ihn wegjagen und verwundete ihn dabei. Als er sich das Blut abwischte, sahen die

Königstöchter, die von dem Lärm ans Fenster gelockt waren, ihr feines weißes Taschentuch, und dabei erkannten sie den Bettler. Der König selber holte ihn herein und gab ihm seine jüngste Tochter zur Gemahlin; und als derselbe starb, wurde Peter Bär König über dasselbige ganze Land.

Zwerg Holzrührlein Bonneführlein

In einem großen Walde lebten einmal ein Kuhhirt und ein Schäfer, und sie halfen einander in allen Nöten. Der Hirt aber hatte eine Tochter, der Schäfer einen Sohn, und diese Kinder waren von Jugend auf unzertrennlich, und je größer sie wurden, je lieber hatten sie sich; als sie deshalb herangewachsen waren, hielt der Schäferssohn um die Hirtentochter an, und sie wurde ihm zur Frau versprochen. Nach einiger Zeit kam zum Hirten ein häßlicher Zwerg, der bat auch um die schöne Hirtentochter und brachte deshalb für Mutter und Tochter sehr viele und kostbare Geschenke mit. Doch die Tochter mochte den Zwerg nicht leiden, weil er so häßlich war und sie überhaupt keinen Zwerg heiraten wollte; und die Mutter konnte ihn auch nicht gut ›verputzen‹, wenngleich sie seine Geschenke nicht ausschlug. Eines Tages kam der Zwerg wieder mit vielen kostbaren Sachen; die Mutter aber sagte: »Meine Tochter bekommt Ihr doch nicht und wenn Ihr noch so viele Geschenke mitbringt«, und die Tochter setzte hinzu: »Ich will deine Geschenke nicht und dich gar nicht!« Da wurde der Zwerg sehr erbost, warf die kostbaren Sachen auf den Fußboden und erwiderte der Mutter: »So leicht ist's nicht abgemacht! Ihr habt früher meine Geschenke angenommen, und dafür will ich meinen Lohn. Morgen Mittag komme ich wieder; wenn Ihr bis dahin meinen Namen wißt, behaltet Ihr Eure Tochter, wißt Ihr ihn aber nicht, so nehm ich sie mit Gewalt!« Damit war der Zwerg verschwunden; beim Hirten aber war große Not im Hause. Der Schäfersohn, wenn er die Schafe im Walde hütete, hatte den Zwerg schon häufig gesehen; indes so oft er ihm auch nachgegangen war, jedesmal war er ihm aus den Augen verschwunden. An diesen Tagen hütete er gerade in der Nähe einer Höhle, und das war die Zwerghöhle. Der Schäfersohn stand auf seinen Hirtenstab gelehnt; da plötzlich kam der Zwerg wie vom Sturmwind getrieben durch den Wald gesetzt und verschwand in der Höhle. Am Eingang derselben stand eine gelbe Blume, welche der Schäfersohn schon oft bewundert hatte, weil ihre Farbe und Gestalt so ganz eigner Art war; diese Blume hatte der Zwerg erst angerührt, bevor er in die Höhle gegangen war. Weil es so laut im Berge wurde, horchte der Schäfersohn, und da hörte er denn, wie der Zwerg vernehmlich sang:

>»Hier sitz ich,
>Gold schnitz ich,
>Mein Nam ist
>Holzrührlein Bonneführlein.
>Wenn das die Mutter wüßt',
>Behielte sie ihr Mägdelein!«

Der Schäfersohn merkte sich die Namen, da sie ihm gar zu merkwürdig vorkamen, und als er abends zu seiner Liebsten ging und von ihr den Jammer vernahm, da erzählte er alles und tröstete sie. Die Mutter wiederholte sich die Namen so lange, bis sie ihr ganz geläufig waren, und nun sahen sie der Ankunft des Zwerges ruhig entgegen. Am andern Tage um die Mittagszeit erschien er richtig, trat vor die Mutter und sagte in spöttischem Tone: »Nun, herzliebe Frau Mutter, wißt Ihr meinen Namen schon?« Diese stellte sich ängstlich und erwiderte: »Ach, wie mögt Ihr doch nur heißen? Ihr nennt Euch doch wohl nicht Mäuserich?« Der Zwerg lachte und sagte: »Weit gefehlt!« – »Heißt Ihr denn vielleicht Ruppsteert?« – »Wieder gefehlt!« lachte der Zwerg. »Ach, wie nennt Ihr Euch denn? Holzrührlein Bonneführlein heißt Ihr doch gar nicht!« Augenblicklich war der Zwerg verschwunden, und man hörte und sah ihn nimmer wieder; der Schäfersohn aber bekam die Hirtentochter, und sie haben lange glücklich und zufrieden miteinander gelebt.

Die Querpfeife

Einem Bauern starb die Frau, und als sie begraben und betrauert war, sagte der Bauer zu seinem Sohn: »Hans, ich will nicht wieder heiraten; sorge du nun für eine Hausfrau!« Da wurde Hans sehr traurig, denn er hatte noch viel weniger Lust dazu. Und der Vater wurde böse und sagte: »Was stehst du denn da, als wäre dir die Petersilie verhagelt!« Hans erwiderte: »Ich mag nicht heiraten, und mag auch nicht einmal daran denken.« – »Warum nicht?« zürnte der Vater, »habe ich doch auch geheiratet und mich sehr wohl dabei befunden!« – »Das glaube ich«, versetzte der Sohn, »Ihr hattet die selige Mutter; ich aber, sollte ich mit einer Wildfremden leben?« Und der Vater mochte sagen, was er wollte; Hans wollte nicht heiraten, und so holte jener selber eine neue Frau ins Haus. Das aber war ein Unglück für Hans, denn als die Stiefmutter einen Sohn bekam, wußte sie Hans und den Vater zu entzweien, und dieser jagte jenen aus dem Hause. Hans nahm sich die Schlackwurst aus dem Wiemen, schnitt sich einen tüchtigen Stock aus seines Vaters Busch und wanderte in die weite Welt.

Gegen Abend kam er in einen großen Wald, und er verirrte sich und war in großer Not. Da raschelte es im Busch, und es trat ein graues Männchen zu ihm und sprach: »Ich bin hungerig, gib mir ein wenig Essen!« Hans griff in die Tasche, holte die Schlackwurst hervor und gab sie dem Männchen, und das Männchen griff in die Tasche, holte eine Querpfeife hervor, gab sie an Hans und sagte: »Wenn du in Not kommst, blas!« und weg war es. Hans war müde, legte sich ins Gras und schlief ein. Am andern Morgen

wanderte er weiter, und als er hungrig wurde, blies er auf
der Flöte; da kamen zwei große Wolfshunde, und der eine
hatte eine Wurst, der andere ein Brot im Maule. Hans aß
sich satt und wanderte weiter. Gegen Abend kam ein Wolf
und wollte ihn zerreißen; da blies er auf seiner Flöte, die
Hunde waren da und zerrissen den Wolf. Als er am andern
Tage hungerig war, blies er wieder, und die Hunde brachten ihm Brot und Wurst, und am dritten Tage machten
sie's ebenso; und als am zweiten Tage gegen Abend ein Bär
kam und wollte ihn zerreißen, da blies er auf seiner Flöte,
und die Hunde waren da und zerrissen den Bären. Am
dritten Tage gegen Abend kam er an eine Höhle, da
wohnte eine Menschenfresserin mit ihrem Sohne. Hans bat
um Quartier, und jene sagten's ihm gerne zu, denn sie wollten ihn des Nachts erwürgen und fressen. Das hatte aber
lange Weile! Denn als sie des Nachts in seine Kammer kamen und ihn töten wollten, blies er auf seiner Querpfeife;
da kamen die Hunde und zerrissen die Menschenfresserin
samt ihrem Sohne.

Als Hans am andern Morgen erwachte, war er mitten in
einer großen Stadt; die Hunde hatten ihn des Nachts dahin
getragen. Und der Wirt kam herein und sagte: »Habt ihr's
schon gehört? In der vergangenen Nacht hat der Drache
die Prinzessin gestohlen, und wer sie wieder holt, soll sie
haben und König werden.« Hans ging hinaus und folgte
der Spur des Drachen. Es dauerte nicht so lange, so kam er
wieder in den großen Wald, und unter einer großen Eiche
lag der Drache, und die Prinzessin kraulte ihm den Kopf.
Hans riß die Prinzessin weg, davon erwachte der Drache
und wollte ihn fressen. Da blies er auf seiner Flöte, die
Hunde waren da und zerrissen den Drachen. Nun brachte
er die Königstochter zu ihrem Vater, und dieser sagte:
»Willst du sie haben?« – »Ja«, sagte er, »sie sieht aus wie
meine Mutter, nur jünger und stolzer; drum will ich sie.«
Und sie heirateten sich und haben lange in Frieden und
Freuden miteinander gelebt.

Aschenpöling

Es waren einmal zwei Leute, die hatten elf Söhne und für keinen was zu essen. Nun begab es sich, daß die Frau noch ein Kind gebar, und das war eine Tochter und sah aus wie eine Prinzessin. Doch so sehr die Eltern sich über das kleine Mädchen freuten, niemand im Dorfe freute sich mit, und niemand wollte Gevatter werden bei dem armen Würmlein. Darüber betrübte sich der Mann, und seiner Frau mochte er es gar nicht sagen. Eines Morgens ging er in den Wald, um wie gewöhnlich Holz zu hauen; und als er sich müde gearbeitet hatte, legte er sich unter einen Busch und seufzte so recht aus Herzensgrunde. Da kam eine alte Frau hinter dem Busch hervor, die sah sehr traurig aus und sprach zu dem Holzhauer: »Was fehlt dir?« Er mochte es erst gar nicht sagen, zuletzt jedoch erzählte er alles, was ihn drückte, und daß das kleine Mädchen so schön sei, und niemand wollte Gevatter werden. Da schüttelte die alte Frau traurig den Kopf, ging mit, hielt das Kind über die Taufe, schenkte ihm drei blanke Goldstücke und verschwand. Und sie ließ nicht eher wieder was von sich hören, als bis das kleine Mädchen anderthalb Jahr alt war; da kam sie eines Tages wieder, bat sich die Kleine aus, und die Eltern gaben sie ihr gerne mit. Sie brachte aber das Kindlein in ihr Haus mitten im Walde, und das Mädchen wuchs und gedieh zusehends und wurde die schönste Jungfrau in der ganzen Welt.

An dem Tage, an welchem diese gerade ihren fünfzehnten Geburtstag feierte, sprach die treue Patin zu ihr: »Mein liebes Kind, ich muß dich auf drei Tage verlassen. Hier hast du alle Schlüssel, besieh dir die Zimmer, soviel du willst; nur das, zu welchem dieser kleine goldene Schlüssel paßt, öffne nicht. Gehorche meinen Worten, liebes Kind, du brächtest sonst großes Herzeleid über dich und über mich!« Und sie sah die Jungfrau so bittend an, daß es dieser durchs Herz ging und sie alles versprach. Den ganzen

Tag aber war sie betrübt, daß sie sich zum erstenmal von der Alten verlassen sah, und schloß keins der Zimmer auf; erst am andern Tage besah sie dieselben und staunte über all die Pracht und Herrlichkeit, doch das eine Zimmer, zu welchem der kleine goldene Schlüssel paßte, öffnete sie nicht. In der Nacht aber hatte sie keine Ruhe, und fortwährend dachte sie: »Was mag nur in dem Zimmer sein, zu welchem der kleine goldene Schlüssel gehört?« Am anderen Morgen besah sie alle anderen wieder, vor dem verbotenen indes ging sie erst lange hin und her; zuletzt aber meinte sie: ›Sollst die Tür nur ein klein wenig öffnen und gleich wieder verschließen, das wird wohl nicht schaden!‹ Und so gewaltig ihr Herz klopfte, sie öffnete die Tür und sah hinein. Was aber erblickte sie da! An der Wand ihr gegenüber hing ein großer Spiegel mit goldenem Rahmen, und aus dem Spiegel schaute eine wunderschöne Jungfrau, die hatte königliche Kleider an und trug eine goldene Krone auf dem Haupte. Daß sie selber die Jungfrau sei, das wußte sie nicht, denn sie hatte nie einen Spiegel gesehen, auch trug sie ja kein königliches Gewand und keine goldene Krone. Als sie aber näher ging, um alles besser zu betrachten, stieß sie an ein Gefäß voll Menschenblut; sie erschrak und ließ ihren Nähring hineinfallen, und als sie denselben wieder herausholte, da war er voll Blut; und das Blut ging nicht wieder weg, sie mochte reiben, soviel sie wollte. Eben hatte sie das Zimmer wieder verlassen, da kam die treue Alte, sah den blutigen Ring und sprach: »Törichtes Kind! Wann werde ich nun erlöst?« Und die Alte weinte bitterlich, faßte die Jungfrau bei der Hand, führte sie aus dem Hause und sagte: »Wir sind auf ewig getrennt, und eigentlich sollte ich recht böse auf dich sein! Ich kann es aber nicht, und hier hast du mein Patengeschenk: Sooft du dreimal stillschweigend auf dies Kästchen klopfst und dir dabei etwas wünschest, so bekommst du es. Damit geleite dich Gott! Mir aber komm nie wieder vor die Augen!« Die Alte ging ins Haus, verschloß es hinter sich, und die Jungfrau ging schluchzend in den großen Wald.

Sie kannte aber den Wald nicht weiter als wie sie von dem Hause der Gevatterin aus davon gesehen hatte, und so verirrte sie sich bald und wußte nicht ein noch aus. Und die Dornen zerfetzten ihr die Kleider und die Hände und das Gesicht; zu essen hatte sie nichts als die Beeren, die da wuchsen, und schlafen mußte sie auf der kalten Erde. So war sie denn bald ein wahres Bild des Jammers. Da trug es sich zu, daß der König im Walde jagte; als das Mädchen aufsprang, um den Hunden zu entkommen, meinte er, es sei ein wildes Tier, und wollte es erlegen; da zum Glück erkannte er die Gestalt eines Menschen, ließ das Mädchen einfangen, und die Jäger nahmen es mit ins Schloß. Hier mußte es Holz und Wasser tragen und das Feuer schüren, und weil es dabei so voll Staub und Asche wurde, nannten es die Leute nicht anders als Aschenpöling.

Nun begab es sich, daß der König, der noch nicht lange König war, heiraten wollte und deshalb einen Ball ausschrieb, zu welchem alle Prinzessinnen geladen wurden; bei der Gelegenheit wollte er sich denn eine Gemahlin aussuchen. Gegen Mitternacht, als Aschenpöling die Küche in Ordnung hatte, dachte sie: ›Möchtest auch wohl einmal tanzen!‹ Und sie holte das Kästchen hervor, klopfte dreimal stillschweigend darauf und wünschte sich ein königliches Gewand; und sie nahm das Gewand, ringelte ihr goldenes Haar und ging in den Saal. Der König tanzte eben mit einer schönen Königstochter; als er aber Aschenpöling eintreten sah, ruckte es in seinem Herzen, und er ließ die Königstochter stehen und tanzte mit Aschenpöling die ganze Nacht bis an den lichten Morgen. Da eilte die Jungfrau an ihre Arbeit, und der König mochte suchen und fragen, soviel er nur wollte, er fand sie nicht; und er war sehr traurig, und sein Herz wollte springen vor Sehnsucht. Am folgenden Abend war wieder Ball, und als Aschenpöling eintrat und ein noch schöneres Gewand anhatte, ließ der

König wieder die Prinzessin stehen und tanzte mit Aschenpöling bis an den lichten Morgen. Als sie auch diesmal wieder verschwand, wurde er noch trauriger und aß und trank
nichts denselbigen ganzen Tag. Des Abends tanzte er nicht
eher, als bis Aschenpöling kam, die diesmal ein Gewand
trug, wie zuvor noch nie ein Mensch gesehen hatte, und er
tanzte mit ihr bis an den lichten Morgen, gab ihr einen goldenen Ring und dachte: ›Diesmal kann sie nicht wieder
fort, denn ich habe das ganze Schloß mit Soldaten umstel-
len lassen!‹ Sie konnte aber doch fort, denn sie blieb im
Schlosse, tat ihr Küchenzeug an und war ein rechter
Aschenpöling, weshalb sie der König nicht kannte. Dieser
wollte vergehen vor Sehnsucht und schickte Boten in alle
Welt, daß sie die schöne Jungfrau suchten. Indes, keiner
fand sie, und sie war so nahe! Am dritten Tage bemerkte
der Koch den Ring an Aschenpölings Finger; als er die
Jungfrau darüber zur Rede stellte, nahm sie den Ring und
warf ihn flugs in die Suppenschale. Da fand ihn der König,
und er fragte den Koch, woher der Ring gekommen. Dieser
erzählte ihm, was er von der Sache wußte; als nun der König in die Küche ging, stand Aschenpöling da in demselben Gewande, das sie am ersten Abend getragen hatte, und
das dem König von allen am besten gefiel. Und er nahm
sie zur Gemahlin. Als sie aber zur Königin erhoben war
und die goldene Krone aufhatte, blickte sie zufällig in den
großen Spiegel: da wußte sie, wen sie damals in dem goldenen Spiegel gesehen hatte. Und sie war eine edle Königin,
und alle hatten sie sehr lieb.

Die sieben Gesellen

Es war einmal ein König, der geriet in Krieg mit seinem
nächsten Nachbarn, einem mächtigen Kaiser, und verlor
die Schlacht und mußte zusehen, daß seine Hauptstadt ver-

brannt und alle Schätze seiner Kammer entführt wurden.
Nach einiger Zeit erholte er sich etwas und gedachte, dem
Kaiser den Raub wieder abzunehmen. Er ließ also ein Ge-
bot ausgehen über all sein Land, daß jeder Gutsherr einen
Reitersmann ins Feld stellen sollte oder tausend Laubtaler
in seine Kammer bezahlen. Nun war da ein Graf durch den
Krieg sehr heruntergekommen, denn er hatte Raub und
Plünderung erfahren müssen. Seine Söhne waren auch alle
gefallen, und selbst war er schon zu alt, die Waffen zu führen; die tausend Laubtaler zu zahlen, fiel ihm aber zu
schwer, denn er hätte Haus und Hof verkaufen müssen.
Wie er nun so betrübt war und sich nicht zu raten wußte,
sagte eine seiner Töchter zu ihm: »Wißt Ihr was, Vater?
Gebt mir Ritterkleider und Waffen und ein gutes Pferd; so
will ich in des Königs Lager reiten und mich für Euern
Sohn ausgeben.« Das gefiel dem Grafen nicht übel, er
schaffte der Tochter Waffen und Rüstung und gab ihr das
beste Pferd aus seinem Stalle. Die junge Gräfin ritt hinaus
und kam schon am ersten Tage an einen Teich, bei dem
eine alte Frau ihre Lämmer weidete. Ein Schäflein war ihr
aber ins Wasser gefallen, und die alte Frau wußte es nicht
wieder herauszuziehen. Wie nun der Ritter dahergezogen
kam, rief sie ihn flehentlich um Beistand an. Aber der tat,
als hörte er es nicht, und ritt ganz stolz vorüber. Da rief ihm
die alte Frau nach: »Wenn Ihr mir denn nicht helfen wollt,
so wünsche ich Euch glückliche Reise, Fräulein!« – ›O
weh!‹ dachte die junge Gräfin, ›wenn mir die Leute gleich
ansehen, daß ich ein Fräulein bin, so reite ich besser gleich
wieder nach Hause, denn wenn ich ins Lager käme, würd
ich mit Spott und Schande wieder heimgeschickt.‹ Da
wandte sie ihr Pferd und ritt wieder heim zu ihrem Vater.
Der Graf war sehr betrübt, als sie schon zurückkam, denn
nun mußte er doch für die tausend Laubtaler sorgen. Da
trat aber die andere Tochter zu ihm und sprach: »Vater,
gebt mir Waffen und Rüstung und ein gutes Pferd, so will
ich ins Lager reiten und mich für Euern Sohn ausgeben.

Mich wird man wohl nicht erkennen.« Der Graf schaffte ihr also Kleider und Waffen, gab ihr das beste Pferd aus seinem Stalle und entließ sie mit seinem Segen. Wie sie nun eine Strecke geritten war, kam sie an den Teich, bei dem die alte Frau ihre Lämmer weidete. Wieder war ihr ein Lamm in den Teich gefallen, sie wußte es nicht herauszuziehen und bat den jungen Ritter flehentlich um seinen Beistand. Der aber träumte schon von seinen Heldentaten und ritt stolz vorüber. Da rief ihm die alte Frau nach: »Glückliche Reise denn, Fräulein.« Als die junge Gräfin sah, daß sie auch erkannt würde so gut als ihre Schwester, verzweifelte sie an dem Erfolg, wandte ihr Pferd und ritt heim zu ihrem Vater. Da war denn der Graf sehr betrübt, denn nun sah er wohl, daß er die tausend Laubtaler herbeischaffen müsse. Da kam aber die dritte und jüngste Tochter und sprach: »Väterchen, versuch es noch einmal mit mir, vielleicht bin ich glücklicher, und dann ist dir geholfen. Der Graf wußte erst nicht, was er tun sollte: Die jüngste Tochter war ihm die liebste, er mochte sie nicht gerne den Kriegsgefahren aussetzen und war auch so an sie gewöhnt, daß er sie nicht missen mochte. Sie legte sich aber aufs Bitten und hielt so lange an, bis er endlich nachgab. Sie mußte sich aber mit einem rostigen Harnisch begnügen und bekam auch das schlechteste Pferd, weil ihre Schwestern die andern lahmgeritten hatten. Sie ritt aber getrost fort und kam am Abend gleichfalls zu dem Teich, wo die alte Frau ihre Schafe weidete und um das Lämmchen jammerte, das ihr ins Wasser gefallen war. Da ließ sie sich nicht erst um Hülfe bitten, sondern sprang gleich vom Pferde, zog das Lamm heraus, brachte es der Alten und sprach ihr guten Mut zu: »Gebt Euch zufrieden, liebe Frau: das Schäfchen ist wohl ein wenig erschrocken, wird sich aber bald erholen, denn es hat keinen Schaden genommen.« – »Ei, schönen Dank, Herr Ritter«, sprach die alte Frau, »da habt Ihr mir einen großen Dienst geleistet. Ein Dienst ist aber des andern wert, und ich will sehen, was ich für Euch tun kann. Euer Pferd ist nicht ganz gut zu Fuß, Ihr habt ein besseres verdient.« Sie klopfte mit ihrem Hirtenstab auf die Erde; da tat sie sich auf, und gleich kam ein prächtiger Schimmel hervorgesprengt. »Nicht so, Geselle, sagte die Alte, du solltest mit Sattel und Zeug gekommen sein, schöner geschirrt als des Kaisers Zelter.« Sie berührte den Schimmel mit ihrem Stabe, und sogleich stand er mit goldenem Reitzeug geschmückt. »Dies Pferd«, sagte die Alte, »hab ich selber abgerichtet; es ist klug und weiß das Vergangene, Gegenwärtige und Zukünftige. Haltet es wohl, Ihr könnt Euch ganz auf seinen Rat verlassen. Ihr seid aber auch selbst nicht ganz nach Euerm Stande gekleidet: So ein schöner, vornehmer Ritter muß besser geschmückt sein.« Wieder schlug sie mit ihrem Stabe auf die Erde, und sogleich stand da eine Kiste mit kostbarem Rüstzeug und anderm Feldgerät; auf dem Boden aber lagen ganze Haufen Gold. Da zog ihm die Alte den rostigen Panzer aus und nahm ein Stück nach dem andern und eins prächtiger als das andere aus der Kiste und bekleidete damit den Ritter; das übrige schnürte sie ihm mit dem Golde in den Ranzen und hieß ihn wohlgemut seines Weges ziehen. Der junge Ritter ritt fort und kam in einen Wald, wo er kräftige Axtschläge hörte und dabei ein Krachen, als wenn Bäume zusammenbrächen. Als er näher kam, fand er einen Holzhacker, der mit jedem Schlage eine mächtige Eiche fällte. »Warum zerstörst du den Wald?« fragte der Ritter. »Ei«, sagte der Holzhacker, »meine Frau will Wäsche halten, da braucht sie Reisig.« – »Wie heißt du denn?« fragte der Ritter. – »Mein Name ist Knochenstark.« Da fing das kluge Pferd an zu sprechen und riet dem Ritter, diesen Mann mitzunehmen, er könne ihm unterwegs von Nutzen sein. »Willst du mir dienen?« fragte der Ritter, »ich gebe dir Kost und guten Lohn.« – »Warum nicht?« sagte Knochenstark, »meine Frau kann sich das Bündel selber heimholen.« Da nahm er seine Axt auf die Schulter und folgte ihm nach.

Als sie an das Ende des Waldes kamen, saß da ein Mann, der sich einen Strick an die Beine band, der war ganz kurz. »Warum tust du das?« fragte der Ritter. »Damit ich Hasen und Rehe fangen kann, denn wenn ich zu weit ausschreite, überlaufe ich alles Wild und fange gar nichts. Hirsche gibt es hier nicht, die Herrn Offiziere haben sie alle zusammengeschossen.« – »Wie heißt du denn?« fragte der Ritter. »Mein Name ist Vogelschnell.« – »Der auch zu brauchen«, riet der Schimmel. »Willst du in meine Dienste treten?« fragte der Ritter, »Ihr sollt Wild genug zu essen bekommen und braucht nicht viel danach zu laufen.« Der Vogelschnell war es zufrieden und folgte ihm nach.

Als sie eine Strecke weiter kamen, trafen sie einen Schützen, der mit verbundenen Augen zielte, man sah aber nicht, wonach. »Was wollt Ihr schießen?« fragte der Ritter. Der Schütze sagte: »Zwanzig Meilen von hier, auf der Spitze des Kirchturms, sitzt eine Mücke, die will ich herunterschießen.« – »Warum hast du dir denn die Augen verbunden?« – »Ei«, sagte er, »Mauern und Wälle würden ja zusammenstürzen, so scharf sind meine Blicke.« – »Wie heißt du denn?« – »Mein Name ist Scharfschütz.« – »Der ist brauchbar, nimm ihn auch mit«, flüsterte der Schimmel. »Willst du in meine Dienste treten?« fragte der Ritter. »Du sollst zu schießen haben, dazu guten Lohn.« Der Scharfschütz war es zufrieden und folgte ihm nach.

Bald darauf kamen sie an einen großen See; vor den hatte sich ein Mann gelegt und trank mit großen Zügen. Der Ritter fragte, warum er das täte. »Ei«, sagte er, »weil ich so großen Durst habe und weiß ihn nicht zu stillen. Schon zehnmal habe ich diesen Tümpel ausgetrunken, aber ehe er wieder volllief, meinte ich vor Durst zu vergehen.« – »Wie heißt Ihr denn?« fragte der Ritter. – »Mein Name ist Saufaus.« – »Der ist sehr brauchbar«, sagte der Schimmel, »nimm ihn mit.« – »Wollt Ihr mir dienen?« fragte der Ritter. »Ich will Euch Wein für Wasser zu trinken geben.« – »Das wäre mir schon recht«, sagte der Saufaus und folgte ihm nach.

Nun ging es den Berg hinauf. Da sahen sie zweiundsiebzig Mühlen stehen, die drehten lustig ihre Flügel, und doch war kein Wind zu spüren. Als sie aber über den Berg waren, war der Sturm so stark, daß sie kaum vorwärts konnten. Endlich kamen sie doch in die Ebene, da fanden sie einen Mann, der ein Nasloch zuhielt und mit dem andern blies. »Was tust du da, guter Freund?« fragte der Ritter. »Ei«, sagte er, »Ihr seht doch wohl die Mühlen da, denen muß ich Wind schaffen, sonst stehen sie still.« – »Warum hältst du denn das Nasloch zu?« fragte der Ritter. »Nun«, sagte der Bläser, »ich will doch nicht den Berg mitsamt den Mühlen wegblasen.« Da fragte der Ritter: »Wie ist denn dein Name?« – »Blasius Pausback.« – »Ein sehr brauchbarer Mann«, sagte der Schimmel, »nimm ihn auch mit.« – »Willst du mit mir ziehen?« fragte der Ritter. »Du sollst guten Lohn und wenig zu schaffen haben.« – »Das bin ich zufrieden«, sagte der Blasius und folgte ihm nach.

Nicht lange nachher kamen sie an eine Wiese, da sahen sie einen Mann, der hatte ein Ohr an die Erde gelegt, als ob er horchte. »Was machst du da?« fragte der Ritter. »Ich höre die Kräuter wachsen«, sagte er, »und die Flöhe husten, und wenn ich ein Ohr an die Erde lege, weiß ich, was meilenweit geschieht.« – »Wie heißt du denn?« fragte der Ritter. »Mein Name ist Feinohr.« – »Auch der ist zu brauchen«, sagte der Schimmel. »Willst du mit mir ziehen?« fragte der Ritter, »ich gebe dir guten Lohn und wenig zu schaffen.« Der Feinohr war es zufrieden und folgte ihm nach.

Ehe sie nun an das Lager kamen, fanden sie einen Mann vor einem Haufen Knochen stehen, und an dem letzten nagte er noch. »Seid Ihr immer so hungrig?« fragte der Ritter. »Nein«, sagte der Mann, »nur wenn ich mich nicht satt gegessen habe. Aber hier war nicht viel zum besten: die meisten Herden frißt des Königs Kriegsheer.« – »Wie heißt du denn?« fragte der Ritter. »Sie nennen mich Vielfraß, geben mir aber nichts zu essen.« – »Nimm ihn mit«, sagte der Schimmel, »er ist zu brauchen.« – »Geh mit mir«, sagte der Ritter, »ich will dich satt machen.« – »Wenn ihr nur Wort haltet«, brummte der Vielfraß und folgte dem Ritter ins Lager.

Als sie da ankamen, nahm der Ritter ein schönes Zelt aus seinem Ranzen und schlug es auf. Er gab auch jedem seiner sieben Gesellen eine stattliche Livree. Als nun der König mit der Königin geritten kam und das prächtige Zelt mit den stolzen Dienern sah, fragte er nach dem Ritter, der sogleich hervortrat und alle Fragen des Königs und der Königin gewandt und munter beantwortete. Der König hatte großes Wohlgefallen an dem Ritter und ernannte ihn auf dem Fleck zu seinem obersten Stallmeister. Noch mehr aber stach der schöne Jüngling der Königin in die Augen, er hingegen sah nicht viel nach der schönen Frau, sein Blick war stets auf den König geheftet. Am andern Morgen ging er in der Frühe im Schloßgarten spazieren. Da begegnete ihm die Königin, hängte sich in seinen Arm und befahl ihm, sie in sein Gemach zu begleiten. Er brachte sie bis an die Türe und entschuldigte sich dann, daß er beim Erwachen des Königs zugegen sein müsse, um seine Befehle zu hören. Das nahm die Königin übel und warf einen Haß auf ihn. Bei Tische kam die Rede auf einen Drachen, der des Königs Land verwüste. Da sagte die Königin, der junge Ritter habe sie um ihre Fürsprache gebeten, daß ihm erlaubt würde, es mit diesem Drachen aufzunehmen. Der junge Ritter schwieg still, denn er durfte sie nicht Lügen strafen; der König aber, der ihm gewogen war, meinte, dazu wäre er noch zu jung und zart. Die Königin wollte das nicht gelten lassen und hielt so lange an, bis der König seinen Willen darein gab. Ganz niedergeschlagen ging der Ritter in den Stall zu seinem Schimmel, der sprach ihm aber Mut zu: Er sollte es nur getrost wagen und alles tun, was er ihm riete, so würde es sich noch zu seinem Ruhm und Vorteil wenden. Eh er hinwegritt, bat er den König noch um sein Bildnis und erhielt es. Die Königin, die es verdroß, daß er das ihrige nicht begehrt hatte, fiel darüber in Krämpfe.

Nun zog der Ritter mit seinen sieben Gesellen nach dem Walde, wo der Drache hauste. In dem Walde war ein großer See, zu dem kam der Drache täglich geflogen, um zu trinken. Da befahl der junge Ritter auf des Schimmels Rat seinem Gesellen Saufaus, diesen See leer zu trinken. Als das geschehen war, mußte Knochenstark so viel Fässer Wein herbeischaffen, daß der See wieder voll ward. Dann mußte er noch einmal in die Stadt, um zwanzig Tonnen Heringe herbeizuholen, die man ans Ufer stellte, da, wo der Drache zu trinken kam. Als nun der Drache geflogen kam, verschlang er erst die zwanzig Tonnen Heringe. Davon bekam er so großen Durst, daß er den See rein austrank und nicht einen Tropfen drin ließ. Nun war er aber auch betrunken und stürzte besinnungslos zu Boden und schnarchte, daß die Äste von den Bäumen brachen. Da rief der Ritter seine sieben Gesellen herbei, ließ den schlafenden Drachen binden und von Knochenstark vor des Königs Zelt tragen, damit er selbst die Freude hätte, den ungeheuren Drachen zu töten. Als dies geschah, erhob das Volk ein lautes Freudengeschrei, und der König drückte dem Ritter dankbar die Hand. Die Königin, von diesem Ausgang beschämt, versuchte es noch einmal, den schönen Ritter zu gewinnen, und überhäufte ihn mit Höflichkeiten und Schmeichelworten. Als sie aber merkte, daß sie damit keinen Stein im Brett bei ihm gewann, fiel sie aus der Liebe wieder in den Haß und ging zu dem König und sagte, der junge starke Ritter sei erbötig, dem Kaiser die ganze Kriegsbeute allein und ohne Heer wieder abzugewinnen und habe sie inständigst gebeten, ihm die Erlaubnis dazu auszuwirken. Der König wollte darein nicht willigen, weil er meinte, der junge Ritter renne mit offenen Augen in sein Verderben. Aber die Königin sagte, da er den Drachen bezwungen hätte, so vermöchte er das auch, und wenn es ihm nicht erlaubt würde, täte er sich sicher ein Leid an. Da gab er endlich nach und erlaubte dem Ritter die Fahrt. Als der Ritter hörte, was von ihm erwartet würde, ging er verzweifelnd in den Stall, bei seinem Pferdchen Trost zu suchen. Das wußte aber schon alles und auch guten Rat dafür.

Da nahm der Ritter Urlaub von dem König, nicht aber von der Königin, welche das sehr übelnahm und dadurch in ihrem Haß noch bestärkt wurde. Er achtete aber nicht darauf, denn an ihrer Gnade war ihm nicht so viel gelegen als an des Königs Huld. Er ritt nun mit seinen Gesellen nach der Hauptstadt des Kaisers, stieg ab vor dem Schlosse, stellte sich als Gesandter des Königs vor und forderte den Kaiser auf, seinem Herrn die geraubten Schätze zurückzuschicken und für allen Schaden Ersatz zu leisten. Da lachte ihn der Kaiser aus und sprach: »Herr Gesandter, wenn Ihr an der Spitze eines Heers von siebenmalhunderttausend Mann gekommen wärt, so ließe sich hiervon ein Wort mit Euch sprechen. Da Ihr aber nur sieben Mann im Gefolge habt, so geb ich des Königs Schätze nicht heraus, wenn Ihr mit Euern Gesellen nicht morgen früh alles frische Brot aufeßt, das diese Nacht in meiner Hauptstadt gebacken wird.« Da bedankte sich der Ritter bei dem Kaiser für eine so leichte Aufgabe und sagte, er werde sich am andern Morgen bei Zeit zum Frühstück einstellen. Als er darauf in die Herberge ritt, ließ er seinen Vielfraß kommen und fragte, ob er sich auch dafür aussehe. Da freute sich der Vielfraß, daß er doch endlich einmal satt zu essen bekommen sollte. Aber zuvor mußte er noch die Fasten halten, denn der Ritter ließ ihm aus Vorsicht kein Abendbrot reichen. Am andern Morgen, als er mit seinem Gefolge auf den Markt kam, lag da das frischgebackene Brot haushoch aufgeschichtet. Der Ritter erschrak, und auch Vielfraß schüttelte den Kopf, aber nur, weil er zweifelte, ob er auch satt werden würde nach so langem Fasten. Er machte sich aber sogleich ans Werk, und bald war von dem hohen Haufen nichts mehr zu sehen. Vielfraß saß betrübt an der öden Stelle und rief den Leuten zu, wenn sie noch Mehl hätten, möchten sie ihm doch um Gottes willen noch etwas backen, eh er verhungern müßte. So war diese Aufgabe gelöst; wer aber sein Wort nicht hielt, war der Kaiser. Er sprach, wer so viel gegessen hätte, dem müßte auch dürsten. »Also nichts für ungut, Herr Ritter, wenn ich Euch die Schätze nicht gebe, ehe Ihr nicht mit Euern Leuten alle Brunnen in der ganzen Stadt ausgetrunken habt.« – »Es soll geschehen, Herr Kaiser, nach Euerm Befehl«, versetzte der Ritter, »wir möchten nur um die Gnade bitten, die Weinfässer gleich mit leeren zu dürfen, denn Wasser allein ist ein schaler Trank.« Der Kaiser bewilligte das gerne, zur großen Freude von Saufaus, denn er trank auch lieber Wein als Wasser. Er fing aber doch mit dem Wasser an, und als er alle Brunnen geleert hatte, machte er sich über die Keller her, Knochenstark hob die Fässer in die Höhe, und Saufaus, der unter dem Spunde lag, ließ wacker eingehen, und bald war für Geld kein Tropfen Wein mehr in der Stadt zu haben. Der Kaiser war sehr verdrossen, nicht bloß wegen der leeren Fässer, sondern weil er die Schätze nicht hergeben wollte und doch auch keinen andern Vorwand mehr wußte. Da half ihm seine Tochter aus der Verlegenheit, welche die schnellfüßigste Läuferin im ganzen Lande war. »Vater«, sprach sie, »sagt dem Ritter die Schätze zu, wenn einer seiner Leute mich im Wettlauf besiegen könne.« Dieser Rat gefiel dem Kaiser, und der Ritter, der an seinen Schnelläufer dachte, willigte ein, auch diese Probe noch zu bestehen.

Sie zogen also in die Rennbahn, die zwei Meilen lang war, und die Kaiserstochter schürzte sich zum Wettlauf mit dem Vogelschnell. Dieser bat erst um einen Trunk, weil aber alle Brunnen ausgetrunken und auch alle Weinfässer leer waren, gab man ihm Branntwein, und von dem starken Getränk übermannt, sank Vogelschnell an einem Baume nieder. Das Zeichen zum Wettlauf ward dreimal gegeben, die Kaiserstochter begann den Lauf, und schon war sie auf eine halbe Meile dem Ziele genaht, und noch ließ sich Vogelschnell nicht sehen. Der Ritter war besorgt und befahl seinem Feinohr zu horchen, wo Vogelschnell bliebe. Feinohr legte sich an die Erde und sagte dann: »Er liegt unter einem Baum und schnarcht, daß sich die Äste biegen.« – »Schieß einen Bolzen nach ihm, daß er aufwacht«, befahl der Ritter dem Scharfschützen. Dieser legte einen Bolzen auf den Bogen, und Vogelschnell, von dem Schmerz erweckt, sah um sich und sah die Kaiserstochter fast schon am Ziele. Da stand er auf und fing an zu laufen und lief so schnell, daß er noch vor ihr das Ziel erreichte. Der Ritter begehrte nun ernstlich die Schätze. »Nehmt sie aus der Kammer«, sagte der Kaiser, »aber nicht mehr, als einer Eurer Gesellen tragen kann.« Als das Knochenstark hörte, ließ er zweiundsiebzig Schneider kommen, die mußten die Nacht aufsitzen und eine große Tasche von grober Leinwand nähen. Darin wollte er die Schätze heimtragen. Als er aber in die Kammer kam, nahm er des Königs Schätze und schob sie in die eine Westentasche und die des Kaisers in die andere. Der Schatzmeister erschrak und lief hin, es dem Kaiser anzuzeigen. Der kam alsbald und sagte, so wär es nicht gemeint, *seine* Schätze müßten in der Kammer bleiben. Aber Knochenstark sagte, von dem bißchen Armut gäb er nichts heraus, er hätte sich da die große Tasche machen lassen, und nun wär nichts dafür da. Was das für eine Wirtschaft wäre! Da fürchtete der Kaiser, er möchte ihn selber drein stecken und schwieg. Nun nahm der Ritter Urlaub und machte sich mit seinen Gesellen auf den Weg. Als sie eine Meile gegangen waren, legte sich Feinohr auf den Boden und sagte, er höre Rossegestampf, gewiß lasse sie der Kaiser von Reitern verfolgen, um ihnen die Schätze wieder abzunehmen. Der Ritter erschrak und ermahnte zur Eile. Sie kamen aber bald an einen breiten Fluß, da lag kein Kahn bereit, der sie hinübergebracht hätte. Da fing Saufaus an zu trinken und trank alles Wasser auf in dem

Flusse, daß sie trocken hindurchgehen konnten. Als nun der Kaiser mit seinen Reitern herangesprengt kam, war unterdes der Fluß wieder vollgelaufen; sie schwammen aber auf den Pferden über und waren schon mitten in dem Flusse, da fing Blasius an zu blasen, daß die Wellen hoch gingen und Roß und Reiter ertranken.

Nun stritten sich die Diener des Ritters, wer das Beste getan und den größten Anteil an der Beute verdient hätte. »Wenn ich nicht war«, sagte Blasius, »so hätte uns der Kaiser eingeholt und getötet.« – »Wenn ich nicht war«, meinte aber Saufaus, »so wären wir nicht über den Fluß gekommen.« – »Und wenn ich nicht war«, sagte Knochenstark, »so hättet ihr nichts zu saufen und zu blasen gehabt, und wir säßen noch in der Hauptstadt oder hingen am Galgen.« Und so rühmte jeder seine Verdienste, aber der Ritter legte sich ins Mittel und sagte, es gehöre ja alles dem König, der würde sie, wenn sie heimkämen, reichlich belohnen. Also schlossen sie Frieden und setzten ihre Reise nach der Hauptstadt fort.

Als sie ankamen, ging ihnen der König entgegen und empfing sie mit großer Freude. Die Königin, als sie sah, daß ihr Anschlag vereitelt sei, wußte nicht, ob sie sich freuen oder ärgern sollte; doch siegte endlich ihre Liebe zu dem schönen Ritter, mit dem sie es noch einmal versuchen wollte. In der Nacht schmückte sie sich auf das Reizendste und ließ ihn durch ihre Kammerfrau, die auch bis über die Ohren in den schönen Jüngling verliebt schien, zu sich bescheiden. Der Ritter erschrak, kleidete sich aber doch an und folgte der Kammerfrau in das Schlafgemach der Königin. Diese empfing ihn zärtlich und bestürmte ihn mit Liebkosungen. Er blieb aber kalt und sprach zuletzt: »Frau Königin, wenn Ihr wüßtet, was ich weiß, so würdet Ihr's mir nicht verdenken, daß ich Eure Liebe nicht erwidern kann.« Die Königin erzürnte und fiel über ihn her, sein Gesicht zu zerkratzen, wandte dann aber ihre Wut gegen sich selbst, zerriß ihre Kleider und erhob lautes Geschrei, also, daß der König herbeikam und den Ritter bei seiner Gemahlin fand. Da klagte sie ihn dessen an, wessen sie sich selber schuldig wußte und berief sich auf ihr zerrissenes Gewand. Der König geriet in gerechten Zorn und sprach das Urteil, daß der Ritter vor allem Volke an einen Pfahl gebunden und qualvoll hingerichtet werden sollte. Dieses Urteil wäre am Morgen vollstreckt worden; als man aber dem Ritter die Kleider vom Leibe riß, zeigte es sich, daß es ein Weib sei. Da die Königin das sah und ihre Ränke zutage kamen, sank sie wie vom Blitz getroffen zu Boden und erwachte nicht wieder aus ihrer Ohnmacht. Der König aber nahm die schöne Gräfin zur Gemahlin und sorgte auch für ihre Gesellen, daß Vielfraß nicht zu hungern und Saufaus nicht zu dürsten brauchten. Auch das kluge Pferd wurde nicht vergessen: Die Königin selber schwang ihm täglich goldene Gerste.

Der dankbare Tote

Heinrich, ein reicher Hamburger Kaufmannssohn, reiste in Geschäften in fremde Länder. Wie er nun in ein heidnisches Land kommt, sieht er auf einem Sklavenmarkt ein schönes Mädchen feilbieten, jedoch zu so hohem Preise, daß sich keine Käufer finden. Das Mädchen gefiel ihm wohl sehr gut, aber so viel Geld meinte er nicht anlegen zu dürfen. Da redete das Mädchen ihm zu, er möchte sie doch erlösen, sie würde so grausam behandelt, bei ihm habe sie es gewiß besser. Sie verspreche auch, ihm immer treu zu dienen. Er entschließt sich nun, ein Gebot zu tun, das wird aber nicht angenommen; da gibt er endlich, was der Sklavenhändler gefordert hat. Wie er nun mit ihr ans Meer kommt, wo er sich einschiffen will, sieht er einen Toten daliegen, der von zwei Männern mißhandelt wird. Er fragt, warum sie den Mann schlügen und erhält zur Antwort, der

Tote hätte nichts als Schulden hinterlassen und kriegte nun so lange Schläge, bis jemand käme, der seine Schulden bezahlte. Da sagt er, sie sollten ihn in Ruhe lassen, er wolle die Schuld bezahlen. Das tut er denn und läßt den Toten auch noch ehrlich begraben. Darauf schifft er sich mit ihr nach Hamburg ein, wo er sein elterliches Haus bezieht und das Mädchen ihm die Haushaltung besorgen soll. Er faßt aber bald so große Liebe zu ihr, daß er sie durchaus heiraten will. Das Mädchen will darein wohl willigen, bedingt sich aber noch ein Jahr Frist. Diese Zeit benützt sie nun, heimlich auf ihrem Zimmer zu arbeiten. Als das Jahr vorüber ist, bestürmt sie Heinrich wieder mit seinen Heiratsanträgen. Da sagt sie zu ihm, er müsse erst noch eine Reise machen; wenn er davon zurückkehre, so wolle sie ihn gerne heiraten. Hier habe sie zwei Koffer gepackt und in jeden einen Brief gelegt. Wenn er an die andere Seite des Meeres komme, sagte sie, werde er einen vornehmen Schiffmann finden, dem solle er nur die beiden Koffer geben, das Weitere werde sich dann von selber ergeben. Heinrich wußte nicht, was er in den Koffern hatte, auch nicht, was in den Briefen stand. Als er aber an die andere Seite des Meeres kam und den vornehmen Schiffmann fand, gab er ihm die beiden Koffer mit den Briefen. Dieser öffnete den einen sogleich, las den Brief und packte dann den ganzen Koffer aus, der voller Fahnen und Flaggen war. Damit verzierte der Schiffmann das Schiff, nahm den Heinrich an Bord und fuhr dann nach der Königsstadt, wo er mit Kanonenschüssen und großem Jubel empfangen ward. Da stieg er mit dem Kaufmannssohn ans Land und gab dem König den andern Koffer. Dieser öffnete ihn, fand den Brief und ersah daraus, daß seine Tochter, die ein Schiffmann entführt hatte, der dann Seeräubern in die Hände gefallen war, von Heinrich auf dem Sklavenmarkt erkauft worden und jetzt seine Braut sei. Die Flaggen und Fahnen, die das Schiff mit der Freudenbotschaft verziert habe, seien alle von ihr selber gestickt. Da freut sich der

König sehr und empfängt Heinrich sehr freundlich, bittet ihn aber, sogleich wieder heimzufahren und seine Tochter zu holen, dann sollte er bei ihm bleiben und König werden. Da besteigt Heinrich ein Schiff, das gehörte aber wieder demselben Schiffmann, der die Königstochter entführt hatte. Als dieser hört, wie sich die Sache verhält, stößt er Heinrich unversehens vom Verdeck ins Wasser und fährt dann nach Hamburg, die Königstochter heimzuholen. Sie erkennt ihn nicht, und da er vorgibt, von dem König, ihrem Vater, geschickt zu sein, der sie mit ihrem Bräutigam vermählen wolle, so läßt sie sich bereden und schifft sich mit ihm ein. Unterwegs aber entdeckt er ihr, ihr Heinrich sei auf der See ertrunken. Wenn sie nun zu ihrem Vater zurückwolle, so müsse sie versprechen, ihn zu heiraten.

Heinrich war aber nicht wirklich ertrunken, sondern ein Geist hatte ihn gerettet, der Geist des Toten, den er freigekauft und ehrlich hatte begraben lassen. Da ward er von dem Geiste in die Königsstadt getragen, wo er dem Königsschloß gegenüber in dem ersten Gasthofe so lange wohnte, bis endlich seine Braut mit dem Schiffmann ankam. Da schlich er sich, wie ihm der Geist geraten hatte, in den Garten hinter dem Schlosse und versteckte sich im Gebüsch. Der König war sehr erfreut, seine Tochter wiederzusehen und empfing sie mit großen Freuden. Leider war sie aber sehr traurig, und als der König die Ursache hörte, durfte er sie nicht darum schelten. In der nächsten Nacht konnte die Königstochter nicht schlafen, erst gegen den Morgen schlummerte sie ein. Da träumt ihr, ihr Heinrich wäre in ihres Vaters Garten. Vor Freuden wachte sie auf und läuft gleich in den Garten. Da findet sie ihren Geliebten, der ihr erzählt, wie der Schiffmann an ihm gehandelt hat. Nun hält sie sich ihres Gelübdes entbunden und entdeckt alles ihrem Vater, der den Schiffmann sogleich verhaften und hinrichten läßt. Die Tochter vermählt er sogleich mit Heinrich, ihrem Erlöser, und nach dem Tode seines Schwähers fiel ihm auch das Königreich zu.

Kleesam

In einer kleinen Stadt starb ein Mann, der seinen beiden Söhnen nichts hinterließ als Haus und Garten: darein mußten sie sich teilen. Der ältere half sich bald: Er freite eine kinderlose Witwe, die ihm so viel mitbrachte, daß er seinen Teil des Hauses ausbauen und Gastwirtschaft treiben konnte. Der jüngere hatte nur ein armes Mädchen geheiratet, die ihm Kind auf Kinder gebar; die aßen ihm die Haare vom Kopfe, bis er zuletzt so arm ward, daß er sein Brot im Gemeindewald mit Holzhacken verdienen mußte. Der reiche Bruder, der kinderlos blieb und noch alle Tage reicher ward, gab aber dem armen nichts; auch hätte es seine Frau nicht gelitten, die ihrer Schwägerin spinnefeind war und sie ein Bettelweib über das andere schalt, wenn sie sich nur bei ihr blicken ließ.

Nun fuhr einmal der Holzhacker mit zwei Eseln in den Wald, Laub und Reiser zur Feuerung zu holen. Sein Mittagsbrot hatte er in die Tasche gesteckt, weil er den ganzen Tag arbeiten mußte. Als er nun zu Mittag dasaß und sein trockenes Schwarzbrot verzehrte, hörte er ein Geräusch, als wenn ein ganzer Haufen gewappneter Männer daherkäme. Vor Angst kletterte er auf einen Eichbaum und sah, daß es Räuber waren, die schwere Säcke daherschleppten. Gerade unter seinem Baum machten sie halt, und einer der Räuber, den er für den Hauptmann hielt, trat vor den Berg und rief: »Kleesam, tu dich auf!« Da tat der Berg sich auf, und die Räuber trugen ihre Säcke hinein; als sie aber drinne waren, rief der Hauptmann: »Kleesam, tu dich zu«, und der Berg schloß sich. Nun merkte der Holzhauer sich den Platz wohl, blieb aber ruhig auf seinem Eichbaum sitzen. Nach einiger Zeit tat sich der Berg auf, die Räuber kamen heraus, und der Hauptmann rief: »Kleesam, tu dich zu«; da schloß sich der Berg. Darauf ziehen die Räuber ihres Weges fort in den Wald. Als der Holzhacker sieht, daß reine Bahn ist, denkt er, du willst doch sehen, ob sich der Berg auch auftut, wenn du so rufst. Damit klettert er von dem Baum, trat vor den Berg und rief: »Kleesam, tu dich auf!« Richtig, der Berg tut sich auf: Er geht hinein, eine Treppe hinunter, und gelangt in ein großes Gewölbe, da liegen ganze Haufen Gold. Gleich lief er zurück und holte die Leintücher, die er um Holz und Reiser zu schlagen pflegte, wenn er nach Hause fuhr. Die füllte er im Gewölbe so schwer mit Gold, als er dachte, daß seine Esel tragen könnten. Mühsam schleppte er dann den Schatz die Treppe hinauf und rief:»Kleesam, tu dich zu!« Worauf der Berg sich schloß. Da belud er seine Esel und trieb sie fröhlich nach Hause. Wie er nun heimkommt, geht er erst ins Haus und schickt die kleinen Kinder in den Garten; nur seine älteste Tochter Marianne, die ein kluges Mädchen war, durfte bei der Mutter bleiben. Darauf lud er die Esel ab, trug die Schätze in das Zimmer und erzählte den beiden, wie er daran gekommen sei. Nun hatten die eine große Freude, daß sie auf einmal reich waren und nicht mehr im Wald die schwere Arbeit zu tun brauchten. Die Frau hätte aber doch gerne gewußt, wieviel sie besäßen. Da schickte sie ihre Tochter Marianne zu den reichen Leuten, ihren Schwägern, ein Scheffelmaß zu borgen: Damit sollte das Gold gemessen werden. Die Schwägerin wunderte sich, was sie wohl messen wollten: Sie hätten ja nicht das liebe Brot im Hause. Aber Marianne versetzte: Ihr habt doch wohl selbst gesehen, daß mein Vater soeben mit zwei Eseln nach Hause getrieben kam. Im nächsten Ort ist Markt, wie Ihr wißt: Da hat er Linsen eingekauft für den Winter; was übrigbleibt, wollen wir im Frühjahr im Garten säen. Das Geld haben wir uns lange zusammengespart. Da lieh die Schwägerin ihr den Scheffel, schmierte aber aus Vorwitz Talg hinein; vielleicht bleibe etwas hangen, woran sie sehen könnte, was sie gemessen hätten. Nach einiger Zeit schickte sie eine Magd hin, den Scheffel zurückzufordern, denn die Neugier ließ ihr keine Ruhe; auch war ihr bange, sie bekäme ihr Gemäß nicht wieder. Als der Scheffel wiedergebracht wird, war richtig etwas am Boden hangengeblieben, aber Linsen nicht; es war ein blankes Goldstück. Sogleich läuft sie zu ihrem Manne und sagt: »Was meinst du wohl, was sie gemessen hätten? Gold haben sie gemessen. Sieh nur selbst! Wie kommen sie daran? Das geht nicht mit rechten Dingen zu.« Der Gastwirt schüttelt den Kopf und sagt: »Das ist mir selbst zu rund. Ich muß es aber wissen, und das noch heute.« Da geht er gleich hinüber zu seinem Bruder, zeigt ihm das Goldstück und sagt, nun müsse er ihm bekennen, wie er daran käme, sonst zeige er es den Gerichten an, denn er dulde in seinem Hause keinen Unterschleif. Der Holzhacker wollte erst Ausflüchte machen; aber der Gastwirt setzte ihm so zu, daß er ihm endlich alles erzählen mußte. Er zeigte ihm auch den Berg und lehrte ihn die Worte, die er sprechen müßte, damit der Berg auf- und zuginge. Da fuhr der Reiche gleich des andern Tages mit zwölf Pferden vor den Berg und sagte: »Kleesam, tu dich auf!« Und der Berg tat sich auf. Da ging er mit vierundzwanzig großen Säcken hinunter, füllte sie alle mit Goldstücken und schleppte einen nach dem andern die Treppe herauf bis an die Türe. An der Türe sagte er: »Türe, tu dich auf!« Die Türe blieb aber zu. Er hatte das rechte Wort vergessen und konnte sich nicht mehr darauf besinnen; vergebens nannte er alles daher, was ihm einfiel: Die Türe wollte nicht aufgehen. Da kamen zufällig die Räuber daher und sahen die zwölf Pferde vor dem Berge stehen. Da sagten sie zueinander: »Was soll denn das bedeuten? Gewiß ist unsere Schatzkammer verraten.« Sogleich gehen sie an den Berg und hören inwendig jemand rufen. Da befiehlt der Hauptmann, den Ausgang zu besetzen und was herauskomme niederzumachen. Wie er nun ruft: »Kleesam, tu dich auf!«, stürzt der Gastwirt hervor, und gleich wird ihm der Kopf abgeschlagen. Die Räuber trugen dann die Säcke wieder hinab in das Gewölbe, ließen den Berg sich schließen und verscharrten den Leichnam unter dem Eichbaum in hohem Laub. Die

Pferde ließen sie laufen und gingen ihres Weges in den Wald.

Als nun am Abend der Gastwirt nicht nach Hause kommt, geht die Frau in der Nacht zu ihrem Schwager und klagt ihm ihr Leid: Ihr Mann wäre schon seit dem Morgen fort und noch immer nicht zurück; die Pferde wären aber ledig in den Stall gelaufen. Er sollte doch einmal im Walde nachsehen, ob sich keine Spur von ihm fände. Da ahnt ihm gleich nichts Gutes und verspricht, wenn er bei Tagesanbruch nicht daheim wäre, im Wald nach ihm zu suchen. Als er nun am Morgen nicht gekommen war, nimmt er seinen Esel mit einem großen Sack und treibt in den Wald vor den Berg. Da ruft er: »Kleesam, tu dich auf!« Worauf der Berg aufgeht. Da läuft er die Stiege hinab ins Gewölbe und findet niemand, sieht aber die vierundzwanzig Säcke seines Bruders gefüllt dastehen. Er läuft wieder herauf, läßt den Berg sich schließen und sucht nach und findet ihn endlich enthauptet unter dem Laube. Da steckt er den Rumpf mit dem Haupte in den Sack, lädt ihn auf den Esel, legt noch Reisig darauf und treibt heim. Wie er nach Hause kommt, gibt er der Frau Auskunft, tröstet sie, so gut er kann, und verspricht, wenn die Schätze im Berge nicht verraten würden, alles redlich mit ihr zu teilen. Er werde ihr auch beistehen, daß sie die Gastwirtschaft fortführen könnte. Zunächst käme es jetzt darauf an, ihren Mann begraben zu lassen, ohne daß es Aufsehen gäbe, und weder die Gerichte von der Schatzhöhle hörten, noch die Räuber erführen, daß sie von ihr wüßten und sie schon beraubt hätten. Das begriff die Gastwirtin, willigte in alles und ließ ihm auch freie Hand, wie er es anstellen wollte, daß ihr Mann begraben würde, ohne daß man in der Stadt erführe, wie er gestorben wäre. Sie könnte selber nichts tun, als ihn heute für krank ausgeben und morgen seinen Tod bekanntmachen: In der Nacht müßte er aber Rat schaffen, daß sie morgen die Leiche besichtigen lassen könnte, ohne daß sein gewaltsamer Tod herauskäme. Nun fragte der Holzhacker seine Tochter Marianne um Rat: Da sagte sie, vor der Stadt wüßte sie einen armen Schuhflicker wohnen, durch den wollte sie dem Oheim den Kopf wieder aufsetzen lassen und es schon so einrichten, daß er nichts verraten könnte. Da wartete sie die Nacht ab und schlich sich als Mann verkleidet hinaus zu dem Schuhflicker und sagte, er könnte ein schön Stück Geld verdienen, wenn er nur eine Viertelstunde arbeite; er müsse sich aber die Augen verbinden lassen: So sollte er bis an das Haus und hernach wieder zurückgeführt werden. Der Schuhflicker konnte das Geld wohl brauchen und willigte nach einigem Bedenken ein. Da verband sie ihm die Augen und führte ihn in das Haus zu der Leiche. Da nahm sie ihm das Tuch ab und sagte, nun hätte er weiter nichts zu tun, als diesem Manne den Kopf wieder aufzunähen. Der Schuhflicker macht sich gleich an die Arbeit, und in weniger als einer Viertelstunde saß der Kopf wieder fest auf dem Rumpfe. Da kriegte er einen doppelten Friedrichsdor und ward von dem Mädchen mit verbundenen Augen wieder heimgeführt.

Kurze Zeit darauf kamen die Räuber wieder an den Berg und fanden, daß der Leichnam, den sie verscharrt hatten, verschwunden war. Da sagte der Hauptmann zu den Räubern, jetzt könnten sie sehen, daß ihre Schatzhöhle verraten wäre. Sie müßten nun herausbringen, wer den Leichnam hätte fortschaffen und bestatten lassen: Derselbe wüßte auch von der Höhle. Denn wenn ein anderer ihn gefunden hätte, so würde es schon längst Lärm gegeben haben. Wer das nun ausmitteln wollte, der sollte sich melden. Da erhob sich einer der Räuber, der sich für sehr schlau hielt, auf Kundschaft zu gehen. Der verkleidete sich als ein fahrender Schüler und trieb sich lange in der Stadt und der ganzen Gegend umher, bekam aber nirgend Wind. Da kommt er eines Tags an der Bude des Schuhflickers vorbei und tritt hinein, weil an seinem Fußgeschirr etwas zu bessern war. Wie er nun fragt: »Was gibt es Neues, Meister?«, sagt der Schuhflicker: »Neues nichts, als daß ich vor etlichen Tagen einem Mann den Kopf aufgesetzt habe.« Da freut sich der Räuber und denkt: ›Holla, nun komm ich endlich auf die Spur.‹ Wie er aber fragt, ob er ihm denn sagen könnte, wo das geschehen wäre, sagt der Schuhflicker: Nein, denn man hätte ihn mit verbundenen Augen dahin und wieder zurückgeführt. Da fragt der Räuber, ob er sich denn getraute, den Weg wiederzufinden, wenn man ihm die Augen verbände. Er wollte ihm einen doppelten Friedrichsdor geben, wenn er ihm das Haus zeigen könnte. Der Schuster sagte, er wollte es versuchen, und glaubte wohl, daß es geriete, denn er hätte die Schritte gezählt und wär auch immer gradausgegangen. Als es nun Nacht wurde, verband er ihm die Augen und ging mit ihm nach der Stadt. Der Schuhflicker zählte die Schritte, und wie er ausgezählt hatte, blieb er stehen und hatte auch das richtige Haus getroffen. Da zog der Räuber ein Stück Kreide heraus und machte damit einen Kranz um den Knopf an der Haustüre. Darauf führte er den Schuster mit verbundenen Augen wieder zurück, gab ihm den doppelten Friedrichsdor und ging zu seinem Hauptmann und sagte, er könnte ihm nun morgen das Haus zeigen. Am Morgen war aber Marianne früh ausgegangen, Milch zu kaufen. Wie sie zurückkommt, sieht sie um den Knopf an der Tür einen Kranz gemalt. Da denkt sie, das hat was zu bedeuten, nimmt ein Stück Kreide und malt an allen Haustüren die Reihe herauf und herunter um jeden Knopf einen Kranz. Als nun der Räuber mit dem Hauptmann kommt, ihm das Haus zu zeigen, kann er es nicht finden, weil an allen Haustüren der Kranz um den Knopf gemalt ist. Da wird der Hauptmann zornig und läßt den Räuber erschießen, weil er sich hatte überlisten lassen. Da meldete sich ein anderer, der kommt auch zu dem Schuhflicker und fragt, was es Neues gäbe. Da sagt der Schuhflicker, weiter nichts, als daß er neulich einem den Kopf wieder aufgenäht hätte. Da fragt er, ob er ihm denn das Haus zeigen könnte. Das könnte er nicht, sagte der Schuhflicker, denn er wäre mit verbundenen Augen dahin- und wieder zurückgeführt worden. Wenn man ihm denn die Augen wieder verbände, ob er sich dann das Haus zu finden getraute? Er sollte einen doppelten Friedrichsdor haben, wenn er es ihm zeigte. Das könnte geraten, sagte der Schuhflicker, denn er hätte die Schritte gezählt und wär auch immer gradausgegangen. Als es nun Nacht wurde, verband er ihm die Augen und ging mit ihm nach der Stadt. Der Schuhflicker zählte die Schritte, und als er ausgezählt hatte, blieb er stehen und hatte auch wieder das richtige Haus getroffen. Da zog der Räuber ein Stück Kreide heraus und malte einen Strich an das Haus. Dann führte er den Schuster mit verbundenen Augen wieder zurück an sein Haus, gab ihm den doppelten Friedrichsdor und berichtete dann seinem Hauptmann, er könnte ihm nun morgen das Haus zeigen. Am Morgen war aber Marianne wieder früh ausgegangen, Milch zu holen; da sieht sie, wie sie zurückkommt, den Strich ans Haus gemalt. Da malt sie an alle Häuser die Reihe herauf und herunter einen Strich, und als der Räuber dem Hauptmann das Haus zeigen will, kann er es nicht finden, weil der Strich an alle Häuser gemacht war. Da wird der Hauptmann zornig und läßt auch diesen Räuber erschießen. Darauf geht er selber zu dem Schuhflicker und fragt, was es Neues gäbe. Der Schuhflicker sagt, nichts, als daß er neulich einem den Kopf aufgenäht hätte. Ob er ihm denn nicht sagen könnte, wo das gewesen wäre? Nein, sagt der Schuhflicker, denn er wär mit verbundenen Augen dahin- und zurückgeführt worden. Er hätte aber die Schritte gezählt und wär auch immer gradausgegangen. Wenn er ihm nun einen doppelten Friedrichsdor gäbe, wollte er sich die Augen wieder verbinden lassen und dann das Haus wohl finden. Der Hauptmann sagte ihm den doppelten Friedrichsdor zu, fragte aber noch, wer ihn denn bestellt hätte, ein Mann oder eine Frau? Da sagte der Schuhflicker, der Kleidung nach wär es ein Mann gewesen; aber nach der Stimme ein Mädchen. Nun wartete er, bis es dunkel ward, da verband er ihm die Augen und ging mit ihm nach der Stadt. Der Schuhflicker zählte die Schritte, und als er ausgezählt hatte, blieb er stehen und hatte auch zum dritten Mal das richtige Haus gefunden. Der Hauptmann war aber klüger gewesen und hatte alle Häuser gezählt von der letzten Ecke bis da, wo der Schuhflicker haltgemacht hatte, und also wußte er nun sichern Bescheid. Darauf führt er den Schuhflicker mit verbundenen Augen wieder an sein Haus, gab ihm den doppelten Friedrichsdor und ging dann zu seinen Kameraden. Soviel Leute er nun noch hatte, soviel Fässer kaufte er, und noch eins mehr, das ließ er mit Öl füllen; in die andern aber steckte er je einen seiner Räuber, gab aber auch diese für Ölfässer aus und sich selbst für einen Ölhändler. So kommt er an das Haus, das er sich gemerkt hatte, eines Abends mit den Fässern gefahren und fragt, ob er für die Nacht da Herberge fände mit seinen Karren und Pferden. Da hieß es »Ja«, wenn Raum genug im Hofe wäre für soviel Karren, so könnte er da Herberge finden. Da fuhr er auf den Hof und stellte seine Karren mit den Fässern alle in eine Reihe; die Pferde spannte er ab und zog sie in den Stall, wo sie wohl verpflegt wurden. In der Nacht, wenn alles schliefe, so war es verabredet, sollte er dann nur an die Fässer klopfen, so würden die Räuber sogleich den Fässern den Boden ausstoßen und ihm beistehen, alles im Hause niederzumetzeln: Hierauf wollten sie ihre Pferde aus dem Stalle nehmen und auf und davon reiten: Ihre Schatzhöhle wäre dann nicht mehr verraten.

Als nun schon alles im Hause schlief, denn auch der Ölhändler hatte sich zu Bette gelegt, war die fleißige Marianne noch häuslich beschäftigt und sah es gern, daß der alte Hausknecht ihres Oheims sich am Feuer dehnte, denn er war gefällig und ging ihr zuweilen auch wohl zur Hand. Darüber fing ihr die Lampe an sehr dunkel zu brennen: Sie sah hinein und fand, daß ihr an Öl gebrach. Der Ölkrug war aber auch erschöpft; es mußte ein anderer aus dem Keller geholt werden. Da klopfte sie dem alten Johann auf die Schulter und bat ihn, eine Kanne Öl aus des Oheims Keller zu holen. »Ich .weiß, daß noch eine da liegt«, sagte sie; »damit ist aber auch Matthäus am letzten. Muß ich für des Oheims Wirtschaft die Arbeit besorgen, so kann er auch das Öl dazu hergeben.« Der alte Johann raffte sich aus seinem Halbschlummer auf und taumelte die Treppe herunter; beim Heraufgehen aber stolperte er und zerbrach den Krug. »Das ist eine schöne Bescherung«, sagte das Mädchen, »wo kriegen wir nun Öl auf die Lampe? Die Läden sind längst alle geschlossen. Sollen wir hier im Dunkeln sitzen und haben all die Ölfässer im Hofe liegen? Gescheite Leute müssen keine Narren sein. Man soll dem Ochsen, der da drischt, das Maul nicht verbinden. Der Herr Ölhändler gäb uns gern ein paar Tropfen Öl, wenn er nicht schliefe; er würde aber verdrießlich, wenn ich ihn darum weckte. Laß uns einmal sehen, ob nicht eins der Fässer rinnt; sonst müssen wir einen Bohrer nehmen.« Da ging sie in den Hof und klopfte an das erste Faß: Das klang aber hohl, und zugleich hörte sie darin fragen: »Ist es schon Zeit?« – ›Ei‹, denkt sie, ›ist es so gemeint?‹ Da gibt sie leise Antwort: »Nein, noch nicht.« Sie geht und klopft auch an die andern Fässer: Die klangen alle hohl, und aus allen hörte sie fragen, ob es schon Zeit wäre. »Nein«, sagte sie leise, »noch nicht.« Nur das letzte Faß klang nicht hohl, denn das war voll Öl. Da sagte sie zu dem Hausknecht: »Jetzt steh mir bei, Johann, denn sonst sind wir alle des Todes. Alle Fässer stecken voll Räuber und Mörder: Wir wollen ihnen aber das Bad mit ihrem eigenen Öl gesegnen. Stich schnell das Ölfaß an; so will ich den großen Kessel an den Haken hängen und ein tüchtig Feuer darunter machen: Wenn du dann das Öl in den Kessel schüttest, soll es bald glühend sein.« Da bohrte der alte Hausknecht ein Loch in das Ölfaß, steckte einen Zapfen hinein und trug im Eimer so lange Öl in den großen Kessel, bis er ganz voll war. Es währte auch nicht lange, so fing das Öl an zu sieden und zu schäumen. Als es nun ganz glühend war,

schöpfte er Eimer um Eimer voll und goß das siedende Öl
Faß um Faß durch die Spundlöcher den Räubern auf den
Leib, daß sie alle des Todes waren. Als das abgetan war,
löschte sie gleich ihre Lampe aus und scharrte Asche über
die Kohlen, damit der Räuberhauptmann meinen sollte, sie
wäre schlafen gegangen. Sie stellte sich aber mit dem
Hausknecht heimlich auf Wache, um zu sehen, was er anfangen würde, wenn er dächte, daß alles in Ruhe wäre. Es
währte auch nicht lange, so machte er das Fenster auf und
stieg in den Hof. Da klopfte er an ein Faß, erhielt aber
keine Antwort. Bestürzt ging er weiter und klopfte an alle
Fässer; als er aber an keinem Antwort erhielt, sah er wohl,
daß sein Spiel verloren wär und ihm nichts Eiligeres zu tun
bliebe, als sich auf und davon zu machen. Dazu ersah er
sich denn auch sofort Gelegenheit, indem er aus dem Hof
durch die Tenne in den Garten lief und hier über die Hek-
ken springend das Weite suchte. Marianne hatte es wohl
gesehen: Sie hielt es aber noch nicht für geraten, sich schlafen zu legen; sie weckte erst ihren Vater, erzählte ihm, was
geschehen sei, und riet ihm, mit Hülfe des treuen Haus-
knechts den Fässern die Böden einzuschlagen und die toten Räuber im Garten zu verscharren. Der Vater lobte ihre
Klugheit und folgte auch sogleich ihrem Rat. Hernach werden auch die Fässer und Karren beiseite geschoben, so daß
am Morgen jede Spur der Räuber getilgt war.

Als der Räuberhauptmann alle seine Kameraden verloren hatte, sah er wohl, daß er die Sache anders angreifen
müßte. Da ging er hin und kaufte das Haus, das dem
Wirtshaus gegenüber gerade feil war; da legte er einen
schönen Laden an, der viele Käufer herbeizog. Nun hätte
er gerne gewußt, wer es wohl wäre, der seine Anschläge so
schlau zu vereiteln gewußt hätte. Da nahm er eines Abends
ein Stück Kreide und malte wieder einen Kranz um des
Nachbars Türknopf; am andern Morgen aber stellte er sich
zeitig auf die Lauer, um zu sehen, was nun geschähe. Am
andern Morgen ging Marianne wie gewöhnlich in aller

Frühe Milch holen und bemerkte, als sie zurückkam, daß wieder ein Kranz um den Türknopf gemalt war. Da trug sie die Milch ins Haus und kam bald darauf mit einem Stück Kreide in der Hand zurück. Sie besann sich aber noch und ging wieder ins Haus, ohne ihr erstes Vorhaben auszuführen. Da dachte der Räuberhauptmann: ›Du bist klug! Hast dich aber doch verraten.‹ Von Stund an setzte er sich vor, um Mariannen zu werben. Er besuchte auch ihre Eltern und ließ deutlich merken, daß er sein Absehen auf die Tochter gerichtet hätte. Dem Vater wäre der Eidam schon recht gewesen, die Tochter wollte ihm aber nie Rede stehen, was sie von dem Freier hielte. Da stellte einmal der Vater ein großes Gastmahl an und lud auch den neuen Nachbar dazu ein. Marianne, welche die Küche besorgte, tat absichtlich kein Salz an die Speisen. Bei Tische gab sie acht auf den Nachbar und bemerkte, daß er alle Speisen ungesalzen verzehrte. Daran erkannte sie, daß er keine Liebe zu ihr trüge. Nach dem Essen ließ der Vater Musikanten kommen, und da mußte Marianne den ersten Walzer mit dem Nachbarn tanzen. Dabei fühlte sie deutlich, daß er Waffen bei sich trüge. Da geht sie nach dem Tanz stillschweigend in die Küche und steckt ein scharfes Messer zu sich. Als die Musik wieder anhebt, muß sie auch den zweiten Walzer mit ihm tanzen. Aber mitten im Tanz stößt sie ihm das Messer ins Herz, daß er tot zu Boden stürzt. Alles wundert sich und stellt sie zur Rede; da sagt sie ganz ruhig: »Ich bin ihm nur zuvorgekommen, denn er hat mir nach dem Leben gestanden. Untersucht ihn nur, so wird es sich finden.« Wie sie nun nachsahen, finden sie Dolche und geladene Pistolen bei ihm, in seiner Wohnung aber Papiere, woraus sich ergab, daß es der Räuberhauptmann war, der so lange die Gegend unsicher gemacht hatte.

Bruder Stiefelschmer

Ein Fleischergesell, der sich tief im Walde verirrt hatte, traf
da einen Jäger an, der sich auf einem Baumstamm ruhte
und sehr schmuck gekleidet war, auch glanzlederne Stiefel
trug. Den grüßte er freundlich, und weil er auch müde war,
setzte er sich zu ihm und fragte:

>>Wohin, woher,
Bruder Stiefelschmer?<<

Der Jäger mußte des Grußes lachen und sagte: >>Ich weiß
selber nicht woher noch wohin. Ich bin im Walde verirrt
und hoffte schon, *Ihr* würdet den Weg wissen. Es soll hier
im Walde nicht richtig sein.<< – >>Bah!<< sagte der Fleischer,
>>Bangemachen gilt nicht. Seht ihr hier meinen Stab? So-
lange ich den bei mir habe, fürchte ich mich vor tausend
Teufeln nicht.<< Der Jäger sah den Stock an und sagte:
>>Nun, der ist doch so gefährlich noch nicht. Ich habe
Hirschfänger und Büchse; aber was verschlägt das, wenn
wir den Räubern in die Hände fallen, die hier ihr Wesen
treiben sollen?<< – >>Nur nicht ängstlich!<< sagte der Fleischer. >>Wir wollen zusammenhalten; ich weiß hier auch
nicht Weg und Steg.<< – >>Das ist ein schlechter Trost<<,
meinte der Jäger.

Sie gingen zusammen und kamen bald an ein Haus im
Walde. Da freute der Fleischer sich und rief:

>>Komm, Bruder Stiefelschmer,
Hier geht's lustig her.<<

Ungern folgte der Jäger, es schien ihm da nicht geheuer.
Der Fleischer war aber schon in der Stube und bestellte ein
Abendbrot und zwei Betten. Bruder Stiefelschmer horchte
an der Türe und hörte eine alte Frau zu seinem Gefährten
sagen: >>Ihr seid hier ganz unrecht und solltet euch, je eher,
je lieber, aus dem Staube machen, denn ich habe zwölf
Söhne, und wenn sie nach Hause kommen und euch hier
finden, seid ihr Kinder des Todes.<< – >>Papperlapapp!<<
sagte der Fleischer, >>da müßten wir auch mit dabei sein.

Ich habe keine Bange nicht: Bringt uns nur bald etwas zu acheln, sonst müssen wir Hungers sterben. Das ist doch der schlimmste Tod, hab ich mir sagen lassen.« Damit ging er vor die Türe und suchte nach dem Jäger; aber der hatte sich unterdes in der Scheuer versteckt. Endlich fand er ihn zwischen zwei großen Heubündeln: Er mußte ihn mit Gewalt hervorziehen. »Sei doch gescheit«, sagte er, »willst du hier verhungern? Komm mit ins Haus und verlaß dich auf meinen Zauberstab. Solang ich den habe, brauchst du nichts zu fürchten. Das Essen kann jetzt angerichtet sein, und ich will wetten, es wird dir auch munden.« – »Aber wir sind hier in eine Räuberhöhle geraten«, warf der Jäger ein. »Meinst du denn«, versetzte der Fleischer, »in einer Räuberhöhle könnte man von der Luft leben? Komm nur mit herein und iß für zweie: Wer weiß, wenn wir wieder was ergattern: Die Garküchen sind selten hier im Walde. Ich rate dir, trinke gleich einen guten Stiefel: Hernach, wenn die Räuber kommen und ich ihnen die Suppe gesalzen habe, darfst du mir nichts mehr anrühren. Dabei mußt du aber doch tun, als könntest du nicht satt kriegen. Hörst du wohl, Bruder Stiefelschmer? Und noch eins, nimm dich zusammen und laß dir die preußischen Ängste nicht merken. Und wenn du siehst, daß ich meinen Stab dreimal so in der Luft schwenke und ihn dann wie einen Stimmhammer auf den Tisch stoße, daß die Gläser klirren, so mach mir gleich alles mit deinem Hirschfänger nach. Du wirst sehen, das tut Wunder. Jetzt komm mit, Bruder Stiefelschmer.«

Da mußte Bruder Stiefelschmer, er mochte wollen oder nicht, mit ihm in die Stube und tüchtig einhauen und mit dem Glase Bescheid tun. Es währte auch nicht lange, so kamen die zwölf Räuber, und als der Hauptmann die beiden Gäste sah, rief er laut: »Nun, Gott sei's getrommelt und gepfiffen: Das ist ein Wundpflaster. Den ganzen Tag haben wir nichts gefangen; nun sind uns hier wenigstens ein Paar Vögel ins Garn geflogen. Aber seid ihr auch fett?« –

»Ich meine wohl«, sagte der Fleischer, indem er seine Katze schüttelte, daß die Goldfritze klangen. »Und Bruder Stiefelschmer sieht mir auch nicht aus, als hätt ihm der Mond in den leeren Beutel geschienen. Ihr könnt uns wohl eine tüchtige Galgenmahlzeit bereiten, denn wir wissen schon, was die Glocke geschlagen hat. Aber wir wollen uns wenigstens erst gehörig anrichten lassen und nicht mit leerem Magen über die Klinge springen. Was uns die Alte hier aufgetischt hat, ist wie ein Tropfen auf einen heißen Stein gefallen, so ausgehungert sind wir hier im Walde.«

»Ihr sprecht vernünftig«, sagte der Hauptmann, »und uns soll es auf eine Mahlzeit nicht ankommen. Versäumt aber das Tischgebet nicht. Wir machen nicht viel Federlesens, wenn wir im Tritt sind. Aber Alte, warum trägst du nicht auf? Siehst du nicht, wie schlapp wir sind? Wir haben hier einen guten Fang getan: Du mußt tüchtig aufwichsen.« – »Es ist drinnen gedeckt«, sagte die Alte. »Ich wußte nicht, daß die Fremden mitessen sollten. Geht nur hinein, der Braten dampft schon, und wenn es euch recht ist, will ich Glühwein aufsetzen.« – »Recht, alte Katze«, sagte der Hauptmann; »aber einen guten Kübel voll, denn der König hat uns Schweiß gekostet. Ich weiß nicht, ob ich noch einen Tropfen Bluts im Leibe habe. Es hieß, er jage inkognito im Walde: Da haben wir alles durchgestöbert, und die im Eiskeller auch; aber wenn die nicht glücklicher gewesen, wir haben keinen Schwalbenschwanz von einem König zu Gesicht gekriegt.«

»Wer weiß, wozu es gut war«, sagte der Räuber einer. »Ich traue dem König die Courage nicht zu, allein im Walde zu jagen; aber wenn uns die ganze Suite begegnet wäre.«

»Laßt es gut sein«, sagte der Hauptmann, »und geht mit mir hinein. Nun, ich sehe, die Alte hat's wohl mit uns gemeint. Hier ist auch Futter genug für unsere ausgehungerten Galgenvögel. Die Alte soll noch zwei Gedecke auflegen. Aber da ist sie ja schon. Nun setzt euch und tut, als ob ihr zu Hause wärt. Recht so, guter Freund, an meine grüne Seite. Aber warum nehmt Ihr denn nicht Platz, Bruder Stiefelschmer, wenn mir Recht ist.« – »Ja, Bruder Stiefelschmer, Ihr seht's ihm an den Füßen an. Er hat noch nicht recht eingeheizt, darum zittert er so. Wenn die Bowle kommt, vergeht ihm das.«

Nun saßen sie alle vierzehn um den Tisch herum und ließen sich wohlschmecken, was die Alte beschert hatte. Auch Bruder Stiefelschmer langte zu, weniger aus Hunger, als um sich nicht mahnen zu lassen. Als sie sich einen guten Kropf gegessen hatten, kam die Alte und sagte, der Kübel sei so schwer, daß zweie befohlen werden müßten, ihn auf den Tisch zu tragen; *sie* habe nicht Macht dazu. Der Hauptmann schickte seinen Nachbar zur Linken und den Fleischer, der ihm zur Rechten saß. Es waren beide starke Leute, aber die Achselbänder krachten ihnen, als sie die riesige Bowle auf die Tafel hoben. Der Hauptmann ließ es sich nicht nehmen, die Gläser selbst zu füllen. Da klopfte der Fleischer seinem Nachbar zur Rechten auf die Schulter und sagte:

>»Nun, Bruder Stiefelschmer,
>Komm du mal her

und laß uns auf die Gesundheit der ganzen Kompagnie trinken.« – »So ist's recht«, rief der Hauptmann, »unser Gast mit der Katz versteht sich auf Lebensart. Es ist ein flotter Bursch, den könnten wir brauchen. Stoßt alle mit ihm an: Die ganze Kompagnie soll leben, hoch! Aber Bruder Stiefelschmer muß noch besser einheizen. Will der Wein nicht schmecken?«

»Er ist etwas schwach«, meinte der Fleischer, »aber man muß nur desto mehr trinken; vielleicht hilft das. Darf ich noch *eine* Gesundheit ausbringen?« – »Ei«, rief der Hauptmann, den des Gastes Mut freute, »warum denn nicht! Noch zweie meinetwegen!« – »Nun, das soll ein Wort sein, noch zweie«, sagte der Fleischer. »So trinke ich denn die erste auf unsern Hauptmann, und der soll leben hoch! und

341

abermals hoch! und zum dritten Mal hoch!« – »Hoch!« rief die ganze Bande und stieß mit dem Fleischer an, daß die Gläser platzten. Auch Bruder Stiefelschmer säumte nicht, mit allen anzustoßen und das Glas bis auf die Nagelprobe zu leeren. ›Nun bin ich begierig‹, dachte er bei sich, ›wem das dritte Hoch gelten wird.‹

Der Hauptmann bedankte sich der erwiesenen Ehre, schenkte den Fremden und der ganzen Kompagnie die Gläser wieder voll und bat, nun das dritte Hoch folgen zu lassen. Da faßte der Fleischer sein Glas, hob es auf und sagte: »Das dritte Glas leere ich auf die Bruderkompagnie im Eiskeller drüben, und damit ihr desto geneigter ihre Gesundheit trinkt, soll ich einen schönen Gruß vermelden und den König hätten sie gefangen.« – »Den König gefangen! Das ist bitter«, sagte der Hauptmann. »Bitter, daß wir ihn nicht selber haben. Aber doch süß«, fügte er hinzu, »daß er gefangen ist, und so mag es denn gelten. Die ganze Kompagnie im Eiskeller hoch! und nochmals hoch! und zum dritten Mal hoch!« Sie stießen alle an und tranken aus; auch Bruder Stiefelschmer ließ sich nicht erst mahnen und tat seine Schuldigkeit.

»Ich wollte, der Wein wäre auch so bitter bei der Süße: Wie magst du das schlaffe Zeug nur vertragen, Bruder Stiefelschmer?« – »Mir schmeckt die Bowle vortrefflich«, entgegnete der Jäger. »Zu süß, Bruder Stiefelschmer, zu süß! Das widersteht beim dritten Glase, und ich tränke gern noch mehr.«

»Aber«, unterbrach sie der Hauptmann, »wie kommt ihr zu dem Auftrag? Kennt ihr das Zeichen? Ihr seht mir gar nicht aus, als wärt ihr von der Bande. Laßt uns das Zeichen sehen!« Der Fleischer stand auf, schwenkte seinen Stab dreimal über den Kopf und stieß ihn wie einen Stimmhammer auf den Tisch, daß die Gläser den Ton gaben. Bruder Stiefelschmer tat fast a tempo mit seinem Hirschfänger das gleiche. »Wer hätte das gedacht?« sagte der Hauptmann verdrießlich. »Und der kleine bange Hase Bruder Stiefelschmer ist auch von der Kompagnie? Man irrt sich doch nicht mehr als in den Menschenkindern. So will ich nun auch eine Gesundheit ausbringen. Unsere beiden Gäste sollen leben, hoch!« – »Nur einen Augenblick Geduld«, bat der Fleischer. »Die Bowle ist zu süß, des Zeugs kann man nicht viel trinken. Fragt doch die Alte, ob sie keine grünen Pomeranzen hat.« – »Pomeranzen!« sagte der Hauptmann, »die wachsen auch hier im Walde!« – »Ei!« sagte der Fleischer, »sie wachsen auch nicht in meiner Katze, und doch trag ich immer welche bei mir. Seht her! Die werft hinein: Sie sind ganz frisch und grün. Riecht einmal, wie köstlich! Das gibt eine andere Herzstärkung.« Dabei ließ er den Hauptmann die Goldfritze sehen, daß ihm der Mund wässerte nach dem Fang, der ihm nun entging, da sie mit von der Eiskellerbande waren, mit der sie gute Freundschaft hielten. Er schlug es sich aber bald wieder aus dem Sinn: Die Gefangenschaft des Königs war ein Trost, mehr wert als zwanzig Goldkatzen. So sprach er der Bowle kräftig zu und vergaß darüber den Toast, den er schon angekündigt hatte. Wirklich mundete sie nun immer besser, je mehr die grünen Pomeranzen zogen. Er schenkte den Nachbarn und schenkte den Nahen und Fernen fleißig ein und brauchte keinem zuzureden; nur Bruder Stiefelschmer tadelte das Getränk: Es sei zu bitter, die grünen Pomeranzen hätten so lange nicht drin bleiben dürfen. »Wir wollen uns nicht darüber zanken«, sagte der Fleischer, »Bruder Stiefelschmer; aber ich glaube, die Pomeranzen sind nicht schuld. Du hast vorher schon ein übriges getan und kriegst nun Angst vor St. Ulrich. Da bist du aber schief gewickelt. Man kann jetzt ein Achtel mehr davon vertragen. Bitter dem Mund ist dem Herzen gesund.« Dieser Ansicht stimmten die andern alle bei und sprachen so lange zu, bis der eine rechts, der andere links vom Stuhle fiel und der Hauptmann unter dem Tische lag.

»Jetzt geschwind in den Stall, Bruder Stiefelschmer: Da hab ich ein Paar blanke Rappen gesehen. Damit reiten wir in die Hauptstadt und lassen die Vögel in den Käfig setzen. Die Leimruten halten sie wohl so lange fest: Dafür laß ich die grünen Pomeranzen sorgen. Die andere Bande im Eiskeller sitzt auch auf dem Kloben: Der König wird seinen Diener loben. Aber die alte Frau wollen wir erst in den Keller sperren, damit sie uns nicht einen Strich durch die Rechnung macht.« Damit ging es leichter, als er gedacht hatte, denn die Alte hatte sich auch ein Bene getan und lag nun und schlief wie ein Ast. Sie merkte es gar nicht, als man sie aus dem Bette hob und im Keller wie einen Anker auf den Sattel zwischen zwei Fässer legte.

>»Nun, Bruder Stiefelschmer,
>Ist dir das Herz noch schwer?«

Pfeifend und trällernd schwangen sich jetzt der Fleischer und Bruder Stiefelschmer auf die feisten Rappen und ritten nach der Residenz. Am Tor trat sogleich die Wache ins Gewehr und präsentierte. Auch blieb hier und da einer stehen und machte Front. Darum kümmerten sich aber die beiden nicht, sondern ritten weiter dem Schloßplatz zu. Vor dem Schloß wirbelten die Trommeln, die ganze Wachmannschaft sprang hervor, stellte sich in Reih und Glied, und der Offizier kommandierte: »Präsentiert's Gewehr!« Bruder Stiefelschmer sah den Fleischer an, ob er auch überrascht sei; aber davon konnte er nicht die Spur gewahren. Als sie abstiegen und ins Schloß gingen, sagte der Fleischer: »Einer von uns beiden muß der König sein. Wollen wir abschaffen?« – »Nun, ich bin's«, sagte der Jäger. »Aber wer bist du, mein Retter?« – »Ich bin der neuernannte Polizeipräsident und bitte um Gnade, Majestät, wenn ich Ihr Inkognito zu streng beobachtet habe.« Nun war der König der Überraschte. »Wie bist du aber im Eiskeller zurechtgekommen, wo du das Zeichen erfahren hast?« fragte der König. »Da hab ich mich für den neuen Hauptmann der anderen Bande ausgegeben, der den König mit eigener Hand gefangen hätte. Darüber haben sie auch grüne Pomeranzen zu kosten gekriegt. Hab ich meine Sache gut gemacht?« –

»Exzellent hast du's gemacht: Ich lege dir hiemit den Titel bei; aber mit dem Gruß, Bruder Stiefelschmer, wird mich Exzellenz künftig verschonen und dazu reinen Mund halten.« – »Krönen Sie nun Ihr Werk, Exzellenz, nehmen Sie Mannschaft und ein paar Leiterwagen und heben Sie die beiden Nester aus. Es ist Platz genug in der Hofvogtei.«

Der lustige Zaunigel

Zwei Leute hatten lange Zeit glücklich gelebt, doch gerieten sie miteinander einmal in Streit, und dabei wünschte der Mann der Frau einen Zaunigel, das ist ein Stachelschwein. Nach einiger Zeit bekam die Frau wirklich einen Zaunigel, und sie pflegte ihn lange und sah ihn an wie ein Kind. Wie der Zaunigel aber größer wurde, ward er gegen seine Eltern unartig, und die brachten ihn zur Strafe bei das Sauschwein, welches eben sechsunddreißig Ferken geworfen hatte, und dachten, das Schwein werde ihn aus Hunger auffressen. Das tat aber das Schwein nicht, sondern machte mit dem Zaunigel Brüderschaft und gab ihm zu fressen von dem, was man ihm selber gebracht hatte. Am andern Morgen, als die Mutter des Zaunigels das Schweinsfutter brachte, rückte der vor und verlangte sein Erbteil. Die Mutter fragte ihn, was er haben wolle, und er verlangte die Sau mit den Ferken, die ihm auch gegeben ward. Nun zog er mit seiner Kompagnie in ein dickes fettes Holz und hütete da die Ferken jeden Tag in der Eichelmast, so daß sie in kurzer Zeit fett wurden. In diesem Holze aber haben drei Könige gewohnt, und hat jeder König eine stattliche Tochter gehabt.

Eines Tages ging der eine König in dem Holze spazieren und kam an eine grüne Laube, die der Zaunigel geflochten hatte, setzte sich hinein und frühstückte; als er aber aufstand, sah er, daß er sich verloren hatte und den rechten

Weg nicht wiederfinden konnte. Da kam er an die Schweine und rief immerfort: »Wo mag denn wohl der Hirte sein, wo mag denn wohl der Hirte sein?« – »Das bin ich! Das bin ich!« schrie der Zaunigel. »Du?« sagte der König, »wie kannst denn du der Hirte sein, da du ein Zaunigel bist?« Er klagte aber dem Zaunigel doch, daß er sich verloren, und der sprach: »Ich will Eure königliche Majestät auf den rechten Weg bringen, aber ich muß Dero Tochter haben.« Da gelobte der König seine Tochter an, der Zaunigel wies ihn zurecht, und der König ging nach Haus.

Den andern Tag kam der zweite König an, frühstückte auch in der Laube und wußte nachher den Weg nicht wiederzufinden. Da kam er an die Schweinetrift und rief auch: »Wo mag denn wohl der Hirte sein?« Da schrie der Zaunigel: »Das bin ich! Das bin ich!« Der zweite König sagte auch zu dem Zaunigel, daß er nicht der Hirt sein könne, klagte ihm aber doch, daß er sich verloren habe und sich nicht wieder zurechtfinden könne. Der Zaunigel brachte den König auf den Weg, ließ sich aber vorher auch seine Tochter angeloben. Den andern Tag ging der dritte König in die Laube, frühstückte in ihr und verlor sich, kam auch an die Schweinetrift und rief: »Wo mag denn wohl der Hirte sein?« Da sprang der Zaunigel auch hervor und rief: »Das bin ich! Das bin ich!« Auch dieser König stritt mit dem Zaunigel, weil er nicht der Hirt sein könne, ließ sich aber doch zuletzt von ihm auf den Weg bringen und versprach ihm auch die Tochter. Nun trieb der Zaunigel seine Herde heim und überlieferte sie seinen Eltern wieder. Da mußte die Mutter die Herde Schweine verkaufen und des Oberamtmanns großen Puter dafür einhandeln, sie sollte aber dabei um Gottes willen nicht feilschen, sondern geben, was der Oberamtmann haben wollte. Das tat die Mutter auch, trieb die Trift Schweine zu Markte, kaufte den großen Puter des Oberamtmanns ohne zu handeln, kaufte dann noch eine Pistole und überlieferte den Puter mit der

Pistole dem Zaunigel, und darauf haben sie von dem übrigen Gelde sich alle zusammen recht lustig gemacht, denn es ist bei den Eltern große Freude gewesen über das gelöste Geld, und darum ist an diesem Abende ein süßer, süßer Kaffee gekocht.

Am andern Morgen sattelte der Zaunigel den Puter, steckte die geladene Pistole in den Sattel und ritt zum ersten König, um die Tochter abzuholen. Der König hatte aber Wache vor dem Schlosse stehen, und da ihn diese nicht gutwillig hereinließ, so mußte er sie totschießen. Auf diese Weise drang er vor zum König. Der aber war redlich und konnte deshalb auch dem Zaunigel die Tochter nicht verweigern, sondern gab sie ihm hin mit vielen Schätzen.

Ehe sie nun zu seinen Eltern kamen, gelangten sie an eine Bettelmannsherberge, da mußte die Königstochter mit dem Zaunigel ein wenig hereintreten. Als sie drinnen waren, sprach er zu ihr: »Jetzt, mein Kind, sollst du die freie Wahl haben, ob du noch ferner mit mir ziehen oder dort in jener Kammer deine kostbaren Kleider ausziehen und dafür Bettelkleidung anlegen und einen Bettelsack aufhucken willst.« Da wählte sie das letzte, überließ dem Zaunigel ihre Kleider und Kostbarkeiten und ging mit dem Bettelsack nach Haus. Als nun der Zaunigel mit all den Kostbarkeiten ankam, war große Freude, und seine Mutter sagte, nun solle er sich auch eine Frau holen. Darauf setzte sich der Zaunigel wieder auf seinen Puter, zog zum zweiten König, schoß die Wache tot und drang vor; der König gab ihm auch seine Tochter hin mit vielen Schätzen. Als er nun mit dieser fast bei seinen Eltern war, gelangten sie wieder an die Bettelmannsherberge und traten da ein wenig hinein, weil kein ander Wirtshaus da war. Als sie drinnen waren, stellte der Zaunigel der Königstochter wieder die Wahl, ob sie ihm ihre Kleider und Kostbarkeiten lassen und mit dem Bettelsack nach Hause gehen, oder ob sie noch ferner mit ihm ziehen wollte. Sie ergriff lieber den Bettelsack, er aber nahm ihre Gewänder, Ringe und Ohrringe und ließ sie ruhig nach Hause gehen. Als der Zaunigel zu Haus ankam, schalt seine Mutter, daß er sich die vielen toten Schätze sammele und keine Frau ins Haus bringe.

Den andern Tag zog er auf dem Puter zu dem dritten König und wollte seine Tochter haben, die aber sprang sogleich hervor, umarmte ihn und war froh, daß sie den Zaunigel zum Manne bekam. Der Hofkanzler mußte sogleich die beiden copulieren, und darauf zogen sie in die Stadt, wie sie aber an die Stelle kamen, wo die andern Mädchen ihm alles überliefert hatten, erklärte die Prinzessin, daß sie bei ihm bleiben wolle und zog mit ihm zu seinen Eltern. Da war große Freude, daß der Zaunigel so eine hübsche Frau bekommen hatte.

Einstmals war der Zaunigel eingeschlafen, und seine Frau saß neben ihm auf dem Sofa. Da kam der Engel der Liebe geflogen und drückte der Prinzessin ein goldenes Schwert in die Hand, legte sich über den Zaunigel und tat, als wolle er ihn töten. Da wollte die Prinzessin ihren Mann aus Liebe verteidigen, und war doch nur ein schlechter Zaunigel, hieb mit dem goldenen Schwerte zu, und weil der Engel sich zurücklehnte, so traf er den Kopf des Zaunigels und hackte ihn ab, da sprang aus dem Zaunigel ein hübscher Jüngling hervor, und das Banner der Verwünschung war gelöst zum Lohn für die Treue der Prinzessin.

Am andern Tage gingen die beiden, der ehemalige Zaunigel mit der Prinzessin, und die Eltern des Jünglings nach dem Königsschlosse, da übergab sein Schwiegervater ihm das Reich, und es wurde jetzt erst die Hochzeit recht lustig gefeiert. Desselben Tages aber stürzten sich die andern beiden Prinzessinnen aus Ärger, so wunderschön war der Jüngling, zum Schlosse herunter und brachen den Hals. Weil nun der junge König sich gut hielt und die andern Könige keine Erben hatten, so vermachten diese ihm ihre Länder, worin er auch viele Jahre glücklich regierte.

Mit dem Schwert vom Engel der Liebe und dem Zaunigelfell hat der junge König aber viel im Kriege getan.

Denn sooft er an einem Haar auf dem Zaunigelfell rupfte, sooft standen tausend Mann Soldaten bereit, und das Schwert ist auch ein Zauberschwert gewesen.

Der Maurerlehrling

Es war einmal ein Maurer, der baute des Königs Schatzkammer und verschmierte den einen Stein nicht mit Kalk. Als nun die Schatzkammer mit den Schätzen des Königs angefüllt war, ging er nachts immer hin, stellte seinen Lehrjungen als Wache zum Aufpassen hin, hob den Stein aus, holte sich Schätze aus der Schatzkammer und setzte ihn wieder ein. Da der König merkte, wie sein Schatz sich verminderte und auch den losen Stein in der Mauer fand, ließ er Fallen und Schlingen vor die Stelle legen, wo der Stein los war, um den Dieb zu fangen.

In der nächsten Nacht kam der Maurer wieder und stellte seinen Lehrjungen zur Sicherheit als Wache aus. Sobald er aber ins Loch kroch, hatte er sich in der Schlinge gefangen. Damit er nicht erkannt und nicht Weib und Kind für ihn bestraft würde und die Schätze ausliefern müßte, befahl er seinem Lehrling, ein Messer zu holen und ihm damit den Kopf abzuschneiden. Das führte der Lehrling geschickt aus und warf den Kopf in den Fluß.

Am andern Morgen kam der König mit seinen Räten, fand aber nichts als den Rumpf vom Körper des Diebes. Da rieten ihm seine Räte, diesen Rumpf auf eine Kuhhaut zu legen und so durch die Stadt zu schleifen; das Haus aber, worin dann ein Geschrei entstände, sei das Haus des Diebes. So geschah es auch. Als aber der Rumpf vor des Maurers Haus vorbeigeschleift wurde, erkannten ihn seine Frau und seine Kinder sogleich und huben vor Schreck an laut zu schreien. Rasch hackte sich der Lehrling mit dem Beil in den Fuß, und als die Soldaten zusprangen und die

Familie des Maurers angreifen wollten, zeigte er ihnen das Blut, das an seinem Fuß niederlief, und sagte aus, daß die Frau und die Kinder darüber geschrien hätten. Darauf zogen die Soldaten ab, führten den Rumpf des Räubers weiter durch die Stadt, aber das Haus des Räubers und die geraubten Schätze wurden nicht gefunden.

Danach beschloß der König mit seinen Räten, den Rumpf des Maurers am Galgen befestigen zu lassen, neben den Galgen aber wurden sechs Mann Wache gestellt, um zu sehen, ob niemand sich nahte und versuchte den Rumpf zu stehlen. Als der Lehrling das erfuhr, verkleidete er sich in ein altes Weib, kaufte sechs Schäfermäntel und sechs Schäferstäbe und sechs Flaschen Weins, die er mit Schlaftrunk vermischte. Das lud er auf einen alten Karren, vor den ein alter Schimmel gespannt war, und fuhr es in die Nähe des Galgens. Weil er dort die Schäferstäbe und die Schäferröcke auspackte und sagte, daß er das den Schäfern auf dem Felde zu verkaufen gewohnt sei, so mißtrauten die Soldaten ihm nicht und kauften ihm allen seinen Wein ab. Kaum hatten sie ihn getrunken, da versanken sie alle in einen tiefen Schlaf. Sogleich löste der Lehrjunge den Rumpf seines Meisters vom Galgen ab und warf ihn auch in den Fluß. Danach entkleidete er die sechs Soldaten, legte ihnen die Schäfermäntel an, nahm ihnen ihre Waffen und gab ihnen an deren Statt die Schäferstäbe in die Hand. Die fünf Soldatenkleidungen hing er am Galgen auf und stellte die Waffen darunter. Nur das Kleid des einen Soldaten legte er selbst statt seines Weiberrockes an, den er unter dem Galgen liegenließ, ließ auch den Karren dort stehen und ritt in der Soldatenkleidung und mit der Soldatenwaffe davon.

Als der König mit seinen Räten die sechs Soldaten in Schäferröcken fand, mußten sie gewaltig lachen, und weil sie die Weiberkleidung sahen und die ganze List entdeckten, sprach der König also zur Wache: »Die Strafe soll Euch geschenkt sein, wenn Ihr den Schalk erkennet, der das getan, sofern er morgen zu meinem Königsschlosse geritten kommt.«

Da sprachen einige von den Soldaten: »Jetzt sind wir unserer Strafe ledig, denn er wird sich hüten, auf das Schloß zu kommen.« Andere aber sagten: »Und wenn er auch käme – sollten wir ihn denn nicht trotz all seiner List erkennen? Habt ihr denn nicht gesehen, daß er blaue Augenbrauen hatte, daran er vor allen andern Menschen kenntlich ist?«

Der König aber ließ bekanntmachen, wenn der, welcher den Räuber vom Galgen geraubt und die andern Schelmenstreiche verübt habe, sich ihm selbst anzeige, so solle ihm alles geschenkt sein, und zum Lohn für seine Geschicklichkeit solle er die Prinzessin zur Frau haben. Am andern Morgen standen die Soldaten vor dem Schlosse auf Wache und war ihnen doch der Befehl erteilt, daß sie den Schelm, sobald sie ihn fänden, ergreifen und gar nicht mit dem König reden lassen, sondern bevor er sein Bekenntnis abgelegt hätte, an den Galgen hängen sollten.

Weil aber der Lehrling die Soldaten des Königs scheute, so färbte er sich an diesem Morgen seine blauen Augenbrauen grün und ritt getrost auf seinem alten Schimmel und in Soldatenkleidung nach dem Königsschlosse. Als die Soldaten seine grünen Augenbrauen sahen, sprachen sie zueinander: »Er ist es nicht!« und mußten danach die Strafe leiden.

Der Lehrling aber legte vor dem König ein freimütiges Bekenntnis ab und erhielt die Prinzessin zur Frau.

Böse werden

Es war einmal ein Bauer, der war mit seiner Frau sehr reich und geizig und hatte doch nicht einmal ein Kind. Weil es ihn nur immer gereute, seinem Knecht das Lohn zu geben, so sprach er zu seinem armen Bruder: »Laß einen von deinen drei Söhnen bei mir dienen, und wer zuerst böse wird, sei es nun der Herr oder der Knecht, der soll die Zeche bezahlen. Werde ich zuerst böse mit dem Knecht, so soll er den ganzen Hof hinnehmen und mir noch dazu die Ohren abschneiden. Wird aber der Knecht zuerst böse, so schneide ich ihm die Ohren ab, und er bekommt auch keinen Lohn. Es ist mir nur darum, daß ich mit deinen Kindern in Friede und Freundschaft bleibe und mich nicht mit ihnen erzürne.« Im Herzen aber dachte er nur seines Bruders Söhne also um den Lohn zu bringen.

Der älteste der drei Brüder, der Hans hieß, gab sich zuerst bei seinem Oheim in Dienst, bekam aber Tag für Tag nur schmale Kost und hatte große Not, sich nicht darüber zu erzürnen. Als das Jahr fast herum war, wollte ihn der reiche Bauer noch um den Lohn prellen und sprach: »Treibe einmal die Kühe auf die Weide, meine Frau soll dir zu Mittag das Essen bringen.« Hans tat wie ihm geheißen war, aber das Essen kam diesmal gar nicht, denn der Bauer meinte, daß er darüber ganz zornig nach Hause kommen sollte. Als nun die Mittagszeit vorüber und der Knecht Hans sehr hungrig war, rief er einen vorübergehenden Fleischer an, verkaufte ihm die Kühe, schnitt ihnen aber die Schwänze ab und steckte sie in einen nahen Bruch und Moor.

Darauf lief Knecht Hans zum reichen Bauern und sprach: »Geschwind, Vetter, kommt mit auf die Weide, eure Kühe sind im Morast versunken und stehen nur die Schwänze noch heraus.« Da ging der Bauer mit ihm, faßte an einen Kuhschwanz nach dem andern und wollte die Kühe herausziehen. Aber wie er am ersten Kuhschwanz zog, fiel er schon rücklings auf die Erde, und die andern zog er ganz kleinlaut heraus, denn er merkte wohl, daß Hans die Kühe verkauft hatte, wurde aber darum nur desto freundlicher gegen den, weil er wußte, daß er den Hof noch obendrein verlieren würde, wenn er sich erzürnte. So gingen sie denn miteinander nach Hause, da brachte die Bauersfrau ihrem Manne zu essen, dem Knecht Hans aber gaben sie noch immer nichts. Darüber ward der Knecht Hans doch zornig, denn wiewohl es schon Abend war, hatte er noch keinen Bissen genossen und konnte sich doch nicht hungrig zu Bett legen. Deshalb beschimpfte er den Bauern und die Bäuerin, der Bauer aber schnitt ihm sogleich die Ohren ab.

Da ging der Knecht Hans mit dem Gelde, das er für die Kühe erhalten hatte, aber ohne seinen Lohn, nach Hause, und am andern Morgen kam der zweite Bruder und meldete sich als Knecht bei dem reichen Bauern.

Der Geizhals nahm ihn freundlich auf, hielt ihn sehr knapp, und als fast das Jahr herum war, wollte er ihn wieder um den Lohn betrügen und sprach: »Nimm Pferde und Wagen und fahre in den Wald, mir Holz zu holen. Die Stelle, wo du es aufladest, ist weit im Walde drinnen, und vor Abend wirst du nicht zurück sein, darum werde ich dir das Mittagessen selbst bringen.« Als nun der Mittag längst vorüber war und der Bauer das Essen nicht gebracht hatte, dachte der Knecht: ›Auf einen groben Klotz gehört ein grober Keil‹, rief einen vorübergehenden Mann an, verkaufte ihm Pferde und Wagen und sprach daheim zu seinem Oheim, ein Löwe sei gekommen und hätte die Pferde samt dem Wagen aufgefressen. Der Bauer tat, als glaubte er's, denn ihm war angst, daß er sich erzürnen und Haus und Hof darüber verlieren möchte. Als ihm aber seine Frau das Abendessen brachte und dem Knecht nicht, wollte dieser zornig dem Bauer die Schüssel wegnehmen, denn er war ganz verhungert. Da holte der Bauer gelassen das Messer herbei, schnitt auch dem zweiten Bruder die Ohren ab, und der mußte wieder ohne Lohn mit dem Geld, das er für Pferde und Wagen gelöst hatte, abziehen.

Am andern Morgen meldete sich der jüngste Bruder, der ein Dummling war, als Knecht bei dem Bauer. Weil es nun seine Schwestern seiner Jugend halben jammerte, daß er auch hungern sollte, so brachten sie ihm täglich, sooft er im Feld, Wald oder Wiesen arbeitete, zu essen. Der reiche Bauer verwunderte sich sehr, daß sein Knecht immer so freundlich aussah, wie karg die Kost ihm auch geboten wurde, hielt ihn auch deshalb für gar klug und fürchtete, daß der jüngste Bruder ihn durch einen klugen Anschlag gewiß noch erzürnen würde, ehe das Jahr herum sei. Deshalb sprach er zu seiner Frau: »Verkleide dich als Kukkuck, geh in den Wald und rufe dreimal Kuckuck, dann wird unser Knecht glauben, sein Dienstjahr sei herum, wird seinen Lohn nehmen und aus dem Dienst gehen.« Zu dem Knecht aber sprach er: »Höre einmal, Gesell, wenn der Kuckuck dreimal gerufen hat, ist dein Dienstjahr um, denn du weißt, daß eben der Kuckuck rief, als du kamst.« Da war der Knecht hocherfreut, denn er hatte nicht die Schelmenstreiche seiner Brüder im Kopfe und wollte nichts als ehrlich seinen Lohn verdienen, bat deshalb auch, daß sein Vetter ihm sein Gewehr leihen möchte, damit er einen Freudenschuß tun könnte, sobald der Kuckuck zum ersten Mal gerufen hätte. Das tat der geizige Bauer gern, weil noch ein alter Schuß in seinem Gewehr steckte, der herausmußte.

Es war aber erst Winter, und es lag hoher Schnee, da schleppte der Knecht schon überall das Gewehr mit umher, daß er nur den Freudenschuß nicht versäumte. Eines Tages wälzte sich die Bauersfrau in Sirup und dann in Federn, und als der Knecht im Walde arbeitete, sprang sie einem Tannenbaum herum, daß der Schnee von den Ästen zu Boden fiel, und dabei rief die Frau: »Kuckuck!« Kaum hatte sie aber zum ersten Mal gerufen, da griff der Knecht schon nach seinem Gewehr, tat einen Freudenschuß, traf aus Versehen den Kuckuck im Baum, und der fiel tot zu Boden. Da sprang der Bauer auch herzu, denn er hatte sich in der Nähe aufgehalten und zürnte und schalt auf seinen Knecht. »Vetter, seid Ihr böse?« fragte der Knecht. Der Bauer antwortete schnell: »Da sollte der Teufel nicht böse sein, wenn du meine Frau totschießt!« Da erhielt der dritte Knecht Haus und Hof und durfte dem reichen Bauern noch dazu die Ohren abschneiden.

Der Jäger und die drei Brüder

Einst war eine bitterböse Zeit auf dem Harze, die Gruben waren wegen des Wassermangels unbrauchbar und viele Bergleute brotlos. Deshalb stiegen drei Brüder von den Bergen herunter, um mit Musikmachen, was sie nebenbei erlernt hatten, etwas zu verdienen. Sie kamen aber in ein Dorf, da wollte sie niemand hören, denn im offnen Lande war die Not auch nicht gering. Trübselig zogen sie dem nächsten Dorfe zu, da erging's ihnen nicht besser. Traurig gingen sie danach in den Wald, da zu übernachten, lagerten sich um ein Feuer und sättigten sich von dem geringen Vorrate, den sie noch bei sich trugen. Da trat plötzlich ein grüner Jäger zu ihnen, forschte, woher sie wären, und erfuhr, daß sie sich vom Musizieren nähren wollten. »Das wird euch schwerlich etwas helfen«, sagte er zu ihnen, »aber ich will euch einen andern Vorschlag machen. Verschreibt mir eure Seelen, so sollt ihr auf Lebenszeit des Geldes genug haben.« Die Brüder berieten sich wohl miteinander, beschlossen aber, den gefährlichen Handel nicht einzugehen, denn die ewige Seligkeit war ihnen lieber als alles Gut der Welt.

Am andern Tage erging's ihnen wie am Tage vorher. Ohne etwas verdient zu haben, begaben sie sich am Abende wieder in den Wald, da erschien ihnen der Jäger wieder und wiederholte seinen Vorschlag. Die Brüder berieten sich wieder miteinander, wiesen ihn jedoch abermals ab.

Am dritten Tage erging es nicht anders. Matt vor Hunger, Anstrengung und Sorge begaben sich die Brüder wieder in einen Wald und lagerten sich um ein Feuer. Der

Versucher trat wieder zu ihnen und wurde auch diesmal mit seinem Vorschlage abgewiesen. »Nun«, sprach er, »ich sehe wohl, Ihr seid standhafte Männer. Auch bedarf ich eurer Seelen nicht, darum will ich euch einen andern Vorschlag machen. Hier habe ich eine Jagdtasche. Wer hineingreift, zieht jedesmal einen feinen Gulden heraus. Diese Tasche sollt ihr haben, unter einer Bedingung. Wenn ihr mit andern Leuten sprecht, so kann der älteste von euch nichts weiter hervorbringen als: ›Wir Brüder alle drei‹, der zweite: ›Wohl um das Geld‹, der dritte: ›Und das war recht‹. Untereinander könnt ihr reden, was ihr mögt. Geht ihr's ein?« – »Ja«, sagten die Brüder, »ist's auch gewiß, daß unsere Seele keinen Schaden nimmt?« Der Jäger sicherte es ihnen fest zu, und sie gingen den Handel ein. Er übergab ihnen die Tasche und verschwand im Gebüsch.

Am andern Morgen waren die drei Brüder sehr hungrig, beschlossen also, mit der Tasche einen Versuch zu machen. Sie traten in einen ansehnlichen Gasthof ein, und der erste sagte, wie er nicht anders konnte: »Wir Brüder alle drei«; der zweite tat einen Griff in die Tasche und zog einen feinen Gulden heraus und sagte zu dem Wirt: »Wohl um das Geld«; der dritte sprach: »Und das war recht.« – ›Ei, das sind ja närrische Käuze‹, dachte der Wirt, erriet aber ihren Willen und stellte ein leckeres Mahl vor sie hin.

Danach fragte der Wirt, ob sie auch Wein trinken möchten. Gleich ging's: »Wir Brüder alle drei« – »Wohl um das Geld« – »Und das war recht.« Und alsobald stand der Wein vor ihnen auf dem Tisch.

Am Abend forschte der Wirt, ob sie bei ihm übernachten möchten.

»Wir Brüder alle drei« – »Wohl um das Geld« – »Und das war recht.«

Da brachte sie der Wirt miteinander auf ihre Schlafkammer, hatte sich aber schon wegen der Worte, welche die drei Brüder immerfort im Munde führten, und weil er wohl gemerkt, daß sie nichts anderes reden konnten, einen frevelhaften Plan ausgesponnen, sich zu bereichern und die drei Brüder zu verderben.

In der Schlafkammer der drei Brüder war eine Tür, die führte in ein Nebenzimmer, und in der Tür war ein Fensterchen, davor hing in einem andern Zimmer ein Vorhang, aber so, daß man doch sehen konnte, was im Nebenzimmer geschah. In dem Nebenzimmer schlief in dieser Nacht ein reicher Kaufmann. Um Mitternacht vernahmen die Brüder ein leises Geräusch an der Haupttüre des Nebenzimmers, und durch das Fensterchen fiel ein Lichtstrahl in ihr Schlafgemach. Leise erhoben sich diese von ihrem Lager und sahen, wie die Wirtin mit einer Lampe vor dem Bette des Kaufmanns stand und daneben der Wirt und sein Sohn, die hatten ihm eine Schlinge um den Hals geworfen, und der Kaufmann war eben schon erdrosselt. Danach leerten sie die Geldkatze des Toten aus, schleppten ihn aus dem Zimmer und verscharrten ihn im Garten.

Die drei Brüder berieten untereinander, was sie tun sollten, und da sie nicht vermochten, dem Richter die Freveltat des Wirtes zu offenbaren, so beschlossen sie, in dem Wirtshause zu bleiben und zu sehen, wie's kommen würde, denn sie vermeinten, daß ein so großer Frevel nicht ungestraft bleiben werde und daß der Verdacht des Mordes auf sie fallen möchte, wenn sie danach sogleich abreisten.

Es dauerte auch gar nicht lange, da kam Nachjagd nach dem Kaufmann in dem Wirtshause an, worin er verschwunden war, und seine Leiche wurde an einer Stelle im Garten, wo die Erde locker war, aufgegraben. Sogleich trat der Wirt zu dem Richter und sprach: »Ich habe da drei Gäste, die sind mir verdächtig, gewiß haben sie den Kaufmann ermordet, denn sie schlafen neben seinem Zimmer, haben Geld wie Heu und sind doch eitel arme Bettelmusikanten vom Harz.« Sowie der Richter solches hörte, ließ er die drei Brüder in Banden werfen und vor sich führen.

»Ihr seid des Mordes angeklagt«, sprach er. »Was sagt ihr dazu? Beantwortet mir alle meine Fragen nach der

Reihe. Habt ihr die Tat vollbracht?« – »Wir Brüder alle drei«, sagte der älteste. »So bekennt ihr euch schuldig«, sprach der Richter, »daß ihr die Untat vollführt? Und warum machtet ihr euch einer so großen Missetat schuldig, die vor Gott und den Menschen nicht ungerochen bleiben kann?« – »Wohl um das Geld«, sagte der zweite Bruder. »Wehe! Wehe!« rief der Richter. »Und bereut ihr eure Schuld?« – »Und das war recht«, sagte der dritte. »Oh«, rief der Richter, »daß dich Gottes Sonne noch bescheint nach solcher teuflischer Rede!«

Die drei Brüder vermochten ihm aber nichts anderes zu antworten. Er fragte noch einmal, die Antwort lautete nicht anders. »O unerhörter Frevel!« rief er aus. »Und dieser jüngste Missetäter bekennet es noch für Recht, daß sie um schnödes Geld einen Menschen getötet haben!« Da wurden sie alle drei zum Tode verurteilt.

In der Nacht vor der Hinrichtung trat plötzlich der grüne Jäger in den Kerker zu den drei Brüdern und hieß sie nur ohne Sorgen sein, denn es werde noch alles gut werden.

Am Nachmittage darauf ward ihnen das Urteil auf dem Marktplatze noch einmal vorgelesen und gefragt, ob sie die Tat vollbracht und warum, und ob sie ihr Verbrechen bereuten.

Sie antworteten aber noch immer: »Wir Brüder alle drei« – »Wohl um das Geld« – »Und das war recht.«

Sie wurden vom Marktplatze nach dem Richtplatze gebracht, und drei Priester wetteiferten miteinander, sie zur Buße zu bewegen; doch sie blieben bei ihrer Rede. Weil aber die Menge hörte, wie der Jüngste immerfort überlaut rief: »Und das war recht«, so wurde sie gar zornig und hätte die drei Brüder lieber unterwegs schon zerrissen. Da wurde diesen im Herzen doch gar bange, als sie aber oben auf dem Schafott standen, sprengte plötzlich die Heerstraße entlang ein Reiter auf einem Schimmel nach dem Galgen zu. Die drei Brüder erkannten sogleich, daß es der grüne Jäger war, der aber verkündete allen, die zugegen waren, daß die drei Brüder unschuldig wären und daß der Wirt mit den Seinen den Mord begangen.

Die Wirtsleute waren unter den Zuschauern und liefen schnell nach Haus, als sie solche Rede hörten. Daheim schnitt sich der Wirt die Kehle ab, die Frau erhenkte sich, und der Sohn stürzte sich in die Sense.

Die drei Brüder aber hatten bei der Tasche ihr Leben lang des Geldes genug, und auch die völlige menschliche Sprache war ihnen wiedergegeben.

Das Rauhtier

Ein armes, schönes Mädchen suchte eine Herrschaft, dabei kam es vor eine Räuberhöhle, und des Räubers Mutter nahm sie in Dienst. Sie bekam aber ein Kleid von Büffelochsenfell, das mußte sie anlegen, wenn sie ausging und Speise und Trank in die Räuberhöhle holte. Dann meinten alle Leute, das Mädchen sei ein wildes Tier, und gingen ihr nicht nach, wenn sie in den Wald zurückging, zu dem Krämer aber hatte der Räuber gesagt, daß er alles bezahlen würde, was das wilde Tier von ihm holte.

So lebte das Mädchen lange Zeit in der Räuberhöhle und hatte einen Eid tun müssen, daß es zu niemand reden wolle, wurde aber immer schöner und schöner, und es gelüstete den Räuber, sie zu freien. Das verkündigte ihr die Alte und gab ihr zwei schöne Kleider, ein silbernes und ein goldnes, und sagte, davon solle sie eins wählen und als Hochzeitskleid anlegen, sagte auch, daß alsbald eine Hexenkutsche ankommen und sie mit ihrem Bräutigam zur Kirche fahren würde, davor wären keine Pferde, und wenn man sage ›Jö!‹ so ginge die Kutsche von selbst fort, wenn man aber sage ›Halt!‹ so stände sie still. Da erschrak das Mädchen gar sehr, daß sie den Räuber heiraten sollte, und ging auf ihre Kammer, den Brautschmuck anzulegen.

Währenddessen war die Kuh im Stalle krank, und die Alte vergaß mit ihrem Sohn darüber die ganze Hochzeit, denn sie wollten ihr Hilfe leisten, sahen auch nicht, wie die Hexenkutsche vor das Haus vorfuhr. Da zog das Mädchen über die goldene Kleidung, die es angelegt hatte, geschwind noch die silberne und warf auch noch sein Büffelochsenfell über, das ganz rauh war und es vom Kopf bis zu den Füßen bedeckte. So sprang es in den Wagen, rief »Jö!«, und sogleich fuhr die Hexenkutsche davon. Als sie schon weit fort war von der Räuberhöhle, rief sie »Halt!« und stieg aus. Dann rief sie wieder »Jö!«, und die Hexenkutsche flog davon. Das Mädchen aber legte sich in seinem Büffelochsenfell unter einen Baum und schlief ein.

Am andern Morgen kam ein Jagdhund gesprungen, biß aber das Mädchen, das unter dem Baume lag, nicht und bellte es bloß an. Danach kam der Jäger, und als er das Mädchen sah, meinte er, es wäre etwan ein Reh, legte an und wollte darauf schießen. Aber die Büchse versagte ihm, und das Tierlein kam auf allen vieren gesprungen, schnupperte an seiner Hand und tat so freundlich mit ihm. Da warf er ihm eine Schlinge um den Hals und führte es mit sich nach Haus, da warf er ihm Heu vor und tränkte es aus einer Krippe. Der Jäger meinte aber, daß das Rauhtier von dem Heu fräße und freute sich, wenn er's auf der Weide vor seinem Hause erblickte, wo so hohes Gras und so schöne Blumen waren. Und das Mädchen war immer als ein Tier, wenn der Jäger zu Haus war; wenn er aber fortgegangen war, half es seiner Mutter in der Wirtschaft, wusch aus und fegte das ganze Haus so freudig und munter, denn es liebte den jungen Jäger und schaffte gern für ihn.

Einstmals ging der Jägersmann zur Hochzeit, und als er fort war, was meint ihr wohl, daß das Rauhtier tat? Es warf sein Büffelochsenfell ab und lief in dem silbernen Kleid so schnell als ein Vogel fliegt durch Dornen und Gestrüpp nach der Hochzeit. Da tanzte der Jägersmann den ganzen Abend mit ihr, plötzlich aber war die schöne Tänzerin ver-

schwunden. Als er nach Hause kam, wartete ihm das Rauhtier, wie es zu tun pflegte, in seinem Büffelochsenfell schon
wieder auf und schlief dann die ganze Nacht unter seinem
Bett.

Den andern Abend ging der Jäger noch einmal zur
Hochzeit, denn sie dauerte zwei Tage lang. Da kam das
Rauhtierchen in seinem goldnen Kleid, und der Jäger
tanzte wieder den ganzen Abend mit ihr, und dann lief's
wieder durch Dornen und Gestrüpp auf dem nächsten
Wege heim. Als der Jäger nach Haus kam, kroch es schon
wieder auf allen vieren in der Stube herum in seinem Büffelochsenfell, brachte ihm die Pantoffeln und zog ihm die
Stiefel aus. Dabei tat es einen Fehltritt, und weil es in der
Eile heute das Büffelochsenfell noch nicht ordentlich befe-
stigt hatte, so fiel ihm das vom Leibe, und das Mägdlein
lag in der goldnen Kleidung da. Da hieß der Jäger es aufstehen, als einer schönen Jungfrau geziemt, und nicht mehr
auf vieren gehen, und lud am andern Tage alle die Hoch-
zeitsgäste zu sich und freite sie.

Von dem Schaf,
das eine Königstochter trug

Ein König war alt und schwach, aber seine Töchter waren
jung und schön und blühten nicht anders als drei rote Ro-
sen. Der alte König wurde von den Drachen zum Kampfe
gefordert, da sagte seine älteste Tochter: »Ich bin jung und
stark, Vater, laß mich für dich in den Kampf ziehen.« Also
geschah es auch, sie legte Königskleider an und zog aus.
Unterwegs aber kam die älteste Prinzessin an eine Brücke,
davor stand ein altes Weib, die hatte ein Schaf in den Graben fallen lassen und bat, daß sie ihr helfen möge, es herauszuziehen.

»Ich habe keine Zeit«, antwortete sie, »denn in einer

Stunde schon muß ich die Drachen getötet haben.« So zog sie weiter, aber die Drachen sagten sogleich: »Du bist mitnichten ein König, sondern ein Mädchen, und mit Weibern kämpfen wir nicht.« So mußte die Prinzessin unverrichteter Sache zurückkehren; die zweite Königstochter aber legte Königskleider an und sprach: »Ihr werdet sehen, daß ich besser mit dem Drachen fertig werde.« Bei der Brücke traf sie wieder das alte Weib, welches das Schaf aus dem Graben ziehen wollte und bat, daß sie ihr helfen möge. Sie aber weigerte sich des, weil sie in einer Stunde schon die Drachen getötet haben müsse, und die erkannten sogleich, daß sie ein Mädchen sei und weigerten ihr den Kampf. Da legte die dritte Königstochter Königskleidung an, kam zu der Brücke, wo die Alte sich noch immer mühte, das Schaf aus dem Graben zu heben, griff unaufgefordert mit an und half, bis das Schaf aus dem Wasser war. Da sprach die Alte: »Dir kann ich helfen, denn du bist mir gefällig gewesen. Nimm diesen Schlüssel und diesen Kasten, setze dich auf das Schaf und reite fort. Legst du dem Schaf den Schlüssel ins Ohr, so gibt es dir Rat.

Das Mädchen ritt eine Strecke weit, legte dem Schaf den Schlüssel ins Ohr, und sogleich sprach es: »O Königstochterjüngste, schließe mit dem Schlüssel den Kasten auf, darin sind so prächtige Königskleider, daß die Drachen, wenn du sie angelegt hast, nicht anders meinen werden, als du seiest ein König und mitnichten ein Mägdelein.« Da schloß das Mädchen den Kasten auf und zog gar herrliche Königskleider hervor, wie vor alters die Könige trugen und viel prächtiger, als sie jetzt ein sterblich Auge sieht, legte sie an und ritt auf dem Schafe zu den Drachen. Da sie also gezogen kam, sprachen sie: »Das ist gewiß und wahrhaftig der König selbst und mitnichten ein Mägdelein«, und ward ihnen angst und setzten den Kampf auf eine spätere Zeit fest. Die Königstochter blieb allda im Reiche und ritt täglich als ein mächtiger König auf dem Schafe umher.

Als aber die Drachen fort und fort Aufschub des Kamp-

fes verlangten, legte es wieder dem Schaf den Schlüssel ins
Ohr, und das Schaf sprach: »Ich will den Teich aussaufen,
zu dem die Drachen jeden Mittag kommen und saufen.
Alsdann streue Gift auf seinen Grund, und alsbald wird
der Regen den Teich wieder füllen.« Also geschah es auch,
und als die Drachen das nächste Mal kamen und aus dem
Teich soffen, fielen sie tot nieder. Da ging die Prinzessin
hin, schnitt dem Drachenkönig den mittelsten Kopf aus,
und da sie auf ihrem Schafe hinreiten wollte, kam der König des Landes, in dem die Drachen gewohnt hatten, und
trug ihr aus Dankbarkeit sein Reich an. Da lachte ihr das
Herz, denn der König war jung, und sie nahm das Königreich an, gab sich zu erkennen, und der König mußte König bleiben, sie aber wurde die Frau Königin.

Die Jungfrau auf dem gläsernen Berge

Es war einmal ein armes Weib, das hatte einen Sohn, der
hieß Hans. Dieser ging einst in den Wald, und als er eine
Weile gegangen war, kam er zu einem Teiche. Kaum näherte er sich dem Ufer, so sprangen drei wunderschöne
Frauen aus dem Wasser, warfen die Hemden über und flogen, in Enten verwandelt, schreiend davon. Die mittlere
der drei Frauen hatte dem Hans besonders gut gefallen. Er
ging nach Hause und erzählte das Gesehene seiner Mutter.
Diese sagte: »Geh wieder in den Wald und baue dir in der
Nähe des Teiches eine Hütte!« Und das geschah. Zur Zeit
des Neumondes untersuchte er fleißig morgens und abends
das Ufer des Teiches.

Als er eines Abends wieder das Ufer untersuchte, lagen
drei Hemden dort. Schnell bemächtigte er sich des mittle-
ren Hemdes, lief damit in seine Hütte und legte dasselbe in
eine Truhe. Kaum war er fertig, so wurde an der Türe ge-
klopft. Eine Stimme rief: »Ich bitte Euch, laßt mich ein,

ich habe mein Hemd verloren.« Hans sprang schnell auf, öffnete die Türe und stellte sich dann hinter dieselbe. Das Mädchen trat herein und warf schnell den Mantel Hansens um, den dieser auf dem Bette hatte liegen lassen. Dann bat sie den Hans um ihr Hemd. Allein er gab ihr dasselbe nicht, sondern ging fort, um seine Mutter zu holen. Kaum hatte er die Hälfte des Weges zurückgelegt, so fiel ihm ein, daß er die Truhe, in welcher das Hemd lag, nicht zugesperrt hatte. Schnell kehrte er um, aber als er zur Hütte kam, waren Tür und Truhe offen, und das Mädchen war fort. Auf dem Tische lag ein Zettel, darauf stund mit goldenen Buchstaben geschrieben: ›Meine Heimat ist auf dem gläsernen Berge.‹ Da machte sich Hans sogleich auf den Weg, um den gläsernen Berg zu suchen. Kam er in eine Stadt, so rief er laut: »Wißt ihr nicht, wo der gläserne Berg ist?« Allein niemand konnte ihm Auskunft geben. Einst kam er zu einem großen Hause, aus dessen Eckfenster schaute ein Herr heraus. Hans sagte: »Wißt Ihr nicht, wo der gläserne Berg ist?« – »Ich weiß es nicht, aber vielleicht weiß es einer meiner Knechte«, antwortete der Herr. Er zog dann eine silberne Pfeife hervor und tat darauf einen lauten Pfiff. Da kamen Bären, Wölfe und nach und nach allerlei Tiere daher. Zuletzt hinkte ein alter Hase auf drei Füßen herbei. »Weißt du, wo der gläserne Berg ist?« fragte ihn sein Herr. »Freilich weiß ich ihn«, antwortete der Hase. »So führe diesen Mann dahin«, sagte der Herr. Alsbald ging Hans mit dem Hasen fort. Als sie in einen großen Wald kamen, sagte der Hase: »Geh nur geradeaus, du wirst den Berg schon finden.« Und nach diesen Worten sprang er auf und davon.

Hans mußte nun allein wandern. Als er eine Weile gegangen war, sah er ein totes Pferd am Wege liegen. Bei dem Pferde befanden sich ein Bär, ein Wolf, ein Rabe und eine Ameise. Diese Tiere stritten sich um den Leichnam. Als Hans näher kam, sprach der Rabe: »Lieber Hans, teile das Pferd unter uns.«

Hans machte sich sogleich an die Arbeit. Zuerst schnitt er den Kopf des Pferdes ab und warf ihn der Ameise vor, indem er sagte: »Du kriechst gern in Höhlungen umher, da nimm den Kopf.« Darauf öffnete er den Leichnam und gab dem Raben die Eingeweide, dem Wolfe die Knochen und dem Bären das Fleisch. Die Tiere waren mit der Teilung zufrieden. Darauf gaben der Bär und der Wolf Hansen jeder ein Haar, die Ameise einen Fuß und der Rabe eine Feder. Die Tiere sprachen: »Wenn du in der Not bist, so lege das Geschenk unter die Zunge, und du kannst dich dann in dasjenige Tier verwandeln, von dem das Geschenk herrührt.« Dann entfernten sie sich. Hans aber ging auf der Straße fort. Als er eine Weile gegangen war, bemerkte er in der Ferne ein Leuchten und Blitzen. Das war der gläserne Berg. Fröhlich ging Hans bis an den Fuß des Berges. Auf dem Gipfel desselben stand ein schönes Schloß. Hans versuchte es, den Berg zu ersteigen, aber es war vergebens; er glitt immer wieder abwärts, denn der Berg war spiegelglatt. Nun verwandelte er sich in einen Bären und grub mit seinen Tatzen Stufen in den Berg. Allein die scharfen Glassplitter verwundeten ihn, und bald konnte er die Arbeit nicht mehr fortsetzen. Dann verwandelte Hans sich in einen Wolf, um sich mit den Zähnen festzuhalten. Allein auch das ging nicht. Er verwandelte sich daher in einen Raben und flog den Berg hinan. Als er oben war, sah er das ihm bekannte Mädchen an einem offenen Fenster stehen. Schnell flog er zum Fenster hinein. Das Mädchen sagte: »Meine Mutter ist eine Hexe. Peinige sie auf alle mögliche Weise, so lange, bis sie dir erlaubt, mich zu heiraten.« Und als sie das gesagt hatte, ging sie aus dem Zimmer. Hans aber verwandelte sich in eine Ameise und kroch unter das Bett, in dem die Alte zu schlafen pflegte. Als es dunkel wurde, kam die Hexe und legte sich zu Bett. Und als sie eingeschlafen war, kroch Hans, in eine Ameise verwandelt, ins Bett und biß und kneipte die Alte am ganzen Körper. So machte er es drei Nächte. Als aber der dritte Tag anbrach, erwischte ihn die Hexe, als er eben aus dem Bette kriechen wollte. »Ich weiß, daß du keine gewöhnliche Ameise bist«, sagte sie und verwandelte ihn in einen Menschen. »Was willst du?« sprach sie weiter. »Ich will deine mittlere Tochter heiraten«, antwortete Hans. »Ich will sie dir geben, aber du mußt dir das Mädchen auch verdienen«, sagte die Hexe.

»Erstens mußt du ein Ei austrinken, ohne es zu durchlöchern.« Und sie gab ihm ein Ei und entfernte sich. Hans verwandelte sich in eine Ameise, biß eine kleine Öffnung in die Eischale und trank den Inhalt des Eies aus. Dann verstopfte er die Öffnung mit Kalk, verwandelte sich in einen Menschen und trug das leere Ei zur alten Hexe. »Gut«, sagte diese. »Eine Viertelstunde von hier befindet sich ein großer, großer Wald. Diesen mußt du binnen drei Tagen umhauen, die Stämme in Stücke zerschlagen und dann aufschichten.«

Hans ging hin und besah sich den Wald. Vom Ansehen war er schon so müde, daß er sich unter einen Baum legte und einschlief. Als er erwachte, sprang er auf, rieb sich die Augen, sah um sich, aber kein Wald war zu sehen. Dagegen lagen etliche tausend Klafter Kleinholz an der Stelle des Waldes.

Da rief die Stimme seiner Braut: »Während du schliefest, habe ich die Arbeit vollbracht. Ich werde dir auch bei der dritten Aufgabe helfen.«

Hans ging nun zur Hexe und sagte ihr, daß er die Arbeit getan habe. »Gut«, sagte sie, »morgen trage das Holz auf einen Haufen zusammen. Ich werde dann hinauskommen, um es anzuzünden. Steht der Holzstoß in lichten Flammen, so mußt du mitten ins Feuer springen. Tust du das nicht, so darfst du meine Tochter nicht heiraten.« Hans ging traurig zu Bette. Des andern Tages begab er sich auf den Holzplatz. Emsig schichtete er die Holzscheite übereinander auf. Kaum war er damit fertig, so kam die Hexe daher und zündete das Holz an. Als der Scheiterhaufen über und über brannte, nahm Hans einen Anlauf, um ins Feuer zu springen. Allein sobald er in die Nähe der Flammen kam, blieb er stehen. So machte er es mehrmals. Da hörte er plötzlich die Stimme seiner Braut, welche rief: »Spring! Spring!« Nun nahm sich Hans zusammen und sprang mitten in die Flammen. Die glühenden Kohlen flogen auseinander, und Hans blieb unversehrt.

Wo eine Kohle hinfiel, erhob sich ein Haus. Und so entstand eine große, schöne Stadt.

In der Mitte derselben, dort wo der Scheiterhaufen gestanden hatte, befand sich ein großes, schönes Schloß. Dieses war aus Karfunkel erbaut.

Am Tore desselben stand Hansens Braut. Hans heiratete nun und wurde Herr des Schlosses und König der Stadt.

Er nahm seine arme Mutter zu sich und pflegte sie in ihrem Alter.

Wer war glücklicher als Hans! Und wenn er nicht gestorben ist, so lebt er gewiß heute noch.

Der Waldkater

Es war einmal ein Köhler, der hatte nichts als ein Weib mit einem Kinde, das erst ein paar Tage alt war. Dieses war noch nicht getauft, und der Köhler beschloß, sich nach einem Paten umzusehen. Weil er im Walde wohnte, so mußte er in das nächste Dorf gehen, um sich einen Gevatter auszubitten, und er machte sich deshalb in seinem Sonntagsgewande auf den Weg. Dort angelangt, ging er schnurgerade in des Richters Haus, um sich ihn zum Gevatter zu bitten. Doch der entschuldigte sich ein wenig grob und sagte, daß er für so ein Gesindel kein Geld auszugeben habe, und es hätte wenig gefehlt, so hätte er den Köhler zur Tür hinausgeworfen.

Nicht besser ging es ihm bei den übrigen. Die Kindestaufe sollte aber des andern Tages sein, und daher mußte er, ob gerad oder ungerade, für einen Gevatter sorgen. Er ging in das nächste Dorf, das wohl drei Stunden weit entfernt war und am Saume eines großen Waldes lag. Als er mitten auf dem Wege war, stieg ein so arges Donnerwetter auf, daß er sich tiefer in den Wald begeben mußte, um nicht bis auf die Haut naß zu werden und sein Sonntagsgewand obendrein zu verderben. Unterdessen war es finster geworden; der Bauer, indem er auf seine Klugheit zu sehr rechnete, hatte sich diesmal geirrt. Anstatt später aus dem Walde zu kommen, verirrte er sich immer mehr und mehr. Schon wollte er sich, matt und müde wie er war, unter einem der Bäume niederlegen, um dort die Nacht zuzubringen, als er nicht gar weit von ihm entfernt ein Lichtlein brennen sah. Er nahm seine letzten Kräfte zusammen, schleppte sich bis zu dem Orte hin, wo das Lichtlein brannte, und sah eine große Hütte vor sich stehen, an welche er anklopfte. »Wer da?« rief eine rauhe Stimme von innen, neben der sich das Knurren eines Katers vernehmen ließ. »Ein armer verirrter Mann, der nur um eine Nachtherberge bittet.« – »Wenn's sonst nichts ist, die kann ich Euch schon geben«, ließ sich wieder die vorige Stimme hören. Die Tür wurde aufgemacht, und ein großer starker Mann trat heraus, dem ein schwarzer Kater, so groß wie ein Kalb, auf dem Fuße folgte. Der Mann führte den Köhler in die Hütte und fragte ihn, was ihn noch so spät in den tiefen Wald herein brächte. Der Gevatter Köhler erzählte nun, er suche einen Paten für seinen kleinen Buben, allein überall sei er abgewiesen worden; er habe in das nächste Dorf gehen wollen und sich verirrt.

Der Mann hatte dem Erzähler aufmerksam zugehört und sagte: »Nun, wenn Ihr nichts anderes wollt als das, den Gefallen kann ich Euch schon selber tun; für heute geht schlafen, und was morgen zu tun ist, das wollen wir schon richten.« Er wies dem Köhler ein Bett als Nachtlager an, während er selbst sich mit dem Kater auf die Erde legte. Zeitig früh stand er auf, pflückte einen ›Buschen‹ von seinen Fensterblumen, weckte den Köhler, spannte den schwarzen Kater ein und fort ging's zu des Kohlenbrenners Hütte. Dort angekommen, nahmen sie das Kind und fuhren ins Dorf zur Taufe. In derselben erhielt es auf den Wunsch des Paten den Namen ›Waldkater‹. Man fuhr gleich wieder nach Hause, wo der Fremde das Kind und den Strauß dem Vater übergab und mit seinem Rappen waldeinwärts fuhr. Der Kohlenbrenner übergab nun den Knaben samt dem Buschen der Mutter und sagte zugleich den Namen des Kindes.

Doch da hatte der gute Mann ein Wetter zu überstehen. »Pfui Teufel«, fing sie an, »das ist nicht einmal ein Name für einen Hund, geschweige denn für einen ehrlichen Christenmenschen; aus dem Kerl da wird was Sauberes werden, und den Buschen hätt sich der eiserne Aff auch behalten können; für den ist es schon der Mühe wert, einen Waldkater als Kind zu haben. Ich hätte ihm den Buschen vor die Füße geworfen« ...

Als sie dies sagte, fiel er ihr wie weggeblasen aus der Hand, und eine Menge Dukaten rollten aus demselben heraus. Das setzte das überraschte Ehepaar in nicht geringes Erstaunen. Erfreut klaubten sie das Geld auf und sahen, daß es nicht weniger als tausend Gulden waren. Nun hatte aller Streit ein Ende, aller Zorn war verschwunden, sie lobten den edlen Wohltäter und dachten nur daran, was mit dem vielen Gelde anzufangen wäre. Der Mann wollte den ganzen Wald kaufen und sein Handwerk im großen betreiben, aber das Weib, welches ein wenig herrschsüchtig und eitel war, wollte durchaus ein Herrschaftshaus haben. Endlich einigten sie sich dahin, einen Meierhof zu kaufen, um dort ruhig und glücklich ihre Tage zuzubringen. Das geschah, und von der Zeit an lebten sie geehrt und zufrieden.

Unterdes war auch unser kleiner Waldkater größer und ein schlimmer Bub geworden, wie seine Mutter vorausgesagt hatte. Er bekam daher mehr Schläge als zu essen, und das bestimmte ihn, seinen Eltern bei Nacht und Nebel abzufahren. Wohin, das wußte er selbst nicht, aber es war ihm auch alles eins, wohin er käme, darum rannte er schnurgerade in den Wald hinein, und fort und fort, bis er endlich selbst nicht mehr wußte, wo ein und wo aus.

Sorgenlos legte er sich nieder, und als es Tag geworden war und er erwachte, sah er unweit seines Lagerplatzes eine Hütte stehen. Er ging hin, und mir nichts, dir nichts klopfte er fest an, um zu sehen, ob denn nicht jemand darinnen sei. »Wer da?« sagte eine rauhe Stimme, neben welcher sich das Knurren eines alten Katers vernehmen ließ. »Ich bin's, der Waldkater, macht auf, ich hab Hunger.« Die Tür wurde von einem alten Manne aufgemacht, und ein großmächtiger Kater war schon im Begriff, auf den Wildfang loszuspringen, als Herr und Kater zugleich ihren Freund erkannten, mit dem sie vor mehr als zwölf Jahren die Spazierfahrt in die Kirche und zurück gemacht hatten. Der Pate nahm ihn gleich freundlich auf und fragte ihn, wie es ihm gegangen sei. Als nun der Knabe alles erzählt hatte, was er wußte, fing der Pate an: »Mein Kind, du bist jetzt gerade in einem Alter, wo man was lernen soll; wenn dich daher das Gärtnerhandwerk freut, so kannst du gleich bei mir bleiben. Ich bin jetzt ohnehin schon alt, und bevor ich sterbe, will ich dich zu meinem Erben und Nachfolger einsetzen.« Waldkater willigte gern ein, um nicht zu verhungern; er fügte sich dem Willen seines Paten und ward ein Gärtner.

So blieb er nun fünf Jahre dort und lernte nebst der Gärtnerei noch viele andere nützliche Dinge. Endlich wurde ihm die Gärtnerei auch langweilig, und er ging nun, wie früher seinen Eltern, so jetzt seinem Paten, im Wind und Wetter durch. Auch diesmal war er so unvorsichtig, sich ohne Lebensmittel fortzuschleichen, und er sah sich bald genötigt, sich auf sein Handwerk zu verlegen. Als er schon ziemlich lange gewandert hatte, gewahrte er ein prächtiges Schloß. Er klopfte an und fragte, ob man keinen Gärtner brauche. Da wurde er sogleich als Hofgärtner aufgenommen.

Der König, dem das Schloß gehörte, hatte eine Tochter, die war wunderschön. Sie kam oft in den Garten und fand großes Wohlgefallen an dem jungen Gärtner. Die Hofbeamten beneideten ihn deswegen, aber weil sie ihn sonst gut leiden konnten, so sannen sie nur auf Mittel, ihn zu entfernen. Sie sagten ihm daher, der König habe ihn gesehen, wie er die Prinzessin geküßt, und deshalb habe er befohlen, den Gärtner umzubringen. Darüber erschrak er und suchte zu entfliehen. Er teilte das im Vertrauen der Königstochter mit, und im Garten schwuren sie, einander treu zu bleiben ein Jahr und einen Tag. Der Gärtner floh nun aus dem Schlosse, aber des ewigen Herumziehens müde, verdingte er sich gleich im nächsten Dorfe als Schafhalterknecht, und nicht lange darauf ward er zum wirklichen Schafhalter erhoben. Und in der Tat, wenn er seine Herde austrieb, so war es eine Freude, sie anzusehen: In Reih und Glied marschierten sie daher wie ein Regiment Soldaten; sie waren dabei auch so abgerichtet, daß sie auf jeden Befehl hörten. Wenn sie dann des Abends nach Hause getrieben wurden, so marschierten sie wieder ordentlich vor unserm Waldkater her, und der spielte so lustige Stücklein auf der Flöte, daß es eine Freude war. Das tat er aber um der Königstochter willen, unter deren Fenstern die Schafe vorbeigetrieben wurden. Doch gab er sich nie zu erkennen und hüllte sich tiefer in seinen Mantel, wenn er vor dem Palaste des Königs vorbeikam, um von den Höflingen nicht entdeckt zu werden.

Auf diese Weise war nun ein Jahr vergangen, ohne daß etwas vorfiel. Am letzten Tage desselben trieb Waldkater seine Herde ungewöhnlich weit in den Wald hinein; da kam ihm auf einmal ein fürchterlich großer Riese entgegen, der brüllte ihn an mit den Worten: »Was hast du Zwerg da in meinem Garten zu tun, weißt du nicht, daß ein jeder, der auf mein Gebiet kommt, von mir gefressen wird?« – »Meiner Seel, das wußte ich nicht«, sagte bis zum Tode erschrocken der Hirt und bat ihn, sein junges Leben zu schonen. Aber der Riese gab nicht nach und brüllte fort. Da sagte der Hirt: »Nun, wenn Ihr mich schon durchaus umbringen wollt, so bitt ich Euch nur um etwas noch: Laßt mich mein Lieblingslied noch einmal spielen, und dann will ich gerne sterben.« – »Meinetwegen«, sagte der Riese, »Musik hab ich immer gern gehört.« Nun fing er an zu spielen, so reizend und lieblich und traurig, daß der Riese zu schlafen anfing. Das eben hatte der Hirt gewollt, er zog sein Hirtenmesser aus der Tasche, und auf ja und nein lag der Kopf des Riesen auf der Erde und verwandelte sich in einen kleinen goldenen Apfel, während der übrige Körper des Riesen sich in einen großen grünen Hügel verwandelte. Schon wollte Waldkater seine Herde heimtreiben, da hörte er auf einmal ein Geräusch und sah, wie aus dem Innern des Waldes Räuber kamen und sich auf der andern Seite des Hügels lagerten. Sie machten ein Feuer an, um Fleisch zu braten, und sprachen heftig untereinander. Waldkater schlich sich nun leise an sie heran und hörte, daß sie eben beratschlagten, wie sie in der folgenden Nacht, in welcher die Hochzeit der Prinzessin mit einem fremden Prinzen sein sollte, das Schloß ausplündern und alle ermorden wollten. Als sie darüber einig waren, aßen und tranken sie und entfernten sich. Als sie aber fort waren, ging der Waldkater her, schnitt den Apfel in zwei Teile und schrieb auf dieselben das, was er von den Räubern gehört hatte, sowie auch, daß er der Gärtner sei, und den Schwur, den ihm die Königstochter geleistet hatte. Dann trieb er seine Herde heim. Die Königstochter erschien wie gewöhnlich am Fenster, aber diesmal allein, und diese günstige Gelegenheit benützte der Hirt, ihr die beiden Apfelhälften in den Schoß zu werfen. Die Königstochter erkannte ihn jetzt, war sehr erfreut darüber und beschloß, die Sache einstweilen geheimzuhalten.

Als aber der Morgen kam, sagte sie zu dem Könige: »Vater, verschiebe meine Hochzeit, der heutige Tag ist ein Unglückstag; ich habe so einen schrecklichen Traum gehabt, der mich vor meiner Hochzeit warnt. Mir träumte nämlich: Wir saßen froh und vergnügt bei der Hochzeit beisammen, auf einmal hörten wir ›Feuer‹ rufen, und das ganze Haus stand in Flammen, darauf drangen Räuber in den Saal und ermordeten alle Gäste, und als sie auf uns zukamen, da wachte ich auf, ganz mit Schweiß bedeckt und an Händen und Füßen zitternd.

Der König sah darin gleich ein vom Himmel ihm gesandtes Zeichen, verschob die Hochzeit, ließ im Innern des Palastes Soldaten aufstellen, die Zimmer des Schlosses festlich erleuchten und alles so vorbereiten, als ob Hochzeit gehalten würde. Gegen Mitternacht kamen wirklich die Räuber daher und waren schon im Begriffe, das Schloß anzuzünden und in die Säle hinaufzusteigen, um zu plündern, als die Wachen aus dem Verstecke herausbrachen und alle gefangennahmen.

Nun gestand die Königstochter ihrem Vater die Wahrheit, und der König willigte jetzt gern in die Heirat, da er dem Hirten sein Leben verdankte.

Die geraubte Königstochter

Es lebte einst ein mächtiger König, welcher eine ebenso reiche als schöne Gemahlin hatte. Diese gebar ihm ein Mädchen. Als aber der Tag der Taufe kam, wußte der König nicht, wen er zur Taufpatin nehmen solle. Da erschien am Vorabende eine weiße Frau, die sich hiezu antrug, und die Eltern nahmen das Anerbieten freudig an, denn sie dachten, das Kind werde von der Zauberin reich mit Geistesgaben beschenkt werden. Sie fanden sich auch in ihren Hoffnungen nicht getäuscht, denn die Frau beschenkte das

Kind verschwenderisch mit allem Erdenklichen. Zugleich gebot sie aber den Eltern, das Mädchen vor ihrem zwölften Lebensjahre nicht aus dem Zimmer gehen zu lassen, indem sie sonst unglücklich würde.

Das Mädchen war bereits elf Jahre alt geworden, als sie an einem schönen Sommertage ihren Vater bat, ob sie nicht mit auf die Jagd gehen dürfe. Dieser konnte ihrem dringenden Bitten nicht widerstehen und willigte endlich ein. Doch kaum hatte sie das Zimmer verlassen, als sich draußen auf einem schönen geflügelten Pferde ein Mann zeigte, der sogleich das Mädchen ergriff und mit demselben sich in die Lüfte erhob. Der König rief um Hülfe, doch vergeblich, denn das Pferd war schon so hoch, daß er es kaum mehr bemerkte. Er ging nun zu seiner Gemahlin und berichtete ihr den Vorfall, über welchen beide höchst betrübt waren. Eines Abends kam die weiße Frau, welche das Unglück der Prinzessin erfahren hatte, zum König, um ihn wegen des Verlustes seiner Tochter zu trösten. Sie konnte zwar nicht helfen, da sie über den Teufel, von dem das Mädchen fortgeführt war, keine Macht hatte; doch gab sie den betrübten Eltern den Trost, daß ihre Tochter noch gerettet werden könne, wenn ein Jüngling unter zwanzig Jahren es wage, in die Hölle zu gehen und die drei Wasser des Lebens, der Schönheit und der Liebe zu holen; dadurch würden nebst ihrer Tochter noch zwei andere Prinzessinnen erlöst werden.

Der König ließ nun im Lande verkünden, daß derjenige, der seine Tochter aus den Händen des Teufels errette, dieselbe zur Gemahlin bekomme.

Lange Zeit meldete sich niemand. Endlich kam ein Bauernbursche und wollte sein Glück versuchen. Der König gab ihm viel Geld mit, damit er keine Not zu leiden brauche. Der Bursche schritt rüstig vorwärts. Als er schon längere Zeit gewandert war, kam er zu einem alten Weibe, an dem man vor Runzeln kaum das Gesicht sah. Auf seine Frage, ob hier der rechte Weg zur Hölle sei, kreischte sie:

»Was hast du denn dort zu tun, laß ab von deinem Vorhaben, denn der Teufel ist ein Menschenfresser und wird dich gewiß auffressen, wenn er dich erblickt.« Der junge Bauer ließ sich jedoch nicht abhalten. Da gab ihm die Alte eine Rute mit dem Bemerken: »Wenn du mit der rechten Hand damit herumhauest, können dir die wilden Tiere, die am Eingange der Hölle stehen, nichts anhaben.« Der Bauer bedankte sich und ging weiter. Da begegnete er einem Hahne, der ihn fragte, wohin die Reise gehe. Er erwiderte: »Ich will in die Hölle, um die geraubte Königstochter zu retten.« Der Hahn riet ihm davon ab; als aber seine Bemühungen vergebens waren, so lud er ihn in seine Behausung ein, um dort einige Erfrischungen zu sich zu nehmen. Als sie in der kleinen Höhle ankamen, gab ihm der Hahn drei Federn mit dem Bemerken: »Stecke sie auf den Hut und du wirst vor den Tieren in der Hölle sicher sein.« Der Bauer dankte und schritt, durch Erfrischungen gestärkt, rüstig vorwärts. Nach einiger Zeit kam er zu einer alten Frau. »Ist hier der rechte Weg zur Hölle?« fragte er, und sie bejahte es, gab ihm ein großes Schwert mit den Worten: »Das wirst du wohl gut brauchen können.« Sie fügte hinzu: »Wenn du zum Eingange der Hölle kommst, werden zwei Schlangen dich fragen, wer du seiest; darauf darfst du jedoch keine Antwort geben, sondern du schlägst jede der Schlangen mit deinem Stäbchen auf den Kopf. Sollten sie dir dann noch den Eintritt verwehren, so stecke eine von den drei Federn, die du von dem Hahne erhalten hast, auf das Stäbchen und berühre damit die Zungen der beiden Schlangen, worauf sie zischend davoneilen werden.« Der Bauer dankte ihr und eilte, um die Hölle noch vor einbrechender Nacht zu erreichen.

Als er dort angekommen war, befolgte er genau den Rat der Alten. Es traf auch alles so ein. Er kam in einen langen, spärlich beleuchteten Gang, welcher mit den scheußlichsten Ungeheuern, mit Drachen und Schlangen erfüllt war. Diese konnte er nur durch das Umhauen mit dem Stäb-

chen von sich entfernt halten. Der Gang führte in einen
großen Garten, in dessen Mitte ein Schloß stand, dessen
Mauern verschwenderisch mit Gold und Silber verziert waren. Der Bauer wußte nicht, ob er stehenbleiben oder in
das Schloß gehen sollte. Endlich entschloß er sich hineinzugehen. Er war schon durch mehrere reich ausgestattete
Zimmer gegangen, als er endlich zu einem kam, in welchem er Frauenstimmen hörte. Er ging hinein und bemerkte drei Prinzessinnen, die über sein Erscheinen höchlich erstaunt waren. Denen erzählte er, warum er
gekommen sei. Darüber waren sie wohl sehr erfreut, sie
fürchteten jedoch, daß er sein Ziel nicht erreiche; »denn
der Teufel«, sagten sie, »geht auf Mädchenraub aus, hält
uns schon lange Zeit gefangen, und dich wird der Menschenfresser nicht verschonen.« Alsdann verabredeten sie,
es solle jede eine Nacht unter dem Strohsacke ihres Bettes
ihn verbergen, da der Teufel bei Tage seiner gewöhnlichen
Beschäftigung nachging. Als nun der Abend kam, verbarg
ihn die eine unter dem Strohsacke ihres Bettes. Eben war
sie damit fertig geworden, als der Teufel in Gestalt eines
Drachen hereinkam und schrie: »Ich rieche Menschenfleisch; wenn ihr mir nicht sagt, wo es sich befindet, so
fresse ich euch alle drei.« – »Oh«, sagte die eine, »es ist ja
die Wildbretkammer offen, und in dieser ist frischgeschos-
senes Wild, welches riecht.« Der Teufel ließ sich dadurch
besänftigen, legte sich zu Bette und schlief die ganze
Nacht. Als am andern Morgen der Teufel sich entfernt
hatte, kroch der Bauer aus seinem Verstecke hervor, und
die Prinzessinnen zeigten ihm alles, was im Schlosse zu sehen war. Am Abend versteckte ihn die zweite Prinzessin in
ihrem Bette. Als der Drache nach Hause kam, schrie er wütend: »Ich rieche Menschenfleisch.« – »Oh, was denkst
du«, sagten sie, »da drinnen ist ja ein frisch geschlachtetes
Kalb, das verbreitet diesen Geruch.« So ward er wieder besänftigt. Am dritten Abend bot ihm die dritte Prinzessin
ein Versteck an, und als der nach Hause kommende Teufel

wieder Menschenfleisch roch, erwiderte sie: »Es ist nur die Einbrennsuppe, die verbrannt ist, und daher kommt der Geruch.« Der Teufel ließ sich abermals beschwichtigen, legte sich zu Bette, um des andern Morgens wieder seinen gewöhnlichen Geschäften nachzugehen.

Dadurch nun, daß der Bauer bei jeder der drei Prinzessinnen eine Nacht zugebracht hatte, waren sie erlöst, und sie entflohen miteinander. Der Bauer aber nahm mit sich die drei Wasser des Lebens, der Schönheit und der Liebe, wovon jede der Prinzessinnen eines aufzubewahren hatte. Sie setzten sich auf den Spazierwagen des Teufels und spannten sein geflügeltes Leibpferd an. Bei der Pforte fragten zwei Schlangen, wer sie seien, worauf sie jedoch keine Antwort gaben. Als sie einige Zeit in schnellem Trabe gefahren waren, kamen sie in einen Wald, in dem sie sich verirrten. Schon war es Nacht geworden, und es zeigte sich kein Ausweg. Endlich bemerkten sie ein großes Gebäude, welches aber die Prinzessinnen sogleich als den Lieblingsaufenthalt des Teufels erkannten, und daher für ihr Leben besorgt waren. Der Bauer verbarg sie jedoch in einer nahen Höhle und ging allein in das Haus, in der Hoffnung, den Drachen mittelst seines Schwertes erlegen zu können. Bei der Pforte bemerkte er eine Schlange, welche als Torhüter diente. »Ist der Teufel zu Hause?« fragte er. Sie nickte, aber sie ließ ihn nicht hineingehen. Da hieb er mit dem Schwerte ein und trennte den Kopf der Schlange vom Rumpfe. Kaum war dies geschehen, so erschien der Teufel selbst vor der Tür, und es begann nun ein harter Kampf zwischen dem Teufel und dem Bauern. Dieser jedoch behielt die Oberhand, und schnell eilte er zu den Prinzessinnen, um ihnen die frohe Botschaft zu bringen, und sie waren darüber sehr erfreut. Sie wanderten nun weiter und erreichten bald die Hütte der alten Frau, von welcher der Bauer das Schwert erhalten hatte. Die Alte bat den Bauer, er möge ihr einen Tropfen vom Wasser des Lebens schenken. Das tat er auch. Sie benetzte mit diesem Tropfen ihr

Gesicht und erschien nun dem Bauern als Jungfrau. Gleichzeitig fing es heftig an zu donnern und zu blitzen, und an der Stelle der Hütte zeigte sich ein herrliches Schloß. Die Jungfrau dankte für ihre Erlösung und bewirtete ihn nebst seinen drei Begleiterinnen aufs beste. Des anderen Tages setzten sie die Reise fort und erreichten des Abends die Wohnung des Hahnes. Dieser war über die Erlösung der drei Prinzessinnen höchst erfreut und bat den Bauern, er möge nun auch ihm zur Erlösung verhelfen; das könne dadurch geschehen, daß er die drei Federn, die er einst von ihm erhalten, an den Stellen, wo sie fehlen, wieder befestige. Und das geschah. Kaum war er damit fertig, als es heftig knallte; an der Stelle der ärmlichen Wohnung des Hahnes stand ein Schloß, und der verwunschene Hahn erschien als Prinz. Er dankte ebenfalls für seine Erlösung, und der Bauer wanderte dann mit den drei Prinzessinnen wieder weiter und erreichte bald die Hütte der alten Frau, welche ihm das Stäbchen gegeben hatte. Auch diese erlöste er, indem er die vier Ecken ihrer Wohnung berührte. Auf einmal stand ein herrliches Schloß da, und die Alte zeigte sich als junge Prinzessin.

Am nächsten Tage erreichten sie die Wohnung des Königs. Wie der eine Freude hatte, läßt sich gar nicht sagen. Sogleich wurden Anstalten zur Hochzeit getroffen. Auch die weiße Frau war unter den Hochzeitsgästen. Die zwei andern von dem Bauern erlösten Prinzessinnen kehrten ebenfalls heim zu ihren Eltern.

Der Wunschfetzen, die Goldziege, die Hutsoldaten

Es war einmal ein Schuster, der war sehr arm und hatte nichts als eine Frau und eine alte Ziege. Er konnte sich in der Heimat nichts mehr verdienen und beschloß deshalb fortzureisen. »Höre, liebe Frau«, sagte er eines Tages zu ihr, »du siehst, daß ich mir hier nichts verdienen kann, und ich bin daher willens, morgen fortzureisen. Schlachte unsere Ziege, damit ich unterwegs etwas zu essen habe.«

Des andern Tages wurde die Ziege geschlachtet, der Schuster nahm einen Teil derselben mit und reiste fort. Er ging den ganzen Tag und konnte weder ein Dorf noch eine Stadt erreichen. Müde legte sich der arme Mann unter eine am Ende des Weges stehende Statue nieder, um daselbst ein wenig auszuruhen. Als er eben das Fleisch auspacken wollte, fing die Statue zu sprechen an und fragte den Schuster: »Sag mir, was hast du in deinem Bündel?« – »Ein Stück Ziegenfleisch«, war die Antwort des erstaunten Mannes. »Siehst du, lieber Mann, die kleine hölzerne Hütte am Ende des Weges?« – »Ja, die seh ich«, antwortete er. »Dort geh hin und wirf dein Fleisch hinein. Es haben nämlich dort die Teufel ihre Werkstatt. Wenn sie dich nachher fragen, was du als Bezahlung forderst, so antworte ihnen: den alten Fetzen, der auf dem Bette liegt.« Der Schuster ging sogleich zur Hütte, warf sein Fleisch hinein und verlangte als Bezahlung den von der Statue bezeichneten Fetzen. Erst nach langem Hin- und Widerreden erhielt er denselben. Der Schuster ging damit zurück. Unterwegs betrachtete er seinen Gewinn, und siehe da, der Fetzen war bedeutend schlechter als alle, die er in seiner Wirtschaft hatte.

Der Schuster kam zur Statue zurück und sprach seinen Unwillen über ihren Rat aus. Allein die Statue sprach: »Nimm dieses Stäbchen aus meiner Hand und klopfe damit dreimal auf deinen Fetzen.« Der Schuster tat, wie ihm befohlen, und auf dem Fetzen waren die besten Speisen aufgetischt. Da konnte sich der Schuster, der schon lange keine solchen Speisen gegessen hatte, wieder einmal laben. Nach beendetem Mahle dankte er der Statue, nahm seinen Fetzen und war entschlossen, in seine Heimat zurückzukehren.

Unterwegs aber übernachtete er in einem Wirtshause und zeigte den daselbst anwesenden Gästen sein Zauberstück. Der Wirt und die Wirtin bewunderten dasselbe und hegten im Innern den Wunsch, einen solchen Fetzen zu besitzen. Des Nachts stahl der Wirt dem Schuster sein Zauberstück und legte anstatt dessen einen andern zu dem Bette des Gastes hin. Des andern Tages zahlte der betrogene Mann seine Zeche und zog mit dem vermeintlichen echten Fetzen in seine Heimat. Dort angekommen, ließ er gleich seine ganze Sippe zu einem fröhlichen Mahle einladen. Schon waren die geladenen Gäste erschienen, schon warteten dieselben auf die vielen Speisen, die da kommen sollten, als der Schuster mit seinem Fetzen in der Hand in die Gesellschaft eintrat und in würdiger Weise die Geschichte der letzten Tage erzählte.

Danach zog der Schuster sein Stäbchen hervor und hieb langsam und gelassen dreimal auf den Fetzen. Allein, keine Speisen erschienen. Der Schuster schlug zu wiederholtem Male und immer kräftiger, aber der Fetzen blieb tot liegen, und die hungrige Gesellschaft mußte unverrichteter Sache wieder abziehen. Der arme Mann glaubte, die Statue sei die Ursache dieses Unglücks.

Bald darauf unternahm der Schuster seine zweite Reise, auf welche er wieder ein Stück seiner Ziege mitnahm. Abermals kam er zur Statue, die ihm befahl, sein Fleisch wieder den Teufeln zu geben und dafür die alte Ziege zu verlangen, welche an der Tür angehängt sei. Der Schuster tat dasselbe und erhielt eine alte Ziege, die viel elender war als die, welche er vor seiner Abreise geschlachtet hatte. Als er zur Statue kam, beschwerte er sich bei derselben über das alte Tier, das er erhalten habe. Allein die Statue gab ihm ein Stäbchen in die Hand und befahl dem Manne, mit demselben auf den Rücken der Ziege zu hauen. Der Schuster tat, wie ihm gesagt wurde, und nun fielen zu seinem nicht geringen Erstaunen Goldstücke aus den Ohren des Tieres. Wie froh war unser Mann, als er das

Gold sah. Schnell stattete er seinen Dank bei der Statue ab und ging eilig mit der alten Ziege nach Hause.

Unterwegs aber fühlte er Hunger und Durst, er kehrte daher ein und kam gerade wieder in jenes Gasthaus, wo er früher geherbergt hatte. Nachdem er gegessen und getrunken, wollte er seine Zeche zahlen. Geld hatte er aber keines, und um solches zu bekommen, führte er die Ziege ins Zimmer und schlug dreimal mit dem Stäbchen auf den Rücken des Tieres. Dasselbe schüttelte Gold aus seinen Ohren, und der Schuster bezahlte damit seine Zeche. Kaum hatte der Wirt das gesehen, als er schon darauf sann, wie er die Ziege in seine Gewalt bekommen könne.

Der Wirt besaß ebenfalls eine Ziege, welche der besprochenen aufs Haar ähnlich sah. Deshalb beschloß er, während der Nacht seine Ziege und die des Schusters auszutauschen. Gedacht, getan. Die Ziege ward ausgetauscht. Als der Schuster des andern Morgens aufwachte, zog er guten Mutes davon, ohne von dem Tausche nur die geringste Ahnung zu haben. Als er nach Hause kam, mußte sein Weib gleich einen Schweinsbraten holen und überhaupt für ein köstliches Mittagsmahl Sorge tragen. Das Geld werde er schon herbeischaffen. Nachdem das Mahl verzehrt war, wollte unser Schuster seine Kunststückchen probieren. Er führte die Ziege in das Zimmer und hieb mit dem Stäbchen dreimal auf den Rücken des Tieres. Allein man sah kein Gold fallen. Der Schuster schlug immer heftiger, aber ohne Erfolg. Nur ein schwaches Mäh von Seite des geplagten Tieres unterbrach die geheimnisvolle Stille.

Alle Versuche waren umsonst, das Tier schüttelte zwar traurig den Kopf, aber kein Gold fiel aus den Ohren. Der arme Schuster sah sich wieder betrogen, und nun unternahm er seine dritte Reise, auf welche er wieder ein Stück Ziegenfleisch mitnahm. Auch jetzt ging er zur Statue, welche ihm abermals riet, das Ziegenfleisch den Teufeln zu geben und dafür den neben dem Bett stehenden alten Hut zu verlangen. Der Schuster tat, wie ihm von der Statue befohlen war, und erhielt wirklich den alten Hut, der aber in sehr schlechtem Zustande war.

Als der Schuster zur Statue zurückkam, gab ihm diese ein Stäbchen, mit welchem er dreimal auf den Hut klopfen sollte. Der Mann tat es, und zu seinem Erstaunen rückte ein ganzes Regiment Soldaten heraus. Er konnte sich nicht satt sehen an dem kleinen Heere, klopfte dann wieder auf den Hut, und alle Soldaten nahmen in demselben Platz. Die Statue erklärte nun dem Schuster, daß ihm seine früher gewonnenen Zauberstücke der Wirt gestohlen habe, bei dem er übernachtete. Der Schuster nahm sich vor, dieselben zu holen, und ging, nachdem er sich bei der Statue bedankt hatte, in jenes Wirtshaus. Dort angekommen, verlangte er von dem Wirte den Fetzen und die Ziege. Der Wirt aber gab ihm dieselben nicht zurück. Da klopfte nun der Schuster auf seinen Hut, und sogleich war die ganze Schenkstube mit Soldaten überfüllt, welche dem Wirte mit dem Tode drohten, wenn er jene Stücke nicht herausgäbe. Voll Angst gab derselbe das Verlangte her, und der Schuster kehrte nun als reicher Mann in seine Heimat zurück. Als er nach Hause kam, ließ er sogleich den König des Landes einladen und versprach demselben allerlei zu zeigen. Der König kam auch, besah die Ziege und den Fetzen, und die aufgetischten Speisen mundeten ihm vortrefflich. Allein beim Abschiede gab er seinen Dienern den Befehl, den Fetzen sowohl als auch die Ziege zu stehlen. Dies geschah auch. Der Schuster verlangte umsonst sein Eigentum, der König lachte ihn nur aus. Da erklärte der Schuster, auf seinen Hut vertrauend, dem Könige den Krieg, den dieser mit lachendem Munde auch annahm. Beide bestimmten nun den Ort und die Zeit des Kampfes. Als der Tag herankam, war der Schuster der erste auf dem Schlachtfelde; bald erschien auch der König mit zehn seiner besten Soldaten. Sobald der Schuster dieses sah, ließ er sein Heer aus dem Hute marschieren und gab ihnen den Befehl, den König und die andern gefangenzunehmen.

Der König war ganz verwundert über das Heer und wollte fliehen, denn er fühlte sich zu schwach; allein die feindlichen Scharen hatten ihn schon umringt. Er mußte sich ergeben, und man führte ihn zu dem Schuster. Dieser versprach ihm die Freiheit, sobald er die Ziege und den Fetzen zurückgestellt habe.

So ward einmal ein König sogar von einem Schuster überwunden.

Der Wunderschimmel

In einem Städtchen wohnte vor Zeiten ein armer Mann. Die Arbeit ging ihm aus, und er geriet dadurch in das äußerste Elend. Eines Tages ging er in einen nahegelegenen Wald und wollte sich erkundigen, ob ihn der Jäger nicht als Holzfäller brauchen könne. Doch er bekam eine abschlägige Antwort und wollte eben trostlos heimkehren, als ihm ein Weidmann begegnete, der ganz grün gekleidet war und fragte, warum er so traurig sei. Da klagte ihm der Mann seine Not. Der Jäger erwiderte: »Wenn du mir gestattest, das in neun Jahren zu holen, was du heute zu Hause finden wirst, so gebe ich dir ein Säckchen voll Goldstücke.« Der Mann ging den Handel ein und mußte auch sein Versprechen schriftlich geben, wogegen er Goldstücke erhielt. In der Stadt angekommen, hörte er, sein Weib habe einen Sohn bekommen, und nun erst erkannte er das Sündhafte seines Versprechens.

Die neun Jahre vergingen, und am Schlusse des letzten stellte sich der grüne Jäger ein, welcher den unterweil schön herangewachsenen Knaben, namens Ferdinand, mit sich fortnahm, ohne den Eltern zu sagen, wohin er ihn führen wolle. Darüber gerieten sie in große Angst.

Der Jäger brachte den Knaben in ein fremdes Land, wo er einen Palast hatte, den ein schöner Garten umgab. Sobald sie dort angelangt waren, zeigte der Grüne seinem Schützling alle schönen Sachen in Schloß und Garten und sagte zu ihm: »Überall darfst du hingehen, nur nicht an den Teich, der dort vom Gesträuch umgeben ist.« Der Knabe merkte sich die ihm bezeichnete Stelle recht gut. Einige Tage darauf verließ ihn sein Pfleger, indem er vorgab zu verreisen. Dem Jungen ging nichts ab, da die Dienstleute für ihn sorgten. Er ging durch Schloß und Garten, bis er einmal zufälligerweise in die Nähe des bezeichneten Teiches kam. Von Neugier geplagt, schlüpfte er durchs Gebüsch und bemerkte in dem vor ihm liegenden Wasser viele tausend Goldfische. Er wollte einen von diesen fangen, aber kaum hatte der eine Finger die Flut berührt, so war er ganz vergoldet. Er versuchte, das Gold herunterzukratzen, doch alles war vergebens. Da umwickelte er das vergoldete Glied seiner Hand mit einem Tuch. So lief er zurück und begegnete seinem Pflegevater, der sogleich den verbundenen Finger bemerkte. Der riß die Hülle weg, peitschte Ferdinanden zur Strafe für sein Vergehen und klopfte mit einem kleinen Hammer auf den Finger, worauf sich das Gold loslöste.

Nach einiger Zeit verreiste der grüne Jäger wieder und verbot dem Knaben, das letzte Zimmer im Schlosse zu betreten. Kaum war er einige Zeit fort, so ging Ferdinand neugierig hinein. Hier traf er einen Mann, den er als seinen Großvater erkannte und der ihm eine Bürste, einen Kamm und einen gläsernen Krug mit den Worten gab: »Nimm diese drei Dinge mit, sie werden dir einst, wenn du in Not bist, von Nutzen sein.« Ferner sagte er ihm: »Geh in den Stall, dort wirst du einen fleckenlosen Schimmel sehen; zu dem sage: ›Schimmel, mit uns ist's aus‹, und darauf wird er dir antworten.« Ferdinand tat, wie ihm anbefohlen war. Als er zu dem Pferde jene Worte sprach, erwiderte es: »Setz dich auf!« Ferdinand schwang sich auf dessen Rükken, und pfeilschnell setzte das Roß über die Gartenmauer und eilte mit ihm fort. In ununterbrochenem Laufe trug das Tier seinen Reiter, und als dieser schon mehrere Stunden lang über Berg und Tal geritten, sagte der Schimmel zu ihm: »Schau dich um, ob er uns schon erreicht hat.« Ferdinand sah sich um und gewahrte den ihnen nacheilenden grünen Jäger. Das teilte er dem Pferde mit, welches erwiderte: »Wirf deine Bürste weg!« Er tat es, und sogleich erhob sich hinter ihnen ein dichter Wald, welcher dem Verfolger den ebenen Weg versperrte.

Wiederum trug das Roß seinen Reiter einige Stunden im schnellsten Laufe fort und ermahnte ihn dann abermals sich umzudrehen. Da gewahrte er wieder von weitem den Nachsetzenden. Das Pferd forderte ihn nun auf, den Kamm wegzuwerfen. Nachdem er dies getan, entstand hinter ihnen ein großer Teich, und der Verfolger mußte sich erst um ein Fahrzeug umsehen, während Ferdinand auf seinem braven Tiere schnell fortritt.

Nach einer Weile mußte er sich zum dritten Male umsehen, und jetzt, da der grüne Jäger schon sehr nahe war, den gläsernen Krug wegwerfen, worauf ein gläserner Berg entstand, über welchen der Verfolger nicht mehr gelangen konnte.

Gegen Abend kamen sie in einem Dorfe an, in dessen Nähe sich das Lustschloß des Königs befand. Als Ferdinand abstieg, sagte sein Pferd zu ihm: »Du bist nun einen Tag geritten und hast während dieser Zeit zehn Jahre deines Lebens zurückgelegt.«

Ferdinand stellte das Roß in einen Stall. Es gab ihm dann Geld und ein Kleid, auf welchem silberne Sterne gestickt waren, und sprach zu ihm: »Verdinge dich bei dem Gärtner jenes Schlosses, aber unter dem Vorbehalt, daß du nur des Nachts zu arbeiten brauchst.« Das tat Ferdinand auch. Man nahm ihn auf, und sobald es dunkel wurde, zog er sein Sterngewand an und arbeitete mit leichter Mühe. Alles was er pflanzte, gedieh am besten, und er wurde darum auch öfter von seinem Herrn gelobt. Am Tage fand er sich in der Schenke ein, um das treue Tier zu sehen und mit ihm zu sprechen. Abends kehrte er ins Schloß zurück, um seinem Geschäfte nachzugehen, bei dessen Verrichtung er gewöhnlich muntere Lieder sang.

Die Königstochter hörte ihm immer zu, und der schöne Jüngling machte auf ihr Herz einen großen Eindruck. Eines Tages geschah es, daß alle Ärzte des Landes zusammenberufen wurden, da der König schwer erkrankt war. Keiner von ihnen kannte ein Heilmittel für den König, da erklärte endlich ein alter Mann, durch den Genuß von Wolfs-, Bären- und Hirschenmilch könne der Kranke genesen. Der alte Mann war am andern Tag verschwunden, ohne die Arznei zu bringen, und der König schickte seine Jäger aus, diese Milcharten zu suchen. Aber alle kehrten unverrichteter Sache zurück. Da versprach der König, demjenigen seine Tochter zu geben, der ihm das Verlangte bringe. Ferdinand und zwei andere Gärtnerburschen, welche im Dienste waren, beschlossen auszuziehen, um die drei Milcharten zu bringen.

Ferdinand besprach sich mit seinem Schimmel darüber; dieser trug ihn in den Wald, wo sich sogleich eine Wölfin einstellte und von ihm melken ließ. Auf dem Heimwege begegneten ihm seine beiden Dienstgenossen, welche trostlos waren, da sie ihren Weg umsonst gemacht hatten; sie baten, er möchte ihnen einen Teil seiner Milch geben. Anfangs weigerte er sich und sah fragend seinen Schimmel an. Da dieser aber bejahend mit dem Kopfe nickte, so gab er jedem ein Drittel. Des andern Morgens zogen die drei Burschen abermals aus, und Ferdinand erlangte wieder die Bärenmilch, welche er auch mit ihnen teilte. Dasselbe geschah am dritten Morgen mit der Hirschenmilch.

Nun gerieten sie aber in Streit, welcher von ihnen dem Könige die Arznei bringen solle. Ferdinand, welchem der Schimmel geraten hatte, sagte: »Wir wollen losen.« Dabei fiel ihm das kleinste Los zu, und er war demnach der letzte. Er murrte zwar darüber, allein sein Pferd tröstete ihn und sprach: »Der erste Überbringer der drei Milcharten wird den König so wenig heilen als der zweite.« So geschah es auch; die beiden Gärtnerburschen wurden, da der Fürst nach dem Genuß ihres gebrachten Gemenges nicht genas, nacheinander ins Gefängnis geworfen. Da übergab Ferdinand sein Milchgemisch, und der Landesherr ward in kurzer Zeit gesund. Nun wollte aber der Genesene sein Versprechen nicht halten und Ferdinand mit Geld abspeisen. Das nahm er aber nicht an. Als endlich die Prinzessin ihren Vater selbst bestürmte, gab dieser nach, und Ferdinand heiratete sie. Die Festlichkeit dauerte vier Tage, während welcher Zeit der Bräutigam seinen Schimmel nicht besuchte. Als er wieder hinabkam, bat ihn derselbe, ihm den Kopf abzuhauen, was Ferdinand nicht tun wollte. Endlich überredete ihn dennoch das treue Tier, und er hieb demselben mit seinem Schwerte, das er jetzt immer bei sich trug, den Kopf ab. Der Schimmel fiel zusammen, und aus seinem Rumpfe flog eine weiße Taube, welche in wenigen Augenblicken verschwunden war.

Alsdann ließ der Königseidam seine Eltern zu sich kommen, welche ihn schon lange als tot beweint hatten. Nach dem Ableben des alten Fürsten wurde Ferdinand König und beglückte noch lange seine Untertanen.

Der Wittnauer Hans

Der Wittnauer Hans war noch ganz klein, als sein Vater in einem Steinbruch sich zu Tode fiel; und nicht lange darnach starb auch seine arme Mutter, die ihr liebes Leben lang sich mit Spinnen abgearbeitet hatte. Sie hatte aber dem Hans noch einen guten Rat gegeben, bevor sie die Augen schloß, und den führte er auch gleich an dem nämlichen Tag noch aus, da sie die Mutter beerdigt hatten. Er machte sich auf den Weg und ging zu einem reichen Vetter, der droben auf dem Berg ein großes Bauerngut besaß.

Aber da kam er zuerst übel an. Denn der Vetter war ein alter, mürrischer Kauz und der größte Geizhals weit und breit. Weil jedoch Hans nicht nachließ mit Bitten und Beten, daß er ihn doch in seinen Dienst nehmen möchte, da er nun so ein armes Waislein sei, der auf der Welt nichts habe, so sagte der Alte endlich brummend: »He, so nu so denn! Wenn du mir den Herbst über das Vieh hüten und dich gut halten willst, so kann man's ja mit dir probieren.« So war der Hans außer Sorgen. Alle Morgen in der Frühe, Sonn- und Werktage, fuhr er mit den acht Kühen und zwei Kälbern des Vetters auf die Weide den Berg hinan und hatte jedesmal seine größte Freude, wenn er drunten im Tal den Rauch aus seinem alten Heimatdorf aufsteigen sah oder die Kirchenglocken von dort heraufschallten. Mit der Zeit aber wurde ihm schwer ums Herz, sooft er dort hinunterblickte, und es war ihm, als sei er schon eine Ewigkeit fort, und hatte keine Ruhe mehr, bis er endlich wieder einmal heim durfte. Er gab also eines Tages seine Herde dem Schäfer in die Hut, der neben ihm auf dem Berge die Schafe hütete, und ging hinab nach der Kirche, wo sein Vater und seine Mutter begraben waren, und feierte andächtig den Gottesdienst der Gemeinde mit. Und dies wiederholte er noch mehrmals. Aber als er einmal am Sonntagabend des Vetters Herde nach Hause trieb und der Vetter schon von der Haustüre aus zu seinem Schrecken sah, daß dem Hans nur neun Stücke zur Hand waren und das schöne rote Kalb fehlte, da ging ein anderes Wetter übers Land. Grimmig fuhr der Vetter auf Hans los; der aber merkte, wieviel Uhr es geschlagen, und nahm einen Satz auf die Seite nach dem Stall zu, wo gerade der Knecht einen großen Haufen Heu aufgeworfen hatte; da hinein bohrte er sich mit dem Kopf, daß alsobald nur noch die Füße heraussguckten. Da packte der Vetter in der Wut die Heugabel und stach hinein; aber Hans war mittlerweile vollends hineingekrochen, und die Gabel kitzelte ihn nur hinten an der Ferse, daß kaum ein Tropfen Blut daran hängenblieb. Als nun der Vetter das Blut sah, da vermeinte er aber nichts anderes, als daß er den Hans erstochen hätte. Er entsetzte sich, warf das Mordwerkzeug weg und lief heulend zum Tor hinaus und ins Weite. Als Hans merkte, daß der Vetter fort war, besann er sich nicht länger, kroch hervor und rannte gleichfalls so schnell davon, daß in dem Schrecken um den Meister niemand auf dem Hof ihm nachsah. Spornstreichs lief er zu dem Schäfer auf dem Berg und fragte ihn nach dem verlornen Kalb. Allein der hatte nichts von dem Tier gesehen und gehört; doch erzählte er ihm, wie heute ein Trupp Diebsgesindel gerade da, wo Hans sonst weidete, sich zu einem leckeren Mahl gelagert habe; wer weiß, ob es nicht just das Kälblein zum Schmaus gestohlen hat. Das leuchtete dem Hans ein; er ließ sich von dem Schäfer die Richtung zeigen, welche die Diebe genommen hatten, und setzte ihnen unverzüglich nach. Bald sah er auch hellen Feuerschein durch die Tannen schimmern; vorsichtig schlich er näher, und richtig: da lagerte die Räuberbande zechend um ein großes Feuer, und an einem Baume in der Nähe hing das rote Kalbfell. Da ging dem Hans ein Stich durchs Herz, denn das Kälblein war sein Liebling gewesen; und leise wollte er zurückschleichen; da knackte ein dürrer Ast unter seinem Fuß; die Räuber sprangen auf und ergriffen ihn; und ohne weiteres wurde er in ein leeres Faß gesteckt, und da lag der arme Hans und hörte nur noch, wie die Gesellen ein Hohngelächter verführten und den Deckel zuschlugen.

Jetzt war guter Rat teuer; hätten die Räuber nicht bereits den Spunten aus dem Faß geschlagen gehabt, so hätte Hans ersticken müssen. Unterdessen hatte sich aber ein schweres Gewitter am Himmel zusammengezogen; der Wind pfiff durch die Tannen, und durch die Schluchten rollte der Donner; und Hans merkte, daß nach und nach das Knattern des Kochfeuers aufhörte und das Gespräch und der Lärm der Räuber verstummte. Diese hatten sich davongemacht und ein Obdach unter den Heuscheuern der unteren Bergmatten gesucht. Eben als Hans aus dem Faß kriechen wollte, kam jedoch einer von ihnen wieder hastig heraufgerannt, um das Kalbfell zu holen, das sie richtig vergessen hatten. Schon hatte er die Hand darnach ausgestreckt, da kam ein Blitz und ein Schlag, daß der ganze Baum in Flammen zu stehen schien. Der Räuber war zu Boden gefallen, Hans hörte ihn keuchen und sah zum Spuntloch hinaus, wie er sich aufsammelte und verblendet gegen das Faß taumelte – krach! fing das Faß an zu rollen und rollte ohne Aufhören bergunter von Satz zu Satz, die Reifen fuhren ab, die Dauben platzten, und Hans war befreit. Unten in der Tiefe sprangen die Trümmer klingend an eine Felswand; aber Hans blieb sitzen, gerade hinter der letzten Sturzklippe. Das Sausen und Dröhnen im Kopf vertoste, der Schmerz in den zerschlagenen Gliedern gab allmählich nach; aber jetzt war erst guter Rat teuer! Ringsum die rabenschwarze Nacht, auf schwindligen, unwegsamen Felsen, in der Nähe das gefährliche Gesindel und daheim der wütende Meister! Um sich wenigstens vor den Räubern zu retten, kletterte Hans endlich durch die scharfen Felsenrunsen und über die Bergwasser hinunter, bis er den Boden eines engen Waldtales unter den Füßen hatte. Da sah er von fern ein Licht schimmern; darauf ging er los; denn das war der Waldhof, an dem er öfters seine Herde vorbeigetrieben hatte; und da das Unwetter eben noch einmal losbrach, so machte er keine Umstände, sondern schlich hinter dem Haus in die Obertenne, um sich da ins Stroh zu verkriechen; aber kaum hatte er angefangen, einige Garben zum Nachtlager auszubreiten, so drang durch den schlecht gebretterten Boden wieder ein Lichtschimmer zu ihm herauf; und da sah er mit Schrecken die Räuber alle wieder beisammen; die zechten und lärmten da von neuem, und es schien Hans, als hielten sie erst jetzt die eigentliche Mahlzeit von seinem armen roten Kälblein; er hörte so was von Tellerklappern und Gabelstochern. Das mußt er doch wissen; also kroch er behutsam zu dem Garbenloche und wollte sich da zum Zusehen bequem auf ein Strohbündel der Länge nach hinstrecken – rutsch! rutsch! Da ging's plötzlich kopfüber, und Hans schoß pfeilschnell aus dem Garbenloch mitten unter das Diebsgesindel hinab, wie das Brot in den Ofen. Eine mächtige Garbenmasse stürzte hinter ihm drein, und eine mitfahrende Staubwolke verhüllte den Hans und die Garben dazu; und der Luftstoß hatte das Feuer ausgelöscht. Voll Schrecken stoben die Räuber auseinander, und da war Hans wieder allein und fühlte sich die Knochen, die zum Glück alle ganz und heil geblieben waren. Rasch blies er das Feuer wieder an; da sah er nun auch, wie die wilden Gesellen gewirtschaftet hatten. So eine Mahlzeit hatte er noch nie mitgehalten: Braten und Wein die Hülle und Fülle. Hei! das ließ er sich schmecken. Tapfer griff er's an und hörte nicht auf, bis er draußen die Räuber zurückkommen hörte, die sich allmählich von ihrem blinden Schrecken erholt hatten. Eilig schlüpfte er zur Hintertüre hinaus und versteckte sich in einen leeren Bienenkorb, den er in dem Bienenstand hinten im Baumgarten fand. Mittlerweile waren die Räuber ihrerseits wieder über den Braten und Wein hergefallen. Nachdem sie sich aber gesättigt hatten, lüsterte ihnen nach einem süßen Nachtisch. »Zu diesen Ankenschnitten hier«, rief einer, »gehört auch Honig; kommt, wir wollen Honig holen!« Alsbald gingen ihrer zwei hinaus in den Garten zum Bienenhaus und lüpften Korb um Korb, um den schwersten und ausgiebigsten herauszusuchen; und da griffen sie natürlich bald denjenigen an, in welchem der arme Hans saß. Der eine trug hinten, der andere vornen am Brette, worauf der Korb stand. Aber der eine behauptete, links gehe der Rückweg zur Scheune; der andere dagegen meinte, rechts müsse man sich halten, um nicht finsterlings im Baumgarten anzurennen und den vollen süßen Korb auszuschütten. Dem Hans schien dieser Streit ganz ergötzlich; und dieweil es stockende Finsternis um sie herum war, so konnte er nicht anders, es juckte ihm in der Hand, er langte also

oben zum Schlupfloch heraus und stupfte den Vorder-
mann heimlich in den Rücken. »Setz ab«, sagte der zum
Hintermann, »was hast du mich zu stupfen?« Während
der noch redete, zupfte Hans den Hintermann am Bart.
»Und was hast du mich zu zupfen?« schnauzte dieser entgegen. Nun war das Wort wieder am andern; aber der ließ
jetzt das Brett fallen und ging auf den Kameraden los, und
die Ohrfeigen flogen nach allen Seiten. Während sich die
beiden aus Leibeskräften zerwalkten, nahm Hans seine
günstige Stunde wahr, hob den Korb über sich ab und
sprang unbemerkt davon. Er lief und lief, und da nach solchen Abenteuern die Furcht vor dem Meister viel kleiner
geworden war, so lief er gradaus nach dem Hof des Vetters.
Als er nahe herzu kam, nahm es ihn wunder, warum alles
so früh auf sei; die Weiber rannten hin und her, und die
Knechte lärmten; die Hoftüre stand offen, und alles Gesinde feierte. Ein Knecht sah ihn zuerst und rief: »Herr
Gott, bist du's, Hans? Wir alle glaubten, der Meister habe
dich erstochen und verscharrt. Ihn selber haben die Schulkinder im Wald erhängt gefunden, er hat sich selbst gerichtet, der Schinder und Schaber.«

So wurde Hans aus einem armen Küherbuben ein reicher Bauer; denn er war der einzige Erbe des geizigen Vetters; und er lebte lange und glücklich, und die Armen waren's wohl zufrieden.

Die drei Raben

Es war einmal ein Mädchen, das hatte seinen Vater, so
lange es denken mochte, immer nur traurig gesehen. Endlich
konnte es nicht mehr anders und fragte ihn nach der Ursache seiner Traurigkeit; und da vernahm es, daß es drei Brüder gehabt, die der Vater einst im bösen Zorn zu Raben
verwünscht habe. Von dem Augenblick an fand es daheim

keine Ruhe mehr, und sobald es unbemerkt davongehen konnte, machte es sich auf den Weg, um seine Brüder aufzusuchen. Am Abend kam es in einen Wald, da wohnte eine Fee, welche dem Mädchen schon lange gewogen war; die behielt es in ihrer Laubhütte über Nacht, und des andern Morgens, als das Mädchen ihr sein Anliegen erzählt hatte, führte sie es bis an den Rand des Waldes und sagte da zu ihm:

»Gradaus über Feld und mitten im Feld,

Da stehn die drei schönsten Linden auf der Welt«;
und dann ließ sie's allein weitergehen. Und nachdem es noch einen halben Tag gegangen war, sah es mitten auf einem weiten Feld drei alte Linden, und auf einer jeden saß ein Rabe. Als es aber näher hinzukam, flogen die Raben von den Linden herunter, setzten sich ihm auf Schulter und Hand und fingen an zu sprechen: »Ei sieh doch, unser herzliebes Schwesterchen kommt und will uns erlösen.« – »Ach Gott«, sagte das Mädchen, »was ist es ein Glück, daß ich euch gefunden habe; sagt mir doch nur, wie ich es anstellen soll, damit ihr erlöst werdet.« – »Freilich ist es ein schweres Stück«, antworteten die Raben; »drei Jahre lang darfst du kein Menschenwort reden; und versiehst du's nur ein einziges Mal, so müssen wir eben Raben bleiben unser Leben lang; auch darfst du uns nicht mehr hier besuchen.« – »Das will ich euch schon zulieb tun«, sagte das Mädchen und begab sich sogleich auf den Heimweg. Es kam wieder in den Wald, wo die Fee wohnte; allein da stand heute an der Stelle der Laubhütte, wo es über Nacht gewesen war, ein stattliches Schloß, aus dem sprengte eben ein Zug von Jägern, und einer blies das Jagdhorn, daß der Wald davon erschallte. An der Spitze ritt aber der Herr Graf, dem das Schloß und der Wald und das ganze Land herum gehörte; als der das wandernde Mädchen erblickte, ritt er heran und fragte: »Woher des Landes, und was willst du hier?« Allein das Mädchen gab keine Antwort, sondern verneigte sich mit Anmut, und der Graf wurde nicht satt,

ihre liebliche Gestalt zu betrachten. »Nun, wenn dir Gott die Rede versagt hat«, sprach er, »so hast du doch holde Zucht und Sitte; und wenn du mit mir auf das Schloß kommen willst, so soll es dich drum nicht reuen.«

Mit stummer Gebärde willigte das Mädchen ein, und der Graf brachte es sofort zu seiner Mutter ins Schloß; vor dieser verneigte es sich wieder, sprach aber nicht ein Wort dazu. »Wo bringst du die Dirne her?« fragte die alte Gräfin; »es scheint, sie hat eine schwere Zunge; was soll sie im Schloß?« – »Sie soll meine Gemahlin werden«, sagte der Graf; »seht nur hin, ist sie nicht anmutig? Und wenn sie auch nicht spricht, so hat sie doch sonst kein Fehl.« Darauf schwieg die alte Gräfin; aber sie behielt einen heimlichen Groll im Herzen. Am andern Tage feierte der Graf mit hohen Freuden sein Hochzeitsfest; aber die Hochzeit war kaum vorüber, so kam ein Gesandter von dem Kaiser, der ließ alle seine Untertanen zu einem großen Kriegszug aufbieten, und auch der Graf mußte ohne Verzug Abschied nehmen von seiner jungen Gemahlin. Zuvor bestellte er indessen einen Diener und empfahl ihm, daß er zu der jungen Frau Sorge tragen sollte wie für seinen Augapfel. Der Graf war jedoch kaum fort, so begann die alte Gräfin ihre verborgene Tücke auszulassen; sie bestach den Diener; und als die junge Gräfin nach Jahresfrist einen wunderlieblichen Knaben gebar, nahm ihn der Diener auf der Alten Geheiß weg und trug ihn in den Wald hinaus, damit die wilden Tiere auffräßen. Bald darauf kam der Graf auf Urlaub nach Hause; da sagte die Alte zu ihm: »Dein stummes Weib ist ein Zauberweib; sie hat dir ein totes Kind geboren.« Und der Diener, der herbeigerufen wurde, sagte: »Ja, Herr Graf, draußen im Wald liegt's, da hab ich's begraben.« Wieder verging ein Jahr, da kam der Graf zum zweiten Mal auf Urlaub; da hatte unterdessen seine Gemahlin einen zweiten Knaben geboren, den hatte der Diener wieder hinausgetragen, und die Alte sagte: »Dein stummes Weib ist des Teufels; das zweite Kind war gar kein

Kind, sondern ein behaartes Tier.« Und der Diener sagte: »Ja, Herr Graf, es war ein schwarzer Hund; draußen im Wald hab ich ihn verscharrt.« Nun wurde der Graf zornig und befahl, daß seine Gemahlin gleich neben der untersten Magd im Schlosse dienen solle. Wieder nach einem Jahr war der Kriegszug des Kaisers beendigt, und der Graf kehrte als Sieger nach seinem Schlosse zurück. Unterdessen hatte seine Gemahlin ihren dritten Knaben geboren, den hatte der Diener wieder in den Wald hinausgetragen, und die Alte sagte: »Dein stummes Weib hat den Tod verdient; das dritte Kind war ein garstiges Ungetüm.« Und der Diener sagte: »Ja, Herr Graf, es ist gleich durch das Fenster nach dem Wald hingeflogen.« Nun ließ der Graf seine Gemahlin in den Turm werfen, denn er wollte sie des folgenden Tages bei lebendigem Leib verbrennen. Und als der Holzstoß im Schloßhof errichtet war, auf welchem sie verbrannt werden sollte, ließ er sie hinaufführen, und das ganze Gericht mußte herum stehen. Dann trat der Herold hervor, verkündigte der jungen Gräfin den Tod und fragte das Gericht, ob jemand da sei, der die Angeklagte zu verteidigen wüßte. Aber alles schwieg, und man hörte keinen Atem; nur die arme Gräfin seufzte leise. Da erscholl plötzlich aus der Ferne ein Horn, und wie ein Sturmwind jagten alsbald drei Reiter in silberblanker Rüstung auf schneeweißen Rossen in den Schloßhof herein; die trugen alle drei einen Raben im Schild, und jeder hielt im Arm einen wunderlieblichen Knaben. Und ehe der falsche Diener, der gerade neben dem Holzstoß stand und schon eine Fackel zum Anzünden bereithielt, sich dessen versah, hatte ihn einer mit seiner Lanze durchspießt, und alle drei riefen: »Da sind wir ja, liebe Schwester; heute sind die drei Jahre um; und da hast du auch deine Kinder wieder; die hat dir die Fee im Walde aufgezogen!« Da war eine Freude und ein Jubel, ihr könnt euch denken wie! Die alte Gräfin lief vor Verdruß in die weite Welt hinaus, und der Graf lebte mit seiner Gemahlin in lauterer Liebe bis ans Ende.

Der Teufel als Schwager

Ein Handwerksbursche kam auf seiner Wanderschaft an einem Abend in eine Herberge, und weil er sich schon ein paar Tage hintereinander müde gelaufen hatte, wollte er nun auch wieder ein paar Tage rasten. Er bedachte aber nicht, daß der Beutel die Kosten nicht vertrug, und als der Wirt, der davon Wind bekam, eines Abends sagte: »Guter Freund, Ihr seid wohl jetzt nicht mehr müde, also seid so gut und macht Euch morgen früh auf die Strümpfe, hier ist Eure kleine Rechnung«, – da überlief es den Burschen kalt und heiß, und er bat den Wirt, mit der Rechnung nur wenigstens bis morgen noch zu warten; »morgen«, sagte er, »ist auch noch ein Tag.« – »Gut«, sagte der Wirt, »aber nehmt Euch in acht vor der Herberge Zum Schwarzen Turm, dahin bringt man bei uns die Leute ins Quartier, die mehr essen und trinken, als der Beutel Stich hält.« Als aber der Wirt fort war, warf sich der Handwerksbursche aufs Bett und konnte doch vor Angst und Sorgen die ganze Nacht kein Auge zutun. Da trat auf einmal eine schwarze Gestalt zu ihm ans Bett und gab sich sogleich schlecht und recht als den Teufel zu erkennen. Der sagte: »Fürchte dich nicht, mein lieber Geselle, brätst du mir die Wurst, so lösch ich dir den Durst; willst du mir zu einem Schick verhelfen, so will ich dich aus deiner Klemme ziehen.« – »Und das wäre?« fragte der Handwerksbursche. »Nur sieben Jahre«, sagte der Teufel, »sollst du hier in diesem Wirtshaus bleiben, ich will dich freihalten und dir Hülle und Fülle geben, und nachher sollst du's noch besser bekommen und immer Geld haben wie Laub. Dafür sollst du dich aber nie waschen noch kämmen und dir auch Haar und Nägel nie beschneiden.« – ›Der Dienst ist schon des andern wert‹, dachte der Handwerksbursche und ging den Vertrag unverzüglich ein.

Als der Wirt am andern Morgen erschien, erhielt er von dem Handwerksburschen seine Zeche beim Heller und

Pfennig ausbezahlt und noch einen Überschuß dazu auf weitere Zeche; und der Handwerksbursche blieb Jahr und Tag in der Herberge sitzen und ließ Geld draufgehen wie Sand am Meer. Aber er wurde auch wüst wie die Nacht, und kein Mensch mochte ihn ansehn. Kam an einem schönen Morgen ein Kaufmann zu dem Wirt; das war sein Nachbar; der hatte drei blitzschöne Töchter; weil er sich aber in seinen Geschäften schlimm verrechnet hatte und nun nicht mehr wußte wo aus und ein, so kam er, um dem Wirt seine Not zu klagen. »Hört«, sagte der Wirt, »Euch kann geholfen werden. Da droben in meiner Fremdenstube wohnt schon mehr als sechs Jahre ein sonderbarer Kerl; der läßt wachsen, was wächst, und sieht aus wie die Sünde; aber er hat Geld wie Heu und läßt sich nichts abgehen; probiert's mit dem; ich hab ohnehin schon lang gemerkt, daß er oft nach Euerm Haus hinüberschielt; wer weiß, ob er's nicht auf eine von Euern Töchtern abgesehen hat.« Dieser Rat leuchtete dem Kaufmann ein; er ging hinauf zu dem Handwerksburschen, und es kam bald zu einem Vertrag zwischen ihnen: daß der Handwerksbursche dem Kaufmann aus den Nöten helfen und der Kaufmann dem Handwerksburschen eine seiner Töchter zur Frau geben müsse. Als sie aber zu den drei Töchtern kamen und der Vater ihnen den Handel auseinandersetzte, lief die älteste davon und rief: »Pfui, Vater; was für ein Greuel bringst du uns ins Haus! Lieber will ich ins Wasser springen, ehe ich den heirate.« Die zweite machte es nicht besser und rief: »Pfui, Vater; was für ein Scheusal bringst du uns ins Haus! Lieber häng ich mich auf, ehe ich den heirate.« Die dritte und jüngste sprach dagegen: »Es muß doch ein braver Mann sein, Vater, daß er dich retten will, ich nehm ihn.« Sie hielt ihre Augen immer zu Boden geschlagen und sah ihn gar nicht an; aber er hatte ein großes Wohlgefallen an ihr, und die Hochzeitsfeier wurde festgestellt.

Da waren auch die sieben Jahre um, die der Teufel ausbedingt hatte; und als der Hochzeitsmorgen erschien, fuhr

eine prächtige Kutsche, von Gold und Edelsteinen fun-
kelnd, bei dem Hause des Kaufmanns vor, und heraus
sprang der Handwerksbursche, der jetzt ein junger und feiner reicher Herr geworden war. Da fiel der Braut ein Stein
vom Herzen, und des Jubels ward kein Ende. In langem
Zuge gingen die Hochzeitsleute zur Kirche; denn der
Kaufmann und der Wirt hatten alle ihre Verwandtschaft
dazu eingeladen; nur die beiden älteren Schwestern der
glücklichen Braut gingen nicht mit, sondern sie entleibten
sich aus Ärger, die eine am Nagel, die andere im Wasser.
Und als der Bräutigam aus der Kirche kam, da sah er zum
ersten Mal nach sieben Jahren den Teufel wieder; der saß
auf einem Dach und lachte zufrieden herunter:

>>Weißt, Schwoger, eso cha's cho:
Du hest Eini und i ha Zwo!<<

Der starke Hans

Es war einmal eine große Frau, die große Beth, die hatte
einen Buben, der, obschon er erst sieben Jahre alt war,
schon der starke Hans hieß. »Wir sind arme Leute«, sagte
die Mutter einst zu ihm, »drum mußt du beizeiten arbeiten
und fremdes Brot essen lernen. Die Bauern nehmen ohnedies nur starke Leute in den Dienst. Geh also in den Wald
und bringe mir eine tüchtige Tracht Holz heim, dann will
ich dir sagen, ob du in die Fremde taugst.«

Hansli tat es, traurigen Herzens über den ihm so nahe
stehenden Abschied; und wie er seine Bürde Holz heim-
brachte, war sie gar klein. Darüber wurde er und die Mutter
froh, denn er war noch zu schwach und durfte noch weitere
sieben Jahre daheim bleiben. Als diese um waren, wurde er
zum zweiten Male ins Holz geschickt. Jetzt aber war es anders mit ihm. Die Tannen riß er aus, als ob es Stauden wären, und heimgetragen brachte er sie wie einen Federwisch.

Jetzt hatte die Mutter auf ein ganzes Jahr Brennholz genug, und Hans konnte nun sein Ränzel schnüren und dem nächsten Bauernhof zuwandern. Hier waren schon zwei Knechte im Dienst, und man brauchte keinen dritten. Der Hans aber wurde dennoch angenommen, denn er verlangte vom geizigen Bauern keinen Lohn, sondern statt dessen nur das Recht, alljährlich eine Ohrfeige austeilen zu dürfen. Die erste Arbeit, bei der er mithalf, war im Walde; es wurde Holz gefällt und heimgefahren. Aber der Wagen war bereits überladen, und die Rosse brachten ihn nicht vom Fleck. Da warf Hans die Rosse zu den Baumstämmen auf den Wagen hinauf und brachte ihn wie im Sturmwind vors Haus gerollt. Der Bauer sah es, kratzte sich in den Haaren und dachte mit Schauder an die Jahresohrfeige. Aber er ließ sich nichts merken, sondern setzte sich mit Hans zu Tische. Hier tat Hans abermals das Seine, der Bauer kratzte sich abermals in den Haaren, denn dieser Knecht würde ihn binnen Jahresfrist von Haus und Hof essen.

Nun fiel ihm ein, wie er sich seiner entledigen könnte. »Meine Frau«, sagte er zu ihm, »hat vor etlichen Tagen ihren Ehering draußen in den Ziehbrunnen fallen lassen, steig hinunter und hol ihn wieder herauf. Hans tat es. Kaum war er drunten, so schüttete der Bauer mit seinen Knechten eine ganze Benne Steine hinab.

»Weg mit den Hühnern da droben«, rief eine Stimme herauf, »sie scharren Sand in den Brunnen!« Der Bauer mußte zu einem gewichtigeren Mittel greifen; er ließ die Glocke aus der Kapelle herabnehmen und in den Brunnen werfen, die mußte den ganzen Hans zudecken. »Ei, was für ein artiges Käppchen für mich!« lautete es zum zweiten Mal aus der Tiefe herauf. Jetzt gab's keinen andern Rat, als den Mühlstein hinabzulassen. »Halt«, schrie der drunten, »da hab ich ja den Ehering; geht mir aus dem Licht droben, ich komme!« Die Glocke auf dem Kopfe und den Mühlstein am Ringfinger kam Hans heraufgestiegen.

Der Bauer dachte abermals an die einbedungene Ohrfeige und schenkte dem Hans nun so viel Geld und Gut, als dieser brauchte, um weiter in die Welt zu ziehen.

Seines Weges gehend, fand er zwei Kameraden, einen Jäger und einen Fischer, die ohne Dienst waren wie er. Er wanderte einen Tag mit ihnen, doch statt Dörfer und Herbergen trafen sie nichts als ein kleines wunderliches Haus. Es war unbewohnt, und sie übernachteten hier. In aller Frühe weckte sie der Hunger. Nichts als ein Kochkessel und ein geringes Stück Fleisch war hier vorrätig, dies genügte nicht für alle drei. Der Fischer sollte es ans Feuer tun und kochen, indessen gingen der Jäger und Hans in den Wald, um besseren Vorrat herbeizuschaffen. Unser Koch hing den Kessel übers Feuer – da schlich ein kleines häßliches Weib herzu. Sie hatte ein rotes Jüpplein an und auf dem Kopf eine Beginenhaube und bat flehentlich um ein winziges Stücklein Fleisch. Der gute Fischer bückte sich schon, ihr ein Stück im Kessel abzuschneiden, da, husch, saß sie ihm auf dem Rücken, drückte und ritt ihn und zerkratzte ihm jämmerlich das Gesicht. Er kroch zuletzt unter den Herd hinunter. Die Alte verschwand, das Feuer ging aus.

Gegen Abend kamen die beiden Kameraden heim. Glücklicherweise hatten sie einen Bären erlegt und hatten nun, nachdem er ausgeweidet, zerlegt und gekocht war, doch etwas zu essen.

Der Morgen kam, und nun ging der Fischer mit dem Hans auf die Jagd, der Jäger hütete das Haus und besorgte das Essen. Darüber geschah ihm, was man schon weiß. Die Alte in der roten Jüppe kam herbeigeschlichen, und während er ihr ein Stück Fleisch abschnitt, sprang sie ihm auf den Rücken, zerkratzte ihn und warf ihn zum Schlusse unter den Herd.

Da lag er noch drunten, als die zwei andern abends heimkamen und nach dem Essen fragten. – So kam der dritte Tag. Keiner der Geprügelten hatte indessen dem andern ein Wörtchen verraten, jeder verbiß seine Schmerzen und freute sich im stillen darauf, daß auch an den Nächsten die Reihe kommen werde. Heute blieb nun Hans daheim, Jäger und Fischer gingen in den Wald. Sobald er am Kochen war, klopfte die Jammergestalt des hungrigen Weibes an der Tür und bettelte um ein klein Stück Fleisch. Sie erhielt's. Allein sobald sie ihm auf den Rücken springen wollte, hatte sich Hans schon vorgesehn. Er packte sie mit einer Hand und schwang sie so lange in der Luft herum, bis ihr der Atem ausging. Dann band er sie und warf sie hinab, wo die andern gelegen. Da lag denn nun das schief geschnürte Bündel unter dem Herd. Sehr frühzeitig kamen heute die beiden Kameraden heim; sie lachten schon im voraus über die Prügel, die Hans aufgelesen haben mußte. Da sahen sie denn das Gegenteil.

Aber Hans wollte von seinem Abenteuer auch einen Nutzen haben. Er ließ die Hexe unterm Herd nicht eher los, als bis sie ihm ein Geheimnis entdeckt hatte. Hier im Berge, auf dem das Häuschen stand, war ein tiefes Felsenloch, das hinunterführte zu einem wunderbaren Schlosse.

Eine Prinzessin wohnte drinnen, von Drachen bewacht, und wer diese besiegte, gewann samt den Schätzen die Hand der Königstochter. Die dreie gingen zur Höhle und bestimmten durch das Los, wer von ihnen zuerst am Seile hinuntergelassen werden sollte. Hans machte den Anfang. Drunten fand er das Schloß, ganz aus Gold und Edelstein gebaut, alsdann die Prinzessin selbst. Diese stellte ihm Wein und Brot vor, dadurch wurde er noch dreimal stärker als zuvor. Dann gab sie ihm das stärkste Schwert, mit dem er den Drachen schlagen sollte. Dieser fuhr auch bald mit furchtbarem Getöse herab und spie einen Feuerstrom aus dem Rachen. Mit einem Hiebe schlug ihm Hans den Kopf ab, aber von dem Feuerstrom ergriffen, sank auch er zu Boden. Die Prinzessin eilte herbei und labte ihn wiederum mit Wein und Brot; er erwachte aus seiner Betäubung und fühlte sich nun noch dreimal stärker als vorher. Dies war aber auch dringend notwendig; denn alsbald erhob sich neues Getöse, und der zweite Drache kam herabgefahren, noch feuriger und größer als der erste. Der Kampf begann, das Schloß bebte und dröhnte, Qualm verfinsterte die ganze Luft, doch Hans mit seinem Machtschwert hieb in das Untier, daß das Blut in Strömen floß. Sausend fuhr sein Schwert durch die Luft, und der Schädel des Ungeheuers war vom Rumpfe getrennt. Doch auch dem Tapfern schwanden die Sinne, ohnmächtig lag er neben dem Erlegten. Und wiederum war die Prinzessin da, abermals stärkte sie ihn mit Wein und Brot und brachte ihn dadurch ins Leben zurück; dann ließ sie ihn durch ihre Dienerinnen in ein gutes, schönes Bett bringen, und da ruhte und schlief er sich aus bis zum hellen Morgen. Jetzt übergab ihm die Prinzessin das dritte Machtschwert, das alle andern an Güte und Größe übertraf, nachdem er durch Speise und Trank abermals an Stärke dreifach gewachsen war, und kündete ihm an, daß nun der dritte und größte Drache zu bestehen sei. Noch einmal rief sie ihm Mut zu, zeigte ihm, wie sie beide nur die Wahl hätten zwischen namenlosem Glück und Unglück, und ging dann schluchzend hinweg. Nun kam der dritte Drache heruntergefahren, brausend und sausend, Glut und Dampf aus dem Rachen speiend. Volle drei Stunden dauerte der Kampf, das Untier verblutete, Hans lag unbeweglich hingesunken. Als es stille geworden, kam die Prinzessin herbeigeeilt; unter ihren Worten und Küssen schlug er wieder die Augen auf, wurde verpflegt und erholte sich. Dann erhoben die Dienerinnen einen wunderbaren Gesang, eine liebliche Musik rauschte durch das Schloß, daß Hans bei seiner Prinzessin in Glück und Freude sich kaum fassen konnte. So machten sie sich alle bereit, mit dem nächsten Morgen die Hochzeit zu halten.

Die Geisterküche

Ein Siegrist hatte einen Sohn, der war so wild und unbän-
dig, daß der Vater mit sich zu Rate ging, wie er seinen
Übermut dämmen könnte. Fürs erste stellte er einen Stroh-
mann in den Kirchturm und schickte dann den Knaben
bei Nacht in den Turm hinauf, noch die Uhr aufzuziehen.
Aber der Junge schlug einfach den Popanz über die Stiege
hinunter und brachte ihn lachend in die Stube herein ge-
huckelt. Da merkte der Vater, hier müsse man etwas Klü-
geres tun, und ließ ihn das Schneiderhandwerk lernen, um
ihn in die Fremde zu schicken, damit er sich hier die Hörner abstoße. Der Junge blieb aber der gleiche. Auf seiner
Wanderschaft wollte er einst mitten im Walde in einem
einsam liegenden Häuschen übernachten; aber niemand
öffnete, und er erbrach zuletzt die Türe. Kein Mensch war
drinnen, doch brannte auf dem Tisch ein Licht. Während
er sich's dabei bequem machen wollte, kamen zwei Männer
in die Stube getreten, die ihn einige Zeit anstutzten, dann
aber nach kurzem Gespräche ihm gestanden, das Haus
habe keinen Herrn mehr; denn es sei gespenstisch; ihnen
aber diene dieser Umstand dazu, ihre Diebereien hier verbergen zu können. Als der Geselle um das Nähere fragte,
vernahm er, eine weiße Frau hüte hier einen Schatz und er-
scheine regelmäßig um die Geisterstunde. Nun verbünde-
ten sie sich zu dritt, heute diesen Schatz zu erheben. Bis
Mitternacht war es aber noch lange, der Hunger war nicht
gering; und weil die Diebe Mehl und Schmalz im Hause
hatten, suchte der Geselle ein Mahl zu rüsten, machte in
der Küche ein Feuer, und in kurzer Zeit küchelte er schon
am Herde. Da hörte er, noch ehe die Mitternachtsstunde
da war, aus dem Schlot herunter eine Stimme rufen:
»Flieh, oder ich falle!«

»Nur zugefallen!« antwortete er unbesorgt, und gleich
fiel ein Schenkel durch den Kamin herab auf den Herd. Er
schleuderte denselben in einen Winkel der Küche, tat die

Pfanne wieder übers Feuer und röstete weiter an den Schmalzküchlein. Bald hörte er die Stimme aus dem Schlote abermals und gab abermals dieselbe Antwort; da lag der andere Schenkel vor ihm am Herde. Er warf ihn zum ersten, und so ging es fort, bis zuletzt alle Glieder und Stücke eines Menschenkörpers da waren. Sobald er auch den Kopf zu den übrigen Teilen geworfen hatte, fügte sich alles zusammen, ein großer Mann richtete sich hinten in der Küchenecke auf und trat zu ihm heran. Der Bursche fragte ihn höhnisch, wo er denn sein Weib habe? Sie wird nachkommen, antwortete der Mann. Um so besser, sagte der Geselle, setze dich also derweilen dort in jene Ecke. Der Mann gehorchte, und der Geselle trug nun sein fertiges Gebäcke auf. Als er mit der Schüssel über den Hauseingang in die Stube gehen wollte, kam ihm eine schneeweiße Frau entgegen. Aha, sagte er, das ist wohl diejenige, welche hier den Schatz hütet. Nun ja, so mag sie vor der Hand zu Tisch kommen und ihren Mann, der dort im Winkel sitzt, mit hereinbringen. So ging er mit der Schüssel voran in die Stube, und das Paar folgte ihm. Alle saßen zu Tisch, jedoch wollten die Geister nichts genießen. Nach dem Essen forderte der Geselle die Frau auf, ihm die Mittel anzugeben, wie sie erlöst werden könne, und versprach ihr, standhaft und beherzt bleiben zu wollen. Nun zündete sie ihm bis zu einem altertümlichen Bette voran, in welchem ein gewichtiger Schlüssel lag; dieser paßte im Hauskeller zu einer Eisentüre, und nach dreimaligem Umdrehen ging das Schloß auf. Die Frau trat mit dem Licht hinein. Da erblickten sie im Gewölbe einen Hahn mit feurigem Kamm, der sich auf dem Rücken eines gewaltigen Zottelhundes ausspreizte. Der Hund aber kauerte knurrend auf einer großen Kiste, während der Hahn dazu krähte, daß er sich selber fast überpurzelte. Der Schneider ließ sich von allem nicht dumm machen. Aller Grimassen ungeachtet, verscheuchte er erst die Ungetüme und schloß, sobald sie zum Keller draußen waren, die Türe zu. Dann legte er wohlbesonnen sein Schurzfell ab. Mit dem zweiten Schlüssel, den ihm nun die weiße Frau einhändigte, öffnete er die Kiste, und sie lag bis oben voll Gold. Sogleich aber warf der Geselle sein Schurzfell darüber, weil er wußte, daß man jedem Geisterschatze, der nicht mehr entweichen soll, etwas von unsern eigenen Sachen beilegen muß. Kaum war dies geglückt, so sagte er der weißen Frau und ihrem Manne: »Jetzt könnt ihr gehen«, und augenblicklich waren beide verschwunden. Nachher haben sich die drei, der Schneider und die Diebe, in die Schätze friedfertig geteilt, und der alte Siegrist sah seinen Sohn als reichen Mann wiederkehren.

Der Teufel und der Drescher

Es war einmal ein Edelmann, der war geizig und drückte seine Leute, wo er konnte, tat aber immer, als habe er nur ihr Bestes im Auge und handle nicht anders, als wie er könne. Dieser Edelmann hatte nun unter seinen Leuten einen Knecht, der ihm viele Jahre treu und ehrlich gedient hatte; mit der Zeit war er aber alt und schwach geworden, daß er zwar noch beim Pflügen und Eggen die Ochsen antreiben konnte, jedoch beim Dreschen nichts Rechtes mehr vor sich zu bringen vermochte. In der Dreschzeit brachliegen heißt aber bei einem armen Tagelöhner soviel, als den ganzen Winter Hunger leiden; darum bat er rechtzeitig den Herrn, als er mit den andern Knechten die Wintersaat untereggte, er möge ihn doch von dem Dreschen um seines Alters willen nicht ausschließen.

»Ich will dir nicht im Wege sein!« antwortete der Edelmann katzenfreundlich, »wenn die übrigen Knechte dich als Macher (Macker) haben wollen, so magst du dreschen, soviel und solange du willst.« Die andern Leute waren aber allesamt verheiratet, hatten für Frau und Kinder zu sorgen

und mußten den Dreier dreimal umdrehen, ehe sie ihn aus
der Hand gaben. Sie sahen darum bei den Worten des
Herrn einander verlegen an, und als der Edelmann sie einzeln fragte: »Willst du des alten Vaters Macher beim Dreschen sein?« überlegten sie, daß sie dann nicht genug aus-
dreschen könnten, und der Reihe nach sprachen sie:
»Nein, ich will nicht!« – »Da hast du's«, rief der Herr, »ich
bin's nicht, der dich ins Elend jagt, deine eigenen Kameraden lassen dich im Stich.« – Der alte Mann kratzte sich betrübt hinter den Ohren; endlich faßte er sich Mut und
sprach: »Wenn ich nun einen Macher finde, darf ich ihn
dann auf den Hof bringen und mit ihm dir an die Arbeit
gehen?« Dagegen konnte der Edelmann nichts einwenden,
und der Knecht wankte vom Hofe, einen Macher zu suchen.

Als er im Walde war, begegnete ihm ein steinaltes
Männchen, das fragte ihn: »Woher und wohin?« – »Ich
komme vom Edelmannshof und suche einen Macher zum
Dreschen«, erhielt es zur Antwort. »Da bist du an den
Rechten gekommen«, versetzte das Graumännlein, »ich
bin ebenfalls auf der Suche nach einem Macher.« – »All-
richtig«, sagte der Knecht, »dann gehören wir zusammen.
Viel wird's freilich nicht werden, denn du bist ja noch stak-
riger wie ich; aber besser etwas wie gar nichts.« – »Worauf
drescht ihr denn?« fragte der Graumann weiter. »Bei Roggen und Weizen auf den dreizehnten«, erwiderte der
Knecht, »beim Hafer dagegen bekommen wir den vierzehnten Scheffel.« – »Darauf geh ich nicht ein!« meinte
der Graumann; »wenn ich die Woche gedroschen habe,
will ich nicht mehr und nicht weniger haben, als was ich
am Samstagabend mit einem Male auf meinem Buckel
zum Tore hinausschaffen kann.« – »Das wäre ein schlechtes Geschäft!« meinte der Knecht. Da aber der Graumann
auf seinem Willen bestand, fürchtete er, am Ende seinen
Macher wieder zu verlieren und gar nichts zu bekommen;
er gab also knurrend klein bei und schritt mit dem Graumännlein dem Gutshofe zu.

Als der Edelmann das gebrechliche Paar sah, lachte er, daß ihm der Leib wackelte. »Herr«, hub der Knecht an, »hier ist mein Macher!« – »Könnt ihr denn auch die Dreschflegel heben, oder soll ich euch einen Jungen geben, der sie euch in die Höhe bringt?« fragte der Edelmann. »Ach, es wird wohl auch noch ohne den Jungen gehen«, meinte das Graumännlein und tat dabei so krank und gebrechlich, als stehe Jan Kräuger aus Philippsgrün (d. i. der Tod) ihm schon zur Seite, um ihn mit sich zu nehmen. »Und was soll euer Lohn sein?« fragte der Edelmann. »Was mein Macher am Samstagabend auf seinem Rücken mit einem Male zum Tore hinaustragen kann«, antwortete der Knecht. »Abgemacht«, rief der Herr, »und kommenden Montag macht ihr euch an die Arbeit! Ihr mögt immerhin eine Woche früher anfangen als die übrigen Knechte, eine Mandel Garben werdet ihr inzwischen wohl ausgedroschen kriegen.«

Am Montagmorgen gingen die beiden in aller Frühe in die Scheune, die zur Rechten und zur Linken mit reifen Garben bis an das Dach gefüllt war und in der Mitte einen großen Längs-Flur offenließ. »Womit wollen wir beginnen?« fragte das Graumännchen. »Ich dächte mit dem Roggen«, gab der Knecht zurück. »Meinetwegen, dann steig du ins Fach und wirf mir die Garben herunter!« sprach das Männlein; und der Knecht warf Garben über Garben auf die Scheunenflur hinab, bis er glaubte, jetzt sei es für die ganze Woche genug. »Warum hältst du denn an?« schalt da aber das Graumännchen; und als der Knecht verwundert hinabsah, hatte das Männlein schon alle Garben ausgedroschen, und Stroh, Korn und Spreu lagen, fein säuberlich geschieden, wie's sich gehört, ein jedes an seinem Ort.

Der Knecht erschrak, daß er am ganzen Leib zitterte, denn er erkannte, daß er den Teufel zum Macher erkoren; doch Jenner ließ ihm zum langen Besinnen nicht Zeit, der Alte mußte immerfort neue Garben herabwerfen, und ehe die Sonne zur Rüste gegangen war, hatte der Roggen im Fach sein Ende genommen und Jenner die letzte Garbe gedroschen. Am andern Tage kam der Weizen an die Reihe, am Mittwoch die Gerste, den Donnerstag und Freitag draschen sie Hafer und Buchweizen und am Sonnabendvormittag Klewer, Wicken und Rübsen, und damit war alles ausgedroschen, was in der großen Scheune vorhanden war. Zu guter Letzt mußte der Knecht alle Säcke herbeischaffen, die auf dem Gutshofe aufzutreiben waren, und der Teufel schüttete Roggen, Weizen, Gerste, Hafer, Buchweizen, Klewer, Wicken und Rübsen so schnell hinein, daß die Säcke in demselben Augenblicke, da sie ihm von dem Knecht gereicht wurden, auch schon gefüllt waren.

Um sechs Uhr, als Feierabend gemacht wurde, trat der Edelmann in die Scheune, um nach dem gebrechlichen Paare zu schauen; aber wie erstaunte er, als er die Arbeit, daran ein Dutzend starker Leute ein Vierteljahr genug zu schaffen gehabt hätten, fix und fertig zu Ende geführt sah. Er freute sich und lachte, lobte die beiden und sprach: »Ihr habt wacker gearbeitet, liebe Leute, nun wollen wir gleich die andern Knechte zusammenrufen und das Korn auf den Boden schaffen.« – »Nein, so war es nicht abgemacht«, rief das Graumännchen mit starker Stimme, »zuvor nehme ich erst auf meinen Rücken, was ich mit einem Gange zum Tore hinausschaffen kann!« Damit ergriff er einen Sack nach dem andern und warf ihn auf seinen Buckel; und als er den letzten hinaufgeworfen hatte, ragten die Säcke wie ein Kirchturm in die Luft, und es war ein Himphamp von dem Männlein gefertigt, wie noch keiner gesehen ist, seit die Welt steht.

Dem Edelmann wurde schwarz vor den Augen bei dem Anblick, seine Knie bebten ihm und schlackerten, und seine Stimme zitterte vor Wut, als er den Knechten zurief: »Löst den Bullen von der Kette!« Der Bulle war nämlich weit und breit als ein stößiges Tier bekannt und hatte schon manchen armen Schlucker auf seine Hörner genommen; jetzt sollte er dem Graumännchen zu Leibe gehen oder doch wenigstens gegen den Himphamp rennen; damit die lange Reihe der Säcke durchstoßen würde und das Getreide dem Gutsherrn verbliebe. Kaum hatte sich aber das böse Tier mit seinem Gehörn dem Männlein genähert, so lachte dasselbe hell auf: »Der Edelmann hat recht, zu dem vielen Korn müssen wir auch Fleisch haben!« Dann ergriff es den Bullen bei den Hörnern und warf ihn in die Höhe, daß er auf den letzten Sack zu liegen kam und alle viere in die Luft streckte.

Jetzt stieg dem Herrn der weiße Schaum vor den Mund, und er rief die gotteslästerlichen Worte: »Hat mir der Teufel Hab und Gut genommen, so mag er auch mit Leib und Seele zur Hölle fahren!« Darauf hatte Jenner nur gewartet, denn jetzt hatte er Anteil an dem habgierigen Leuteschinder; schnell ließ er den Himphamp fallen, drehte dem Edelmann das Genick um und flog mit ihm auf und davon der Hölle zu. Der arme, alte Knecht aber bekam die ganze Ernte und den Bullen obendrein und ward ein wohlhabender Mann; und wenn er nicht gestorben ist, so lebt er heute noch.

Hadelum-pum-pum

Es war einmal ein reicher Kaufmann, der hatte einen ungeratenen Sohn. Von klein an war er ein Taugenichts, sprang über Stock und Block und machte seinem Vater vielen Kummer. Endlich ward dem Alten die Sache zu bunt, und er jagte den Jungen zum Hause hinaus. Da saß er nun in einer Herberge und vertrank den letzten Groschen, den er noch in der Tasche hatte. Wie er so traurig da saß und vor sich hinstarrte, schlug ihm jemand mit der flachen Hand auf die Schulter und sprach: »Heda, guter Freund, möchte er nicht des Königs Rock anziehen und ein Soldat werden?

Hier sind fünfzig Taler Handgeld!« Als der Junge das Geld erblickte, rief er: »Eingeschlagen! Ich bin dabei!« und ging mit dem Werber zum Hauptmann und wurde auch sogleich eingekleidet. Jetzt lernte er rechtsum und linksum und die Beine auseinanderbringen, wie jeder gute Soldat, und des Abends machte er sich von den fünfzig Talern ein paar vergnügte Stunden. Als er ausexerziert war, hatte aber auch das Handgeld ein Ende, und er war auf die zwei Groschen Traktament angewiesen und wohnte obendrein im Bürgerquartier.

Eines Tages sah er den Kaufmann, bei dem er wohnte, mit sorgenvollem Blick auf dem Hofe auf und ab gehen. »Das verstehe, wer's kann«, sprach er zu ihm, »ich bin lustig und guter Dinge und habe den Tag zwei Groschen Traktament, und du hast ein großes Haus und Geld wie Heu und setzt ein Gesicht auf wie die Katze, wenn sie das Donnern hört.« Antwortete der Kaufmann: »Mir geht's schlechter, als du dir denken kannst. Meine Frau hat sich mit mir gezankt und will nicht eher wieder gut werden, als bis ich ihr drei Äpfel aus des Königs Garten geschenkt habe. Was soll ich nun tun? Der König verkauft keine Äpfel! Tausend Taler dem, der mich aus der Not reißt!« – ›Tausend Taler?‹ dachte der Soldat, ›ei, das käme dir gerade zupaß; und dem König kann's gleich sein, ob er drei Äpfel mehr oder weniger in seinem Garten hat.‹ Des Abends, als es dunkel geworden war, schlich er sich darum an die Mauer, die um den königlichen Garten führte, warf einen Haken hinauf, an den unten ein Strick gebunden war, und eins, fix, drei war er oben, und der schönste, volle Apfelbaum stand gerade vor ihm. Schon wollte er herunterspringen, da hörte er gerade unter sich in der Laube ein Tuscheln und Pispern, wie wenn zwei Liebesleute sich etwas erzählen. Das war die Prinzessin, welche mit dem dicken General brauten ging und die ihm hier ein Stelldichein gegeben. Solange es bei dem Reden blieb, saß der Soldat ruhig auf der Mauer, als es aber auch an das Küssen ging, war ihm die Sache denn doch über allen Spaß, und er warf voll Zorn einen großen Stein in den Apfelbaum, daß die Äpfel zur Erde fielen und es krachte. Die beiden in der Laube dachten nichts anderes, als der Teufel käme herab und wolle sie holen; denn es war um die Mitternacht, und sie liefen auf und davon, und der dicke General ließ seinen goldenen Tressenrock, den er um der großen Hitze willen ausgezogen hatte, im Stiche und freute sich mit der Prinzessin, daß sie das Leben hatten. Der Soldat aber las alle Taschen voll Äpfel, schlug den goldenen Tressenrock über den Arm und machte, daß er über die Mauer kam, und lief nach Hause zurück.

Am andern Morgen gab er dem Kaufmann drei Äpfel und erhielt die tausend Taler dafür. Und der Kaufmann war froh, daß seine Frau jetzt wieder gut war, und der Soldat war froh, daß er tausend Taler besaß. Aber seine Freude war die kürzere; denn was sind tausend Taler für einen jungen Mann, der weiß, wie man Geld durchbringt, und nicht weiß, wie sauer es verdient wird. Es dauerte darum gar nicht lange, so war auch der letzte Taler von den tausend zum Schenkwirt gewandert, und er war wieder auf die zwei Groschen Traktament angewiesen, wie zuvor. Als er nun gar trübselig in seinem Zimmer saß, fiel ihm der goldene Tressenrock ein. ›Willst doch einmal General spielen!‹ dachte er bei sich, und gedacht, getan, ein leichtsinniger Bursche, wie er war, zog er den Tressenrock an, steckte den langen Degen durch und ging auf die Straße.

»Faßt das Gewehr an! Augen links!« befahl der Feldwebel, welcher die Wache aufziehen ließ, denn er glaubte, es wäre ein richtiger General, der da vorüberging. Ei, wie sanft dem Jungen das tat; und der Teufel plagte ihn, und er konnte es nicht lassen und ging bei dem Hause vorbei, wo der dicke General wohnte. Der sah gerade aus dem Fenster; und wie er den Tressenrock erblickte, erkannte er ihn auch sogleich wieder. Geschwind setzte er den Dreimaster auf den Kopf, stürzte zum Hause hinaus und eilte dem falschen General nach, um ihm den goldenen Tressenrock wieder abzunehmen.

Der Junge bekam's nun doch mit der Angst, denn auf der Straße mußte ihn der General bald einholen; darum ging er geradeswegs auf das Schloß zu, und die Posten präsentierten das Gewehr und ließen ihn ehrerbietig passieren. Aber er hielt sich drinnen nicht lange auf, sondern machte, daß er in den Garten kam, und kletterte dort auf einen großen Tannenbaum. Hoch oben im Zopf machte er halt und verbarg sich unter den grünen Zweigen. Es dauerte gar nicht lange, so war der General auch in dem Garten mit den Dienern des Schlosses und der Prinzessin, und sie suchten jeden Winkel und jede Laube und jeden Strauch ab, aber nirgends war der falsche General zu finden. »Du wirst dich geirrt haben«, sprach die Prinzessin, »er ist am Ende gar nicht in das Schloß gegangen. Und nun komm zu mir in mein Zimmer hinauf.« Das ließ sich der General nicht zweimal sagen und ging mit ihr, und über ein Weilchen waren sie oben. Der Tannenbaum war aber so hoch, daß der Soldat gerade in das Zimmer der Prinzessin hineinschauen konnte. Da sah er, wie sie einander Küsse schenkten und sich liebhatten; und zuletzt sprach die Prinzessin: »Höre, was ich dir sage. Damit wir uns jede Nacht sehen können, werde ich eine Klingelschnur an der Wand anbringen, und wenn die Glocke halb zehn schlägt, ziehst du daran und klingelst. Dann lasse ich einen Korb herab, und du setzt dich hinein, und ich ziehe dich hinauf.« Jetzt hatte der Soldat genug gehört, und als es dunkel wurde, machte er, daß er von der Tanne herabkam, und lief, was ihn seine Füße zu tragen vermochten, nach Hause zurück.

Am andern Abend schlich er sich nach neun Uhr unter der Prinzessin Fenster, und als er den Klingelzug erblickte, zog er daran. Da währte es nur ein kleines Weilchen, und der Korb kam herab. Er setzte sich hinein, und der Korb ging wieder in die Höhe, und noch ein wenig, und er war oben bei der Prinzessin. Damit sie ihn aber nicht erkennen möchte, hatte er eins, fix, drei das Licht ausgeblasen, und sie saßen im Dunkeln beieinander. »Was ist denn das?« rief die Prinzessin. »Ich fürchte, es möchte uns jemand verraten«, flüsterte der Junge, und indem er das sagte, ging es auch schon: »Ling, ling, ling!« – »Um Gottes willen, wir sind verraten«, jammerte die Prinzessin; der falsche General aber ergriff die Waschschüssel und goß das schmutzige Wasser zum Fenster hinaus. Da hörte man unten ein Schimpfen und Fluchen, und dann war alles wieder ganz stille. »Jetzt sind wir sicher«, sagte der Junge und setzte sich zu der Prinzessin, und sie küßten sich und gaben einander das Versprechen, sich nie zu verlassen, in Tod und Leben, und zum Beweis dafür steckte ihm die Prinzessin ihren Ring an den Finger. Nachdem sie sich genug geküßt hatten, stieg der Soldat wieder in den Korb hinein, und die Prinzessin ließ ihn herab.

Wer aber am nächsten Tag und an den folgenden nicht wieder an der Klingel zog, war der General, und der Soldat konnte es auch nicht tun, denn er hatte Wache, auch fürchtete er, die Prinzessin möchte hinter den Betrug kommen. Das war der Königstochter nun gar nicht recht, und als wieder einmal Parade war, redete sie den General darauf an und fragte ihn kurzweg, warum er nicht komme. – »Laßt mich in Ruhe«, antwortete er kurz, »einen Rock habe ich im Garten verloren, und den andern habt Ihr mir mit Spülicht begossen, woher soll ich das Geld zu den Tressenröcken nehmen!« Da merkte die Prinzessin wohl, daß ein Fremder bei ihr gewesen; aber sie sagte dem General nichts davon, denn sie wollte selbst hinter die Sache kommen.

Zu dem Ende ging sie zu dem König und sprach: »Vater, der Ring, den du mir geschenkt hast, ist mir verlorengegangen. Laß doch bekanntmachen: Wer ihn hat, soll ihn bringen, er wird eine gute Belohnung bekommen!« Das tat der alte König auch, aber niemand brachte den Ring; denn der Soldat glaubte, es wäre nur eine Falle. Als ihm jedoch eines

413

Tages das Geld wieder ganz ausgegangen war, nahm er einen Kameraden beiseite und sprach zu ihm: »Hier hast du den Ring der Prinzessin. Geh damit auf das Schloß und laß dir die Belohnung auszahlen und gib mir nachher die Hälfte davon ab. Und wenn sie dich fragt, wo du ihn her hast, sagst du, du habest ihn in der Gosse gefunden.« Das versprach er alles treulich zu halten und ging auf das Schloß. »Du hast also den Ring!« sagte die Prinzessin, als er vor ihr stand. »Jawohl, Frau Prinzessin, ich hab ihn in der Gosse gefunden.« – »Das lügst du, Spitzbube«, rief die Königstochter, »und wenn du mir nicht augenblicklich gestehst, wem du den Ring gestohlen hast, so lasse ich dich bei Wasser und Brot in ein Gefängnis werfen, das weder Sonne noch Mond bescheint.« Da ward dem armen Teufel himmelangst zumute, und er erzählte alles, wie es gekommen sei. »Weil du ehrlich gewesen bist, soll dir noch einmal verziehen sein«, sprach die Prinzessin, »und nun geh hin und sag deinem Kameraden, daß er zu mir auf das Schloß komme.«

Dem Kaufmannssohn war gar nicht wohl zumute; aber: ›Was soll's helfen?‹ dachte er bei sich, ›kommst du nicht selbst, so läßt sie dich holen. Wer hieß dich auch, ihren Liebhaber spielen!‹ Dann zog er sich das beste Zeug an und ging auf das Schloß in der Prinzessin Zimmer. »Wo hast du den Ring her?« fragte dieselbe sogleich. »Den habt Ihr mir selbst gegeben«, antwortete der Soldat und drehte die Mütze zwischen den Fingern; »auch verspracht Ihr mir Treue in Tod und in Leben.« Die Prinzessin hatte inzwischen gesehen, daß der falsche General ein hübsches, junges Blut war, weit schöner wie der alte dicke General, und sie antwortete darum: »Es ist richtig, ich habe dir den Ring gegeben und das Versprechen obendrein. Und was ich gesagt habe, will ich auch halten; es bleibt also dabei!« Da war der Soldat aller Freuden voll, und sie herzten und küßten einander. Als sie damit fertig waren, sagte die Prinzessin: »Wie wird's aber mit der Hochzeit werden? Einem gemeinen Soldaten gibt mich mein Vater nicht. – Je nun, ich hab's gefunden: Ich werde zu ihm sagen: Nur den Klügsten im Lande will ich zum Ehegemahl. Wer zu mir kommt, nicht nackend und nicht bekleidet, nicht bei Tage und nicht bei Nacht, und wer mir einen Antrag macht und doch nicht spricht und nicht stille schweigt, der soll mein Mann werden. Wie du das fertigbringst, das ist deine Sache.« Antwortete der Kaufmannssohn: »Dafür laß mich nur sorgen!« Darauf schenkte er der Prinzessin noch einen Abschiedskuß und machte, daß er nach Hause kam.

Als er in seinem Quartier war, rief auch schon ein Diener des Königs in der ganzen Stadt aus: »Wer zu der Prinzessin kommt, nicht angezogen und nicht nackt, nicht bei Tage und nicht bei Nacht, und wer um sie anhält und dabei kein Wort redet und nicht stilleschweigt, der soll sie zur Frau bekommen.« Da ging der Soldat zum Schornsteinfeger und borgte sich ein neues Lederzeug und Leiter und Besen. Das band er sich um, dann ging er am andern Tage im Zwielicht auf das Schloß, damit er um die Königstochter anhielte. »Halt! Wer da?« rief die Schildwache, als sie den schwarzen Gesellen erblickte. Da sang der Schornsteinfeger: »Hadelumpumpum, hadelumpumpum, hadelum, hadelum, hadelumpumpum!« – ›Der Kerl ist verrückt‹, dachte die Schildwache und wollte ihn mit dem Kolben zurückstoßen; doch der alte König hatte den Schornsteinfeger schon gesehen und befahl dem Soldaten, ihn durchzulassen. Als der schwarze Teufel vor dem König stand, fragte ihn dieser: »Nun, was will er?« – Sang der Schornsteinfeger wieder: »Hadelumpumpum, hadelumpumpum, hadelum, hadelumpumpum!« – »Aha, er will wohl meine Tochter haben.« – Da nickte der Schornsteinfeger mit dem Kopfe und sang ganz schnell: »Hadelumpumpum, Hadelumpumpum, hadelum, hadelumpumpum!« Nun wurde die Prinzessin gerufen, und als sie den Schornsteinfeger erblickte, lachte ihr das Herz vor Freuden im Leibe; der aber sang: »Hadelumpumpum, hadelumpumpum, hadelum, hadelumpumpum!« – »Meinetwegen«, versetzte der König, »komm er morgen früh wieder, dann kann er sich meine Tochter aussuchen.« – Da machte der Schornsteinfeger einen Kratzfuß und sang dazu: »Hadelumpumpum, hadelumpumpum, hadelum, hadelumpumpum!« und entfernte sich.

Den Abend zog der Soldat an der Klingelschnur, und die Prinzessin wand ihn in dem Korbe hinauf. Als er oben war und sie sich genug ausgelacht hatten, sagte die Prinzessin: »Jetzt gib gut acht. Mein Vater wird morgen in jeden der drei Säle des Schlosses zwölf Jungfrauen setzen, die sind allesamt angezogen wie ich und gleichen mir auf das Haar, wie ein Ei dem andern. Du mußt mich aus ihnen herausfinden, und damit du nicht fehlgreifst, so will ich dir nur gleich sagen, daß ich in dem dritten Saale bin. Und damit du dort ja nicht eine falsche wählst, werde ich mir eine polnische Laus auf den Scheitel setzen.« – Ihr kennt doch eine polnische Laus! Wenn die mit den Fühlhörnern wakkelt, so ist es erschrecklich anzusehen, und wenn sie sich satt gesogen hat, so steckt sie sich eine Zigarre in den Mund und raucht und bläst den Dampf durch die Nase. – Eine solche Laus wollte sich die Prinzessin auf den Scheitel setzen, da war sie doch gewiß zu erkennen!

Nachdem die beiden alles verabredet hatten und die Prinzessin dem Soldaten noch einen Beutel mit Goldstükken in die Tasche geschoben, schenkten sie sich einen Kuß und sagten einander gute Nacht. Darauf stieg der Soldat in den Korb hinein, und die Prinzessin ließ ihn in den Garten herab.

Den andern Morgen ging er wieder als Schornsteinfeger auf das Schloß, und die Schildwache rief ihn gar nicht mehr an, denn sie wollte nichts mit dem schwarzen Teufel zu tun haben; hatte ihn der König gestern sprechen wollen, so ließ er ihn auch wohl heute zu sich. »Nun, wie steht's«, fragte der König, »hat er sich besonnen, oder will er immer noch meine Tochter zur Frau haben?« – »Hadelumpumpum, hadelumpumpum, hadelum, hadelumpumpum«, sang der Soldat. Da führte ihn der König in den ersten Saal, und darin standen zwölf wunderschöne Jungfrauen, die glichen allesamt der Prinzessin aufs Haar, wie ein Ei dem andern, und an der Wand saßen zweiundfünfzig Stabstrompeter, die sollten zum Tanze aufspielen. »Tanze, mit welcher du willst«, rief der König, »und nenne mir die, welche du zur Frau haben möchtest!« Da warf der Soldat ein Goldstück auf den Tisch, daß es sprang, denn umsonst wollte er nicht aufgespielt haben, und sang: »Hadelumpumpum, hadelumpumpum, hadelum, hadelum, hadelumpumpum.« Und sogleich fingen die zweiundfünfzig Stabstrompeter an, ihr schönstes Stück zu blasen, und der Soldat griff sich eins von den zwölf Mädchen heraus und tanzte mit ihr dreimal um den Saal. Der König dachte: ›Den Vogel habe ich gefangen!‹ und als der Tanz zu Ende war, fragte er: »Nun, mein Sohn, ist das meine Tochter, und willst du sie zur Frau haben?« Der Schornsteinfeger aber schüttelte mit dem Kopfe und sang: »Hadelumpumpum, hadelumpumpum, hadelum, hadelum, hadelumpumpum!«

Da führte ihn der König in den zweiten Saal. In dem standen ebenfalls zwölf Jungfrauen, genau wie die Prinzessin, und an der Wand saßen zweiundfünfzig Flötenbläser. Der Schornsteinfeger warf wieder ein Goldstück auf den Tisch, und als er gesungen hatte: »Hadelumpumpum, hadelumpum, hadelum, hadelum, hadelumpumpum!«, da bliesen die Spielleute ihr schönstes Stück auf den Flöten, und der Schornsteinfeger griff eine von den zwölf Jungfrauen heraus und tanzte mit ihr dreimal um den Saal. »Jetzt hat er sich aber gewiß vergriffen«, sprach der König bei sich selbst, dann sagte er laut: »Nicht wahr, mein Sohn, das ist meine Tochter? Die willst du zur Frau haben?« – »Hadelumpumpum, hadelumpumpum, hadelum, hadelum, hadelumpumpum!« sagte der Schornsteinfeger als Antwort und schüttelte mit dem Kopfe.

Jetzt ging der König mit ihm in den dritten Saal, da waren wieder zwölf Jungfrauen, und an der Wand saßen zweiundfünfzig Geigenspieler. Die Jungfrauen sahen alle einander gleich; doch die Prinzessin hatte die polnische Laus nicht vergessen, die wackelte mit den Fühlhörnern, und er fand sie sofort heraus. Schnell warf er ein Goldstück auf den Tisch und sang: »Hadelumpumpum, hadelumpumpum, hadelum, hadelum, hadelumpumpum!«, und als die zweiundfünfzig Geigenspieler ihre Bogen strichen, nahm er die Prinzessin in den Arm und tanzte mit ihr links herum wohl sechsmal durch den Saal. »Ist das meine Tochter, und willst du sie zur Frau haben?« fragte der König. Da nickte der Schornsteinfeger mit dem Kopfe und sang freudig: »Hadelumpumpum, hadelumpumpum, hadelum, hadelum, hadelumpumpum!« – »Abgemacht!« sprach der alte König. Alle Wagen, die auf dem Schlosse waren, mußten vorfahren, und der König fuhr mit dem Schornsteinfeger, der Prinzessin und den fünfunddreißig Jungfrauen in die Kirche. Dort erwartete sie der Prediger schon vor dem Altar; und die Orgel spielte, und die Schulkinder sangen, und dann hielt der Pastor dem jungen Paare eine wunderschöne Hochzeitsrede. Als er aber fragte, wie er fragen muß: »Willst du die Prinzessin heiraten und sie nie verlassen und sie immer achten und ehren, in Freud und in Leid?« sang der Schornsteinfeger fein ehrerbietig, wie es sich in der Kirche gehört: »Hadelumpumpum, hadelumpumpum, hadelum, hadelum, hadelumpumpum!« – ›Das ist ein närrischer Bräutigam‹, dachte der Prediger; aber er sagte es nicht laut, denn er wollte es mit des Königs Schwiegersohn nicht verderben. Darauf sangen die Schulkinder wieder, und die Orgel spielte, und die Trauung war aus, und der alte König fuhr mit dem Schornsteinfeger, der Prinzessin und dem Pastor und den fünfunddreißig Jungfrauen auf das Schloß zurück, und sie setzten sich zum Hochzeitsmahle nieder.

»Nun möchtest du auch wohl gerne ein Prinz des königlichen Hauses werden?« fragte der König; da neigte der Schornsteinfeger sein Haupt demütiglich und sang ganz leise und bescheiden: »Hadelumpumpum, hadelumpumpum, hadelum, hadelum, hadelumpumpum!« Da steckte ihm der alte König einen goldenen Stern auf die Brust, und wie er den so recht fest sitzen fühlte, war mit einem Male seine Zunge gelöst, und er sprach wie eine Elster. Nach dem Mahle wurde getanzt, und der Schornsteinfeger sprang zwischen den feingeputzten Damen und Herren herum wie der Teufel im Himmelreich; aber er war doch froh und vergnügt, denn die Prinzessin war seine Frau, und er war ein Prinz des königlichen Hauses. Und als der alte König nicht lange darauf starb, ward er König an seiner Statt und lebte mit seiner Frau, der Königin, in Glück und in Frieden; und wenn sie nicht gestorben sind, so leben sie heute noch.

Wie aus einem Schweinehirten ein König ward

Es war einmal ein Kuhhirt, dem wurde vom lieben Gott große Freude beschert, denn die Bauern machten seinen einzigen Sohn zu ihrem Schweinehirten. Während der Vater die Rinder auf die Weide trieb, zog nun der Junge, das große Tuthorn auf dem Nacken, mit den Schweinen in den Wald, daß sie dort mit Eicheln und Bucheckern sich mästeten. Unweit des Waldessaumes lag ein Pfuhl, mit schwarzem, moorigem Grunde. Dahin richteten die Schweine des Mittags ihren Lauf, wenn die Sonne am höchsten stand, und gruben sich tief ein in den kühlen Schlamm; und der Junge war das wohl zufrieden, denn die Tiere waren faul und blieben stundenlang in dem Moraste liegen, und er war auch faul und streckte sich in das weiche Moos und hing seinen Gedanken nach, bis er einschlief.

Eines Tages träumte ihm an dem Pfuhle, daß eine Stimme ihm zurief: »Mach dich auf und eile davon, denn du sollst noch einmal in Sibirien König werden!« – ›Das ist ja ein sonderbarer Traum‹, dachte er, als er erwachte; aber noch mehr verwunderte er sich, als am folgenden Tage wiederum die Stimme zu ihm im Traume sprach: »Mach dich auf und eile davon, denn du sollst noch einmal in Sibirien König werden!« – »Das hat etwas zu bedeuten«, sagte er bei sich, »du willst aber noch den dritten Tag abwarten.« Und richtig, auch den dritten Tag sprach die Stimme, während er abseits von der Herde im Moose lag und schlief, zu ihm im Traume: »Mach dich auf und eile davon, denn du sollst noch einmal in Sibirien König werden!« Da sprang der Junge auf und rief: »Was dreimal geträumt ist, muß wahr sein!«, warf sein Tuthorn zu den Schweinen in den Teich und lief auf und davon.

Aber sosehr er auch lief, der Wald wollte kein Ende nehmen, und er mußte seinen Hunger mit Waldbeeren und Wurzeln stillen und seinen Durst mit dem klaren Quellwasser löschen; und wenn er müde war, kletterte er auf einen Baum und band sich mit der Peitschenschnur an einem Aste fest, damit er nicht herunterfiele und die wilden, reißenden Tiere ihn fänden und fräßen. Eines Nachts lag er wiederum hoch oben auf dem Ast eines Baumes und schaute in die Tiefe, da sah er, wie sich unter ihm der Wacholderbusch plötzlich ganz sachte, sachte in die Höhe hob und wie nacheinander zwölf starke, wilde Kerle unter ihm hervortraten und dann zwischen den Bäumen verschwanden. Am andern Morgen, als die Sonne aufging, kehrten sie wieder zurück, zogen den Wacholderbusch in die Höhe, und einer nach dem andern verschwand in der Tiefe.

Der Junge hatte auf alles genau Obacht gegeben und war neugierig, was die da unten trieben; er hielt sich darum den Tag über in der Gegend auf und kletterte nach Sonnenuntergang auf denselben Baum, auf dem er die Nacht vorher zugebracht hatte. Es dauerte auch gar nicht lange, so hob sich der Wacholderbusch wieder in die Höhe, und die zwölf Kerle kamen heraus. Kaum waren sie im Waldesdunkel verschwunden, so kletterte der Junge rasch wie eine Katze den Stamm hinunter und eilte zu dem Wacholderbusch, hob ihn in die Höhe, und siehe, da führte unter seinen Wurzeln eine Steintreppe in die Tiefe. Vorsichtig stieg er die steinernen Stufen hinunter, und als er unten war und eine Tür geöffnet hatte, befand er sich in einem großen, hell erleuchteten Saal. An den Wänden standen Ruhebetten, und in der Mitte war eine lange, reich mit Braten und Wein besetzte Tafel gedeckt. Darüber machte er sich her, und die leckeren Bissen mundeten ihm besser als die Waldbeeren und harten Wurzeln. Kaum hatte er aber für den ersten Hunger genug, so vernahm er Tritte die Treppe herab, und voll Angst kroch er unter eins der Betten und schmiegte sich mit dem Körper hart an die Wand, daß ihn niemand entdecken möchte.

Indem öffneten die Kerle die Türe, und der erste von ihnen, der wohl ihr Hauptmann sein mochte, sprach zu den andern: »Das war ein schlechter Spaß, daß man uns mitten im Handwerk störte; so hat wohl keiner etwas erwischen können.« – »O doch«, entgegnete einer, »ich habe hier ein Paar Stiefeln erbeutet, die wohl wert sind, gestohlen zu werden; denn wer sie anzieht, legt mit jedem Schritte nicht mehr und nicht minder als sieben Meilen zurück.« – »Das lob ich mir«, schmunzelte der Hauptmann, »das ist ja ein prächtiger Fang.« – »Ich gebe dem meinen den Vorzug«, fiel ihm ein anderer Räuber ins Wort, »ich habe diese Nacht einen Säbel erbeutet; wer den schwingt, richtet damit mehr aus wie ein ganzes Regiment.« – »Und ich«, hub ein dritter an zu schreien, »kann doch das Beste vorzeigen; ich habe einen Dreimaster gestohlen seltener Art. Wer den auf den Kopf setzt und dreht ihn auf die eine Kante, so krachen drei Kanonenschüsse; dreht er ihn auf die zweite Kante, so blitzen ihrer sechs, und dreht er ihn endlich auf die dritte Kante, so fallen gar neun Schüsse. Und was das wunderbarste ist, keiner der Schüsse verfehlt je sein Ziel.« – »Wer will uns denn von nun an etwas anhaben!« rief der Hauptmann erfreut; »die Nacht lobe ich mir, das war eine gesegnete Nacht!« Darauf setzten sie sich nieder und aßen und tranken, und als sie müde geworden waren, legten sie sich nieder und schliefen bald ein und schnarchten, daß die Wände zitterten.

Darauf hatte der Junge gewartet. Ganz leise kroch er unter seinem Bette hervor, und schnell wie der Wind hatte er Stiefeln, Säbel und Dreimaster ergriffen; dann schlich er geräuschlos die Treppe herauf, hob den Wacholderbusch in die Höhe und stand draußen im Walde. Dort zog er die Stiefeln über die Füße, schnallte den Säbel um und setzte den Dreimaster auf den Kopf, und nun schritt er aus, und ihr könnt euch denken, wie viele hundert Stunden er zurückgelegt hat mit seinen Siebenmeilenstiefeln, als er am andern Morgen endlich haltmachte. Er befand sich gerade dicht vor einer großen Stadt; darum zog er die Stiefel aus und fragte einen Bauer, der mit seinem Karren zu Markte zog, wo er denn wäre und wie die Stadt hieße. »Hier ist das große Königreich Sibirien, und diese Stadt ist die Hauptstadt davon«, antwortete der Mann und zog seiner Straße. Der Junge war über diese Rede von ganzem Herzen froh, und da er nichts Besseres zu tun wußte, so ging er auf das königliche Schloß und fragte dort an, ob er nicht in das Heer des Königs eintreten könnte. Da er schlank und schier gewachsen war, so willfahrte ihm der König gern und steckte ihn unter das Fußvolk; doch da wollte es ihm nimmer gefallen, und weil er es so wünschte, ward er unter die Reiter versetzt und diente dort einige Jahre.

Eines Tages nun sagte der Nachbarkönig dem König von Sibirien den Krieg an, und die beiden Heere rückten gegeneinander. Der feindliche König befehligte aber weit mehr Soldaten als der König von Sibirien, und so kam es, daß das Heer des letzteren sich allgemach zur Flucht wandte. Schon schien alles verloren, da riß dem Schweinehirten die Geduld, ganz allein sprengte er vor und stellte sich dem Feinde entgegen; dann drehte er seinen Dreimaster so schnell er konnte nach allen Ecken und Enden herum, und: Krach! Krach! Krach! fielen Schüsse über Schüsse, und ein jeder Schuß traf seinen Mann. Die feindlichen Soldaten stutzten mitten in dem Siegeslauf; aber je länger sie stillestanden, um so größer wurde das Verderben. Da lösten sie sich endlich in wilder Flucht auf, und der Schweinehirt ritt hinter ihnen drein mit seinem wundersamen Säbel, und wo er hinzielte, da flogen Köpfe rechts und Köpfe links und rollten in den Sand. Da sah der feindliche König ein, daß alles verloren war, und er bat um Gnade, und der Schweinehirt gewährte ihm dieselbe auch unter der Bedingung, daß er fortan dem König von Sibirien untertan werde.

Als der Krieg zu Ende war, ritt der König von Sibirien vor allen Soldaten auf den Schweinehirten zu und ernannte ihn zu seinem Feldmarschall, weil er allein den Sieg errungen hatte; dann fragte er ihn, ob er seine Tochter heiraten und sein Schwiegersohn werden wolle. Das war dem Schweinehirten schon recht, und es wurde eine prächtige Hochzeit gefeiert; und als der alte König nach einigen Jahren starb, folgte der Schweinehirt ihm auf dem Throne nach und ward Herrscher von ganz Sibirien.

Nun war die junge Königin, ehe sie den Schweinehirten geheiratet, mit einem General verlobt gewesen, und sie liebte ihn noch immer und hatte mit ihm Umgang, obgleich sie mit einem andern in die Ehe getreten war. Eines Tages, als der junge König gerade abwesend war, ging der General wieder zur Königin und fragte dieselbe, worin denn eigentlich ihres Mannes Kraft läge, da er doch nicht anders aussähe wie sonst die Menschenkinder. »Seine große Kraft liegt in seinem Säbel, in dem Dreimaster und in den Siebenmeilenstiefeln«, entgegnete die Königin. »Hat er die mitgenommen?« fragte der General weiter. »Das hat er nicht getan«, erwiderte die Königin, »die

Wunschdinge liegen oben auf dem Spind in der Schlaf-kammer.« Da rieb sich der böse General vor Freuden die Hände, ging mit der Königin in die Schlafkammer und fand auch wirklich dort den Säbel, den Dreimaster und die Stiefel auf dem Spinde liegen. Schnell schnallte er den Säbel um und stülpte den Wunschhut auf den Kopf, dann ging er zum Schlosse heraus dem jungen König entgegen.

Als er den König traf, schritt er auf ihn zu und schrie ihn an: »Warum hast du mir meine Braut geraubt?« Der König dachte anfangs, der General wäre von Sinnen; als derselbe aber nicht nachließ zu schimpfen und zu schelten, erkannte er wohl, wie alles gekommen sei; zudem sah er den Dreimaster auf des Generals Haupte und den Säbel an seiner Seite. »Die Macht ist jetzt bei dir«, antwortete er darum, »und wenn ich dich um etwas bitten darf, so bitte ich dich, daß du mir das Leben schenkst und mir erlaubst, aus dem Lande zu gehen.« Damit war der General einver-standen, und der junge König verließ das Land, das er vor kurzer Zeit aus der Kriegsgefahr errettet hatte.

Während die falsche Königin mit dem schlechten Gene-ral Hochzeit feierte und vergnügt und guter Dinge lebte, wanderte der rechtmäßige König einsam im Walde umher und mußte sich, wie damals, von Waldbeeren und wilden Wurzeln nähren. Am Abend des dritten Tages stieß er, zum Tode matt, auf einen umgefallenen Fichtenbaum. ›In dessen Zopf wirst du dich legen, da schläfst du weich, und die wilden Tiere finden dich nicht‹, dachte er bei sich. Ge-dacht, getan, er legte sich nieder und wollte eben einschla-fen, da rief eine Stimme: »Joseph, Joseph!«, so hieß näm-lich der Schweinehirt. Der junge König schaute sich nach allen Seiten um, doch da er niemand erblickte, dachte er: ›Du hast dich getäuscht‹ und schloß wieder die Augen. Da rief es zum zweiten Male mit lauter, heller Stimme: »Jo-seph, Joseph!« Er schaute nach rechts und nach links, nach oben und nach unten, aber auch diesmal konnte er nichts erblicken und überließ sich wieder dem Schlafe. Ehe er aber fest eingeschlafen war, rief es zum dritten Male ganz laut und deutlich: »Joseph, Joseph!« Jetzt war ihm kein Zweifel mehr, er sprang auf und untersuchte den ganzen Baum, und siehe, da hatte sich um den Stamm eine allmächtig große Schlange gewickelt, die war's gewesen, die ihn dreimal beim Namen gerufen hatte.

»Was liegt da unten zu deinen Füßen?« fragte die Schlange. »Eine Pferdedecke«, gab der König zur Antwort. »Nun, dann nimm sie und wirf sie um dich!« versetzte die Schlange; und kaum hatte der junge König dem Befehle gehorcht, so verwandelte er sich auch allsogleich in einen herrlichen Schimmel, wie man ihn sich schöner nicht denken konnte, und im Maule trug er einen kostbaren Zaum. »Fürchte dich nicht«, sprach jetzt die Schlange, »was ich dir geraten habe, habe ich dir zu deinem Wohle geraten! Nun sprenge davon in das nächste Dorf und laß dich von einem Bauer greifen; dann bitte ihn, daß er dich auf den Pferdemarkt bringt und zehntausend Taler für dich verlangt. Kein anderer als der General wird das geben, und in deiner Macht steht es dann, dich an deinem Feinde zu rächen. Sorge aber dafür, daß der Bauer den Zaum nicht mit verkauft, sonst bist du verloren.« Als der Schimmel das hörte, wieherte er vor Freude hell auf und lief in das nächste Dorf. Kaum hatten die Bauern das schöne Tier gesehen, so jagten sie allesamt hinter ihm drein, aber keiner vermochte den Schimmel zu fangen. Endlich lief er dem einen Bauer freiwillig entgegen und sprach zu ihm: »Erschrick nicht, daß ich reden kann wie ein Mensch; ich will mich dir zu eigen geben unter der Bedingung, daß du mich morgen zu Markte bringst und für zehntausend Taler ausbietest. Sollte mich jemand kaufen wollen, so darfst du aber nicht den Zaum mit verkaufen, sondern den mußt du für dich behalten.« Der Bauer war damit einverstanden und versprach dem Schimmel, daß er ihn für zehntausend Taler ausbieten wollte und daß er den Zaum nicht mit verkaufen würde.

Am andern Morgen stand der Bauer mit dem Schimmel auf dem Markt, und als die Juden ihn sahen, kamen sie sogleich herbeigelaufen und boten ihm 5000 Taler für das herrliche Tier. »Dafür ist er mir nicht feil«, antwortete der Bauer, »der Schimmel kostet 10000 Taler, und da wird kein Pfennig abgelassen.« Da wurden die Juden traurig und traten zurück, denn soviel Geld mochten sie nicht an das eine Tier wagen. Indem kam der General mit zwei Dienern über den Markt gegangen, erblickte den Schimmel und fragte nach seinem Preis. Als er gehört hatte, was das Pferd kosten sollte, dünkte ihn die Summe nicht zu hoch. »Der Kauf ist gemacht, Bauer«, sagte er, »der eine Diener mag mir das Geld vom Schlosse holen, derweil der andere das Tier in den Stall führt.« Da dachte der Bauer an die Worte, die der Schimmel zu ihm gesprochen, und sagte: »Herr, der Schimmel ist Euer, aber der Zaum ist mein!« – »Er Schelmenbauer«, antwortete der General, »der Zaum gehört zum Pferde. Da er aber nicht anders will, so werde ich ihm für den Zaum noch 100 Taler obendrein geben.« Das Geld tat es dem Manne an, und er willigte ein, und der Schimmel wurde von dem Diener mit samt dem Zaume in den königlichen Marstall geführt.

Als der General zu Hause war, sprach er zu der jungen Königin: »Heute habe ich einen guten Handel gemacht; ich habe einen Schimmel gekauft, wie es keinen schöneren auf der ganzen Welt gibt.« Da ward die Königin neugierig und ging mit dem General in den Stall; doch kaum hatte sie den Schimmel erblickt, so rief sie aus: »Das ist ja mein Mann! Laß schnell Bäume umhauen und einen Scheiterhaufen errichten, und morgen muß der Henker kommen und den Schimmel totstechen und ihn auf dem Scheiterhaufen zu Asche verbrennen!« Der General erschrak über die Reden seiner Frau und gab den Befehl, daß man ihren Worten gehorche.

So stand nun der schöne Schimmel mit gesenktem Haupte vor der silbernen Krippe und sah traurig vor sich hin. Da öffnete sich die Stalltüre, und die Kindsmagd, welche des Königs kleinen Sohn, den ihm die falsche Königin geboren, zu pflegen hatte, trat mit demselben herein, um das prächtige Pferd zu beschauen. »Mein Kind«, sagte darauf der Schimmel, »fürchte dich nicht, ich bin dein Herr und Gebieter. Willst du mir helfen, so nimm morgen, wenn der Henker mich vor dem Scheiterhaufen ersticht, ein Spänlein Holz und tunke es in mein Blut. Bis auf den Abend mußt du es bei dir tragen und nach Sonnenuntergang über die Mauer in den Garten werfen; es wird dein Glück sein.« Die Kindsmagd versprach dem Schimmel zu tun, was er ihr gesagt hatte, und fand sich auch richtig am andern Morgen vor dem Scheiterhaufen ein. Als der Henker den Schimmel erstach, steckte sie unvermerkt ein Spänlein in das rieselnde Blut und behielt es bei sich bis auf den Abend; dann warf sie es über die Mauer in den Garten. Der Henker aber legte den Leichnam des Pferdes auf den Scheiterhaufen, goß Teer auf das Holz und zündete es an; und der ganze Stoß brannte nieder, und es blieb nichts übrig als ein Häufchen weißer Asche.

Am andern Morgen stieß der General, als er erwachte, die Königin in die Seiten und rief: »Frau, steh geschwind auf, in unserm Garten ist über Nacht ein herrlicher Birnbaum mit goldenen Blättern und goldenen Früchten gewachsen!« – »Wo?« rief die Königin und sprang aus dem Bette, um das Wunder zu schauen; als sie aber den Birnbaum erblickte, sprach sie: »Das ist kein Birnbaum, das ist ja mein Mann! Der Baum muß auf der Stelle abgehauen und zu Asche verbrannt werden.« Dem General kam das sauer an, denn der schöne Baum gefiel ihm über alle Maßen, aber er wagte es nicht, der Königin zu widersprechen; darum zog er sich an und befahl Arbeitern, den Baum umzuhauen und zu Asche zu verbrennen.

Die Kindsmagd hatte auch von dem schönen Birnbaum mit den goldenen Blättern und Früchten gehört; darum lief sie mit dem jungen Prinzen in den Garten, um ihn anzusehen. Kaum war sie an den Baum getreten, so regte und bewegte es sich in den Zweigen, und eine Stimme sprach zu ihr: »Fürchte dich nicht, mein Kind, ich bin dein Herr und König; wenn die Arbeiter kommen und mich umhauen, so gib gut acht und nimm ein Zweiglein oder ein Splitterchen von meinem Holze und verwahre es gut, und nach Sonnenuntergang wirf es in den Teich; es wird dein Glück sein.« Das Mädchen versprach dem Baum, daß es gehorchen wolle; und als die Arbeiter kamen und den goldenen Baum fällten, raffte sie flink ein Zweiglein auf und steckte es zu sich und behielt es bei sich bis auf den Abend. Dann warf sie es in den Schloßteich. Die Arbeiter aber spalteten den goldenen Baum in kleine Stücke, schichteten sie hoch auf zu einem großen Haufen und zündeten ihn an, und als er niedergebrannt war, blieb nichts übrig als ein Häufchen weißer Asche.

Am andern Morgen lustwandelte der General in dem Schloßgarten, und wie er an den Teich kam, sah er auf dem Wasser einen Erpel schwimmen, der hatte Federn von lauterem Golde, die glänzten so schön, daß es eine Lust war, den Vogel zu schauen. »Den Erpel mußt du haben, es koste, was es will!« sprach er bei sich; dann zog er Semmelkrumen aus der Tasche und warf sie dem schönen Tiere zu. Doch der goldene Erpel war schlau, schnappte wohl dann und wann ein Bröcklein, kam aber niemals so nahe, daß der General ihn erwischen konnte. Da dachte der General: ›Hier sieht dich niemand, und den Vogel mußt du haben‹, und dann schnallte er den wundersamen Säbel ab, tat seine Kleider von sich und legte den Dreimaster auf den Rasen und watete in das Wasser. Der Erpel schwamm dicht vor ihm her und lockte ihn immer tiefer in den Teich hinein; plötzlich schwang er sich in die Luft, und ehe der General es sich versah, ließ er sich an dem Teichrand nieder, und wer war es da? Der junge König, wie er leibte und lebte!

»Du schlechter Gesell«, rief er dem General entgegen, nachdem er sich den Wunderhut aufgesetzt und den Säbel

umgeschnallt hatte, »willst du jetzt herauskommen, oder
soll ich dich im Wasser erschießen?« – »Ich werde herauskommen«, antwortete der General trotzig und watete wirklich aus dem Wasser heraus; und als er vor dem König
stand, zuckte dieser den Säbel, und sogleich rollte sein
Haupt in den grünen Rasen. Nachdem der schlechte General getötet war, ging der König hinauf aufs Schloß und
fragte seine Frau, warum sie sich so schändlich an ihm vergangen hatte. Und da sie sich nicht verantworten konnte,
so ließ er den Henker kommen und befahl ihm, daß er die
falsche Königin mit vier Ochsen auseinander triebe. Die
brave Kindsmagd aber wurde an ihrer Statt von dem König zu seiner Gemahlin erhoben, und sie lebten lange Jahre
zusammen in Glück und in Frieden; und wenn sie nicht gestorben sind, so leben sie heute noch.

Wie Dummhans für ein Gerstenkorn
ein Königreich bekam

Es war einmal ein Junge, der war so einfältig, daß ihn das
ganze Dorf nur den Dummhans nannte. Als er eingesegnet
war, ging er als Knecht zu einem Bauern in den Dienst und
hielt dort sieben Jahre treu aus, ohne einen Pfennig zum
Lohn zu erhalten. Da bekam er Lust, in die Welt zu gehen
und Städte und Länder kennenzulernen. »Bauer«, sprach
er darum am Martinstage, »zahl mir den Lohn aus, welcher
mir für sieben Jahre zukommt; mach's aber nicht zu
schwer, daß er mich drückt und mir die Tasche zerreißt.«
Der Bauer dachte: ›Das willst du schon besorgen!‹, ging in
die Kammer und tat ein Gerstenkorn in ein Tüchlein und
band einen seidenen Faden darum, trat dann vor Dummhans hin, steckte ihm das Tuch in die Tasche und hieß ihn
recht Obacht geben, daß es ja nicht verlorenginge. Dummhans dankte dem Bauer, daß er ihm seinen Siebenjahrslohn

so leicht gemacht, und wanderte vergnügt und guter Dinge in die weite Welt hinaus.

Am Abend kam er in ein Wirtshaus und bat um ein Nachtlager. »Das sollst du haben«, entgegnete der Gastwirt, »und wenn du Geld oder Geldeswert bei dir hast, so gib's mir in Verwahrung, daß es dir nicht gestohlen wird.« – »Und ob ich etwas bei mir hätte!« rief Dummhans, »einen ganzen Siebenjahrslohn sogar!«, und damit griff er in die Tasche, zog das Tüchlein mit dem Gerstenkorn heraus und übergab es dem Herbergsvater; dann legte er sich auf die Streu und schlief fest ein. Dem Wirt ließ aber die Neugier keine Ruhe. ›Ein Siebenjahrslohn soll in dem Tüchlein enthalten sein?‹ dachte er bei sich, ›das ist wohl gar ein Demant!‹ Und wenn ihm auch sein Gewissen zurief: ›Gastwirt, Gastwirt, laß das Tüchlein in Ruh, was geht dich des Dummhans Siebenjahrslohn an!‹, er konnte der Neugier nicht widerstehen und löste den Knoten. Nachdem er jedoch das Tuch auseinandergefaltet, war nichts weiter darin zu sehen als ein einziges Gerstenkorn. Darüber bekam der Wirt einen solchen Schreck, daß er es fallen ließ, und ehe er's sich versah, war der Hahn herbeigesprungen und hatte das Gerstenkorn gefressen.

Am andern Morgen stand Dummhans zeitig auf und verlangte sein Tüchlein. »Der Schatz ist fort«, lachte der Wirt, »der Hahn hat das Gerstenkorn gefressen.« – »Dann gib mir den Hahn«, sprach Dummhans, »oder ich gehe zum Richter, weil du mich um meinen Siebenjahrslohn betrogen hast.« Vor dem Richter hatte aber der Wirt eine Himmelangst, und so gab er dem Dummhans den Hahn mit auf den Weg und freute sich obendrein, daß er den Jungen so leichten Kaufs losgeworden war.

Den nächsten Abend kehrte Dummhans wiederum in einer Herberge ein und übergab dem Wirt seinen Hahn; er solle ihn aber ja nicht aus den Augen lassen, denn er sei ihm über die Maßen wert, weil er ihn erhalten habe statt eines Lohnes von sieben Jahren. Der Herbergsvater kehrte sich aber nicht an des Dummhans Gerede, sondern sperrte den Hahn in den Pferdestall. Als nun Dummhans am andern Morgen weiterziehen wollte und den Hahn zurückforderte, lag der Vogel tot in der Ecke, der Hengst im Stalle hatte ihn mit seinen Hufen erschlagen und ganz breitgetreten. Dummhans schrie Mord und Zeter und wollte den Wirt verklagen, weil er ihn um seinen Siebenjahrslohn gebracht, und er ruhte auch nicht eher, als bis ihm der Mann für den erschlagenen Hahn den Hengst abgetreten hatte. Das war ein herrliches Tier mit goldener Mähne und goldenem Schweif, daß es eine Lust war, ihn anzublicken. Außerdem hatte der Hengst die wundersame Gabe, daß jedes Wesen, welches ihn berührte und zu dem sein Herr sprach: »Bleek an!«, dem Pferd auf den Rücken springen mußte und dort fest sitzen blieb, bis er es wieder heruntersteigen hieß. Und damit er ja nichts übersähe, wieherte der Hengst jedesmal hell auf, wenn jemand seinem Goldhaar zu nahe kam.

Auf diesen Hengst schwang sich Dummhans, gab ihm die Sporen, und hoch zu Roß ging es nun die breite Landstraße entlang, daß die Pappeln zur Rechten und zur Linken vorbeiflogen und die Wandersleut haltmachten und dem stolzen Reiter nachblickten. Endlich wurde es dunkel, und Dummhans langte in dem dritten Gasthofe an. Nachdem er gegessen und getrunken, legte er sich zu dem Goldhengst in den Stall neben die Häckselkiste und schlief fest ein. Den drei Töchtern des Wirtes hatte aber das goldene Haar keine Ruhe gelassen, und es dauerte gar nicht lange, so klinkte die älteste leise die Stalltüre auf und trat an den Hengst und zupfte ihm ein Goldhaar aus der Mähne. In demselben Augenblicke wieherte der Hengst hell auf; Dummhans erwachte, rief: »Bleek an!«, und auf dem Rücken des Pferdes saß das Mädchen und konnte nicht wieder herunter.

Kaum war Dummhans wieder eingeschlafen, so öffnete sich die Pforte von neuem, und die zweite Tochter schlich sich auf Strümpfen herein. Als sie ihre Schwester auf dem Rücken des Hengstes erblickte, schalt sie zornig: »Du habgieriges Ding, kannst du nicht hier unten pflücken? Schau, mach's wie ich!«, und damit riß sie dem Tier ein paar Haare aus dem Schweif. Hell wieherte der Hengst auf, Dummhans erwachte, rief: »Bleek an!« und schnarchte weiter; das Mädchen aber saß oben auf dem Rücken des Pferdes hinter der Schwester, und sie verwünschten ihr Geschick. Indem stahl sich die jüngste Tochter des Wirtes herein, um auch für ihren Teil von den Goldhaaren zu nehmen. Wie sie ihre Schwestern auf dem Rücken des Pferdes sah, sprach sie: »Ihr seid wohl ganz und gar nicht klug, was habt ihr denn auf dem Gaule zu suchen?« Die beiden Mädchen winkten ihr jedoch zu, sie solle stille sein, und machten ihr darauf leise klar, daß sie nicht wieder herunter könnten. Das tat der jüngsten Schwester leid, und sie faßte die beiden älteren frisch bei den Beinen, um sie herabzuziehen; doch es gelang ihr nicht, und ehe sie sich's versah, wieherte der Goldhengst hell auf, Dummhans rief: »Bleek an!«, und oben saß sie, als die dritte im Bunde, und konnte ihre Schwestern nach Herzenslust knuffen und puffen, weil sie von ihnen mit in das Unglück gebracht war.

Die Sonne stand schon hoch am Himmel, als Dummhans sich von der Streu erhob, seinen Goldhengst löste und zum Stalle herausführte. Auf dem Hofe standen der Wirt und die Wirtin und alle Knechte und Mägde und weinten und jammerten, weil die drei Jungfern verschwunden waren. Als sie dieselben auf dem Rosse erblickten, wurden sie froh, daß sie wiedergefunden seien; die drei Mädchen waren aber gar nicht vergnügt, sondern riefen immerfort: »Vater, Mutter, helft uns von dem verwünschten Tier!« Aber soviel sie auch zogen, die Jungfern blieben fest an dem Hengst kleben und rückten und rührten sich nicht. »Ach, laß sie doch wieder herabsteigen!« bat nun der Wirt den Dummhans; doch der hatte taube Ohren und sprach: »Ich habe sie nicht stehlen heißen, und wenn sie selbst hinaufgeklettert sind, mögen sie auch selbst herabsteigen!« Dann ergriff er den Hengst am Zügel und führte ihn zum Tore hinaus.

Vor dem Schulhause stand der Küster. Kaum sah er die wunderbare Gesellschaft, so rief er zornig: »Drei große schwere Mädchen auf einem Pferd! Ist das Zucht und gute Sitte? Und laßt ihr euch von einem wildfremden Kerl aus dem Dorfe führen? Wartet nur, ich werde euch kriegen!« Sprach's und lief auf den Goldhengst zu, um die Mädchen herabzureißen. »Hühühü!« wieherte der Hengst, »Bleek an!« sagte Dummhans, und hinter der jüngsten Tochter des Gastwirts saß der Küster und mußte mit auf die Reise, er mochte wollen oder nicht.

Der Zug kam an der Kirche vorbei. Da stand der Herr Pastor in Schlafrock und Pantoffeln und sah nach, ob die bösen Buben wieder eins von den kleinen Fensterchen eingeworfen hätten. Wie erschrak er aber, als er des Küsters und der drei Jungfern auf dem Hengst ansichtig ward! Er ließ die kleinen Fenster kleine Fenster sein und schrie aus vollem Halse: »Heißt das Kinder lehren und ehrbaren Wandel führen? Schämt er sich denn nicht, mit drei leichtsinnigen Jungfern aus dem Dorfe zu reiten und noch dazu alle vier auf einem Pferde? Herunter mit ihm!« Und schon hatte er den langen Rockschoß des Küsters in der Hand, um ihn herabzuziehen. »Hühühü!« wieherte der Goldhengst; »Bleek an!« sagte Dummhans, und der Pastor saß hinter dem Küster und wußte nicht, wie er hinaufgekommen war.

Er hatte auch gar nicht Zeit, lange darüber nachzusinnen, denn mittlerweile waren sie an den Ausgang des Dorfes gekommen, wo die Großbäuerin mit der kleinen Magd an dem Backofen hantierte. Die Bäuerin hatte gerade den Schieber in der Hand, um damit in den Ofen zu fahren, als sie die fünf Menschen auf dem Rosse erblickte. »Kinnerlüd!« rief sie ergrimmt, »was ist das für ein Teufelswerk? Und, du mein Schrecken, da sitzt ja auch der Herr Pastor!

Das heißt also den Leuten mit gutem Beispiel vorangehen? Heda, Kathrine, komm schnell, daß wir die gottlose Gesellschaft auseinander bringen!« Und sie stürzte mit dem Schieber, Kathrine aber mit dem Besen auf den Goldhengst zu, und dann schlugen sie gemeinsam auf den Pastor ein. »Hühühü!« wieherte der Goldhengst; »Bleek an!« sprach Dummhans, und die Bäuerin und die Kleinmagd sprangen auf das Roß und saßen fest; doch es war nicht mehr viel Platz da, so daß Kathrinchen auf dem äußersten Schwanzende zu sitzen kam.

Kathrinchen war nun böse auf die Großbäuerin und schlug sie mit dem Besen; die Bäuerin schob die Schuld auf den Pastor und stieß ihn mit dem Schieber; der Pastor hielt sich an den Küster und knuffte ihn in die Seiten; der Küster schalt auf die jüngste Wirtstochter und raufte sie an den Haaren; die jüngste Wirtstochter ließ das ihre zweite Schwester entgelten und kniff sie in die Arme; die zweite Schwester rächte sich an der ältesten und zwickte ihr die Ohren; die älteste aber saß stille und weinte, denn sie hatte das ganze Unheil angerichtet. Dummhans allein war vergnügt und heiter, zog seinen Goldhengst am Zaume hinter sich her und zeigte seinen Himphamp in den Dörfern und auf den Höfen und erhielt viel Geld dafür von den Leuten; denn einen solchen Himphamp hatten sie ihr Lebtage noch niemals zu Gesicht bekommen.

Nun führte den Dummhans sein Weg durch eine große Stadt. Da kam ein feingekleideter Herr auf ihn zu und bot tausend blitzblanke Taler, wenn er ihm den Himphamp verkaufen würde. Dummhans stach das viele Geld in die Augen, und er ging auf den Handel ein; der fremde Herr war aber ein Prinz und wollte durch den Himphamp ein König werden. Der alte König nämlich, dem die Stadt gehörte, besaß eine Tochter, die noch niemals in ihrem Leben gelacht hatte. Weil ihm das nicht gefiel, so ließ er ein Gebot ergehen, wer seine Tochter zum Lachen brächte, der solle sie heiraten. Das hatten schon viele versucht, aber noch keinem war es gelungen. Auch der Prinz war in die Stadt gereist, um die Prinzessin zum Lachen zu bewegen, und da kam ihm gerade Dummhans mit seinem Himphamp entgegen. Jetzt, als er ihn gekauft hatte, glaubte er, gewonnenes Spiel zu haben, und richtig, als er den Himphamp vor dem Schlosse vorbeiführte, sah die Königstochter zum Fenster hinaus und grifflachte über den sonderbaren Aufzug.

Die Sache ward sogleich dem König gemeldet, der sprach: »Grifflachen ist auch ein Lachen; wenn nicht binnen drei Tagen ein anderer kommt, über den die Prinzessin ordentlich lacht, so soll sie den Prinzen nehmen und ihm angetraut werden.« Die Rede des Königs ward bald ruchbar in der Stadt, und auch Dummhans hörte davon, welches Glück durch seinen Himphamp der fremde Prinz erreicht habe. Das ging ihm zu Herzen, und traurig schlich er mit gesenktem Haupte seiner Straße; außerdem drückten ihm die harten Talerstücke das Fleisch wund, und er seufzte von ganzem Herzen: »Oh! wäre ich doch die tausend Taler los und hätte meinen Himphamp wieder, daß ich die Prinzessin damit zum Lachen brächte und König würde in dieser Stadt!«

Diese Rede hörte ein steinaltes Mütterchen, welches schon mit dem Kopfe wackelte, das sprach: »Ist es dein Ernst mit den tausend Talern, so will ich dir etwas geben, daß die Königstochter noch hundertmal mehr darüber lachen soll als über den allerbesten Himphamp!« Dummhans war froh, als er diese Worte hörte, und versprach der alten Frau das Geld, wenn sie ihm dafür die Königstochter zum Lachen brächte. »Lauf morgen früh, ehe die Sonne aufgeht, vor die Stadt auf den Kreuzweg«, sagte das Mütterchen, »und was du dort findest, heb auf und tu's in einen Kasten, mag es auch noch so klein sein.« Dummhans tat, wie die Alte ihm befohlen hatte, und fand am andern Morgen auf dem Kreuzweg einen Bussbunk (Mistkäfer), der lag auf dem Rücken und streckte die Beine in die Luft und konnte sich nicht wieder umdrehen. Dummhans ergriff ihn, tat ihn in eine Schachtel und brachte ihn dem alten Mütterchen.

»Das hast du gut gemacht«, sagte die Alte, »und morgen gehst du zur selben Stunde noch einmal vors Tor und bringst wieder, was du findest, es mag sein, was es wolle.« – Dummhans folgte ihrem Geheiß; aber sosehr er auch umherguckte, er konnte weiter nichts auf dem Kreuzweg entdecken als eine einzige kleine Ameise. ›Erst ein Bussbunk und dann eine Ameise, das wird dir viel helfen‹, dachte er bei sich, ›doch wer weiß, wozu es gut ist. Alte Leute wissen mehr als die jungen.‹ Damit tat er die Ameise in eine Schachtel und kehrte zur Stadt in das Haus des alten Mütterchens zurück. »Recht, mein Sohn«, rief die Alte vergnügt, »nun geh morgen noch einmal auf den Kreuzweg, sei aber flink und behende, dann wird dir die Königstochter nicht entgehen.«

Am dritten Morgen erblickte Dummhans weiter nichts im Sande als eine kleine Maus. Die lief ängstlich hin und her und suchte zu entwischen; er nahm jedoch seine Beine in die Hand, und sosehr das Mäuschen auch lief, er holte es ein und steckte es in eine Schachtel; dann kehrte er seelenvergnügt in die Stadt zurück und übergab der Alten seine Beute. Die kramte ein kleines Wägelchen aus dem Kasten und spannte den Bussbunk, die Ameise und die Maus davor. Der Bussbunk ging unterm Sattel, die Ameise vorn in der Leine und die Maus hinter der Handseite; Dummhans aber bekam eine allmächtig lange Hetzpeitsche in die Hand und schritt gegen auf und knallte, daß es eine Lust war.

Schon auf der Straße scharten sich die Leute um ihn, als sie das Gefährt sahen, und lachten aus vollem Halse. Mit jedem Hause wurde die Menschenmenge größer, und als er vor dem Schlosse anlangte, war die ganze Stadt auf den Beinen, und alles lachte so laut, daß es die Prinzessin hörte und neugierig zum Fenster lief. Als sie den Wagen mit dem

Bussbunk, der Ameise und der Maus und daneben den Dummhans mit der langen Hetzpeitsche erblickte, da war es mit ihrem Ernste aus, sie lachte, daß sie auf den Rücken fiel und daß ihr der Leib wackelte.

»Dummhans wird König! Dummhans wird König!« schrie das Volk, und der alte König mußte zugeben, daß die Leute recht hatten; aber ihm wäre der Prinz als Schwiegersohn lieber gewesen wie der schmutzige Bauernjunge; darum ließ er die beiden vor seinen Thron rufen und sprach zu ihnen: »Über des Prinzen Himphamp hat meine Tochter nur gegrifflacht, und über des Dummhans Gefährt hat sie gelacht, daß ihr der Leib wackelte; aber dafür ist der Prinz drei Tage früher zum Ziele gekommen. Kurz und gut, die Sache ist unentschieden! Und damit sich keiner von euch beklagen kann, so soll die Prinzessin einen Schlaftrunk bekommen; der Prinz legt sich zur Rechten und Dummhans zur Linken, und wem sie am andern Morgen zugewandt ist, der soll sie zur Frau haben.« Er dachte nämlich, weil ein Prinz lieblich, ein Bauernjunge aber nach Kühen und Schweinen riecht, seine Tochter würde sich jenem zukehren und von diesem abwenden.

Aber Dummhans durchschaute des alten Königs Ränke; er kaufte sich Mandelkern und Zuckerbrot und aß davon zu Abend, daß ihm ein süßer Atem aus dem Munde ging. Als es Schlafenszeit war, legte er sich zur Linken der Königstochter nieder, während der Prinz, als ein Königssohn, seinen Platz an ihrer rechten Seite eingenommen hatte. Nachdem jener fest eingeschlafen war, ließ Dummhans den Bussbunk aus der Schachtel. Der setzte sich vor des Prinzen Mund; und da ein Mistkäfer gemeiniglich nicht schön zu riechen pflegt, so wendete die Prinzessin im Schlafe ihr Köpfchen von dem Prinzen ab und drehte es dem Dummhans zu und blieb auch die ganze Nacht über so liegen.

Am andern Morgen sah der alte König selber nach; und als er befand, daß seine Tochter ihren Kopf dem Bauernsohn zugekehrt hatte, konnte er nichts mehr gegen ihn einwenden. Es ward eine große Hochzeit angerichtet, und Dummhans heiratete die Prinzessin und lebte mit ihr glücklich und zufrieden sein Leben lang; und wenn sie nicht gestorben wären, lebten sie heute noch.

Die beiden feindlichen Könige

Es waren einmal zwei Könige, die waren einander spinnefeind. Der eine davon war aber der ärgste Zauberer auf der ganzen Welt, und da er seinem Nachbar nicht mit Gewalt zusetzen konnte, weil sein Land viel kleiner war als das Reich des andern, so versuchte er es mit List. Als sein Nachbar einst, wie er zu tun pflegte, allein auf die Jagd geritten war, befiel ihn ein heftiger Durst; aber sosehr er auch ausschaute, es war nirgends ein Quell oder ein Bächlein zu erblicken. Er war schier verschmachtet; da kam ein Mann auf ihn zu, mit langen Wasserstiefeln angetan, mit einem Spaten in der Hand und einer Leiter auf dem Buckel. »Heda, guter Freund, wo kommst du her, und was willst du mit Wasserstiefeln im heißen Sommer?« fragte er. »Ich bin ein Brunnenmacher«, antwortete der Mann, »und habe soeben einen Brunnen gegraben, hier ganz in der Nähe.« – »Ach, führ mich dahin!« rief der König erfreut; und der Mann ging mit ihm ein paar Schritte durch die Bäume, und richtig, da war ein tiefer, tiefer Brunnen, in den führte eine Strickleiter hinab, denn die Eimer waren noch nicht angebracht. Und damit die Sonne das Wasser nicht erhitze und die Blätter von den Bäumen nicht hineinfielen und das Wasser verunreinigten, so war ein Kasten mit einer Klappe darüber gebaut. Der König öffnete eilig die Klappe und stieg hinab, schöpfte mit der hohlen Hand und trank gierig von dem kalten, klaren Wasser. Als er satt getrunken hatte und wieder hinauf wollte, war aber die Klappe zugeschlossen, und er war gefangen in dem tiefen Brunnen.

»Mach auf«, rief er zornig, »ich bin der König des Landes!« – »Und ich bin dein Nachbar!« rief der Brunnenmacher lachend. »Darauf habe ich schon lange gewartet, daß ich dich finge; und jetzt, da ich dich habe, werde ich dich nicht so leichten Kaufes von dannen lassen.«

Als der König merkte, daß er in seines Todfeindes Hände geraten sei, legte er sich auf das Bitten und versprach ihm soviel Gold und Silber, als vier Pferde von dannen ziehen könnten. »Geld habe ich selbst genug«, erwiderte der Zauberer. »Aber deine Frau ist guter Hoffnung. Wenn sie dir nun einen Sohn gebärt und du mir versprichst, das Kind zu mir zu schicken, sobald es vierzehn Jahre alt geworden ist, so will ich dir das Leben schenken.« – »Das kann ich nicht«, antwortete der König. »Dann bleibst du hier sitzen und magst in dem Brunnen verhungern um eines ungeborenen Kindes willen«, entgegnete der Zauberer. Dachte der König bei sich: ›Besser, der Vater bleibt leben als der Sohn, und wer weiß, ob's ein Junge ist, den deine Frau, die Königin, dir schenken wird‹, und sprach darum laut: »Gut, es soll so sein, wie du gesagt hast!« Da ließ ihn der Zauberer aus dem Brunnen heraus, und nachdem ihm der König die Sache schriftlich gegeben hatte, kehrte ein jeder in seine Stadt zurück.

Es dauerte auch gar nicht lange, so kam die Königin nieder und genas eines schönen Knäbleins, das wurde in der Taufe Prinz Ludwig genannt. Alle Leute freuten sich, daß das Land einen Erben bekommen hatte, nur der alte König war traurig und still, obgleich es sein einziger Sohn war und das Kind von Tag zu Tag schöner und klüger wurde. Als der junge Prinz nun sein vierzehntes Lebensjahr vollendet hatte, nahm ihn sein Vater besonders und sprach zu ihm: »Mein Sohn, ich habe dich vor deiner Geburt an meinen Nachbar, den bösen Zauberer, verkauft; hätte ich es nicht getan, so wäre ich eines elenden Todes gestorben. Nun mach dich auf und geh hin zu meinem Todfeind, wie ich ihm versprochen habe.« Antwortete Prinz Ludwig mit

trauriger Stimme: »Die Suppe, welche der Vater eingebrockt hat, muß der Sohn ausessen!«, sagte dem König und
seiner Mutter Lebewohl und wanderte der Hauptstadt des
bösen Zauberers zu.

Als er ein paar Tage gegangen war, kam er in einen großen Wald. Darin begegnete ihm ein alter Mann, der sprach
zu ihm: »Guten Tag, Prinz Ludwig, wo willst du hin?« –
»Zu meines Vaters Todfeind, dem ich vor meiner Geburt
verkauft bin«, antwortete Prinz Ludwig. »Nun, dann werde
ich dir einen Rat geben«, sagte der alte Mann. »Wenn du
den Wald hinter dir hast, wirst du an eine acht Meilen
lange, schnurgerade Straße kommen, die an beiden Seiten
mit Pappelbäumen besetzt ist und gerade auf das Schloß
des Zauberers zu führt. Wenn dir dein Leben lieb ist, so
nimm alles auf, was, während du auf der Straße gehst, von
den Bäumen herabfällt, und gib es nicht eher zurück, bis es
dich um Gottes Wunden bittet: Prinz Ludwig, gib mir
meine Hände!«

Prinz Ludwig bedankte sich für den guten Rat und ging
weiter; und es dauerte auch gar nicht lange, so nahm der
Wald ein Ende, und die acht Meilen lange, schnurgerade
Straße mit den Pappelbäumen zu beiden Seiten lag vor
ihm. Er schritt rüstig vor sich hin und mochte schon eine
gute Meile zurückgelegt haben, da brach der Wind einen
trockenen Ast ab, der fiel ihm dicht vor die Füße. Da erinnerte er sich der Worte des alten Mannes und nahm ihn
mit sich. Nicht lange darnach fiel ein zweiter Ast herab
und endlich auch noch ein dritter, so daß Prinz Ludwig zu
tun hatte, daß er sie fortschaffte. Mit einem Male rief eine
Stimme von den Bäumen herab: »Prinz Ludwig, gib mir
meine Hände!« Er aber tat, als hörte er nichts, und eilte
weiter. »Prinz Ludwig«, erscholl es da dringlicher, »gib mir
meine Hände!« Und als er auch jetzt noch nicht hören
wollte, rief es zum dritten Male: »Prinz Ludwig, um der
Wunden Gottes willen bitte ich dich, gib mir meine
Hände, ich will dir auch aus siebenerlei Not helfen!« Dar-

auf hatte er nur gewartet, er ließ die trockenen Äste fallen und machte, daß er zu dem Schlosse kam.

Dicht davor war eine große Brücke, die führte über einen tiefen und breiten Strom. Als Prinz Ludwig das Wasser sah, wurde ihm das Herz schwer, und er dachte bei sich: ›Was tust du, und was hast du vor! Läufst du nicht bei deines Vaters Feind dem sicheren Tode entgegen? Das beste ist, du springst in den Strom und machst deinem Leben ein Ende!‹ Und damit stieg er auf das Geländer und sprang in das Wasser. Unten fingen ihn aber zwei Arme auf und zogen ihn ans Land, und als er es recht besah, war es eine Jungfrau, die ihm das Leben gerettet hatte. »Bist du von Sinnen!« sprach sie zu ihm; »hast du denn nicht gehört, daß ich dich aus siebenerlei Not retten würde, wenn du mir meine Hände wiedergäbest?« Fragte Prinz Ludwig: »Wer bist du denn?« Antwortete die Jungfrau: »Ich bin des Königs Tochter. Mein Vater will dich töten; aber folge mir nur, so wird er dir nichts anhaben können.« Da faßte Prinz Ludwig neuen Mut und ging mit der Prinzessin auf das Schloß. Vor dem Garten trennten sie sich aber, daß der König ihn nicht mit seiner Tochter beisammen sähe und argwöhnisch würde. Die Prinzessin lief den Fußsteig und Prinz Ludwig den Hauptweg, und sie war schon lange da, als er vor den König geführt wurde. »Es ist gut, daß du hier bist«, sagte der Zauberer, »ich habe schon auf dich gewartet. Für heute hast du Ruhe; aber morgen bekommst du ein Pferd zu reiten, und wenn du das nicht bändigen kannst, so ist dein Leben Gras; machst du aber deine Sache gut, so bekommst du meine Tochter zur Frau. Jetzt geh und leg dich nieder, du bist müde und wirst der Ruhe bedürfen.« Darauf kam ein Diener und führte ihn in der Prinzessin Schlafkammer, wo ihm, als einem Königssohne, das Lager aufgeschlagen war. Da sagten sie einander gute Nacht und schliefen ein.

Frühmorgens, ehe die Sonne aufging, stand die Prinzessin auf, tat ihre Kleider an und setzte sich an den Tisch vor ein großes Buch. Darin las sie, und kaum hatte sie das erste Wort gelesen, so trat eine Gestalt in die Stube; sie las weiter und weiter, und je mehr sie las, um so mehr Gestalten kamen herein, bis die Stube halbvoll war. Prinz Ludwig tat, als wenn er schliefe; aber der kalte Angstschweiß trat ihm auf die Stirne, als er das mit ansah. Nachdem es der Prinzessin schien, als seien genug Gestalten gekommen, drehte sie sich um und befahl den einen, sie sollten das Pferd halten, und den andern, sie sollten dem Prinzen hinaufhelfen. Darauf las sie die Worte in dem Buche wieder zurück, und als sie das letzte Wort gelesen hatte, war auch der letzte Geist verschwunden. Dann ging sie hin und rief: »Prinz Ludwig, du Langschläfer, steh auf! Heute wird dir mein Vater einen Braunen zu reiten geben; gib acht, daß er dich nicht abwirft, und reite mit ihm vor die Stadt auf den Sandberg. Dort gib ihm die Sporen und gebrauche die Peitsche und reit ihn nicht eher nach Hause zurück, als bis aus dem Braunen ein Schimmel geworden ist. Tust du es nicht, so geht es dir schlecht.« Prinz Ludwig versprach der Prinzessin, alles zu tun, wie sie ihm gesagt hatte, kleidete sich an und ging auf den Schloßhof.

Dort stand der König mit seinem ganzen Hofstaat; und als Prinz Ludwig gekommen war, befahl er dem Stallmeister, das Pferd vorzuführen. Alsbald leiteten zwei Knechte einen mageren, hochbeinigen Gaul herein, der aussah wie ein altes Bauernpferd. ›Der Braune wird so schlimm nicht sein‹, dachte Prinz Ludwig und ergriff den Zaum. Kaum hatte er aber die Leine in der Hand, so warf das Tier den Kopf in die Höhe und schlug mit den Vorderfüßen wild aus und wollte durchaus nicht leiden, daß Prinz Ludwig seinen Rücken bestieg. Jedoch die Geister hielten fest, wie die Königstochter ihnen befohlen hatte, daß der Prinz sich heraufschwingen konnte; dann ließen sie los, und wie ein Pfeil schoß der Braune über den Schloßhof, und das Feuer strahlte hinter ihm drein. Er wäre gerne immer gradaus gelaufen, aber Prinz Ludwig warf ihn herum und lenkte ihn

vor die Stadt auf den Sandberg. Dort ging es immer bergauf, bergab, daß der Sand nur so krieselte, bis das Pferd
nicht mehr laufen mochte. Da erinnerte sich Prinz Ludwig
an die Worte der Prinzessin und stach dem Roß die Sporen
in die Seiten und setzte ihm mit der Peitsche zu, daß es von
neuem zu laufen begann, und er ruhte nicht eher, als bis es
von unten bis oben mit Schaum bedeckt war und aussah,
als wäre es ein Schimmel. Da hielt er sich aber auch nicht
länger auf dem Sandberge auf und machte, daß er auf das
Schloß zurückkam. Dort nahm ihm der Stallmeister den
Braunen wieder ab, der König aber lobte ihn und sprach:
»Du bist ein guter Reiter. Hältst du dich morgen auch so
wacker, so wird's dir nicht fehlen, und du wirst mein
Schwiegersohn werden.« Darauf bekam Prinz Ludwig zu
essen und zu trinken; und nachdem er satt geworden war,
führten ihn die Diener wieder in der Prinzessin Schlafkammer, daß er dort ausruhte in dem warmen Bettchen bis auf
den morgenden Tag.

Vor Sonnenaufgang saß die Prinzessin wieder an dem
Tisch und las in dem Buche, bis die Stube zu drei Vierteln
mit Gestalten gefüllt war. Prinz Ludwig tat, als wenn er
schliefe, zwinkerte nur ab und zu ein wenig mit den Augen,
hörte aber ganz genau, wie die Prinzessin dieselben Befehle
ausgab wie am Tage zuvor. Darauf las sie die Geister wieder zurück, und als der letzte aus der Stube verschwunden
war, rief sie: »Prinz Ludwig, du Langschläfer, steh auf,
mein Vater wartet deiner schon auf dem Schloßhofe! Diesmal bekommst du einen Schwarzen zu reiten. Tu mit ihm
wie mit dem Braunen, und kehr nicht eher zurück, als bis
aus dem Rappen ein Schimmel geworden ist!« Da machte
Prinz Ludwig, daß er aus den Federn kam, und eilte hinaus; und kaum war er draußen, so führte ihm der Stallmeister mit zwei Knechten einen Rappen vor, der hing den
Kopf noch weiter herunter, wie gestern der Braune getan,
und sah noch steifer und magerer aus. Als aber Prinz Ludwig mit der Hand den Zügel erfaßte, um sich hinaufzu-

schwingen, da bäumte sich der Rappe hoch auf und wollte ihn nicht aufsitzen lassen. Doch die Geister aus dem gro-. ßen Buche taten ihre Schuldigkeit, und Prinz Ludwig schwang sich auf den Rücken des Rappen, und als er festsaß, ließen sie los, und der Rappe rannte mit seinem Reiter davon wie der Sturmwind, und die Hufen schlugen die Steine, daß das Feuer strahlte. Draußen auf dem Sandberg wurde er aber allgemach zahmer; endlich mochte er gar nicht mehr weiter. Da wollte aber Prinz Ludwig, daß es schnell ginge, und er stach dem Pferd die Sporen in die Seiten, daß es sich vor Schmerz krümmte, und ritt nicht eher auf das Schloß zurück, als bis der Schwarze so mit Schaum bedeckt war, daß aus dem Rappen ein Schimmel geworden war. Der König schaute schon von dem Fenster nach ihm aus, und als er ihn erblickte, rief er freundlich: »Gut, Prinz Ludwig, du hast deine Sache brav gemacht! Morgen bekommst du noch ein Pferd zu reiten, und wenn du auch das zwingen kannst, so sollst du meine Tochter zur Frau erhalten!«

Den dritten Morgen stand die Prinzessin noch zeitiger auf als den Tag zuvor, las die ganze Stube voller Gestalten, daß kein Apfel zwischen ihnen zur Erde fallen konnte. Nachdem sie jedem seine Arbeit zugeteilt hatte, las sie die Geister zurück, ging an Prinz Ludwigs Bette und rief: »Steh auf, Prinz Ludwig, du Langschläfer, und gebrauch alle deine Kräfte; denn heute mußt du einen Apfelschimmel reiten, der ist schlimmer wie der Braune und der Rappe zusammen genommen. Auf seinen Rücken werden dir meine Geister helfen, sorge nur, daß du nicht wieder herabfällst. Und wenn du auf dem Sandberge bist, so wird sich das Pferd hinwerfen, du aber bleibe im Sattel, denn sobald du absitzt, bist du des Todes; gebrauche nur Sporen und Peitsche und stich und schlage das Pferd so lange, bis aus dem Apfelschimmel ein Rotfuchs geworden ist. Und nun mach, daß du herunter kommst!« Prinz Ludwig dankte der Prinzessin für den Rat und eilte auf den Schloßhof;

diesmal war der König nicht da, aber der Stallmeister führte den Apfelschimmel gerade vor. Der kam ganz steif an und trug den Kopf nach unten, wie ein Schwein. »Das Tier soll schlimm sein!« lachte Prinz Ludwig und ergriff den Zaum; in dem Augenblicke stieg aber auch der Apfelschimmel hoch auf, schlug mit allen vieren aus und suchte Prinz Ludwig mit den Zähnen zu packen. Aber seine Wut half ihm nichts, die Geister hielten fest und ließen nicht locker, bis Prinz Ludwig im Sattel saß. Da wurde der Apfelschimmel frei und stob hinaus; aber Prinz Ludwig verstand, ein Roß zu lenken, und der Apfelschimmel mochte wollen oder nicht, er mußte auf den Sandberg, und dort ging's immer im Kreise herum, daß der trockene Sand nur so krieselte. Endlich konnte er nicht weiter, und als Prinz Ludwig Peitsche und Sporen gebrauchte, warf er sich hin und wälzte sich im Sande und suchte seines Reiters ledig zu werden. Der aber war flinker wie der Schimmel und saß immer oben und stieß ihm in Kopf und Hals, in Rücken und Schenkel, in Bauch und Brust die scharfen Sporen hinein, bis das rote Blut überall in Strömen floß und aus dem Apfelschimmel ein Rotfuchs geworden war. Da sprang auch das Pferd wieder auf und ließ sich willig leiten, wohin Prinz Ludwig es lenkte. Der ritt noch einige Male um den Sandberg herum, und dann kehrte er auf den Schloßhof zurück.

Dort nahm ihm der Stallmeister das Pferd ab, der alte König aber war wiederum nirgends zu sehen. Prinz Ludwig ging darum auf das Schloß und ließ sich von dem Diener anmelden; erhielt aber zum Bescheid, er möge nach einer Stunde wiederkommen, dem König sei unpäßlich zumut, und er könne niemand sprechen. Als Prinz Ludwig zur festgesetzten Zeit kam, wurde er wieder auf eine Stunde vertröstet; dann endlich empfing ihn der König. Doch wie sah er aus! Das ganze Gesicht und beide Hände waren mit Pflastern verklebt, und er ächzte und stöhnte, als sei sein letztes Stündlein gekommen. »Prinz Ludwig«, sprach er,

»bis jetzt hab ich mich für den größten Zauberer der Welt gehalten; nun habe ich gesehen, daß du mir überlegen bist. Der Apfelschimmel war ich, und so hast du mich zugerichtet! Kannst du das verantworten?« Und als Prinz Ludwig nicht wußte, was er sagen sollte, fuhr er freundlich fort: »Laß dir das nicht leid sein. Du bist ein braver Reiter, und wenn du so beibleibst, sollst du meine Tochter zur Frau bekommen; zuvor mußt du aber bis morgen früh an jeden Pappelbaum der langen Straße, die zu meinem Schloß führt, ein Bauerchen gehängt haben, und in jedem Bauerchen muß ein Vogel sitzen, und jeder Vogel, der darin sitzt, muß von anderer Gestalt sein und einen anderen Sang singen als die übrigen alle.«

Als Prinz Ludwig diese Worte gehört hatte, machte er kehrt und lief verzweifelt aus dem Schlosse heraus. »Die Straße ist acht Meilen lang, das bringst du nimmermehr fertig!« rief er aus. »Besser du stirbst in den Wellen als von deines Todfeindes Hand!« Sprach's und lief zu der Brücke und sprang von dem Geländer in den Strom hinab. Unten fing ihn wiederum die Prinzessin auf und sagte zu ihm: »Muß ich dir noch zum dritten Male sagen, daß ich dir um Gottes Wunden versprochen habe, dich aus siebenerlei Not zu retten! Nun willst du ins Wasser gehen, nachdem du die schwierigsten Arbeiten verrichtet hast? Um der paar Vögel willen laß dir keine grauen Haare wachsen!« Da faßte Prinz Ludwig neuen Mut und ging mit der Prinzessin auf das Schloß zurück, aß und trank und legte sich nieder. Die Prinzessin aber legte sich nicht schlafen, sondern setzte sich wieder an den Tisch vor das Buch und las die Stube voll Geister; dann schied sie die Gestalten in vier Haufen und hieß die einen Bauerchen arbeiten, die andern mußten sie an die Pappeln heften, die dritten mußten Singvögel greifen und die vierten sie in die Bauerchen setzen. Nachdem alle Arbeiten verteilt waren, las sie die Geister zurück und legte sich auch schlafen.

Am andern Morgen weckte sie Prinz Ludwig und sprach

zu ihm: »Steh auf und reite die Straße herab und sieh, ob alles in Ordnung ist.« Da stand Prinz Ludwig auf, sattelte ein Roß und tat, wie ihm die Prinzessin geboten hatte. Das war aber ein Singen und Pfeifen in den Pappelbäumen, daß man sich nichts Schöneres denken kann! An jedem Baum ein Bauer und in jedem Bauer ein singender Vogel, die ganze acht Meilen lange Straße durch. Nachdem Prinz Ludwig sich genugsam an dem Gesange ergötzt hatte, ritt er auf das Schloß zurück und meldete dem König, daß er getan habe, wie ihm befohlen sei. Da sah der König selbst nach, und als er es richtig befand, sprach er: »Prinz Ludwig, du hast deine Sache gut gemacht. So bleib bei, dann wirst du meine Tochter bekommen. Zuvor aber mußt du mir statt der hölzernen Brücke eine gläserne über den Strom bauen.« – »Das ist ja nicht möglich!« antwortete Prinz Ludwig. »Ist morgen die Brücke nicht fertig, so kostet es dich dein Leben!« sagte der König, und damit war Prinz Ludwig entlassen.

Lange brauchte er aber nicht traurig zu sein, denn die Prinzessin nahm ihn beiseite und sprach zu ihm: »Iß und trink nur und leg dich schlafen; ich werde schon alles für dich besorgen.« Als Prinz Ludwig im Bette lag und schlief, las sie darauf wieder ihre Geister herbei und befahl ihnen, die gläserne Brücke zu bauen. Und richtig, als Prinz Ludwig am andern Morgen erwachte, stand die Brücke schon fix und fertig da, und er brauchte nur zum König zu gehen und ihm anzuzeigen, daß die Arbeit verrichtet sei. Nachdem der König die Brücke besichtigt hatte, sprach Prinz Ludwig zu ihm: »Ihr vertröstet mich von einem Tag auf den andern und gebt mir etwas Neues zu arbeiten auf; und wenn ich die Arbeit verrichtet habe, so bekomme ich die Prinzessin doch nicht zur Frau, wie Ihr versprochen habt.« – »Laß nur gut sein, Prinz Ludwig«, erwiderte der Zauberer, »nun hast du nur noch eine Arbeit zu tun, und dann soll die Hochzeit sein. Vor dem Tore liegt ein sieben Morgen großer Acker. Den mußt du, bis die Glocke acht schlägt, mit Weizen bestellt, eingeerntet und das Korn zu Brot gebacken haben.« – ›Jetzt ist dein Leben Gras‹, dachte Prinz Ludwig, ›das bringt die Prinzessin nimmer fertig!‹ Dann verließ er das Zimmer und ging zur Königstochter und erzählte ihr, was ihr Vater ihm wieder aufgegeben. Antwortete sie: »Sei ohne Sorge, Prinz Ludwig! Iß und trink und leg dich schlafen, es soll schon alles ausgeführt werden.« Dann setzte sie sich, als Prinz Ludwig schlief, an den Tisch, las aus dem großen Buche die Geister herbei und befahl den einen, zu pflügen, den andern, zu eggen, die dritten mußten säen und die vierten die Körner zur Saat bringen, in die Höhe schießen und reif werden lassen; die fünften hatten zu mähen, die sechsten zu dreschen, die siebenten zu mahlen, und die letzten endlich mußten aus dem Mehl Brote backen. Das taten die Geister auch, und als Prinz Ludwig am andern Morgen um sieben Uhr herabkam, um zu sehen, wie weit die Arbeit gediehen sei, standen die Brote schon samt und sonders auf dem Schloßhofe, zu einem großen Haufen gepackt. Vergnügt ergriff er zwei Brote, um sie dem König zu bringen; da folgten alle andern Brote den zweien, die er trug, nach und legten sich von selbst auf den Tisch, der in des Königs Stube stand. »Prinz Ludwig«, sagte der König, »jetzt hast du getan, was ich von dir verlangt habe, und morgen soll die Hochzeit sein.« Da freute sich Prinz Ludwig, daß nun die Arbeiten ein Ende hätten; die Prinzessin aber nahm ihn beiseite und sprach zu ihm: »Glaub den Worten meines Vaters nicht! Sein Mund redet freundlich, sein Herz aber ist Gift und Galle. Morgen soll nicht dein Hochzeits-, sondern dein Todestag sein. Aber ich habe dir um Gottes Wunden versprochen, dich aus siebenerlei Nöten zu retten, so will ich dich auch aus der letzten, der Todesnot befreien. Geh heut nacht nicht schlafen und steh auf und folge mir, wenn ich dich rufe.«

Darauf ging sie in den Stall und befahl ihrem Kutscher, um Mitternacht mit dem Wagen vorzufahren, aber vorher

Zeug um die Räder zu winden und den Pferden Filz unter die Hufen zu heften, daß niemand das Wagengerassel und den Hufschlag hören könne. Das tat der Kutscher auch; und als die Uhr elf schlug, holte die Prinzessin Prinz Ludwig herbei und stieg mit ihm in den Wagen, und der Kutscher fuhr mit ihnen ganz leise, leise aus dem Schlosse.

Als sie draußen waren, trieb er jedoch die Pferde an, daß sie liefen, was sie laufen konnten, und mit Tagesanbruch hatten sie die Grenze, welche die beiden Königreiche voneinander schied, erreicht, und der Wagen hielt vor einem Häuschen, durch dessen Mitte die Grenzscheide lief. Dort stiegen sie aus und wollten gerade einander Lebewohl sagen, da kam der alte Zauberer durch die Luft herbeigeflogen, ergriff seine Tochter und fuhr mit ihr durch die Decke davon und brachte sie wieder in sein Schloß zurück. Dem Prinzen Ludwig konnte er nichts anhaben; denn der stand in der Hälfte, welche zu seines Vaters Land gehörte, und über die Grenzscheide reichte des Zauberers Macht nicht. Er kehrte darum zu seinem Vater zurück, und es herrschte eitel Freude und Frohlocken im Lande, als der Erbe des Königreiches wieder angelangt war. Nachdem der alte König gestorben war, wurde Prinz Ludwig König an seiner Statt, und er lebte vergnügt und fröhlich, und wenn er nicht gestorben ist, so lebt er heute noch.

Die Mädchen im Pfluge

Es war einmal ein junger Kaufmann, dem hatte sein Vater viel Geld und Gut hinterlassen, so daß er drei große Schiffe damit ausrüsten konnte. Und das tat er auch; denn er wollte die Welt besehen. Als er nun eine Zeitlang über das wilde Meer gefahren war, kam er an eine Stadt, da war Wassersnot. Alle Äcker und Gärten waren überschwemmt, und die Leute wußten nicht, woher sie nehmen sollten, daß sie äßen und nicht stürben. Das jammerte den Kaufmann, und er schenkte den Bürgern ein Schiff mit allen Lebensmitteln und der Ladung, welche darin war; dann ließ er die Anker lichten und fuhr weiter. Es dauerte gar nicht lange, so segelte er ein Land an, in dem herrschte Hungersnot und teure Zeit, so daß die Leute einer den andern auffraßen, damit sie das Leben behielten. Bei dem Anblick überkam ihn wieder großes Mitleid, und er schenkte den armen Leuten sein zweites Schiff, daß er nur noch das eine Fahrzeug besaß, auf dem er selbst war. Darnach fuhr er weiter und kam an eine Stadt, vor deren Tor die Bürger einen großen Galgen errichtet hatten, und an dem Dreibein hing ein armer Sünder. »Was hat der Mann begangen?« fragte der Kaufmann. »Er konnte seine Schulden nicht bezahlen«, antworteten die Bürger, »und er soll darum an dem Galgen hängen, bis die Krähen sein Fleisch gefressen haben und der Strick vermodert ist, an dem er hängt.« – Fragte der Kaufmann: »Nehmt ihr ihn herab und gönnt ihm ein ehrliches Grab, wenn ich die Schulden bezahle?« – Da lachten die Bürger und sagten, sie würden es gern tun. Darauf ging der Kaufmann auf sein Schiff und verkaufte einen Teil der Ladung, löste damit den Schuldner vom Galgen und gab ihm ein ehrliches Grab.

Über der Mildtätigkeit seines Herrn wurde jedoch dem Kapitän bange, und er fürchtete, es möchte ihm gehen wie den beiden andern Kapitänen mit ihren Schiffen, daß er verschenkt würde an ein verdorbenes Land. Als sie weiterfuhren und eine Insel in Sicht bekamen, beschloß er darum, heimlich abzusegeln, wenn der Kaufmann seiner Gewohnheit nach an Land ginge, um zu sehen, ob er nicht seinen Mitmenschen helfen könne. Gedacht, getan. Während sein Herr im nächsten Hafen an Land ging, lichtete der Kapitän die Anker und ließ ihn treulos im Stich. Der Kaufmann merkte aber nicht den Betrug, sondern wandte seine Schritte landeinwärts und spähte umher, daß er Men-

schen erblickte. Indem vernahm er aus der Ferne harte
Worte und Peitschenknall und klägliches Geschrei. Er
schritt darauf zu, und als er an die Stelle gekommen war,
sah er einen Mann, der hatte zwei nackte Mädchen im
Pfluge gehen und pflügte mit ihnen den Acker. »Du mein
Gott, was tust du da?« rief der Kaufmann, »Frauensleute
sind doch kein Pflugvieh!« – »Anderes Vieh haben wir hier
nicht«, antwortete der Mann, »ich habe die Mädchen auf
dem Markte gekauft und tue mit ihnen, wie mir beliebt.« –
»So will ich sie dir abkaufen«, sagte der Kaufmann und
zog den Beutel aus der Tasche, und als der Ackermann die
Goldstücke blinken sah, ließ er dem Herrn die Mädchen
für die schwere Geldkatze und freute sich obendrein, daß
er ein so gutes Geschäft gemacht habe. Der Kaufmann
aber gab dem einen Mädchen seinen Rock und dem andern den Mantel, daß sie sich nicht vor ihm zu schämen
brauchten, und dann fragte er sie nach ihren Eltern und
woher sie kämen. »Ich bin eines reichen Königs Tochter«,
sagte die Schönste von den beiden, »und das hier ist meine
Kammerjungfer. Wir gingen von meines Vaters Schloß in
den Wald lustwandeln, da fielen die Räuber über uns her
und griffen uns und schleppten uns auf ihr Schiff, und als
sie an dieser Insel gelandet waren, verkauften sie uns an
den Ackersmann, und wir mußten im Pfluge gehen bis auf
den heutigen Tag.« – »Jetzt soll eure Not ein Ende haben«,
sagte der Kaufmann, als er die traurige Geschichte gehört
hatte, »im Hafen liegt mein Schiff, damit fahre ich euch in
euer Königreich zurück.« Als er aber mit den Jungfrauen
an den Strand kam, waren in weiter Ferne nur noch die
Mastspitzen des Schiffes mit den Flaggen zu sehen. Da erkannte er wohl, daß ihn der Kapitän betrogen habe, und er
weinte mit den Mädchen seine bitterlichen Tränen. Nachdem sie sich ausgeweint hatten, trug der Kaufmann
Strauchwerk und Reiser zusammen und baute daraus eine
Hütte, daß sie darin wohnen möchten; ihre Speise war
Kräuterwesen, und einer von ihnen stand immer hoch

oben auf der Düne und hielt Wacht, ob nicht irgendwo ein Schiff sich erblicken lasse.

Eines Tages hatte der Kaufmann die Wache, da rief der den Mädchen am Strande zu: »Kommt herauf, ich sehe ein Segel!« Und als die Jungfrauen oben waren, richteten sie alle drei eine Stange auf und banden ein Tuch daran zum Zeichen, daß arme Schiffbrüchige Rettung begehrten. Der Kapitän des Schiffes bemerkte das Notzeichen, legte bei und setzte ein Boot aus, daß es die Unglücklichen aufnähme; und es dauerte gar nicht lange, so waren sie an Bord, und der Kapitän versprach ihnen, sie mitzunehmen bis zum nächsten Hafen; denn er fuhr in ein anderes Land, als das war, welches der Prinzessin Vater beherrschte. Nachdem sie jedoch ein paar Tage gefahren waren, begegnete ihnen ein großes Mannwar (Kriegsschiff), und als die Prinzessin die Flagge erblickte, die auf dem Maste geheißt war, rief sie voll Freuden: »Das ist meines Vaters Schiff! Lieber Kapitän, setzt uns an, es soll wahrlich Euer Schade nicht sein.« Und das tat der Kapitän auch, denn er war ein herzensguter Mann. Wie nun die Leute auf dem Mannwar merkten, daß das fremde Schiff etwas von ihnen wolle, legten sie bei, und der Admiral, welcher das Mannwar befehligte, kam selbst auf einem Boote herüber und wunderte sich nicht wenig, die Prinzessin und ihre Kammerjungfrau zu treffen; denn er war ausgefahren, sie zu suchen, und fand sie auf hoher See und hatte sie doch in einem fernen Lande in Knechtschaft und Sklaverei geglaubt. Nachdem er den Kapitän mit Geld und Gut reichlich belohnt hatte, nahm er darauf die Jungfrauen und ihren Befreier zu sich in das Boot, und die Schiffsleute ruderten sie an das Mannwar heran. Als sie an Bord waren, wurde sogleich kehrtgemacht, und sie fuhren mit gutem Winde dem Reiche zu, über welches der Vater der Prinzessin König war.

Wie sie unterwegs waren, plagte den Admiral der Teufel. ›Du bist um den Preis gekommen‹, dachte er bei sich, ›hat der König dem Befreier die Prinzessin zur Frau versprochen, so bist du es nicht, sondern der Kaufmann erhält sie zum Weibe und wird, wenn der alte König stirbt, sein Nachfolger im Reiche‹, und mit diesen Gedanken trug er sich bei Tag und bei Nacht. Endlich hielt er es nimmermehr aus, und als er eines Abends mit dem Kaufmann allein auf dem Achterdeck stand, gab er ihm einen Stoß, daß er kopfüber in das Meer stürzte und die Wellen über ihm zusammenschlugen. Kein Mensch hatte die Untat gesehen, nur die Prinzessin und die Kammerjungfer waren Zeugen gewesen von der Kajüte aus und schrien jäh auf, als der Kaufmann über Bord fiel. Das kümmerte den Admiral aber wenig, er stieg zu den Jungfrauen in die Kajüte herab und bedrohte sie mit dem Tode, wenn sie ihm nicht einen teuren Eid schwören würden, dem Könige zu sagen, daß er es gewesen sei, der sie aus der Sklaverei befreit habe. In der Todesangst taten die Mädchen das auch, und als das Mannwar die Reise vollendet hatte und vor dem königlichen Schlosse vor Anker ging, war großer Jubel im ganzen Lande, und alles Volk lobte den Admiral und jauchzte ihm zu, daß er die Prinzessin wiedergebracht habe. Am freudigsten aber war der alte König, und er hätte am liebsten sogleich die Hochzeit feiern lassen, wie er versprochen hatte; doch die Prinzessin bat ihn und sagte: »Warte noch ein Jahr, Väterchen, daß ich die Wunden und Striemen heile und Trauer trage um das Leid, das mir in der Sklaverei zugefügt wurde.« Das tat sie aber nur, weil sie hoffte, der Kaufmann könne durch Gottes Gnade doch noch gerettet sein. Wenn er aber in Jahresfrist nicht käme, so wollte sie das als ein Zeichen nehmen, daß er seinen Tod in den Wellen gefunden. Der König sah ein, daß seine Tochter etwas Billiges verlange, und wenn auch der Admiral gar nicht damit zufrieden war, so wurde die Hochzeit doch aufgeschoben auf ein ganzes Jahr, wie die Prinzessin gewünscht hatte.

Und der liebe Gott hatte den Kaufmann wirklich nicht verlassen in der wilden See; denn als er wieder emportauchte, ließ er ihn einen Mastbaum greifen, der in dem Meere schwamm. Daran hielt sich der Kaufmann, und die Strömung trieb ihn weiter und weiter, die Nacht hindurch und auch den folgenden Tag, bis er mit Sonnenuntergang an eine kleine Insel gelangte. Hier beschloß er zu bleiben und zu warten, bis ein Schiff käme, das ihn aufnehmen möchte. Und weil er müde war, kroch er in eine Grube, welche der Sturm bereitet hatte, als er einen großen Eichbaum umwarf und ihn mit den Wurzeln aus dem Erdboden riß, und deckte sich mit Laub zu gegen die Abendkühle. Aber das half ihm wenig. Siehe, da kam ein gewaltig großer Vogel herbeigeflogen und ließ sich nieder an dem Rande der Grube, rupfte mit seinem Schnabel Federn über Federn aus der Brust, daß die Grube voll wurde davon und der Kaufmann ganz damit bedeckt ward; dann flog er wieder auf und davon. ›Nun schenkt dir der liebe Gott auch ein weiches, warmes Federbett‹, dachte der Kaufmann, und nachdem er sein Nachtgebet verrichtet hatte, schlief er ein und erwachte nicht eher, bis ihm das helle Sonnenlicht in die Augen schien. Den Tag über suchte er Eier von den wilden Seevögeln und Wurzelwerk und Beeren und Kräuterwesen und aß davon, bis er satt war, und so trieb er es sechs Monate lang.

Eines Morgens, als er seine Augen aufschlug, stand der große Vogel zum zweiten Male an dem Rande der Grube, tat seinen Schnabel auf und sagte: »Wo du hin willst, das weiß ich; steh auf, daß ich dich meerüber trage!« Da stand der Kaufmann auf, und alsbald ergriff ihn der Vogel mit seinen Klauen und trug ihn hoch durch die Luft über die tiefe See, bis sie an das feste Land kamen. Dort setzte der Vogel den Kaufmann zur Erde, und nachdem er ihm gesagt hatte: »Jetzt wandere eilends von dannen, daß du noch die Hauptstadt des Königs erreichst, ehe die Prinzessin Hochzeit macht mit dem Admiral!« fragte er ihn, ob er auch wisse, wer er sei. »Je nun, ein großer Vogel«, antwortete der Kaufmann. »Falsch geraten«, sagte der Vogel, »ich bin kein richtiger Vogel, sondern der Geist des armen Schuldners, dessen Leib du vom Galgen erlöst hast, und das habe ich dir zum Danke getan!« Damit schwang er sich in die Lüfte und flog auf und davon; der Kaufmann aber schnitt sich einen Wanderstab aus einem Kreuzdornbusch und wanderte rüstig fort, von einer Stadt zur andern und von einem Dorf zum andern, über Stock und Block, sechs Monde lang, bis er endlich in eine Stadt kam, in der alle Häuser geflaggt waren und die Bürger jubelten und sangen.

»Was ist denn hier geschehen?« fragte der Kaufmann den Gastwirt, bei dem er vorgesprochen war. »Ihr seid wohl von weiter Ferne zugereist, daß Ihr das nicht wißt?« antwortete der Gastwirt, »diesen Tag feiert des Königs einzige Tochter Hochzeit mit dem Admiral, der sie vor Jahresfrist den Räubern abgejagt und erlöst hat. Da gibt's heute gut zu essen und gut zu trinken auf dem Schlosse; aber für uns ist das nichts.« – »Das käme auf eine Probe an!« meinte der Kaufmann, »was gilt die Wette, ich schaffe dir Braten und Wein von des Königs Tisch?« – »Ich setze Haus und Hof dagegen mit allem, was darinnen ist«, sagte der Wirt und lachte, daß er sich den Leib halten mußte; denn wie wollte der hergelaufene Mensch Braten und Wein von des Königs Tisch bekommen! Aber der Kaufmann ließ sich das nicht anfechten, sondern forderte Tinte und Papier und schrieb einen Brief an die Prinzessin, in dem stand geschrieben, daß er vom Tode errettet und jetzt in die Stadt gekommen sei und daß er von den Speisen bitte, um damit in der Herberge seinen Hunger zu stillen. Das Schreiben mußte ein Knecht auf das Schloß tragen, und als er es der Prinzessin gegeben hatte, welche in dem Brautkleide neben dem Admiral an der königlichen Tafel saß, las sie es durch und schickte sofort mit einem Diener den schönsten Braten und den besten Wein in die Herberge hinab.

Der Wirt war sehr betrübt, als er den königlichen Diener kommen sah; aber wie bald war er getröstet, als der Kaufmann ihm sagte: »Ich begehre dein Hab und Gut gar nicht, du magst es in Frieden behalten.« Während er noch so sprach, kam die goldene Hofkutsche vorgefahren, und die Bedienten halfen dem Kaufmann hinein und fuhren ihn auf das Schloß. Dort erwartete ihn die Prinzessin mit ihrer Kammerjungfer, und sie führten ihn in eine Stube, daß er sich wasche und bade und schöne Kleider anziehe. Die Kammerjungfer sollte ihm helfen; aber sie stand von ferne, denn sie fürchtete sich vor dem Schmutz und Ungeziefer, welches den Kaufmann bedeckte. Klatsch, klatsch! schlug ihr da die Prinzessin mit ihrer weißen Hand links und rechts um die Ohren. »Hat er sich auch geziert, als er uns splitternackt vom Pfluge kaufte«, rief sie zornig, »und uns Mantel und Rock gab, daß wir uns nicht vor ihm zu schämen brauchten?« Darauf wusch und badete sie ihn selbst und half ihm die königlichen Kleider anziehen, welche für ihn bereitet waren; dann aber machte sie, daß sie mit ihm in den Hochzeitssaal kam.

Der Admiral wäre vor Schrecken fast in die Erde gesunken, als er den Kaufmann sah; der alte König aber fragte: »Mein Kind, wer ist der Fremdling, den du da an der Hand führst?« Antwortete die Prinzessin: »Laßt ihn selbst sprechen!« Und der Kaufmann erzählte nun, wie alles gekommen war und wie ihn der böse Admiral über Bord gestürzt habe, um des Königs Schwiegersohn und sein Nachfolger im Reiche zu werden. Da mußte sich der Kaufmann an des Bräutigams Platz setzen und ward mit der Prinzessin verheiratet, der böse Admiral aber wurde an den lichten Galgen gehängt; und wenn er nicht abgeschnitten ist, so mag er dort noch hängen bis auf den heutigen Tag.

Die Königin von Siebenbürgen

Es war einmal ein Soldat, der hieß Johann. Nachdem er seinem König lange Jahre treu gedient und auch manche Wunde davongetragen hatte, wurde er abgelohnt und hatte das Recht, frei umherzulaufen, wo es ihm beliebte, und sein Brot an fremder Leute Türen zu betteln. Das tat ihm in der Seele weh, und er beschloß, zu seinen alten Eltern zu gehen, ob er vielleicht dort eine Unterkunft fände.

Unterwegs verirrte er sich und wußte nicht, ob rechts oder links, ob vorwärts oder rückwärts. Da stieß er endlich auf ein großes Haus. Er trat hinein, um nach dem rechten Wege zu fragen; aber niemand war auf dem Flure. Da klinkte er die Küchentüre auf, und was sah er? Mitten in der Küche stand eine Wassertonne, und in der Tonne saß ein Wesen, das war halb Mensch, halb Fisch und kohlrabenschwarz am Leibe. »Was willst du hier?« fragte es freundlich. »Ach, liebe Seejungfer«, erwiderte Johann, »ich habe mich verirrt und weiß mich nicht nach Hause zu finden. Kannst du mich nicht auf den rechten Weg bringen?« – »Das will ich tun«, versetzte die Seejungfer, »wenn du mich zum Danke dafür erlösest. Drei Nächte kostet's dich nur.« – »Wenn ich für die Zeit Essen und Trinken bekomme, gehe ich gern darauf ein«, antwortete Johann.

»Das sollst du haben. Aber die Sache ist nicht so leicht, wie du dir denken magst. Wenn du dich diese Nacht zu Bette gelegt hast, kommen um elf Uhr zwölf starke Kerle zur Stube herein und quälen dich. Sprichst du nur ein Wort, so bin ich verloren. Hältst du aber aus, bis die Glocke zwölf schlägt, so haben die Geister alle Macht über dich verloren, und du hast den ersten Tag bestanden. Dünkt dich das nicht ein gefährliches Stück?« – »Ach was Gefahr!« sagte Johann, »ein alter Soldat wird doch das Maul halten und ein bißchen Leid ertragen können.« Und dabei blieb er. Da hieß ihn die Seejungfer in die Stube treten. Dort saß die alte Hexe, welche die Seejungfer verwünscht hatte, und warf dem Soldaten bitterböse, giftige Blicke zu. Ihre Wut half ihr aber nichts; sie mußte für Johann sogar die schönsten Speisen und Getränke herbeischaffen, wovon er nach Herzenslust aß. Als er satt geworden war, legte er sich in das weiche Bett, und da er müde war, schlief er bald ein.

Sowie die Glocke elf schlug, öffnete sich die Türe mit großem Gepolter, und herein stürzten zwölf abscheuliche, garstige Kerle. Die hatten Tisch und Stühle und Karten mitgebracht und setzten sich nieder und begannen ihr Spiel. Kaum erblickten sie den Soldaten in seinem Bette, so riefen sie ihm zu: »Steh auf, Kamerad, und tu uns Bescheid!« Er aber rückte und rührte sich nicht. »Aha, der will die Königstochter durch Schweigen erlösen; nun, wir wollen ihm schon das Maul öffnen!« schrieen sie und holten eine dünne Hanfschnur herbei. Dieselbe zogen sie von einer Ecke der Stube zur andern; dann setzten sie den Soldaten mit auseinandergespreizten Beinen darauf und sägten immer auf und ab, daß das Blut in Strömen auf den Boden lief und der Strick ihm tief in den Leib drang. Johann tat jedoch, wie ein wackerer Soldat tun soll; er biß die Zähne aufeinander, und kein Laut kam über seine Lippen. ›Hast du dir eine Suppe eingebrockt, so mußt du sie auch ausessen‹, dachte er, und das war recht von ihm. Als die Glocke zwölf schlug, verschwanden im Nu die bösen Geister aus der Stube, nachdem sie zuvor die Schnur zerschnitten hatten, so daß Johann ohnmächtig zu Boden fiel.

Wie er so da lag, kam die Seejungfer aus ihrer Tonne zu ihm herangekrochen und bestrich mit einer köstlichen Salbe die wunden, blutig gerissenen Stellen. In demselben Augenblick waren auch alle Schmerzen verschwunden, und Johann konnte wieder froh und vergnügt aus den Augen blicken. Da sah er nun, daß die Seejungfer nicht mehr schwarz, sondern braun und daß ihr häßlicher Fischschwanz menschlichen Füßen ähnlich geworden war. »Johann«, sagte die Seejungfer, »du hast deine Sache gut gemacht; halt nur gleicherweise die kommende Nacht aus. Die bösen Männer werden dich freilich schier zu Tode schlagen, aber verzag nicht; sobald sie verschwunden sind, heile ich wieder alle deine Wunden.« – »Wer A gesagt, muß auch B sagen«, entgegnete Johann, »vieler Worte hat's darum gar nicht nötig, ich bleibe die künftige Nacht hier.« Die Seejungfer kroch darauf wieder in ihre Tonne zurück, Johann dagegen störte die alte Hexe auf und ließ sich Schweinebraten und Wein auftragen und lebte herrlich und in Freuden trotz einem König.

Gegen Abend ward er müde und legte sich schlafen. Schlag elf Uhr wurde er wieder durch großen Lärm geweckt. Die zwölf Kerle kamen herein, stellten einen mächtigen Holzklotz in die Stube und setzten einen Amboß darauf, dann zogen sie den Soldaten aus dem Bette, legten ihn auf das Eisen und bearbeiteten ihn mit ihren Hämmern eine ganze Stunde lang. Johann hatte lautlos ausgehalten; endlich schwanden ihm die Sinne, und er lag für tot da, als die Seejungfer hereintrat und ihn mit der Salbe bestrich. Wie das erste Mal, so waren auch jetzt im Augenblick alle Schmerzen gehoben und alle Wunden geheilt; die Seejungfer aber sah nicht mehr braun, sondern grau aus, und der Fischschwanz war fast ganz geschwunden. Nur an den Waden befanden sich noch Flossen und Schuppen.

»Johann«, sagte die Seejungfer, »lieber Johann, jetzt verlaß mich nicht für die dritte Nacht. Da wird dir allerdings Schreckliches begegnen. Man wird dich brennen und braten; aber harre stillschweigend aus, an das Leben dürfen sie dir nicht kommen!« Der Soldat war mutig geworden durch den glücklichen Ausgang der beiden Nächte, auch freute er sich, daß er die Prinzessin schon so weit erlöst hatte, daß sie einem vernünftigen Menschen glich; darum sprach er: »Liebe Seejungfer, dir zuliebe werde ich auch noch die dritte und letzte Nacht aushalten; mag kommen, was will!« Da eilte die Seejungfer vergnügt in ihre Tonne zurück, während Johann sich an Braten und Wein für die ausgestandenen Leiden schadlos hielt.

Die Seejungfer hatte recht gehabt, als sie sagte, Johann würde die dritte Nacht Erschreckliches ausstehen. Kaum schlug diesmal die Glocke elf, so schleppten die zwölf Kerle einen Feuerherd, Holz, Teller, Messer und Gabeln herbei; dann machten sie ein tüchtiges Feuer an und zogen Johann aus dem Bette, steckten ihn auf einen Spieß und brieten ihn über dem Feuer. Beinahe hätte er bei den entsetzlichen Schmerzen der Seejungfer vergessen und laut aufgeschrien; aber er besann sich noch rechtzeitig und erduldete alles, ohne daß ein Sterbenswörtchen über seine Lippen gekommen wäre. Endlich war er gar; und nachdem der Oberste von den zwölfen mit der Gabel hineingestochen hatte, um nachzusehen, ob er auch überall schön mürbe wäre, trug man ihn auf den Tisch. Schon hatten sie die Messer angesetzt, um sich jeder ein Stück von dem Braten zu schneiden, als die Glocke zwölf schlug. Da war alles wieder verschwunden, die Seejungfer trat herein und bestrich Johann vom Kopf bis zu den Füßen, und frisch und gesund lag er vor ihr auf dem Erdboden.

Er mochte aber seinen Augen gar nicht trauen, denn aus der Seejungfer war die schönste Prinzessin in goldenem Kleide geworden. Die blickte ihn liebreich an und sagte: »Johann, jetzt bin ich erlöst, und du bist mein Retter! Zum Dank dafür will ich dich heiraten; aber zuvor muß ich in mein Königreich Siebenbürgen. Morgen, übermorgen und den folgenden Tag kehre ich um die Mittagszeit zwischen elf und zwölf Uhr hierher zurück; wenn du dann wachend unter der großen Linde meiner wartest, nehme ich dich mit mir in mein Reich, und du sollst König werden.« Johann versprach der Prinzessin, er werde gewiß wach bleiben; dann gab er ihr einen Kuß, und verschwunden war sie.

Um sich die Langeweile bis zum kommenden Mittag zu vertreiben, aß und trank er nach Herzenslust, was die alte Hexe ihm vorsetzte. Das war aber ein teuflisches Weib und mischte ihm einen Schlaftrunk unter den Wein. Er mochte darum die Augen aufreißen und sich in die Lippen beißen und mit den Fingern kneifen, soviel er wollte, um ein halb elf Uhr war er fest eingeschlafen. Er schnarchte laut vor sich hin, als ein prächtiges Viergespann, mit kohlrabenschwarzen Rappen bespannt, unter der Linde hielt.

»Johann, wachst du?« rief die Prinzessin und stieg zum Schlage heraus. Aber Johann mochte gerüttelt und geschüttelt, geknufft und gepufft werden, er wachte nicht auf. Als es zwölf war, legte ihm die Prinzessin traurig ihr gesticktes Taschentuch in den Schoß und schrieb auf einen Zettel die Worte: ›Schläfer, du hast schlecht Wort gehalten. Morgen komme ich um dieselbe Zeit. Wenn du auch dann schläfst, kann ich nur noch einmal kommen. Darum ermanne dich und halte dich wach.‹ Sodann stieg sie wieder in ihren goldglänzenden Wagen und fuhr nach Siebenbürgen zurück.

Kaum war sie fortgefahren, so verlor sich die Wirkung des Schlaftrunkes, und Johann schlug die Augen auf. Da sah er das Tuch und den Zettel in seinem Schoß. Anfangs machte er sich die bittersten Vorwürfe, endlich tröstete er sich damit, daß morgen auch noch ein Tag sei, und nahm sich fest vor, nicht wieder vom Schlafe sich übermannen zu lassen. Alle Vorsätze halfen aber zu nichts; denn die Alte mengte wieder einen Schlaftrunk unter den Wein; und wenn Johann auch tat, was er konnte, um wach zu bleiben, und bis ein Viertel vor elf sich munter hielt, so überwältigte ihn doch endlich die Gewalt des Zaubertrankes, und er schlief so fest wie den Tag zuvor, als die Prinzessin um elf Uhr unter der Linde hielt.

Diesmal waren vier stattliche Braune vor den Wagen gespannt, und die Diener trugen braune Kleidung. »Johann, wachst du?« rief sie aus dem Wagen heraus. Aber Johann schnarchte, wie am Tage zuvor, und war nicht aus dem Zauberschlafe zu erwecken. Da legte ihm die Prinzessin wiederum ein gesticktes Taschentuch auf den Schoß und schrieb dazu auf einen Zettel: ›Morgen ist das letzte Mal, daß ich zu dir kommen darf. Halte dich wach, sonst hast du mich für ewig verloren.‹ Dann stieg sie in ihren Wagen, die Bedienten saßen auf, und zurück ging's durch die Lüfte nach Siebenbürgenland.

Als Johann erwachte und das Taschentuch und den Zettel erblickte, wußte er vor Zorn und Ärger nicht wo aus noch ein. Er ahnte nicht, welche Bosheit er von der alten Hexe zu besorgen hatte, und schob sich selbst alle Schuld an dem Unglück zu: »Gott sei Dank, daß noch ein Tag ist«, rief er aus, »morgen werde ich gewiß nicht verschlafen!« Und er war seiner Sache so sicher, daß er bald wieder fröhlich bei Wein und Braten saß und auch der mit Schlaftrunk gemischten Flasche wie früher fleißig zusprach. Aber kurz vor der Zeit, daß die Prinzessin kommen sollte, überfiel ihn wieder die Mattigkeit, und wenn er auch alle Kräfte zusammennahm, fünf Minuten vor elf Uhr lag er unter der Linde und war fest eingeschlafen.

Es dauerte nicht lange, so kam die Prinzessin angefahren, diesmal in einem Wagen, der mit vier wunderschönen Grauschimmeln bespannt war. »Johann, Johann!« schrie sie ängstlich, denn sie fürchtete schon, daß er wieder eingeschlafen wäre; und wirklich, Johann antwortete nicht, sondern lag unter dem Baume und schnarchte wie ein Bär. Da zog die Prinzessin ein drittes Tuch aus der Tasche und legte ihm einen neuen Zettel auf den Schoß, darauf stand: ›Leb wohl für immer, Johann! Du hast dein Glück verscherzt. Du kannst nicht mehr zu mir nach Siebenbürgen und ich nicht zu dir; denn uns trennt der himmelhohe Glasberg.‹ Dann stieg sie in das Gefährt hinein, und fort war sie.

Als Johann erwachte, solltet ihr ihn einmal fluchen und toben sehen! Er schlug sich vor die Stirne und raufte sich die Haare; endlich wurde er wieder vernünftig und dachte nach, wie er die Sache zum Guten kehren könne. »Ich hab's gefunden!« rief er erfreut; »konnte die Prinzessin zu mir aus Siebenbürgen über den Glasberg kommen, so werde ich auch zu ihr dorthin gelangen.« Sprach's und machte sich auf den Weg zu seiner Braut nach dem Glasberg.

Als er so durch die Länder zog, kam er eines Abends in ein schönes, großes Haus, welches einsam zwischen den Bäumen eines dichten Waldes stand. Er trat hinein und fand darinnen einen reichgedeckten Tisch, sonst aber niemand im Hause. Nur ein Mädchen saß am Ofen. Das war sehr erschrocken über den Besuch und rief ihm zu: »Geh schnell wieder fort, denn dies Haus gehört den Räubern. In wenig Augenblicken werden sie hier sein; und wenn sie dich finden, bist du des Todes.« Johann antwortete: »Gib mir zu essen und versteck mich dann irgendwo im Hause. Was soll ich draußen anfangen; ich muß verhungern oder werde von den wilden Tieren gefressen. Darum will ich lieber hier abwarten, ob ich der Gefahr entrinnen kann.

Da er standhaft war, gab ihm das Mädchen Speise und Trank und versteckte ihn sodann unter einer großen Kiste. Und es war wirklich die höchste Zeit gewesen; denn gleich darauf traten die Räuber herein, setzten sich zum Mahle nieder und aßen und tranken nach Herzenslust. Nach dem Schmause unterhielten sie sich über den Fang, welchen sie den Tag über gemacht hatten; doch schickten sie das Mädchen vorher zu Bette, um ungestört verhandeln zu können.

Nachdem ein jeder seine Schandtaten aufgezählt hatte, erhub sich zum Schlusse einer und sprach: »Mir ist denn doch der beste Fang gelungen! Ich habe heute einem Manne ein Paar Stiefeln gestohlen, in welchen man mit jedem Schritte sieben Meilen zurücklegt, ferner einen Mantel, der seinen Träger unsichtbar macht, und endlich einen Geldbeutel, der, sooft man auch hineingreift, nie leer wird.«

Wie die andern das hörten, wurden sie hoch erfreut und riefen: »Jetzt hat's keine Not mehr; nun wird es uns nie wieder an etwas fehlen, und morgen soll's das letzte Mal sein, daß wir auf Raub ausgehen. Wo bleiben wir aber mit den drei Wunschdingen?« Der eine riet, die Sachen in die Kiste zu legen, und Johann überlief es eiskalt, als er das hörte. Sogleich sprach jedoch ein anderer: »Nicht doch, das Mädchen könnte sie morgen darin finden und sich damit aus dem Staube machen. Wir wollen die Wunschdinge nur vor der Haustüre unter dem Baume vergraben.« Und so geschah es auch. Die Räuber nahmen Hacke und Spaten, eilten hinaus und vergruben die Stiefel, den Mantel und den Geldbeutel unter dem Baume, kamen dann wieder hinein und legten sich schlafen. Am andern Morgen vor Sonnenaufgang verließen sie das Haus wieder, um das letzte Mal ihrem alten Handwerk obzuliegen. Diesen Augenblick hatte Johann mit Sehnsucht erwartet. Im Hui war er aus der Kiste, hatte Spaten und Hacke ergriffen, kratzte die frischgegrabene Erde auf, und in kurzer Zeit waren die Wunschdinge in seinen Händen.

Nun ging er zu dem Mädchen und sagte ihr alles, was ihm den vergangenen Abend zugestoßen war, und daß er sie aus Dankbarkeit mit sich aus dem Räuberhause nehmen wolle. Das arme Ding war hoch erfreut, daß es von den bösen Leuten befreit werden solle; der Soldat zog die Stiefeln an, steckte den Geldbeutel in die Tasche, warf den Mantel um sich und das Mädchen, und schon nach wenig Schritten war er viele, viele Meilen weit von den gottlosen Räubern entfernt.

Es dauerte auch gar nicht lange, so kam er an den Fuß des Glasberges. Hier gab er dem Mädchen aus dem wunderbaren Geldbeutel so viel Geld, als sie nur fortzutragen vermochte, und als sie sich entfernt hatte, versuchte er, den Berg zu übersteigen. Aber wenn ihn auch ein Schritt sieben Meilen weit trug, so war er doch nicht imstande, den Glasberg zu überschreiten. Derselbe war viel zu hoch, auch war er so glatt, daß er nirgends für seinen Fuß einen Haltepunkt finden konnte.

So wanderte er denn trostlos am Rande des Berges entlang und rund um ihn herum, aber es half ihm zu nichts. Nirgends war der Glasberg ersteigbar, und nur über ihn konnte er nach Siebenbürgen gelangen.

Als es Abend geworden war, kehrte er in einem Wirtshaus ein, um dort zu übernachten. Der Gastwirt war ein kluger Mann, und ihm gehorchten alle Tiere des Waldes. Als ihn Johann fragte, wie er wohl nach Siebenbürgen kommen könne, pfiff der Wirt auf einer Pfeife; und sogleich kamen alle Tiere des Waldes herbeigelaufen und fragten ihn, was er befehle. »Wie ist es möglich, nach Siebenbürgen zu gelangen?« sprach der Gastwirt. Aber keins von den Tieren wußte ihm darauf Antwort zu geben. Da sagte der Wirt: »Hundert Meilen von mir wohnt mein Bruder, der ist auch ein Gastwirt und herrscht über alle Fische; vielleicht kann der dir helfen.«

Den andern Morgen bezahlte Johann aus seinem Beutel, was er schuldig war, und ging zu dem Bruder des Wirtes. Als er dort angekommen war, erzählte er ihm, weshalb er gekommen sei; und sogleich pfiff der Wirt auf seiner Pfeife, und alle Fische kamen zu ihm geschwommen und fragten nach seinem Begehr. »Weiß keiner von euch, wie man in das Land Siebenbürgen gelangt?« – »Nein«, sagten die Fische, »das wissen wir nicht.« Da sprach der Wirt: »Dann kann ich dir nicht helfen; aber hundert Meilen von hier wohnt mein Schwager, der gebietet über alle Vögel. Vielleicht kann der dir bessere Auskunft geben.«

Johann ging nun zu dem Schwager und klagte dem seine Not. Da pfiff auch dieser und lockte dadurch alle Vögel der ganzen Welt herbei. »Kennt keiner den Weg nach Siebenbürgen?« fragte er. »Nein«, sagten alle Vögel. »Seid ihr denn aber auch vollzählig erschienen?« fragte der Wirt weiter. »Ja«, antworteten die Vögel, »wir sind alle hier, nur der Adebor fehlt noch.« Da pfiff der Wirt noch einmal, und jetzt kam auch der Storch herbeigeflogen. »Weißt du den Weg nach Siebenbürgen«, fragte der Wirt wieder, »und warum bist du so spät erschienen?« – »Oh«, antwortete der

Storch, »wie werde ich den Weg nach Siebenbürgen nicht kennen, komme ich doch eben erst daher geflogen. Dort will die Prinzessin Hochzeit feiern, und ich habe zugesehen.« – »Das ist gut«, sprach der Wirt, »daß du das Land kennst. Ist es dir denn nicht möglich, diesen Mann über den Glasberg zu bringen?« – »Das ist nicht möglich«, entgegnete der Storch, »ich müßte ihn gerade herübertragen. Dazu ist er mir aber zu schwer. Doch ein Endchen will ich ihn schon hinaufbringen.« Johann war damit einverstanden. Er verabschiedete sich von seinem Wirt, der Storch packte ihn mit seinen Füßen und flog mit ihm dem Glasberge zu. Nach einer kurzen Weile ließ er sich jedoch nieder; und als Johann näher zusah, merkte er, daß er sich auf der halben Höhe des Berges befand. Viel half ihm das aber nicht; denn kaum war der Storch wieder verschwunden, so kam er auf dem spiegelglatten Glase ins Rutschen, und in wenig Augenblicken befand er sich wieder am Fuße des Berges. Schon wollte er voller Verzweiflung an dem Gelingen seines Vorhabens verzweifeln, als er nicht fern von sich lauten Lärm hörte. Er ging der Richtung nach und sah drei Jungen, welche sich um einen Schimmel prügelten.

»Was macht ihr da?« rief er ihnen zu. – »Wie kommst du denn hierher?« schrien alle drei mit einem Munde. »Hundert Jahre prügeln wir uns nun schon, ohne daß uns je ein Mensch gestört hätte. Wir sind nämlich drei Brüder; und als der Vater starb, hat er uns als einziges Erbteil den Schimmel hinterlassen. Wer soll ihn nun besitzen? Der älteste schlug vor, jeder sollte ihn einen Tag benutzen können. Damit sind wir andern aber nicht zufrieden; denn leicht kann er sich ja auf Nimmerwiedersehen mit dem Schimmel entfernen. Es ist nämlich kein gewöhnlicher Schimmel, sondern er läuft durch die Luft ebensogut wie auf der ebenen Erde.« Als Johann diese Worte hörte, ward er froh und sprach zu den Jungen: »Ich will euer Schiedsrichter sein. Geht alle drei auf hundert Schritt von mir, und wenn ich dann winke, so lauft auf mich zu. Wer zuerst bei mir ist, soll den Schimmel bekommen.« Das waren die Jungen zufrieden. Doch als sie sich auf hundert Schritte entfernt hatten, schwang sich Johann auf das Roß, und fort sauste er auf ihm durch die Lüfte über den Glasberg hinweg. Die drei Jungen aber hatten den gerechten Lohn erhalten; warum konnten sie über ihr Erbteil nicht einig werden.

Als Johann in Siebenbürgen angelangt war, stieg er vom Schimmel und hieß ihn gehen, wohin er wollte; denn er bedurfte seiner nicht mehr. Nur die drei Brüder sollte er meiden. Dann eilte er mit seinen Siebenmeilenstiefeln geradewegs auf das Königsschloß zu. Vor dem Schlosse begegnete ihm der königliche Wagen; darin saß die Prinzessin mit ihrem Bräutigam, die fuhren in die Kirche zur Trauung. Johann band darauf die drei Tücher, welche ihm die Prinzessin geschenkt hatte, an eine lange Stange und hielt sie zum Wagen hinein.

Als die Königstochter die drei Tücher erblickte, rief sie: »Wenn die Tücher hier sind, wird auch mein Erlöser nicht fern sein!« Darauf winkte sie dem Soldaten zu, auf das Schloß zu kommen, und befahl dem Kutscher, zurückzufahren, die Hochzeit müsse auf ein paar Tage verschoben werden. Nachdem sie in den Krönungssaal getreten war und sich auf den Thron gesetzt hatte, schritt Johann unsichtbar in seinem Mantel auf sie zu und legte ihr das erste Tuch in den Schoß. Zuerst erschrak die Prinzessin; als Johann aber auch das zweite und dritte Tuch hinlegte, sagte sie freudig: »Johann, wo du auch seist, gib dich zu erkennen!« Da ließ Johann den Wunschmantel fallen und gab der Königin von Siebenbürgen einen Kuß.

Nun galt es, den zweiten Bräutigam auf gütlichem Wege wieder loszuwerden. Sie rief ihn beiseite und sprach zu ihm: »Ich hatte den Schlüssel zu meiner Truhe verloren und ließ mir von dem Schlosser einen neuen anfertigen. Heute habe ich den alten wiedergefunden. Wen soll ich nun gebrauchen?« – »Ich dächte den alten«, sagte der

Mann, »denn er wird sicher am besten schließen.« – »So hast du selbst dein Schicksal entschieden«, versetzte die Königin, »heute habe ich den alten Bräutigam, der mich erlöst hat, wiedergefunden; da mußt du weichen.«

Darauf setzte sich die Prinzessin mit Johann in den Wagen, und sie fuhren zur Kirche. Dort wurden sie getraut, und Johann ward König von Siebenbürgenland und herrschte mit seiner Frau darüber viele Jahre in Glück und Frieden; und wenn sie nicht gestorben sind, leben sie heute noch.

Das Goldspinnen

Es war einmal ein Müller, der hatte eine wunderschöne Tochter; aber niemand wollte sie zur Frau haben, so schön sie auch war. Stille sitzen und lange schlafen und putzen, das konnte sie; aber sonst verstand sie gar nichts, nicht einmal das Spinnen mochte ihr von der Hand gehen. ›Warte‹, dachte der Müller, ›du sollst mir doch aus dem Hause‹; und weil er ein weites Gewissen hatte und zufrieden war, wenn er sie nur irgendwo untergebracht, so ließ er überall bekanntmachen, das Mädchen verstände die Kunst, aus Stroh lauteres Gold zu spinnen. Die Nachbarn wußten, daß es nicht wahr sei, und lachten darüber, aber die Leute in der Stadt glaubten es und der König voran; und weil er nicht wollte, daß ihm die Goldspinnerin entginge, sandte er hin zu dem Müller und ließ das Mädchen als seine Braut in das königliche Schloß holen.

Den ersten Tag gefiel ihr alles recht gut; aber am zweiten Tage wurde ihr angst und bange; denn der König führte sie in eine ausgeräumte Stube. Darauf mußten die Diener ein Spinnrad und ein Schock Stroh hereinschaffen, und als das drinnen war, hieß sie der König das Stroh über Nacht auf und zu Gold spinnen. »Tust du es nicht, so ko-

stet's dich dein Leben!« Mit diesen Worten schloß er die
Türe hinter ihr zu, die Müllerstochter aber klagte und jammerte zum Gotterbarmen. Sie konnte nicht einmal Schwin-
gelheede zu Stricken spinnen, viel weniger Stroh zu Gold,
und wenn sie es nicht fertigbrachte, hatte sie den Kopf verloren! Als die Glocke elf schlug, rasselte es im Stroh, ein
kleines Männchen stand vor ihr und sagte: »Was gibst du
mir, wenn ich dir helfe?« – Antwortete die Müllerstochter:
»Was soll ich dir geben? Ich hab nichts!« – »Du hast doch
etwas«, sagte das Männchen, »gib mir deinen Ring vom
Finger.« Da gab das Mädchen dem Männchen ihren Fingerreif, und als sie das getan hatte, wurde ihr müde und
schläfrig zumut, und sie schlief ein. Nachdem sie wieder
aufgewacht war, lag statt des Strohs in der Stube ein großer
Haufen Gold, das Männchen aber war verschwunden.

Am andern Morgen schloß der König die Türe auf, und
als er das viele Gold erblickte, tanzte er vor Freuden in der
Stube herum. »Hei«, rief er, »das geht einmal schön! Aber
du kriegst gewiß noch mehr kurz!«, und er gab Befehl, daß
den zweiten Abend zwei Schock Stroh in die Kammer gebracht würden. »Du mein Gott«, jammerte die Müllerstochter, als sie nach Sonnenuntergang wieder allein in der
Stube vor dem großen Haufen Stroh saß, »was soll daraus
werden? Die erste Nacht ist's mir geglückt, diesmal wird
das kleine Männchen gewiß nicht wiederkommen!« Aber
es kam doch wieder; um elf Uhr rasselte und knisterte es
im Stroh, und das Graumännlein kroch zwischen den Hal-
men hervor und fragte: »Was gibst du mir, wenn ich dir
auch heute bei der Arbeit helfe?« Nun hatte die Müllerstochter ein wunderschönes Geschmeide. »Willst du das
haben?« fragte sie das Männchen, und als es darin einwilligte, gab sie es ihm. Dann schlief sie ein, wie in der vergangenen Nacht, und als sie wieder erwachte, waren auch die
zwei Schock Stroh zu Gold gesponnen. Diesmal war der
König noch vergnügter, als er am Morgen die Türe auf-
schloß, und sprach zu seiner Braut: »Du gefällst mir! Aber

eine Nacht mußt du noch spinnen! Aller guten Dinge sind drei! Und dann sollst du Königin werden und Ruhe haben mit dem Spinnrad dein Leben lang.« Darauf gab er den Befehl, die Stube ganz voll Stroh zu packen, daß nur ein kleines Eckchen übrigblieb, in dem das Spinnrad stand. Und als der dritte Abend kam, führte er selbst seine Braut hinein und schloß hinter ihr ab.

Hatte die Müllerstochter die beiden Abende vorher viel geweint, so flossen jetzt ihre bitterlichen Tränen und rannen auf den Fußboden herab, und sie verwünschte ihr Schicksal und ihren harten Vater, der, um sie aus dem Hause zu bringen, all das Elend angerichtet hatte. Währenddem war es Nacht geworden, und die Glocke schlug elf, da rasselte und ruschelte es im Stroh, und das Graumännchen trat zum dritten Male vor das Mädchen und sprach: »Was gibst du mir, wenn ich dir bei der Arbeit helfe?« – Jetzt hatte die Müllerstochter aber wirklich nichts mehr, und sie sagte zu dem Männlein: »Ich kann dir nichts geben.« – »Warum nicht?« gab es zur Antwort. »Versprich mir das erste Kind, welches du mit dem König bekommen wirst, wenn es ein Knabe ist, und ich spinne dir das Stroh zu Gold.« Anfangs wollte die Müllerstochter nicht darauf eingehen; als aber das Graumännchen dabei blieb, dachte sie bei sich: ›Der liebe Gott wird dich doch nicht ganz verlassen, am Ende schenkt er dir zuerst ein Mädchen‹, und sie sagte dem Männchen ihr Erstgeborenes zu, wenn es ein Sohn würde. Darauf verfiel sie wiederum in den tiefen Schlaf, und als sie erwachte, war alles Stroh zu Gold gesponnen.

Am Morgen war die Freude groß. Der König ließ das Gold in die Schatzkammer tragen; dann wurde Hochzeit gefeiert, und die Müllerstochter war Königin über das ganze Land.

Und ehe ein Jahr verging, schenkte ihr der liebe Gott, daß sie mit einem kleinen Prinzen niederkam. Das erfüllte die Königin mit großen Sorgen, denn sie dachte an den

Handel, welchen sie mit dem kleinen Männchen abgeschlossen hatte, und sie konnte kein Auge zudrücken vor Angst und Kummer. Richtig, als es elf Uhr schlug, trat das kleine Männchen ganz leise, leise in die Stube herein und sprach: »Gib mir den Prinzen, wie du mir versprochen hast.« – »Das Kind gebe ich dir nicht«, antwortete die Königin, »denn was ich dir damals versprochen habe, das habe ich in der Not versprochen!« und während sie das sagte, hielt sie den Prinzen mit beiden Armen umschlungen. Das Männlein wollte nun das Kind mit Gewalt nehmen; aber die Königin drohte, zu schreien und den König zu wecken. Da wurde es zornig, schalt sie eine Lügnerin und ging wieder zur Türe hinaus. »Bekommen will ich dich doch«, sagte es bei sich, aber so leise, daß es niemand hörte, und so kam's, daß die Königin dachte, jetzt sei alle Gefahr vorüber, und fortan ohne Furcht vor dem Graumännlein lebte.

Der kleine Prinz wurde Alwin genannt und ward ein schöner, kluger Knabe, daß der König und die Königin ihre Herzensfreude an ihm hatten. Als er seinen vierzehnten Geburtstag feiern sollte, waren viele Junker aus der Nachbarschaft auf das königliche Schloß geladen, damit er sich mit ihnen seines Geburtstages freue. Es war ein schöner Tag, und die Sonne schien heiß vom Himmel herab. »Wir wollen unsere Pferde in die Schwemme reiten!« rief der Prinz Alwin, und so geschah es auch, ein jeder setzte sich auf sein gutes Roß, und fort ging's, was die Pferde laufen mochten, zu dem See und in das Wasser hinein. Prinz Alwin war allen voraus, und mit einem Male sahen seine Gefährten, wie Mann und Roß in die Tiefe gezogen wurden und versanken. Das Pferd kam nach einer kleinen Weile wieder zum Vorschein, aber Prinz Alwin blieb verschwunden. Und kein Nachsuchen half; die Junker mußten ohne den Prinzen zurückkehren, und der König und die Königin betrauerten seinen Tod und weinten ihre bitterlichen Tränen zu seinem Gedächtnis.

Prinz Alwin war aber nicht ertrunken, sondern durch

das Wasser hindurchgefallen auf eine große, grüne Wiese. Über ihm war ein Himmel, wie auf der Erde; aber so weit er um sich sehen konnte, war nichts zu erblicken als Gras, kein Baum und kein Strauch, nur langes, grünes Gras. Er ging, wie im Wahne, den lieben langen Tag, aber die Wiese blieb Wiese. Endlich, auf den Abend, sah er vor sich ein kleines Haus stehen, und als er näher kam, schaute ein steinaltes Weib zum Fenster heraus, das sprach: »Guten Tag, Prinz Alwin, es ist gut, daß du da bist!« – »Woher kennst du mich?« fragte der Königssohn. – »Ich kenne dich schon lange«, antwortete das Mütterchen, »seit vierzehn Jahren gehörst du mir an. Schon vor der Geburt hat dich deine Mutter meinem Manne verschachert! Jetzt komm herein, denn du bist die längste Zeit dein eigener Herr gewesen. Kannst du aber die Arbeiten bewältigen, die ich dir aufgebe, so magst du zurückkehren in deines Vaters Reich; sonst ist's um dein Leben geschehen.« Da gehorchte der Prinz der Hexe und ging in das Häuschen hinein.

Als er drinnen war, wies ihm die Alte einen großen Haufen Knochen und Kartoffeln. Das mußte er in einem Kessel zusammenkochen und dreihundert Näpfchen damit füllen. Nachdem er fertig geworden war, hieß ihn die Alte ein Näpfchen nach dem andern auf den Boden tragen. Dort saßen dreihundert Katzen, für die war das Essen bestimmt, und Prinz Alwin hatte zu tun bis nach Sonnenuntergang, daß jede Katze ihr Näpfchen bekam. Darnach mußte er das ganze Geschirr wieder zurücktragen in die Küche und abwaschen und trocknen, und es wurde Mitternacht, ehe er mit der Arbeit zu Rande gekommen war. »Hast du auch Hunger?« sagte die Hexe, und als Prinz Alwin die Frage bejahte, hieß sie ihm von dem Katzenfutter aus dem Kessel nehmen. Das tat er aber nicht, sondern legte sich hungrig nieder und verfiel in einen festen Schlaf. Aber lange ließ ihm das böse Weib keine Ruhe; schon um drei Uhr störte sie ihn auf und sprach zu ihm: »Jetzt sollst du die erste Arbeit bekommen!« Damit lud sie ihm eine Tonne mit kohlrabenschwarzer Wolle auf den Buckel und führte ihn aus dem Häuschen hinaus durch das hohe Gras, bis sie zu einem kleinen See gelangten, an dessen Ufer ein großer Stein lag. »Bei Sonnenuntergang komme ich wieder«, sprach sie, »und wenn die Wolle dann nicht schneeweiß gewaschen und getrocknet ist, so ist dein Leben Gras.« Darauf kehrte sie ihm den Rücken zu und ging wieder in das Häuschen zurück.

Prinz Alwin machte sich geschwind an die Arbeit; er tat weißen Seesand unter die Wolle und rieb und rang, aber es half alles nichts, die Wolle blieb kohlrabenschwarz, wie sie gewesen war. Zwei Stunden lang arbeitete er und wusch sich die Hände wund, dann ward er verzagt und setzte sich auf den Stein und weinte. Indem trat eine Jungfrau auf ihn zu, in schwarzem Gewande und mit einem schwarzen Schleier vor den Augen, und fragte: »Prinz Alwin, was weinst du?« – »Ich soll die Wolle weiß waschen und kann es doch nicht«, antwortete der Königssohn. »Das glaube ich wohl, daß du damit nicht fertig wirst«, sagte die schwarze Jungfrau, »du könntest vier Wochen waschen, und sie bliebe schwarz, wie sie ist; aber sei unverzagt, ich werde dir helfen!« Darauf mußte Prinz Alwin sich schlafen legen, und als er wieder erwachte, lag die Wolle auf der Wiese ausgebreitet und war schlohweiß und trocken; von der schwarzen Jungfer aber war nichts mehr zu sehen.

Auf den Abend kam die alte Hexe und besah die Wolle. »Das hast du gut gemacht«, sagte sie und packte die Wolle in die Tonne, lud sie dem Königssohn auf den Buckel und kehrte mit ihm in das Häuschen zurück. Dort mußte er sogleich wieder Knochen und Kartoffeln in dem großen Kessel kochen und die dreihundert Näpfchen füllen und sie zu den dreihundert Katzen auf den Boden tragen. Und als er fertig war mit dem Spülen und Abwaschen, schlug die Uhr eins; doch es focht ihn wenig an, denn er hatte den Tag über auf der Wiese ausgeschlafen. Nur der Hunger plagte ihn sehr; aber von dem Katzenfutter mochte er nicht essen,

und andere Speise bekam er nicht. – Lange vor Sonnenaufgang befahl ihm die Alte, die Tonne zu nehmen, und
ging mit ihm wieder zu dem See hinaus. Diesmal sollte er
die schlohweiße Wolle schwarz waschen, wie sie gewesen
war, und wenn er das nicht fertigbekomme und die Wolle
nicht kohlrabenschwarz und trocken wäre, so müsse er des
Todes sterben.

›Das ist nicht so schlimm wie die erste Arbeit‹, dachte
Prinz Alwin, und als die Hexe fort war, tauchte er die
Wolle in die schwarze Modererde und zog sie wieder hervor. Aber die Wolle war weiß und blieb weiß, und wenn er
sie durch den Schmutz zog und mit Füßen trat, sie glänzte
wie frisch gefallener Schnee. Da war es auch aus mit seinem
guten Mute, und er setzte sich wieder auf den großen Stein
und weinte seine bitterlichen Tränen. »Prinz Alwin, was
weinest du«, sprach mit einem Male eine Stimme, und als
er aufblickte, war es dieselbe schwarze Jungfer, die ihm
schon gestern geholfen hatte. »Ich soll die weiße Wolle
schwarz waschen und kann es nicht«, sagte der Königssohn. »Nein, das kannst du nicht«, antwortete die schwarze
Jungfer, »und wenn du vier Wochen waschen würdest; aber
ich werde dir helfen!« Darnach mußte Prinz Alwin sich
schlafen legen, und als er wieder erwachte, war die Wolle
kohlschwarz und trocken, aber die Jungfer war wieder verschwunden.

Die Sonne neigte sich schon ihrem Untergange, und es
dauerte gar nicht lange, so erschien die alte Hexe, besah
die Wolle und sagte wie gestern: »Prinz Alwin, du hast
deine Sache gut gemacht!« Darauf lud sie ihm die Tonne
wieder auf den Rücken und ging mit ihm in das Häuschen
zurück.

Nachdem er die dreihundert Katzen besorgt und das
Geschirr saubergemacht hatte, legte er sich schlafen und
wachte nicht eher auf, bis ihn die Alte rüttelte und schüttelte, ihm Forke und Besen, Schrubber und Scheuerlappen
gab und ihn hinführte zu dem Stalle. »Den reinigst du mir,

474

und wenn du ihn spiegelblank hast bis auf den Abend, darfst du zurückkehren in deines Vaters Reich; sonst bist du des Todes!« Als die Hexe fort war, öffnete Prinz Alwin die Stalltür. Hu, da wimmelte alles von Addern, Kröten, Blenningen, Schlangen, Ratten und Mäusen, und Dung und Moder standen hoch an den Wänden herauf. Da war wohl sieben Jahre lang nicht ausgemistet worden. Prinz Alwin riß die Türe weit auf, damit die Tiere hinausgingen, aber keins kam heraus; da nahm er die Forke und schlug nach ihnen. Zisch! fuhren die Addern und Kröten, die Blenninge, Schlangen, Ratten und Mäuse auf ihn zu und sprangen ihm nach dem Gesicht, und er mußte nur schnell die Türe zuschlagen, sie hätten ihn sonst ums Leben gebracht. Wie sollte er aber den Stall reinigen bei verschlossener Türe? Es blieb ihm wieder nichts übrig, als die Hände in den Schoß zu legen und bitterlich zu weinen. Indem stand die schwarze Jungfer vor ihm und sprach: »Prinz Alwin, was weinst du?« – »Nimm einmal an«, sagte Prinz Alwin, »ich soll diesen Stall reinmachen, und darin ist so viel Schlangen- und Krötenwesen und anderes Ungeziefer, daß ich des Todes bin, wenn ich hineingehe. Wie soll ich aber den Stall reinigen bei verschlossener Türe?« – »Du hast recht, Prinz Alwin, das kannst du nicht«, antwortete die schwarze Jungfer, »aber ich will dir helfen. Wenn nun am Abend die alte Hexe kommt, so wird sie dich loben und dich morgen ziehen lassen. Auch zu essen wird sie dir geben; aber rühre nichts an, sonst bist du und ich verloren. Dann wird sie dir erlauben, daß du dir von den dreihundert Katzen eine auswählen darfst. Nimm die kleine bunte, welche ganz hinten in der Ecke sitzt!« Prinz Alwin versprach der schwarzen Jungfer, alles zu tun, was sie ihm gesagt hatte; darauf mußte er sich schlafen legen, und als er wieder erwachte, kam auch schon die alte Hexe gegangen. »Nun, ist der Stall rein?« rief sie und riß die Türe auf; da war der Fußboden blitzblank und die Wände glimmerten und glitzten wie Spiegelglas. »Das hast du recht gut gemacht, mein Sohn«, sprach die alte Hexe, »füttere heute noch einmal die Katzen, und morgen darfst du nach Hause gehen!«

Da war Prinz Alwin wohl zumute, und er kochte so flink wie möglich das Futter und trug die dreihundert Näpfchen auf den Boden und setzte sie den dreihundert Katzen vor, und als die Tiere fertig waren, wusch er alles Geschirr fein säuberlich aus und pfiff sich ein lustiges Lied dazu; es war ja das letzte Mal, daß er die Arbeit zu tun brauchte. Darnach legte er sich schlafen, und die Alte ließ ihn ruhen, bis die Sonne hoch am Himmel stand. »Prinz Alwin«, sagte sie, als er die Augen aufschlug, »jetzt darfst du nach Hause zurückkehren. Aber ungegessen sollst du nicht von mir gehen!« Sprach's und ging in die Küche und trug eine fette Bratgans auf den Tisch, die war so knusprig und weich und roch so schön, daß Prinz Alwin das Wasser im Munde zusammenlief. Aber er dachte an das Versprechen, welches er der schwarzen Jungfer gegeben; und als die Alte aus der Stube ging, aß er nicht, sondern stellte die Gans auf den Ofen. Es dauerte gar nicht lange, so kehrte die Hexe zurück und fragte: »Prinz Alwin, hat dir der Braten geschmeckt?« – »Sehr gut«, antwortete er. »Hast du auch alles aufgegessen?« forschte sie weiter. »Auch kein Knöchelchen ist übriggeblieben«, sagte Prinz Alwin. Da begann die Bratgans auf dem Ofen zu schreien: »Tutteruttuttuttuttutt! Tutteruttututut«, und sprang auf die Diele herab. »Ach, du bist wohl feinnäsig«, rief die Hexe, »Gänsebraten ist zu hart! Warte nur, mein Söhnchen, ich werde dir etwas Besseres bringen!« Sprach's und lief in die Küche, und es dauerte gar nicht lange, so kam sie mit einem Brathuhn zurück. »So, das wird dir besser schmecken«, sagte sie und ging wieder hinaus. Prinz Alwin überkam eine große Eßlust, aber er bezwang sich und steckte das Brathuhn hinter den Ofen, und als die Alte zurückkehrte, sagte er wieder, der Braten habe ihm sehr gut geschmeckt und er habe nichts übriggelassen.« – »Gackgackgackgackgack!« rief da das Brathuhn und sprang aus der Hölle heraus. Darüber wurde die Hexe sehr zornig und schalt: »Auch Hühner stehen dir nicht an? Doch halt, ich hab's, du bist andere Speise gewöhnt«, und sie lief zum dritten Male in die Küche und trug ein gebratenes Saugferkel auf den Tisch. Hatte aber Prinz Alwin die Gans und das Huhn so verschmäht, weil es die schwarze Jungfer ihm so befohlen hatte, so wollte er auch von dem Saugferkel nichts wissen. Und damit ihn der Ofen nicht wieder verriete, denn er glaubte, der habe den Tieren die Sprache verliehen, knöpfte er das Saugferkel unter die Jacke und wartete ab, bis die Alte wieder in die Stube trat und darnach fragte, wie ihm der Braten geschmeckt habe. »Ich habe alles verzehrt«, sagte Prinz Alwin auch diesmal, aber das Saugferkel strafte ihn Lügen und rief: »Quiquiquiquiquiqui!« und hörte nicht auf mit dem Schreien, bis er die Jacke aufgeknöpft hatte. Dann lief es zur Hexe, und die nahm es in ihre Schürze und sagte voll Zorn: »Wenn dir mein Essen nicht behagt, so magst du hungrig bleiben. Doch umsonst sollst du nicht gearbeitet haben; such dir eine von den dreihundert Katzen aus, und welche dir am besten gefällt, die magst du nehmen.«

Das ließ sich Prinz Alwin nicht zweimal sagen und stieg mit der Alten auf den Boden hinauf. Ganz hinten in der äußersten Ecke saß die kleine bunte Katze und sah ihn unverwandt an. »Die will ich haben«, rief Prinz Alwin und griff sie und nahm sie auf seinen Arm und streichelte sie. »Sieh einer den Schlingel«, schalt die Hexe, »gerade meine Lieblingskatze sucht er heraus. Konntest du dir denn keine andere wählen? Da sitzen doch schwarze, graue und weiße die schwere Menge.« Aber Prinz Alwin blieb dabei, er wolle die bunte Katze haben, und da ihm die Alte freie Wahl gelassen, mußte sie wohl oder übel damit zufrieden sein. »Nun lauf«, sagte sie, »und mach, daß du zu deinen Eltern zurückkommst. Sonst hätte ich dir den Weg gewiesen; da du aber meine Lieblingskatze gewählt hast, magst du dich selbst hinauffinden.« Prinz Alwin ging auch; aber als er auf der Wiese bei dem See war, wußte er nicht aus noch ein, und er setzte sich auf den großen Stein und weinte bitterlich. Da verwandelte sich mit einem Male das bunte Kätzchen zu seinen Füßen in die schwarze Jungfer und sprach zu ihm: »Prinz Alwin, du hast alles gut gemacht; und wenn du mir versprichst, daß du mich heiraten willst, so werde ich dich auf die Oberwelt zurück bringen.« Das versprach Prinz Alwin der schwarzen Jungfer von Herzen gerne, denn er hatte sie längst liebgewonnen. »Nun aber noch eins«, sagte das Mädchen, »wenn du nach Hause kommst, so darfst du in drei Tagen nichts essen und nichts trinken. Hältst du aus, so bin ich erlöst; und wie ich dich errettet habe, so errettest du mich.« Auch das wollte Prinz Alwin gerne besorgen; und nachdem er ihr die Hand darauf gegeben hatte, führte sie ihn durch Luft und Erde und Wasser hindurch, bis an das Ufer des Sees, in welchem er damals mit den jungen Edelleuten Pferde in die Schwemme geritten. Darauf verschwand die schwarze Jungfer, er aber ging in seines Vaters Schloß.

Der König und die Königin erschraken nicht wenig, als sie Prinz Alwin wieder erblickten. Sie hatten ihn längst tot geglaubt, denn nicht fünf Tage, wie es ihm erschienen, sondern zehn Jahre war er bei der alten Hexe gewesen. Nun wurde aber auch sogleich ein großes Festmahl ausgerichtet und Wiedersehen gefeiert. Alle aßen und tranken nach Herzenslust, nur Prinz Alwin wollte nicht essen, weil er der schwarzen Jungfer versprochen hatte, daß er drei Tage fasten würde. »Prinz Alwin, iß doch!« riefen Vater und Mutter, und »Prinz Alwin, iß doch!« baten die andern alle, und weil ihm die guten Braten so lieblich entgegenrochen und der Hunger ihn schier umbrachte, so griff er endlich zu und aß und aß; und je mehr er aß, um so mehr vergaß er, was ihm während der zehn Jahre tief unter dem See bei der alten Hexe zugestoßen; und als er satt war, hatte er alles vergessen und wußte nichts mehr von der ganzen Sache.

Nachdem ein paar Tage vergangen waren, sprach die König-nigin zu ihm: »Mein Sohn, du sollst heiraten. Dein Vater und ich, wir haben für dich bei dem Nachbarkönig um seine Tochter geworben; zieh hin und hole die Braut!« Da machte sich Prinz Alwin auf mit großen Gefolge und holte die Prinzessin in seines Vaters Schloß. Dort war alles zubereitet zum festlichen Empfange, und als die sechste Woche nach der Rückkehr des jungen Prinzen vergangen war, sollte Hochzeit gefeiert werden. Wie nun alle beim Mahle saßen, öffnete sich die Tür des Saales, und die schwarze Jungfrau trat herein und hatte auf jeder Schulter eine Taube sitzen. Sogleich stand der Edelmann, welcher der Türe zunächst saß, auf und lud sie zum Essen. Antwortete die Jungfer:

> »Ich werde schon essen,
> Meine Täubchen nicht zu vergessen,
> Wie Prinz Alwin,
> Saß auf dem Stein
> Und weinte.«

Darauf ging sie weiter, der Spitze der Tafel zu, wo die Braut und der Bräutigam saßen. Wieder nötigte sie einer von den Tischherren, sich niederzusetzen, aber sie wich ihm aus und sprach von neuem:

> »Ich werde schon essen,
> Meine Täubchen nicht zu vergessen,
> Wie Prinz Alwin,
> Saß auf dem Stein
> Und weinte.«

Da ließ sie der Junker gehen, und sie schritt weiter bis zu dem Ende des Saales. Jetzt stand auch Prinz Alwin auf und bat sie, mit ihm zu essen und fröhlich zu sein. Und als ihm die schwarze Jungfer antwortete:

> »Ich werde schon essen,
> Meine Täubchen nicht zu vergessen,
> Wie Prinz Alwin,
> Saß auf dem Stein
> Und weinte«,

fiel es dem Königssohn wie Schuppen von den Augen. Es war ihm, als ob er aus einem schweren Traum erwache, und er verließ seine Braut, faßte die schwarze Jungfer bei der Hand und führte sie aus dem Saale heraus. Als sie allein waren, fiel er ihr zu Füßen und bat um Verzeihung. Sagte die schwarze Jungfrau: »Jetzt habe ich sechs Wochen hungern müssen, und du konntest dich nicht einmal drei Tage der Speise enthalten um meinetwillen. Was wirst du nun tun?« Sprach Prinz Alwin: »Warte ein Weilchen!« und eilte in den Hochzeitssaal zurück. »Ihr lieben Herren«, sprach er zu den Gästen, »ich weiß ein Rätsel, wer kann es mir lösen? Ich habe einen kostbaren Schrank und besaß einen trefflichen Schlüssel dazu. Den hab ich auf der Reise verloren, und ich schickte zum Schlosser, um einen neuen zu bestellen. Inzwischen hat sich der alte wiedergefunden. Was soll ich nun tun? Verwerfe ich den alten Schlüssel, oder bestelle ich den neuen ab, dieweil er noch nicht fertig ist?« Da riefen alle Gäste mit einem Munde: »Du sollst den alten Schlüssel nehmen!« Des freute sich Prinz Alwin, und er erzählte, wie alles gekommen war. Da wurde des Nachbarkönigs Tochter ihrem Vater zurückgeschickt, und Prinz Alwin machte mit der schwarzen Jungfer Hochzeit. Die war inzwischen schlohweiß geworden und sah so schön aus, daß sie die schönste Prinzessin war unter der Sonne. Sie lebte mit Prinz Alwin in Glück und in Frieden, und wenn die beiden nicht gestorben sind, so leben sie noch heute.

Die alte Slüksche

Die alte Slüksche hatte eine rechte Schnüffelnase und konnte gleich alles riechen, was im Dorfe gebacken oder gebraten wurde. Nun wohnte da auch ein junger Bauer mit seiner Frau, der fing, da er eines Tages auf dem Felde pflügte, einen Hasen, gab ihn dem Knechte und schickte ihn damit zu seiner Frau, daß sie ihn auf den Mittag braten und zurichten sollte. Die Frau kriegte den Hasen auch zu Feuer, und als er nun recht briet und brutzelte und schön braun wurde, so hatte es die alte Slüksche gleich gewittert, kam in die Küche und schnüffelte mit ihrer langen Nase um den Braten herum. »Ach Gott, Nachbarin«, sprach sie zu der Bauersfrau; »das riecht mal schön und ist so appetitlich, lasse sie uns mal ein Stück davon probieren!« – »Nein, nein«, sagte die Frau, »wenn das mein Mann merkt, so kriege ich Schläge.« – »Ach Gott«, sagte die alte Slüksche und hielt ihre Schnüffelnase dicht über den Braten, »nur ein ganz kleines Stückchen, das merkt er ja nicht.« Da ließ sich die Frau bereden und schnitt ein Stück von dem Braten ab, und das schmeckte so schön, daß sie noch ein zweites Stück abschnitt, und als sie erst in den Geschmack kamen, da verzehrten sie endlich den ganzen Braten. »O weh«, sprach da die Frau, »was soll ich nun sagen, wenn mein Mann zu Hause kommt und findet den Braten nicht.« – »Och«, sagte die alte Slüksche, »wenn er fragt, so sagt nur, Ihr wüßtet von nichts; er möchte wohl geträumt haben.« Damit wischte sie ihr Maul und ging weg.

Den Mittag, da der Bauer nach Hause kam und die Frau ihm sein gewöhnliches Essen vorsetzte, fragte er, wo denn der Hase wäre, den sie ihm auf den Mittag hätte zurichten sollen. »Ich habe keinen Hasen gesehen«, antwortete die Frau und stellte sich ganz verwundert. »Ei!« sprach der Mann, »ich habe dir doch diesen Morgen durch den Knecht einen Hasen geschickt und dabei sagen lassen, du solltest ihn auf den Mittag zurechtmachen, und nun weißt du von nichts?« – »Ach Mann, das hat dir die Nacht wohl nur geträumt; besinne dich nur recht, so wird es dir wohl einfallen.« – ›Es ist doch sonderbar‹, dachte der Bauer, ›daß man so lebhaft träumen kann, meinte ich doch, ich hätte meiner Frau einen leibhaftigen Hasen geschickt, und nun ist es doch nur ein Traum gewesen.‹

Eine Zeit darnach trug es sich zu, daß der Bauer auf

dem Felde eine Wachtel fing; da schickte er sie durch den Knecht zu seiner Frau und ließ ihr sagen, sie sollte die Wachtel auf den Mittag braten und zurechtmachen. Die Frau kriegte das Wachtelchen auch gleich in die Pfanne, und als es nun recht briet und brutzelte, so hatte es die alte Slüksche mit ihrer Schnüffelnase gleich gewittert und kam in die Küche geschlichen, und als sie da das Wachtelchen so schön braun in der Pfanne liegen sah, sprach sie zu der jungen Frau: »Ach Gott, Nachbarin, das riecht so schön und ist so appetitlich; lasse sie uns doch ein Stückchen davon probieren.« – »Ach nein!« sagte die Frau; wenn das mein Mann merkt, so kriege ich Schläge.« – »Ach nur ein kleines bißchen«, sprach die alte Slüksche; »das merkt er ja nicht.« Da ließ sich die Frau bereden und schnitt dem Wachtelchen erst ein Bein ab und dann das andere, und endlich verzehrten die beiden das ganze Wachtelchen, daß nichts davon übrigblieb. »O weh«, sprach da die Frau; »was fange ich nun an, wenn mein Mann zu Hause kommt und findet das Wachtelchen nicht?« – »Och«, sagte die alte Slüksche; »wenn er fragt, so sagt nur, das möchte ihm wohl geträumt haben.« Damit wischte sie ihr Maul und ging weg.

Den Mittag, da die Frau ihrem Manne sein gewöhnliches Essen brachte, fragte er, wo denn das Wachtelchen wäre, das er ihr diesen Morgen geschickt hätte. »Du hast wohl wieder geträumt«, sprach die Frau und tat ganz verwundert, »ich habe kein Wachtelchen gesehen.« – »Ei!« sagte der Bauer, »es ist doch sonderbar, daß man so lebhaft träumen kann.« Aber diesmal hatte er doch gemerkt, daß ihn seine Frau zum besten hatte, und dachte, warte nur, dich will ich anführen, schnitt sich drei Haselstöcke und brachte sie heimlich in die Kammer. No ja, dachte die Frau, die es gesehen hatte, nun geht's mir aber schlecht. Sie wußte sich aber doch zu helfen.

In der Abendzeit, während ihr Mann nicht zu Hause war, ging sie zu der alten Slükschen und sagte zu ihr:

»Wißt Ihr was? Ihr könntet diese Nacht wohl mal bei meinem Manne in der Kammer schlafen.« – »Liebend gern«, sagte die alte Slüksche, »das will ich wohl tun.« Und den Abend ging sie hin und legte sich in der Frau ihr Bett. Bald danach kam der Bauer, der meinte, seine Frau läge da im Bette, im Dunkeln hereingeschlichen, schnitt ihr die Haare ab und prügelte sie so lange, bis die drei Haselstöcke in Stücken waren, dann gab er ihr noch einen Schub, daß sie aus der Türe flog.

Am andern Morgen aber brachte die Bauersfrau ihrem Manne ganz vergnüglich den Kaffee. Sprach der Mann: »Nun, Frau, wie haben die Schläge geschmeckt?« – »Welche Schläge?« – »Nun, die mit den drei Haselstöcken.« – »Ich glaube gar, du hast wieder geträumt; ich habe keine Schläge gekriegt.« – »So? dann habe ich dir auch wohl die Haare nicht abgeschnitten? Setz mal gleich deine Mütze ab.« Das tat die Frau, und da sah der Bauer, daß sie noch alle Haare auf dem Kopfe hatte. »Hol mich der Kuckuck«, rief er da, »nun sehe ich doch wohl ein, daß alles nur ein Traum gewesen ist.«

Die alte Slüksche mit der Schnüffelnase hatte aber noch lange einen blauen Buckel zu tragen und schnüffelte so bald nicht wieder.

Der Königssohn mit der goldenen Kette

Es war einmal ein Königssohn, der wollte ausziehen, die Welt zu sehen. Da ließ ihm sein Vater eine goldene Kette um den bloßen Leib schmieden und gab ihm auch noch Geld dazu. Danach nahm der Königssohn Abschied von seinem Vater und reiste fort.

Gegen Abend kam er in eine Stadt, da gingen die Glocken, und als er fragte, was das zu bedeuten hätte, daß die Glocken geläutet würden, so wurde ihm gesagt, es wäre ein armer Mann gestorben, der wäre aber noch zehn Taler schuldig und nun wollte der, der das Geld zu fordern hätte, es nicht zugeben, daß der Arme begraben würde, es käme denn einer und bezahlte das Geld für ihn. Da ging der Königssohn hin und erlegte das Geld, und der arme Mann, der schon lange über der Erde gestanden hatte, kam nun endlich zur Ruhe in seinem Grabe, und der Königssohn ging allein hinter dem Sarge her.

Nachdem so zog der Königssohn weiter und kam in einen finstern Wald, da begegneten ihm zwei Spitzbuben, die fragten ihn, wo denn die Reise hinginge. »Ich bin ausgegangen, das Stehlen zu lernen«, sagte der Königssohn. »Wenn du das lernen willst«, sagten die beiden, »so bist du hier gerade recht gekommen, das verstehen wir aus dem Grunde gut. Geh nur mit, so sollst du es lernen.« Da nahmen sie ihn mit in ihre Höhle und waren da im ganzen vierundzwanzig Spitzbuben zusammen, die hatten auch eine Königstochter bei sich, welche sie geraubt hatten und nun gefangenhielten.

Da sprach eines Tages der, welcher der Oberste war, es sollten drei Nächte hintereinander jedesmal acht aufs Stehlen ausgehen; wer dann das meiste mitbrächte, der sollte die Prinzessin zur Frau haben. Als sie nun die erste Nacht auszogen, ging der Königssohn seinen Weg für sich, trat hinter einen Baum und löste ein Stück von seiner goldenen Kette, die er um den Leib trug, und als nun die andern zurückkamen, da hatte er das meiste mitgebracht. Die zweite Nacht machte er es wieder so und die dritte Nacht auch, und weil er jedesmal das meiste mit zu Haus gebracht hatte, so kriegte er die Prinzessin zur Frau.

Die Prinzessin weinte aber so viel und war ganz unglücklich, daß sie einen Spitzbuben zum Manne haben und unter lauter Spitzbuben leben sollte; da gab sich der Königssohn ihr heimlich zu erkennen und sagte: »Weine nur nicht mehr! Ich bin kein Spitzbube, wie du wohl denkst, sondern ein Königssohn, und will dich aus deiner Gefangenschaft befreien, sobald es geht, und mit dir zu deinem Vater reisen.«

Er wurde nun ordentlich in die Bande aufgenommen und kriegte eine Flöte, darauf spielte er, wenn er zu Hause war und vertrieb der Königstochter die Zeit; zuweilen fuhr er in der Mittagszeit auch mit ihr spazieren, denn der oberste der Spitzbuben hatte eine Kutsche und vier Pferde und hatte es ihm erlaubt, zuweilen darin herumzufahren, aber nur ganz nahe bei dem Hause, damit sie ihn immer sehen konnten.

Nun traf es sich eines Tages, daß die Bande gute Beute gemacht hatte; da stellten sie ein Trinkgelage an und soffen so viel Wein, daß sie alle betrunken wurden. Der Königssohn hatte aber nur getan, als tränke er mit, und als er nun sah, daß sie alle unter dem Tische lagen, da ging er hinaus, spannte die Pferde vor die Kutsche und jagte mit der Prinzessin über Stock und Stein aus dem Walde hinaus und hörte nicht eher auf, bis er zu einer Stadt kam, die an der See lag. Über diese See mußten sie aber fahren, um wieder in ihre Heimat zu gelangen; darum beredeten sie sich mit einem Schiffskapitän, der mit seinem Schiffe da im Hafen lag, daß er sie mitnähme. Sie wurden mit dem Manne auch einig und gingen auf das Schiff, das zur Rückfahrt bereit lag. Da sie nun vom Lande gestoßen waren und auf die offene See kamen, da zeigte es sich, daß der Kapitän des Schiffes ein treuloser Mann war.

Er war aus dem Lande, wo die Prinzessin her war, und da hatte der König, ihr Vater, bekanntmachen lassen, wer seine Tochter aus den Händen der Spitzbuben befreie, der sollte König werden und die Prinzessin zur Frau haben. Nun hatte aber der Schiffskapitän die Königstochter wiedererkannt, darum machte er heimlich einen Anschlag, wie er ihren Gefährten, der sie befreit hatte, von der Welt schaffen könnte. Er beredete sich mit seinen Matrosen, daß sie ihn in der Nacht binden und in das Meer werfen sollten, und verhieß ihnen, wenn sie das täten, guten Lohn. Da waren die Matrosen auch bereit, banden ihn, als er im Bette lag, mit Stricken und wollten ihn über Bord in die See werfen; er bat aber so viel, sie möchten ihm doch das Leben lassen, daß sie endlich nachgaben und einen alten Kahn losmachten, da setzten sie ihn hinein, gaben ihm altes lumpiges Matrosenzeug, weil er halb nackt war, und stießen den Kahn in die See hinaus. ›Der wird uns sicher nicht verraten‹, dachten sie; ›wenn er nicht verhungert, so muß er doch ertrinken, denn der alte Kahn wird nicht lange über Wasser bleiben.‹ Als sie nun dem Kapitän die Nachricht brachten, daß sie seinen Befehl ausgerichtet hätten, da mußte ihm die Königstochter einen heiligen Eid schwören, daß sie in ihrem Leben niemandem sagen wollte, was hier vorgefallen, und daß ein anderer sie erlöst hätte. Danach so fuhren sie weiter und kamen glücklich ans Land und in die Stadt, wo die Königstochter her war; da gab sich der Kapitän für den Mann aus, der sie von den Spitzbuben befreit hatte, und brachte sie zu dem Könige; der hatte eine große Freude, daß er seine Tochter endlich wiedersah.

Nun gut! Der arme Königssohn, der fuhr aber derweilen auf der großen See in seinem Kahn. Zwar sein Geld und seine Flöte hatte er gerettet, aber was half ihm das, wenn er nichts zu essen hatte. Er meinte, er müßte elendiglich verhungern, und hatte sich schon in sein Schicksal ergeben, als eines Nachts der Kahn an das Ufer stieß; da sprang er heraus und band ihn fest, und weil ihn der Hunger trieb, so stieg er auf einen hohen Tannenbaum, ob er nicht von da ein Licht erspähen könnte und so zu Leuten käme, die ihm etwas zu essen gäben; aber er mochte seine Augen anstrengen, wie er wollte, es zeigte sich nah und fern kein Licht. Da wurde er ganz mutlos und sprach: »Was hilft es mir nun, daß ich der See glücklich entgangen bin, wenn ich hier in der Wildnis vor Hunger umkommen muß oder den Spitzbuben wieder in die Hände falle. Hätten mich die Wellen verschlungen, so wäre das wohl für mich das beste gewesen.« Indem daß er noch so klagte, gewahrte er, daß in seinem Kahn, den er am Ufer zurückgelassen hatte, sich etwas Weißes regte, und als er näher hinzutrat, so war es der Geist des armen Mannes, für welchen er die zehn Taler bezahlt hatte, daß er konnte begraben werden. »Weil du so gut gegen mich gewesen bist«, sprach der Tote, »und hast mir ein ehrliches Begräbnis geben lassen, so will ich dich nun zum Dank schnell in die Stadt bringen, wo der Kapitän morgen mit deiner Frau Hochzeit halten will, wenn du dich nicht noch zur rechten Zeit einfindest.« Als der Tote das gesagt hatte, führte er den Königssohn in dem Kahne noch denselben Tag zu der Königsstadt bis zu einem Gasthause, welches dem Schlosse gerade gegenüber lag. Der Königssohn fragte die Wirtin, ob er nicht die Nacht dableiben und ein Zimmer haben könnte, und forderte sich auch ein Glas Wein. Da sah ihn die Wirtin ganz verächtlich an, denn er war ganz schmutzig und trug noch sein zerrissenes Matrosenzeug; »geh nur weiter«, sprach sie, »dies hier ist keine Herberge für Leute deinesgleichen; ich habe das ganze Haus voll vornehmer Gäste, denn morgen ist Hochzeit gegenüber in des Königs Schloß.« Als er aber das Glas Wein mit einem Goldstücke bezahlte, da wurde die Wirtin auf einmal ganz freundlich und gab ihm auch ein Zimmer, wo er die Nacht bleiben konnte. Da ging der Königssohn hinauf, machte das Fenster auf und fing auf seiner Flöte zu spielen an. Das hörte gegenüber im Schlosse die Prinzessin, und an dem Tone und der Melodie erkannte sie, daß der gekommen war, welcher sie aus den Händen der Räuber befreit hatte. Da fing sie laut zu weinen an und ging zu ihrem Vater und fiel ihm mit Schluchzen rund um den Hals und konnte kein einziges Wort hervorbringen. »Was fehlt dir denn, mein Kind«, fragte der König da, »daß du so traurig bist, und morgen ist doch dein Hochzeitstag?« – »Ach, lieber Vater«, sprach die Prinzessin, »ich darf und darf es niemals sagen, was mich so traurig macht; das habe ich schwören müssen.« – »Nun!« sagte der König, »wenn du es nicht sagen darfst, so darfst du es doch schreiben«, und ließ Feder, Tinte und Papier holen. Da schrieb sie auf, daß der, welcher in dem Gasthofe die Flöte spielte, sie von den Räubern erlöst hätte; der Schiffskapitän aber wäre ein Betrüger und falscher Mann und gäbe sich mit Unrecht für ihren Befreier aus. Als das der König las, schickte er gleich einen von seinen Dienern hin, daß er den Mann holen sollte, der in dem Gasthofe gegenüber auf der Flöte spielte. Wie aber der Diener hinkam und den Fremden darum ansprach, so tat er ganz säumig und sprach: »Wenn dein Herr, der König, mich zu sprechen wünscht, so kann er selber kommen; der Weg vom Könige zu mir ist nicht weiter als der Weg, welcher von mir zum Könige geht.« Mit der Antwort ging der Diener vor den König und sagte ihm auch, was das für ein schmutziger Gesell wäre, der so verwegen gesprochen hatte. Da redete der König seiner Tochter zu, daß sie sich den Landstreicher sollte aus dem Sinne schlagen; aber die Prinzessin wollte sich nicht eher zufrieden geben, bis ihr Vater selbst hinging und den Mann herüber in das Schloß holte. Da erkannten sich die beiden und fielen sich in die Arme, und dann erzählten sie dem Könige von der Treulosigkeit des Schiffskapitäns und wie das alles so gekommen war. Da gab der König den Befehl aus, daß der Kapitän zur Strafe von vier Ochsen sollte in Stücken gerissen werden; den Königssohn aber vermählte er mit seiner Tochter und machte ihn zum Könige, und das ist er auch geblieben, bis er starb.

Königin Isabelle

Es hatte ein armer Mann einen einzigen Acker; da kamen die großen reichen Bauern daher, fragten nicht lange, sondern bauten auf des armen Mannes Acker einen langen Schafstall. Alle Einreden waren vergeblich, so daß der Mann mit seiner Klage endlich vor den König ging. »Gib dich nur zufrieden«, sprach der König, »ich will dir einen andern Acker geben.« Das tat er auch.

Wie nun der Mann daranging, ihn zu bestellen, grub er aus der Erde heraus einen goldenen Mörserkolben, aber den Mörser dazu konnte er nicht finden, soviel er auch suchen mochte. Da sprach er zu seiner Tochter, die hieß Isabelle: »Isabelle«, sprach er, »der König hat uns doch das Land geschenkt, nun will ich ihm auch den goldenen Kolben schenken, den ich in dem Lande gefunden habe.« Darauf entgegnete Isabelle: »Ich rat Euch, Vater, laßt das lieber sein; denn wenn der König den Stößer sieht, so wird er auch nach dem Mörser fragen, und wenn Ihr den nicht schaffen könnt, so wird er meinen, Ihr hättet ihn für Euch behalten.« Aber der Mann ließ sich nicht bereden, sondern ging hin vor den König. »Mit Gunst, Herr König! Ich wollte Euch wohl einen goldenen Stößer bringen, den habe ich in dem Acker gefunden, den Ihr mir neulich geschenkt habt, so Ihr noch wohl wissen werdet.« – »Gut das!« sprach der König, »aber, lieber Mann, der Mörser, wo ist denn der?« – »Mit Verlaub, Herr, den Mörser fand ich nicht, soviel ich auch gesucht habe.« – »Ei Mann!« sprach der König, »wo der Stößer ist, da muß doch auch der Mörser sein; du möchtest ihn wohl gern für dich behalten?« – »Gewiß und wahrhaftig, Herr König, den Mörser habe ich nicht.« – »Ja, warte nur, Bösewicht!« fuhr der König voll Zorn heraus, »ich will dich setzen lassen bei Wasser und Brot, und nicht eher sollst du loskommen, bis du mir kundtust, wo du den Mörser ließest, der zu dem goldenen Stößer gehört.«

Da ließ der König den armen Mann ins Gefängnis werfen; der fing an zu klagen und rief in einem fort: »Hätt ich doch meiner Tochter geglaubt!« Als das dem König hinterbracht wurde, ließ er ihn vor sich fordern und fragte ihn, warum er denn immer riefe: »Hätte ich doch meiner Tochter geglaubt!« Da erzählte er dem König, wie ihm seine Tochter vorhergesagt hätte, daß es alles so kommen würde.

Sprach darauf der König: »Wenn Eure Tochter wirklich so klug ist, wie Ihr sagt, so möchte ich sie wohl sehen und auf die Probe stellen.« Und sogleich sandte er seine Diener aus und ließ sie rufen.

Als Isabelle nun vor den König kam, redete er sie an und sprach: »Ich habe viel von deiner Klugheit reden hören, darum will ich dir jetzt eine Aufgabe stellen, du sollst zu mir auf mein Schloß kommen; nicht nackt und nicht bekleidet, nicht gegangen und nicht geritten, nicht zu Pferde und nicht zu Wagen, nicht bei Tage und nicht bei Nacht; wenn du das kannst, so will ich dich zur Frau nehmen und sollst die Königin sein.« Da hat das Mädchen gesagt, ja, das wollte sie wohl können, und ist fortgegangen.

Den nächsten Mittwoch nahm sie ein Fischnetz, da kroch sie splitternackt hinein, band es einem Esel an den Sattel, doch so, daß sie eben mit den großen Zehen den Boden streifte, und ließ sich hintragen zu des Königs Schlosse; so kam sie denn an: nicht nackt und nicht bekleidet, nicht gegangen und nicht geritten, nicht zu Pferde und nicht zu Wagen, nicht bei Tage und nicht bei Nacht, denn es war an einem Mittwochmorgen.* Als das der König sah, verwunderte er sich zum höchsten über ihre Klugheit und sprach: »Ich will dich nun zu meiner Frau annehmen; nur eins muß ich mir zuvor noch ausbedingen, daß du mit allem zufrieden bist, was ich tue, es mag sein, was es will; solltest du aber jemals dawider sein, so werde ich dich aus meinem Hause verstoßen.« Das mußte sie dem Könige versprechen; der nahm sie dann zur Frau.

Eine Zeit danach kriegte die Königin ein kleines Kind, das war ein Mädchen. Da sprach der König: »Ich will das Kind von der Welt schaffen lassen; wir haben doch nur Last davon.« Da bebte der Königin das Herz in der Brust vor Schrecken, aber doch blieb sie ihrem Versprechen getreu und antwortete: »Wenn Ihr es wollt, Herr, so bin ich

* Plattdeutsches Sprichwort: middewiaken is näin dag.

zufrieden.« So ließ denn der König das Kind von seinen Dienern hinwegtragen.

Es verging eine Zeit, da kriegte die Königin ein zweites Kind, das war ein Knabe; und wieder sprach der König: »Ich will das Kind von der Welt schaffen, wir haben doch nur Last davon.« – »Wenn es Euer Wille ist, Herr, so bin ich zufrieden«, sagte Isabelle, ob es ihr gleich an die Seele ging, daß sie sich von ihrem lieben, unschuldigen Kinde scheiden sollte. So ließ es denn der König durch seine Diener hinwegtragen. Die Zeit verging, aber die Königin kriegte nun keine Kinder mehr; sie verschloß ihre Traurigkeit in der Brust, ohne jemals gegen den König zu murren.

Nun trug es sich einstmals zu, daß ein Bauer mit seiner Mähre über Feld zog, und als er zu eines andern Bauern Hofe kam, wo er Geschäfte hatte, band er derweilen sein Pferd an einen Wagen, der mit Heu beladen war. Da traf es sich, daß die Mähre ein Füllen warf; das freute den Mann sehr; als er aber das Füllen mit sich hinwegführen wollte, trat der, welchem das Fuder Heu gehörte, hinzu und sagte, das ginge nur nicht so; das Füllen käme von Rechts wegen ihm zu, weil die Mähre an seinem Fuder Heu gestanden hätte, als sie das Füllen zur Welt brachte. Weil sie nun darüber in heftigen Streit gerieten, so gingen sie zuletzt mit ihrer Klage vor den König; der tat den Ausspruch: daß der das Füllen haben sollte, an dessen Wagen die Mähre gestanden hätte. Der Bauer, dem das Füllen zugesprochen war, ging mit lachendem Munde fort, der andere aber war ganz traurig über des Königs ungerechte Entscheidung. Da ward ihm gesagt, er solle zur Königin gehen, die wäre sehr klug und herzlich gut und könne ihm vielleicht einen nützlichen Rat geben. Ging da der arme Bauer zu der Königin und stellte ihr seine Sache vor. Da sprach sie: »Kaufe dir ein Fischnetz, und morgen früh, wenn der König mit seinen Leuten durch die Stadt gehet, ziehe das Netz über die Pflastersteine, als wolltest du Fische fangen. Wenn dich dann der König fragt, so antworte ihm: ›Ebensogut, wie ein Fuder Heu ein Füllen werfen kann, ebensowohl kann ich auf dem Pflaster hier auch Fische fangen.‹ Der Bauer tat es, wie ihm die Königin gesagt hatte; und als er nun am andern Morgen sein Netz durch die Straßen zog, kam der König mit seinen Hofleuten auch bald des Wegs gegangen und fragte verwundert, was er denn da täte. »Ich fische«, sagte der Bauer. »Aber guter Freund«, sprach der König, »wie magst du in den Straßen fischen, da doch kein Wasser ist?« – »Ei, Herr!« entgegnete der Bauer, »ebensogut, wie ein Fuder Heu ein Füllen zur Welt bringen kann, ebensogut kann ich auf der Straße hier auch Fische fangen.« Da erkannte der König den Bauer wieder und sprach: »Du sollst dein Füllen ersetzt haben; aber den Einfall mit dem Netze, den kann dir niemand gesagt haben außer der Königin, das merk ich wohl.« Jetzt ist der König von da gleich zu der Königin gegangen und hat gesagt: »Ich sehe wohl, daß dir, was ich tue, nicht recht ist; darum mußt du noch heute mein Haus verlassen und hingehen, woher du gekommen bist.« – »Wenn das Euer Wille ist«, sprach Isabelle, »so will ich auch zufrieden sein.« Da ließ ihr der König alte zerrissene Kleider geben und verstieß sie, daß sie arm und halb nackt wieder zu ihres Vaters Hause kam; aber doch sprach sie wider den König kein böses Wort.

Über eine Zeit, da ließ der König bekanntmachen, daß er sich wieder vermählen wolle; und als nun die Hochzeit sein sollte, sandte er einen Boten an Isabelle: Sie möchte doch kommen und in der Küche behülflich sein. »Wenn es der König wünscht«, ließ sie widersagen, »so will ich es gerne tun.« Zur bestimmten Zeit ging sie hin und half in der Küche, und als alles zum Essen bereit war, ließ ihr der König hinaussagen, ob sie nicht einmal hereinkommen und die neue Braut sehen wollte. Wie sie nun hereintrat, saß da neben dem König eine junge schöne Prinzessin und auch ein junger Prinz. Da sprach der König: »Das ist meine Braut; nun sag, Isabelle, wie gefällt sie dir?« – »O sehr gut«, sagte sie; aber bei den Worten brach ihr Schmerz hervor, daß sie bitterlich weinen mußte. »Weine nicht, Isabelle«, sprach der König und faßte sie bei der Hand; »sieh! die da sitzt, ist nicht meine Braut, sondern unsere Tochter, und da ist auch unser Sohn, sie sind nicht tot, wie du geglaubt hast, sondern gesund und wohl; deine Prüfungszeit ist aus, und nun sollst du wieder frohe Tage haben.« Da sind die Kinder ihrer Mutter um den Hals gefallen, und alle haben sie angefangen zu weinen vor lauter Freude. Der König aber und die Königin haben noch einmal Hochzeit gehalten und haben glücklich zusammen gelebt bis an ihr Ende.

Bauer Pihwitt

Ein Bauer hieß Pihwitt (Kiebitz); der pflügte mit seinem einzigen Ochsen auf dem Felde. Über seinem Kopfe kreiste ein Kiebitz und schrie: »Pih-witt.« – »So heiß ich«, sagte der Bauer. »Pih-witt!« – »So heiß ich«, sagte der Bauer. »Pih-witt! Pih-witt!« – »Ich sage dir«, rief der Bauer ärgerlich, »schrei nicht immer so meinen Namen oder ich werfe!« – »Pih-witt! Pih-witt! Pih-witt!« Da nahm Pihwitt seine Pflugschaufel und schleuderte sie nach dem Vogel hoch in die Luft. »Pih-witt! Pih-witt!« Da flog er hin; aber die Schaufel traf beim Herabfallen den Ochsen so heftig zwischen die Hörner, daß er tot umfiel. »Oh, oh!« rief Pihwitt und kratzte sich hinter den Ohren, »das ist doch ärgerlich; wenn das meine Frau erfährt, so wird's einen schönen Lärm abgeben. Nur rasch dem Ochsen die Haut abgezogen und zum Gerber damit, daß ich meinem Weibe wenigstens das Geld für die Haut bringen kann.« Wie gesagt, so getan. Der Gerber war aber gerade nicht zu Hause, und da hatte der Edelmann denn seine Abwesenheit wahrgenommen, um zu des Gerbers Frau zu gehen, die ihm das

Beste aufgetischt hatte, was sie in ihrem Haushalte besaß; das durfte aber der Mann nicht wissen. Als nun Pihwitt ins Haus trat, sprang der Edelmann rasch in eine große Tonne hinter der Haustür. Pihwitt tat, als hätte er nichts gemerkt; ging zu der Frau, sprechend: »Wie stehen denn jetzt die Ochsenhäute im Preise? Ich habe hier eine, die wollte ich wohl verkaufen.« – »Ja«, sagte die Frau, »sie kosten jetzt drei Taler; aber ich kann Euch die da nicht abnehmen, denn mein Mann hat's Geld in den Kasten geschlossen und ist nicht zu Haus.« – »Na«, sagte Pihwitt, »gebt mir die alte Tonne, die da in der Ecke steht, so mögt Ihr dafür die Haut behalten.« – »Ei, ja wohl; wenn's weiter nichts ist, die mögt ihr immerhin nehmen, ist doch zu nichts mehr zu gebrauchen.« Die Frau hatte aber nicht gesehen, daß der Edelmann sich darin versteckt hatte.

Nun ging Pihwitt dabei, nagelte die Deckel recht fest zu, legte die Tonne auf die Seite und rollte sie vor sich her zum Hause hinaus. Nicht lange dauerte es, so rief's in der Tonne: »Wohin, wohin?« – »Ins Wasser, ins Wasser!« antwortete Pihwitt. »Ach, laß mich raus, ich will dir auch hundert Taler geben.« – »Ins Wasser, ins Wasser!« – »Oh, weh«, stöhnte es im Fasse, »ich gebe dir fünfhundert Taler, nur laß mich raus.« – »Nichts da, ins Wasser, ins Wasser!« – »O weh, o weh; mach doch auf und laß mich leben, ich will dir auch tausend Taler geben.« – »No ja«, sagte Pihwitt, »so komm heraus; aber ich sage dir, gibst du mir die tausend Taler nicht, so steck ich dich wieder ins Faß und rolle dich in den Fluß hinein.« Als der Edelmann heraus war, zahlte er dem Pihwitt das Geld. Der ging damit zu seiner Frau: »Sieh, Frau, die tausend Taler habe ich für unsern Ochsen seine Haut bekommen.« – »Ei, Mann«, rief die vor Freuden, »das ist der beste Handel, den du in deinem Leben gemacht hast«; und das war viel gesagt, denn sonst gab sie ihm nie recht und war niemals zufrieden, er mochte tun, was er wollte.

Bald war es im ganzen Dorf bekannt, daß Pihwitt seine

Ochsenhaut so schrecklich gut verkauft hatte. Samt und sonders schlugen nun die Bauern ihre Ochsen tot und trugen die Haut zum Gerber. Der wies sie aber als Narren mit Spott zum Hause hinaus. Voll Grimmes kehrten sie zurück, griffen den Pihwitt, den Urheber ihres Unglücks, fest des Sinnes, ihn stracks in der Weser zu ersäufen. Nun war's gerad an einem Sonntagmorgen; und als sie unfern an einem Kirchlein vorüber kamen, da die Leute so schön zu der Orgel sangen, meinten sie, es sei gut, hier erst einzukehren und den armen Sünder dann nach dem Gottesdienst ins Wasser zu bringen. Sie steckten ihn darum in einen Schäferkarren, der nicht weit davon im Felde stand, schlossen die Tür und gingen zur Kirche.

Nicht lange, so trieb der Schäfer seine Herde vorüber. Da rief Pihwitt drinnen im Karren:

»Amtmanns Tochter will ich nicht!

Amtmanns Tochter will ich nicht!«

»Narr, nimm se doch!« sagte der Schäfer. »O nein, o nein, es ist mir wahrhaftig nicht möglich; aber wenn du sie willst, so mach auf und steig statt meiner hier herein.« Das ließ sich der Schäfer nicht zweimal sagen, half dem Pihwitt heraus und stieg dann selbst hinein. Da machte Pihwitt den Karren rasch fest zu und trieb dann die Herde gemächlich dem Strome zu.

Als die Bauern endlich aus der Kirche kamen, setzten sie bald den Karren in Bewegung; und weil der drinnen fortwährend rief:

»Die Amtmannstochter will ich wohl!

Die Amtmannstochter will ich wohl!«

so hielten sie's für Spott, trieben den Karren eilig an den Uferrand und stießen ihn mit Hurrah in den Strom. Nach diesem nahmen sie den Heimweg; als sie aber von ungefähr über eine fette Trift kamen, ging da eine Herde der schönsten Schafe, und der sie weidete, das war Pihwitt. »Ei, Pihwitt«, riefen die Bauern, »haben wir dich nicht eben ins Wasser geworfen? Wo kommst du her?« – »Ja, ja«, sagte

Pihwitt, »aus dem Wasser! aus dem Wasser! Als ich da unten ankam, das erste, was ich faßte, war jener fette Leithammel, und als ich den nur hatte, kamen die andern Schafe gleich hinterdrein. Ich sollt's eigentlich nicht verraten, aber es sind auf dem Grunde des Stromes noch viel mehr und, ich möchte fast sagen, noch schönere zu finden als diese hier. Darum seid so freundlich und werft mich noch einmal ins Wasser; denn selbst hineinzuspringen, dazu habe ich den Mut nicht.« – »Ne, ne«, riefen die Bauern alle, »das tun wir nicht; die schönen Schafe wollen wir selber holen«, liefen darum schnell zum Flusse zurück und stürzten sich kopfüber hinein, daß sie versaufen mußten.

Pihwitt aber behielt die vielen Schafe und war reich, solange er lebte.

ANHANG

ANMERKUNGEN
ZU DEN SAMMLERN

Ludwig Bechstein (geb. 1801 in Weimar, gest. 1860 in Meiningen) war ein in Thüringen beheimateter Schriftsteller und Altertumsforscher, der sich als Bibliothekar und Archivar literarisch betätigte und, angeregt durch historische Studien, der Sammlung von Sagen- und Märchenstoffen vorwiegend in seiner engeren Heimat widmete. Sein ›Deutsches Märchenbuch‹ war anfänglich populärer als die ›Kinder- und Hausmärchen‹ der Brüder Grimm, da der Verleger es mit Illustrationen Ludwig Richters ausgestattet hatte. Diese Bilder wurden später der Grimmschen Sammlung beigegeben, was zu Diskrepanzen zwischen Text und Bild führte. Bechsteins demokratische Grundhaltung wie auch seine wissenschaftliche Ausstrahlung standen jedoch zu Recht im Schatten der Brüder Grimm, offenbaren doch seine oft weitschweifigen und lehrhaften Texte, in welchem Maße er, seinen politischen, religiösen und sozialen Einstellungen folgend, nach- und neuerzählte. Auch sind wohl nicht alle seine Märchen selbst aufgezeichnetes Volksgut, stützte er sich doch auch auf bereits erschienene Texte, die er neu formte. So bekennt er im Vorwort zum ›Deutschen Märchenbuch‹: ›Jeder Märchenstoff bedingt seinen eigenen Erzählton, der bisweilen ernst und traurig, selbst schaurig und erschütternd sein muß, bisweilen heiter, humoristisch, ja ausgelassen lustig werden darf. Dies gut zu treffen ist Sache des Erzählers, des Dichters.‹ Dennoch überlieferte Bechstein interessante thüringische Märchenvarianten. Auf Grund dieser Tatsache ist seine Bedeutung für die Geschichte der Erschließung des Märchengutes unumstritten.

Wilhelm Busch (geb. 1832 in Wiedensahl bei Hannover, gest. 1908 in Mechtshausen bei Hildesheim) wurde vor allem als Dichter, Zeichner und Maler, als Verfasser humoristisch-satirischer Bildergeschichten populär. Sein Bemühen um Volkstümlichkeit veranlaßte ihn auch, Volksmärchen und -erzählungen aus mündlicher Überlieferung zu sammeln und aufzuschreiben. Er begann damit nach seiner Rückkehr aus Antwerpen in Wiedensahl, wo er 1853/54 Erzähler aufsuchte. Da Busch sich um getreue Wiedergabe bemühte, schrieb er einige Texte im Dialekt auf; auch schuf er zu einigen Märchen Illustrationen. Beeindruckt von den wissenschaftlichen Märchensammlungen, die in jener Zeit verstärkt erschienen, sah Busch von einer Veröffentlichung seines Märchenmaterials ab, obwohl er einen Vergleich nicht zu scheuen gehabt hätte. Erst nach seinem Tode gab im Jahre 1910 seine Neffe Otto Nöldeke (1867-1948) die Märchen unter dem Titel ›Ut ôler Welt‹ (Aus alter Welt) heraus.

Johann Gustav Gottlieb Büsching (geb. 1783 in Berlin, gest. 1829 in Breslau – heute Wrocław/VR Polen) war als Schriftsteller, Archivar (ab 1811) und Professor für Altertumswissenschaften (ab 1823) und Altgermanistik vorwiegend im Schlesischen beziehungsweise in Breslau tätig. Neben den Brüdern Grimm und vielen anderen gehört er zu den Begründern der germanischen Philologie. Vornehmlich mit der frühen deutschen Literatur, Kultur und Geschichte beschäftigt, zeichnete er auch in seiner Umgebung einige Märchen auf, ohne jedoch den ihnen gebührenden Stellenwert in Dichtung und Wissenschaft beizumessen. In seinen 1812 erschienenen ›Volkssagen, Märchen und Legenden‹ reflektiert er über die Rolle des Märchens in seiner Jugend. Er selbst edierte nur fünf Märchen, darunter die Fassung B (vgl. S. 514) der Texte des Malers Philipp Otto Runge (1777-1810). Das Märchen selbst ist ihm offenbar Synonym für die Volkserzählung überhaupt.

Theodor Colshorn (geb. 1821 in Ribbesbüttel bei Gifhorn, gest. 1896 in Hannover), ein Hannoveraner Lehrer, hat gemeinsam mit seinem Bruder Carl (1812-1855) sechs Jahre lang im Hannoverschen Märchen und Sagen gesammelt und dabei nicht versäumt, den Aufzeichnungsort zu vermerken. Theodor Colshorn bearbeitete die Märchentexte unter dem Gesichtspunkt, für die Wissenschaft (gemeint waren Mythenforschung und Sprachwissenschaft) Material zu liefern. Aus diesem Grunde enthält seine Sammlung auch Texte in niederdeutscher Mundart.

Jakob Grimm (geb. 1785 in Hanau, gest. 1863 in Berlin) und *Wilhelm Grimm* (geb. 1786 in Hanau, gest. 1859 in Berlin). Das bereits um 1805 erwachte historische und literarische Interesse der Brüder war aus Anregungen des Freundes F. C. von Savigny (1779–1861) erwachsen. Die gemeinsamen Veröffentlichungen gehen im Grunde auf die kritische Jugendperiode zurück. Die Sammlung der ›Kinder- und Hausmärchen‹ wurde etwa 1807 vor allem durch Jakob begonnen. Mit der Herausgabe des ersten Bandes der ›KHM‹ im Jahre 1812 erschlossen die Brüder in der Zeit der Napoleonischen Kriege ein für die deutsche Nationalliteratur wichtiges Gebiet und regten zugleich eine lebhafte Sammeltätigkeit an; 1815 erschien dann der zweite Band ihrer ersten Ausgabe. Im Jahre 1819 erschien die zweite Ausgabe, deren Redaktion im Vergleich zu den noch etwas hölzernen und einsilbigen Texten der Erstausgabe den Typ der Grimmschen Märchen zu begründen begann. Diese zweite Ausgabe wurde 1822 durch einen dritten Band bereichert, der die Anmerkungen enthält. Die in unsere Ausgabe übernommenen Märchen entstammen der von Wilhelm Grimm allein verantworteten dritten Ausgabe (Ausgabe letzter Hand) von 1857. Mit dem Anmerkungsband der zweiten Ausgabe leiteten die Brüder die wissenschaftliche Märchen- und Erzählforschung ein. Diese Anmerkungen wurden von 1913 bis 1933 von dem Berliner Wissenschaftler und dem tschechischen Gelehrten Georg Polívka in gemeinsamer Arbeit fortgeführt. – Wenngleich sich in den ›KHM‹ auch dem Märchen nur verwandte Erzählungen – wie Schwänke und Aitiologien – finden, so haben die Grimms jedoch grundsätzlich Sagen von Märchen geschieden und dabei die Spezifik der beiden Genres betont. Bereits in der Einleitung zum ersten Band wiesen sie auf die Poesie der Märchen hin und versuchten, den Problemen der Herkunft und Verwandtschaft nachzugehen. Aber auch den Erzählern widmeten die Grimms Aufmerksamkeit. Von ihrer wohl besten Erzählerin, der Niederzwehrenerin Dorothea Viehmann (1755–1815), der alten Viehmännin, entwarfen sie ein lebendiges Bild. – Die Zusammenarbeit und das Zusammenleben der beiden Brüder zeigte sich nicht nur im wissenschaftlichen Schaffen, sondern prägte auch ihre politische Haltung. So gehörten die Brüder zu den ›Göttinger Sieben‹, jenen Göttinger Professoren, die gegen den Verfassungsbruch des hessischen Königs protestierten und deshalb des Landes verwiesen wurden. Im Jahre 1841 wurden beide Grimms als Professoren an die Berliner Universität berufen.

Hans Jakob Christoffel von Grimmelshausen (geb. um 1622 in Gelnhausen/Hessen, gest. 1676 in Renchen bei Offenburg/Baden), dessen Lebensweg sein Roman ›Der abenteuerliche Simplicissimus Teutsch …‹ zum großen Teil widerspiegelt, wurde 1665 Wirt des Gasthauses ›Zum silbernen Stern‹ und Schultheiß in Renchen, einer Gemeinde im Schwarzwald. Seine enge Verbindung mit breiten Volksschichten, seine Beziehung zur geselligen und erzählerischen Tradition der Wirtshaussphäre sind mit eine Erklärung dafür, weshalb Grimmelshausens Werke den Höhepunkt des volkstümlichen realistischen Romans im 17. Jahrhundert bilden. Die Kenntnis von Märchen- und Sagenstoffen wie der Wunsch, seine Leser mit Vertrautem anzusprechen, ließen ihn zahlreiche Sagen in seine Romane einblenden oder auch gesondert ein Märchen aufzeichnen.

Ulrich Jahn (geb. 1861 in Stettin-Züllchow – heute Stadtteil von Szczecin/VR Polen, gest. 1900 in Berlin) war ein der sogenannten mythologischen Schule anhängender Volkskundler, der nach Studien in Leipzig, Berlin und Breslau (heute Wrocław/VR Polen), wo er auch über germanische Philologie las, etwa um 1855 in Pommern mündliche Überlieferungen zu sammeln begann. Beim Sammeln der Märchen interessierte sich Jahn weniger für Fragen nach der Entstehung der Märchen als vielmehr dafür, wie diese Überlieferungen im Volk weiterleben. Da er im Gebiet des ehemaligen ostelbischen Grundbesitzes Märchen nachforschte, gelangte er zu dem Ergebnis, daß nicht Bauern, sondern Landarbeiter, der ›vierte Stand‹, wie er sagte, Märchen erzählten und tradierten. Über seine Ergebnisse und Erfahrungen gibt das Vorwort seiner 1891 veröffentlichten Sammlung Auskunft. Mit der Publikation der von ihm gesammelten Texte wollte er der Wissenschaft verläßliche Materialien liefern sowie die Märchen dem Volke bewahren.

Adalbert Kuhn (geb. 1812 in Königsberg/Neumark, gest. 1881 in Berlin) wurde als angehender Sprachwissenschaftler 1835 durch das Erscheinen von Jakob Grimms ›Deutsche Mythologie‹ angeregt, sich der Erkundung und Erforschung von alten Spuren des Volksglaubens in den noch aufspürbaren Sagen, Märchen und Gebräuchen zu widmen. Als Student und später als Gymnasialdirektor und Professor sammelte er mit seinem Schwager und Kollegen Wilhelm Schwartz auf gemeinsamen Wanderungen in Norddeutschland, in der Mark und in Westfalen Volksüberlieferungen. Die beiden Forscher wandten sich beim Sammeln an die ›niederen Stände‹, weil sie bei ihnen das Erzählgut am besten und reinsten überliefert fanden. Mit Editionen volksliterarischer Überlieferungen wie auch mit wissenschaftlichen Publikationen zur deutschen Mythologie, zur vergleichenden Mythen- und Sprachforschung war Kuhn bei seinen Zeitgenossen ein angesehener Gelehrter.

Ernst Meier (geb. 1813 in Rusbendt/Schaumburg-Lippe, gest. 1866 in Tübingen) war als Professor für ›morgenländische Sprachen‹ an der Universität Tübingen tätig und beschäftigte sich darüber hinaus mit schwäbischer Folklore. So zeichnete er außer Märchen auch Sagen, Lieder, Sitten und Bräuche sowie Kinderreime und -spiele auf. Da Meier aus wissenschaftlichem Interesse sammelte, bemühte er sich, der mündlichen Überlieferung so treu wie möglich zu folgen. So schrieb er im Vorwort zu seiner Sammlung ›Deutsche Volksmärchen aus Schwaben‹: ›Ich wollte nur wiedergeben, was ich hörte, und habe jeden verschönernden Zusatz, jeden ausfüllenden Zug selbst bei offenbaren Lücken sorgfältig vermieden.‹ Sich selbst bezeichnete er als ›schreibenden Nacherzähler‹.

Martin Montanus (geb. nach 1530 in Straßburg – heute Strasbourg/Frankreich, gest. nach 1566), der Elsässer, der eigentlich Bergmann oder Amberg heißt, war in Süddeutschland (Ulm, Dillingen) herumgekommen und auch in Italien gewesen, bevor er in Straßburg ansässig wurde. Ob er jedoch als Kaufmannsgehilfe, Handwerker oder Scholar unterwegs war, läßt sich bei der spärlichen Überlieferung biographischer Angaben nicht ermitteln. 1557 gab er seine Schwanksammlung ›Wegkürtzer‹ heraus und um 1560 in Straßburg ›Das Ander theyl der Gartengesellschaft‹, jene Schwanksammlung, der die Texte unserer Ausgabe entnommen wurden. Montanus war mit den Schwank- und Fazetiensammlungen seiner deutschen und italienischen Zeitgenossen gut vertraut und nutzte sie für seine eigene literarische Tätigkeit, so wie auch seine eigenen Sammlungen später durch andere, beispielsweise für das 1597 er-

schienene Volksbuch ›Das Lalebuch‹, genutzt wurden. Eine
große Anzahl seiner Schwänke entstammen jedoch der
mündlichen Überlieferung, darunter auch ein großer Teil
seiner wertvollen Volksmärchen.

Karl Müllenhoff (geb. 1818 in Marne/Dithmarschen,
gest. 1884 in Berlin) wurde 1858 als Professor der deutschen
Sprach- und Altertumskunde nach Berlin berufen. Neben
philologischen Arbeiten legte er auch eine Sammlung
schleswig-holsteinischer Märchen und Sagen vor. Müllenhoff war bestrebt, Märchen und Sagen in eine Geschichte
der deutschen Volkspoesie und des Volkslebens einzubet-
ten. Das Vorwort zu seiner Sammlung gibt darüber wie
auch über Erzähler und Erzählgelegenheiten, die er auf seinen Wanderungen beobachtet hatte, Auskunft. Seine Zielstellung drückt er so aus: ›Was wir sammeln, soll dem
Lande zur Freude erhalten und der Wissenschaft nutzbar
werden, und wir erfüllen damit zugleich eine Pflicht, die
unsere Vorfahren für uns sorglos in ihrem Reichtum ver-
säumten, für die Nachkommen.‹

Johann Karl August Musäus (geb. 1735 in Jena, gest. 1787 in
Weimar), der Weimarer Professor und Literat, wandte sich
Märchen- und Sagenstoffen zu, angeregt durch das Interesse des bürgerlichen Lesepublikums an den von Galland
ins Französische übersetzten ›Erzählungen aus den Tausendundein Nächten‹, den Feenmärchen von Mme. d'Aulnoy und den an orientalischen Vorbildern orientierten
Märchen Christoph Martin Wielands (1733-1813). Im Un-
terschied zu diesen Veröffentlichungen entdeckte Musäus
jedoch die deutsche Erzähltradition; eine Ausnahme bildet
der Libussa-Stoff. Musäus befragte Kinder auf der Straße
und alte Frauen an Spinnrädern, sein bester Gewährsmann
war jedoch ein Kutscher. Darüber hinaus orientierte er sich
an deutschen und böhmischen Erzählstoffen. Die Mehrzahl der in die ›Volksmärchen der Deutschen‹ aufgenom-

menen Texte sind freilich Sagen. Durch Musäus' literarische Bearbeitung wurden beide Genres, die er noch nicht voneinander schied, da beide vom Wunderbaren durchsetzt waren, einander angeglichen. Bei dem Versuch, die Stoffe in eine zeitlich und örtlich neu bestimmte Umwelt zu übertragen, entwarf er ein Bild des Kleinbürgertums des 18. Jahrhunderts. Trotz seiner novellistischen Bearbeitung, trotz eingelagerter literarischer Polemik war es jedoch Musäus, der noch vor den Brüdern Grimm mit nachhaltiger Wirkung auf die heimischen Märchen aufmerksam machte. (s. auch S. 25 f.)

Heinrich Pröhle (geb. 1822 in Satuelle bei Neuhaldensleben, gest. 1895 in Steglitz bei Berlin) studierte in Halle und Berlin Geschichte und Philologie. Nach journalistischer Tätigkeit wirkte er ab 1859 als Lehrer in Berlin. Neben kulturhistorischen Studien und Publikationen widmete er sich vor allem der Aufzeichnung aus mündlicher Überlieferung von Sagen des Harzes und des niedersächsischen Gebietes. Mit seinen ›Kinder- und Hausmärchen‹ wählte er einen Titel, der sich bewußt an die Grimmsche Sammlung anschloß, ohne jedoch die wissenschaftlichen Ambitionen der Brüder zu teilen. Pröhle beabsichtigte lediglich, wie auch mit seinen 1854 erschienenen ›Märchen für die Jugend‹, ein Familien- und Hausbuch vorzulegen, wie es die Grimmschen ›Kinder- und Hausmärchen‹ geworden waren. Er gehörte zu jenen, die Märchen für einen besonders für die Jugend geeigneten Lesestoff hielten. Dennoch behielt er, bisherigen Gewohnheiten folgend, tradierte Schauerthemen bei.

Karl Simrock (geb. 1802 in Bonn, gest. 1876 in Bonn) war Germanist und Professor für altdeutsche Literatur, der insbesondere durch seine Bearbeitung der ›Deutschen Volksbücher‹ bekannt wurde. Neben Sammlungen von Sprichwörtern, Sagen und Liedern gab er auch Volksmärchen heraus, freilich ohne die Quellen oder Erzähler zu nennen.

Simrock ging es mehr um die literarische Bearbeitung und Nachdichtung der ihm zugänglichen Stoffe, die er jedoch einem breiten Leserkreis erschloß.

Emil Sommer (geb. 1819 in Oppeln/Oberschlesien – heute Opole/VR Polen, gest. 1846 in Halle) hatte 1842 in Halle promoviert und anschließend seine germanistische Ausbildung bei den Brüdern Grimm in Berlin vervollständigt. Insbesondere von Wilhelm Grimm wurde er zum Sammeln von Sagen angeregt. 1844 wurde Sommer zum ersten Privatdozent für das germanistische Fach an der Universität Halle ernannt. Seine kleine, aber mit wissenschaftlichen Anmerkungen versehene Märchen- und Sagensammlung widmete er Wilhelm Grimm zu dessen 60. Geburtstag. Im Vorwort skizziert Sommer kurz, wie er auf Landstraßen und in Dorfschenken vom Thüringer Wald bis zum Südharz seine Texte zusammentrug.

Otto Sutermeister (geb. 1832 in Tegerfelden/Aargau, gest. 1901 in Aarau) widmete sich nach dem Besuch der Kantonsschule in Aarau philosophischen und germanistischen Studien an der Universität in Zürich. Mehrere Jahre war er als Lehrer sowohl an verschiedenen Bildungseinrichtungen der Schweiz als auch in Paris tätig. 1890 wurde Sutermeister als Professor für deutsche Sprache und Literatur an die Universität Bern berufen. Auf Grund seiner landeskundlichen Studien sammelte er in allen Teilen der deutschsprachigen Schweiz auch Märchen und Sprichwörter.

Ernst Tegethoff (geb. 1890 in Kassel, gest. nach 1934 – Ort unbekannt), versuchte als Volkskundler und Literaturhistoriker einen Querschnitt durch das Märchengut des Mittelalters zu geben, wobei er sich auf literarische, alten Literaturdenkmälern entnommene Belege stützte und sie ins Neuhochdeutsche übertrug. Bedeutung erlangte Tegethoff auch durch die Untersuchung des bereits im antiken Roman des Apuleius ›Der goldene Esel‹ überlieferten Märchentyps von Amor und Psyche.

Theodor Vernaleken (geb. 1812 in Volkmarsen/Westfalen, gest. 1907 in Graz), österreichischer Pädagoge, Folklorist und Germanist, war anfänglich als Lehrer im Kanton Zürich tätig. 1850 wurde er zur Verbesserung des Volksschulwesens nach Wien berufen, wo er 1870 Direktor der Hauptnormalschule St. Anna wurde. Um 1855 begann Vernaleken, der mit Jakob Grimm und Ludwig Uhland befreundet war, für wissenschaftliche Zwecke Alpensagen sowie Mythen und Bräuche zu sammeln. Pädagogischen Interessen folgend, edierte er mit seinem Freund Franz Branky auch österreichische Kinderspiele. Die Beschäftigung mit diesen Stoffen ließ ihn erkennen, daß damit die Volkspoesie noch nicht erschöpft ist. ›Daher‹, so schreibt er im Vorwort der 1896 erschienenen dritten Auflage seiner Märchen, ›ließ ich mir im Verlaufe vieler Jahre auch [...] Kinder- und Hausmärchen erzählen und schrieb sie getreu auf, wie sie im Munde des Volkes damals noch lebten.‹ ›Das Märchen ist für ihn Kinderlektüre, da es die reine kindliche Weltbetrachtung in sich [...]‹ birgt und da das Wunder des Märchens liebstes Kind ist, Wunder aber am ehesten nur noch von Kindern geglaubt werden.

Johann Wilhelm Wolf (geb. 1817 in Köln, gest. 1855 in Hofheim/Hessen) publizierte als Germanist Beiträge zur deutschen Mythologie. Dieser wissenschaftliche Ansatz veranlaßte ihn, niederländische Sagen und Märchen aus dem deutsch-niederländischen Grenzgebiet zu sammeln. Hessisches Erzählgut hat Wolf auf Fußwanderungen in den ›Erholungsstunden vormärzlicher Zeiten‹ im Odenwald zusammengetragen. Offenbaren derartige regressive Töne auch eine deutliche Distanzierung von der bürgerlichen Revolution, so vermögen sie jedoch den Aussagewert der

von ihm gesammelten oder ihm auch von Forschern zugesandten Märchen nicht wesentlich zu beeinflussen. Wolf
sah in den Märchen den ›alten Mythenschatz unseres Volkes‹ bewahrt und verzichtete deshalb auf Bearbeitungen
oder Retuschen, so daß wir in seinen Sammlungen auch sozialkritische Motive finden. Seine Texte ließ er sich unter
anderem von einem Schmied, einem Müller, Soldaten der
hessischen Armee sowie von Rom (Zigeunern) erzählen.

Ignaz Vinzenz Zingerle (geb. 1825 in Meran, gest. 1892 in Inns-
bruck) und *Joseph Zingerle* (geb. 1831 in Meran, gest. 1891 in
Trient). Die Brüder Zingerle, Ignaz, der Literaturhistoriker
und Dichter, Joseph, der Germanist, Vertreter der griechischen Philologie sowie spätere Theologe und Domherr in
Trient, haben gemeinsam Märchen, Sagen und Bräuche
vor allem in Süddeutschland und Tirol gesammelt. Für
beide besaßen Märchen, die sie als Volkskinder bezeichneten, sowohl historischen als auch poetischen Wert. Ihre
wissenschaftlichen Untersuchungen betrieben sie mit Blick
auf die Mythologie. Ihre getreuen Textaufzeichnungen erfolgten unter besonderer Berücksichtigung mythologischer
Elemente.

KOMMENTAR

Die Quellenangaben im Kommentar verweisen auf das
Quellenverzeichnis in der Bibliographie.

Einochs. S. 43
Quelle: Ernst Tegethoff ›Märchen, Schwänke und Fabeln‹,
S. 2–9.

Dieses Märchen wurde im 11. Jahrhundert in der sogenannten Brüsseler Handschrift als ›Cantus de uno bove‹
(Das Lied vom Einochs) aufgezeichnet. Es gehört zu den
frühen literarischen und relativ genau datierbaren Belegen
eines deutschen Märchens. Sein Inhalt, seine Darstellung
wie auch die Hinzufügung ›fabula per verba iocularia‹ (Erzählung in spielmännischen Worten) weisen es als ein
Schwankmärchen aus, dem Aarne/Thompson die Typ-
Nummer 1535 gaben. Gerade die schwankhaften Züge,
durch die Buchfassung dieser spielmännischen Variante
noch gefördert, weisen deutlich darauf hin, daß das zugrunde liegende Zaubermärchen wesentlich älter sein muß.
Schon diese Märchenfassung des 11. Jahrhunderts weist auf
soziale Differenzen im Dorf hin; die Dorfgewaltigen sind
der Pfarrer, vor den clunyazensischen Reformen noch verheiratet, und die beiden Vertreter der weltlichen Macht:
der Schulze und der Meier. Da sich an dieser Grundkon-
stellation über Jahrhunderte auf dem Lande nichts Wesentliches geändert hatte, wurde dieses Grundthema immer
wieder aufgegriffen, so daß der ›Einochs‹ unter dem Titel
›Das Bürle‹ im 19. Jahrhundert Eingang in die Sammlung
der Brüder Grimm fand (KHM 61; vgl. auch in unserer
Ausgabe Zingerles Variante ›Das Bäuerlein‹ und Buschs
Variante ›Bauer Pihwitt‹). Kulturhistorisch aufschlußreich
ist, daß der arme Bauer Einochs sein Leben auf Kosten des
Hirten rettet. Von der dörflichen Bevölkerung wurde letz-
terer auf Grund seiner praktischen Kenntnisse, seiner be-
rufsbedingten Isolation mit Mißtrauen betrachtet und als

Außenseiter empfunden. Wohl deshalb konnte er mit Unheil belastet werden, das dem kleinen Bauern erspart werden sollte.

Vom König, der alles glaubte. S. 53
Quelle: Ernst Tegethoff ›Märchen, Schwänke, Fabeln‹, S. 14/15.

Im ›Modus florum‹, einem lateinischen Gedicht, das in der Sammelhandschrift der ›Cambridger Lieder‹ (Carmina Cantabrigensia) vom Ende des 10. Jahrhunderts überliefert ist und wohl zum musikalischen Vortrag bestimmt war (d. h. nach der Melodie des Blumenliedes vorzutragen), wurde erstmals – zwar noch als Lügenlied – ein Märchen literarisch belegt. Jahrhunderte später begegnet es uns als weitverbreiteter Typ in Europa und vereinzelt auch im außereuropäischen Bereich wieder. Die Pointe dieses kurzen Schwankmärchens, dem Aarne/Thompson die Typ-Nummer 852 (›Lügenwette‹) gaben, baut auf dem sozialen Kontrast zwischen dem Bewerber und dem König beziehungsweise der Prinzessin auf. Der Held der Schelmendichtung, deren ursprüngliche zeitgemäße Versform Tegethoff bewahrte, kann den König dadurch überwältigen, indem er ihn, der bereit war, alles zu glauben, in seiner Erzählung erniedrigt.

Ein schöne History von einer Frawen mit zweyen Kindlin. S. 54
Quelle: Martin Montanus ›Das Ander theyl der Gartengesellschafft‹. In: Montanus: Schwankbücher (1557–1566). Hg. von J. Bolte. Kap. 5, S. 260–266.

Dieses Zaubermärchen, das als ›Märchen vom Erdkühllein‹ bekannt wurde, nahm Montanus um 1560 in seine Schwanksammlung auf. Durch ihn erhielt es die durch den schriftlichen Erzählstil bedingten Besonderheiten. Aarne/Thompson gaben diesem Typ die Nummer 511 (›Einäuglein, Zweiäuglein, Dreiäuglein‹). Eine Variante dieses dem Aschenputtel-Typ nahestehenden Märchens ist sowohl in

Basiles ›Pentamerone‹ (›Die Aschenkatze‹) enthalten als
auch in den ›Contes de ma mère l'Oye‹ (›Aschenbrödel‹)
von Perrault nachzulesen. Goethe liebte das ›Erdkühlein‹,
er kannte es entweder aus den Schriften des Montanus
oder aus mündlicher Tradition. Für ihn symbolisierte es sowohl die Verbundenheit mit der Natur als auch die Art
und Weise des Sich-selbst-Findens. So schrieb er am
19. Mai 1776 in einem Billet an Charlotte von Stein, nachdem er das Gartenhaus an der Ilm in Besitz genommen
hatte: ›Zum erstenmal im Garten geschlafen, und nun Erd-
kulin für ewig.‹

Vom Ursprung des Namens Bärnhäuter. S. 62
Quelle: Hans Jacob Christoffel von Grimmelshausen ›Vom
Ursprung des Namens Bärnhäuter‹. In: Werke in 4 Teilen.
4. Teil. Kleine Schriften, S. 153–161.

Am Beginn dieses Zaubermärchens, das Aarne/Thomp-
son unter der Nummer 361 verzeichnen, begegnet uns ein
altes Glaubens- und Brauchmotiv, das Gelöbnis, das Haar
als Zeichen eines Versprechens nicht zu scheren. Es ist bereits im antiken Roman überliefert, so im ›Apollonius von
Tyros‹ (3. Jahrhundert).

In die deutschsprachige Literatur fand das Märchen
1670 durch Grimmelshausen Eingang. Seine Variante trägt
kräftig Lokalkolorit auf, indem das Geschehen auf ›Ho-
henrode im Achertal‹, der engeren Heimat Grimmelshausens, angesiedelt wird. Überdies versetzt er das Märchen
ins 14. Jahrhundert, wohl um den Landsknecht als Märchenheld glaubhaft einführen zu können, denn in der
Zeit des Dreißigjährigen Krieges oder in den Folgejahren
konnte diese Gestalt gewiß nicht auf Sympathien stoßen.
Der Schluß ist vielleicht von einer ›Mordgeschichte‹ aus
›Der große Schau-Platz jämmerlicher Mordgeschichte‹
(1650/52) von Harsdörffer (1607–1658) übernommen.
Vgl. in unserer Ausgabe Sutermeisters ›Der Teufel als
Schwager‹.

Jorinde und Joringel. S. 69
Quelle: Jakob und Wilhelm Grimm ›Kinder- und Hausmärchen‹, Nr. 69.

Die Brüder Grimm haben dieses Zaubermärchen, das
bei Aarne/Thompson unter der Nummer 405 aufzusuchen
ist, unverändert von Heinrich Jung-Stilling (1740–1817)
übernommen, der es 1777 im ersten Band seiner Lebensbe-
schreibung ›Henrich Stillings Jugend‹ veröffentlicht hatte.
Jung-Stilling, ein armer Dorfjunge aus dem Sauerland, arbeitete zuerst als Kohlenbrenner, erwarb sich schließlich
als Autodidakt Kenntnisse, die ihn befähigten, Medizin zu
studieren. Nachdem er einige Jahre als Arzt gewirkt hatte,
wurde er Professor für Ökonomie an der Universität in
Heidelberg. Das Märchen ›Jorinde und Joringel‹ hatte ihm
seine Base im Wald beim Warten auf den Vater erzählt.
Die im Volksmärchen in der Regel fehlenden Natur- und
Landschaftsschilderungen sind von Jung-Stilling eingefügt
worden, der die Möglichkeit, die ihm die Aufzeichnung des
Märchens bot, poetisch nutzte und in diesen dem französischen Märchen und der Circe-Sage nahestehenden Text
auch Zeitkolorit einfließen ließ (vgl. auch S. 26 f.).

Die Bücher der Chronika der drei Schwestern. S. 72
Quelle: Johann Karl August Musäus ›Volksmährchen der
Deutschen‹, Nr. 1.

Das in Europa und im Orient verbreitete Zaubermärchen, das bei Aarne/Thompson unter der Nummer 552 A
(›Drei Tierschwäger‹) aufzusuchen ist, wurde von Musäus,
der das Märchen von einem alten Kutscher erzählt bekommen hatte, zu einem Novellenmärchen umgeformt. So
überdeckte er alte Motive (beispielsweise Gestaltwandel
Mensch-Tier/Tier-Mensch) mit zeitgenössischem Kolorit
und brachte überdies literarische Kontroversen ein. Die
heute zum Teil schwer erschließbaren Textpassagen haben
für das zeitgenössische Lesepublikum ›Ammen‹- oder
›Kunkelstubenmärchen‹ (Spinnstubenmärchen) erst litera-

turfähig gemacht. Dieses mit phantastischen und realistischen Zügen ausgestattete Buchmärchen reflektiert in zeit-
genössischer Sprache moderne Denkhaltungen und ironi-
siert auf liebenswürdige Weise Märchen (vgl. auch S. 25 f.
und S. 505 f.).

Von dem Machandelboom. S. 115
Quelle: Jakob und Wilhelm Grimm ›Kinder- und Hausmärchen‹, Nr. 47.

Die Brüder Grimm übernahmen dieses Zaubermärchen,
dem Aarne/Thompson die Nummer 720 (›Meine Mutter
hat mich erschlagen‹; s. a. BP I, 412) gaben, von dem aus
dem damals schwedischen Vorpommern stammenden Maler Philipp Otto Runge (1777–1810). Runge hatte dieses
Märchen am 7. Januar 1806 oder wenig später aufgeschrieben und seine Aufzeichnung (Fassung A) am 24. Januar
1806 an den Heidelberger Verleger von ›Des Knaben
Wunderhorn‹, Georg Zimmer, geschickt, der sie an Achim
von Arnim (1781–1831) weiterleitete. Arnim veröffentlichte
den Runge-Text im Juli 1808 unter dem Titel ›Von dem
Machandel Bohm‹ in seiner ›Zeitung für Einsiedler‹. 1809
überließ Arnim den Text den Brüdern Grimm (ebenso das
Märchen ›Von dem Fischer un syner Fru‹, das Runge zur
gleichen Zeit aufgeschrieben hatte; s. folgenden Kommentar) wie auch Clemens Brentano (1778–1842). Seither gilt
die Fassung A als verschollen. Runge hatte jedoch noch
eine weitere Fassung aufgeschrieben (Fassung B), die über
seinen Bruder Gustav und weitere Mittler zu Büsching gelangte (vgl. S. 500), der sie 1812 in seiner Sammlung unter
der Nr. 57 veröffentlichte. Die Grimms veröffentlichten in
ihrer Erstausgabe der ›KHM‹ unter der Nr. 47 im gleichen
Jahr die Fassung A, jedoch in verändertem Wortlaut. Weitere Mundart- und Dialektveränderungen erfolgten 1842
durch den Verleger der Grimms und 1840 durch Runges
Bruder Daniel, dem beide Fassungen nicht vorgelegen hatten und die nunmehr auch verschollen sind. Inwieweit

auch Büsching Textveränderungen vorgenommen hat, läßt sich daher nicht mehr feststellen (vgl. dazu Scherf ›Lexikon der Zaubermärchen‹, S. 415 f.). – Der Machandelboom ist der im Volksglauben und -brauch noch immer geachtete Wacholder. Die Düsternis des Handlungsverlaufs und der Motivik gründen sich auf die Einbeziehung alter Glaubensvorstellungen, die anstelle des Todes die Existenz von Nachtodgestalten setzen, den endgültigen Tod erst mit der Zerstörung aller Körperlichkeit annehmen. Der glückliche Märchenausgang verlangt jedoch, daß mit der Vernichtung der Schuldigen das Opfer wieder zum Leben erweckt wird. Dieses Motiv ist bereits in Homers ›Odyssee‹ überliefert; auch in Goethes ›Faust‹ finden wir Motivanklänge.

Von dem Fischer un syner Fru. S. 124
Quelle: Jakob und Wilhelm Grimm ›Kinder- und Hausmärchen‹, Nr. 19.

Auch dieses Zaubermärchen, das Aarne/Thompson unter der Nummer 555 verzeichneten (s. BP I, 138), wurde von Philipp Otto Runge in pommerscher Mundart aufgezeichnet und von den Brüdern Grimm in ihre Sammlung übernommen. Es erfuhr die gleiche Überlieferungsgeschichte wie das Märchen ›Von dem Machandelboom‹ (s. vorhergehenden Kommentar; vgl. auch Scherf ›Lexikon der Zaubermärchen‹, S. 409 f.). – Die Aufzeichnung Runges läßt im Detail die bildhafte Phantasie des Malers erkennen. Der Aufbau der Märchenfassung ist außerordentlich kunstvoll, so daß der Rahmen eines Zaubermärchens als durchbrochen bezeichnet werden kann; so enthält es Warn- und Beispielfunktion, für die auch schwankhafte Situationen genutzt werden (s. a. S. 27 f.).

Die Padde. S. 132
Quelle: Johann Gustav Gottlieb Büsching ›Volkssagen, Mährchen und Legenden‹, Nr. 55.

In diesem Text begegnen uns zwei Zaubermärchen-Ty-

pen, die bei Aarne/Thompson unter den Nummern 310
(›Rapunzel‹) und 402 (›Tierbraut‹) aufzusuchen sind. Zu
vermuten sind Einflüsse (evtl. auch literarische) aus dem
romanischen Sprachgebiet. So könnte ›Die Bärin‹ aus dem
›Pentamerone‹ des Basile wie auch französische Feenmärchen der Gräfin d'Aulnoy Pate gestanden haben; sowohl
Basile wie auch d'Aulnoy stützen sich jedoch auf mündliche Volksüberlieferungen. Zu vermuten ist, daß der Tier-
braut-Typ ebenso alt ist wie der Tierbräutigam-Typ 425 A,
der ungefähr in der Zeit von 300 v. u. Z. bis 300 u. Z. angesiedelt werden kann.

Die Bremer Stadtmusikanten. S. 138
Quelle: Jakob und Wilhelm Grimm ›Kinder- und Hausmärchen‹ Nr. 27.

Für dieses Tiermärchen des Aarne/Thompson-Typs 130
(›Die Tiere auf der Wanderschaft‹; BP I, 237) nutzten die
Brüder Grimm, die es erstmals in ihre zweite Ausgabe
(1819) aufnahmen, zwei paderbornische Fassungen. Motivi-
sche Ansätze begegnen uns bereits in den Fabeln des
Aesop, die ihren Ursprung im 6. Jahrhundert v. u. Z. haben,
im indischen ›Pañcatantra‹ (3. Jahrhundert u. Z.) als auch in
slawischen Erzähltraditionen (s. a. Scherf ›Lexikon der Zaubermärchen‹, S. 37–42). – Esel, Hund, Katze, Hahn, hoch-
geschätzte Haustiere, verteidigen das ihnen Asyl bietende
Haus gegen Räuber, in anderen Varianten gegen wilde
Bestien. Das Motiv von Tieren auf der Wanderschaft und
von musizierenden Tieren erfährt besonders im Mittelalter
vielfältige literarische Bearbeitungen, sehr früh schon in
schwankhafter Form. Von besonderer literarischer Bedeutung ist die um 1148 entstandene Erzählung ›Ysengrimus‹
des Genter Magisters Nivardus; hier haben die Tiere eine
Wallfahrt angetreten, übernachten im Hospiz und schlagen die Wölfe in die Flucht. Ähnlich auch im ›Roman de
Renart‹, der gleichfalls im 12. Jahrhundert entstand. Vgl. in
unserer Ausgabe Sutermeisters ›Der Wittnauer Hans‹.

Dornröschen. S. 142
Quelle: Jakob und Wilhelm Grimm ›Kinder- und Hausmärchen‹, Nr. 50.

Dieses Zaubermärchen des Aarne/Thompson-Typs 410
(›Die schlafende Schöne‹; BP I, 434 und III, 565) ist bereits
in Perraults Text ›La Belle au Bois dormant‹ (Die im Wald
schlafende Schöne) in den ›Contes de ma mère l'Oye‹ literarisch belegt; ähnlich auch in Basiles ›Pentamerone‹ (›Die
Küchenmagd‹, ›Sonne, Mond und Thalia‹) und in dem
bretonischen Roman ›Perceforest‹ (14. Jahrhundert). Die
Fee als Märchenfigur verweist auf keltisch-französischen
Einfluß. Der zweite Teil der Grimmschen Variante ist auch
in einer eigenständigen Fassung überliefert (vgl. ›Die böse
Schwiegermutter‹, KHM 215). Jakob Grimm zeichnete das
Märchen nach der Erzählung von Mari Hassenpflug
(1788–1856) in Kassel auf, die es von Perrault übernommen
hatte.

Der singende Knochen. S. 146
Quelle: Jakob und Wilhelm Grimm ›Kinder- und Hausmärchen‹, Nr. 28.

Auf alten Glaubensvorstellungen, die Knochen als Sitz
des Lebens annehmen, basiert dieses Zaubermärchen, dem
Aarne/Thompson die Nummer 780 gaben (s. a. BP I, 250).
Fehlt auch in diesem Text der glückliche Ausgang, so findet doch zumindest der durch das Lied der Knochenflöte,
eines der ältesten Musikinstrumente, überführte Mörder
den Tod. Möglicherweise erstand in älteren Varianten das
Opfer aus dem Knochen in dem Moment, da der Schul-
dige tot umfiel. Der düstere Märchenschluß ist auf den
Einfluß von Sagen zurückzuführen, die mit ähnlichen got-
tesgerichtlichen Urteilen zahlreich überliefert sind.

Das Waldhaus. S. 148
Quelle: Jakob und Wilhelm Grimm ›Kinder- und Hausmärchen‹, Nr. 169.

Dieses wenig verbreitete, sehr schöne Zaubermärchen vom Aarne/Thompson-Typ 431 (s. a. BP III, 276f.) wurde von dem Mitarbeiter der Grimms seit der Göttinger Zeit Karl Friedrich Ludwig Goedecke (1814–1887), auch ein Freund des Märchensammlers Theodor Colshorn (s. S. 501) in Delligsen bei Alfeld an der Leine aus mündlicher Überlieferung aufgezeichnet und 1840 in die vierte Auflage der KHM aufgenommen. – Hinter der Prüfung, die dem jungen Mädchen auferlegt wird, steht bäuerliches Denken und Verhalten, wonach die Menschen zuerst ans Vieh und dann an sich denken. Reizvoll gezeichnet ist in unserer Variante die Waldkulisse.

Goldmariken und Goldfeder S. 154
Quelle: Karl Müllenhoff ›Sagen, Märchen und Lieder der Herzogthümer Schleswig, Holstein und Lauenburg‹, Viertes Buch, VI.

Zum ältesten Märchenbestand gehört der Zaubermärchen-Typ von der magischen Flucht, den Aarne/Thompson unter der Nummer 313 aufzeichneten. Das Kernmotiv begegnet uns bereits im 3. Jahrhundert v. u. Z. in der altgriechischen ›Argonautensage‹, der ersten bekannten literarischen Fixierung, sowie um 1000 u. Z. in der indischen Erzählsammlung ›Kathāsaritsāgara‹; auch eine Beziehung zum Jephta-Motiv (Altes Testament, Buch der Richter, 11. Kapitel) scheint nahezuliegen. Eine frühe literarische Variante ist bei dem dänischen Chronisten Saxo Grammaticus (um 1200) nachzulesen; spätere literarische Belege finden wir in Italien um 1500; im 17. Jahrhundert in Basiles ›Pentamerone‹ (›Der Floh‹) und in den Feenmärchen der Gräfin d'Aulnoy. Varianten sind jedoch nicht nur in Asien und Europa, sondern auch in Afrika, Amerika und Australien verbreitet. In unserer Variante hilft ein dem dämonischen Wesen versprochenes Mädchen dem Helden. Vgl. in unserer Ausgabe auch Jahns ›Die beiden feindlichen Könige‹.

Siebenschön. S. 167

Quelle: Karl Müllenhoff ›Sagen, Märchen und Lieder der Herzogthümer Schleswig, Holstein und Lauenburg‹, Viertes Buch, IV.

Diese Variante des Novellenmärchens von der Prinzessin in der Erdhöhle, bei Aarne/Thompson unter der Nummer 870 verzeichnet, ist im dörflichen Milieu angesiedelt. Das arme Mädchen, vom alten König verfolgt, nachdem ihre Liebe zu dessen Sohn bekannt wurde, verbirgt sich in der Tiefe eines Brunnens. Weitere Varianten des Typs sind vorwiegend im Norden, insbesondere in Skandinavien, verbreitet, wo die Heldin Soltaering (der erste Sonnenstrahl) heißt. Müllenhoff hat seine Variante von dem Konrektor Kolster aus Meldorf erhalten, der sie wiederum von einem Dienstmädchen gehört haben will. Diese Fassung übernahmen die Grimms mit geringen Änderungen als ›Jungfrau Maleen‹ in ihre Sammlung (KHM 198).

Die grüne Feige. S. 171

Quelle: Adalbert Kuhn ›Sagen, Gebräuche und Märchen aus Westfalen und einigen anderen, besonders den angrenzenden Gegenden Norddeutschlands‹. 2 Teile. Anhang zu Teil 2: Märchen, zum größten Theil in der Grafschaft Mark gesammelt von Fr. Woeste, Nr. 7, S. 226 bis 229.

Dieses Zaubermärchen, das bei Aarne/Thompson dem Hasenhüter-Typ 570 zuzuordnen ist, ist weit verbreitet und in zahlreichen Varianten auch im europäischen Erzählgut anzutreffen. Die Weideprobe – hier Hasen hüten – geht auf Brauchtum früher Viehhalter zurück. In der vorliegenden, aus Deilinghofen überlieferten schwankhaften Erzählvariante überwiegt der dramatische Dialog. Die lustige Schlußwendung des Erzählers ist dazu angetan, den Hörer bzw. Leser wieder in die Realität zurückzuholen. Vgl. in unserer Ausgabe Bechsteins Variante ›Der Hasenhüter‹ und Wolfs Variante ›Der Hinkelhirt‹.

Das tapfre Schneiderlein. S. 174

Quelle: Adalbert Kuhn ›Märkische Sagen und Märchen, nebst einem Anhange von Gebräuchen und Aberglauben, Nr. II, S. 289 bis 293.

Dieses Schwankmärchen, dem Aarne/Thompson die Nr. 1640 gaben, ist im indischen, kaukasischen und auch im europäischen Erzählgut weit verbreitet. Interessant ist, daß in allen bekannten Varianten das Draufgängertum des starken, tapferen Helden dem Lachen preisgegeben wird und schwankhafte Züge trägt. Der erste deutsche literarische Beleg begegnet uns 1557 in Montanus ›Wegkürtzer‹. – In unserer in Brodewin in der Uckermark aus mündlicher Überlieferung aufgezeichneten Variante ist bemerkenswert, daß trotz der schwankhaften Züge bei der Schilderung des Helden der Schluß märchenuntypisch ist. Eine bedrükkende Erlebniswelt des Erzählers könnte diese Variation bewirkt haben.

Hirsedieb. S. 177

Quelle: Ludwig Bechstein ›Deutsches Märchenbuch‹, S. 65–67.

Der Sammler Bechstein hat dieses Zaubermärchen mit dem Glasbergritt-Motiv, das bei Aarne/Thompson der Nr. 530 (›Die Prinzessin auf dem Glasberg‹) zuzuordnen ist, von seiner Mitarbeiterin Wilhelmine Mylius (1823–1852 oder 1853) übernommen. Das Glasbergmotiv begegnet uns jedoch auch noch in benachbarten Typen, so im Typ 314 (›Goldener‹) und im Typ 502 (›Der wilde Mann‹). Das die Mylius-Bechstein-Variante prägende Rittmotiv ist literarisch auch in deutschen Heldensagen belegt, u. a. in Wolfdietrich und in Titurel. – Die Vorstellung vom Glasberg, der auch als Jenseitswelt betrachtet werden kann, wurde möglicherweise vom Erleben des Hochgebirges mitgeprägt. Interessant an der vorliegenden, dem Zeitgeschmack angepaßten Variante ist, daß der die Glasbergprinzessin von ihrem Bann befreiende dritte Sohn nicht in die dörfliche

Diesseitswelt zurückkehrt; die Verbindung zwischen dieser und der Glasberg- und Zauberwelt ist mit der Lösung des Bannes abgebrochen. Vgl. auch in unserer Ausgabe Sommers ›Der dumme Wirrschopf‹.

Der Hasenhüter. S. 180
Quelle: Ludwig Bechstein ›Deutsches Märchenbuch‹, S. 128–131.

In diese Bechstein-Variante des Zaubermärchen-Typs 570 ›Hasen hüten‹ (Aarne/Thompson) fanden auch Motive des Aschenputtel-Typs (510) Eingang. Bechstein versetzte seine Fassung, für die es auffällige französische Parallelen gibt, in die Welt des Ancien régime. Dies erhöht die Komik der Hüteepisoden. Vgl. in unserer Ausgabe Kuhns ›Die grüne Feige‹ und Wolfs ›Der Hinkelhirt‹.

Der beherzte Flötenspieler. S. 184
Quelle: Ludwig Bechstein ›Deutsches Märchenbuch‹, S. 122–124.

Das Zaubermärchen vom Aarne/Thompson-Typ 326 (›Gruseln lernen‹) gruppiert sich um Qualnächte, die der Held meist in einem verwunschenen Schloß zu bestehen hat. In diesen Qualnächten spiegeln sich Reste von Initiationsriten, die im vorliegenden Text jedoch ihren ursprünglichen Gehalt verloren haben, da sie schwankhaft reflektiert werden. Gerade in den auf komische Effekte gerichteten Szenen tritt aber nunmehr der besondere Mut und die Standhaftigkeit des Helden hervor. Ob sich dieser Märchentyp erstmals im europäischen Erzählgut herausgebildet hat, steht noch in Frage, auch wenn größtenteils Straparolas Erzählung 4,5 aus den ›Ergötzlichen Nächten‹ als erster literarischer Beleg angeführt wird. – In Bechsteins eigenwilliger Variante ist der Held ein Wandermusikant – eine beliebte Gestalt in der Volksdichtung. Die Spuknacht im alten Schloß ist wohl deshalb auch mehr mit Musik als mit Schrecken und Dämonen angefüllt. Eine in-

teressante sozialkritische Komponente ist, daß ein Geizhals
zur Strafe für seinen Geiz zum Spuken verurteilt ist. Vgl.
auch in unserer Ausgabe Sutermeisters ›Die Geisterküche‹
und Meiers ›Der Klosterbarbier‹.

Die drei Musikanten. S. 187
Quelle: Ludwig Bechstein ›Deutsches Märchenbuch‹,
S. 166–171.

Dieser eigenwilligen Variante liegt das Zaubermärchen
vom Aarne/Thompson-Typ 301 A (›Die drei gestohlenen
Prinzessinnen‹) zugrunde. Dieser Typ, der auch Verbreitung im Orient fand, bildete sich in der Feudalgesellschaft
des frühen und hohen Mittelalters heraus. Der Held ist
entweder ein Bärensohn oder verdankt einer Wundergeburt sein Leben, oder er ist ein durch andere Merkmale
ausgezeichneter Mensch; zentrales Motiv ist der Kampf
des Helden mit dem Drachen (s. auch Typ 300). In unserer
weitverbreiteten Variante, in der uns abermals Wandermu-
sikanten begegnen, ist der Held Flötenspieler. Eingang fanden in diese Variante auch Motive des Typs 410 (›Die
schlafende Schöne‹). Der Märchenschluß erhält zur Be-
kräftigung des Sprichwortes ›Der ist flötengegangen‹, im
Sinne von abhanden kommen, schwankhaften Charakter;
möglicherweise eine Hinzufügung Bechsteins. Vgl. auch in
unserer Ausgabe Colshorns ›Peter Bär‹.

Der starke Gottlieb. S. 195
Quelle: Ludwig Bechstein ›Neues Deutsches Märchenbuch‹, Nr. 6.

Der Märchentyp vom starken Hans, dem Aarne/Thomp-
son die Nr. 650 A gaben, ist im europäischen Erzählgut
weitverbreitet. Der Held, oft ein Bärensohn, zeichnet sich
bereits in der Kindheit durch Ungewöhnlichkeit aus, so
wird er beispielsweise über Jahre gesäugt. Da der starke
Bursche seine Kraft für die Bedrängten einsetzt, wird er zu
einem Lieblingshelden des Volkes. Die vorliegende Va-

riante ähnelt einer Mundartfassung, die auch von A. Eng-
lien und W. Lahn in ›Der Volksmund in der Mark Brandenburg‹ (1869) publiziert wurde. Der Gegenspieler des
Helden ist ein auf seinen Vorteil bedachter Gutsherr, der
schließlich samt seiner Frau vom Gut vertrieben wird. Wieder ist es ein Hirte, diesmal ein Schäfer, der stellvertretend
die Ohrfeige entgegennehmen muß; in beiden Varianten
übersteht er glücklich die unfreiwillige Luftfahrt.

Das goldene Schloß. S. 205
Quelle: Johann Wilhelm Wolf ›Deutsche Märchen und Sagen‹, Nr. 1.

Das Grundmotiv des Zaubermärchens vom Schwanen-
jungfrau-Typ, dem Aarne/Thompson die Nr. 400 (›Die
Suche nach der verlorenen Frau‹) gaben, ist sowohl im europäischen wie auch im orientalischen Erzählgut weitverbreitet. Dieses archaische Glaubensvorstellungen reflektie-
rende Märchen weist in Varianten oft Verknüpfungen mit
benachbarten Typen auf, wie dem Typ 313 (›Die magische
Flucht‹) oder dem Typ 518 (›Um magische Gegenstände
streitende Erben‹). In der europäischen Literatur finden
wir den Typ 400 bereits im ›Wielandslied‹ (frühes 14. Jahrhundert) sowie in der französischen Melusinensage, roman-
haft bearbeitet von Jean d'Arras (1387), belegt. – In der
vorliegenden Variante begegnet uns eingangs das Motiv
des Kleidertausches, das im orientalischen Märchengut
weitverbreitet ist, das den Typ kennzeichnende Motiv der
Suchwanderung sowie im Märchenschluß das häufig anzu-
treffende Motiv der Anerkennung von Ehrlichkeit und gutem Willen. Vgl. auch in unserer Ausgabe Vernalekens
›Die Jungfrau auf dem gläsernen Berg‹ sowie Jahns ›Die
Königin von Siebenbürgen‹.

Das kleine alte Männlein. S. 210
Quelle: Johann Wilhelm Wolf ›Deutsche Märchen und Sagen‹, Nr. 9.

Wolfs Text ist dem Aarne/Thompson-Typ 750 (›Die Wünsche‹) zuzuordnen, dessen Hauptmotive sich um Belohnung gewährter Gastfreundschaft und Bestrafung bei deren Verletzung gruppieren. Dieses begegnet uns bereits in der Antike, so in Euripides' (um 485–406 v. u. Z.) ›Herakles‹ (vor 415) und in Ciceros (106–43 v. u. Z.) ›Laelius de amicitia‹ (Über die Freundschaft) jedoch auch in einer Fabel des indischen ›Pañcatantra‹ (3. Jahrhundert). – Der Erzähler der vorliegenden Variante hat dieses Hauptmotiv in Grundsituationen eingebettet, die auch Anklänge an den Aschenputtel-Typ (510) und an den Frau-Holle-Typ (480) erkennen lassen, Bestrafung der bösen Schwester(n).

Von dem Schiff, das zu Wasser und zu Lande fuhr. S. 214
Quelle: Johann Wilhelm Wolf ›Deutsche Märchen und Sagen‹, Nr. 25.

Die wunderbaren Helfer des Zaubermärchens vom Aarne/Thompson-Typ 513 A (›Sechse kommen durch die ganze Welt‹) sind bereits in der altgriechischen Argonautensage, im keltischen Sagenkreis um König Artus und im 17. Jahrhundert in Basiles ›Pentamerone‹ (›Der Dummling‹) sowie in französischen Feenmärchen der Gräfin d'Aulnoy (›Bellebelle oder der Ritter Fortunè‹) aufzusuchen. – In Wolfs Variante ist die Einbeziehung des benachbarten Typs 513 B (›Das Schiff zu Wasser und zu Lande‹) interessant, die zu einer größeren Handlungsfülle und Dramatisierung führt; ebenso bemerkenswert ist die Schlußepisode, in der nicht nur die Feinde des Königs, sondern der wortbrüchig gewordene König selbst vernichtet werden, so daß der Weg des Helden und seiner wunderlichen Helfer frei ist für eine weise und glückliche Regierung des Landes. Vgl. in unserer Ausgabe Simrocks ›Die sieben Gesellen‹.

Der Hinkelhirt. S. 218
Quelle: Johann Wilhelm Wolf ›Märchen, Sagen und Lieder aus Hessen‹, Nr. 6.

In Wolfs Variante wurden Motive von drei bei Aarne/Thompson verzeichneten Zaubermärchen-Typen miteinander verschmolzen: die Typen 570 (›Hasenhüter‹), 300 (›Drachentöter‹) sowie 508 (›Die im Kampfspiel gewonnene Braut‹). Der somit erzielte Handlungsreichtum schließt auch komische Episoden ein, wie das Hüten der Hinkel (Hühner) und das Herankriechen des gierigen Drachens. Das Schlußmotiv mutet hingegen recht archaisch an: Die Erlösung des Helden hat auch die Erlösung seiner Umgebung zur Folge. Vgl. in unserer Ausgabe Bechsteins ›Der Hasenhüter‹, Kuhns ›Die grüne Feige‹ und Colshorns ›Peter Bär‹.

Die gutherzige Köchin. S. 224
Quelle: Johann Wilhelm Wolf ›Märchen, Sagen und Lieder aus Hessen‹, Nr. 3.

Der Held trennt sich in dieser Variante des Zaubermärchens vom Aarne/Thompson-Typ 665 (›Der Mann, der wie ein Vogel fliegt und wie ein Fisch schwimmt‹) von der treulosen und tückischen Frau; sein Gerechtigkeitssinn läßt ihn die treue Magd – die Köchin – zur Frau nehmen und zur Königin machen.

Des Toten Dank. S. 229
Quelle: Johann Wilhelm Wolf ›Märchen, Sagen und Lieder aus Hessen‹, Nr. 9.

Diese eindrucksvolle Variante des Zaubermärchens vom Aarne/Thompson-Typ 506 A (›Die aus der Sklaverei losgekaufte Prinzessin‹), das auch dem Typ 507 A (›Die Frau des Ungeheuers‹) nahesteht, beides Typen, in denen ein dankbarer Toter auftritt, hatte sich Wolfs Schwager, Ludwig Wilhelm Ploennies (1828–1871) als Leutnant in einer hessischen Kaserne erzählen lassen. Die alten Glaubensgestalten wie Riesen, Drachen, Zwerge erscheinen unreflektiert; so kann auch der Tote in seiner Nachtodgestalt als ›schwarzer Kerl‹ für den Kaufmannssohn nur der Teufel sein, so lange jedenfalls, bis er über seinen Retter aufgeklärt wird. Der Kaufmannssohn, ein im deutschen Volksmärchen nicht allzuoft agierender Held, begegnet uns anfänglich, im Gegensatz zu dieser Figur im orientalischen Märchen, als glückloser Held, dennoch auf Grund seiner guten Eigenschaften als Identifikationsgestalt für den Märchenhörer. Vgl. in unserer Ausgabe Simrocks ›Der dankbare Tote‹ und Jahns ›Die Mädchen im Pfluge‹.

Das graue Männchen. S. 234
Quelle: Johann Wilhelm Wolf ›Märchen, Sagen und Lieder aus Hessen‹, Nr. 7.

In der vorliegenden Zaubermärchenvariante begegnet uns ein Text mit Motivkombinationen verschiedener Aarne/Thompson-Typen: eingangs Motive des Typs 314 A (›Der Hirt, der eine verwunschene Weide befreit‹), im weiteren Handlungsverlauf Motive des Typs 850 (›Die Muttermale der Prinzessin‹) sowie des Typs 316 (›Die Nixe im Mühlteich‹). Motive des Typs 314 A sind im orientalischen Erzählgut weitverbreitet und auch in der Erzählsammlung ›Tausend und ein Tag‹ nachzulesen. Erste Spuren weisen jedoch bereits in die archaische griechische wie auch in die hellenistische Zeit zurück. Im 11. Jahrhundert begegnen uns Motive dieses Zaubermärchens in dem Roman ›Robert le Diable‹ (Robert der Teufel) wieder. Vgl. in unserer Ausgabe Sommers ›Die Nixe im Mansfelder See‹ und Zingerles ›Der Ziegenhirt‹.

Der dumme Wirrschopf. S. 239
Quelle: Emil Sommer ›Sagen, Märchen und Gebräuche aus Sachsen und Thüringen‹, Nr. 4.

In diesem schlicht erzählten Zaubermärchen vom Aarne/Thompson-Typ 530 (›Die Prinzessin auf dem Glasberg‹) begegnet uns jener als Dummling bezeichnete Held, vom Vater (einem Bauern) und den älteren Brüdern mißachtet und verlacht. Während er mit Arbeiten auf dem Hof betraut wird, machen sich seine Brüder auf, um die verwunschene Glasberg-Prinzessin zu erlösen. Doch zauberisches Geschehen läßt schließlich ihn zum Erlöser der Prinzessin und deren Mann werden. Vgl. in unserer Ausgabe Bechsteins ›Hirsedieb‹.

Die Nixe im Mansfelder See. S. 245
Quelle: Emil Sommer ›Sagen, Märchen und Gebräuche aus Sachen und Thüringen‹, Nr. 3.

Das Zaubermärchen vom Aarne/Thompson-Typ 316 (›Die Nixe im Mühlteich‹) ist im europäischen Erzählgut weitverbreitet. Auch in Sommers Text finden wir das Thema der Mahrtenehe (Ehe mit einem dämonischen Wesen) interessant variiert, dies um so mehr, da eine für das Märchen relativ ungewöhnliche Lokalisierung erfolgt; Sageneinfluß auch im Hinblick auf den wehmütigen Schluß ist unverkennbar. Vgl. in unserer Ausgabe Wolfs ›Das graue Männchen‹.

König Blaubart. S. 248
Quelle: Ernst Meier ›Deutsche Volksmärchen aus Schwaben‹, Nr. 38.

Dieses Zaubermärchen, das aus dem württembergischen Oberlande stammt und bei Aarne/Thompson der Nr. 312 (›Ritter Blaubart‹) zuzuordnen ist, weist nicht nur eine interessante Überlieferungsgeschichte auf, sondern reflektiert auch auf bemerkenswerte Weise archaische Vorstellungen, so das Brechen eines Tabus, evtl. auch Vorstellungen eines Totengottes, die mittels eines historischen Vorganges widergespiegelt werden: die Untaten des Gilles de Rais, der junge Menschen auf sein Schloß verschleppte, sie tötete, deshalb angeklagt und hingerichtet wurde. In der Überlieferung erhielt diese Gestalt dämonische Züge, die mit anderen älteren Motiven verschmolzen wurden. Eine ähnliche Motivik begegnet uns auch in den Balladen um Halewijn und Ulinger, die im Gegensatz zu unserer Märchen-

variante, dem Genre gemäß, keinen glücklichen Ausgang
nehmen. – Neben der mündlichen hat die schriftliche
Überlieferung eine sehr große Wirkung erreicht. Ist mittlerweile auch nachgewiesen, daß es neben der Kunstmär-
chenfassung Perraults, die dieser von seinem Sohn übernommen hatte und 1697 als ›La barbe-bleue‹ in seinen
›Contes de ma mère l'Oye‹ veröffentlichte, auch eine französische Volksüberlieferung gibt, so dürfte dennoch vom
Text Perraults, der Eingang in Kolportagehefte und Bilderbogen fand, eine dominierende Wirkung ausgegangen sein.
Bechstein übernahm, auf seine Weise bearbeitet, den Per-
raultschen Text als ›Das Märchen vom Ritter Blaubart‹;
Ludwig Tieck schuf 1797 sein Märchendrama ›Ritter Blaubart‹; im 19. Jahrhundert nahm sich auch die Oper dieses
Stoffes an, so Grétry, Offenbach und Reznizek.

Der Klosterbarbier. S. 251
Quelle: Ernst Meier ›Deutsche Volksmärchen aus Schwaben‹, Nr. 45.

Auch wenn Meier ausdrücklich vermerkt, daß seine
Texte aus mündlicher Überlieferung stammen, in diesem
Falle aus Bühl, fällt dennoch im Hinblick auf die Episode
mit dem gespenstischen Barbier und die Erlösung durch
Bartscheren die deutliche Nähe zur Rotmantel-Figur in
Musäus' ›Stumme Liebe‹ (in: ›Volksmährchen der Deutschen‹) auf. Ob eine literarische Beeinflussung vorliegt,
kann dennoch nicht schlüssig nachgewiesen werden, zumal
dieses Motiv nicht nur bei Musäus auftaucht. Unsere Variante ist bei Aarne/Thompson dem Typ 326 (›Gruseln lernen‹) zuzuordnen. Vgl. in unserer Ausgabe Bechsteins ›Der
beherzte Flötenspieler‹ und Sutermeisters ›Die Geisterküche‹.

Die goldene Ente. S. 253
Quelle: Ernst Meier ›Deutsche Volksmärchen aus Schwaben‹, Nr. 17.

Das ursprüngliche Zaubermärchen vom Aarne/Thompson-Typ 571 (›Schwan, kleb an‹) ist im germanischen, slawischen und romanischen Sprachgebiet weitverbreitet. In unserer aus Derendingen stammenden Variante erhält der Held, der jüngste von drei Brüdern, auf Grund seiner Hilfsbereitschaft die Wunderente (in anderen Varianten andere Tiere oder Gegenstände), mit deren Hilfe er die Jungfrau durch Lachen erlöst und heiratet, ein Motiv, das eine schwankhafte Gestaltung ermöglicht. Dieses Motiv begegnet uns auch – allerdings ohne Kleb-an-Zug – im ›Parzival‹ des Wolfram von Eschenbach (13. Jahrhundert).

Das Bäuerlein. S. 256.
Quelle: Ignaz und Joseph Zingerle ›Kinder- und Hausmärchen aus Süddeutschland‹, S. 5–9.

Die Sammler Zingerle übernahmen diese Schwankmärchen-Variante vom ›Einochs‹ aus mündlicher Überlieferung aus dem Burggrafenamte. Aarne/Thompson verzeichnen diesen Typ unter der Nr. 1535 (›Unibos‹). Auch bei den Zingerles steht der Held – Bauer und Dorfhirt zugleich – am Rande der dörflichen Bevölkerung; auf Grund seiner sozialen Isolierung und empirischen Kenntnisse mit Verachtung und Mißtrauen bedacht, weist er einige negative Züge auf: löst er doch die Kette der Vergeltungs- und Racheakte dadurch aus, daß er mit egoistischer Pfiffigkeit nur seine Kuh auf der fetten Wiese weiden läßt, während die Kühe der Bauern darben müssen. Vgl. in unserer Ausgabe Tegethoffs Variante ›Einochs‹ und Buschs Variante ›Bauer Pihwitt‹.

Die Drachenfedern. S. 260
Quelle: Ignaz und Joseph Zingerle ›Kinder- und Hausmärchen aus Süddeutschland‹, S. 69–73.

Das Zaubermärchen von der Wanderung, um Ratschläge einzuholen, bei Aarne/Thompson unter der Nr. 461 A verzeichnet, ist ein dem Typ 461 (›Der Teufel mit den drei goldenen Haaren‹) nachgeordneter Typ, mit deutlichen Motivanklängen an diesen Typ. Daß Haare bzw. Federn als Sitz der Lebenskraft angesehen werden, ist ein altes, auf animistischen Glaubensvorstellungen basierendes Motiv, um das sich ganze Motivketten gebildet haben. Die vorliegende Variante wurde im Zillertal aufgezeichnet. Sehr alte literarische Belege für diesen Märchentyp sind u. a. für Indien, Griechenland, Italien und für den slawischen Kulturraum nachweisbar. Als selbständige möglicherweise älteste Erzählung begegnet uns der erste Teil des Typs 461 in der Herkunftssage des iberischen Königs Habis, die im 2./3. Jahrhundert Eingang ins lateinische Geschichtswerk M. J. Justinus' fand, das wiederum auf ältere Vorlagen, darunter auch Sagen, zurückgeht. In der mittelalterlichen deutschen und französischen Epik wird das Grundmotiv des Habis-Stoffes verschiedentlich wieder aufgenommen. Das älteste literarische Zeugnis des zweiten Märchenteils weist gar ins 7. Jahrhundert v. u. Z. zurück, wo auf Keilschriftbruchstücken aus Ninive von der Jenseitsfahrt des Helden Izdubar berichtet wird (s. a. Scherf ›Lexikon der Zaubermärchen‹, S. 369–375).

Der Stinkkäfer. S. 264
Quelle: Ignaz und Joseph Zingerle ›Kinder- und Hausmärchen aus Süddeutschland‹, S. 179–185.

Diese von den Sammlern Zingerle in Absam/Nordtirol aus mündlicher Überlieferung übernommene Variante beginnt mit dem Zaubermärchen-Typ ›Die drei Männlein im Walde‹, dem Aarne/Thompson die Nr. 403 B gaben; sie übernahmen diesen Typ von den Brüdern Grimm (KHM 13), deren Text auch durch eine lateinisch-tschechische Handschrift sowie durch eine indische Jaina-Fassung aus dem 17. Jahrhundert bekannt ist. Von wo aus das Eingangsmotiv vom Beerensammeln seinen Ausgang genommen hat, ist nicht schlüssig zu belegen, möglicherweise jedoch vom Balkan und der Alpenregion. Der Hauptteil die-

ser eigenwilligen Variante wird jedoch durch das Sagen-
motiv der im Berg verschwundenen Kinder bestimmt, das
aus der Sage vom Rattenfänger zu Hameln bekannt ist.
Dennoch wird der Schlußteil märchenspezifisch erzählt:
Der Held wie auch der verwunschene Käfer werden gerettet und erlöst, so daß Hochzeit gefeiert werden kann.

Der Ziegenhirt. S. 268
Quelle: Ignaz und Joseph Zingerle ›Kinder- und Hausmärchen aus Süddeutschland‹, S. 96–102.

In der im Zillertal aufgezeichneten Zaubermärchen-Va-
riante, die bei Aarne/Thompson unter der Nr. 314 A (›Hirt
erlöst verwunschene Weide‹) aufzusuchen ist, hat der Held
die traditionelle Weideprobe in der alpenländischen Landschaft zu bestehen; mit der Ansiedlung seines Märchens im
eigenen lokalen Bereich strebte der Erzähler eine stärkere
Identifikationsmöglichkeit seiner Hörer mit der Leistung
und dem Glück seines Helden an. Die Abenteuerhaltigkeit
des Märchens wird dadurch erhöht, daß Kampfspielmotive
eingeführt werden, die uns auch in den Typen 314 (›Goldener‹) und 508 (›Die im Kampfspiel gewonnene Braut‹) begegnen. Vgl. in unserer Ausgabe Wolfs ›Das graue Männchen‹.

Die Schlange. S. 273
Quelle: Ignaz und Joseph Zingerle ›Kinder- und Hausmärchen aus Süddeutschland‹, S. 173–179.

Dieser von den Zingerles in Absam/Nordtirol aufgezeichnete Text ist eine Variante des Zaubermärchens vom
Aarne/Thompson-Typ 433 B (›König Lindwurm‹), ein Typ,
der mit den Tierbräutigammärchen eng verwandt ist. Bei
Bechstein ist die vorliegende Fassung als ›Siebenhaut‹
nachzulesen. Jedoch bereits im indischen ›Pañcatantra‹ begegnet uns in einer aus dem 12. Jahrhundert stammenden
Version dieser Typ, der auch bei Straparola in seiner Erzählung ›König Schwein‹, in Basiles Geschichte ›Die

Schlange‹ und in d'Aulnoys Märchen ›Loserpe‹ nachzulesen ist. – Der Schlangenkult, der die Wahl des Märchenhelden bestimmte, war in der Antike weitverbreitet. Interessant an der Zingerle-Variante ist die Dankbarkeit, die der Erlöste dem Hexenmädchen gegenüber verspürt. Der Gegensatz Mensch – dämonisches Wesen wird durch den hier herausgearbeiteten sozialen Konflikt verstärkt. Vgl. auch Scherf ›Lexikon der Zaubermärchen‹, S. 228–233.

Der Wurm. S. 278
Quelle: Ignaz und Joseph Zingerle ›Kinder und Hausmärchen aus Süddeutschland‹, S. 311–319.

In dem von den Zingerles in Meran aufgezeichnetem Text begegnet uns eingangs das Zaubermärchen-Motiv des Aarne/Thompson-Typs 710 (›Marienkind‹): Ein Mädchen wird einem übernatürlichen Wesen versprochen. In verschiedenen Varianten wird dieses Wesen als Jungfrau Maria aufgefaßt, möglicherweise den schwarzen Muttergottes-Bildern folgend; in anderen Varianten wird von einer dämonischen Jungfrau oder anderen dämonischen Wesen erzählt. Die vorliegende Variante ist jedoch frei von religiöser Überlagerung: Ein Dämon in Gestalt eines Wurmes entführt das Jägermädchen; nachdem er ihr das Eheversprechen abgenommen hat, erfolgt seine Erlösung und Verwandlung in einen Jüngling. – Die Nähe zum Grundmotiv des Tierbräutigam-Typs 425 A ist unverkennbar. Diese und andere Motivkombinationen erfreuten sich in der mündlichen Überlieferung wie auch in der Literatur seit dem Mittelalter größter Beliebtheit, so daß sie auch in Volksbücher und Bilderbuchserien Eingang fanden. Vgl. in unserer Ausgabe Colshorns ›Aschenpöling‹.

Griseldele. S. 285
Quelle: Ignaz und Joseph Zingerle ›Kinder- und Hausmärchen aus Süddeutschland‹, S. 291–299.

Die in Meran von einer Passeirerin gehörte Variante des

Novellenmärchens ›Griseldis‹, das bei Aarne/Thompson unter der Nr. 887 verzeichnet ist, ist eingangs mit den Motiven des Aschenputtel-Typs 510 A verknüpft. Der Griseldis-Typ entstand vermutlich in der Blütezeit des Feudalismus, als sowohl von der weltlichen wie auch der kirchlichen Macht Demut, Dienstwilligkeit und Duldsamkeit als höchste Tugenden von einer Ehefrau verlangt und gepriesen wurden. Literarisch wurde diese Motivik vorrangig in Novellen gestaltet, so auch bei Petrarca und Boccaccio. 1395 wurde das Griseldis-Thema in Frankreich bereits auf die Bühne gebracht. An Popularität gewann es durch die Volksbuchliteratur.

Peter Bär. S. 292
Quelle: Carl und Theodor Colshorn ›Märchen und Sagen‹, Nr. 5.

Die vorliegende Variante des Zaubermärchens vom Aarne/Thompson-Typ 301 (›Bärensohn‹) wurde in Hannover aufgezeichnet. Der Held, meist ein Tiersohn, vornehmlich ein Bärensohn, ist stets übernatürlich stark. Eine gewisse Nähe zum Typ 650 (›Der starke Hans‹) ist unverkennbar. Seine sich als treulos erweisenden Gefährten, ebenfalls mit ungewöhnlichen Fähigkeiten ausgestattet, ähneln den wunderbaren Helfern des Typs 513 A (›Sechse kommen durch die ganze Welt‹). Motivanalogien begegnen uns jedoch auch beim Zweibrüder-Märchen (Typ 303) sowie beim Drachentöter-Märchen (Typ 300). Vgl. in unserer Ausgabe Bechsteins ›Die drei Musikanten‹, Wolfs ›Der Hinkelhirt‹ und Pröhles ›Von dem Schaf, das eine Königstochter trug.‹

Zwerg Holzrührlein Bonneführlein. S. 305
Quelle: Carl und Theodor Colshorn ›Märchen und Sagen‹, Nr. 29.

Die in Weibeck aufgezeichnete Variante des Zaubermärchens vom Aarne/Thompson-Typ 500 (›Rumpelstilzchen‹)

geht möglicherweise auf eine Zwergensage zurück. Verbreitung fand der Rumpelstilzchen-Stoff insbesondere im germanischen und romanischen Sprachbereich. Ein erster deutschsprachiger literarischer Beleg ist in der zweiten Ausgabe des Hauptwerkes des Elsässers Johann Fischart, der ›Affentheuerlich Naupengeheuerliche Geschichtklitterung …‹, 1582 erschienen, enthalten. – In der vorliegenden Variante verknüpft der Erzähler eine dörfliche Liebesgeschichte zwischen der Tochter eines Hirten und dem Sohn eines Schäfers mit jenem Motiv des Typs 500, das das Erraten des Zwergennamens beinhaltet. Nachdem dies dem Schäfersohn gelungen ist und somit die Hirtentochter nicht dem Zwerg anheimfällt, steht einer Heirat der beiden nichts mehr im Wege. Dieser glückliche Ausgang ist eine späte pastorale Ausformung des alten Märchentyps. Vgl. in unserer Ausgabe Jahns ›Das Goldspinnen‹.

Die Querpfeife. S. 307
Quelle: Carl und Theodor Colshorn ›Märchen und Sagen‹, Nr. 43.

Die in Vollbüttel aufgezeichnete Variante des Drachentöter-Typs, den Aarne/Thompson unter der Nr. 300 verzeichnen, ist eine Kurzform, die auf eine ausführliche Schilderung des Kampfes mit dem Drachen verzichtet, hingegen Einblick in die Wertschätzung familiärer Bindungen gewährt. – Drachenkampf und die Gestalt des Drachentöters fanden Eingang in die mündliche und schriftliche Überlieferung zahlreicher Völker und Kulturen: Drachenkampf-Motive sind in altorientalischen Mythen, Sagen und Epen enthalten; die Georgslegende erfährt ebenfalls durch dieses Motiv ihre Grundprägung; auch in der Siegfried-Sage und im Beowulf-Lied ist dieses Motiv verarbeitet. Die Drachentöter-Gestalt begegnet uns in den Varianten des Zwei-Brüder-Märchens (Typ 303), im Bärensohn-Typ 301 B sowie in anderen benachbarten Typen. Vgl. in unserer Ausgabe Pröhles ›Von dem Schaf, das eine Königstochter trug‹.

Aschenpöling. S. 309

Quelle: Carl und Theodor Colshorn ›Märchen und Sagen‹, Nr. 44.

In dem vorliegenden, in Altenhagen aufgezeichneten Märchen erfolgt eine Verknüpfung zweier beliebter Zaubermärchen-Typen, die Aarne/Thompson unter der Nr. 710 (›Marienkind‹) und 510 (›Aschenputtel‹) verzeichneten. In beiden Typen kommt soziales Wunschdenken verstärkt zum Ausdruck, das durch die Typenkombinierung betont wird. Besonders die Aschenputtel-Thematik, die vorrangig für Europa nachweisbar ist, wurde zu einem beliebten Sujet in der Literatur bis hin zum Bilderbogen. Vgl. in unserer Ausgabe Zingerles ›Der Wurm‹.

Die sieben Gesellen. S. 312

Quelle: Karl Simrock ›Deutsche Märchen‹, Nr. 40.

Mit Simrocks Text liegt uns ein Zaubermärchen vom Aarne/Thompson-Typ 513 A (›Sechse kommen durch die ganze Welt‹) vor. Die vorliegende Variante zeichnet sich dadurch aus, daß die Heldin (!) den König nicht straft, sondern heiratet. – Motive dieses Typs sind im orientalischen und europäischen Erzählgut zahlreich anzutreffen, so auch in den keltischen Artus-Sagen, wo die wunderlichen Gesellen ein Schnelläufer, ein Scharfäugiger, ein Hellhöriger, ein Fresser und ein Säufer sind. Vgl. in unserer Ausgabe Wolfs ›Von dem Schiff, das zu Wasser und zu Lande fuhr‹.

Der dankbare Tote. S. 324

Quelle: Karl Simrock ›Deutsche Märchen‹, Nr. 64.

Die vorliegende Variante ist bei Aarne/Thompson dem Typ 506 A (›Die aus der Sklaverei losgekaufte Prinzessin‹) zuzuordnen. Dieser Typ (oder auch nur Motive des Typs) prägte über 200 derzeit bekannte Märchenfassungen von zum Teil vortrefflicher literarischer Qualität; zahlreiche volkstümliche Drucke trugen ebenso zur Popularität des

Stoffes bei. In Europa sind Varianten von Schottland bis zum Balkan bekannt, wobei insbesondere für Mitteleuropa eine Vielzahl von Fassungen nachweisbar ist. Motive des Typs wurden auch in die mittelalterliche Romandichtung aufgenommen. – Wie bereits im Kommentar zu ›Des Toten Dank‹ (S. 525) betont, begünstigt das Thema die Einführung des Kaufmanns oder Fernhändlers als Märchenheld. Als charakteristisch fällt bei derartigen ›Kaufmannsmärchen‹ die Neigung zu präziser Lokalisierung auf, wie sie auch in analogen orientalischen Märchen anzutreffen ist. Vgl. in unserer Ausgabe Wolfs ›Des Toten Dank‹.

Kleesam. S. 327
Quelle: Karl Simrock ›Deutsche Märchen‹, Nr. 62.

In dem von Simrock aufgezeichneten Märchen treffen wir auf eine interessante Auswirkung mündlicher Tradierung: aus ›Sesam‹ wurde, möglicherweise auf Grund eines Hörfehlers, ›Kleesam‹, oder verwandelte der bäuerliche Erzähler das ihm unverständliche ›Sesam‹ des arabischen Märchens in ein ihm vertrauter anmutendes ›Kleesam‹? Das bei Aarne/Thompson unter der Typen-Nr. 676 (›Sesam, öffne dich‹) aufzusuchende Zaubermärchen, Motive begegnen uns auch im Typ 954 (›Ali Baba und die vierzig Räuber‹), kann sowohl über Gallands Übertragung der ›Erzählungen aus den Tausendundein Nächten‹ – er hatte das Sesam-Märchen aus mündlicher orientalischer Überlieferung in seine Ausgabe eingebracht – Verbreitung in Europa gefunden haben, jedoch auch bereits vor Galland von Händlern oder sonstigen Reisenden mitgebracht worden sein. – Das Motiv von in Säcken oder Fässern versteckten Räubern taucht schon in einem ägyptischen Papyrus (um 1600–1000 v. u. Z.) als Kriegslist auf; eine Analogie zum ›Trojanischen Pferd‹ des griechischen Sagenstoffes um Troja wie auch zum entsprechenden Motiv in Homers ›Ilias‹ drängt sich geradezu auf. Den Märchenschluß bilden Motive des Typs 955 (›Der Räuberbräutigam‹). Vgl. in unserer Ausgabe Pröhles ›Das Rauhtier‹.

Bruder Stiefelschmer. S. 338
Quelle: Karl Simrock ›Deutsche Märchen‹, Nr. 10.

Der erste literarische Beleg dieses Novellenmärchens, das dem Aarne/Thompson-Typ 952 (›Der König und sein Soldat‹) zuzuordnen ist, ist in Konrad Derrers ›Geschichtenbuch‹ (Mitte 14. Jahrhundert) zu finden; hier war der Held noch kein Soldat, auch hatte er noch keine Begleiter. Vom 17. Jahrhundert an wurde der Held in einen Schlachter, Schinder oder Scharfrichter verwandelt; Weggefährten waren jeweils Handwerker. Im 18. Jahrhundert erfolgte abermals eine Verwandlung des Helden: er wurde zum Deserteur oder abgedankten Soldaten; sein ihm in jeder Hinsicht unterlegener, gar von ihm abhängiger Begleiter war nun ein absolutistischer König. Durch typische Redewendungen jener Epoche wird das Zeitkolorit verstärkt. Auch das Unschädlichmachen der Räuber unterlag einer historischen Wandlung: In frühen Varianten erfolgt eine Bannung mit magischen Mitteln; diesen folgte das geplante Aufspüren und Überrumpeln; in der vorliegenden Variante offenbart sich eine Endphase dieser Motivik und damit des Typs: Ein Fleischergeselle, Gefährte des Helden, entpuppt sich als Polizeipräsident; die spezifisch sozialkritischen Akzente sind nivelliert.

Der lustige Zaunigel. S. 345
Quelle: Heinrich Pröhle ›Märchen für die Jugend‹, Nr. 13.

Die vorliegende Variante des in Europa verbreiteten Zaubermärchens vom Aarne/Thompson-Typ 441 (›Der Igel‹) weist insbesondere einen interessanten Schluß auf: Der Igelheld verzichtet auf zwei Prinzessinnen, die ihn nicht lieben und statt dessen in Bettlerkleidern in ihr väterliches Reich zurückkehren wollen; er heiratet das Mädchen, dessen Liebe ihn von seiner Igelgestalt erlöst, die dritte Prinzessin. Die Schlußepisode vom ›Engel der Liebe‹, der als deus ex machina den glücklichen Ausgang befördert, dürfte eine Zutat aus dem Bereich der Trivialliteratur sein, ebenso weisen andere Details, beispielsweise die Vorliebe für süßen Kaffee, in die Kulturwelt des bürgerlichen Zeitalters.

Der Maurerlehrling. S. 349
Quelle: Heinrich Pröhle ›Märchen für die Jugend‹, Nr. 38.

Pröhles Variante des Novellenmärchens vom Aarne/Thompson-Typ 950 (›Das Schatzhaus des Rhampsinit‹) ist bereits in einer Fassung aus dem 5. Jahrhundert v. u. Z. literarisch belegt: Der griechische Historiker Herodot (484–425 v. u. Z.) überlieferte in seinem ›Geschichtswerk‹ (Zweites Buch, 121. Kapitel) eine Variante als altägyptisches Märchen. In allen Überlieferungen sympathisiert der Erzähler mit dem Maurer bzw. Maurerlehrling, der sich einen geheimen Zugang zur Schatzkammer angelegt hat, um Schätze entwenden zu können. Der Held und Dieb ist stets mit Pfiffigkeit und Mutterwitz ausgestattet; die Nähe zum Typ 1525 (›Der Meisterdieb‹), ein Typ, der auch im indischen Erzählgut verbreitet ist, ist unverkennbar.

Böse werden. S. 351
Quelle: Heinrich Pröhle ›Märchen für die Jugend‹, Nr. 16.

Pröhles Text ist eine Variante des in Europa weitverbreiteten Schwankmärchens vom Aarne/Thompson-Typ 1029 (›Bis der Kuckuck ruft‹). Auf Grund sozialer Milieuschilderung und sozialkritischer Tendenz wurde dieses Märchen besonders gern von bäuerlichem Gesinde erzählt. – Die soziale Konfliktsituation wird in unserer Fassung dadurch betont, weil der geizige, wohlhabende Bauer der Bruder des armen Bauern ist. Hörer und Leser erhalten sowohl Einblick in die dem Erzähler und Helden vertraute dörfliche Welt wie auch in die Familiensituation; in beiden Welten herrschen Ungerechtigkeit und Eigennutz vor, diese bittere Erfahrung läßt den Helden mit rüden Mitteln reagieren, deren schwankhafte Züge an Eulenspiegeleien erinnern und die bittere Grundhaltung in der Motivik aufhellen. – Motive dieses Typs begegnen uns, wenngleich vor einem anderen sozialen Hintergrund, auch im indischen Erzählgut.

Der Jäger und die drei Brüder. S. 355
Quelle: Heinrich Pröhle ›Märchen für die Jugend‹, Nr. 42.

In diesem vielfach variierten Zaubermärchen vom Aarne/Thompson-Typ 360 (›Das Geschäft dreier Brüder mit dem Teufel‹) übernimmt in Pröhles Fassung der Teufel – als grüner dämonischer Jäger erscheinend – jene Rolle, die der eines Korrektors sozialen Unrechts ähnelt, eine Rolle, die sich wesentlich von der kirchlichen Klassifizierung der Teufelsgestalt unterscheidet. Mit Hilfe der drei Bettelmusikanten provoziert er die gewinnsüchtigen Wirtsleute, die bisher zum Mord zu feige waren, so daß sie nun durch die Öffentlichkeit entlarvt und bestraft werden können. Mit dieser Variante wurde eine Vorstufe zur Kriminalliteratur erreicht.

Das Rauhtier. S. 359
Quelle: Heinrich Pröhle ›Märchen für die Jugend‹, Nr. 10.

Der vorliegende Pröhle-Text ist dem Novellenmärchen vom Aarne/Thompson-Typ 955 (›Räuberbräutigam‹) zuzuordnen, ein Typ, der in Europa weitverbreitet ist, jedoch auch in Indien und Armenien Parallelen hat. Die Gestalt des Räuberbräutigams ist im Gegensatz zum beliebten ›Meisterdieb‹ (Typ 1525) oder dem ›edlen Räuber‹, der auch in die späteren Räuberromane Eingang fand, düster und abschreckend gezeichnet, trägt er doch archaische und dämonische, mitunter sogar kannibalische Züge. Wie dämonische Wesen hat auch er seine Behausung in der Einsamkeit des Waldes. In verschiedenen Varianten erfolgt eine Kombination mit dem Blaubart-Typ 312. Das dramatisch aufgebaute Märchen kann überdies eine interessante Entwicklung nehmen, wenn die traditionellen magischen Motive kriminalistisch modernisiert werden. – Die vorliegende Variante, in die auch Sagenmotive Eingang fanden, ist ganz im ländlichen Milieu angesiedelt. So gehört zu jenen Typen, die vom Zaubermärchen abrückten, neben anderen auch das vorliegende Räubermärchen; statt Tierverwandlung erfolgt lediglich eine Verkleidung mit Fellen. Die Idylle im Jägerhaus läßt Einwirkungen durch das Lied und den sentimentalen Roman erkennen. Vgl. in unserer Ausgabe im Hinblick auf den Schluß Simrocks ›Kleesam‹.

Von dem Schaf, das eine Königstochter trug. S. 361
Quelle: Heinrich Pröhle ›Märchen für die Jugend‹, Nr. 9.

Dieses Zaubermärchen vom Aarne/Thompson-Typ 300 (›Drachentöter‹) erfuhr eine ungewöhnlich humorvolle Ausprägung, in dem das alte Drachenkampf-Motiv persifliert wird, sich die Drachen weigern, mit Mädchen zu kämpfen; schließlich zieht die dritte hilfreiche Königstochter – auf einem Schaf reitend – gegen die Drachen, die den Kampf jedoch, da sie in ihr den König vermuten, vertagen. Vgl. in unserer Ausgabe Colshorns ›Die Querpfeife‹.

Die Jungfrau auf dem gläsernen Berge. S. 363
Quelle: Theodor Vernaleken ›Österreichische Kinder- und Hausmärchen‹, Nr. 48.

In dieser aus Göpfritz in der Wild/Niederösterreich überlieferten Variante begegnet uns ein Zaubermärchen vom Aarne/Thompson-Typ 400 (›Suche nach der verlorenen Frau‹), in das auch das Motiv des unerreichbaren Glasbergs (Typ 530) Eingang fand. Als der Held sich am Ziel glaubt, werden ihm von einer Hexe weitere schwere Aufgaben gestellt, deren Lösung ihm mit Hilfe eines verwunschenen Mädchens gelingt; Anklang an den Typ 313 (›Die magische Flucht‹) sind unverkennbar. Bemerkenswert in unserer Variante ist auch die Treue der beiden Liebenden und die Liebe des Sohnes zu seiner alten Mutter. Vgl. in unserer Ausgabe Jahns ›Die Königin von Siebenbürgen‹.

Der Waldkater. S. 367
Quelle: Theodor Vernaleken ›Österreichische Kinder- und Hausmärchen‹, Nr. 23.

Die in Niederösterreich aufgeschriebene Variante ist dem Aarne/Thompson-Typ 332 (›Gevatter Tod‹) zuzuordnen. Hauptmotiv dieses Typs wurden möglicherweise antike und orientalische Glaubensvorstellungen, wonach der Tod zu Häupten oder zu Füßen des Kranken bis zu dessen Tod verweilt. Zu vermuten ist auch, daß dieses Motiv, den Tod als Gevatter zu bitten, auf eine mißverstandene fränkische Bezeichnung zurückgeht (Tod bedeutet zugleich Gevatter). Das Gevatter-Tod-Motiv wurde auch von Hans Sachs in seine Fastnachtsspiele eingebracht. Dieser ausnahmsweise tragisch ausklingende Märchentyp wurde, wohl aus diesem Grunde, in verschiedenen Varianten durch Einbeziehung eines anderen, eines einen glücklichen Schluß verheißenden Typs umgestaltet. So wird auch in der vorliegenden Variante nicht der Tod, sondern ein Waldgeist um Gevatterschaft gebeten. Vor der Wald- und Wildniskulisse vollzieht sich dann die Überleitung zum Typ 502 (›Der wilde Mann‹). Den Schluß bildet eine Räuberepisode.

Die geraubte Königstochter. S. 373
Quelle: Theodor Vernaleken ›Österreichische Kinder- und Hausmärchen‹, Nr. 24.

Die in St. Pölten/Niederösterreich aufgezeichnete Variante ist eine Mischung von Motiven aus verschiedenen Zaubermärchen. Der Märchenbeginn weist Nähe zum Dornröschen-Typ auf, den wir bei Aarne/Thompson unter der Nr. 410 aufsuchen können, den Kern bildet der Typ 811 C (›Die vom Teufel errettete Prinzessin‹), und der Schluß enthält Motive des Typs 551 (›Die Söhne auf der Suche nach einer wunderbaren Rettung ihres Vaters‹). In unserer Variante tritt der Gegenspieler, der Unhold, in unterschiedlicher Gestalt auf: Eingeführt wird er als dämonischer Mann auf einem geflügeltem Pferd, in der Folge begegnet er uns als Teufel, Menschenfresser und schließlich als Drache. In all diesen Gestalten verkörpert er für den Erzähler, Hörer und Leser das Böse.

Der Wunschfetzen, die Goldziege, die Hutsoldaten. S. 378
Quelle: Theodor Vernaleken ›Österreichische Kinder- und Hausmärchen‹, Nr. 11.

Motivansätze für diese in Niederösterreich aufgeschriebene Variante vom Aarne/Thompson-Typ 563 (›Tischchen deck dich‹) sind im Erzählgut des Orients und des Mittelmeerraumes zu finden. Gegenstände, die ihrem Besitzer die Erfüllung seiner Wünsche bringen, dadurch ausgelöst aber auch den Neid anderer erregen, beschäftigten vermutlich schon früh die Phantasie des Volkes; die Nähe zum Zaubermärchen-Typ 569 (›Der betrügerische Austausch magischer Gegenstände‹) ist daher offenkundig. – Einer der ältesten literarischen Belege des Typs 563 begegnet uns in Basiles ›Pentamerone‹ (›Der wilde Mann‹). Bemerkenswert ist der Schluß unserer Variante: Er mündet nicht in eine Wiederbeschaffung der Zauberdinge, sondern in einen Zwist mit dem König; um den Schuster siegreich und glaubhaft bestehen zu lassen, wird das dritte Zauberding, der Prügel, in ein Gerät verwandelt, das dem Helden machtvolle Hilfe zuteil werden lassen kann.

Der Wunderschimmel. S. 383
Quelle: Theodor Vernaleken ›Österreichische Kinder- und Hausmärchen‹, Nr. 8.

Dieses in Weitra/Niederösterreich aufgezeichnete Zaubermärchen besteht aus einer Kombination von Motiven verschiedener Typen, die bei Aarne/Thompson unter den Nummern 316 (›Die Nixe im Mühlteich‹), 314 (›Goldener‹)

und 610 (›Die heilenden Früchte‹) aufzusuchen sind. Eingeleitet wird unser Märchen mit dem alttestamentlichen
Jephtha-Motiv, dem Versprechen des ungeborenen Kindes
(Typ 316); es erfolgt dann ein Übergang zur magischen
Flucht des Typs 314, das hilfreiche Pferd wird jedoch nicht
typgetreu erlöst, sondern es wird der Typ 610 angegliedert.
Dieser Typ wird häufig mit anderen Motiven und Typen
verschmolzen, weil diese Kombination es erlaubt, dem
Helden zusätzliche Aufgaben zu stellen und somit eine
größere Handlungsfülle erreicht wird. Bemerkenswert ist
die Schlußepisode, die unter dem Einfluß christlicher Symbolik zu stehen scheint: Der Wunderschimmel wird nicht
erlöst durch Verwandlung in Menschengestalt, sondern
durch Verwandlung in eine Taube.

Der Wittnauer Hans. S. 387
Quelle: Otto Sutermeister ›Kinder- und Hausmärchen aus
der Schweiz‹, Nr. 48.

Diese von Sutermeister aus den ›Wöchentlichen Blättern
zum Schweizerboten‹ von 1864, Nr. 1, übernommene und
aus Anergan stammende Variante scheint eine Transponie-
rung des bekannten Tiermärchens vom Aarne/Thompson-
Typ 130 (›Die Tiere auf der Wanderschaft‹) in die Menschenwelt zu sein. Die Flucht des armen Kuhjungen aus
dem Haus des reichen, geizigen Vetters ist genau und be-
greiflich geschildert. Im Gegensatz zu den Tieren kehrt der
junge Held jedoch nach seinem Abenteuer mit den Räubern in sein Dorf zurück, wo er nun, nachdem ihm das
Glück zur Seite steht, zufrieden leben kann. Das Bienen-
korbmotiv und der Streit zwischen den Trägern ist auch
aus ›Eulenspiegel‹ bekannt. Vgl. in unserer Ausgabe
Grimms ›Die Bremer Stadtmusikanten‹.

Die drei Raben. S. 392
Quelle: Otto Sutermeister ›Kinder- und Hausmärchen aus
der Schweiz‹, Nr. 7.

Die von Sutermeister überlieferte Variante geht auf das 1827 in ›Lieder und Sagen aus der Schweiz‹ publizierte Gedicht ›Schön Frida‹ (S. 103) zurück, das aus St. Gallen stammt. Zuzuordnen ist diese Variante dem Zaubermärchen vom Aarne/Thompson-Typ 451 (›Das Mädchen sucht ihre Brüder, die sieben Raben‹). Dieser Typ ist im mitteleuropäischen Erzählgut weitverbreitet und fand frühzeitig Aufnahme in Erzählsammlungen wie ›Die sieben weisen Meister‹ (›Dolopathos‹, Ende 12. Jahrhundert), die seit dem Ende des 16. Jahrhunderts zu Volksbüchern wurden. Auch in Basiles ›Pentamerone‹ (›Die sieben Tauben‹) begegnet uns eine Typ-Variante. – In der vorliegenden Variante erscheint als übernatürlicher Ratgeber eine Fee, eine charakteristisch keltische und französische Märchenfigur.

Der Teufel als Schwager. S. 396
Quelle: Otto Sutermeister ›Kinder- und Hausmärchen aus der Schweiz‹, Nr. 24.

Die vorliegende Variante vom Aarne/Thompson-Typ 361 (›Bärenhäuter‹) geht auf einen von V. Orte gesammelten Sagenstoff zurück. Das Kernmotiv des Märchentyps vom Bärenhäuter, der sich nicht wäscht und schert, bevor ein Gelöbnis eingelöst ist – ein Zeichen der Askese –, begegnet uns bereits im Alten Testament; später, 98 u. Z., in Tacitus' ›Germania‹ (Kapitel 31). – In dieser späten Variante ist der im deutschen Volksmärchen als Held eingeführte Soldat – in nachfolgenden Varianten als abgedankter oder desertierter Soldat charakterisiert – durch einen wandernden Handwerksgesellen abgelöst. Vgl. in unserer Ausgabe Grimmelshausens ›Vom Ursprung des Namens Bärnhäuter‹.

Der starke Hans. S. 398
Quelle: Otto Sutermeister ›Kinder- und Hausmärchen aus der Schweiz‹, Nr. 18.

In der von Sutermeister vorgelegten Variante, die auf

eine handschriftliche Mitteilung von E.L.Rochholz aus So-
lothurn zurückgeht, wurden zwei Zaubermärchen miteinander kombiniert: die Aarne/Thompson-Typen 650 (›Der
starke Hans‹) und 301 (›Die geraubten Prinzessinnen‹). Motive beider Typen sind im orientalischen Erzählgut wie
auch in Europa weitverbreitet. Der starke Held unserer Variante, der im ersten Teil beim Bauern gedient, die Ohrfei-
genwette gewonnen und sich schließlich mit ihm vertragen
hat, muß im zweiten Teil weitere Abenteuer bestehen und
die alte Heldenrolle des Drachentöters übernehmen.
Wunschdenken des Erzählers prägte sich zugunsten von
Abenteuerhaltigkeit, im Gegensatz zu anderen Varianten,
in denen der Held im Heimatdorf bleibt, stärker aus. Vgl.
in unserer Ausgabe Bechsteins ›Der starke Gottlieb‹ und
Jahns ›Der Teufel und der Drescher‹.

Die Geisterküche. S. 403
Quelle: Otto Sutermeister ›Kinder- und Hausmärchen aus
der Schweiz‹, Nr. 4.
   Diese auf eine von E.L.Rochholz besorgte Schweizer Sagensammlung aus dem Aargau (I, S. 166) zurückgehende
Variante ist bei Aarne/Thompson dem beliebten Zaubermärchen-Typ 326 (›Gruseln lernen‹) zuzuordnen. Die vorliegende Variante verzichtet weitgehend auf Abenteuer-
schilderung, auf Bedrohung durch Dämonen; die knappe
Handlung wird hingegen in das Küchenmilieu einer Wald-
hütte verlagert; Schmalzküchlein zu backen ist dem Helden wichtiger als Spuk und Gruseln. Offenbar eine ge-
wollte Profanierung alter Motive. Vgl. in unserer Ausgabe
Bechsteins ›Der beherzte Flötenspieler‹ und Meiers ›Der
Klosterbarbier‹.

Der Teufel und der Drescher. S. 405
Quelle: Ulrich Jahn ›Volksmärchen aus Pommern und Rü-
gen‹, Nr. 45.
   In der von Jahn in Ferdinandshof bei Ueckermünde (vor-

mals zu Pommern gehörend) von einem Tagelöhner gehörten Variante des Zaubermärchens vom Aarne/Thompson-Typ 820 (›Der Teufel hilft‹) begegnet uns der Teufel als Korrektor sozialen Unrechts; er übernimmt dabei die Rolle des starken Hans (Typ 650). Da es aber nicht nur darum geht, Mißstände zu beseitigen und soziales Elend zu überwinden, sondern den bösen Gutsherrn mit einer Jenseitsstrafe zu belegen, eignet sich für den Erzähler wie auch für seine Zuhörer, die mit niedrigem Bildungsniveau ausgestattete Dorfarmut, die Teufelsgestalt als Korrektor besonders gut. Die Härte der Bestrafung steht für die Härte des sozialen Konflikts. Partner des Helden ist der alte gebrechliche Tagelöhner, mit dessen Los und dessen Befreiung sich Erzähler und Hörer identifizieren konnten. Die Schlußepisode enthüllt vollends den Charakter des Gutsherrn: Besitz ist ihm Lebensinhalt geworden, ohne Besitz verliert sein Leben an Sinn. So begibt er sich durch seinen Fluch in des Teufels Gewalt. Die soziale Utopie wird bis zur Abrechnung mit dem Gutsherrn durchgeführt. Über das weitere Geschick aller Tagelöhner erfahren Hörer und Leser nichts weiter; das nunmehr sorgenfreie Leben des alten Knechtes erhält gewissermaßen symbolischen Wert. Vgl. in unserer Ausgabe Bechsteins ›Der starke Gottlieb‹ und Sutermeisters ›Der starke Hans‹.

Hadelum-pum-pum. S. 409
Quelle: Ulrich Jahn ›Volksmärchen aus Pommern und Rügen‹, Nr. 11.

Jahn hörte diese Variante des Novellenmärchens vom Aarne/Thompson-Typ 850 (›Die Muttermale der Prinzessin‹), dem auch Motive des Zaubermärchens vom Typ 559 (›Der Mistkäfer‹) nahestehen, im ehemaligen pommerschen Petznick, Kreis Pyritz (heute Pyrzyce/VR Polen). In beiden Typen erscheint der Held als listiger Mann. List war, wie auch der Meisterdieb-Typ 1525 bezeugt, oft die einzige Waffe des ansonsten Macht- und Rechtlosen. Die

546

vorliegende originelle Variante belegt eindrucksvoll die Um- und Neuformung von Märchen im 18. Jahrhundert, in dem feudalabsolutistische Verhältnisse parodiert werden, insbesondere im Heer mit dessen dynastisch orientierten Rangstufen: der ›ungeratene Sohn‹ des Kaufmanns steigt zum Prinzen des königlichen Hauses auf.

Wie aus einem Schweinehirten ein König ward. S. 419
Quelle: Ulrich Jahn ›Volksmärchen aus Pommern und Rügen‹, Nr. 33.

Diese Variante des Zaubermärchens vom Aarne/Thompson-Typ 561 (›Aladin‹) hat der Sammler Jahn im ehemaligen pommerschen Quatzow, Kreis Schlawe (heute Sławno/VR Polen) erzählt bekommen. – Das Märchen von Aladins Wunderlampe wurde von Galland aus mündlicher orientalischer Tradition in seine französische Übersetzung und Sammlung der ›Erzählungen aus den Tausendundein Nächten‹ aufgenommen. – Die vorliegende Variante führt vom Hirtenleben über eine Räuberhöhlenepisode zu einer Motivkette von Abenteuern, die uns in den Typen 566 (›Fortunatus‹) und 569 (›Der betrügerische Austausch magischer Gegenstände‹) begegnen. Bemerkenswert ist die nach Gerechtigkeit strebende Schlußepisode, indem der Held mit der verräterischen Frau hart abrechnet und darauf verzichtet, eine Prinzessin zur Frau zu nehmen.

Wie Dummhans für ein Gerstenkorn ein Königreich bekam. S. 429
Quelle: Ulrich Jahn ›Volksmärchen aus Pommern und Rügen‹, Nr. 43.

Jahn zeichnete dieses Schwankmärchen vom Aarne/Thompson-Typ 1655 (›Der vorteilhafte Tausch‹) in Ferdinandshof bei Ueckermünde (vormals zu Pommern gehörend) auf. Der Typ ist gewissermaßen ein Gegenstück zu ›Hans im Glück‹ (Typ 1415). In unserer Variante ist der Held für die Bauern der dumme Hans, dem entsprechende

Behandlung und ›Belohnung‹ widerfährt; seinen Spottlohn vermehrt er jedoch mittels Ehrlichkeit, Pfiffigkeit und Umsicht, so daß er in der Schlußepisode ohne einen übernatürlichen Helfer seinen Gegenspieler beim Ringen um die Gunst der Prinzessin ausschalten kann.

Die beiden feindlichen Könige. S. 438
Quelle: Ulrich Jahn ›Volksmärchen aus Pommern und Rügen‹, Nr. 39.

Diese ebenfalls im ehemaligen pommerschen Quatzow, Kreis Schlawe (heute Sławno/VR Polen), aus mündlicher Überlieferung übernommene Variante des Zaubermärchens vom Aarne/Thompson-Typ 313 A (›Die magische Flucht‹) erfuhr eine bemerkenswerte Veränderung: typengetreu wäre der Gegenspieler des Helden ein Unhold, der unlösbare Aufgaben stellt; nunmehr ist dieser Gegenspieler ›säkularisiert‹ worden, zu einem König geworden, der des Zauberns kundig ist. Damit wurde die Handlung des zu den ältesten Typen zählenden Märchens ins Mittelalter versetzt. Motivbelege begegnen uns bereits zweimal in der altgriechischen ›Argonautensage‹: 1. Der thessalische Held Jason hat in Kolchis ähnliche Aufgaben zu lösen, worauf er dann mit Medea, der zauberkundigen Tochter des Königs, flieht; 2. auch im Geschehen um Phrixos und Helle, die durch Zeus, der ihnen den Widder mit dem Goldenen Vlies schickt, vor der Verfolgung der Stiefmutter gerettet werden. Auch in Basiles ›Pentamerone‹ finden wir zwei Belege von der magischen Flucht (›Die Taube‹ und ›Corvetto‹). Weite Verbreitung fand in der Folgezeit dieser Typ auch durch in viele Sprachen übertragene französische Feenmärchen. Im indischen und orientalischen Erzählgut ist dieser Typ ebenfalls schon früh belegbar. – Bemerkenswert an unserer Variante ist der Schluß: Der Held flieht zwar mit seiner zauberkundigen Helferin, heiratet sie aber nicht; das Mädchen wird in das Schloß ihres Vaters zurückgeholt; von einer Heirat des Prinzen Ludwig wird

ebenfalls nichts erzählt. Vgl. in unserer Ausgabe Müllen-
hoffs ›Goldmariken und Goldfeder‹.

Die Mädchen im Pfluge. S. 449
Quelle: Ulrich Jahn ›Volksmärchen aus Pommern und Rügen‹, Nr. 36.

Der Sammler Jahn übernahm auch diese Variante aus
mündlicher Überlieferung aus dem ehemaligen pommerschen Quatzow, Kreis Schlawe (heute Sławno/VR Polen).
Das Zaubermärchen vom Aarne/Thompson-Typ 506 A
(›Die aus der Sklaverei losgekaufte Prinzessin‹) ist in zahlreichen Fassungen bekannt und in der Literatur immer
wieder variiert worden. Die vorliegende Variante ist, wie
auch andere nördliche Fassungen, im Küstenbereich angesiedelt und bezieht die See in den Handlungsspielraum
ein; der Held, ein hilfreicher Kaufmann, verschenkt
Schiffe und Ladungen an Notleidende. Vgl. in unserer
Ausgabe Wolfs ›Des Toten Dank‹, Simrocks ›Der dankbare
Tote‹ und Jahns ›Das Goldspinnen‹.

Die Königin von Siebenbürgen. S. 457
Quelle: Ulrich Jahn ›Volksmärchen aus Pommern und Rügen‹, Nr. 56.

Die im ehemaligen pommerschen Zabelsdorf, Kreis
Randow (in der Nähe von Demmin), aus mündlicher Überlieferung übernommene eigenwillige Variante des Zaubermärchens vom Aarne/Thompson-Typ 400 (›Die Suche
nach der verschwundenen Frau‹) weist eine Fülle interes-
santer Motive auf: die verwunschene Seejungfrau, eine
dörfliche Melusine, steckt, dem sozialen Milieu entsprechend, in einer Tonne; der alte Soldat verdingt sich für Essen und Trinken bei der Jungfrau, um sie zu erlösen. Diese
in ihrer Realistik fast komisch anmutenden Episoden fü-
gen sich aber durchaus gut in die abenteuerliche Handlung
des Märchens ein. Die recht grausam geschilderten Qualnächte des Helden entsprechen der Härte der Erfahrungs-

welt von Erzähler und Hörer, die sich als Tagelöhner auf herrschaftlichen Gütern verdingten. Die geschickte Handlungsführung und Motivverknüpfung läßt einen befähigten Erzähler vermuten. Die angedeutete ›Lokalisierung‹ – das verwünschte und schließlich erlöste Königreich wird Siebenbürgen genannt – läßt trotz aller Fabulierfreude auf einen niedrigen Bildungsstand und ein sehr begrenztes Weltbild von Erzähler und Hörer schließen. Vgl. in unserer Ausgabe Wolfs ›Das goldene Schloß‹ und Vernalekens ›Die Jungfrau auf dem gläsernen Berge‹.

Das Goldspinnen. S. 468
Quelle: Ulrich Jahn ›Volksmärchen aus Pommern und Rügen‹, Nr. 1.

Jahn zeichnete diese Variante im ehemaligen pommerschen Quatzow, Kreis Schlawe (heute Sławno/VR Polen), auf. Uns begegnet in diesem Text eine ungewöhnliche, dennoch geglückte Kombination zweier Zaubermärchen, die Aarne/Thompson unter der Nr. 500 (›Rumpelstilzchen‹) und 313 (›Die magische Flucht‹) verzeichnen. Die spinnunwillige Müllerstochter kann im ersten Teil zur Heldin aufrücken, weil Spinnen am Herrenhof als Last und Bedrückung empfunden wurde; im zweiten Teil wird der Sohn der Müllerstochter Held des Handlungsverlaufs. Vgl. in unserer Ausgabe Colshorns ›Zwerg Holzrührlein Bonneführlein‹.

Die alte Slüksche. S. 480
Quelle: Wilhelm Busch ›Ut ôler Welt‹, Nr. 27.

Buschs Text trägt schwankhafte Züge und ist keinem verbreiteten Typ zuzuordnen. Auf recht amüsante Weise werden Schnüffelei und Freßlust eines alten Weibes attackiert; der jungen Bauersfrau indessen wird Listigkeit gegenüber ihrem Mann zugestanden. Die Komik der Episoden wird den Humoristen Busch zum Nacherzählen angeregt haben.

Der Königssohn mit der goldenen Kette. S. 483
Quelle: Wilhelm Busch ›Ut ôler Welt‹, Nr. 22.

In der vorliegenden Variante begegnet uns eine Kombination dreier bei Aarne/Thompson verzeichneter Zaubermärchen-Typen: Typ 507 (›Die Braut des Unholds‹), dessen Hauptmotivik – ein Toter durfte nur begraben werden, wenn seine Schulden bezahlt worden waren; das Begraben eines Unbekannten war hingegen eine gute Tat – im alten Orient und antiken Griechenland kulturhistorisch belegt ist. Ältestes literarisches Zeugnis des Märchens ist im Buch Tobit (Altes Testament) nachzulesen, das vermutlich aus dem 1. Jahrhundert v. u. Z. stammt. Im Verlaufe von Jahrhunderten verbreitete sich das sogenannte Tobiasmärchen bis nach Nordeuropa; die wohl bekannteste Fassung überlieferte 1835 Hans Christian Andersen (1805–1875) mit seinem Märchen ›Der Reisekamerad‹. – An Abenteuerlichkeit gewinnt unsere Variante durch die Aufnahme von Motiven des Typs 506 A (›Die aus der Sklaverei losgekaufte Prinzessin‹ und des Typs 506 B (›Die vor Räubern gerettete Prinzessin‹). Vgl. in unserer Sammlung Wolfs ›Des Toten Dank‹, Simrocks ›Der dankbare Tote‹ und Jahns ›Die Mädchen im Pfluge‹.

Königin Isabelle. S. 488
Quelle: Wilhelm Busch ›Ut ôler Welt‹, Nr. 3.

In Buschs Text begegnet uns eine ungewöhnliche Kombination zweier Novellenmärchen, deren Motivik von gegensätzlichen Frauenidealen bestimmt wird; daß dennoch ein bemerkenswertes Märchen entstand, ist der Begabung des Erzählers zu verdanken. Miteinander verknüpft wurden die bei Aarne/Thompson aufzusuchenden Typen 875 (›Die kluge Bauerntochter‹) und 887 (›Griseldis‹). In der klugen Bauerntochter begegnet uns eine Heldin, die dank ihrer geistigen, charakterlichen und moralischen Fähigkeiten sich gegenüber ihrem gesellschaftlich höhergestellten Ehemann überlegen erweist. Ist auch dieser Typ im orientalischen und europäischen Erzählgut weitverbreitet, so begegnen uns jedoch analoge Scharfsinnsproben, die die Motivik des Typs wesentlich bestimmen, bereits im indischen Erzählgut. Literarische Belege sind uns mit den Erzählungen um König Salomo, im ›Dolopathos‹ (1185), in den Liedern der jüngeren Edda (um 1220) sowie in den ›Gesta Romanorum‹ (Ende 13. Jahrhundert) überliefert. – Die Heldin unserer Variante trägt gleichsam auch Züge der Dulderin Griseldis. Der patriarchalisch-religiös geprägte Typ des Griseldis-Märchens, die offenkundige Diskrepanz in der Erscheinung und Wertung unserer Heldin – in der Literatur durchaus nicht ungewöhnlich –, wird durch geschicktes Erzählen ausgeglichen, begünstigt durch die Tatsache, daß im Märchen grundsätzlich keine Charaktere dargestellt werden. Vgl. in unserer Ausgabe Zingerles ›Griseldele‹.

Bauer Pihwitt. S. 493
Quelle: Wilhelm Busch ›Ut ôler Welt‹, Nr. 14.

Das älteste literarisch überlieferte deutsche Schwankmärchen (s. Vorwort S. 5) ›Einochs‹, das Aarne/Thompson als Typ 1535 (›Unibos‹) verzeichnen, fand in zahlreichen Varianten sowohl in Europa aber auch beispielsweise in China, Japan, Indonesien, Indien, Amerika und Grönland Verbreitung. Nicht selten fanden Kombinationen mit anderen Märchen, vor allem Schwankmärchen, statt. – In unserer Variante fand das Motiv vom versteckten Liebhaber Aufnahme, das uns unter anderem in italienischen Erzählsammlungen der Renaissance begegnet. Vgl. in unserer Ausgabe Tegethoffs ›Einochs‹ und Zingerles ›Das Bäuerlein‹.

acheln: umgangssprachlich für essen.

Ankenschnitten: Butterschnitten.

ankest, anken: wehklagen, wimmern, ächzen.

Apologie: Verteidigung, Verteidigungsschrift, -rede.

Beginen: seit dem Ende des 12. Jahrhunderts in verschiedenen europäischen Ländern Frauenvereinigungen zu gemeinsamem andächtigem Leben ohne Gelübde abzulegen oder Ordensregeln zu folgen in sogenannten Beginenhöfen oder -häusern. Nach ihrer Blütezeit im 13. und 14. Jahrhundert befaßte sich in zunehmendem Maße die Inquisition mit den Beginen, Verbrennungen und Einmauerungen waren nicht selten.

Bene: sich wohl tun, gut tun, ein Gütchen tun.

Benne: Bahre.

Brent: Trog, Schüssel.

Closette: (franz.) kleines Kabinett.

Demant, demanten, demantne: dichterisch und mundartlich für Diamant beziehungsweise für diamanten.

Dotten, Dote: Patin.

Dublone: ›Doppelstück‹, alte spanische Goldmünze; ursprünglich der doppelte spanische Escudo oder die Pistole; seit dem 16. Jahrhundert wurden die doppelten Pistolen im europäischen Handel D. genannt.

Eidam: Schwiegersohn.

Facken: Schweine.

Felleisen: Mantelsack; mit einer Eisenstange verschlossene Ledertasche.

Fohren: Forellen.

Friedrichsdor: preußische Goldmünze, geprägt von 1750 bis 1855.

Göttel: in der deutschsprachigen Schweiz für Patin.

hale: glatt, schlüpfrig.

Hambutten: Hagebutten.

Hechel: landwirtschaftliches Gerät mit scharfen Drahtspitzen zum Durchziehen und Reinigen von Flachs und Hanf.

Heiducken, Haiducken: (ung. hajdú, ›Räuber‹), ursprünglich in Ungarn eine Art Miliz, die sich von jedermann in Sold nehmen ließ. 1605 wurde den H. zum Lohn für ihren Beistand im Revolutionskrieg vom Fürsten von Siebenbürgen ein eigener Distrikt (Hajdú-Bihar) übereignet, auch wurden. ihnen sämtliche Adelsrechte verliehen. Später wurden an deutschen Höfen H. zu Lakaiendiensten gehalten. Vom 15. bis 18. Jahrhundert bildeten die H. die bäuerlich-antifeudale Freischärlerbewegung der Südslawen (Bulgaren und Serben) gegen das Türkenjoch. In serbischer und bulgarischer Volkspoesie werden sie seither als nationale Helden besungen.

Himten, Himpten: niedersächsisches größeres Getreidemaß, dessen Gehalt lokal unterschiedlich war.

Hinkel: Hühner.

Komputation: Berechnung; juristisch insbesondere die Berechnung des Verwandtschaftsgrades.

Kutt: Haufen, Menge.

Laubtaler: deutsche Bezeichnung des 1726 bis 1794 geprägten französischen Écu d'argent zu sechs Livres (nach den das Wappen umschließenden Lorbeerzweigen). Der L. war im westlichen Deutschland und in Preußen außerordentlich verbreitet.

Malter: altes deutsches Getreidemaß.

Marstall: Gebäude für Pferde, Wagen, Reit- und Fahrutensilien besonders fürstlicher Personen.

Phaethon: zweirädriger, sehr leichter und meist offener, eleganter Wagen; so genannt in Anspielung auf den Phaethon-Mythos.

Plafond: flache, verzierte Raumdecke.

Pomeranze: apfelsinenähnliche Frucht.

Poschen: Taschen.

Prärogative: Vorrecht; einem einzigen vorbehaltenes Recht.

Runsen: Fels- oder Erdrinnen, Spalten.

seelzogst, seelzogen: in den letzten Zügen liegen.

Siegrist, Sigrist: Küster, Mesner.

Sigismundus, Sigismund: römisch-deutscher Kaiser; geb. 1368 in Nürnberg, gest. 1437 in Znaim (Znojmo), Sohn Karls IV. S. war seit 1410 deutscher König, seit 1433 Kaiser, erbte 1378 die Mark Brandenburg und wurde 1386 durch Heirat König von Ungarn. Er war Initiator und Schirmherr der Reformkonzilien zu Konstanz (1414/18), lieferte Hus dem Konzil aus. Aufgrund seiner Niederlage gegen die Hussitenbewegung versuchte er mehrfach vergeblich im deutschen Feudalstaat Reformen durchzuführen. 1436 wurde S. König von Böhmen.

supplizieren: bitten.

Schabracke: Pferdedecke.

schliefen, schloff: kriechen, kroch.

Schwäher: Schwiegervater.

Taburett: niedriger Sessel ohne Lehne.

Traktament: Bewirtung, Behandlung, Besoldung.

Tubben: hölzerner Kübel.

Überschüttel: eine Art schlechte Suppe.

verpalisidieren, verpallisadieren: mit Palisaden schützen, verschanzen.

Wiemen: in Norddeutschland und Hessen Lattengerüst im Kamin, an dem Würste und Fleisch zum Räuchern aufgehängt werden; auch Sitzstange der Hühner.

Ziggel: Brunnen.

BIBLIOGRAPHIE
Quellen

Bechstein, Ludwig: Deutsches Märchenbuch. Leipzig 1844.

–: Neues deutsches Märchenbuch. Wien 1856.

Busch, Wilhelm: Ut ôler Welt. Volksmärchen, Sagen, Volkslieder und Reime. Gesammelt. München 1910.

Büsching, Johann Gustav Gottlieb: Volkssagen, Mährchen und Legenden. Leipzig 1812.

Colshorn, Carl und Theodor: Märchen und Sagen. Hannover 1854.

Grimm, Jakob und *Wilhelm:* Kinder- und Hausmärchen. Gesammelt. Große Ausgabe. 2 Bände. (Ausgabe letzter Hand). Göttingen 1857.

Grimmelshausen, Hans Jakob Christoffel von: Werke in 4 Teilen. [In 3 Bänden] 4.Teil. Kleine Schriften. Herausgegeben, mit Einleitung und Anmerkungen versehen von Hans Heinrich Borcherdt. Berlin, Leipzig, Wien, Stuttgart 1921.

Jahn, Ulrich: Volksmärchen aus Pommern und Rügen. 1. Teil. In: Forschungen. Herausgegeben vom Verein für niederdeutsche Sprachforschung. Band II. Norden und Leipzig 1891. Nachdruck: Hildesheim und New York 1973.

Kuhn, Adalbert: Märkische Sagen und Märchen nebst einem Anhange von Gebräuchen und Aberglauben. Gesammelt und herausgegeben. Berlin 1843. Nachdruck: Hildesheim und New York 1973.

–: Sagen, Gebräuche und Märchen aus Westfalen und einigen anderen, besonders den angrenzenden Gegenden Norddeutschlands. Gesammelt und herausgegeben. 2 Teile. Leipzig 1848.

Meier, Ernst: Deutsche Volksmärchen aus Schwaben. Aus dem Munde des Volks gesammelt und herausgegeben. Stuttgart 1852. Nachdruck: Hildesheim und New York 1971.

Montanus, Martin: Schwankbücher (1557–1566). Heraus-
556

gegeben von Johannes Bolte. In: Bibliothek des litterarischen Vereins in Stuttgart 217. Tübingen 1899. Nachdruck: Hildesheim und New York 1972.

Müllenhoff, Karl: Sagen, Märchen und Lieder der Herzogthümer Schleswig, Holstein und Lauenburg. Kiel 1845.

Musäus, Johann Karl August: Volksmährchen der Deutschen. Leipzig 1782–1786. Vollständige Ausgabe nach dem Text der Erstausgabe von 1782–1786: Darmstadt 1961 sowie München 1961.

Pröhle, Heinrich: Märchen für die Jugend. Mit einer Abhandlung für Lehrer und Erzieher. Halle 1854.

Simrock, Karl: Deutsche Märchen. Stuttgart 1864.

Sommer, Emil: Sagen, Märchen und Gebräuche aus Sachsen und Thüringen. Halle 1846.

Sutermeister, Otto: Kinder- und Hausmärchen aus der Schweiz. Aarau 1869.

Tegethoff, Ernst: Märchen, Schwänke und Fabeln. (Bücher des Mittelalters). München 1925.

Vernaleken, Theodor: Österreichische Kinder- und Hausmärchen. Treu nach mündlicher Überlieferung. Wien 1864.

Wolf, Johann Wilhelm: Deutsche Märchen und Sagen. Gesammelt und mit Anmerkungen begleitet. Leipzig 1845.

–: Märchen, Sagen und Lieder aus Hessen. Darmstadt 1851.

Zingerle, Ignaz und *Joseph:* Kinder- und Hausmärchen aus Süddeutschland. Mit einer Einleitung von Johann Wilhelm Wolf. Regensburg 1854. Nachdruck: Hildesheim und New York 1975.

Ergänzende Literatur

Aarne, Antti: Ursprung der Märchen. In: Wege der Märchenforschung. (Wege der Forschung 255). Darmstadt 1973.

Aarne/Thompson: Aarne, Antti und *Stith Thompson:* The Types of the Folktale. (FFC 184). Helsinki [2]1964.

Asadowskij, Mark: Eine sibirische Märchenerzählerin. (FFC 68). Helsinki 1926.

d'Aulnoy, Marie-Cathérine Le Jumel de Barneville: Contes de fées. Paris 1697, ²1698.

Basile, Giambattista: Lo cunto de li cunti, Arattenemiento de lipeccerille. 2 Bände. Napoli 1634–1636.

–: Der Pentamerone oder Das Märchen aller Märchen. Aus dem Neapolitanischen übertragen von Felix Liebrecht. Mit einer Vorrede von Jakob Grimm. 2 Bände. Breslau 1846.

Beit, Hedwig von: Symbolik des Märchens. Versuch einer Deutung. Bern 1952, ⁵1975.

Benfey, Theodor: Pantschatantra. Fünf Bücher indischer Fabeln, Märchen und Erzählungen. 2 Bände. Leipzig 1859.

Berendsohn, Walter Arthur: Grundformen volkstümlicher Erzählkunst in den Kinder- und Hausmärchen der Brüder Grimm. Ein stilistischer Versuch. Hamburg 1921. Nachdruck: Wiesbaden 1968.

Binder, Wilhelm: Die Aesopischen Fabeln. Deutsch von Wilhelm Binder. Stuttgart 1866.

BP: Bolte, Johannes und *Georg Polívka:* Anmerkungen zu den Kinder- und Hausmärchen der Brüder Grimm. 5 Bände. Leipzig 1913–1932. Nachdruck: Hildesheim 1963.

Brunner-Traut, Emma: Altägyptische Märchen. Übertragen und bearbeitet von Emma Brunner-Traut. (Die Märchen der Weltliteratur). Düsseldorf und Köln 1963.

Burckhardt, Georg: Das Gilgamesch-Epos. Eine Dichtung aus dem alten Orient zu einem Ganzen gestaltet von Georg Burckhardt. (Insel-Bücherei 203). Leipzig ¹¹1964.

Eichler, Ingrid: Sächsische Märchen und Geschichten. Erzählt von Otto Vogel. Berlin 1971.

Enzyklopädie des Märchens. Handwörterbuch zur historischen und vergleichenden Erzählforschung. Herausgegeben von Kurt Ranke und Hermann Bansinger. Band 1ff. Berlin (West) und New York 1975ff.

Ernst, Paul: Tausend und ein Tag. Orientalische Erzählungen. Aus dem Französischen, Englischen und Italienischen übersetzt von Felix Paul Greve und Paul Hansmann. Herausgegeben von Paul Ernst. 4 Bände. Leipzig 1909 und 1910. Ausgabe in 2 Bänden. Leipzig 1967.

FFC: Folklore Fellows Communications. Helsinki u. a. 1907ff.

Galland, Jean-Antoine: Les Mille et une nuits, contes arabes traduits en françois. Übersetzt von Jean-Antoine Galland. 12 Bände. Paris 1704–1717. [Erste europäische Übersetzung von Tausendundeine Nacht.]

Groth, Paul: Die ethische Haltung des deutschen Volksmärchens. Bern 1975.

Hagen, Rolf: Perraults Märchen und die Brüder Grimm. In: Zeitschrift für deutsche Philologie 74. Berlin (West), Bielefeld, München 1975. S. 392–410.

Haiding, Karl: Träger der Volkserzählung in unseren Tagen. In: Österreichische Zeitschrift für Volkskunde. Heft 1/2. Wien 1953.

Iken, Carl Ludwig: Tûtinâme. Das persische Papageienbuch. Eine Sammlung persischer Märchen von Carl Ludwig Iken. Neudruck mit einer Einleitung von Richard Schmidt. Berlin und Leipzig 1905.

Jacobs, F.: Feen-Mährchen der Frau Gräfin von Aulnoy. Aus dem Französischen übersetzt von F. Jacobs. In: Friedrich Justus Bertuch: Die blaue Bibliothek der Nationen. Band 3, 4, 9, 10. Gotha 1790, 1791 und Weimar 1796.

Jolles, André: Einfache Formen. Legende, Sage, Mythe, Rätsel, Spruch, Kasus, Memorabile, Märchen, Witz. Halle 1930, Tübingen [4]1972.

Jung, Carl Gustav: Symbolik des Geistes. Zürich 1948.

Jung-Stilling, Johann Heinrich: Henrich Stillings Jugend, Jünglings-Jahre und Wanderschaft. Herausgegeben von Gabriele Drews. (Bibliothek des 18. Jahrhunderts) Leipzig 1982.

KHM: Kinder- und Hausmärchen der Brüder Grimm.

Laistner, Ludwig: Die Rätsel der Sphinx. Berlin 1889.

Leyen, Friedrich von der: Das Märchen. Ein Versuch. Leipzig 1911, Heidelberg ⁴1956.

–: Die Welt der Märchen. 2 Bände. Düsseldorf 1953 und 1954.

Littmann, Enno: Die Erzählungen aus den Tausendundein Nächten. Vollständige deutsche Ausgabe in sechs Bänden. Aus dem arabischen Urtext der Calcuttaer Ausgabe von 1839 übersetzt, mit Anmerkungen zur Übersetzung. Nachwort und Erläuterungen von Enno Littmann. Leipzig 1921–1928, ²1967.

Lüthi, Max: Das Volksmärchen als Dichtung. Ästhetik und Anthropologie. (Studien zur Volkserzählung). Düsseldorf und Köln 1975.

–: Das europäische Volksmärchen. Form und Wesen. Bern 1947, München ⁶1978.

–: Märchen. Stuttgart 1962, ⁷1979.

–: Es war einmal … Vom Wesen des Volksmärchens. Göttingen ⁵1977.

–: Volksliteratur und Hochliteratur. Menschenbild, Thematik und Formstreben. Bern und München 1970.

–: Volksmärchen und Volkssage. 2 Grundformen erzählender Dichtung. München 1961, ³1975.

–: So leben sie noch heute. Betrachtungen zum Volksmärchen. Göttingen 1969, ²1976.

Mackensen, Lutz: Handwörterbuch des deutschen Märchens. Herausgegeben unter besonderer Mitwirkung von Johannes Bolte von Lutz Mackensen. Band 1 und 2 (A–G). Berlin 1930–1933.

–: Der singende Knochen. Ein Beitrag zur vergleichenden Märchenforschung (FFC 49). Helsinki 1923.

–: Das deutsche Volksmärchen. In: Handbuch der deutschen Volkskunde. Herausgegeben von Wilhelm Peßler. Potsdam o. J.

Mehlig, Johannes: Buddhistische Märchen. Herausgegeben und übersetzt von Johannes Mehlig. Leipzig 1982, ²1984.

Mode, Heinz und *Arun Ray:* Bengalische Märchen. Herausgegeben und übersetzt von Heinz Mode und Arun Ray. Leipzig 1967, ³1984.

Mode, Heinz und *Milena Hübschmannová:* Zigeunermärchen aus aller Welt. Vier Sammlungen. Herausgegeben von Heinz Mode unter Mitarbeit von Milena Hübschmannová. [Vorwort in der Ersten Sammlung, Anhänge in allen Vier Sammlungen] Leipzig 1983, 1984, 1985.

Neumann, Siegfried: Es war einmal … Volksmärchen aus fünf Jahrhunderten. Herausgegeben von Siegfried Neumann. 2 Bände. Rostock ²1985.

–: Mecklenburgische Volksmärchen. Berlin 1971, ²1973.

Olrik, Axel: Epische Gesetze der Volksdichtung. In: Zeitschrift für deutsches Altertum 51. 1909.

Perrault, Charles: Contes de ma mère l'Oye. Histoires ou Contes du temps passé, avec des moralités. Paris 1697.

Pétis de la Croix, Alexandre Louis-Marie: Les Mille et un jours, contes persans traduits en françois. Übersetzt von Alexandre Louis-Marie Pétis de la Croix. 5 Bände. Paris 1710–1712. [Erste europäische Übersetzung von Tausend und ein Tag].

Peuckert, Will-Erich: Märchen. In: Deutsche Philologie im Aufriß. Herausgegeben von W. Stammler. Band 3. Berlin (West), Bielefeld, München ²1957.

Propp, Vladimir J.: Die historischen Wurzeln des Zaubermärchens (russ.). Leningrad 1946.

–: Morphologie des Märchens. Herausgegeben von Karl Eimermacher. München 1972.

Ranke, Kurt: Betrachtungen zum Märchen und zur Funktion des Märchens. In: Studium Generale 11. 1958. S. 647–664.

Riklin, Paul: Wunscherfüllung und Symbolik im Märchen. Wien und Leipzig. 1908.

Röhrich, Lutz: Erzählungen des späten Mittelalters und ihr Weiterleben in Literatur und Volksdichtung bis zur Gegenwart. 2 Bände. Bern und München 1962 und 1967.

–: Märchen und Wirklichkeit. Wiesbaden 1956, [3]1974.

–: Sage und Märchen. Erzählforschung heute. Freiburg, Basel, Wien 1976.

Rölleke, Heinz: Brüder Grimm: Kinder- und Hausmärchen. 2 Bände. Nach der zweiten vermehrten und verbesserten Auflage von 1819, textkritisch revidiert und mit einer Biographie der Grimmschen Märchen versehen. Herausgegeben von Heinz Rölleke. (Die Märchen der Weltliteratur). Köln 1982.

–: Die älteste Märchensammlung der Brüder Grimm. Cologny-Genève 1971.

Rumpf, Marianne: Ursprung und Entstehung von Warn- und Schreckmärchen. (FFC 160). Helsinki 1955.

Scherf, Walter: Lexikon der Zaubermärchen. (Kröners Taschenausgabe 472). Stuttgart 1982.

Schmidt, Kurt: Die Entwicklung der Grimmschen Kinder- und Hausmärchen. Halle 1932.

Schmidt, Leopold: Die Volkserzählung. Märchen, Sage, Legende, Schwank, Berlin (West) 1963.

Schmidt, Friedrich Wilhelm Valentin: Die Märchen des Straparola. Aus dem Italienischen von Friedrich Wilhelm Valentin Schmidt. Berlin 1817.

Schummel, Johann Gottlieb: Kinderspiele und Gespräche. 3 Teile. Leipzig 1776–1778.

Sieber, Friedrich: Wünsche und Wunschbilder im späten deutschen Zaubermärchen. In: Deutsches Jahrbuch für Volkskunde. Band 3. Berlin 1957. S. 11–30.

Steinitz, Wolfgang: Lied und Märchen als Stimme des Volkes. In: Deutsches Jahrbuch für Volkskunde. Band 2. Berlin 1956. S. 11–32.

Straparola, Giovan Francesco: Le piacevoli notti. 2 Bände. Venedig 1550–1553.

Strapparola: Die Nächte des Strapparola von Caravagozin. Anonym. 2 Teile. Wien 1791.

Strobach, Hermann: Geschichte der deutschen Volksdichtung. Herausgegeben von Hermann Strobach. Berlin 1981.

Sydow, Carl W. von: Kategorien der Prosa-Volksdich-tung. In: Volkskundliche Gaben. John Meier zum 70. Ge-burtstag dargebracht. Berlin und Leipzig 1934.

Thompson, Stith: Motif-Index of Folk Literature. 6 Bände. Copenhagen [2]1955–1958.

Trillitzsch, Winfried: Gesta Romanorum. Geschichten von den Römern. Ein Erzählbuch des Mittelalters. Erst-mals in vollständiger Übersetzung herausgegeben von Win-fried Trillitzsch. Leipzig 1973, [2]1979.

Vries, Jan de: Betrachtungen zum Märchen, besonders in seinem Verhältnis zu Heldensage und Mythos. (FFC 150). Helsinki 1954.

Wesselski, Albert: Versuch einer Theorie des Märchens. Reichenberg i. B. 1931.

–: Deutsche Märchen vor Grimm. Brünn und Leip-zig 1938.

Woeller, Waltraud: Der soziale Gehalt und die soziale Funktion der deutschen Volksmärchen. Habil-Schrift. Ber-lin 1955.

–: Deutsche Volksmärchen von arm und reich. Heraus-gegeben von Waltraud Woeller. Berlin 1959, [5]1979.

–: Märchen. In: Deutsche Volksdichtung. Eine Einfüh-rung. Von einem Autorenkollektiv. (RUB 782). Leip-zig 1979.

Zaunert, Paul: Deutsche Märchen seit Grimm. Bearbei-tet und mit Nachweisen versehen von Elfriede Moser-Rath. (Die Märchen der Weltliteratur). Düsseldorf und Köln 1964.

INHALT

566

ISBN 3-7351-0078-3

Insel-Verlag Anton Kippenberg, Leipzig
Zweite Auflage
Lizenz Nr. 351/260/14/87   LSV 7108
Gesamtherstellung: Offizin Andersen Nexö,
Graphischer Großbetrieb, Leipzig III/18/38
Schrift: Baskerville-Antiqua
Gestaltung: Hans-Joachim Walch
Printed in the German Democratic Republic
Bestell-Nr. 787 260 7
011180